Wolfgang W. Mickel

Praxis und Methode

**Einführung in die Methodenlehre
der Politischen Bildung**

D1665371

Cornelsen

Für Marianne

Redaktion: Karl-Heinz Holstein
Layout: Christoph Schall
Umschlaggestaltung und technische Umsetzung: Mike Mielitz

 http://www.cornelsen.de

Die Internet-Adressen und -Dateien, die in diesem Lehrwerk angegeben sind, wurden vor der Drucklegung geprüft (Stand: Mai 2002). Der Verlag übernimmt keine Gewähr für die Aktualität und den Inhalt dieser Adressen und Dateien oder solcher, die mit ihnen verlinkt sind.

1. Auflage   Druck 4 3 2 1   Jahr 06 05 04 03

© 2003 Cornelsen Verlag, Berlin

Druck: CS-Druck CornelsenStürtz, Berlin

ISBN 3-464-64977-6

Bestellnummer 649776

 Gedruckt auf säurefreiem Papier,
umweltschonend hergestellt aus chlorfrei gebleichten Faserstoffen.

Der Verfasser hat sich seit seiner ersten Methodenpublikation („Methodik des politischen Unterrichts" 1967) immer wieder mit Methodenfragen auseinandergesetzt. Er ging davon aus, dass Methodenkenntnis und -kompetenz auf die Ordnung und Strukturierung der Gedanken, auf die Generierung von neuem, verlässlichem Wissen, schließlich auf die Stimulierung praktischen Handelns zielen. Sie sind konstitutive Elemente eines Vorgangs, der sich auf der instrumentell-pragmatischen, fallanalytischen Ebene wie auf der Bewusstseinsebene abspielt. Daraus resultiert die Notwendigkeit einer theoriegeleiteten Praxis ebenso wie einer praxisgeleiteten Theorie. Diese Zweiteilung bzw. das Ineinander beider Darstellungs- und Untersuchungsbereiche sind maßgebend für den inhaltlichen Fortgang dieses Buches. Aus Gründen des Umfangs musste auf eine Reihe von Themen verzichtet werden.
Die Wahl der Methode bestimmt das Ergebnis einer Arbeit mit. Darüber hinaus sind ihre Ausgangsposition sowie das soziale Umfeld, die gesellschaftlichen, politischen, philosophischen, (lern-)psychologischen usw. Prämissen zu beachten. Solche Implikationen und Determinanten bilden ein „weites Feld" (Fontane) und machen den Vorgang der Methodenauswahl und -anwendung zu einem multifaktoriellen, komplexen Verfahren. Weitere Forschungen sollten sich mit der Effizienz einzelner Methoden im Kontext bestimmter Themen und Lernerpopulationen beschäftigen. Die Verquickung mit und die Komplementarität zur Didaktik ist evident.
Nicht zuletzt hat der spürbare Druck aus der Unterrichtspraxis dazu beigetragen, die Beschäftigung mit den Methoden als eine der Didaktik korrespondierende wissenschaftliche Bestätigung zu etablieren. So entstand der vorliegende Versuch einer umfassenden Methodenlehre. Das Buch erörtert theoretische Grundlagen der Methodologie im Zusammenhang mit praktischen Beispielen. Die Transformation auf die Lehr- und Lernpraxis sowie die Bearbeitung weiterführender Detailfragen bleibt dem Leser u. a. mithilfe von Querverweisen, Register und Literaturangaben überlassen.
Mein Dank gilt dem Cornelsen Verlag für die jahrelange Geduld bis zur Fertigstellung des Manuskripts.
Zur Vermeidung von Sprachdeformationen durch unhistorische oder sprachwissenschaftlich nicht zu legitimierende, falsche Benutzung des Genus gilt für dieses Buch, dass i. d. R. die maskuline Form als Gattungsbegriff gewählt wurde. Die Sprache der Darstellung bedient sich mangels anderer Möglichkeiten oft der modalen Hilfsverben „müss(t)en", „soll(t)en" und „dürf(t)en". Sie werden i. d. R. nicht appellativ-moralisch oder imperativ, sondern präskriptiv gebraucht.

Karlsruhe/Bad Homburg v. d. H., im Dezember 2002   Der Verfasser

INHALTSÜBERSICHT

Zeitschriften und Abkürzungen 14

Bibliografischer Hinweis 18

1	**Einführung in den Themen- und Problemkomplex**	**19**
1.1	Wenn einer eine Hütte baut	19
1.2	Zur Situation von Methodik und Didaktik	19
1.3	Annäherungen an den Methodenbegriff und Desiderata	21
1.4	Rückbesinnung auf die Entwicklungsgeschichte	22
1.5	Thematische und wissenschaftstheoretische Grundeinstellung	25
1.6	Zur Organisation der Forschung, ...	28
1.7	Über die politikunterrichtlichen Prämissen	30

2	**Wissenschaftstheoretische Grundlagen der Methoden**	**31**
2.1	Die Terminologie: Methode/Methodologie/Methodik – zur begrifflichen Klärung	31
2.2	Über den Gebrauch des Methodenbegriffs	33
2.3	Die qualitative Differenz: wissenschaftliche Methoden und Unterrichtsmethoden	35
2.4	Methodenpluralismus: die Forderung aus der Praxis	37
2.5	Über den Legitimationszwang von Methoden	39
2.6	Hinführung zur wissenschaftlichen Methodenbegründung	40
2.7	Die Forderung nach verstärkter Methodenorientierung	41
2.8	Methodenbewusstes „strategisches" Lernen	44
2.9	Methodenwahl im Politikunterricht: das „interpretative Paradigma" als Grundentscheidung	46
2.10	Kriterien für die Auswahl von Methoden	47
2.11	Methodisches Können und Unterrichtsmethoden	50
2.11.1	CHARAKTERISTIKA VON METHODEN UND REFLEXIONEN ZUM METHODISCHEN VORGEHEN	50
2.11.2	METHODISIERUNG EINES ERGEBNISORIENTIERTEN ARBEITENS	51

3	**Der institutionelle, personelle und rechtliche Referenzrahmen**	**54**
3.1	Die Schule als umfassendes gesellschaftliches Subsystem	54
3.1.1	INHALTE UND FUNKTIONEN DER SCHULE	54
3.1.2	SCHULE IM SPANNUNGSFELD DER POLITIK	54
3.1.3	DIE DILEMMATISCHE SITUATION DER SCHULE	56
3.2	Zur Profession der Lehrenden	58
3.2.1	ZUM PROFIL DER LEHRENDEN IN DER INSTITUTION	58
3.2.2	DER (DESIDERATE) TYP DES POLITISCHEN FACHLEHRERS	59
3.3	(Schul-)Rechtliche Grundfragen der Lehr(er)tätigkeit	63
3.3.1	DIE SCHULE ALS ÖFFENTLICHE ANSTALT	63
3.3.2	DIE „PÄDAGOGISCHE FREIHEIT" – EIN UNBESTIMMTER RECHTSBEGRIFF	65
3.3.3	MEINUNGSFREIHEIT IM UNTERRICHT UND VERFASSUNGSTREUE	67

3.3.4	METHODEN- UND GESTALTUNGSFREIHEIT	69
3.3.5	AUFSICHTSPFLICHT UND AMTSHAFTUNG	71
3.3.6	ANHANG: DER DATENSCHUTZ	73
3.4	**Zugangsmöglichkeiten: Die Position der Lernenden in der Gesellschaft und die Aktualität/Tagesereignisse**	74
3.5	**Die Arbeitsgrundlage: Lehrplan/Richtlinien/Curriculum**	77
3.5.1	BEGRIFF UND FUNKTION VON LEHRPLÄNEN	77
3.5.2	LEHRPLANANALYSE ALS VORAUSSETZUNG FÜR UNTERRICHT	78
3.5.3	LEGITIMATIONSPROBLEME VON LEHRPLÄNEN UND FESTLEGUNG VON LERNZIELEN	80
4	**Gesellschaftspolitischer und didaktischer Referenzrahmen politischen Lernens**	**83**
4.1	**Die gesamtgesellschaftliche Analyse**	83
4.1.1	ANALYSE UND DIAGNOSE GESELLSCHAFTLICHER TRENDS	83
4.1.2	STRUKTURELLE UND SYSTEMISCHE GRUNDLAGEN DER GESELLSCHAFTSANALYSE	87
4.2	**Politik- und Demokratiebegriff als Fundamentum politischer Bildung**	88
4.2.1	ARTEN DES POLITIKBEGRIFFS	88
4.2.2	DER POLITIKZYKLUS – EIN POLITISCHES PHASENMODELL	92
4.2.3	DEMOKRATIE ALS FOKUS DES POLITIKBEGRIFFS	94
4.3	**Der lebensgeschichtliche, subjekt- und alltagsorientierte Erfahrungsansatz politischer Bildung**	96
4.3.1	ZUR BEGRIFFSBESTIMMUNG	96
4.3.2	ÜBER DAS ERFAHRUNGSLERNEN	99
4.3.3	EINIGE EINWÄNDE GEGENÜBER DER ALLTAGSORIENTIERUNG	100
4.3.4	DER ZEITGESCHICHTLICHE HORIZONT POLITISCHER BILDUNG UND DIE ORAL HISTORY	101
4.4	**Der politikdidaktische Rahmen: Entwicklungen und Konzeptionen**	103
4.4.1	BEGRIFF UND AUFGABEN DER DIDAKTIK	103
4.4.2	ÜBERSICHT ÜBER GRUNDLEGENDE FORMEN DER DIDAKTIK	105
4.4.3	POLITIKDIDAKTISCHE ENTWICKLUNGEN – EINE ÜBERSICHT	106
4.4.4	EINIGE DIDAKTISCHE IMPERATIVE UND ORIENTIERUNGEN	108
4.4.5	DIDAKTISCHE ANALYSEVERFAHREN UND BEZUGSWISSENSCHAFTEN	110
4.4.6	ANHANG: POLITISCHE SOZIALISATION UND UNTERRICHT IN DER DDR	113
4.5	**Kategorien und Schlüsselbegriffe als aufschließende Instrumente sowie Schlüsselqualifikationen**	117
4.5.1	KATEGORIEN – GRUNDLAGEN DIDAKTISCH-METHODISCHER ERSCHLIESSUNG UND STRUKTURIERUNG	117
4.5.2	SCHLÜSSELQUALIFIKATIONEN ALS GESELLSCHAFTLICHE ESSENTIALE	120
4.6	**Zur Funktion von Konflikt / Mediation / Differenz / Konsens**	122
4.6.1	KONFLIKTE UND EMANZIPATORISCHES BILDUNGSINTERESSE	122
4.6.2	ÜBER DIE FUNKTION VON KONFLIKTEN UND IHRE THEORIEN	122
4.6.2.1	*Konflikte und politisches Lernen*	125
4.6.2.2	*Das Mediationsverfahren als Methode der Konfliktlösung*	125
4.6.2.3	*Komplementäre Begriffe: Differenz, Kompromiss, Konsens*	126
4.7	**Beutelsbach oder der formale Minimalkonsens**	127
4.7.1	WISSENSCHAFTSTHEORETISCHE UND GESELLSCHAFTSPOLITISCHE GRUNDLAGEN	127
4.7.2	DREI KONSENSHYPOTHESEN À LA BEUTELSBACH	128

4.7.3   Der Beutelsbacher Konsens als didaktischer Minimalkonsens 129

4.8   Vom Umgang mit Institutionen als Agenturen des gesellschaftlich-politischen Systems ... 129

4.8.1   Über die Leistungsfähigkeit von Institutionenkunde 129

4.8.2   Vorschläge für die Beschäftigung mit Institutionen 131

4.8.3   Beispiel: Einführung in Funktionen des Rechts(verfahrens) 131

4.8.3.1   *Die Schule als Rechtsraum* 132

4.8.3.2   *Zur Entstehung eines Rechtsbewusstseins* 134

4.9   Feministische Aspekte politischer Bildung 135

4.9.1   Zur Ausgangslage feministischer Bildungsarbeit 135

4.9.1.1   *Patriarchalische Attitüden versus feminine Denkweisen* 136

4.9.1.2   *Zur Stellung der Frau in der Gesellschaft* 136

4.9.1.3   *Der traditionelle Politik- und Wissensbegriff und die Frauen* 137

4.9.2   Das Geschlecht – eine Strukturkategorie der Gesellschaft 138

**5   Wissenschafts- und Interpretationstheorien
als Voraussetzung für methodengeleitetes Denken und Erkennen** **141**

5.1   Zur Bedeutung der Wissenschaftstheorien 141

5.2   Wissenschaftstheorien als Basistheorien 142

5.3   Verfahren und Typologie der Wissenschaftstheorien 143

5.4   Nachvollziehbare wissenschaftstheoretische Grundpositionen politischer Bildung 147

**5.5   Wissenschaftstheoretischer und bezugswissenschaftlicher Begründungs-
zusammenhang von Methoden** 148

5.6   Einige Wissenschaftstheorien als (Mit-)Bestimmungsfaktoren politischer Bildung 150

5.6.1   Der Kritische Rationalismus 150

5.6.2   Die Kritische Theorie 153

5.6.3   Die Systemtheorie 155

5.6.4   Die Phänomenologie 156

5.6.5   Die Konstruktion der Wirklichkeit oder Was ist „wirklich"? 157

5.6.5.1   *Die Umorientierung wissenschaftlicher Forschung
durch den Konstruktivismus* 159

5.6.5.2   *Konstruktivistische Methoden* 160

5.7   Die Hermeneutik oder Wie kann man die Wirklichkeit „verstehen"? 162

5.7.1   Hermeneutik als Weg zum Wirklichkeitsverständnis 162

5.7.2   Über die Richtung des Lernprozesses 163

5.7.3   Zur wissenschaftlichen Grundlegung des „Verstehens" 164

5.7.4   Gadamer – Hauptrepräsentant der Hermeneutik 166

5.7.4.1   *Hermeneutik als Lehre von der Interpretation/Exegese* 166

5.7.4.2   *Über den Vollzug des „Verstehens" in der Sprache* 167

5.7.4.3   *Kritische Anmerkungen zum „Verstehen"* 167

5.7.5   Vertiefung des „Verstehens" durch „Objektive Hermeneutik" 168

5.7.6   Analysemethoden sozialwissenschaftlicher Hermeneutik 170

5.7.7   Der Forschungsprozess bleibt unabgeschlossen 173

5.7.8   Das „interpretierende [interpretative] Paradigma" als Grundlage
für die Unterrichtsarbeit 174

6   Basismethodische Voraussetzungen politischen Lernens **175**

6.1   Psychologische und soziologische Determinanten politischer Bildung 175
6.1.1   PSYCHOLOGISCH-SOZIOLOGISCHE GRUNDLAGEN 175
6.1.2   PSYCHOLOGISCHE VORAUSSETZUNGEN UND ETAPPEN POLITISCHEN LERNENS 175
6.1.3   PSYCHOLOGISCHE RÜCKBESINNUNG AUF POLITISCHEN UNTERRICHT 177

6.2   Sozialisation als ein Determinierungsfaktor politischen Lernens 178
6.2.1   MERKMALE DER SOZIALISATION 178
6.2.2   FORSCHUNGSANSÄTZE 180
6.2.3   FORMEN DER SOZIALISATION UND POLITISCHE BILDUNG 181
6.2.4   ÜBER DIE INTERNALISIERUNG SOZIALER ROLLEN 182

6.3   Die Jugendphase als Orientierungsmerkmal politischen Lernens 184
6.3.1   JUGENDLICHE ALS ADRESSATEN POLITISCHER BILDUNGSBEMÜHUNGEN 184

6.4   Gruppendynamische (Arbeits-, Verhaltens- und Führungs-)Prozesse im Unterricht 187
6.4.1   GRUPPENDYNAMIK UND LERNGRUPPE 187
6.4.2   VORGÄNGE IN DER GRUPPE 189
6.4.3   (ARBEITS-)GRUPPENSPEZIFISCHE AKTIVITÄTS- UND SOZIALFORMEN 190
6.4.3.1   *Einzel- und Partnerarbeit* 191
6.4.3.2   *Die arbeitsteilige Gruppenarbeit* 191
6.4.3.3   *Beispiel für eine Gruppenarbeit oder eine Pro-Contra-Diskussion* 192

6.5   Unterrichts- und Führungsstile als prägende Faktoren politischer Bildung 193
6.5.1   KOMMUNIKATIVE STILFORMEN 193
6.5.2   AUSWIRKUNGEN DER UNTERRICHTSTILE AUF DAS LERNVERHALTEN 194
6.5.3   TEAM-TEACHING ALS KOLLEKTIVE UNTERRICHTSFORM 196

6.6   Konstitutive Merkmale politischen Urteilens, Entscheidens und Handelns 197
6.6.1   DIE FUNKTION DES GEWISSENS 197
6.6.2   ZUM VERHÄLTNIS VON EMOTIONALITÄT UND RATIONALITÄT 198
6.6.2.1   *Die affektive Komponente* 198
6.6.2.2   *Rationalität und politisches Entscheiden* 200
6.6.3   DIE FOLGEN: ERKENNTNISSE UND EINSICHTEN 201

6.7   Politisches Entscheiden verlangt Wertorientierungen 203
6.7.1   WERTBEWUSSTSEIN ALS ENTSCHEIDUNGS- UND VERHALTENSGRUNDLAGE 203
6.7.2   WISSENSCHAFTSTHEORETISCHE ÜBERLEGUNGEN ZU WERTPRÄMISSEN 204

6.8   Politische Urteilsfähigkeit als Prämisse politischen Handelns 206
6.8.1   ZUR BEGRIFFSBESTIMMUNG 206
6.8.2   URTEILSVORAUSSETZUNGEN 207
6.8.3   LEITFADEN MORALISCHER URTEILSTYPEN 208
6.8.4   METHODEN UND FORMEN POLITISCHEN URTEILENS UND ENTSCHEIDENS 209
6.8.5   ETHISCHE VERFAHREN ZUR BEURTEILUNG MORALISCHER DILEMMATA 210
6.8.6   DAS MORALISCHE STUFENSCHEMA NACH KOHLBERG 213
6.8.7   ZUM BEWUSSTSEINSSTAND MORALISCH-POLITISCHER URTEILE 215
6.8.8   ZUR KATEGORIALEN GRUNDLEGUNG VON ENTSCHEIDUNGEN 216

6.9   Wissen als Urteilsgrundlage 216
6.9.1   FORMEN DES WISSENS 216
6.9.2   WISSENSFORMEN UND POLITIKFELDER 218

6.10   Bewusstsein als Korrelat zum gesellschaftlichen Sein 218
6.10.1   VOM AUFBAU KRITISCHEN BEWUSSTSEINS 218

6.10.2	DAS PROBLEMBEWUSSTSEIN ALS PRÄFERIERTE POLITISCHE BEWUSSTSEINSFORM	220
6.10.3	POLITISCHES BEWUSSTSEIN ALS GRUNDLAGE POLITISCHEN DENKENS UND HANDELNS	220
6.11	**Handeln als Ziel politischer Bildung**	**222**
6.11.1	ZUR BESCHREIBUNG DES PHÄNOMENS „HANDELN/HANDLUNG"	222
6.11.2	URTEILEN UND HANDELN IN DER POLITISCHEN PÄDAGOGIK	223
6.11.3	BEGRÜNDUNGEN FÜR POLITISCHES HANDELN	224
6.11.4	HERLEITUNG UND AUFFALTUNG DES (POLITISCHEN) HANDLUNGSBEGRIFFS	225
6.11.5	UNTERRICHTLICHES VERHALTEN UND HANDLUNGSORIENTIERUNG	226
6.11.6	STRUKTURIERUNG DER HANDLUNGSDIMENSIONEN UND IHRE THEORETISCHEN GRUNDLAGEN	228
7	**Sprachliche Ausdrucksformen und Materialien als Instrumente und Grundlagen politischer Auseinandersetzung**	**231**
7.1	**Sprachliche Kommunikations- und personale Interaktionsformen**	**231**
7.1.1	DIE WAHL DER GESPRÄCHSFORMEN	231
7.1.2	UNTERRICHTS- UND FRAGEFORMEN	231
7.1.2.1	*Unterrichtsformen*	231
7.1.2.2	*Frageformen*	234
7.1.3	DIE SITZORDNUNG	236
7.1.4	SPEZIELLE GESPRÄCHSFORMEN	236
7.1.4.1	*Das Unterrichts-/Gruppengespräch*	237
7.1.4.2	*Die Diskussion*	238
7.1.4.3	*Die Debatte*	239
7.1.4.3.1	Die Pro-Contra-Debatte	240
7.1.4.3.2	Anmerkung: Die Talkshow	241
7.1.4.4	*Der Diskurs und seine ethischen Implikationen*	242
7.1.4.5	*Gesprächsleitung in Gruppen*	244
7.1.4.6	*Die Moderation*	245
7.1.4.7	*Das Gespräch mit Experten*	246
7.1.4.7.1	Experten als außerschulische Fachleute	246
7.1.4.7.2	Präsentation und Einschätzung von Experten	247
7.1.4.7.3	Ein rechtlicher Hinweis	249
7.2	**Kommunikations- und Interaktionstheorie als Erklärungsmodelle**	**249**
7.2.1	ZUR BEGRIFFSERKLÄRUNG UND PRAKTISCHEN VERWENDUNG	249
7.2.2	DAS INTERAKTIONISTISCHE UND KOMMUNIKATIVE KONZEPT	250
7.2.3	DER SYMBOLISCHE INTERAKTIONISMUS	251
7.2.4	LERNZIEL: KOMMUNIKATIVE KOMPETENZ	252
7.3	**Das Kolloquium/die Disputation : Formen streitiger Auseinandersetzung**	**253**
7.3.1	BEGRIFFLICHE EINFÜHRUNG UND THEMEN	253
7.3.2	DURCHFÜHRUNG EINES KOLLOQUIUMS	254
7.3.3	DIE DISPUTATION ALS (WISSENSCHAFTS-)PROPÄDEUTISCHE FORM DES STREITS	255
7.4	**Sprache und Methode**	**256**
7.4.1	DIE FUNKTION VON SPRACHE	256
7.4.2	SPRACHLICHE KORREKTHEIT ALS VORAUSSETZUNG KLARER GEDANKENFÜHRUNG	257
7.4.3	SPRACHE ALS INHALT UND VEHIKEL POLITISCHER BILDUNG	257
7.4.4	GESELLSCHAFTSPOLITISCHE FUNKTIONEN VON SPRACHE	258
7.4.5	PRAKTISCHE HINWEISE FÜR EINE SPRACHLICHE ANALYSE	259
7.4.6	SPRACHLICH-POLITISCHE ARGUMENTATIONSHILFEN	260

7.4.7	SPRACHE ALS MEDIUM DER (POLITISCHEN) INTERAKTION	261
7.4.7.1	*Sprache als Form des Denkens und Verstehens*	261
7.4.7.2	*Sprache als (politisches) Interaktionsmedium*	262
7.4.8	BEISPIELE AUS DER POLITISCHEN SEMANTIK	263
7.4.8.1	*Aus der NS-Ideologie*	263
7.4.8.2	*Aus dem Jargon von Politikern*	264
7.4.8.3	*Aus der feministischen Sprachkritik*	264
7.4.8.4	*Weitere Beispiele*	265
7.4.9	ÜBER DIE ROLLE VON SPRACHE IN DER POLITISCHEN UNTERWEISUNG	266
7.4.10	POLITICAL CORRECTNESS ALS SPRACHLICHE TABUZONE	268
7.4.11	ANMERKUNG: SPRACHE IN DER DDR	270

7.5	**Die Quellen – ad fontes**	271
7.5.1	BEGRIFFLICHE HINFÜHRUNG	271
7.5.2	METHODEN DER QUELLENINTERPRETATION	271
7.5.2.1	*Texttypen und ihre Erschließung*	271
7.5.2.2	*Allgemeine Methoden der Textexegese*	272
7.5.2.3	*Zur Interpretation politisch-gesellschaftlicher Texte*	274
7.5.3	ANALYSE/INTERPRETATION/EXEGESE EINES DIPLOMATISCHEN TEXTES	276

7.6	**Die Medien als Grundlagen politisch bildender Arbeit**	278
7.6.1	MEDIENDIDAKTISCHE VORBEMERKUNGEN	278
7.6.1.1	*Informationstechnische Bildung als mediales Rahmenkonzept*	278
7.6.1.2	*Angebote, Aufgaben und Funktionen von Medien*	279
7.6.1.3	*Umgang mit Medien, Lernziele und Rezeptionsregeln*	281
7.6.1.4	*Medien im Rahmen politischer Bildung*	282
7.6.1.5	*Methodisierte Analyseansätze für Film, Funk, Fernsehen und (Tages-)Zeitung*	283
7.6.1.6	*Tondokumente, Bilder, Karikaturen*	284
7.6.2	DAS LERN-/LEHRBUCH ALS FUNDAMENTUM DES POLITISCHEN LERNENS	286
7.6.2.1	*Zur Funktion des Schulbuchs*	286
7.6.2.2	*Didaktisch-methodische Struktur und Aufgabe*	287
7.6.2.3	*Methodische Schritte der Schulbuchanalyse*	289
7.6.3	DER COMPUTER ALS INSTRUMENT POLITISCHEN LERNENS	292
7.6.3.1	*Über Möglichkeiten des Computereinsatzes*	292
7.6.3.2	*Die Eignung des Computers und das Internet*	293
7.6.3.3	*Lernziele und mögliche Operationen*	294
7.6.3.4	*Kritische Anmerkungen zur Verwendung digitaler Instrumente im Lernprozess*	295

8	**Formen des Lernens und des Unterrichts**	**297**

8.1	**Lerntheorien als Voraussetzung für intentionales Lernen**	297
8.1.1	DER MENSCH ALS EIN LERNENDES WESEN (HOMO DISCENS)	297
8.1.2	BESTANDTEILE UND STRUKTUR EINES LERNPROZESSES	298
8.1.2.1	*Das Begriffslernen*	298
8.1.2.2	*Begriffsbildung nach der Kognitionspsychologie*	299
8.1.2.3	*Der Beitrag der Denkpsychologie*	300
8.1.3	DENKARTEN IN DER POLITISCHEN BILDUNG UND DIE BEDEUTUNG DES STRUKTURBEGRIFFS	301
8.1.3.1	*Strukturtheoretische Grundlagen des Lernens*	301
8.1.4	PSYCHOLOGISCHE THEORIEN DES LERNENS	304
8.1.4.1	*Entdeckendes Lernen*	305
8.1.4.2	*Phasen des Lernvorgangs*	305

| 8.1.5 | MOTIVATION UND BETROFFENHEIT IN DEN PHASEN DES LERNENS | 307 |

8.2 Die Unterrichtsvorbereitung: Planung und Reflexion 308

8.2.1 FORMEN DER VORBEREITUNG 309
8.2.2 PLANEN ALS EIN VORAUSDENKEN 309
8.2.2.1 *Die Vorbefragung (das Vorwissen)* 311
8.2.2.2 *Der Einstieg* 312
8.2.2.3 *Schema eines Unterrichtsentwurfs* 313
8.2.3 DIE NACHBESINNUNG/NACHBEREITUNG (EVALUATION) 314

8.3 Intentionale Lernprozesse und Unterrichtsplanung als Voraussetzung für effektives Lehren und Lernen 315

8.3.1 INTENTIONALES (POLITISCHES) LERNEN 315
8.3.2 ÜBER DIE FORMEN DES LERNENS UND IHRE INTEGRATION IN DIE UNTERRICHTSPLANUNG 317
8.3.3 DAS BEZUGSFELD DER UNTERRICHTSPLANUNG 319
8.3.3.1 *Fragen zum organisierten Lernprozess und zum Erwerb von Qualifikationen* 322
8.3.3.2 *Die Beurteilung des Lernerfolgs* 323
8.3.3.3 *Übersicht über die Strukturierungsmerkmale der Unterrichtsplanung* 324

8.4 Methodisierung von Unterrichtsmodellen und Unterrichtsforschung 325

8.4.1 STRUKTURSCHEMATA VON UNTERRICHTSMODELLEN 325
8.4.2 DIE DIAGNOSTISCHE FUNKTION DER UNTERRICHTSANALYSE 327
8.4.3 UNTERRICHTSBEOBACHTUNG UND -FORSCHUNG ALS GRUNDLAGE FÜR DIE UNTERRICHTS(MODELL)KONSTRUKTION 328

8.5 Handlungs-/Aktionsforschungsmethoden bei Felduntersuchungen 329

8.5.1 AKTIVIERENDE METHODEN DER FELDFORSCHUNG 329
8.5.2 AKTIONSFORSCHUNGSMETHODEN IM LERNFELD 330

8.6 Die Methode des Perspektivenwechsels/der Perspektivenübernahme 332

8.7 Die Lernkontrolle/Leistungsbeurteilung/Notengebung 333

8.7.1 POLITISCHER UNTERRICHT ALS LEISTUNGSBEREICH 333
8.7.2 DER LEISTUNGSBEGRIFF ALS FUNDAMENTALNORM UND DIE LERNKONTROLLE 335
8.7.3 ÜBER BEURTEILUNGSKRITERIEN UND LEISTUNGSBEWERTUNG (EVALUATION) 336

8.8 Die (Abschluss-)Prüfung oder Kursklausur 338

8.8.1 INHALTLICHE UND FORMALE GRUNDFRAGEN DER PRÜFUNG 338
8.8.2 MÜNDLICHE UND SCHRIFTLICHE PRÜFUNG 340
8.8.2.1 *Die mündliche Prüfung* 340
8.8.2.2 *Ansätze einer neuen Prüfungsmethode: die Projektprüfung* 341
8.8.2.3 *Die schriftliche Prüfung* 341
8.8.3 ZUR RECHTLICHEN BEWERTUNG VON PRÜFUNGSENTSCHEIDUNGEN 343

9 Arbeitsformen **345**

9.1 Hausarbeiten 345

9.1.1 RECHTFERTIGUNG UND DIFFERENZIERUNG 345
9.1.2 HAUSAUFGABEN ALS TEIL DER UNTERRICHTS- UND LERNPLANUNG 345
9.1.2.1 Inhaltliche Fokussierung 346
9.1.2.2 Anhang: Angebote für Aufgabenstellungen 347

9.2 Die Klassenarbeit/Klausur Anhang: 348

Anhang: Beispiele aus der Unterrichtspraxis 349

9.3 Das Referat als Einführung in wissenschaftsorientiertes Arbeiten 350

9.3.1 DAS SACH- UND PROBLEMREFERAT 350

9.3.2 METHODISCHE ANMERKUNGEN 351

9.3.3 DAS REFERAT ALS TEIL DES LERNPROZESSES 352

9.3.4 DIE FACH-/JAHRESARBEIT 353

9.3.5 DER STUDIENTAG 354

9.3.6 BERICHTE 355

9.3.6.1 *Der Stundenbericht* 355

9.3.6.2 *Der Politische Wochenbericht* 356

9.3.6.3 *Die Wandzeitung* 357

10 Einführung in sozialwissenschaftliche (Makro-)Methoden **359**

10.1 Die Formen der Erkundung 359

10.2 Die Sozialerkundung als investigative Methode (S I) 360

10.2.1 VOM SINN EINER SOZIALERKUNDUNG 360

10.2.2 FRAGEANSÄTZE UND -TECHNIKEN EINES ERKUNDUNGSPROJEKTES 360

10.2.3 DAS PRODUKT 361

10.2.4 WEITERE THEMENBEREICHE 361

10.3 Die Sozialstudie als Gegenstand methodischer Praxis (S II) 363

10.3.1 EINFÜHRUNG UND ABLAUFPHASEN 363

10.3.2 BEISPIEL: STUDIE ÜBER STADTENTWICKLUNG 364

10.4 Das Betriebspraktikum und die Betriebserkundung 365

10.4.1 ZUM ERFAHRUNGSBEREICH 365

10.4.2 METHODISCHES VORGEHEN 365

10.5 Das Projekt/Vorhaben als multifunktionale Methode 367

10.5.1 ZUR BEDEUTUNG DER PROJEKTMETHODE 367

10.5.2 ZUR AUSWAHL UND THEMATIK VON PROJEKTEN 368

10.5.3 DER PROJEKTVERLAUF 370

10.5.4 DAS VORHABEN 372

10.5.5 ZUSATZ: DIE LEITTEXTMETHODE 374

10.6 Die Lernwerkstatt: Zukunfts- und Geschichtswerkstatt als Zugang zum konstruktiven Lernen (Szenario-Methode) 374

10.6.1 BEGRIFF UND VERFAHREN 374

10.6.2 THEMENBEREICHE VON ZUKUNFTSWERKSTÄTTEN 376

10.6.3 METHODISCHES ARRANGEMENT FÜR DIE THEMENBEARBEITUNG 376

10.6.4 DIE SZENARIO-TECHNIK IN DER ZUKUNFTSWERKSTATT 377

10.6.5 DIE GESCHICHTSWERKSTATT 379

10.7 Arten des Spiels: Planspiel, Simulationsspiel, Rollenspiel 379

10.7.1 SPIEL UND SPIELER: BEGRIFF UND METHODE 379

10.7.2 DAS PLANSPIEL 381

10.7.2.1 *Beispiel: Modellartige Präsentation eines Planspiels* 382

10.7.2.2 *Bewertung des Beispiels* 383

10.7.2.3 *Weitere Modelle: Debattierclub; virtuelle Planaufgaben* 384

10.7.2.4 *Regeln und Argumente für/gegen das Planspiel* 385

10.7.3 DAS SIMULATIONSSPIEL 386

10.7.4 DAS ROLLENSPIEL 387

10.7.4.1 *Vorklärungen zum Rollenspiel* 388

10.7.4.2 Rollentheoretische Hinweise 388
10.7.4.3 Methodisches Ablaufdiagramm eines Rollenspiels 389

**11 Untersuchungsmethoden aus dem Repertoire
der Empirischen Sozialforschung** **391**

11.1 Grundlagen der sozialwissenschaftlichen Methodologie und Theoriebildung 391
11.1.1 EINFÜHRUNG 391
11.1.2 BEGRÜNDUNG DER FORSCHUNGSANSÄTZE 392
11.1.3 AUS DEM METHODENREPERTOIRE 393
11.1.3.1 Die Ideologiekritik 393
11.1.3.2 Die Synopse als Methode des Vergleichs 395
11.1.3.3 Formen der Strukturanalyse als gliedernde Elemente 397
11.1.3.4 Die (teilnehmende) Beobachtung 398
11.1.3.5 Zur Verwendung statistischen Materials 399
11.1.3.6 Das Interview/die Befragung 401
11.1.3.7 Die häufigste Methode: die Inhaltsanalyse 403
11.1.3.8 Praktische Methoden: Reportage, Hearing, Recherche, Brainstorming 404
11.1.3.9 Das Protokoll 404
11.1.3.10 Das Experiment 405
11.1.3.11 Diverse „Studien" (Feld-, Problem-, Fallstudien) 406
11.1.3.12 Die Modellbildung 408
11.1.3.13 Zusammenfassende Hinweise und Verfahrensvorschläge 409

11.2 Kleinmethoden und Arbeitstechniken 410
11.2.1 ERWERB UND BENUTZUNG VON MINIMETHODEN 410
11.2.1.1 Einführung und Übersicht 410
11.2.1.2 Einteilung, Erwerb und praktische Einsatzmöglichkeiten von Arbeitstechniken 412
11.2.1.2.1 Methodische Anwekdung 413
11.2.1.2.2 Voraussetzungen für formale Begriffsbildungen 413
12.2.1.3 Voraussetzungen für formale Begriffsbildungen 413
11.2.2 UNTERRICHTSINSTRUMENTE UND -TECHNIKEN 415
11.2.2.1 Das Tafelbild 415
11.2.2.2 Das Arbeitsblatt 416
11.2.2.3 Techniken solidarischen Lernens (Mindmapping, Jigsaw, Graffiti) 416
11.2.2.4 Methode „Lernstationen" und Delphi-Methode 418

12 Transformation des Fachprinzips **419**

12.1 Fachliche Interdependenz und überfachliches Prinzip in der politischen Bildung 419
12.1.1 ZUR INTERDISZIPLINARITÄT DER SOZIALWISSENSCHAFTLICHEN FÄCHER
UND BEZUGSWISSENSCHAFTEN 419
12.1.1.1 Keine Alternative zur Interdisziplinarität 420
12.1.1.2 Die Kooperationsanteile der Nachbardisziplinen der Politik 420
12.1.1.3 Zur Vielfalt fächerübergreifenden Unterrichts 422
12.1.2 OFFENER UNTERRICHT ALS DIDAKTISCH-METHODISCHES ARBEITS-
UND ENTSCHEIDUNGSFELD 423

12.2 Interkulturelles Lernen: Revision des Fachkanons 425
12.2.1 ÜBER DIE NOTWENDIGKEIT INTERKULTURELLER ERZIEHUNG 425
12.2.2. ZUR BESTIMMUNG INTERKULTURELLEN LERNENS 426
12.2.3 WISSENSCHAFTSTHEORETISCHE ANSÄTZE INTERKULTURELLEN LERNENS 427

12.3   Der Fachraum/das Fachkabinett als organisatorische Einheit 428

13   **Extracurriculare unterrichtsakzessorische (Lern-)Veranstaltungen** **430**

13.1   **Die Schülervertretung als demokratisches Übungsfeld** 430
13.1.1 SCHÜLERRECHTE – EINE FOLGE DER DEMOKRATISIERUNG DER SCHULE 430
13.1.2 DIE S(M)V UND IHRE AUFGABEN 431
13.1.3 DAS KONZEPT DER JUST COMMUNITY 432
13.2   **Die Schülerzeitschrift als Übungsfeld der Meinungsfreiheit** 432
13.3   **Die Politische Arbeitsgemeinschaft als freie Arbeitsform** 434
13.4   **Der (Schul-)Landheimaufenthalt** 435
13.5   **Internationaler Austausch als Erweiterung
        des politischen Erfahrungs- und Arbeitsfeldes** 437
13.5.1 BEGRIFF UND ZIELSETZUNGEN 437
13.5.2 METHODISCHE PHASIERUNG EINES AUSTAUSCHPROGRAMMS 438
13.5.3 EINSICHTEN UND LERNZIELE 439
13.5.4 METHODISCH-DIDAKTISCHE HINWEISE FÜR DEN AUSTAUSCH 439
13.6   **Außerschulische Lernorte als reale Begegnungsstätten** 441
13.6.1 LERNTHEORETISCHE VORTEILE UND VERLAUFSSTRUKTUR 441
13.6.2 BEISPIELE 441
13.6.2.1 *Museum als Stätte visualisierten und manualisierten Lernens* 441
13.6.2.2 *Gedenk-/Erinnerungsstätten* 443
13.6.2.3 *Beispiele aus dem Nahbereich* 444
13.7   **Der Parlamentsbesuch – Politik erleben am Ort** 445
13.7.1 DAS PARLAMENT ALS ÖFFENTLICHE VERANSTALTUNG 445
13.7.2 METHODISCHE HINWEISE FÜR EINEN PARLAMENTSBESUCH 446
13.7.3 DAS PARLAMENTSSPIEL ALS VOR- UND NACHBEREITUNG 446
13.8   **Die Studienfahrt/Exkursion, Klassenfahrt** 448
13.8.1 BEGRIFF UND PLANUNG 448
13.8.2 TEILNAHMEPFLICHT DES LEHRERS UND VERANTWORTUNG 449
13.8.3 METHODENSKIZZE 450

Literatur 452

Register 484

Aktualitätendienst Gesellschaft-Politik-Wirtschaft. Klett-Verlag, Stuttgart/Dresden arbeiten + lernen. Erhard Friedrich Verlag, Seelze

Anregung. Zeitschrift für Gymnasialpädagogik. Bayer. Schulbuchverlag, München

AuBi: Außerschulische Bildung. Bayer. Schulbuchverlag, München

APuZ: Aus Politik und Zeitgeschichte. Beilage zur Wochenzeitung Das Parlament. Hg. v. d. Bundeszentrale für politische Bildung, Bonn und Berlin

Beiträge und Materialien zur Theorie und Praxis der politischen Jugend- und Erwachsenenbildung. Hg. v. d. Friedrich-Ebert-Stiftung, Bonn

BE: Bildung und Erziehung. Verlag Böhlau, Köln

Blätter für deutsche und internationale Politik. Blätter Verlagsgesellschaft, Bonn

Civis. Vierteljahresschrift für freie Bürger in einem freiheitlichen Staat. Verlag Union Aktuell, Erlangen

DE: Demokratische Erziehung. Pahl-Rugenstein Verlag, Köln

BüST: Der Bürger im Staat. Verlag W. Kohlhammer, Stuttgart

Der Staat. Zeitschrift für Staatslehre, Öffentliches Recht und Verfassungsgeschichte. Verlag Duncker & Humblot, Berlin

deutsche jugend. Juventa Verlag, Weinheim/München

DLZ: Deutsche Lehrerzeitung. Päd. Zeitschriftenverlag, Berlin

Deutschland Archiv. Zeitschrift für das vereinigte Deutschland. Verlag Leske + Budrich, Leverkusen

DbSch: Die berufsbildende Schule. Heckners Verlag, Wolfenbüttel

DdSch: Die Deutsche Schule. Juventa-Verlag, Weinheim

DdBFSch: Die deutsche Berufs- und -Fachschule. Franz Steiner Verlag, Wiesbaden

FH: Die Neue Gesellschaft/Frankfurter Hefte. Verlag J. H. W. Dietz Nachf, Bonn

FR: Frankfurter Rundschau. Frankfurt/M.

PP: Die Pädagogische Provinz. Hirschgraben-Verlag, Frankfurt/M. (bis 1968)

DVPB aktuell. Report zur politischen Bildung. Verlag Leske + Budrich, Opladen (seit der Ausgabe 1/2000 umbenannt in POLIS)

EU: Erziehung und Unterricht. öbv & hpt, Wien

EB: Erziehungswissenschaft und Beruf. Merkur Verlag, Rinteln

femina politica. Zeitschrift für feministische Politikwissenschaft. FU Berlin

Forum PB: Forum Politische Bildung. DVPB Lv. Hessen /Thüringen. Verlag Schüren, Marburg

Forum PU: Forum Politikunterricht – DVPB Lv. Bayern, München

GEP: Geschichte – Erziehung – Politik. Magazin für historische und politische Bildung. Päd. Zeitschriftenverlag, Berlin (bis 1999)

GWK: Gegenwartskunde. Zeitschrift für Gesellschaft, Wirtschaft, Politik und Bildung. Leske + Budrich Verlag, Opladen (s. GWP)

Geographie und ihre Didaktik. Universität Osnabrück

Geographische Rundschau. Westermann-Verlag, Braunschweig

Geschichte/Politik und ihre Didaktik. Verlag Schöningh, Paderborn

GD: Geschichtsdidaktik. Verlag Schwann, Düsseldorf

GST: Geschichtsunterricht und Staatsbürgerkunde (1959–1990). Verlag Volk und Wissen, Berlin (Ost)

GSE: Gesellschaft -Staat-Erziehung. Blätter für politische Bildung und Erziehung. Klett-Verlag, Stuttgart, und Diesterweg-Verlag, Frankfurt/M. (bis 1972) ,

GU: Der Gymnasial-Unterricht. Stuttgart

GWP: Gesellschaft – Wirtschaft – Politik. Sozialwissenschaften für politische Bildung. Leske + Budrich Verlag, Opladen (Neue Folge von GWK ab Heft 1/2002)

GWU: Geschichte in Wissenschaft und Unterricht. Klett-Verlag, Stuttgart

Gruppendynamik. Zeitschrift für angewandte Sozialpsychologie. Leske + Budrich Verlag, Opladen

Hessische Blätter für Volksbildung. dpa-Verlag, Frankfurt/M.

ibw-journal. Zeitschrift des Deutschen Instituts für politische Bildung und Wissen. Paderborn

IfdT: Information für die Truppe. Medienzentrale der Bundeswehr, Sankt Augustin

Informationen zur politischen Bildung. Hg. v. d. Bundeszentrale für politische Bildung, Bonn

IP: Internationale Politik und Gesellschaft. Verlag J. F. W. Dietz Nachf., Bonn

ISchbF: Internationale Schulbuchforschung. Verlag Diesterweg, Frankfurt/M./Hahnsche Buchhandlung, Hannover

Keesings Archiv der Gegenwart. Rheinisch-Westfälisches Verlagskontor, Essen

Kölner Zeitschrift für Soziologie und Sozialpsychologie. Westdeutsche Verlagsanstalt, Köln u. Opladen

kpb: karlsruher pädagogische beiträge. Päd. Hochschule Karlsruhe

kursiv. Journal für politische Bildung. Wochenschau-Verlag, Schwalbach/Ts.

Laufende Mitteilungen zum Stand der politischen Bildung in der Bundesrepublik Deutschland. Verlag Reimar Hobbing, Essen (bis 1969)

LL: Lehren und Lernen. Neckar-Verlag, Villingen-Schwenningen

Lernwelten. Päd. Zeitschriftenverlag, Berlin

MzPB: Materialien zur Politischen Bildung. Deutscher Bundesverlag, Bonn (bis 1989)

Munzinger Archiv. Munzinger Archiv GmbH, Ravensburg

npl: neue politische literatur. Berichte über das internationale Schrifttum. Europäische Verlagsanstalt, Frankfurt/M.

NS: Neue Sammlung. Friedrich Verlag, Seelze-Velber

Pädagogik. Verlag Beltz, Weinheim

PL: Politisches Lernen. DVPB Lv. NRW, Duisburg

PoBi: Politische Bildung. Beiträge und Materialien zur wissenschaftlichen Grundlegung und zur Unterrichtspraxis. Wochenschau-Verlag, Schwalbach/Ts.

PolDi: Politische Didaktik. Zeitschrift für Theorie und Praxis des Unterrichts. Klett-Verlag, Stuttgart (bis 1981)

POLIS. Report zur politischen Bildung. Verlag Leske + Budrich, Opladen

PR: Pädagogische Rundschau. Verlag Peter Lang, Frankfurt/M.

PuU: Politik und Unterricht. Zeitschrift zur Gestaltung des politischen Unterrichts. Neckar-Verlag, Villingen (hg. v. d. LpB BW)

PU: Politik Unterrichten, Lv. Nds., Hannover

PST: Politische Studien. Hg. v. d. Hanns-Seidel-Stiftung, Atwerb-Verlag KG, München

PVS: Politische Vierteljahresschrift. Westdeutsche Verlagsanstalt, Köln u. Opladen

Praxis Geographie. Westermann-Verlag, Braunschweig

Praxis Geschichte. Westermann-Verlag, Braunschweig

Praxis Politik (mit Kopiervorlagen). Diesterweg-Verlag, Frankfurt/M.

Praxis PB: Praxis Politische Bildung. Materialien-Analysen-Diskussion. Juventa Verlag, Weinheim

RdJB: Recht der Jugend und des Bildungswesens. Luchterhand-Verlag, Neuwied/Rh.

SMP: Sachunterricht und Mathematik in der Primarstufe. Aulis Verlag, Köln

Sowi: Sozialwissenschaftliche Informationen für Unterricht und Studium. Verlag PZ PädagogikaZentrale GmbH, Seelze-Velber

VjsfwP: Vierteljahresschrift für wiss. Pädagogik, Verlag Kamp, Bochum

Vierteljahreshefte für Zeitgeschichte. Deutsche Verlagsanstalt, Stuttgart

vorgänge. Zeitschrift für Bürgerrechte und Gesellschaftspolitik. Leske + Budrich Verlag, Opladen

Wehrkunde. Zeitschrift für alle Wehrfragen. Verlag Europäische Wehrkunde, München

WPB: Westermanns Pädagogische Beiträge. Verlag Westermann, Braunschweig

WuE: Wirtschaft und Erziehung. Heckners Verlag, Wolfenbüttel

Wo: Wochenschau für politische Erziehung, Sozial- und Gemeinschaftskunde (für SI u. SII). Wochenschau-Verlag, Schwalbach/Ts.

Wochenzeitung „Das Parlament". Deutscher Bundestag, Bonn und Berlin

Wissenschaftlicher Literaturanzeiger. Verlag M. Veit, Gütersloh

Schriften der Bundeszentrale für politische Bildung, Bonn u. Berlin, und der Landeszentralen für politische Bildung (in den Landeshauptstädten)

ZfBW: Zeitschrift für Berufs- und Wirtschaftspädagogik. Franz Steiner Verlag, Stuttgart

ZfE: Zeitschrift für Erziehungswissenschaft. Leske +Budrich Verlag, Opladen

ZIB: Zeitschrift für Internationale Beziehungen. Nomos-Verlag, Baden-Baden

ZfP: Zeitschrift für Pädagogik. Verlag Beltz, Weinheim

ZPol: Zeitschrift für Politikwissenschaft(mit akuteller und annotierter Bibliographie). Nomos-Verlag, Baden-Baden

Zeitschrift für Politische Psychologie. Leske + Budrich Verlag, Opladen

ZfS: Zeitschrift für Soziologie. Lucius & Lucius Verlagsgesellschaft, Stuttgart

Zeitschrift zur politischen Bildung (Eichholz-Brief). Köllen-Druck + Verlag, Bonn

Zeitschriften der Landesverbände der Deutschen Vereinigung für politische Bildung (DVPB) sowie der Standes- und Fachverbände der Lehrer

Informationen der Kultusministerkonferenz unter der Internet-Adresse www.kmk.org.

Art. Artikel

BBG Bundesbeamtengesetz

BGB Bürgerliches Gesetzbuch

BRD Bundesrepublik Deutschland

BRRG Beamtenrechtsrahmengesetz

BpB Bundeszentrale für politische Bildung

BVerfG(U) Bundesverfassungsgericht(surteil)

BVerwG(U) Bundesverwaltungsgericht(surteil)

DDR Deutsche Demokratische Republik
Ders. Derselbe
Dies. Dieselbe
DVPB Deutsche Vereinigung für Politische Bildung
ebd. ebenda
EG Europäische Gemeinschaften
EU Europäische Union
f. hinter einer Zahl = und die folgende Seite usw.
ff. hinter einer Zahl = und die folgenden Seiten usw.
Fs. Festschrift
GG Grundgesetz der BRD (Zitierweise: Art. 5 (3) 2 oder Art. III 2 oder Art. 5 Abs. 3 Satz 2)
GS Grundschule
Hg./Hrsg. Herausgeber
h. M. herrschende Meinung
HS Höhere Schule
i. d. R. in der Regel
LpB Landeszentrale für politische Bildung
NS Nationalsozialismus, nationalsozialistisch
RS Realschule
s. (o./u.) siehe (oben/unten)
SA Sonderausgabe
SchLH Schullandheim
SH Sonderheft
sog. so genannte
StGB Strafgesetzbuch
StPO Strafprozessordnung
S I Sekundarstufe I
S II Sekundarstufe II
u. a. unter anderem; und andere
u. dgl. und dergleichen
vgl. vergleiche
ZPO Zivilprozessordnung

BIBLIOGRAFISCHER HINWEIS

Zur Weiterführung und Vertiefung von Inhalten, Einzelfragen, Stichwörtern und Begriffen sowie für weitere Literaturangaben werden – neben den teils umfangreichen Literaturverzeichnissen der zitierten Werke – insbesondere die folgenden Lexika empfohlen:

Gotthard Breit/Peter Massing (Hg.): Grundfragen und Praxisprobleme der politischen. Bildung. Ein Studienbuch. Bonn 1992
BpB (Hg.): Lernfeld Politik. Eine Handreichung zur Aus- und Weiterbildung. Bonn 1992
Dies. (Hg.): Grundwissen Politik. 3. Aufl., Bonn 1997
Wolfgang W. Mickel (Hg.): Handbuch zur politischen Bildung. Bonn u. Schwalbach/Ts. 1999
Ders. (Hg.): Handlexikon zur Politikwissenschaft. Bonn 1986
Ders./Dietrich Zitzlaff (Hg.): Handbuch zur politischen Bildung. Bonn u. Opladen 1988
Wolfgang Sander (Hg.): Handbuch politische Bildung. Schwalbach/Ts. 1997
Georg Weißeno (Hg.): Lexikon der politischen Bildung. 4 Bde., Schwalbach/Ts. 1999/2000:
Bd. 1: Dagmar Richter/Georg Weißeno (Hg.): Didaktik und Schule. 1999
Bd. 2: Klaus-Peter Hufer (Hg.): Außerschulische Jugend- und Erwachsenenbildung. 1999
Bd. 3: Hans-Werner Kuhn/Peter Massing (Hg.): Methoden und Arbeitstechniken. 2000
Registerband 2000

Spezielle Beiträge zu den einzelnen Schularten und Unterrichtsfächern zur politischen Bildung sowie zu den Bereichen außerschulischer Jugend- und Erwachsenenbildung befinden sich u. a. in
Wolfgang W. Mickel (Hg.): Politikunterricht im Zusammenhang mit seinen Nachbarfächern. München 1979
Ders./D. Zitzlaff (Hg.) 1988, S. 401–517
W. Sander (Hg.) 1997, S. 143–284
Ders.: Politik entdecken – Freiheit leben. Schwalbach/Ts., S. 147–183
BpB (Hg.): Handbuch politische Erwachsenenbildung. Bonn 1999
Benno Hafeneger (Hg.): Handbuch politische Jugendbildung. Schwalbach/Ts. 1997

Der Schüler muss Methode haben.
Dem Lehrer aber muss die Methode,
seinen Schüler zur Methode zu führen,
eigen sein." (Hugo Gaudig)

„Jede Methode ist bestreitbar
und keine allgültig." (Jacob Burckhardt)

1 Einführung in den Themen- und Problemkomplex

1.1 Wenn einer eine Hütte baut …

Wenn einer eine Hütte baut, wird er/sie „sich Gedanken machen über den Weg, der von den Voraussetzungen nach dem Ziele führt. Dieser Von-Nach-Weg wäre die Methode der Verwirklichung des Zieles. Dies Wort, vom griechischen méthodos abgeleitet, heißt ganz wörtlich übersetzt ‚Nach-Weg'. Unter Methode verstehen wir das Vorgehen, das Verfahren oder die Art und Weise, wodurch ein Ziel bei gegebenen Voraussetzungen erreicht wird." (Menne 1992, 1) „Es stimmt, dass die Methode weitgehend durch Ziel und Voraussetzung bestimmt wird – aber es bleibt doch oft noch die Wahl zwischen verschiedenen Methoden, zumindest kann man mehr oder weniger zweckmäßig, geschickt, wirtschaftlich vorgehen…" (Ebd.) Von Nietzsche stammt die Bemerkung: „Nicht der Sieg der Wissenschaft ist das, was unser 19. Jahrhundert auszeichnet, sondern der Sieg der wissenschaftlichen Methode über die Wissenschaft." Diese Aussage verkürzt die Intention von Methode. Danach würde alles verwendbar werden, wenn man nur die wissenschaftliche Methode angewandt hätte. Die Erkenntnis würde sekundär. Das ist zweifellos nicht mit Methode gemeint. Dagegen ist von dem englischen Empiristen Francis Bacon (Novum Organon 1620) überliefert, dass es „Wissenschaft" (und wir fügen hinzu: auch im Bereich ihrer [schulischen] Vorstufen) nur dort gibt, wo die empirischen Daten nach strengen Methodenregeln, d. h. nach üblichen Richtlinien rationalen Prüfens und Schließens analysiert und synthetisiert werden, also eine nach klaren Methoden aufgebaute, an systematisch beobachteten Ereignissen orientierte Suche nach Erfahrungswissen darstellt (s. S. 216).

1.2 Zur Situation von Methodik und Didaktik

Wie sieht es in der Praxis politischer Bildung aus? Auf die Gefahr inzwischen eingetretener Verbesserungen wird festgestellt: „Nur selten und dann recht peripher geht man der Methodenfrage nach, und fast nie wird eine (empirische) Überprüfung der dabei unterstellten Kausalitäten (‚diese Ziele erreicht man am besten mit jenen Methoden') erwähnt. Man kann diese merkwürdige Asymmetrie zwischen der Behandlung von Zielen einerseits und der (Nicht-)Behandlung von Methoden andererseits als ein Charakteristikum, didaktischer Semantik schlechthin bezeichnen …" (Treml 1996, 114 f.)

Hilbert Meyer (1999, 76) klagt darüber, „dass gerade dort, wo die Lehrerausbildung stark fachwissenschaftlich und fachdidaktisch ausgerichtet ist, eine *systematische* Einführung in Methodenprobleme oft unterbleibt." Für letztere spricht die These: „Methodenentscheidungen bei der Unterrichtsvorbereitung sind nicht technische Umsetzungen der Ziel- und Inhaltsentscheidungen, sondern eigenständig zu begründende und zu rechtfertigende Teile der Gesamtplanung." (Ebd. 78) Das heißt, die Methoden liefern auch die Struktur des Arbeitens, denn Methodik ist nicht mehr die instrumentell-technologische Vermittlungskunst von bereits Gewusstem/Entschiedenem, sondern wissenschaftliches Instrumentarium.

Das wissenschaftliche (oder wissenschaftsaffine) Verfahren wird geleitet von der an Methoden gebundenen Suche nach Erkenntnissen. Keine außerwissenschaftlichen Kräfte wie Meinungen, Wertungen u. dgl. sollen sie beeinflussen. Die Darstellung in diesem Buch soll „epistemische Neugier" (D. E. Berlyne) wecken. Die Sozialwissenschaften sind stark methodisch orientiert und die (jeweils präferierte) Methode kann Inhalte begünstigen oder benachteiligen.

Ein Beispiel aus der Justiz: Die Untersuchungs- und Urteilsmethoden stehen eigenständig neben dem Gesetz und sind ein Machtfaktor, der als Metaregel vom Gesetzgeber nur begrenzt beherrschbar ist (Anwendungsregeln der ZPO und StPO). Dies bedeutet: „In die Methodenwahl fallen zwangsläufig Vorentscheidungen über Interpretationsinhalte." (Grimm 1987, 347) Je nach dem, ob positivistische, soziologische, psychologische, naturrechtliche, weltanschauliche usw. Methoden bei einer gerichtlichen Auseinandersetzung zur Anwendung gelangen, ändert sich die Bewertung eines Vergehens oder einer Straftat.

Politische Bildung bedeutet materialiter die Verständigung über die öffentlichen Angelegenheiten, die Loyalitätsbeschaffung, die Integration von gesellschaftlichen Gruppen und Ideologien, das sich Bekanntmachen mit politischen Strukturen und Institutionen u. dgl. und formaliter die Methoden, mit deren Hilfe festgelegte Ziele erreicht, die Auseinandersetzungen der Lernenden mit einem Gegenstand organisiert werden können. Dies geschieht als offenes Angebot, in Alternativen, mithilfe konservativer (repräsentative Demokratie, traditionalistisch, Gemeinwohl bezogen, patriotisch) oder fortschrittlicher (Zivilgesellschaft, Kommunitarismus, Bürgerinitiativen, gesellschaftliche Gruppen) Modelle. Der Pluralismus der Möglichkeiten vollzieht sich im Rahmen einer wertgebundenen, freiheitlichen (Verfassungs-)Ordnung.

Um der manipulativen Gefahr zu entgehen, ist kommunikative Kompetenz in Gestalt von Prüfungskompetenz für Sprache, Darstellung, Stile, Symbole, Ideologien erforderlich. Sie soll durch Selektions- und Unterscheidungsfähigkeit, Methodenkenntnis, Urteilskompetenz, Orientierungswissen, Aufklärung, bürgerschaftliches Engagement u. dgl. erworben werden. Politische Bildung hat demnach die doppelte Aufgabe der a) intellektuellen Ausstattung des Bürgers und b) des Sicheinmischens, eine advokatorische Funktion mit dem Ziel einer humanen, friedlichen, sozial gerechten Gesellschaft. All dies geschieht primär auf der Grundlage von Politik „als Kern der politischen Bildung" (Massing/Weißeno 1995). Damit ist staatlich-gesellschaftliches Handeln gemeint, Machtausübung, Interessen artikulieren und durchsetzen, das Zusammenleben von Menschen regeln, Probleme lösen. Die normativen Vorgaben für politisches Lernen erfolgen auf sechs Ebenen, und zwar auf der Ebene der internationalen Abkommen (z. B. europäische Menschenrechtskonvention), des Grundgesetzes, der Länderverfassungen, der Bildungs- und Schulgesetze (bzw. Erlasse), der allgemeinen Lernzielkataloge (soweit vorhanden) und der Lehrpläne/Richtlinien.

Auf allen Niveaustufen sind Fachdidaktik und -methodik als Theorie, Praxis und Poiesis zuständig. Nach einer Stagnation entsprechender Theorieentwürfe in den 1980er-Jahren ergibt sich seit den 1990er-Jahren aufgrund eines veränderten Lern- und Bildungsverständnisses eine neue Lernkultur, die Umorientierung in Richtung von mehr Selbstständigkeit, Kritikfähigkeit, Konfliktbereitschaft, Risiko, Offenheit, Umgang mit Ambivalenzen, Differenzen und Ungewissheiten, aber auch zu Werten wie Selbstdisziplin, Gemeinsinn, Pflichterfüllung (Henkenborg 1996, 163 nach v. Hentig).

In der Praxis orientierte man sich früher an Formalstufenschemata (Herbart, Ziller, Rein, s. S. 319) u. dgl. Die mediale Informationsüberflutung hat diese Form des Lernens illusorisch gemacht. Deshalb ist der Erwerb von Methoden des Lernens (und Lehrens), das Lernen des Lernens, dringend geworden. Diese Konsequenz hatte schon Humboldt in seinem Königsberger Schulplan von 1809 im Prinzip erkannt: Der junge Mensch „ist also auf doppelte Weise, einmal mit dem Lernen selbst, dann mit dem Lernen des Lernens beschäftigt." „Der Schüler ist reif, wenn er so viel bei andern gelernt hat, dass er nun für sich selbst zu lernen im Stande ist." (Werke 1964, 170) Es kommt demnach auf die Kenntnis und Handhabung selbst gesteuerter Lernformen an.

1.3 Annäherungen an den Methodenbegriff und Desiderata

Der Begriff der Methode (s. S. 31) selbst ist allerdings einer der unaufgeklärtesten wissenschaftstheoretischen Begriffe. Seine Bedeutung hat die Geschichte der Wissenschaften seit Jahrhunderten beschäftigt. Er wird auf (wissenschaftliche) Untersuchungen wie auf die Darstellung von deren Ergebnissen bezogen und in seiner allgemeinen, pragmatischen Form als Chiffre für methodische Konstrukte, Unterrichts-, Arbeits-, Kommunikations-, Sozial- und Aktionsformen (Organisationsformen der Lernbedingungen und zur Durchführung von Erkenntnisprozessen) verwendet. Daraus resultiert eine gelegentliche Einschätzung von Methode als begriffliche Unverbindlichkeit und analytische Unbrauchbarkeit, als bloßes technisches Hilfsmittel für Unterrichtsarrangements. Dies wird besonders deutlich bei den unterrichtlichen „Methoden", die fließend in erzieherische und fachwissenschaftliche Methoden übergehen (v. Borries 1985).

Eine Methode als eine zielgerichtete Handlungsstrategie ist nicht aus sich heraus (theoretisch) zu begründen, sondern aus ihrer Leistungsfähigkeit, Adäquatheit bei der Lösung von konkreten Aufgaben usw. Dabei spielen für fachdidaktische Methoden die Bezugswissenschaften eine Rolle (sog. Disziplinorientierung). Die Auseinandersetzung, um die Induktion oder Falsifikation (s. S. 150) ist Beleg für die fragwürdige „Vorstellung einer normierten Grammatik wissenschaftlicher Methodologie zum Zwecke schulischer Bildung" (Petersen-Falshöft 1979, 124). Dennoch ist ein dauerndes Verständnis über methodologische Rationalitätstheorien erforderlich, damit eine (vorläufige) Einheitlichkeit des Erkennens zustande kommt. Insofern erfüllt Methodologie auch eine wissenschaftstheoretische Metafunktion. Alle methodologischen Regeln setzen überdies eine kommunikative Sprachinterpretation innerhalb einer Gruppe voraus (K.-O. Apel) und bestätigen die Vorrangigkeit der sprachlichen Vorverständigung vor jeder szientifischen Erkenntnisproblematik. Erst beim allgemeinen Gruppendissens der Begriffe und Wechsel der Fragestellungen entsteht ein neues Paradigma (Th. S. Kuhn, s. S. 143)

Aus den vorstehenden Andeutungen resultieren einige Desiderata:

- Der Methodenbegriff ist schärfer als bisher zu konturieren (Frage der Reichweite).
- Methodik ist komplementär zur Didaktik zu untersuchen, damit keine „halbierte" Theorie entsteht.
- Methoden sind auf ihre Leistungsfähigkeit zu überprüfen.
- Methodische Kompetenz ist als Ziel für Lehrende und Lernende anzustreben.
- Methodenpluralität und -offenheit werden vom Erkenntnisinteresse gefordert.
- Methoden müssen Theorie geleitet und praktikabel sein.
- Anwendungs-/handlungsbezogene Methoden stehen gleichberechtigt neben begriffs- bildenden Methoden, Praxis und Abstraktion sind komplementär („Methodenapotheke", Roeder 2002).

Es gibt keine für politische Bildung zuständige Einheitsmethode bzw. keine allein für diesen Bereich gültige Methodologie. Man bedient sich beispielsweise der philologisch-historischen, hermeneutisch-phänomenologischen Quellenkritik ebenso wie soziologischer, psychologischer, linguistischer usw. Verfahren und rezipiert die (Bezugs-)Wissenschaften und ihre Theorien. Spezifisch politisch bildend sind nur die Perspektiven und Frage- stellungen, unter denen die Themen methodisch untersucht werden.

Das heißt die Einheit und Eigenständigkeit des Faches liegt vor allem in seiner Topik (s. S. 419), auf die letztlich auch die konkurrierenden didaktischen Theorieentwürfe angewiesen sind. Dies bedeutet Methodenpluralismus. In Folge der Vielgestalt des Politischen müssen z. B. philologisch-hermeneutische Methoden für die Textinterpretation, historische Methoden für die geschichtliche Dimension, philosophische Methoden für die geistesgeschichtliche Einordnung, statistisch-quantitative empirische Methoden aus den Sozialwissenschaften herangezogen werden.

Nur ein methodisch-systematisches Arbeiten ist nachvollzieh- und überprüfbar. Die Me- thode selbst stiftet keinen Kontext, sie ist gleichsam wert- und bedeutungsneutral und lässt sich auf unterschiedliche Zusammenhänge anwenden. Der Kontext wird mehr oder weni- ger außerwissenschaftlich hergestellt. Deswegen ist auch ein bloßes „Methodentraining" (Kliebisch/Schmitz 2001; Kolossa 2000) ohne wissenschaftliche Grundierung nur begrenzt möglich. Ebenso ist die Weiterentwicklung der politischen Bildung durch immer neue (in- novative) Methoden und Medien kein Zukunftsprogramm, wenn Konzeptionen/Theorien fehlen, die auf die politisch-gesellschaftlichen Herausforderungen antworten können. Zweifellos wird politisches Lernen fundamental erschwert durch die pluralisierende Auf- lösung bisher anerkannter Ordnungskonzepte durch eine Vielzahl neuer „Bewegungen".

Am Anfang aller Bemühungen steht folglich der Zweifel (Descartes). Der methodische Zweifel treibt die Wissenschaft bis zum Selbstzweifel: Die Methodenkritik hat Methode. Die politische Bildung als eine praktische Bildung transferiert den bloß instrumentellen Me- thodenbegriff in einen produkt- und handlungsorientierten Begriff und unterstreicht da- mit die wichtige Bedeutung von Methode für ein aktives Lernen und Tun.

1.4 Rückbesinnung auf die Entwicklungsgeschichte

Für das Verhalten in einer demokratischen Gesellschaft gilt: Quod omnes tangit, ab omnibus comprobetur. Als anthropologische Voraussetzung wird auf Aristoteles (Nikomachische

Ethik) verwiesen, wonach der anthropos (Mensch) zoon logon echon (mit dem Ziel der Entfaltung der arete, Tugend) wie physei zoon politikon ist und auf Thomas von Aquin, wonach der Mensch (homo) naturaliter animal sociale et individuale ist. Das Gemeinwesen wird (theoretisch) als societas completa et perfecta vorausgesetzt. Allgemeines Ziel ist die salus publica. In der Neuzeit mutierte das zoon politikon zum homo oeconomicus mit entsprechenden Verschiebungen für das Politiksystem.

Die Methodologie der politischen Bildung hat in den Nachkriegsjahrzehnten bis gegen Ende der 1980er-Jahre eine marginale Rolle gespielt (Die gebräuchlichsten, systematisierten Arbeiten stammen von Mickel 1967, Giesecke 1973 und Claußen 1981.) und wurde bis dahin immer noch durchgängig unter die (Fach-)Didaktik subsumiert (Keck 1990). Sie wurde mehr pragmatisch-vortheoretisch als (Unterrichts-) „Methode" und „Methodik" denn als wissenschaftliche Voraussetzung und Bedingung des Erkenntnisprozesses begriffen. Deswegen fand sie sich, wenn überhaupt, unter die politikdidaktischen Entwürfe und Konzeptionen subsumiert, die sich ihrerseits durch ein hohes Abstraktionsniveau zu legitimieren suchten. Methodik wurde von der Didaktik vereinnahmt, zumeist zu ihrer praktischen Seite gezählt, und ein autochthoner wissenschaftlicher Charakter wurde ihr kaum zuerkannt. Dies hätte aufhorchen lassen müssen, da der Wissenschaftsanspruch der Didaktik selbst ohne eine Methodologie nicht einzulösen wäre. Das heißt, die Reflexion der Grundlagen hätte zu einer gleichberechtigten Anerkennung des methodologischen Bereichs führen müssen. Dies hätte nicht zuletzt zu einer ideologischen Entkrampfung politikdidaktischer Positionen schon vor dem politischen Epochenbruch der Wende in Deutschland beitragen können. Ebenso hätte die Berufung von politischer Bildung bzw. politischem Unterricht auf ihre Leitwissenschaft Politik (Mickel 1979; 1999) im Rahmen der übrigen Sozialwissenschaften (darunter der zu Erziehungswissenschaft mutierten [geisteswissenschaftlichen] Pädagogik und ihrer „realistischen Wendung" [Hch. Roth 1962]) infolge von deren empirischer Orientierung (erst die Analyse [der Fakten], dann die Interpretation) zu einer stärkeren Beachtung instrumenteller Methoden beitragen müssen.

Das Unterrichtsfach Politik/Gemeinschaftskunde/Sozialkunde o. Ä. – in den einzelnen westdeutschen Bundesländern zeitlich unterschiedlich, von 1945/46 im damaligen Groß-Hessen bis in die 1960er-Jahre und nach 1990 in allen ostdeutschen Bundesländern eingeführt – hatte sich anfangs nicht nur mit den ungeklärten Inhalten und Theorien auseinanderzusetzen (z. B. Th. Litt, E. Spranger, F. Oetinger, Hch. Weinstock, E. Weniger u. a.), sondern konnte auch die Vermittlungsprobleme nicht in einem erfahrungsgesicherten Rekurs auf Bewährtes lösen.

Die feststellbare Aufmerksamkeit gilt den Methodenfragen bei nachlassendem Interesse an dem umfänglichen Angebot der angeblich an der Praxis vorbeigehenden abstrakten politikdidaktischen Theoriekonstrukte (vgl. Hilligen 1991; Harms/Breit 1990; 144; Grammes 1989, 90; Waidmann 1996, 95; Ackermann 2001; Wienk-Borgert 1998, 134; Dorn/Knepper 1987, 154; Henkel 1997, 80).

Die Absicht besteht nicht darin, (theoretische) Didaktik gegen pragmatische Methodik auszuspielen, um dadurch „Praxisnähe" auszuweisen, sondern die methodologischen Grundlagen wie die Methoden selbst wissenschaftlich zu untersuchen. Die Anwendung didaktischer Begriffe ist dabei unverzichtbar und beruht auf methodischen Grundentscheidungen. Angesichts der medialen Überfülle und der zahlreichen Informationsmöglichkeiten zu den fachlichen Inhalten politischer Bildung sind offensichtlich in erster

Linie Methoden als bleibende Instrumente zum Generieren und Strukturieren von Einsichten und Erkenntnissen gefragt. Sie sollen auch künftig eine Aufarbeitung des sich rapide verändernden Informationsmaterials ermöglichen („informationelle Selbstbestimmung"). Unter Rückbesinnung auf die deutsche Reformpädagogik vor und nach dem Ersten Weltkrieg („Der Schüler habe Methode." Gaudig 1916) und unter dem Zwang des rasch veraltenden Wissens sowie der Notwendigkeit des Umgangs mit der täglichen Informationsflut kommt der Methodenkenntnis, der Frage nach der Erkenntnis leitenden Strukturierung eine herausragende Bedeutung auf allen schulischen und außerschulischen Niveaustufen zu. Diese Tendenz wird angereichert durch Erfahrungen in der DDR. Hier war Fachdidaktik wegen der verbindlichen lerninhaltlichen Vorgaben durch das zentrale Volksbildungsministerium nur ein marginales Thema. Dagegen ging es um die (lehrerzentrierte) fachmethodische Frage, wie bringe ich die Inhalte der Staatsbürgerkunde den Lernenden optimal bei. Da die Ideologie kanonisches Ansehen besaß, kamen fast ausschließlich rezeptive Lernformen zur Anwendung. Methoden der politischen Bildung können demnach nicht abstrakt betrachtet werden. Sie müssen neben dem Erkenntnisziel auch die Gesellschaftsform beachten. Eine totalitäre Gesellschaft verlangt von ihren Mitgliedern Unterordnung, Glauben an die Ideologie, Rezeption des parteiamtlichdoktrinär Vorgegebenen. Demgegenüber ist eine „zivile" demokratische Gesellschaft tendenziell auf (Ideologie-)Kritik, Pluralität, Liberalität u. dgl. – bei Aufrechterhaltung einer systemnotwendigen Solidarität in principiis – angelegt. Die dafür in Frage kommenden Arbeits- und Sozialformen betonen das selbstständige, Problem lösende, erfahrungs- und handlungsorientierte, forschende und entdeckende Lernen. Dieses stützt sich auf kontroverse Auseinandersetzungen, auf das ständige Infragestellen von Ergebnissen, Positionen usw.

Schließlich ist im Sinne eines kräftigen Anschubs von Methodenlernen der nordrheinwestfälische Methodenerlass von 1988 zu nennen, der dezidiert die Akzentuierung von Methoden im Unterricht und in den Lehrbüchern verlangt. Im Anschluss daran wurde von einer Mitverantwortlichen als Aufgabe formuliert:
„Fachwissenschaftliche Methoden und politisch-soziale Kulturtechniken, die in sozialer Realität anwendbar, d. h. verwendbar sind, müssen als notwendiges, für das Fach konstitutives Handwerkszeug in realitätsangemessenen Konstrukten (möglichst in Form realer Fälle – W. M.) erworben und geübt werden." (Glass 1987, 503; Dorn/Knepper 1987)

Seit den 1990er-Jahren wird politische Bildung wieder stärker als Allgemeinbildung und umgekehrt verstanden, da Allgemeinbildung auch ein politisches Problem darstellt, indem sie von politischen Gremien normativiert wird.

Beispielsweise ordnet Klafki (1990, 301 f.) der Allgemeinbildung drei „Grundfähigkeiten" zu: Selbstbestimmung, Mitbestimmungs- und Solidaritätsfähigkeit, zusätzlich u. a. ethische und politische Entscheidungs- und Handlungsfähigkeit. An weiteren Fähigkeiten werden genannt: Kritikbereitschaft und -fähigkeit, Argumentationsbereitschaft und -fähigkeit, Empathie (Betrachtung des Problems aus der Sicht des anderen), vernetztes Denken oder Zusammenhangsdenken (ebd. 306; Sander 1989; Sutor 1990).

Allgemeinbildung wird einerseits von politischen Gremien normativiert, andererseits befähigt sie die Individuen, am gesellschaftspolitischen Leben gestaltend teilzunehmen.

Politische Bildung wird daher von Klafki (1990, 301) „als eine konstitutive Komponente ‚allgemeiner Bildung' ausgelegt".

In der deutschen Verfassung sind Erziehungsziele nur generalklauselartig (z. B. Verantwortung, Mündigkeit, Solidarität, Selbstentfaltung, Demokratie, Freiheit, Gerechtigkeit) erkennbar.

Kennzeichnend für die politische Bildung, die sich aus mehreren sozialwissenschaftlichen Disziplinen konstituiert (Übersicht bei Meuser 1997, 248 ff.), ist die Vielfalt von Inhalten Zielen, Methoden und Medien. Unter den so genannten. Bezugswissenschaften (Gress 1987) (s. S. 110) ist die Politikwissenschaft vorrangig, wenn sie sich auch nicht mehr unbestritten – im Gegensatz zu ihren Anfängen in den 1950/60er-Jahren in der BRD (alt) – als deren Nukleus betrachtet (Hartwich 1987; Claußen 1990; Massing/Weißeno 1995). Sie ist aber nach wie vor die Leitwissenschaft und im übrigen mit mehreren Sozialwissenschaften thematisch-kontextbezogen und wissenschaftstheoretisch zugeordnet (multi-disziplinäre Venetzung).

1.5 Thematische und wissenschaftstheoretische Grundeinstellung

In diesem Buch werden die wichtigsten wissenschaftstheoretischen Grundlagen und praktischen Instrumente insbesondere aus politologischer Perspektive systematisch aufgearbeitet. Die Überlappungs- bzw. Komplementärbereiche zu den andern Sozialwissenschaften sind vielfältig (z. B. Politische Philosophie als Politische Ideengeschichte und Politische Anthropologie, Geschichte als Historische Sozialwissenschaft, Soziologie als Politische Soziologie, dazu Internationale Politik, Politische Systemlehre usw.) ihre Vor- und Nachteile werden soweit wie möglich diskutiert, ihre Fachlichkeit muss gewahrt bleiben. Daraus ergibt sich u. a. ein Methodenpluralismus, der Optionen für den konkreten Fall bereithält. Er setzt Kenntnisse und Flexibilität in der Wahl der je zutreffenden Methoden und Sicherheit in ihrer praktischen Anwendung sowie in der Einschätzung ihrer theoretischen Reichweite voraus. Es gibt also für das Erreichen der Ziele der politischen Bildung keinen Methodenmonismus, der an der Methodologie einer einzigen (z. B. der Politik-)Wissenschaft festzumachen wäre. Letztere ist eine dem didaktischen Bereich angehörende bildungstheoretische Kategorie, die nicht mit dem Vorgehen einer einzelnen Wissenschaftsmethodologie (z. B. der Politikwissenschaft oder Soziologie) konform geht. Dennoch muss für wissenschaftstheoretisch abgesicherte Methoden, die nicht als synkretistische Aggregation von Daten denunziert werden dürfen, gesorgt werden.

Methodenlehre war ursprünglich die Lehre vom Beweisen als Teil der philosophischen Logik, z. B. im Sinne von Kants („Logik") Frage, inwieweit es einen reinen Gebrauch unserer Vernunft gebe, nach methodischen Prinzipien vorzugehen (Schröder 1998). In der vorliegenden Schrift wird der Begriff im umfassenden Sinne für die Darstellung und Untersuchung des methodischen Feldes, für das Bedingungsgefüge des Methodenerwerbs und methodisch gelenkten Entscheidens und Handelns, für Methoden der Vermittlung und der Erkenntnisgewinnung usw. (vgl. Reformpädagogik) gebraucht (Popper 1966). Die hier vorgelegte Methodenlehre integriert mehrere Bildungsbereiche und bemüht sich, den theoretisch erreichten *State of the art* wiederzugeben und Lehrenden wie Lernenden ein Tableau vielfältiger Methoden vorzustellen. Dabei kann es nicht um Vollständigkeit gehen – der (erforderlichen) methodischen Phantasie sind keine Grenzen gesetzt, obwohl nicht jede phantasievolle Zugehens- und Arbeitsweise eine „Methode" ist –, auch nicht um die Favorisierung bestimmter epistemic communities (Methodenorthodoxien), nicht um epistemologische Rechthabereien, sondern um die Darlegung von Grundsätzlichem (anhand von möglichst treffenden Beispielen). Die epistemische Neugier soll durch Widerspruch, (kognitive und emotionale) Dissonanzen, Diskrepanzen, Betroffenheiten, ungelöste Probleme, Interessen usw., d. h. durch intrinsische und extrinsische Motivation geweckt und durch Fragen wie: Wie und Womit erreiche ich mein Ziel (Erkenntnis, Problemlösung u. dgl.)? fortgeführt werden. Dies ist um so dringlicher, nachdem die Untersuchung des unterrichtlichen Alltags eine methodische Monostruktur (Hage 1985, 147 f.) in Form des Frontalunterrichts (ebd. 151) bzw. des lehrerdominierten, fälschlich so genannten gelenkten Unterrichtsgesprächs (euphemistisch meist als fragend-entwickelnde Methode bezeichnet) festgestellt hat.

Wissenschaftliche Methodenlehre soll die Methodik
- von ihrer Profanierung als bloß unterrichtspraktisches Instrument befreien,
- ihre wissenschaftstheoretischen Grundlagen erarbeiten,
- ihre Komplementarität zur Didaktik herstellen,
- Methoden darstellen und kritisieren,
- sie im Rahmen des Bezugsfeldes politische Bildung positionieren.

So bleibt Methode kein Selbstzweck, sondern Mittel zum Zweck (Erkenntnis) und gehört damit weitgehend zur Propädeutik der Wissenschaft. Ohne methodisches Denken ist diese nicht möglich.

Als fundamentale Voraussetzungen können gelten: Politische Bildung muss nach wie vor das Geschäft der Aufklärung betreiben. Es gilt das Rationalitätsparadigma des in der Aufklärung entwickelten okzidentalen Wissenschaftsverständnisses. Nach Kant („Was ist Aufklärung?" 1784) ist Aufklärung *der Ausgang des Menschen aus seiner selbst verschuldeten Unmündigkeit. Unmündigkeit ist das Unvermögen, sich seines Verstandes ohne Leitung eines anderen zu bedienen. Selbstverschuldet ist diese Unmündigkeit, wenn die Ursache derselben nicht am Mangel des Verstandes, sondern der Entschließung und des Mutes liegt, sich seiner ohne Leitung eines andern zu bedienen! Sapere aude! Habe Mut, dich deines eigenen Verstandes zu bedienen! ist also der Wahlspruch der Aufklärung.*, ein Prozess, der infinit angelegt ist, solange es um Demokratie auf der Basis freiheitlichen Denkens und Handelns sowie engagierten verantwortlichen Mitbestimmens und -entscheidens geht. Das heißt der mündige, aus Gründen entscheidende und handelnde (Staats)Bürger bleibt eine permanente Aufgabe politischer Bildung. Er artikuliert und verfolgt seine und seiner Gruppe Interessen und Bedürfnisse, weicht den Konflikten nicht aus, akzeptiert faire Kompromisse, nimmt Mitbestimmungsrechte und Verantwortungen wahr. Der von Kant angemahnte Gebrauch des Verstandes (ratio) wird als eine Tätigkeit des Geistes, des Vermögens zu denken, zu erkennen und zu urteilen verstanden. Er ist diskursiv, bezieht sich auf sinnliche Erfahrung und dient der Begriffsbildung. Dagegen ist die Vernunft (intellectus) das höhere Erkenntnisvermögen und betrifft die nicht erfahrungsbezogene, nicht sinnliche Erkenntnis der Prinzipien und Ideen. Sie bezieht sich auf das Ganze, auf den universellen Zusammenhang aller Wirklichkeit und allen Geschehens, auf die Gesamterkenntnis und die Leitung des Handelns aus dieser Erkenntnis, es ist die Fähigkeit bzw. das Vermögen des Erfassens von übergreifenden Ordnungs- und Sinnzusammenhängen, des Setzens von übergreifenden Zielen und Zwecken.

Deshalb erfolgt politische Bewusstseins- und Willensbildung, werden kritisches Prüfen, Analysieren, Urteilen und Handeln ebenso wie das Diskutieren und Debattieren eingeübt, wird ein Denken in Alternativen zu praktizieren versucht usw., werden blinder Dezisionismus und einseitiger Aktivismus zurückgewiesen. Politikbegriff und -verständnis (s. S. 88) werden weit gefasst: das Politische ist öffentlich, und das Öffentliche ist politisch. Dazu gehören politologisch-systematisch u. a. Interessen, Werte, Ideologien, Macht, Recht, Eigennutz, Gemeinwohl, Herrschaft, Legitimation, Toleranz, Solidarität, Partizipation, Grundrechte, Mehrheitsprinzip, Minderheitenschutz, Freiheit, Wahlen usw.

Politische Bildung muss schließlich eine eigenständige Form kommunikativen Umgangs mit der Öffentlichkeit entwickeln (Grammes 1998). Sie bedeutet weder Allzuständigkeit noch Totalpolitisierung der Gesellschaft und gilt als fundamental für die Generierung bestimmter demokratischer Denk-, Urteils-, Handlungs- und Verhaltensweisen auf der Grundlage der Verfassung (s. o.). Vor allem basisdemokratische politische Systeme müssen die nachwachsende Generation von der Legitimität (Unterstützungswürdigkeit) der vorhandenen Ordnung und Strukturen aus Gründen der inneren Stabilität von Staat und Gesellschaft überzeugen und stets erneut eine Identifikationsbereitschaft mit den (Grundwerten der liberalen Demokatie (z. B. Menschenrechte, Gewaltenteilung, Rechtsstaatlichkeit, Privateigentum, Marktwirtschaft, Pluralismus usw.) schaffen (sog. Systemaffekt).

Dabei kommt es auf reflektierte Praxis und auf den Durchgang durch die Theorie (auf die „Anstrengung des Begriffs", Hegel) an. Erst ein theoretisches Bemühen bringt die Dinge „auf den Begriff", bestimmt ihren kontextuell-situativen Stellenwert, relativiert verkürzte, partiell-phänomenologisch erfahrene Praxis (z. B. im Alltag, Stadtteil [Preuß/Hard 1982], Lebenswelt [Gagel 1986]),Theorieabstinenz wäre demnach antirational und antiaufklärerisch (Hilligen 1990). Der für seinen angeblich ausgeprägten Pragmatismus häufig verkürzt zitierte John Dewey hat in Wirklichkeit vom „learning *by thinking* about doing" gesprochen.

Zusammenfassend soll durch politische Bildung und als interdisziplinäre Querschnittsaufgabe geleistet werden:
a) Erkundung und Erschließung der Lebensumwelt
b) politisch-gesellschaftliche Gesamtorientierung
c) Umgang mit Informationen und Gewinnung von Erkenntnissen
d) Förderung des diskursiven Verhaltens;
all dies in einer methodisch durchdachten Form.

Die Grundeinstellung dieses Buches ist empirisch-analytisch, kritisch-rational. Dieser methodologische Ansatz verknüpft empirische Forschung mit gesellschaftlicher und ideologiekritischer Reflexion und deckt ebenso die normativen Elemente politischer Bildung auf. Er bezieht sich stark auf das Paradigma des Kritischen Rationalismus (z. B. intersubjektive Überprüfbarkeit, Plausibilität, [konditionale] Wenn-dann-Sätze im Gegensatz zu der eine Axiomatik begründenden Selbstevidenz von Obersätzen in den reinen Wissenschaften) und geht davon aus, dass Analyse und Deskription des Vorfindlichen, der Fakten als Ausgangspunkt für eine Interpretation (Exegese) und Beurteilung (Hermeneutik) zu gelten haben (s. S. 162). Der Ansatz will also Tatsachen aufzeigen und Wirkungszusammenhänge, Strukturen und Aussagen deuten.

Diese Position ermöglicht das Ausgehen von Anschauungen und Wahrnehmungen, wie im Neoempirismus des so genannten Wiener Kreises (E. Mach, R. Carnap u. a.). Danach müssen wissenschaftliche Sätze immer mit der Erfahrung verifiziert oder falsifiziert werden. Es kommt auf wertfreie Aussagen an, Theorien als deskriptive (nicht normative) Aussagensysteme müssen widerspruchsfrei und intersubjektiv überprüfbar sein, Tatsachen- und Werturteile müssen getrennt werden, wie in den Sozialwissenschaften schlechthin (vgl. Popper S. 150). Die synthetischen Aussagen beinhalten neue Elemente, die aus der Erfahrung kommen und die Aussagen über Tatsachen sind. Zusätzlich zu diesem Ansatz sind historisch-hermeneutische Interpretationen erforderlich.

1.6   Zur Organisation der Forschung

Menne (1992, 119 f.) schlägt für den Gang der Forschung vor, die Methodologie (des Weges) in Schritte zu zerlegen:
1. Frage: „Jedes wissenschaftliche Forschen beginnt mit Fragen."
2. Problem: „Eine wissenschaftliche Frage bzw. ein solcher Fragenkomplex, dessen Beantwortung von besonderer Bedeutung für den weiteren Gang der Wissenschaft ist, nennt man ein wissenschaftliches Problem."
3. Hypothese: „Annahmen, für die einige plausible Gründe sprechen, nennt man Hypothesen. Eine solche besteht meistens aus einem System von Sätzen, von denen einige als sicher, andere als wahrscheinlich begründet gelten und andere als noch nicht begründet, aber verifizierbar angenommen werden."
4. Theorie: „Eine Theorie besteht stets aus einem System von Aussagen, die in einem Begründungszusammenhang stehen. Sie stellt einen Wahrheitsanspruch, wird also behauptet wie das Urteil."
5. Modell: betrifft nur Teilaspekte eines Gegenstandsbereichs; stellt nicht den unbedingten Wahrheitsanspruch wie Theorien.
(6.) Wissenschaftssprache.
(7.) Intuition: brauchbare Einfälle zur Lösung eines Problems.

Die generelle wissenschaftliche Methode verläuft in folgenden Phasen:
1. (Entdeckung eines) Problem(s), einer Fragestellung
2. Suche nach Kenntnissen
3. Lösungsversuche (Hypothesen, Theorien)
4. Prüfung der Lösungen.
Der Paradigmenpluralismus stellt allerdings die Auffassung von der Universalität der wissenschaftlichen Methode in Frage. Gleichzeitig relativiert die Festsetzung von Methoden deren Gültigkeit (Lehner 1994).
Es stellt sich hier die Frage, ob Methoden überhaupt unabhängig von einer didaktischen Konzeption erörtert und legitimiert werden können, ob zwischen Normkonformität und Zweckrationalität unterschieden werden kann. Die Antwort zielt darauf, dass die methodischen Angebote formal die gleichen sind. Methoden richten sich u. a. nach dem Ziel, zu dem verschiedene Wege hinführen können. Die Methodenentscheidungen sind meist nicht exklusiv, hängen u. a. vom Untersuchungsgegenstand, Akteurstyp, von der zielrichtenden Fragestellung und ihrem Fokus ab. In praxi ist deshalb nicht der tatsächliche Erkenntnisweg das Wichtigste, sondern die Begründung für seine Wahl und sein Einfluss auf das Ergebnis. Manchmal gilt auch das Motto der alten irischen Wandermönche: Das Ziel ist die Reise. Die gewählte sozialwissenschaftliche Methode (z. B. bei der Auswahl der Probanden,

der Messverfahren usw.) etwa bei demoskopischen Umfragen (z.B. Wahlen) beeinflusst u.U. nicht unwesentlich das Resultat.

Die Teilung des Buches in eine theoretische (Meta-)Ebene und in eine praktische Ebene resultiert aus der Notwendigkeit theoriegeleiteter Praxis und praxisgeleiteter Theorie: „Philosophisch gesehen, ist zwischen Methode als Reflexion über den einzuschlagenden Weg zu einem Ziel und der Anwendung der Methode (etwa in der Wissenschaft, der Produktion, der Kunst oder auch im Unterricht), zwischen der Methode und der methodengerechten Handlung zu unterscheiden. In diesem Sinne ist Methode Handlungs‚muster'; sie gehört zur ‚ideellen Vorgabe der Handlung'; in der Handlung selbst wird die Methode realisiert." (Klingberg 1982, 235)

Bundestag und Bundesregierung haben sich zum ersten Mal 1968 mit der politischen Bildung in Deutschland und dann erst wieder über zwanzig Jahre später befasst. Im „Bericht der Bundesregierung zu Stand und Perspektiven politischer Bildung in der Bundesrepublik Deutschland" vom 10.12.1991 (nach einer Anhörung von Fachleuten und Verbänden zur politischen Bildung am 8.5.1989; Bundestagsdebatte am 20.2.1992) wurden die Ziele und Inhalte als (normative) Empfehlung festgelegt.

Das sich aus dem Text (in APuZ vom 10.4.1992) ergebende Politikverständnis lässt sich folgendermaßen skizzieren: Demokratie wird plural-prozessual und dynamisch verstanden, basierend auf den Grundwerten der Verfassung, in deren Rahmen der Einzelne sich eigenverantwortlich – unter Rücksichtnahme auf die Interessen anderer, auch von Minderheiten – verhalten soll. Er soll die demokratischen Spielregeln und Verhaltensweisen anerkennen, konfliktfähig und konsens-/kompromissbereit sein. Dazu verhilft das Denken in Alternativen, das auf politischem Problembewusstsein, Ideologiekritik, Unteilsfähigkeit und -bereitschaft beruht. Darauf aufbauend soll er den Schritt zum politisch-partizipativen Handeln (Aktivbürger) vollziehen und Einfluss in der Gesellschaft zu nehmen versuchen. Materialiter geht es um „die Vermittlung grundlegender Kenntnisse, Wertvorstellungen und Verhaltensweisen im demokratischen Gemeinwesen" (S.4). Dazu gehört u.a. die Beschäftigung mit dem Regierungssystem, der Rolle der Parteien und Verbände, der Rechtsstaatlichkeit, der deutschen Geschichte, der Rolle Deutschlands in der Welt(politik), den Zukunftsproblemen, den demokratischen Verhaltensmustern, dem Abbau von Vorurteilen, den (föderalen) Länderstrukturen, der Information über ausländische Bürger, der internationalen Politik, der europäischen Integration, Osteuropa, den Entwicklungsländern, der Wirtschaft usw. Als methodisches Prinzip wird die „Methodenvielfalt" genannt (S.10). Das Ziel liegt in einem „unverkrampften Staats- und Verfassungsbewusstsein" (S.4), dessen Erreichen diskursiv mithilfe des so genannten Beutelsbacher (Minimal-)Konsenses (s. S.127) erfolgen soll: durch Indoktrinationsverbot, Interessenorientierung und thematische Umstrittenheit.

Weitere Stellungnahmen zu Zielen und Aufgaben politischer Bildung enthalten der Darmstädter Appell „Aufruf zur Reform der Politischen Bildung in der Schule" (Text in PoBi 4/1995, S.139–143) und das Münchener Manifest („Demokratie braucht Politische Bildung") der Bundeszentrale und der Landeszentralen für politische Bildung vom 26.5.1997 (Text in APuZ B 32/97, S.36–39), ferner die Würzburger Erklärung der drei Fachverbände für Erdkunde/Geografie, Geschichte und Sozialkunde/Gemeinschaftskunde vom 21.10.1995 (Text in Forum PU 3/1995, S.66–70) sowie die Erklärung des Arbeitsausschusses für Politische Bildung der freien Träger vom 12.11.1997 (Text in Praxis PB 2/1998, S.150–154).

1.7 Über die politikunterrichtlichen Prämissen

Schließlich noch ein Hinweis zu dem hier vertretenen Politikunterricht. Seine Aufgabe besteht in der realitätsadäquaten Analyse der staatlichen und gesellschaftlichen Vorgänge sowie in der internationalen Politik besonders der BRD und im Entwurf konstruktiver Alternativen sowie im Verweisen auf potenzielle Lösungs- und Handlungsstrategien. Die Anerkennung des legitimen pluralistischen Meinungsspektrums schließt die Favorisierung einer bestimmten politischen Richtung aus. Der Demokratiebegriff (s. S. 88) ist das politische Wertapriori schlechthin. Demokratische Inhalte, Regeln, Verhaltensweisen usw. müssen gelernt und eingeübt werden (Breit/Schiele 2002); Himelmann 2001). Das vielfältige Angebot soll diskursiv aufgearbeitet werden. Das heißt, der Politikunterricht macht selbst keine Politik. Sein Bestreben ist rationaler Natur. Er will kritische, demokratische Bürger und Bürgerinnen heranbilden, sie mit dem nötigen Rüstzeug ausstatten. Er will mit der aufklärerischen Forderung nach Selbst- und Mitbestimmung ernst machen und dazu u. a. die Methoden zu ihrer Verwirklichung bereitstellen. Für Veränderungsvorschläge und Kritik hält er sich an das verfassungsmäßig Zulässige unter Beachtung der freiheitlich demokratischen Grundordnung der Bundesrepublik Deutschland als politischen Bezugsrahmen.

Da der Text über den schulischen Rahmen hinausgeht und sich prinzipiell an alle politischen Bildnerinnen und Bildner und deren Klientel wendet, werden diese i. d. R. als Lehrende und Lernende angesprochen. Unter den Begriff „Unterricht" werden grundsätzlich alle Bildungs-, Lehr- und Lernveranstaltungen, in denen es i. d. R. um die institutionalisierte, planvolle Vermittlung und den Erwerb von Wissen und Fähigkeiten, das politische Lehren und Lernen geht – entweder durch amtliche Lehrplan-/Lernzielvorgaben oder infolge subjektiv vorgeschlagener Themen (Problemanzeigen) – subsumiert. Insgesamt handelt es sich um ein fremdbestimmtes (von i. d. R. formalen, artifiziellen, vom Lehrenden operational-situativ modifizierten Lernarrangements ausgehendes) oder selbstorganisiertes Lernen als ein Prozessgeschehen, das von interagierenden Personen bestimmt wird.

Angesichts der fast unübersehbaren Sekundärliteratur wurde auf eine vollständige Auflistung von publizierten Unterrichtsentwürfen, -reihen, -stunden sowie von sonstigen Unterrichtsmaterialien u. dgl. verzichtet. Wer Beispiele sucht, wird auf die entsprechenden Sammelbände und Zeitschriften verwiesen.

2 Wissenschaftstheoretische Grundlagen der Methoden

2.1 Die Terminologie: Methode/Methodologie/Methodik – zur begrifflichen Klärung

„Methode" (griech. meta: zu etwas hin; hodos: der Weg) ist

a) der Weg des (bewussten, gezielten, planmäßigen, systematischen wissenschaftlichen) Vorgehens zur Generierung von Erkenntnis und

b) der Weg zum Ziel, das systematische Vorgehen bei der Vermittlung von Inhalten. Den Geistes- und Sozialwissenschaften ist die induktiv verfahrende phänomenologische (empirisch-analytische), hermeneutische und historisch-philologische Methode mit ihren je fachspezifischen Ausdifferenzierungen zugeordnet. Die Beobachtungen werden zu „Protokollsätzen" gefasst und daraus Hypothesen formuliert, die an vergleichbaren Einzelsätzen nachgeprüft werden. Bestätigen sich die Hypothesen, d.h. wird eine Regelmäßigkeit entdeckt, kann daraus ein „Gesetz" (nomologische Aussage) und aus mehreren Gesetzen eine „Theorie" werden. Die klare Beschreibung der Methoden dient u.a. der Kompatibilität der Ergebnisse und bewahrt davor, dass mancher seine „eigene" Methode anwendet. Die Sozialwissenschaften arbeiten also auf einen methodisch induzierten Erkenntniszuwachs hin. Sie sind jedoch polyvalent, auf Teilziele gerichtet, während die naturwissenschaftlichen Methoden mehr linear verlaufen, auf „die Wahrheit" als einem axiomatischen Endziel gerichtet sind.

„Methode" bezieht sich auf die Reflexion und Praxis des Verhältnisses von Gegenstand und Erkenntnis (bzw. Begriff). Sie ist die Art und Weise, in einem Gebiet vorzugehen, un-sere Tätigkeit einem Ziel zuzuordnen. Nach Kant (1944, 3) „heißt Methode die Art und Weise, wie ein gewisses Objekt, zu dessen Erkenntnis sie anzuwenden ist, vollständig zu erkennen sei".

Es kann unterschieden werden zwischen

1. Makro- und Mikromethoden und

2. instrumentellen Methoden wie Beobachten, Selektieren und Klassifizieren von Daten, Interpretieren, Verifizieren und Falsifizieren, Hypothesen formulieren, Wahrnehmen, Quantifizieren, Messen, Prognosen stellen, Schlussfolgern, operationales Definieren, Variablen kontrollieren, Systematisieren, Kategorisieren, Modelle aufstellen, induktives Generalisieren usw. Die entscheidende Frage besteht darin, was „Methode" leisten soll/kann. Da wären zu nennen:

a) fachlich:
- Informationen beschaffen
- Handlungskriterien entwickeln und zum Handeln befähigen
- Zusammenhänge entdecken und herstellen
- Aussagen bewerten und überprüfen
- Erkenntnisse, Einsichten liefern.

b) pädagogisch:
- Zur selbstständigen, kompetenten geistigen Tätigkeit befähigen.

Der Methodeneinsatz kommt nach der Methode PITT in Frage:
1. in der Problematisierungsphase
   (z. B. durch Filmsequenz, Bild, Karikatur, (unvollständiger) Bericht, Erzählung, Fall, Ereignis usw.
2. in der Informationsphase
   (z. B. durch Texte, Vortrag, Lehrgespräch, Lesen usw.)
3. in der Trainingsphase
   (z. B. durch Üben in Einzel-, Partner- und Gruppenarbeit, Rollenspiel, Bearbeiten von Texten usw.)
4. in der Transferphase
   (z. B. durch Beispiele aufzählen, Projekte planen usw.).

Die „*Methodologie*" repräsentiert die Reflexion auf die Verwendung von Methoden und die sie bestimmenden Prämissen und bildet die von den Forschern benutzte und akzeptierte Verfahrensgrundlage einer wissenschaftlichen Disziplin und macht die Qualität einer Theorie im Hinblick auf ihre Leistungsfähigkeit im Erkenntnisprozess aus. Sie ist die rationalste Form der Organisation des Findens, Lernens, Erwerbs des Neuen. Folglich ist sie auch von großer Dringlichkeit für (außer-)schulisches Lernen.

Philosophisch gesehen ist sie ein Teil der Logik, die von der Anwendung der logischen Gesetze (Axiome) auf die Praxis des Denkens handelt. Peltzer (1983, 178) definiert: „Mit Methodologie (Methodenlehre) wird die Gesamtheit der normativ gesetzten Regeln bezeichnet, die die Vorgehensweise bei der Entwicklung und Anwendung von Methoden zum wissenschaftlichen Erkenntnisgewinn vorschreibt. Methodologie in diesem Sinne ist also gleichbedeutend mit Wissenschaftstheorie. Aussagen über Wissenschaftstheorien (Meta-Theorien) sind, über die Analyse auf Widerspruchsfreiheit hinaus, letztlich nur auf der Basis einer wiederum übergeordneten (Meta-Meta-)Theorie möglich, die ihrerseits normative Entscheidungen beinhalten muss."

Kurz, Methodologien sind in Forschungspraxis umgesetzte Wissenschaftstheorien; sie beschäftigen sich mit dem Zusammenhang zwischen bestimmten Methodenrepertoires und spezifischen Theorien(ansätzen). Die Wechselbeziehung zwischen theoretischen Konzepten und methodischen Strategien sieht beispielsweise wie folgt aus:

Empirie	– sozialwissenschaftliche Methoden	(Verknüpfen von statistischen und
Interpretation	– geisteswissenschaftliche Methoden	hermeneutischen, von quantitativen
		und qualitativen Methoden)
Deskription	– phänomenologische Methoden	
Praxis	– aktions-, handlungsorientierte Methoden	

„Die Methodologie ist die Theorie der Methode." (Bochenski 1969, 17) Die allgemeine Methodologie des theoretischen Denkens behandelt Methoden, die auf Wissenschaften Anwendung finden. Dazu bedarf es allgemeiner methodischer Prinzipien, nämlich
- der Sprachanalyse
- der phänomenologischen Methode
- der deduktiven Methode
- der reduktiven Methode
- der dialektischen Methode.

Die Methodologie wird so zur Metaposition, die über die (konkreten) Methoden reflektiert. Sie fragt z. B. danach, nach welcher Regel (Methode) die Auswahl von Dokumenten, Ereignissen, wissenschaftlichen Aussagen usw. getroffen werden, wie ihr Wahrheitsgehalt usw. festgelegt werden soll. Allerdings ist Methodologie nach Menne (1992, 2) „keine streng formale, sondern eine pragmatische Wissenschaft, d. h., sie hat es mit menschlichem Handeln zu tun: sie gibt dem Menschen gewisse Handlungsanweisungen, wie er sein Erkenntnisstreben ordnen soll, welche Hilfsmittel (z. B. Bücher, technische Regeln, Messgeräte, Datenverarbeitung – W. M.) er einsetzen soll, um wissenschaftliche Erkenntnisse wirksam gewinnen zu können." Erst durch methodisches Vorgehen wird Wissenschaft zur Wissenschaft oder – im Sinne von Descartes – das umfassende und fundamentale Prinzip der Erkenntnis.

(Unterrichts-)„*Methodik*" als die Lehre von den verschiedenen (praxeologischen) Unterrichtsmethoden stellt die Frage nach den Schritten, Formen, Phasen des Herangehens an eine gestellte Aufgabe. Sie betrachtet das Unterrichtsgeschehen unter fünffachem Blickwinkel:

- die Unterrichtsstile
- die Artikulations-
- die Aktions-
- die Aufbereitungs- und
- die Sozialformen

Sie darf nicht normativ als Anweisung für den Unterricht verwendet werden (Guhl/Ott 1985). Der Begriff wird gleichzeitig kollektiv für die übersichtliche Zusammenstellung von Methoden verwendet. Darin sind Inhalte und Arbeitstechniken mit Erkenntnis leitenden Fragestellungen verbunden. Die (anthropologischen, situativen usw.) Bedingungen der Lernsituation gesellen sich hinzu.

2.2 Über den Gebrauch des Methodenbegriffs

Der Methodenbegriff stammt aus der philosophischen Tradition. Man kann sich ihm a) vom Inhalt, Stoff (Objekt, Thema) und b) vom Individuum (Subjekt), das es mit einem zu lösenden Problem zu tun hat, nähern. Bei a) zeigt die Methode sich als die Anordnung eines Wissensstoffes, die ihn für die Verwendung am wirksamsten macht. Die gegenstands- bzw. inhaltskonstitutive Funktion von Methode erweist sich dagegen in Folgendem: Wenn Lernen ein Prozess und Denken prozessual zu fassen ist, dann gibt es keine Inhalte im Sinne eines aggregathaften, von der Methode des Inhaltsgewinns losgelösten Seins. Dadurch wird der instrumentelle Aspekt von Methode als einseitig widerlegt. Methodik ist somit nicht bloße Unterrichtstechnologie (Meyer 1994), als welche sie gelegentlich denunziert wird, sondern hängt auch von individuellen (Lern-)Voraussetzungen ab. Die methodische Strukturierung muss – unabhängig von den sonstigen Verfahrensweisen – die individuell-subjektiven (anthropogenen) Voraussetzungen der Lernenden mit dem objektiven, soziokulturell bedingten Sachanspruch vereinigen. Eine Methode ist auch nicht aus der allgemeinen Methodologie theoretisch ableitbar. Sie wird vom Lehrenden/Lernenden ausgewählt nach dem Erkenntnisziel und Abstraktionsniveau der Analyse, sie ist abhängig vom Untersuchungsgegenstand, von Fokus und Fragestellung, von der Datenlage, der leitenden Theorie und nicht zuletzt von der Handhabbarkeit durch den Anwender, seiner allgemeinen gesell-schaftspolitischen Zielsetzung (z. B. Klassenbewusstsein bei Christian 1974; 1978; Gesell-schaftstranszendierung bei Claußen 1981), seinem lernpsychologischen bzw. theoretischen Ansatz, seinen sozialisatorischen Erfahrungen usw.

Die *Unterrichtsmethode* besorgt das operative Geschäft, das Unterrichten und Lernen. Sie leistet die Vermittlung von Zielen unter konkreten Bedingungen, indem sie die Thematik des Gegenstandes strukturiert und die Techniken integriert. Unterrichtsmethode konstituiert also ihren Gegenstand als Prozess und in seinem Ergebnis. Vorgaben für Unterrichtsmethode und technische Arrangements im Bereich politischer Bildung sind Schlüsselbegriffe wie Selbsttätigkeit, Selbstbestimmung, (politische) Beteiligung, Kreativität, Teamarbeit, demo-kratisches Verhalten u. dgl. Methode ist kein bloßes Mittel, sondern leitender Aspekt zur Strukturierung unterrichtlicher (Inter-)Aktionen sowie zur Erkenntnisgewinnung. Metho-den sind die „Großformen in der Unterrichtsgestaltung" (K. Frey). Jede Methode stützt sich auf eine eigene erkenntnistheoretische Position. Die verschiedenen Methoden unterscheiden sich hinsichtlich ihres typischen Ablaufs (Artikulation), ihrer angestrebten Ziele (Wissen, Erkenntnisse, Fertigkeiten, Fähigkeiten, Schlüsselbegriffe, Strukturierung, Einstellungen, Haltungen), ihrer Umsetzung charakteristischer didaktischer Prinzipien, ihres Ausmaßes an Homogenisierung und Differenzierung. Sie sind Muster von idealtypischen Lernverläufen. Methode ist also nicht nur Instrument, um z. B. den zunächst diffusen, materialdifferenten Unterricht nach Aspekten zu strukturieren, sondern ist zugleich ein zielangemessenes Ver-fahren zum Gewinnen bestimmter Ergebnisse. Das heißt die Methode(nanwendung) selbst ist das proprium.

Der Weg ist von Sokrates/Platon durch die Methode der Mäeutik (griech. Hebammen-kunst) fundamental vorgezeichnet. Die Trias: Frage(stellung), Argumentation und Antwort (Ergebnis, Plausibilität) nennt man im Dienste eines Problems die Methode, d. h. die Ord-nung und Zielrichtung des Weges, des Vorgehens. Sie verwendet bestimmte Verfahren und Mittel des Lehrens und Lernens sowie die ihnen zugeordneten Organisationsformen.

„*Methode*" wird in der wissenschaftstheoretischen Diskussion gebraucht als
1. Inbegriff der „Spielregeln des Spiels ‚empirische Wissenschaft'" (K. R. Popper)
2. Sammelbegriff für wissenschaftliche Verfahren und Begriffsbildung, der Gestaltung von Forschungsplänen und der Interpretation von wissenschaftlich erheblichen Quellen.

Die wissenschaftliche Methodendiskussion dreht sich deshalb um die Reliabilität (Verläss-lichkeit) und Validität (Gültigkeit) des jeweils zugrunde gelegten Paradigmas. Me-thodologie macht demnach die Qualität einer Theorie aus (s. o.). Methoden dagegen machen die Inhalte anwendbar und die Theorie praktikabel.

Methoden der Erkenntnisgewinnung – z. B. ist wissenschaftliches Wissen methodisch gewonnenes Wissen – und Unterrichtsmethoden sind angenähert. Beispielsweise verlangt – als pädagogisches Ziel – die Bearbeitung eines Falles oder Problems die Kenntnis der Pro-blem lösenden Methode, einer Situation des hermeneutischen Verstehens (Gagel 1986, 149). Generell gehören zur Methodenkenntnis das Erörtern und Begründen möglicher Schritte zur Lösung einer Aufgabe, das Überprüfen von Ergebnissen, der Umgang mit Texten, Karten, Statistiken, Kurven, Schaubildern usw., die Form des Analysierens, Strukturierens, Ordnens, Abstrahierens, Konkretisierens, Generalisierens, das Beurteilen von (Augenzeugen-)Be-richten (z. B. oral history), wissenschaftlichen Darstellungen, Dokumenten, Kommentaren u. dgl.

2.3 Die qualitative Differenz: wissenschaftliche Methoden und Unterrichtsmethoden

Der Umgang mit wissenschaftlichen Methoden verläuft im Prinzip nicht anders – wie die pragmatisch-verkürzte Schilderung eines komplizierten Vorgangs zeigt – als im Unterricht. Der Unterschied liegt lediglich in Folgendem: „Methode kann sowohl die Form der Unterweisung als auch die Form des Lernens, der lernenden Aneignung des Gegenstandes sein, bei der Ersteren muss eine Zielentscheidung vorausgegangen sein, bei der Letzteren nicht." (Wittern 1985, 32). Sie soll die Fähigkeit vermitteln, Sach- und Sinnzusammenhänge zu erschließen, dass wissenschaftliches Vorgehen verstehbar wird und reflektiert werden kann. Es wird vermieden, den Lernenden an wissenschaftliche Erklärungsmuster im Sinne spezifischer Wissenschaftsmethodik heranzuführen (ebd.).

Dennoch halte ich die Postulierung eines „doppelten Methodenbegriffs" (Hilligen 1985, 45) für unangemessen. Die vorwissenschaftlich-propädeutisch angewandten Methoden eines Fachgebietes, z. B. der Geschichte, Politik usw., werden i. d. R. von den wissenschaftlichen (Fach-)Methoden und/oder auf der Basis von deren Methodologie hergeleitet. Ihre Differenz ist nicht grundsätzlicher – hier wissenschaftlicher dort wissenschaftspropädeutischer –, sondern qualitativer (d. h. auf einem höheren Niveau befindlichen) Art. Deshalb ist beispielsweise eine Zusammenlegung von Schulfächern zu Lernbereichen (Sozial-/Gemeinschaftskunde, Geschichte, Erdkunde zu Gesellschaftskunde/-lehre; Physik, Chemie, Biologie zu Naturlehre) zwar schuldidaktisch verständlich, aber infolge der Methodendifferenzen der jeweils beteiligten Fächer höchst fragwürdig und in praxi kaum zu leisten. Entscheidend ist und bleibt die Wissenschaftsorientierung der Methoden der einzelnen Disziplinen. Daher gibt es prinzipiell keine separaten Schul- und Wissenschaftsmethoden. Der Lernende (als Nichtwissenschaftler) soll zumindest Fragen stellen und beantworten können wie: Wie gehe ich an ein Thema, Problem heran, was benötige ich zu seiner Aufschlüs-selung/Differenzierung, welche Medien können einen Beitrag leisten, welche konkreten (analytischen Arbeits-)Schritte muss ich vollziehen, wie werte ich die (Zwischen-)Ergebnisse aus (synthetische Abstraktion), wo kann ich mich weiter orientieren, was haben andere zum Thema gesagt, worin stimme ich mit ihnen überein/ nicht überein, welche Auffassung hat die größere Plausibilität, wie muss ich meine Meinung korrigieren, modifizieren usw., womit wird mein Resultat begründet (Urteil, Bewertung)?

Die *Unterrichtsmethode* muss dafür sorgen, dass sich Struktur und Gehalte eines Gegenstandes dem Lernenden öffnen. Dafür ist ein strukturgerechtes, schrittweises Vorgehen erforderlich, die Anwendung fachgemäßer Arbeitsweisen und -techniken, der Einsatz von Medien und angemessenen Unterrichtsformen. Das heißt der Begriff der Methode bewegt sich auf zwei Reflexionsebenen, und zwar 1. trägt er zur Strukturierung der Lerninhalte nach Maßgabe didaktischer Kategorien (s. S. 117) bei, 2. verlangt er die Planung der anzu-wendenden Unterrichts- und Organisationsformen, der Untersuchungstechniken, des Medieneinsatzes usw. Aufklärerische Inhalte und Ziele bedingen entsprechende Methoden, z. B. beinhaltet danach die generelle Akzentuierung von Kritik auch die Praxis der Unterrichtskritik, das Bemühen um die Transparenz der sozialen Verhältnisse auch die Transparenz des Unterrichtsgeschehens. Das heißt der Referenzrahmen für den Gebrauch einer bestimmten Methode ist vielfältig.

Die Unterrichtsmethoden können verschiedenartig strukturiert werden, z. B. in einem so genannten Klassifikationsschema. Dieses versucht die Erscheinungsformen methodischen Handelns vollständig und widerspruchsfrei in Beziehung zueinander zu setzen:

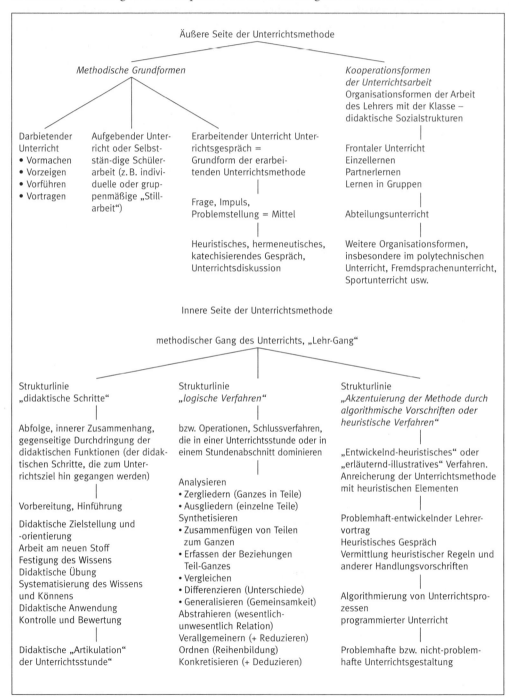

Äußere Seite der Unterrichtsmethode

Methodische Grundformen

Kooperationsformen der Unterrichtsarbeit
Organisationsformen der Arbeit des Lehrers mit der Klasse – didaktische Sozialstrukturen

Darbietender Unterricht
• Vormachen
• Vorzeigen
• Vorführen
• Vortragen

Aufgebender Unterricht oder Selbstständige Schülerarbeit (z. B. individuelle oder gruppenmäßige „Stillarbeit")

Erarbeitender Unterricht Unterrichtsgespräch = Grundform der erarbeitenden Unterrichtsmethode

Frage, Impuls, Problemstellung = Mittel

Heuristisches, hermeneutisches, katechisierendes Gespräch, Unterrichtsdiskussion

Frontaler Unterricht
Einzellernen
Partnerlernen
Lernen in Gruppen

Abteilungsunterricht

Weitere Organisationsformen, insbesondere im polytechnischen Unterricht, Fremdsprachenunterricht, Sportunterricht usw.

Innere Seite der Unterrichtsmethode

methodischer Gang des Unterrichts, „Lehr-Gang"

Strukturlinie „didaktische Schritte"

Abfolge, innerer Zusammenhang, gegenseitige Durchdringung der didaktischen Funktionen (der didaktischen Schritte, die zum Unterrichtsziel hin gegangen werden)

Vorbereitung, Hinführung

Didaktische Zielstellung und -orientierung
Arbeit am neuen Stoff
Festigung des Wissens
Didaktische Übung
Systematisierung des Wissens und Könnens
Didaktische Anwendung
Kontrolle und Bewertung

Didaktische „Artikulation" der Unterrichtsstunde"

Strukturlinie „logische Verfahren"

bzw. Operationen, Schlussverfahren, die in einer Unterrichtsstunde oder in einem Stundenabschnitt dominieren

Analysieren
• Zergliedern (Ganzes in Teile)
• Ausgliedern (einzelne Teile)
Synthetisieren
• Zusammenfügen von Teilen zum Ganzen
• Erfassen der Beziehungen Teil-Ganzes
• Vergleichen
• Differenzieren (Unterschiede)
• Generalisieren (Gemeinsamkeit)
Abstrahieren (wesentlich-unwesentlich Relation)
Verallgemeinern (+ Reduzieren)
Ordnen (Reihenbildung)
Konkretisieren (+ Deduzieren)

Strukturlinie „Akzentuierung der Methode durch algorithmische Vorschriften oder heuristische Verfahren"

„Entwickelnd-heuristisches" oder „erläuternd-illustratives" Verfahren. Anreicherung der Unterrichtsmethode mit heuristischen Elementen

Problemhaft-entwickelnder Lehrervortrag
Heuristisches Gespräch
Vermittlung heuristischer Regeln und anderer Handlungsvorschriften

Algorithmierung von Unterrichtsprozessen
programmierter Unterricht

Problemhafte bzw. nicht-problemhafte Unterrichtsgestaltung

(Lothar Klingberg: Einführung in die Allgemeine Didaktik. 7. Aufl. Berlin (Ost) 1989, S. 257 f.)

Methode ist nicht nur Form, sondern auch Inhalt des Arbeitsprozesses. Daher gehören zur Bestimmung der Methode Klarheit über Ziele und Verfahrensweisen, Begründung des Vorgehens, Überzeugung von der Richtigkeit des Weges, Sorge um dessen Geradlinigkeit, Planmäßigkeit und Systematik des Disponierens und Ausführens, Übersichtlichkeit und Vernünftigkeit. Es ist demzufolge unmethodisch, wenn man bewusst Umwege geht, im Planen und Handeln Unordnung zulässt, das Ziel aus den Augen verliert, sich inkonsequent und sprunghaft verhält u. dgl. Des Weiteren hängt die Methode vom zugrunde gelegten Verständnis des Lehrens und Lernens ab. Wie soll gelernt werden (rezeptiv, aktiv, kritisch, entdeckend usw.)? Ferner ist Methode vom Lernziel abhängig. Sie macht einen vielschichtigen Inhalt (Thematik) erst zu einer definierten und strukturierten Aufgabe. Damit ist Methode sowohl gegenstands- wie zielverbunden, je nachdem, wie die Gliederungsmöglichkeiten der erkennenden und kritischen Vernunft eingesetzt werden: geisteswissenschaftlich-hermeneutisch (auf „Verstehen" ausgerichtet), deskriptiv-analytisch (genau beschreibend) oder dialektisch-kritisch (Widersprüche aufdeckend). Wird Methode als kritischer Prozess für den Lernenden verstanden, liefert sie den Beitrag zur Sach- und Selbstbestimmung sowie zur Abwehr von Verdinglichung und Entfremdung. Damit scheidet ein rein instrumentell-technologisches Verständnis von Methode aus. Methoden sollten also zu Inhalten des Lernprozesses selbst werden wie z. B. im Projekt, in der Sozialstudie, im Planspiel usw. Die Fragen stellen sich: Welche Möglichkeiten liefern Methoden, um Ernst(Alltags-)situationen aufzuarbeiten, an Realerfahrungen zu lernen und damit die Trennung von Theorie und Praxis (teilweise) zu überwinden?

Klafki (1994) hat die Bedeutung von Unterrichtsmethode(n) herausgearbeitet. Aus der Sicht der kritisch-konstruktiven Didaktik als Teildisziplin der Erziehungswissenschaft – Dieter Lenzen hat in der von ihm herausgegebenen „Enzyklopädie Erziehungswissenschaft (11 Bde., Stuttgart 1983 ff.) den Methodenfragen in den ersten Bänden einen breiten Raum eingeräumt – plädiert Klafki für einen „Methodenverbund" (s. S. 46) und begründet ihn mit der qualitativ unterschiedlichen Interdependenz des Geschehens bzw. den vielfältigen konstituierenden Faktoren des pädagogischen Feldes, z. B. mit der Abhängigkeit der Methode(n) von Zielentscheidung, Medien, soziogenen und anthropogenen, exogenen und endogenen Bedingungen, und spricht schließlich vom „immanent-methodischen Charakter der Thematik".

Methode erfüllt, teilweise unabhängig von den Themen, eine kritisch-emanzipatorische Funktion, wenn sie Lehr- und Lernprozesse wechselseitig bedingt und zu ihrem gesetzten Ziel gelangt.

2.4 Methodenpluralismus: die Forderung aus der Praxis

Der von der Allgemeinen Didaktik (im Gegensatz zu Dosch, s. S. 45) eingeführte Begriff der Methodenkonzeption, worunter man meist Plan-, Rollen- und Simulationsspiel, Lehrgang, Fallstudien, Projekte, Erkundungen usw. versteht, wird hier nicht verwendet. Methoden können nur durch frühzeitige, gezielte Übung und (Meta-)Reflexion gewonnen werden und stellen sich als eine permanente Aufgabe des Lehr-, Lern- und Erkenntnisprozesses dar.

Der Methodenbegriff wurde in seiner pragmatischen Form als Chiffre für methodische Konstrukte, Unterrichts-, Arbeits-, Kommunikations-, Sozial- und Aktionsformen (Organisationsformen der Lernbedingungen und zur Durchführung des Erkenntnisprozesses) gebraucht.

Die Methoden in der politischen Bildung hängen davon ab, welche der vier metatheoretischen Positionen man als Ausgangspunkt wählt:

a) die normativ-ontologische Position
b) die empirisch-analytische Position
c) die kritisch-rationale Position
d) die dialektisch-kritische Position.

Sie führen zu einer Praxis, die sich formal wie material orientiert

a) an einem konservativen, status-quo-bezogenen, obrigkeitlichen, staatszentrierten Gesellschaftsmodell
b) an einem pragmatischen (systemtheoretischen) Modell
c) an einem liberal-demokratischen, offenen (kritisch-theoretischen) Modell
d) an einem (obsoleten) sozialistischen (System verändernden) Modell.

In der Praxis treten sie häufig als Mischformen auf. Sie sind auf empirische, analytische, hermeneutische, epistemologische Verfahren angewiesen. Ihre je spezifische Anwendung führt zu je unterschiedlichen Resultaten.

Die korrespondierenden Lernmethoden lassen sich charakterisieren als

a) deskriptiv (z. B. Vortrag)
b) analytisch (Gruppenarbeit, Fallstudien, Besichtigungen usw.)
c) klinisch (selbstständige Analyse von Problemen aufgrund erworbenen Wissens).

Das Methodenspektrum ist vielseitig. Der Methodenerwerb verläuft nicht linear; er ist ein bisher unerforschter komplizierter Vorgang. Die Methode stellt sich auch nicht als eine Zweck-Mittel-Relation dar, als eine direkte Beziehung zwischen ihr und dem Lernziel. Deswegen ist die Evaluierung eines Lernprozesses im Hinblick auf die Verwendung bzw. den Erwerb adäquater Methoden schwierig zu beurteilen. Es ist etwa zu fragen: Welche Methode(n) ist/sind für den Lernenden (und für die Sache) effektiv? Werden sie es auch bei einer anderen Problemstellung sein? Daraus folgt, dass nur die wiederholte Einübung zu pragmatischen Erfolgen führt, und es wird verständlich, dass es eine exklusive Theorie einer Einheitsmethode nicht geben kann.

Unter den Aspekten politischer Demokratie ist die Pluralität und damit die Vielfalt methodischen Vorgehens – im Rahmen des wissenschaftlich Gebotenen und Vertretbaren – unerlässlich. Der Beweis für die Notwendigkeit einer Methodenkomplexion lässt sich am besten e contrario führen. Ein antipluralistisches, autoritär-diktatorisches politisches System begünstigt Denkverbote (vgl. Staatsbürgerkunde der DDR, s. S. 114), indem es die Mehrdimensionalität des Politischen vermeidet, weil sonst Kontrolle und Überwachung gefährdet und abweichende Meinungen eher produziert würden. Andererseits ist die Wahrheitserkenntnis der Sozialwissenschaften immer perspektivisch, Standort und Standpunkt bedingt. Deshalb gehört das Training des methodischen Perspektivenwechsels (s. S. 332) zur (politischen) Bildung.

2.5 Über den Legitimationszwang von Methoden

Die Methoden stehen immer unter einem Legitimationszwang im Hinblick auf ihre Leistungsfähigkeit (Reichweite) und ihre wissenschaftstheoretischen Implikationen. Es darf nicht suggeriert werden, als würde man eo ipso der Wahrheit näher kommen, sondern Methoden stehen unter (fallibilistischem) Begründungszwang. Daher muss stets erneut um die effektivste Methode gestritten werden, zuzüglich infolge der jeweiligen Variablenkomplexion des Lern-/Lehrfeldes. Allgemeiner Konsens herrschte von Anfang an über die Anwendung aktivierender, die Selbstständigkeit der Lernenden fördernder und fordernder Methoden(arrangements) bis hin zu ihrer eigenverantwortlichen Auswahl (und Anwendung) sowie über den intendierten Lernzuwachs, z.B. im Lernbereich Wissen, Verstehen, Erkennen, Verhalten mit je unterschiedlicher Handlungs-, Erfahrungs- und Produktorientierung. Sie beruhen auf dem (pädagogisch-politischen) Leitbild des Bürgers schlechthin.

Systematisch betrachtet stellt sich die Frage, ob die Methodik eines Schul-/Unterrichtsfaches mit einer didaktischen Konzeption kompatibel sein muss. Dies würde voraussetzen, dass man im durchschnittlichen Falle davon ausgehen könnte, Lehrende und Lernende würden einer fachdidaktischen Konzeption sicht- und spürbare Priorität einräumen. Dies ist erfahrungsgemäß nicht der Fall. In praxi ist eher ein didaktischer Eklektizismus feststellbar, eine Favorisierung bestimmter – konservativer, liberaler, sozialer – Grundpositionen, je nach gesellschaftspolitischer Provenienz (Konsens- oder Konfliktorientierung, unterschiedliche Interpretation des Gemeinwohls im Zusammenhang mit der Präferierung eines [konsensualen oder differierenden] Ensembles fachlicher Zentralbegriffe wie Freiheit und Gleichheit, Solidarität, Subsidiarität, Gerechtigkeit usw.).

In der Praxis der Methodenverwendung herrscht oft ein Methodenmix bzw. -kombination im Nacheinander (Wolling 2002). Das gleiche Problem kann betrachtet werden
a) kritisch-dialektisch (Warum und Wozu?),
b) ideologiekritisch (auf die sich abzeichnenden Interessen, Wertungen, Vorverständnisse bezogen),
e) hermeneutisch (auf Wandel und Bedeutung im historischen Prozess gerichtet),
d) empirisch-analytisch (auf intersubjektiv überprüfbare, regelmäßige Abläufe fixiert).

Die Methode enthält somit gesellschaftspolitische Implikationen, sodass das Ergebnis von ihrer Wahl bestimmt wird. Darüber hinaus ist die Methode entweder an eine didaktische Konzeption angelehnt, oder sie soll nur dem (kognitiven, positivistischen, affektiven) Lernen, dem Strukturlernen usw. dienen. Auch die wissenschaftstheoretischen Ansätze (s.S.141) beeinflussen die Methodologie der politischen Bildung.

Der praxisbezogene Methodenmix bevorzugt pragmatische Positionen, vor allem kritisch-analytische Methoden. Ihnen kommt es auf die Klarheit und Widerspruchsfreiheit von Begriffen sowie auf operationale Definitionen an, die die empirisch beobachtbare Wirklichkeit mit dem theoretischen Konzept (empirische und logische Ebene) verbinden. Schwierigkeiten entstehen u.a. daraus, dass Begriffe oft semantisch identisch mit theoretischen Konzepten sind. Infolgedessen müssen einzelne Begriffe als Variablen verwendet werden: Wenn z.B. das theoretische Konzept „Soziale Ungleichheit" untersucht werden soll, dann ist soziale Ungleichheit zu definieren etwa durch ungleiche Einkommensverteilung, die wiederum in verschiedene Werte unterteilt werden kann (niedriges, mittleres, hohes Einkommen) usw.

Der erforderlichen pluralen Auswahl und Anwendung von Methoden korrespondiert die vom Schulrecht weitgehend anerkannte Methodenfreiheit für Lehrende und Lernende (s. S. 69). Danach ist methodisch erlaubt, was lege artis als vertretbar erscheint (Ausschluss von Extrempositionen). Methodenmonismus würde den Zielen einer freiheitlich demokratischen Staats- und Gesellschaftsordnung widersprechen.

2.6 Hinführung zur wissenschaftlichen Methodenbegründung

Der Forschungsstand über Methoden der politischen Bildung ist defizitär, im einzelnen uneinheitlich, sogar widersprüchlich und oft begrifflich unscharf. Keine wissenschaftsmethodische Schule hat einen zureichenden Begriff von Praxis. Hermeneutische, das „Verstehen" anvisierende Theorien bleiben auf der Ebene der Theorie, empiristische Theorien restringieren die Praxis methodologisch auf Sozialtechnologie. Dagegen will z. B. die moderne Aktionsforschung Forschen, Lernen und Handeln zusammenbringen, d. h. sie zielt auf gesellschaftliche Praxis. Angemessen dürfte ein Verfahren sein, das das Theorie-Praxis-Problem in seinen korrelativen Bezügen aufgreift. Dazu sind nötig: Kenntnisse (unterschieden als politisches Kern-, Grund- und Orientierungswissen), Strukturierungskategorien, Einsichten, Urteilskraft, Sinn für die Rangordnung der Werte, das Vor- und Mitdenken von (Alternativ-)Entscheidungen, die Berücksichtigung der Interessen(perspektive), die Orientierung am Gemeinwohl, Grundüberzeugungen und eine realistische Einstellung gegenüber den Formen der (konfliktorischen) Macht und Herrschaft. Diese Begriffe strukturieren auch wesentlich das vorliegende Buch.

Es ist bisher nicht gelungen, ein stringentes Begriffssystem für die hier behandelten Felder zu entwickeln. Der Methodenbegriff ist vieldeutig, wie sich schon gezeigt hat, und hängt mit der ihm zugrunde gelegten Wissenschaftstheorie und der didaktischen Theorie zusammen, die beide selbst wiederum methodisch analysiert werden müssen. Die Unterrichtsmethoden ihrerseits sind historisch belastet – etwa durch Herbarts Formalstufen. Sie können jedoch nur von der Unterrichtswirklichkeit her (was die Notwendigkeit von empirischer Unterrichtsforschung belegt; Grammes/Weißeno 1993; Henkenborg/Kuhn 1998) adäquat diskutiert werden. Erst eine Systematisierung und Klassifizierung vorgefundener Phänomene kann eine anerkannte Begrifflichkeit (und Praxis) schaffen.

Die Methode ist für die Erkenntnistheorie innerhalb der abendländischen Philosophie ein Kernproblem. Sie reicht von den Vorsokratikern zur griechischen Klassik (Sokrates, Platon, Aristoteles u. a.) und mittelalterlichen Scholastik (Thomas von Aquin, Albertus Magnus u. a.) – mit einschränkenden oder sie modifizierenden bzw. überwindenden Gegenbildern. Aus der neueren Zeit sei erinnert an die angelsächsischen Empiristen, Utilitaristen und Pragmatisten (Hume, Locke, Bentham; W. James, Dewey u. a.), an die deutschen Idealisten (Hegel, Kant u. a.), an geistes-/lebensgeschichtlich orientierte Philosophen wie Schleiermacher, Dilthey, Husserl, Heidegger, Nic. Hartmann, Gadamer u. a. sowie aus der Neuzeit an Systemtheoretiker wie Parsons und Luhmann, an Erkenntniskritiker wie Popper und Albert, an Systemkritiker wie Horkheimer, Adorno, Marcuse, Habermas u. v. a.

Die Notwendigkeit von Methodenkenntnis in den Wissenschaften zur Erkenntnis und Strukturierung des Umfeldes ist selbstevident. Ohne die Methodisierung und Systematisierung von Themen und Gegenständen bleiben diese diffus, ist ihre erkenntnisgerichtete

Bearbeitung, gedankliche Durchdringung und ihre ergebnisbezogene Konturierung unmöglich. Auf dem Wege der Realisierung von Erkenntnisinteressen wird – scholastisch gesprochen – aus der (bloßen) existentia vorgegebenen Materials die essentia, das inhaltsgetränkte Resultat, aus diversen Gedanken und Aussagen wird der Begriff (die Schlussfolgerung, das Konstrukt, die Theorie, die Konzeption), aus Teilen wird das Ganze usw. All dies vollzieht sich nicht in einem einmaligen, eindimensionalen Vorgang, sondern erweist sich als ein mehrdimensionaler Prozess. Die Herangehensweisen an eine Aufgabe sind zwar je fach- und gegenstandsspezifisch, aber verlässliche Resultate lassen sich i. d. R. nur über methodische Verfahren gewinnen. Das heißt ohne ausgefeilte(s) Methoden(verständnis) gibt es keine zuverlässigen Ergebnisse/Erkenntnisse. Methodenlehre bzw. Methodologie wird somit zu einer selbstständigen (Teil-)Disziplin. Innerhalb eines Faches oder Gegenstandsbereiches ist die aspekthafte und perspektivische Betrachtung vielfältig. Dies führt zur Methodenvielfalt, -kombination und -variation. Die ausschließliche Anwendung bestimmter Methoden würde den Erkenntnis- bzw. Strukturierungsprozess vereinseitigen und liefe Gefahr, Einsichten zu verhindern bzw. zu deformieren, Wahrheiten zu blockieren usw.

Diese Ausführungen erscheinen plausibel von einem streng erkenntnistheoretischen Standpunkt aus. Wie ist es aber, wenn ideologische Implikate in Gestalt von politischen Vorstellungen, gesinnungsmäßigen Festlegungen u. dgl. als Prämissen bzw. als Material die methodische Suchbewegung steuern? Oder anders ausgedrückt: Kann man politische Bildung trotz teilweise ideologielastiger Inhalte methodisch vertretbar betreiben?

Voraussetzung ist u. a. die Rationalität des jeweiligen Verfahrens, seine intersubjektive Überprüfbarkeit, die multiperspektivische Bearbeitung etwa durch Methodenwechsel usw. Dies muss insbesondere für eine politische Bildung gelten, die sich von Parteinahme freihalten, Kontroversität und Pluralität fördern und jede Indoktrination verhindern will.

2.7 Die Forderung nach verstärkter Methodenorientierung

Die Forderung nach verstärkter Methodenorientierung kommt aus der Unterrichtspraxis (s. S. 23). Es ist der Ruf nach effektiven (methodischen) Vermittlungsstrategien, auch im Sinne planer Unterrichtstechnologie und angesichts einer Klientel von Lernenden, die mit modernen Aneignungsmethoden sozialisiert worden ist/wird: Sehen und Hören (Bilder, Comics, Videos, Filme usw.), Ausprobieren (Computerprogramme), dagegen weniger mit den intellektuell anspruchsvolleren Formen des Lernens, Erkennens, Urteilens und Handelns (vor allem im Umgang mit Texten). Die euphemistische Bezeichnung des bloßen Erwerbs und der Anwendung von einfachsten Methoden(resten) auf niedrigem Niveau als „methodisches Handeln" ist unangemessen.

Nach Schulze (1978, 94; ebenso Nitzschke 1988) umfasst „methodisches Handeln" „die Gesamtheit aller Aktivitäten, die sich unmittelbar auf die Gestaltung von einzelnen Lernsituationen oder auch Folgen und Felder von Lernsituationen beziehen" (ebd. 94), auch die Aufhebung der Objektkontrolle des Lernenden. Die Allgemeinheit und Inhaltsleere eines solchen voluntaristischen Begriffs ohne analytische Brauchbarkeit – er unterstellt, dass alle unterrichtlichen Handlungen aktiv, konkret, überlegt und zielgerichtet seien, Wechselbeziehungen zwischen theoretischen Überlegungen zur Konkretisierung von Unterricht und (methodischen) Interaktionen herstellten – machen den Begriff unpraktikabel.

Im Gegensatz zu Schulze und Nitzschke strukturiert Hilbert Meyer (1987,1, 234 ff.) das „methodische Handeln" in drei Dimensionen: in Sozialformen, Handlungsmuster und Unterrichtsschritte (die von Lehrenden und Lernenden gleichermaßen vollzogen werden). So wird der ursprünglich diffuse Begriff klarer fassbar.

Lehrende und Lernende stehen vor der täglichen Aufgabe des rationalen Umgangs mit einer Fülle von Material. Für dessen Strukturierung und Bearbeitung ist zweifellos ein theoretisches Paradigma erforderlich, das in und von der Praxis oft nicht als solches wahrgenommen wird. Vielmehr sind es oft nur Versatzstücke von Theorien, die den Alltag bestimmen. Andererseits ist das Interesse an einer verantwortlichen inhaltlichen und methodischen Gestaltung des Unterrichts groß, nicht zuletzt eingedenk der Tatsache, dass Inhalte rasch veralten, dagegen der gekonnte Umgang mit methodischen Instrumentarien seinen Wert behält.

Im Hinblick auf die vorrangige Bezugswissenschaft politischer Bildung kann festgehalten werden: Da es unterschiedliche Auffassungen von „dem Politischen" gibt, besteht Dissens, welche Methoden am besten geeignet sind, das jeweilige „Wesen" (proprium) oder den jeweiligen „Begriff" des Politischen wissenschaftlich zu erfassen. Infolge der verschiedenen Richtungen der Politikwissenschaft gibt es keinen Methodenmonismus, sondern i. d. R. werden unterschiedliche methodische Ansätze bei der Bearbeitung eines Problems kombiniert, ohne dass dies in einen ausgeprägten methodischen Eklektizismus umschlagen müsste. „Wenn Wissenschaft definiert werden kann als die methodisch gesteuerte Generierung von Wissen zu sachlich begrenzten Fragen, so gehört die Politikwissenschaft sicherlich zu jenen Wissenschaften, die zahlloser Methoden bedürfen, weil die Grenzen ihres Gegenstandsbereichs variabel und fließend sind." (Münkler 1990, 23) Daraus folgt: „Forschungsstrategien sind Pläne zur (theoretisch begründeten) Organisation von Forschungsprozessen. Eine Forschungsstrategie liefert den Entscheidungsrahmen für die Auswahl und den Einsatz geeigneter Methoden, deren Anwendung anhand von Forschungskriterien auszuweisen ist. Eine Forschungsstrategie formuliert Beziehungen der Forschungstätigkeiten untereinander…" (Hameyer 1984, 146)

Ein Forschungsdesign oder -szenario ist demnach nicht einer einzigen Forschungsmethode verpflichtet, z. B. werden verstehend-interpretative, prozess- und datenbezogene, inhalts- und präferenzanalytische, gruppendynamische Methoden kombiniert.

Ebenso konkurrieren in den dominierenden Bezugswissenschaften der politischen Bildung, den Sozialwissenschaften, unterschiedliche wissenschaftstheoretische Modelle mit ihren je verschiedenen Methoden (s. u.). Diese führen zu unterschiedlichen Perspektiven, Sichtweisen und Aussagen in Bezug auf die Lösung/Erklärung von Problemen. Eine relativierende Position zur Methodenfrage in den Wissenschaften nimmt Dahrendorf (1986) ein. Nach ihm gibt „es keine eigene soziologische (= fachspezifische – W. M.) Methode", sondern „mehrere (fachunabhängige – W. M.) Weisen menschlicher Erkenntnis", von denen sich einige für bestimmte Wissenschaften besser/schlechter eignen. „Die Methoden selbst aber gehören keiner Disziplin. Wissenschaftliche Erkenntnis bleibt methodisch dieselbe, gleichgültig darum, auf welche Problematik sie sich richtet." „… vielleicht erzwingt auch die Problematik soziologischer Theorien charakteristische Zuspitzungen der einen oder anderen Methode." (Ebd. 43)

Dahrendorf verlangt, „dass wir lernen, unsere Fragen richtig zu stellen". Viele neuere soziologische Arbeiten fragen nicht „nach der Erklärung bestimmter Phänomene wie Streiks, der Entstehung neuer Parteien, der Zunahme des Anteils berufstätiger Frauen usw., sondern sie fragen allgemein nach ‚dem industriellen Konflikt', ‚der politischen Struktur', der ‚Stellung der Frau' usw." Ein Erfordernis einer erfahrungswissenschaftlichen Soziologie „besteht in der exakten Bestimmung der Elemente, auf die unsere Analysen in letzter Instanz zurückgehen." Schließlich müssten als drittes Erfordernis einer Erfahrungswissenschaft „Methoden der Quantifizierung empirischer Befunde" entwickelt werden (ebd. 41).

Eine radikal andere Position vertritt Paul Feyerabend (1991), ursprünglich ein Schüler Poppers. Er ist davon überzeugt, dass Vielfalt auf der Theorieebene die Polyperspektivität auf der Methodenebene verlangt. Methodische Regeln können u.a. auch von erkenntnistheoretischen Vorurteilen, subjektiven (Vor-)Einstellungen zur angewandten Methode, dem historischen Hintergrund, den Arten der Wahrnehmung, der Beobachtungs- bzw. Analysesprache und -begriffen, dem Stand der Hilfswissenschaften usw. präformiert werden. Die so gewonnenen Daten können „verseucht" sein (1991, 86). Sie sind demnach nicht per se objektiv in der Beschreibung eines Sachverhaltes, sondern können „auch subjektive, mythische, längst vergessene Auffassungen über diesen Sachverhalt ausdrücken" (ebd. 87). Dadurch haben sie Auswirkungen auf eine Theorie. Sie können nicht nur die Erkenntnis fördern, sondern sie können sie auch (partiell) verhindern. Deswegen müsse Pluralität die Defizite der einzelnen Methoden ausgleichen, muss Perspektiven- oder gar Paradigmawechsel für neue Untersuchungsaspekte sorgen.

Sein dafür bezeichnendes Buch „Wider den Methodenzwang" (1976; 1991) nennt er im Untertitel „Skizze einer anarchistischen Erkenntnistheorie". Dahinter steckt seine relativistische und pluralistische Grundüberzeugung, wonach neue Erkenntnisse gerade infolge des Abweichens von den üblichen Fachmethoden gewonnen wurden. Das starre Festhalten des Kritischen Rationalismus sei dem empirischen Fortschritt der Wissenschaften abträglich, da Kritik um jeden Preis die Entwicklung eines produktiven Forschungsprogramms behindere. In der Geschichte seien die bedeutenden Theorien nicht Ergebnis einer rationalen Methodik gewesen, sondern immer durch das Überspielen der Vernunft zur Geltung gelangt. Feyerabend will deshalb durch so genannte Kontrainduktion (eigentlich eine Nicht-Methode) die zirkulare Selbstbestätigung der Induktion durchbrechen. Es sind also nicht die bekannten Regeln, die zu neuen Ergebnissen führen, sondern eher die unkonventionellen „Antiregeln", das „kontrainduktive Vorgehen". Die Antiregel „verlangt, Hypothesen zu entwickeln, die anerkannten und bestens bestätigten Theorien widersprechen", bzw. Hypothesen, „die wohlbestätigten Tatsachen widersprechen" (Feyerabend 1991, 33). Theorien und Tatsachen sollen also gegen den Strich gelesen und in Frage gestellt werden. Zu diesem Zwecke gilt: „Wir müssen ein neues Begriffssystem erfinden, das den besten Beobachtungsergebnissen widerspricht, die einleuchtendsten theoretischen Grundsätze außer Kraft setzt und Wahrnehmungen einführt, die nicht in die bestehende Wahrnehmungswelt passen." (Ebd. 37) Zumindest soll gelten, „Auffassungen, die im Wettbewerb zu unterliegen scheinen, zu verbessern, statt sie fallen zu lassen" (ebd. 55). Denn: „Wenn nur die Anerkennung bewiesener Theorien vernünftig ist, wenn es unvernünftig ist, Theorien aufrechtzuerhalten, die im Gegensatz zu anerkannten Basissätzen stehen, dann ist die gesamte Wissenschaft irrational." (Ebd. 262)

Nach Feyerabends Ansicht ist eine Theorie nur selten mit den Tatsachen vereinbar. Würde man auf der völligen Vereinbarkeit insistieren, bliebe „uns überhaupt keine Theorie" (ebd. 84). Dem Dilemma ist nach Feyerabend nur mit der „Kontrainduktion" beizukommen, mit

Regeln, „die festlegen, wie Theorien, die geprüft und bereits falsifiziert worden sind, behandelt werden sollen" (ebd. 85). Für die Kritik gebräuchlicher Begriffe ist ein „Beurteilungsmaßstab (zu schaffen), mit dem diese Begriffe verglichen werden können" (ebd. 87).

Feyerabend nimmt seine Beispiele vornehmlich aus der Geschichte der physikalischen Entdeckungen und Theorien, von denen er behauptet, „dass fast alle Theorien ihre Überzeugungskraft von einigen paradigmatischen Fällen herleiten" (ebd. 45 Fußn.) und im Übrigen oft nicht so konsistent und konkludent seien, wie sie zu sein vorgäben, also „in überraschendem Maße qualitativ unzulänglich" seien (ebd. 83).

Das Fazit von Feyerabends (verkürzt referierter) Kritik der tradierten Methoden führt zum (willkürlich erscheinenden methodischen) Grundsatz des „anything goes" (ebd. 382). Er kann natürlich nicht zum heuristischen Prinzip sozialwissenschaftlicher Methodenlehre gemacht werden, enthält jedoch eine Reihe von Gründen, die für eine Methodenvielfalt sprechen.

Methode ist kein logischer Regelkanon. Th. S. Kuhn (1976; s. S. 143) äußert die „Überzeugung, dass die Einstimmigkeit des Urteils innerhalb wissenschaftlicher Forschergemeinschaften nicht das Ergebnis einer exakten logischen Methodik ist, sondern auf vorangegangenen intensiven umgangssprachlichen Kommmunikationsprozessen beruht. (…) Die Einmütigkeit des Urteils und Exaktheit des Wissenserwerbs beruhen somit nicht auf der Anwendung exakter Methoden, die durch eine universelle Forschungslogik vorgegeben sind, sondern auf der perspektivischen Sichtweise einer wissenschaftlichen Interpretationsgemeinschaft." (Petersen-Falshöft 1979, 125) Das heißt. eine lineare Entwicklung der Wissenschaften durch Methoden gibt es nicht, sondern entscheidende Veränderungen geschehen durch Paradigmawechsel. Das Neue setzt eine Vorbekanntheit voraus. Eine absolut neue Entdeckung entsteht nur durch eine unbeabsichtigte Nebenwirkung. Ein Paradigma impliziert epistemologische Vorentscheidungen. Fragen sind dennoch keine tautologischen Fragen. Methoden sind dann anerkannt, wenn Forschungspraxis und Paradigmagemeinschaft sie zu einer normalwissenschaftlichen Tätigkeit modalisiert haben. Die Forschergemeinschaft pflegt den Konsens über methodologische Entscheidungskriterien, Erkenntnisziele, praxeologische Absichten, forschungspraktische Standards, professionelle Ideologien, das Begriffssystem, kommunikatives Einverständnis über metaphysische Basiswerthaltungen. Dies macht sie zu einer semiotischen Interpretationsgemeinschaft.

2.8 Methodenbewusstes „strategisches" Lernen

Methode ist stoff-/gegenstands-/problem- und zielkonstitutiv und setzt sich darin von jeder (unterrichts-)technologischen Formalstufentheorie (Herbart, Ziller, Rein) oder programmierten Instruktion (Skinner, Correll) ab, da es ihr nicht auf die bloße Aneignung von Fakten, sondern auf selbsttätiges, intersubjektiv überprüf- und wiederholbares Erarbeiten von Resultaten ankommt. Obwohl die Inhalte nicht beliebig sind, ist in vielen Fällen das methodengerechte, selbstbestimmte Verfahren wichtiger als das Ergebnis im Einzelfall. Es kommt z. B. mehr auf das Erlernen der grundsätzlichen Zugangsweisen zum kritischen Lesen einer Zeitung, zur Bewertung von Nachrichten, zur Einschätzung einer politischen (Krisen-)Situation an als auf das Speichern von additiv wahrgenommenen Informationen, die ihrerseits nur das Rohmaterial für eine rationale, d.h. methodisch anzugehende Beurteilung bilden können. Seitdem dies anerkannt wird, hat die Methode ihren vermeintlich untheoretischen, pragmatischen Charakter verloren und ist zu einem Desiderat bzw. Korrelat der Didaktik geworden. Nur methodenbewusstes „strategisches" Lernen ist transferierbar, entspricht einer forschenden, entdeckenden Fragehaltung und ist insofern demokratisch, als es verschiedene Wege – z.B. induktive oder deduktive Verfahren, exemplarisches oder systematisches Vorgehen – offen lässt. Gerade diese Offenheit und Mehrdimensionalität macht Methode(n) – vom Konkreten (Anschaulichen) zum zunehmend Abstrakten aufsteigend – für Lernende verfügbar und zu einem Instrument sachadäquater, personaler, lerner- und lernzielorientierter Gegenstandsbegegnung und -durchdringung. Methodenkenntnis erweist sich als ein Stück politischer Sozialisation und ein Essentiale politischen Lernens, eine Art intellektueller Suchbewegung nach (politischer) Erkenntnis und Einsicht sowie deren Integrierung in vorfindliche Denkstrukturen. Sie ist darüber hinaus für den Lehrenden unverzichtbar bei der Planung und Durchführung des Unterrichts (s. S. 324), bei der Anleitung der Lernenden zum Arbeiten sowie zur reflektierenden Beurteilung der Lernergebnisse. Da Methoden, wie angedeutet, Inhalt und Ziele (mit-)konstituieren, muss ihr Einsatz sich der Prämissen vergewissern. Insofern gehen ihnen theoretische Entscheidungen über Art und Ziel des Unterrichts (und der Erziehung) voraus. Das Methodenspektrum ist breit gefächert, setzt Phantasie frei, sollte jedoch nicht jede Motivationsmaßnahme als „Methode" bezeichnen.

„Methode beschreibt die Grundintention, nach der ein Lehrer seine Schüler zur politischen Denk- und Handlungsfähigkeit bringt," (Dosch 1983, 26). Dosch plädiert daher für die Verwendung des Begriffs „Methodenkonzeption" (ebd. 40) (in Anlehnung an die „didaktische Konzeption"). Dazu führt er aus: „Unter Methodenkonzeption soll darum das reflektierende Arrangement von Artikulationsschemata, Unterrichtsformen, Sozialformen und Medien zum Nachvollzug und Erlernen didaktischer Fragen verstanden werden." (Ebd. 40) Gagel (1986, 182f.) unterscheidet demgemäß 1. „Methoden als zielgerichtete Verfahrensweisen" (= das am weitesten verbreitete Methodenverständnis), 2. „Methode als Strukturmoment des Unterrichts" (= Ableitung des Methodenbegriffs aus der Unterrichtstheorie), 3. „Methode als Form der Unterrichtskommunikation" (Methodik als eine „Theorie des kommunikativen Handelns", Habermas) und schließlich 4. „Methode als Zusammenhang des ‚methodischen Handelns'" (beinhaltet die Lernbedingungen). Die Lernenden sollen z.B. zu Beginn ihrer Arbeit einen Plan erstellen, ihn konsequent durchführen, die Ergebnisse bewerten (und anwenden). Der Lehrende nimmt symmetrisch-kommunikativ an dem Geschehen teil. Da die staatlichen Richtlinien/-Lehrpläne als normative Vorgaben zu beachten sind, ist Methodenpluralität nur bei einem offenen Curriculum möglich. Es erlaubt, dass Lernende z.B. ihre Alltagserfahrungen problematisieren und politisch relevante Erlebnisse geordnet (d.h. methodisch) strukturieren, ferner politische Bedürfnisse artikulieren und bearbeiten, Erkenntnis leitende Interessen geltend machen u. dgl.

2.9 Methodenwahl im Politikunterricht: das „interpretative Paradigma" als Grundentscheidung

Für die konkrete Forschungs- und Unterrichtsarbeit ist der aus der amerikanischen Soziologie stammende Begriff des „interpretativen Paradigmas" (Wilson) brauchbar, ein theoretisches Konstrukt, das kaum in reiner Form verwendet wird. Das heißt, fast niemand interpretiert einen Text, ein Bild, eine Tabelle usw. mithilfe nur einer einzigen Methode. Beim interpretativen Forschungsparadigma ermitteln (Interview-)Partner und Forscher die Wirklichkeit gemeinsam interpretativ, d. h. es wird ein verbindlicher Interpretationsrahmen vorgegeben; aber nicht die Antwort auf vorgegebene Fragen ist allein wichtig, sondern auch die Situationsdeutungen (Wahrnehmungen, Erklärungen, Ängste und Hoffnungen) sind die soziale Wirklichkeit. Als bevorzugte Untersuchungsmethoden erscheinen die offene Gruppendiskussion, narrative Interviews, teilnehmende Beobachtungen u. dgl. Diese qualitativen Methoden zielen auf Typisches, Verallgemeinerbarkeit (Hermeneutik, s. S. 162).

An der interpretativen („verstehenden") Forschungsmethode wird kritisiert, der Forscher höre die Probanden aus, interpretiere viel hinein, so dass es sich letztlich um eine „normative" (vorurteilsbehaftete), „kolonialistische" (überrumpelnde) Methode handele.

Nach dem normativen Forschungsparadigma wird die (Bildungs-) Wirklichkeit an vorgegebenen (z. B. soziologischen, pädagogischen usw.) Theoremen, Normen und Kategorien gemessen. Als bevorzugte Instrumente der bildungssoziologischen Forschungen gelten Text und standardisierter Fragebogen. Die Antworten werden vorstrukturiert, um planerisch verwertbare Durchschnittsergebnisse zu erhalten.

Der „*Methodenverbund*" (Klafki) kann im realgeschichtlichen (Problem-) Zusammenhang eine Kombination etwa aus folgenden Interpretationsmethoden darstellen: der hermeneutischen Methode (geistesgeschichtlich-sinnhaftes „Verstehen"; kontrollierte Auslegung, Deutung, Interpretation, Übersetzung, Exegese; Schleiermacher, Dilthey, Gadamer u. a.), der empirischen Methode (auf Daten, Fakten beruhend; Gaudig, Scheibner, Reformpädagogik), der genetischen Methode (Nachvollzug der Gedankenentstehung, -führung und -entwicklung; Wagenschein), der (ideologie-)kritischen Methode (Herausarbeitung von gesellschaftlichen Widersprüchen; Horkheimer, Adorno, Habermas), der phänomenologisch-deskriptiven Methode (Beschreibung von Erscheinungen; Husserl u. a.), der analytischen Methode (Analyse und Synthese von Begriffen usw.), der dialektischen Methode (Trias von Hypothese – Antithese – Synthese; Hegel, Marx u. a.), der kritisch-analytischen Methode (Falsifizierung von Sätzen, Popper u. a.)

Ein Beispiel: Bei der Erschließung eines (politischen) Textes gebe ich mich mit einer immanenten Interpretation nicht zufrieden. Sie würde zum (aporetischen) hermeneutischen Zirkel führen. Ich frage (und stelle fest) z. B. nach dem/den Autor(en), seinen/ihren Intentionen und Interessen, ordne das Medium in die zeitgeschichtlichen Zusammenhänge ein, eruiere die Signifikanz erwähnter oder angedeuteter Tatsachen und Verweise, versuche die Prämissen und Ziele zu klären, vergewissere mich schließlich meiner eigenen Ausgangsposition (mein Erkenntnisinteresse, z. B. historisch: wie es eigentlich gewesen ist; zeitkritisch: pluralistische Demokratie mit [Links]-Liberalen bzw. konservativen Werten als Ausgangspunkt) und Erwartung u. dgl. Aus diesen (unvollständigen) Hinweisen ist leicht zu entnehmen, dass sie Methodenpluralität beanspruchen. Ich benötige für das Verstehen die historische Einordnung des Textes, muss ihn analysieren und kritisieren und endlich aufgrund meiner (wissenschaftlich zu legitimierenden) Voreinstellung und Erwartenshaltung beurteilen, und zwar sowohl an seinen eigenen Kriterien und Zielen wie an den meinigen und denen der Forschung (Problem der Adäquanz).

Die sich daran anschließende Frage nach der Relevanz des Resultats wird von der die Husserlsche Phänomenologie mit der Weberschen Handlungstheorie kombinierenden (A. Schütz) *„Ethnomethodologie"* (Garfinkel; s. S. 171) vom Grundsatz her untersucht. Ihre beiden Grundannahmen bestehen

a) aus der erkenntnistheoretischen Annahme, wonach der Erkenntnisvorgang eine konstruktive, Sinn stiftende Tätigkeit ist. Das Bewusstsein produziert eine Unzahl von Unterscheidungen. Das Subjekt erkennt die Welt, indem es sie aufteilt in „Horizont" und „Thema". Es zieht eine Grenze („Demarkationslinie") zwischen dem, was relevant und dem, was irrelevant ist. Sein „Blickstrahl" trifft eine thematische Auswahl aus dem Horizont unendlicher Möglichkeiten.

Die Ethnomethodologie geht davon aus, dass die Menschen zwar in einer Welt leben, aber in unterschiedlichen „Lebenswelten" („Kulturen" mit spezifischen Strukturen, Gesetzen, Ordnungen, Regeln, Abhängigkeiten usw.). Die Anwendung ethnografischer Methoden involviert den Forscher in die Praxis des Forschungsfeldes, in den Alltag der darin agierenden Personen, in ihre Erfahrungs- und Lebenswelten, die interpretiert werden müssen. Der erforderliche Forschungsprozess gestaltet sich wie folgt:
- Konzeptualisierung und Definition des Problems
- Bestimmung und Definition des Forschungsfeldes und seiner Fragestellungen
- Methodenwahl und Datenerhebung
- Datenanalyse und Interpretation
- Bericht.

Bevorzugte Methoden sind die teilnehmende Beobachtung und die Befragung (z.B. biografische [z.B. Lernbiografie], narrative [z.B. über Schullaufbahnvorstellungen] und Gruppeninterviews, Tagebuchaufzeichnungen, biografische Dokumente). Sie dienen der Rekonstruktion der sozialen Wirklichkeit.

Die Nähe zum Symbolischen Interaktionismus (s. S. 251) ist evident. Danach ist alle Erkenntnis ein intersubjektiv vermittelter Zeichenprozess, und die Bedeutungen von Worten liegen in den möglichen Folgen ihres Gebrauchs (Peirce);

b) aus der gesellschaftstheoretischen Annahme – als Voraussetzung für die „gesellschaftliche Konstruktion der Wirklichkeit" (Berger/Luckmann) – dass gemeinsame „Hintergrunderwartungen" (Garfinkel), „Interpretationsverfahren" (Cicourel) und „Wissensbestände" (A. Schütz) vorhanden sind. Sie steuern die soziale Wahrnehmung im Alltag und bestimmen den von allen anerkannten Sinn dessen, was „geschieht", sind also keine Alleinveranstaltungen des erkennenden Subjekts (Schütz 1971; Parmentier 1983, 257).

2.10 Kriterien für die Auswahl von Methoden

Die Wahl einer bestimmten Methode impliziert eine politische (emanzipative oder affirmative) und eine erkenntnistheoretische Vorentscheidung. Da der Gegenstand von den Erkenntnismethoden mitkonstituiert wird, müssen diese mit den Frageweisen kompatibel sein. Die spezifische Methode der politischen Bildung geht von der Annahme aus, dass es unter den gegebenen politischen Verhältnissen und unterrichtlichen Bedingungen weithin keine politische Bildung ohne politische Unterweisung gäbe. Aus der Wechselbeziehung zwischen Lehrenden, Lernenden und Gegenstand ergibt sich der Zusammenhang von methodischem und stoffordnend-didaktischem Denken. Das heißt jede Reflexion über die Unterrichtsmethode muss die übrigen Faktoren mit einbeziehen. Deswegen werden sich methodische und didaktische Gesichtspunkte oft überschneiden, ohne dass dies im Einzelfall erneut begründet zu werden brauchte.

Jeder methodische Ansatz hat mithin folgende Voraussetzungen zu beachten: Neben einer klaren Vorstellung vom – oft in Lehrplänen/Richtlinien vorgegebenen – Lernziel und den Gegenständen muss er sich über die fachwissenschaftlichen, philosophischen (Wertvorstellungen), anthropologischen (Menschenbild), soziokulturellen (soziales Umfeld), lernpsychologischen (Lernmotivation, Lernwille), kulturmorphologischen und zeitdiagnostischen Vorgegebenheiten Rechenschaft ablegen. Ferner sind zu berücksichtigen: die Ökonomie der Zeit und des Lernens (Zeit- und Lernbudget), die soziale und geistige Reife des Lernenden, das individuelle Lerntempo, die soziale (Inter-)Aktion, das Verhalten im Zusammenhang mit dem Lerngegenstand, der Lernsituation und der Persönlichkeitsstruktur des Lernenden. Demnach verquicken sich vorrational und historisch gegebene Momente, bewusst oder unbewusst, und rational geformte Verfahren in der Einheit der Methode (Flitner 1953, 20). Die Methode ist nach dem Dargelegten durch weltanschaulich-ideologische Vorentscheide mitbestimmt, die die Stellung des Menschen, die Funktion des Themas usw. zum Gegenstand haben. Daher gehören Methodenprobleme nicht nur einer rationalen Sphäre an. Es geht in ihnen gleichermaßen um geistige Gehalte, gesellschaftliche Entscheidungen, um die Auffassung vom Menschen und vom „richtigen" Leben schlechthin. Darüber hinaus kommt es darauf an, was man methodisch erarbeiten möchte: Begriffe, Inhalte, Einsichten, Operationen u. dgl. Daraus resultiert die Entscheidung für ein deskriptives, analytisches, synthetisches, deduktives, induktives usw. Vorgehen.

Rein sachlich gesehen ist die Methode der Gegenstandserkenntnis zur Methode des Unterrichts geworden, und die methodischen Arrangements richten sich nach den jeweils zugrunde liegenden erkenntnistheoretischen Voraussetzungen, modifiziert durch die spezifische Weise der je individuellen Gegenstandsbegegnung. Sofern es um den Gegenstands- und Personenbezug des Lernenden geht, muss der Lehrende sich die Frage vorlegen: Wie kommen Einsichten und Verhaltensweisen in den Menschen hinein? Die Methode muss über den einzuschlagenden Weg von einem bestimmten Objekt (Stoff) zum Subjekt (Lernenden) Auskunft geben (können). Die Methode hat auch eine funktionale Bedeutung. Es kommt ihr insbesondere auf die Herstellung des rechten Gegenstandsbezuges an. Seit Kant ist sie autonom, d.h. vom erkennenden Subjekt auf das zu erkennende Objekt, vom Lernenden auf den Gegenstand gerichtet. Kant („Kritik der reinen Vernunft" und „Kritik der Urteilskraft") versteht die Strukturbeziehungen und Gesetzlichkeiten der uns umgebenden Welt als Funktionen unseres Verstandes. Die Gegenstände sind ihrer Form nach Erzeugnisse der erkennenden Vernunft, die Wahrheit liegt nicht im Sein, sondern im Bewusstsein. Die Methode wird damit in den Lernenden gelegt, der mit ihrer Hilfe die Art der Begegnung bestimmt. Aktivität und Selbstständigkeit und schließlich Bewusstseinserweiterung sind die Folgen. Der Wert der Begegnung ist um so größer, je mehr der Gegenstandsbezug aus dem Interesse des Lernenden (Adressatenorientierung) erwächst (vgl. Kerschensteiners „Grundaxiom des Bildungsverfahrens"). Nach dem Gesagten verbietet sich jeder methodische Monismus und Schematismus. Die Methode ist demgegenüber immer neu in der Berücksichtigung der Dialektik von Person, Thematik, allgemeiner Situation und Ziel. Als eine Art methodischer Imperativ kann gelten: Eine Methode ist (zunächst) zu rechtfertigen, wenn sie eine fruchtbare Begegnung des Lernenden mit dem Gegenstand zustande bringt (Flitner 1953, 7) und die leitenden Interessen des speziellen Lernprozesses durchsetzen hilft.

Die Methode soll nicht zuletzt u. a. auf folgende Fragen Antwort geben können:
- Wie gewinne ich Informationen und Kenntnisse?
- Wie verarbeite ich sie zu Urteilen?
- Wie erwerbe ich eine begründete (politische) Position?
- Wie kooperiere und diskutiere ich mit anderen?
- Welche (Handlungs-)Möglichkeiten stehen mir zur Verfügung?

In der Praxis politischer Bildung werden pragmatische Positionen, vor allem kritisch-analytische Methoden bevorzugt. Eine Methodenkombination kann z. B. eine Verbindung aus dem Auffinden gesellschaftlicher Widersprüche (Kritische Theorie), ihrer (sprachlichen und logischen) Falsifizierung durch intersubjektive Überprüfung ihrer Stringenz (Kritischer Rationalismus) und ihrer Anwendung auf die Situation der jeweiligen Gesellschaft (Systemtheorie, Konstruktivismus) herstellen. Das gleiche Problem kann demnach – je nach Intention – von verschiedenen methodischen Aspekten her betrachtet werden: kritisch-dialektisch (Warum und Wozu?), auf die sich abzeichnenden Interessen, Wertungen, Vorverständnisse (ideologiekritisch), auf Wandel und Bedeutung im historischen Prozess (hermeneutisch, phänomenologisch), auf intersubjektiv überprüfbare Abläufe (empirisch-analytisch) bezogen (Hilligen 1985, 91). Als Methoden der in der politischen Bildung vorrangigen Sozialwissenschaften werden je nach Forschungsinteresse u. a. (teilnehmende) Beobachtung, die Befragung und die Inhaltsanalyse genannt, die mithilfe verschiedener Instrumente wie Fragebogen, Interview, Experiment) Feldstudien, Einzelfallstudien, Simulationsmodelle, Datenerhebungen und -analysen (Statistik) durchgeführt und überprüft werden.

Die analytische Methode wird von den (Politik-)Didaktiken favorisiert. Sie stellt eine praktikable Denk- und Arbeitsmethodik dar und besteht in ihren Hauptteilen aus
- Problemerkenntnis aufgrund von Daten und Problemformulierung
- Aufstellung von Hypothesen und deren wiederholte Überprüfung
- Auswahl und Bewertung der Quellen
- Interpretation der Daten und Quellen
- Modifizierung der Hypothesen
- Formulierung eines Ergebnisses (Erkenntnis usw.).

2.11 Methodisches Können und Unterrichtsmethoden

2.11.1 CHARAKTERISTIKA VON METHODEN UND REFLEXIONEN ZUM METHODISCHEN VORGEHEN

Die lapidare Feststellung Gaudigs, der Schüler müsse Methode haben – von der Reformpädagogik begeistert aufgegriffen – intendiert, dass Methoden und Techniken des Lernens zur Planung und Steuerung von Erkenntnis und Urteil individuell angeeignet werden müssen. Das heißt organisiertes (politisches) Lernen hat auch mit der methodischen Verfügbarkeit der Erkenntnis-, Organisations- und Arbeitsverfahren zu tun, die unter Mitsprache der Lernenden eingeübt werden (sollten). Am Anfang eines Lernprozesses sollte – in Anknüpfung an Dissonanzen (Widersprüche, Konflikte usw.) – die epistemische Neugier geweckt werden und bei allen passenden Gelegenheiten eine Methodenreflexion und -kritik erfolgen. Methodenreflexion ist ein selbstständiges Anliegen jeder Fachdidaktik. Die erkenntnistheoretischen (epistemologischen) Aussagen aller Fachwissenschaften laufen auf die Forderung nach einem verstärkten Methoden- und Problembewusstsein hinaus. Reflexionen über die Methode und ihre praktische Anwendung erhalten zunehmend Priorität.

„Inwieweit das gelingt, hängt davon ab, dass Lernende (Menschen) neues Wissen in eine kognitive Struktur (aus Schlüsselbegriffen und Schlüsselfragen) einordnen können." (Hilligen 1985, 37 f.)

Gelernt werden soll u. a. die Handhabung von wissenschaftlichen Arbeitstechniken wie z. B. Materialsammlung, Literaturarbeit (Recherche, Kataloge, Computer, Karteien usw.), Stoffbearbeitung und -gliederung, Referieren, Entwickeln eines fachspezifischen Problembewusstseins u. dgl. Ferner sollen Einsichten und Verhaltensweisen im sozialen Umfeld angeeignet werden wie Selbstständigkeit des Arbeitens, Verantwortungsgefühl, Kommunikations- und Kooperationsfähigkeit, Erkennen und Wahrnehmen von persönlichen Chancen und Interessen usw.

Methoden erweisen sich als konstruktiv für den Sammlungs-, Vermittlungs- und Erkenntnisprozess. Sie bedürfen der sorgfältigen Auswahl und sind immer kontextuell, situativ und Ergebnis orientiert zu sehen, d. h. eingebunden in das Ensemble der Aufgaben und Ziele, der thematischen Inhalte und Medien, der Unterrichts- bzw. Arbeitsorganisation, der Interaktions- und Kommunikationsstile der/ des einzelnen wie der Gruppe, der sozialen und anthropogenen Voraussetzungen des Individuums wie des Teams, der Bedingungen des politischen und gesellschaftlichen Systems, der wissenschaftlichen und praktischen Grundlagen, schließlich dem Grad an wissenschaftstheoretischer Abstützung, den Formen des Interesses und der Bedürfnisse, der Vertrautheit mit ihrer Anwendung u. dgl.

Nur die freie Verfügbarkeit über ein Methodenrepertoire schafft zuverlässige Erkenntnis und Selbstständigkeit im Urteil, schützt vor intellektueller Überwältigung und Indoktrinierung. Deshalb brauchen Lehrende und Lernende gleichermaßen Methode. „Methode haben" bedeutet demnach kompetent und emanzipiert sein, Prozesse selbstständig und produktiv in Gang setzen und zielgerichtet durchführen können.

1. Schritt: (Vorurteilsfreie)Grundeinstellung, Bearbeitungs-/Forschungsinteresse, (Ausgangsposition) Allgemeine Formulierung des Themas
2. Schritt: Allgemeine Materialsammlung und -sichtung
3. Schritt: Spezielle Eingrenzung des Materials und des Themas; Interpretation des Materials; Feststellung des (vorläufigen) Ergebnisses und Schlussfolgerungen, Auswertung von und Auseinandersetzung mit alternativen, konträren, dissensualen usw. Positionen; Bilanzieren des Resultats, Abschluss.

Der daraus abzuleitende methodische Aufbau einer Unterrichts-/Lerneinheit kann wie folgt aussehen:

A. Einstieg(sphase) (Problemstellung, Fall, Ergebnis-/Lösungsinteresse)
B. Bearbeitung(sphase)
  1. Analyse (Bestandsaufnahme, -analyse)
  2. Ziel orientierte Bearbeitung
C. Beurteilung(sphase)
(D. Ergebnis und/oder Methodendiskussion).

Beispiel für einen methodisierten Arbeitsprozess:

Personale Grundhaltung:

ideologiekritisch, objektivistisch, möglichst unvoreingenommen, den Regeln des Faches wie den allgemeinen und spezifischen Denkmustern verpflichtet, an der Arbeits- und Forschungsaufgabe ausgerichtet.

Das Thema/Problem:

Materialsammlung, -sichtung, -vorauswahl

Ausdifferenzierung/Eingrenzung des Themas

Oberthema: „Europäische Integrationspolitik"

Bereichs-/Unterthemen nach Erkenntnisinteressen:
* die Wirtschafts- und Währungsunion
* eine politische Union
* eine gemeinsame Sicherheits- und Außenpolitik
* …

Konzeptionen (gesamt-)europäischer Integration.

Nach dieser Gliederung erfolgt eine Zuordnung des vorhandenen Materials, die – in einer bereichserschließenden thematischen Aufschlüsselung – zur Feinstrukturierung führen soll, z.B.

Die Europäische Politische Union

a) in Bezug auf die Institutionen (Europäischer Rat, Ministerrat, Parlament, Kommission, Gerichtshof usw.) und Einzelprobleme (Kompetenzen, Interdependenzen, Defizite, Perspektiven usw.)
b) in Bezug auf gemeinsame Politiken (z.B. Technologie, Bildung, Kultur, Verteidigung, Justiz, Inneres (Sicherheit, Soziales usw.)
c) durch den Beitrag des Europarats.

Die einzelnen Politikfelder können je nach den Bedürfnissen der Lernenden segmentiert werden, z.B.

a) Der Europäische Rat und die politische Gestaltung Europas
b) Der Ministerrat als leitendes Organ der europäischen Einigungspolitik

c) Die politischen Möglichkeiten (Kompetenzen des Europäischen Parlaments)

d) Die institutionellen, wirtschaftlichen, integrationspolitischen Folgen einer Osterweiterung

e) Aufgaben und Funktionen des Europarats usw.

Das Arbeits- und Forschungsinteresse der vorstehenden Struktur zielt auf die Politik und ihre Mechanismen wie ihre Folgen. Die Prämisse besteht in der Gewährleistung eines funktionierenden supranationalen, auch regionalen Systems (Frage der Verfassung und der Praktikabilität) – auch bei seiner Ausdehnung auf fast den ganzen Kontinent.

Es folgt die Interpretation und Bewertung des Materials, möglichst die Entwicklung von kontroversen Thesen.

Die Fachwissenschaften und Fachdidaktiken empfehlen Schlüsselbegriffe, Kategorien, die als heuristische Prinzipien zugleich als Strukturmerkmale („regulative Ideen", Kant) gelten können, z. B. im Bereich der europäischen Einigungsthematik die (fachlichen) Begriffe der Integration, Subsidiarität, Kohäsion, (Inter-)Dependenz, Macht, Herrschaft usw. sowie die (fachdidaktischen) Begriffe der Auswahl, Exemplarität, Verallgemeinerungsfähigkeit usw. Sie ermöglichen ein Systematisieren und in Beziehung setzen, kurz ein Methodisieren. Methode in ihrer allgemeinen Bedeutung kann demnach als ein ordnendes Prinzip, als ein zielgerichtetes Stellen von Fragen, als eine Voraussetzung und zugleich ein Konstituens für die Durchführung geplanter Prozesse aufgefasst werden. Sie erweist sich als ein wichtiger Teil der

Das Lernziel: Methodenkompetenz

Vertrautsein mit zentralen Makromethoden	Beherrschung elementarer Lern- und Arbeitstechniken	Beherrschung elementarer Gesprächs- und Kooperationstechniken
• Gruppenarbeit	• Selektives Lesen	• freie Rede
• Planspiel	• Markieren	• Stichwortmethode
• Metaplanmethode	• Exzerpieren	• Argumentieren
• Fallstudie	• Bericht schreiben	• Vortragen
• Problemanalyse	• Strukturieren	• Fragetechnik (Interview)
• Projektmethode	• Nachschlagen	• aktives Zuhören
• Leittextmethode	• Notizen machen	• Diskussion / Debatte
• Sozialstudie	• Karteiführung	• Gesprächsleitung
• Hearing	• Protokollieren	• Brainstorming
• Präsentationsmethode	• Gliedern / Ordnen	• Feedback
• Schülerreferat	• Heftgestaltung	• Blicklicht
• Facharbeit	• Ausschneiden/Lochen/ Aufkleben	• Telefonieren
• Arbeitsplatzgestaltung		• Andere ermutigen
• Klassenarbeit	• Mind-Mapping vorbereiten	• Konflikte regeln
	• Zitieren	• Mnemotechniken
• Arbeiten mit Lernkartei	• Abheften	
etc.	etc.	etc.

(Klippert in DLZ 49/94, S. 4)

Didaktik, und umgekehrt wäre Didaktik ohne Methodik diffus; beide verhalten sich – als Teildisziplinen – komplementär zu einander und widerlegen das obsolete Methodenverständnis als bloßer (technologischer) Aspekt der Didaktik. Das heißt (fach-)didaktische Auswahl, Entscheidung und Begründung ist ohne Methode(n) nicht möglich; denn Methode ist zugleich Gegenstand strukturierend und konstitutiv. In praxi bedeutet Methode demnach ein (sinn-) erschließendes, wohlüberlegtes, sukzessives, investigierendes, fragendes, aufeinander bezogenes, ziel- und ergebnisorientiertes Voranschreiten. (Kliebisch/Schmitz 2001)

Zwischen der Zusammenstellung und Perspektivierung des Materials und dem (vorläufig) anvisierten Ziel liegt noch eine Wegstrecke (erinnert an griech. methodos = der Weg).

Schließlich fehlt in der arbeitsmethodischen Beweisführung noch die Auseinandersetzung mit Alternativen oder Dissensen. Deren Argumentation sollte kritisch nachvollzogen werden (Widerspruchsfreiheit, Klarheit, Genauigkeit, Stringenz, Falsifikation). Auf diese Weise werden die eigenen (bisherigen) Aussagen und (vorläufigen) Ergebnisse weiter präzisiert, modifiziert, relativiert oder verworfen. Methode stellt sich am Ende als der Ausgang vom Allgemeinen zum kritisch-analytisch entwickelten Begriff (Hegel) dar. Im Übrigen ist darauf zu verweisen, dass die metamethodischen Perspektiven – z.B. Historismus, Positivismus, werkimmanente, historische, philologische, politologische, ökonomische, rechtliche usw. Exegese, Soziologismus, normative, (zweck-)rationale Fundierung, ideologische Positionierung, Betrachtung des Allgemeinen, Besonderen oder Individuellen usw. – wie z.B. die Methodenkontoverse in den Sozialwissenschaften um die Jahrhundertwende (19./20. Jh.) – sich ändern können (was man auch als Paradigmawechsel bezeichnet).

3 Der institutionelle, personelle und rechtliche Referenzrahmen

3.1 Die Schule als umfassendes gesellschaftliches Subsystem

3.1.1 Inhalte und Funktionen der Schule

Schule hat in erster Linie die Aufgabe von Unterricht und Erziehung sowie von Beratung und Betreuung unter Berücksichtigung ihres allgemeinen Erziehungsauftrags. In ihr lernen ca. 12 Millionen junge Menschen (Jahr 2002) mit ca. 0,75 Millionen Lehrern während einer besonders in Deutschland ausgedehnten Jugendphase. Ihr wird eine ausschlaggebende Sozialisations-, Erziehungs-, Selektions-, Allokations- (Bereitstellung von gesellschaftlich erwünschten Qualifikationen) und Legitimationsfunktion (Inhalte usw. müssen sich stets neu legitimieren) zugeschrieben (Klafki 1995, 43). Für ihre Konstruktion und Struktur sind die Staatszielbestimmungen der Verfassung maßgebend: Demokratie- und Sozialstaatsprinzip, Rechtsstaatsgebot. (Arbeitsgruppe Bildungsbericht 1994)

Seit Mitte der 1990er-Jahre ist der Begriff der Autonomie für die moderne Schule konstitutiv geworden (vgl. KMK-Beschluss vom September 1995). Er impliziert u. a. die Profilierung der Einzelschule innerhalb des von den Landeskultusministerien vorgegebenen gesetzlichen Rahmens, er restituiert die Schule als Lebensraum und fordert u. a. die Vermittlung von Schlüsselqualifikationen wie Eigeninitiative und Selbstorganisation von Lernprozessen, Teamfähigkeit, Konfliktfähigkeit, Flexibilität, kreatives Denken, Fähigkeit zur Kommunikation und Teamarbeit, Interesse an Neuerungen usw., d. h. allgemeine Fähigkeiten und Strategien, die bei der Lösung von Problemen oder dem Erwerb neuer Kompetenzen nützlich sind. Darüber hinaus geht es um die Offenheit der Schule, ihre Gemeinwesenorientierung (gemeinde-/stadtbezogener Lernort), den konkreten Gesellschafts- und Realitätsbezug, Handlungsorientierung, letztlich um den Perspektivenwechsel von der einseitigen Wissensvermittlung zur Kompetenzausbildung u. dgl. (vgl. Schulgesetzentwurf des Dt. Juristentages 1981; Bildungskommission NRW 1995; Dt. Bundestag 1990). Vor einer allgemeinen Instrumentalisierung der Schule für Alltagszwecke und/oder Wirtschaftsinteressen ist zu warnen; die durch Art. 7 GG gesteckten Grenzen sind zu beachten (Avenarius 1994).

Auch ist die Schule keine „Polis" (v. Hentig 1993; Detjen 1994). Die Polismetapher verschleiert den wahren Charakter der Institution Schule (Hättich 1999).

Die Entscheidungen liegen fast ausschließlich bei den Behörden und den Lehrern. Schule ist – juristisch ausgedrückt – eine nicht rechtsfähige öffentliche Anstalt (in staatlicher oder kommunaler Trägerschaft) und das unterste Glied in einem hierarchischen Behördenaufbau.

3.1.2 Schule im Spannungsfeld der Politik

Auch ohne eine explizite politische Bildung wirkt Schule als gesellschaftliches Subsystem per se politisch. Gesellschaftlich-politisch determinierte Inhalte und Verhaltensweisen, Kommunikationsstile, Lehr-/Lernverfahren prägen die jungen Menschen. Deshalb muss Schule immer auf der Folie der jeweiligen Staats- und Gesellschaftsordnung betrachtet werden, deren legislative Einrichtungen über die (zugewiesene) Kompetenz verfügen, mittels politischer, verfassungsgemäßer Entscheidungen (evtl. unter Beteiligung der Wissenschaft) als Legitimationsinstanzen zu fungieren (Schaal 1981).

Die an die sie zu richtenden Fragen lauten: Wie legitimieren sich die (Inhalte der) Unterrichtsfächer, die Schulstruktur (hierarchisch, kollegial, partnerschaftlich, kooperativ, imperativ, partizipativ), die Schulverwaltung? Inwieweit erzeugen Curriculuminhalte und Schulordnungen ein affirmativ-obrigkeitliches bzw. emanzipatorisch-kritisches und partizipatorisches Verhalten und Schulklima? Diese Systemreflexion kann im Rahmen politischer Bildung erfolgen.

Schule ist demnach eine „Funktion der Gesellschaft", wie Wilhelm Dilthey bereits Ende des 19. Jahrhunderts. bemerkte und wie die Geschichte des Schulwesens belegt. In allen Staaten ist sie Ausdruck dessen, was die herrschende Meinung für angemessen hält. Die Schule des Sozialismus hatte die Schüler zum parteilich verordneten „Klassenstandpunkt" und „sozialistischen Menschen" zu erziehen, während in pluralen westlichen Gesellschaften eine Festlegung auf verbindliche Erziehungsmaximen nur begrenzt möglich erscheint.

Ihre Übereinstimmung ergibt sich aus der gemeinsamen geistigen und kulturellen Tradition, insbesondere seit der Aufklärung, politisch aus der freiheitlichen Verfassungsgeschichte. In Deutschland stehen – im Einklang mit dem demokratischen Entwicklungsstand der Gesellschaft – eher aufklärerische Werte(postulate) wie Freiheit, Solidarität, Gerechtigkeit, Menschenwürde, Mündigkeit, Partizipation u. dgl. im Vordergrund. Ihre konkrete Ausformulierung vollzieht sich im Unterricht, endgültige Lösungen können nicht angeboten werden.

Nach diesen Ausführungen kann Diltheys Ausspruch erweitert werden: Schule ist (auch) ein Politikum. Die tonangebenden Kreise einer Gesellschaft versuchen darauf Einfluss zu nehmen, was für die junge Generation angemessen und notwendig erscheint. Damit wurden selbst Wahlkämpfe bestritten und entschieden.

Lernziele und -inhalte müssen sich ständig in der Öffentlichkeit legitimieren und der Diskussion der (Erziehungs-)Wissenschaft stellen. Parlamente und Regierungen können während der Wahlperiode nach der so genannten Wesentlichkeitstheorie (s. u.) gesetzliche Festlegungen für das Schulwesen in jedem einzelnen Bundesland treffen. Ein wichtiges Kriterium ist neben Legitimität und Legalität die Transparenz der Entscheidungsprozesse.

Zur Verdeutlichung: In Deutschland gilt: „Das gesamte Schulwesen steht unter der Aufsicht des Staates." (Art. 7 I GG; gemeint sind die Bundesländer; vgl. „Schulen und Universitäten sind Veranstaltungen des Staates." [Preuß. Allg. Landrecht 1794, XII § 1]). Nur der Staat kann die für die Kohärenz der Gesellschaft unerlässlichen Normen mit der Allgemeinheit der Bürgerrechte garantieren.

Das Bundesverfassungsgericht hat unter Berufung auf das Rechtsstaatsprinzip (Art. 20 III GG) und das Demokratieprinzip (Art. 20 I 1 GG) mit Beschluss vom 27. 1. 1976 zuzüglich den Gesetzesvorbehalt für „wesentliche" Fragen, die im Grundgesetz selbst nicht formuliert sind („wesentlich" bedeutet „wesentlich für die Verwirklichung der Grundrechte", BVerfGE 34, 165/192), des Erziehungs- und Bildungswesens festgelegt, d. h. die Länderparlamente stärker als bis dahin in die Fixierung materieller Schulfragen eingeschaltet, eine stärkere Verantwortlichkeit postuliert und damit die frühere Allzuständigkeit der Kultusministerien abgebaut.

Die daraus hervorgegangene Wesentlichkeitstheorie besagt, der Gesetzgeber darf in grundrechtsrelevanten Bereichen Entscheidungen nicht der Verwaltung überlassen. Insgesamt ist trotz der einheitsstiftenden Funktion der Kultusministerkonferenz (KMK) ein Auseinanderdriften der Bundesländer in Schulfragen zu beobachten. Disparitäten zeigen sich z. B. in der Schuldauer, den Abschlussprüfungen, den (Ab-)Wahlmöglichkeiten, der Verzahnung von allgemeiner und beruflicher Bildung auf der S II, im Ausmaß der Partizipation von Lehrern, Eltern und Schülern an den Schulangelegenheiten, bei Detailfragen wie Ordnung und Disziplin, Kopfnoten, Zensurengebung, Anzahl der für das Fach Politik (Sozialkunde, Gemeinschaftskunde usw.) vorgesehenen Wochenstunden u. dgl. Die sich ergebenden Diskrepanzen beruhen auf den je vertretenen ideologischen und weltanschaulichen Positionen der Bundesländer und haben sich im Laufe der Jahre – trotz Kultusministerkonferenz (seit 1948; 1990 Beitritt der neuen Bundesländer; vgl. „Sammlung der Beschlüsse der Ständigen Konferenz der Kultusminister der Länder in der Bundesrepublik Deutschland", Luchterhand-Verlag, Neuwied/Rh, Loseblatt), Ministerpräsidentenabkommen (Düsseldorfer Abkommen vom 17. 2. 1955; grundlegend: „Abkommen zwischen den Ländern der Bundesrepublik zur Vereinheitlichung auf dem Gebiet des Schulwesens" [§ 16: Prinzip der einheitlichen „Grundstruktur"], so genanntes (revidiertes) Hamburger Abkommen vom 28. 10. 1964 i. d. F. vom 14. 10. 1971 und Art. 37 des deutschen Einigungsvertrags vom 31. 8. 1990), Deutscher Ausschuss für das Erziehungs- und Bildungswesen (1953–1965; Empfehlungen u. a. der „Rahmenplan zur Umgestaltung und Vereinheitlichung des allgemeinbildenden öffentlichen Schulwesens" 1959), Deutscher Bildungsrat (1965–1975; „Strukturplan für das Bildungswesen" 1970), Bund-Länder-Kommission für Bildungsplanung und Forschungsförderung (BLK; „Bildungsgesamtplan" 1973), Rektorenkonferenz – eher verfestigt als ausgeglichen. Andererseits wurde der schulische Rahmen bundesweit vereinheitlicht, aber nicht gleichgeschaltet. Die prinzipiell unitarisierenden Tendenzen im deutschen Schulwesen sind evident. Die ostdeutschen Bundesländer haben im wesentlichen die westlichen (Aus-)Bildungsstrukturen und -standards übernommen (vgl. die Schulrechtskommission des Deutschen Juristentages [Modellentwurf für ein Schulgesetz „Schule im Rechtsstaat. Bd. I, Entwurf für ein Landesschulgesetz", 1981; abgedruckt mit Kommentaren in RdJB 3/1981; Fuchs/Reuter 1996]).

3.1.3 Die dilemmatische Situation der Schule

Die Schule befindet sich in einer nahezu unentrinnbaren dilemmatischen Situation: Sie soll ihre Schüler und Schülerinnen im Sinne staatlicher und gesellschaftlicher Vorgaben erziehen, andererseits gegen ungerechtfertigte Ansprüche immunisieren. Sie (vor allem die politische Bildung) lebt von Voraussetzungen, die sie selbst nicht schaffen kann. Es bleibt eine Antinomie zwischen staatlicher Schulaufsicht und pädagogischer Bildungsverantwortung, hierarchischer Lernorganisation (z. B. vorgegebene Stundentafeln, amtliche Lehrpläne, festgelegte Zeittakte, gleichförmige Leistungsprozeduren und Notengebung, rollenförmige Handlungsorientierungen der Lehrenden, individuelle Interessen der Lernenden). Ein Ausweg wird in der tendenziellen Teilautonomisierung der Schule (z. B. durch eine plausible pädagogische Philosophie, ein klares Programm und Profil, ein vertrauensvolles Schulklima, Wahrnehmung eigener Gestaltungsmöglichkeiten, Kommunikations- und Kooperationsoffenheit, dezentrale, transparente Verantwortungsstruktur, eine ganzheitliche Lern-/Lehrkultur, die soziales Lernen, demokratisches Verhalten, Persönlichkeitsentfaltung und individuelle Selbstbestimmung ermöglicht, eigenzuständige Verwendung sächlicher Mittel usw.) gesucht.

Die Reformkonzepte für eine zeitgemäße Schule propagieren das „Haus des Lernens" (NRW) und das Autonomiekonzept. Die Zunahme von Eigenverantwortlichkeit ist evident, jedoch gibt es keine Budget- und Personalhoheit, und die allgemeinen Standards müssen eingehalten werden (Avenarius 1994). Das Demokratie- und Rechtsstaatsprinzip des Grundgesetzes verpflichtet den Gesetzgeber, die Entscheidungen im Schulwesen selbst zu treffen und nicht der Schulverwaltung (oder gar der Einzelschule) zu überlassen. Die Verantwortung des Ministers gegenüber dem Parlament darf nicht durch die Selbstverwaltung der Schule ausgehöhlt werden (Avenarius 1996). Das heißt neben pädagogischen sind soziologische, ökonomische und juristische Aspekte bei Übertragung von Teilautonomie(n) zu berücksichtigen (Was ist juristisch machbar? Wie soll eine Evaluation/Controlling stattfinden?). Auf der einen Seite wird durch Profilierung und Schulprogramm eine Wettbewerbssituation (u. a. durch Aufbau einer schulischen Homepage im Internet, Werbung mit dem Internet, PC- und E-Mail-Anschlüsse) und eine Managementorientierung zwischen den Schulen suggeriert, obwohl sie keine Wirtschaftsunternehmen darstellen und folglich auf keine corporate identity hinweisen können (im Gegensatz zu den in Deutschland spärlichen Privatschulen), auf der anderen Seite dürfen sie ihre Schüler/innen nicht selbst auswählen oder gar Schulgeld erheben. Der Übergang von einer angebotsorientierten zu einer nachfrageorientierten Schul- und Bildungspolitik mit Wettbewerb und marktmäßigen Reformen (Vielfalt der Wahlmöglichkeiten) bleibt in Deutschland im Rahmen eines modifizierten staatlichen Steuerungssystems auf halbem Wege stecken (Avenarius 1997, 250 f.). Ein Marktmodell würde Gleichheit und Solidarität nicht für alle gewährleisten können. Der Markt könnte das Recht auf gleichwertige (Aus-)Bildung nicht sicherstellen und Kontinuität, Zuverlässigkeit, Berechenbarkeit u. dgl. nicht garantieren. Wer sollte dann für Qualitätskontrolle und -sicherung sorgen? (Ebd. 254 f.; Ahrens 1996; Daschner 1995).

Dazu kommt die Einbeziehung des Umweltmilieus, insbesondere der Eltern und deren Erziehungs- und Sozialisationsstil(e) sowie deren verbriefte Mitwirkungsrechte. Das Aufbrechen der „verwalteten Schule" (H. Becker 1954) wurde von der Schüler- und Studentenbewegung (s. u.) mit einem gewissen Erfolg erreicht.

Die Analyse des Erziehungs- und Bildungssystems hat demnach drei Dimensionen zu beachten: die gesellschaftstheoretische (ideologische, wirtschaftliche, kulturelle usw.), die organisationstheoretische (institutionelle) und die interaktionstheoretische (kommunikative) Dimension. Dazu kommt die Charakterisierung der je aktuellen Lage der Jugendlichen, u. a. veranlasst durch Arbeits- und Lehrstellenplatzunsicherheit, Verdrängungswettbewerb, Reformstau, politische Restaurierungstendenzen, ungewisse Zukunftsperspektiven, Zunahme politischer und ideologischer Indifferenz sowie kritischer Einstellung gegenüber gesellschaftlichen Gegebenheiten, Politikerverdrossenheit, flexibles Wahlverhalten usw. Die während der Studenten- und Schülerprotestbewegung gegen Ende der 1960er- und zu Beginn der 1970er-Jahre starke Kapitalismuskritik und das (didaktische) Vorherrschen der linken Konflikttheorie sind im Zusammenhang mit den gesellschaftlichen Veränderungen und der Implosion des Staatssozialismus der DDR zugunsten systemkonkludenter Verhaltensformen zurückgegangen. Einen wichtigen Beitrag zu dieser Doppelfunktion kann politische Bildung leisten. Sie erscheint als Unterrichtsfach und -prinzip und wird darüber hinaus durch die demokratische Struktur der Institution (z. B. Schüler-, Lehrer-, Elternvertretung, Schulkonferenz; Projektwochen, Studienfahrten, Landheimaufenthalte usw.) wirksam (Fauser 1995). Jedoch wird die Schule von vielen Schülern so (noch) nicht wahrgenommen, eher als hierarchisch geprägte „Unterrichtsanstalt", als eine Inszenierung Erwachsener, als konkurrente Leistungsschule. Dies soll durch Profilgebung, Rollenzuweisungen, den „Lebensraum"gedanken, die stärkere Einbeziehung ins gesellschaftliche Umfeld, die Öffnung des Lehrplans für neue Bereiche (z. B. Arbeitslehre, Wirtschaft, Praktika u. dgl.).

Ziel ist der mündige, politisch-gesellschaftlich wache, aus Gründen urteilende, entscheidende und handelnde Bürger. Es führt über ein exemplarisches, problem- und handlungsorientiertes Lernen, den Aufbau einer kognitiven Struktur aus Erfahrungen und Reflexion, den Erwerb kategorialer Bildung und von Schlüsselqualifikationen (Massing 1996). Ein Handikap liegt darin, dass politische Bildung infolge des Alters der Schüler über Jahre hinweg antizipativ sein muss, so wie die Antizipation von gesellschaftlicher Realität ein allgemeines Strukturmerkmal der Schule ist. Allerdings dürfen die Erwartungen an die Schule in Sachen politischer Sozialisation nicht zu hoch gesteckt werden. Außerschulische Sozialisationsagenturen und -instanzen sowie die vom Gesellschaftssystem insgesamt (funktional) ausgehenden Wirkungen („heimliche Miterzieher") werden oft als stärker eingeschätzt. Die Schule kann nur einen relativen Einfluss auf die Lernenden über die Curricula, die Lehrenden, die Partizipationsstrukturen, das Sozialklima usw. ausüben.

3.2 Zur Profession der Lehrenden

3.2.1 Zum Profil der Lehrenden in der Institution

Die Schule – als die umfassendste Einrichtung des Bildungs- und Erziehungswesens – ist eine Behörde der unmittelbaren Staatsverwaltung (s. S. 63), eine staatliche Anstalt. Sie unterliegt in ihren Tätigkeiten, Beschlüssen, Urkunden usw. dem Öffentlichen Recht. Das heißt – im Gegensatz zu früheren Zeiten – sie stellt keinen rechtsfreien Raum dar (vgl. Stellungnahme der KMK vom 23./24. 6. 1983 „Ursachen und Auswirkungen der ‚Verrechtlichung im Schulwesen'". In: RdJB 5/1983, S. 388–390).

Das Bundesverfassungsgericht hat 1973 für das Schulwesen verlangt, dass die wirklich wichtigen Entscheidungen in den hierfür legitimierten Parlamenten i.d.R. gesetzlich zu fällen sind und auch „halbwegs wesentliche" Entscheidungen wenigstens einer gesetzlichen Ermächtigung bedürfen (Wesentlichkeitstheorie; „wesentlich" = unbestimmter Rechtsbegriff; s. S. 55), die der Schulverwaltung bei der Handhabung ihres Rechtsverordnungsrechts die ungefähre Richtung weist. Die dadurch ausgelöste Vergesetzlichung, Justizialisierung und Bürokratisierung des Bildungswesens bildet die Grundlage für rechtsförmige Verfahren bei Konflikten und deren Lösung. Auf diesem Hintergrund ist auch das Profil der Lehrenden zu betrachten. Die klassischen Funktionen der Schule – Qualifizierungs-, Selektions- und Reproduktionsfunktion – sind im pädagogisch-psychologischen und sozialen Bereich zu erweitern um eine Innovations-, Integrations-, Präventionsfunktion, um eine kompensatorische, familienergänzende, diagnostische, therapeutische, medienpädagogische, sozialisations- und jugendfördernde Funktion. So wird der Lehrende gefordert als Erzieher, Be- rater, Psychologe, Fachlehrer, Staatsbürger.

Die Person des Lehrenden – seine Führungsfähigkeit und (natürliche) Autorität, seine Offenheit, Sensibilität, Zurückhaltung, Fach-, Sach- und Sozialkompetenz – ist eine konstitutive Größe im didaktischen Dreieck wie im Erziehungs- und Bildungsprozess überhaupt. Die Professionalität des Lehrenden erweist sich in erster Linie durch dessen Kenntnis der Fach- und Erziehungswissenschaft(en) sowie der Didaktik als spezifische Vermittlungswissenschaft. Sein Auftrag besteht – im Anschluss an seine Qualifikationen und nach Maßgabe der ministeriellen Vorgaben (Verfassung, Schulgesetze, Lehrpläne, Richtlinien usw.) – in Unterricht und Erziehung nach den fachlich (lege artis) und gesellschaftlich anerkannten Grundsätzen. Der Lehrende der Zukunft soll sich (idealiter) ausweisen können durch fachlich-didaktische Planungs- und Methodenkompetenz, durch diagnostische und Beratungskompetenz, durch Medienkompetenz und Menschenführung, durch Kooperations- und Teamfähigkeit, schließlich durch metakognitive Kompetenz (Gutachten NRW 1995, 304 f.), zusammengefasst in einer (noch ausstehenden) Professionstheorie des Lehrerhandelns. Als gemeinsame Bildungsziele aller Schulen können nach dem KMK-Beschluss vom 25. 5. 1973 gelten: „Die Schule soll

- Wissen, Fertigkeiten und Fähigkeiten vermitteln,
- zu selbstständigem kritischen Urteil, eigenverantwortlichem Handeln und schöpferischer Tätigkeit befähigen,
- zu Freiheit und Demokratie erziehen,
- zu Toleranz, Achtung vor der Würde des anderen Menschen und Respekt vor anderen Überzeugungen erziehen,
- friedliche Gesinnung im Geist der Völkerverständigung wecken,
- ethische Normen sowie kulturelle und religiöse Werte verständlich machen,
- die Bereitschaft zu sozialem Handeln und zu politischer Verantwortlichkeit wecken
- zur Wahrnehmung von Rechten und Pflichten in der Gesellschaft befähigen,
- über die Bedingungen der Arbeitswelt orientieren." (Zit. Avenarius/Heckel 2000, 63)

Pädagogisches Handeln muss sich als Rechtshandeln legitimieren. Dafür muss es in einem Rechtsstaat gerichtsförmige, d. h. juristisch fundierte Bestimmungen geben, die jeder Willkür und Eigenmächtigkeit vorbeugen und den Betroffenen Rechtssicherheit bzw. Rechtsschutz gewähren.

3.2.2 Der (desiderate) Typ des politischen Fachlehrers

Zur Professionalisierung der Lehrenden gehören berufsethische, an der Verfassung orientierte Grundsätze, Professionswissen, eine praxisgeleitete Theorie wie eine theoriegeleitete Praxis. In ihrem Identitätskonzept sollten psychische und gesellschaftliche Faktoren korrelieren, die u. a. auf lebensgeschichtlichen Erfahrungen beruhen. Andererseits haben (Schul-)Lehrende oft nur geringe gesellschaftliche Erfahrungen, agieren häufig als Einzelkämpfer, sind in eine bürokratisch-hierarchische Schulstruktur eingebunden und von obrigkeitlichen Entscheidungen abhängig. Dies bringt sie in eine dilemmatische Situation, in den Rollenkonflikt zwischen normativen Vorschriften, vorgegebenen Lehrfunktionen und dem erzieherischen Anspruch der Lernenden auf Mündigkeit.

Der Lehrende des Politischen sollte ein (Lehrer-)Typ sein, in dem sich Urbanität, Weltoffenheit mit Gelehrsamkeit und erzieherischen Qualitäten verbinden. Der Beschluss der KMK vom 5. 10. 1990 über die „Gegenseitige Anerkennung von Lehramtsprüfungen" (vgl. ergänzend die Stellungnahme der KMK vom 12.5.1995 zur „Studienstrukturreform für die Lehrerausbildung") stellt die bundesweite Gültigkeit der Staatsprüfungen sicher. Der Lehrende (Lehrer/Dozent) sollte die schulischen und außerschulischen Verhältnisse kennen, damit ein Einsatz in beiden Bereichen bzw. mit Jugendlichen und Erwachsenen möglich ist (Lehraufträge an Schulen, Volkshochschulen, Akademien). Die EG-weite Anerkennung der Examina seit dem 1.1.1991 ermöglicht eine Lehrtätigkeit in den EU-Staaten. (Fastenrath 1996)

Ferner soll der Lehrende die Planung von Lehr-/Lernprozessen bzw. die Entwicklung eines Lehr-/Lernsystems als selbstreferentielles autopoietisches Interaktionssystem vornehmen und den Verlauf beeinflussen können. Darüber hinaus muss er sich mit sozialwissenschaftlich begründeter generalistischer Kompetenz in mehreren Handlungslogiken (z. B. der Politik, des Rechts, der Wirtschaft, der Pädagogik, der Psychologie usw.) bewegen können. Zu seiner Persönlichkeit gehören u. a. die Pflege von gesellschaftlichen Kontakten, die Teilnahme an (Fortbildungs-)Tagungen und Konferenzen von Parteien, Vereinen und Verbänden, aber auch die reflektierende Distanz. Er soll die politischen Ereignisse miterleben, teilweise mitgestalten und sie analysieren. Ohne persönliche Teilnahme an der politischen Auseinandersetzung in irgendeiner Form (z. B. in einer Partei, Gewerkschaft, in einem Ehrenamt als Ratsherr, Stadtverordneter, Schöffe, in einer wirtschaftlichen Funktion usw.) sind keine politischen Insiderkenntnisse über das wirkliche Funktionieren bzw. die Schwächen des demokratischen Systems zu gewinnen. Das heißt zur politischen Lehre gehören unbedingt die praktische Erfahrung und das Engagement an irgendeiner Stelle des gesellschaftlich-politischen Systems. Das schließt die Fähigkeit zur Rollendifferenzierung ein, z. B. abends als Parteimann, morgens als der Sachlichkeit verpflichteter Fachlehrer. Bloßes Theoretisieren, die ausschließliche Vermittlung formaler Lernziele (z. B. Parteiprogramme, Wahlsysteme, Gewaltenteilung usw.: Institutionenkunde) ohne selbst erlebte oder reproduzierte Beispiele aus der Praxis bewirken keine politische Bildung. Nur in einem Rückkoppelungsprozess zwischen Unterricht und außerschulischer Lebenswelt kann Lernen praxisrelevant werden. Die Bearbeitung von Verfassungsartikeln beispielsweise ist nur dann sinnvoll, wenn sie anhand von geeigneten Fällen zu Einsichten in Vorzüge und Gefahren der demokratischen Freiheiten führt, indem Verfassungsnorm und Verfassungswirklichkeit einander konfrontiert werden. Die genauere Kenntnis der Funktionsmechanismen des demokratischen Systems erwirbt der Lehrende nur in praktischer politischer Betätigung. Er sollte die Realität des politischen Geschäftes miterlebt haben, wie etwa Interessengruppen in Verbänden und Parteien ihre Kandidaten in den Gremien nach vorn bringen (pushen), wie vertrauliche Absprachen untereinander getroffen werden, wie zu manipulieren versucht wird, wie Kandidaturen für Mandate „festgeklopft", wie Vorstandsposten besetzt werden u. dgl. Das bedeutet, wenn der Unterricht u. a. die Aktualität mit einbeziehen soll, muss er in einer freien, auf den Gruppenspannungen beruhenden Gesellschaft die ihm aus der Praxis zufließende politisch-soziale Dynamik auch in den auf Kritik und Veränderung zielenden methodischen Schritten sichtbar machen.

Für den Lehrenden – wie für den Lernenden – geht es um den Aufbau von reflektierten Positionen, z. B. über

a) Einsichten in die Interdependenz von Institution (Schule) und Gesellschaft
b) Einsichten in gesellschaftliche Machtverhältnisse und die Bedeutung der (Schul)-Politik in ihnen
c) das Erkennen gesellschaftlicher Widersprüche
d) das Erkennen der Veränderbarkeit sozialer und politischer Strukturen
e) die Entwicklung eines kritischen (politischen) Bewusstseins
f) die Entfaltung einer ideologiekritischen Einstellung
g) das Denken in Alternativen und die Fähigkeit zum System verändernden Denken
h) die Anerkennung von Konflikten und Antagonismen als konstitutive Merkmal einer demokratischen Gesellschaft sowie das Erzielen von Kompromissen.

Instrumente zum Erreichen dieser und anderer Ziele sind

a) die Einführung in Methoden der Sozialwissenschaften (s. S. 359)
b) die Verbindung von hermeneutischen und klinischen Methoden: Textanalyse und praktische Fallanalyse
c) die Konditionierung eines demokratischen Arbeits- und Verhaltensstils
d) die Projektarbeit in Gruppen zum Zwecke der Ausbildung von Kooperationsfähigkeit, Kreativität, rationalem Problemlösungsverhalten, Praxis bezogenem Denken, Methoden pluralismus (einschließlich seiner politischen Implikationen), Erfahrung gruppendynamischer Prozesse sowie des kollektiven und individuellen Lernverhaltens, des Organisierens von selbstgesteuerten Lernprozessen u. dgl.

Dazu gehören für den Lehrenden Forschungsaufgaben im Berufsfeld, z. B.

a) Curriculumtheorie und -konstruktion (Operationalisierung von Lehr- und Lernzielen, deren wissenschaftstheoretische und didaktische Begründung)
b) Medienkonstruktion und -kritik
c) Kommunikations- und Interaktionsforschung
d) Innovations- und Sozialisationsforschung
e) Unterrichtsplanung, -beschreibung, -analyse und -kontrolle
f) Bildungsplanung, -ökonomie und -politik.

Kritische Rationalität und soziale Sensibilität sind wesentliche Faktoren für den Aufbau einer demokratischen Persönlichkeitsstruktur und die Ziele politischer Bildung: Mündigkeit, Vorteilslosigkeit, Offenheit, Selbstständigkeit kritisches Denken, Partizipation, Solidarität, Gerechtigkeit u. dgl. Der Lehrende soll diskussionsbereit, tolerant, kooperativ, aufnahmebereit für Vorschläge und Kritik in seiner komplizierten „asymmetrischen (unumkehrbaren) komplementären Rollenbeziehung" (Luhmann/ Schorr) sein.

Veränderte Lehrerrolle	
• methodische „Spielregeln" beachten und einfordern	• mehr Gespräche und Gruppenarbeit
• immer mal wieder methodische Übungen durchführen	• Sitzordnung gelegentlich verändern
• Reflexionsphasen nicht vergessen! (Feedback)	• Lehrer tritt stärker zurück (Organisator, Moderator, Berater)
• offener, experimenteller Unterricht (praktisches und gedankliches Experimentieren)	• Zeit lassen / Pausen ertragen • Gesprächsregeln einüben (Melderegeln, Wort weitergeben)
• aktiv-produktives Lernen („produktive Medienarbeit")	• klarer Stundenaufbau (s. unten)
• klare, stark reduzierte Tafelbilder (grafische Form) etc.	• Erweiterung der Leistungsbeurteilung

	Maxime für die alltägliche Unterrichtsarbeit (die einzelnen Phasen sind flexibel zu handhaben und auszufüllen!)
Wiederholung	• Thema der letzten Stunde rekapitulieren (ausgehend vom Tafelbild / Folie, Schulbuch, Arbeitsmappe – Besinnungsphase vorsehen!) • Gelegentlich den Verlauf und die Stationen der Unterrichtseinheit auf Übersichtsfolie verdeutlichen (lassen) • Gelegentlich Lernkartei, Rätsel, Arbeitsblätter, Quiz oder Ähnliches einsetzen, um die letzte(n) Stunden gezielt zu wiederholen
Orientierung	• Zu Unterrichtsbeginn Thema / Problem / Leitfrage der Stunde nennen bzw. von den Schülern entwickeln lassen (aufgrund geeigneter Materialien / Medien) • Assoziative Verfahren zulassen und praktizieren, die die Schüler in das Thema hineinführen (ausgehend von Begriffen, Fotos, Dias, etc.) • Vermutungen / Hypothesen im Blick auf die Beantwortung der Leitfrage formulieren lassen (Kreativitätstraining!)
Erarbeitung	• Gezielte Textarbeit, produktive Medienarbeit, Lernspiele (Rollenspiele, Planspiele etc.). Kreuzworträtsel, Nachschlageübungen, Filmanalyse, Versuche machen, sonstige methodische Übungen – Gruppenarbeit etc. • Auswertung und Diskussion (Präsentationsübungen, Gesprächsregeln beachten, Pro- und Kontra-Debatte etc.) • Gelegentlich Frage-Antwort-Übungen mit Lernkartei (zum Beispiel am Ende einer Unterrichtseinheit)
Zusammenfassung	• Klares, einfaches Tafelbild möglichst in grafischer Form (Lehrer macht vor – Schüler probieren selbst) • Frage-Antwort-Kärtchen für die Lernkartei anlegen (in der Regel am Ende einer Unterrichtseinheit – sämtliche Materialien werden gesichtet!) • Gelegentliche Feedbackphasen einplanen (kritisch-konstruktive Rückmeldungen zum Unterrichtsverlauf, Schüler-/Lehrerverhalten etc.)

(Heinz Klippert: Methodentraining mit Schülern. Strategisches Lernen im Politikunterricht. In: BpB [Hg.]: Methoden in der politischen Bildung – Handlungsorientierung. Bonn 1991, S. 85–114, hier S. 110)

3.3 (Schul-)Rechtliche Grundfragen der Lehr(er)tätigkeit

3.3.1 Die Schule als öffentliche Anstalt

Die Verrechtlichung des Bildungswesens wurde in den 1970er-Jahren durch Urteile des Bundesverfassungsgerichts gefördert. Das System sollte dadurch berechenbarer gemacht werden (Mickel 1999).

Die Schule unterliegt als Teil der öffentlichen Verwaltung und als „nicht rechtsfähige öffentliche Anstalt" der Rechtskontrolle nach Art. 19 (4) GG. In ihr wird das Zusammenleben von Schülern und Lehrern ermöglicht und hoheitliche Akte vor allem qua Versetzungs-, Abgangs- und Abschlusszeugnissen vollzogen. Diese sind auf ihre Rechtmäßigkeit hin verwaltungsgerichtlich nachprüfbar. Im Konfliktfall kann die gerichtliche Judikatur (z.B. aufgrund von Gutachten) in pädagogisch-fachliche Entscheidungen behutsam eingreifen.

Für die Diskussion und Beantwortung von Rechtsfragen im Schul- und Bildungswesen ist das Bildungsrecht zuständig. Es handelt sich um einen Sammelbegriff: Bildungsrecht ist
a) Staatsrecht im Hinblick auf die Grundrechtsträger und Staatszielbestimmungen (demokratische Gewaltenteilung, Rechts- und Sozialstaatsprinzip) und die verfassungsrechtliche Legitimation von Bildungsträgern und Verwaltungen;
b) Verwaltungsrecht, soweit es um staatliche oder öffentliche Bildungssysteme geht;
c) greift in mehrere Rechtsgebiete ein (z.B. in das Familien- und Kommunalrecht, in die schulische Rechtsdidaktik usw.).

Bildungsrecht gilt als Teil des Besonderen Verwaltungsrechts (z.B. Lehre vom Gesetzesvorbehalt, Prüfungsrecht; Dietze 1991). Zum eigentlichen Meilenstein wurde das preußische Allgemeine Landrecht von 1794 mit seiner lapidaren Feststellung: „Schulen sind Veranstaltungen des Staates" (§ 1 II 12). Darüber hinaus lassen sich aus den Staatszielbestimmungen und dem Grundrechtskatalog des Grundgesetzes der BRD einige Prinzipien für die Landesschulgesetzgebung deduzieren:
1. Das Sozialstaatsprinzip verpflichtet das Bundesland, „diejenigen Schularten, Schulformen und Bildungsgänge anzubieten und vorzuhalten, die unter den konkreten sozialen Lebensbedingungen nötig sind, um junge Menschen von Staats wegen mit einem erzieherischen und fachlichen Mindeststandard auszustatten" (Wimmer 1991, 246).
2. Das Rechtsstaatsprinzip unterwirft die wichtige (Schul-, Bildungs-)Materie dem Landesparlament (Parlamentsvorbehalt) und legt den Beteiligten (Schülern, Lehrern und Eltern) Rechte und Pflichten auf (Rechtsverhältnis).
3. Nach dem Demokratieprinzip soll die Schule eine partizipatorische Struktur haben. Dem Schüler stehen die Freiheitsrechte der Verfassung, soweit sie nicht gesetzlich begrenzt sind, uneingeschränkt zu.

Erst die Weimarer Reichsverfassung (1919) überwand das territoriale Schulrecht und schuf in den Artikeln 143–149 die Grundlagen für ein gemeindeutsches Schulrecht. Das Grundgesetz der BRD hat auf ein bundeseinheitliches Schulrecht zugunsten des Bildungsföderalismus verzichtet.

Nach der gültigen Gesetzeslage steht der Lehrer – i.d.R. als Beamter – in einem öffentlich-rechtlichen Dienst- und Treueverhältnis zu seinem Dienstherrn (Art. 33 (4) GG), das nach den „hergebrachten Grundsätzen des Berufsbeamtentums zu regeln" ist (Art. 33 (5) GG). Daraus ergeben sich nach Avenarius/Heckel (2000, 368) folgende Aufgaben:

„Grundlegende beamtenrechtliche Pflicht ist daher die Treuepflicht. In Erfüllung dieser Pflicht dient der Beamte dem ganzen Volk, nicht einer Interessengruppe, Partei oder Konfession (§ 35 Abs. 1 Satz 1 BRRG, § 52 Abs. 1 Satz 1 BBG). Der Lehrer hat seine volle Arbeitskraft der Schule zu widmen (Dienstleistungspflicht, § 36 Satz 1 BRRG, § 54 Satz 1 BBG) und seine Aufgaben unparteiisch und gerecht zu erfüllen (§ 35 Abs. 1 Satz 2 BRRG, § 52 Abs. 1 Satz 2 BBG). Insbesondere ist er verpflichtet, sich durch sein gesamtes Verhalten zu der freiheitlichen und demokratischen Grundordnung im Sinne des Grundgesetzes zu bekennen und für deren Erhaltung einzutreten (Verfassungstreuepflicht, politische Treuepflicht); wenn er sich politisch betätigt, muss er diejenige Mäßigung und Zurückhaltung wahren, die sich aus seiner Stellung gegenüber der Allgemeinheit und aus Rücksicht auf seine Amtspflichten ergeben (§ 35 Abs. 1 Satz 3, Abs. 2 BRRG, §§ 52 Abs. 2, 53 BBG). Lehrer im Dienst sind sowohl den so genannten untergesetzlichen Regelungen der Kultusminister (Erlasse, Bekanntmachungen, Weisungen) sowie in „wesentlichen" Fragen (Schuldauer, Prüfungen, Schulstruktur usw.) den Landesgesetzen/Schulgesetzen und Rechtsverordnungen unterworfen (sog. Gesetzesvorbehalt). Die folgenden Bereiche sind nach Wimmer (1997, 17) davon betroffen: die gesetzliche Definition des Auftrags der Schule (Bildungs- und Erziehungsziele), Unterrichtsinhalte und Stundentafeln, Zulassung von Lernmitteln, Rechtsstellung der Schulen und Schulaufbau, Schulverhältnis, Geltung von Grundrechten in der Schule, Aufnahme und Entlassung von Schülern, Leistungsbewertung, Versetzung, Abschlüsse, Rechtsstellung des Schulpersonals, Mitwirkungsrechte von Eltern, Schülern und Lehrern, Schulorganisation und -finanzierung (bei Lehrplänen/Richtlinien ist strittig, ob dafür ein Rechtssatz erforderlich ist). Dem Lehrer wird sein Amt von den zuständigen Kultusbehörden übertragen. Damit wird er zum weisungsgebundenen Beamten/Angestellten und verpflichtet sich auf die Einhaltung der gültigen Vorschriften sowie auf das in der Profession Übliche. Die landesrechtlichen Ausformulierungen der Amtstätigkeit schaffen die Grundlage für die Bedingungen der Praxis, für deren rechtmäßige Umsetzung der Lehrer verantwortlich ist (§ 38 Abs. 1 BRRG, § 56 Abs. 1 BBG). Dies gilt für die fachliche Unterrichtätigkeit ebenso wie für das allgemeine erzieherische Verhalten, das sich ebenfalls an den nur generalklauselartig festgelegten Bildungszielen der Landesverfassung, den Erlassen usw. zu orientieren hat. Darüber hinaus ist der Lehrende in die Beschlüsse der (Gesamt-, Fach-, Schul-)Konferenz eingebunden und zu deren Einhaltung aufgefordert. Das bedeutet, aus Gründen der Einheitlichkeit des staatlichen Schulwesens und der Vergleichbarkeit der Abschlüsse sowie der Allgemeinheit der Erziehungsmaximen (die eine Profilierung der Einzelschule durchaus zulassen) kann der Lehrer eine individuelle (sog.) pädagogische Freiheit (s. u.) nicht für sich beanspruchen. Er hat vielmehr die Lernenden im Auftrag des Staates nach allgemein vorgegebenen Direktiven zu unterrichten und zu erziehen. Andernfalls kann der Klageweg (z. B. Anfechtungsklage) beschritten werden, der sowohl zur Abwehr eines unberechtigten staatlichen Oktrois wie zur Vermeidung von menschlichem Fehlverhalten dient.

Aus Art. 7 (1) GG („Das gesamte Schulwesen steht unter der Aufsicht des Staates.") und Art. 6 (2) GG („Pflege und Erziehung der Kinder sind das natürliche Recht der Eltern und die zuvörderst ihnen obliegende Pflicht. …)", in Verbindung mit §§ 1626–1704 BGB (elterliche Sorge) folgt eine verfassungsrechtlich gebotene Mit-/Zusammenarbeit von Lehrern, Eltern und Schülern. Eine Elternbeteiligung ist möglich an Studienfahrten, Landheimaufenthalten, Ausflügen u. dgl. (staatlicher Versicherungsschutz; formale Beauftragung

durch Schulleiter erforderlich); aber sie dürfen keinen selbstständigen und eigenverantwortlichen Unterricht erteilen, folglich keine Noten geben, nicht an Versetzungskonferenzen
teilnehmen (im Einzelnen siehe die Schulgesetze der Bundesländer). (Winkler 2001).

3.3.2 DIE „PÄDAGOGISCHE FREIHEIT" – EIN UNBESTIMMTER RECHTSBEGRIFF

In der (zentralen) fachlichen und erzieherischen Tätigkeit des Lehrers wird häufig mit dem
Begriff der „pädagogischen Freiheit" operiert. Abgesehen davon, dass sie durch Konferenz-
beschlüsse und ministerielle Vorgaben zugunsten der Vereinheitlichung und Vergleichbarkeit des Schulwesens eingeschränkt wird, ist sie juristisch fragwürdig und kein Indivi-
dualrecht des Lehrers. Sie stellt einen so genannten unbestimmten Rechtsbegriff dar, und für
den Konfliktfall fehlt ihr eine Legaldefinition in den Schulgesetzen. Letztere sprechen von der
„eigenen Verantwortung" des Lehrers. Diese beinhaltet einen (undefinierten) Gestaltungs-
raum im Umfeld des pädagogisch Üblichen, der ministeriellen Bestimmungen, des Schul-
zwecks (Unterricht und Erziehung, Beratung und Menschenführung), der Anwendung der
Ergebnisse der wissenschaftlichen Forschung. Ohne ein gewisses Maß an Eigenverantwortung ist Erziehung im und für den demokratischen Staat und die Gesellschaft nicht
möglich. Dies führt den Lehrer in das Dilemma zwischen seiner rechtlichen Gehorsams-
pflicht als staatlicher Beamter/Angestellter einerseits und als individuell entscheidender Anwalt des zum Gebrauch der bürgerlichen Freiheiten zu erziehenden/ anzuleitenden Kindes
und Jugendlichen andererseits.

Umstritten ist die materiell-verfassungsrechtliche Fixierung der pädagogischen Freiheit,
ihre Begründung, Inhalte und Reichweite. Nach h. M. stehen dem Lehrer (Dozenten) die
Rechte nach Art. 5 (3) GG (Lehrfreiheit) nicht zu (Romberg 1984), u. a. deswegen weil sonst
die staatliche Schulhoheit nach Art. 7 GG ausgehebelt und dem einzelnen Lehrer überlassen
würde. Eben so wenig geben die Länderverfassungen eine Grundrechtsgewährung (Lehr-
und Wissenschaftsfreiheit) für den Lehrer (Dozenten). In ihren Schulgesetzen ist die
pädagogische Freiheit überwiegend lediglich als Maßgabefreiheit konzipiert (d. h. nach Maßgabe der Gesetze, Richtlinien, Verordnungen usw.), nicht als ein spezielles Recht für
Lehrer/innen. Als Generalklausel ist sie von praktischer Belanglosigkeit. Der Lehrende hat
ein fiduziarisches Mandat zugunsten des Lernenden. Das kann jedoch eine pädagogische
Freiheit auch nicht legitimieren. Unterrichten und Erziehen geschehen in öffentlicher Verantwortung als Veranstaltung des Staates. Der Lehrer (Dozent) ist nicht selbstverantwortlicher Pädagoge, sondern staatlicher weisungsgebundener Amtsinhaber. Die Rechts-
quellen setzen also der vermeintlichen pädagogischen Freiheit Grenzen. Für die pädagogische Freiheit spricht, dass es eine Einheitserziehung nicht gibt. Selbst in den (wenigen)
Bereichen, in denen die „pädagogische Freiheit" sich realisiert, ist sie dem Lehrer nicht
wegen seiner eigenen Person übertragen, sondern wegen des Amtsinhalts (Erziehung der
Kinder und Jugendlichen zu freiheitlichen Bürgern, Selbstentfaltung der Schüler/innen nach
Art. 2 (1) GG). Das heißt die „pädagogische Freiheit" legitimiert sich nur durch den allgemeinen Schulzweck und dient nicht der individuellen Darstellung der Ansichten und
Überzeugungen des Lehrers. Sie darf „den Schutz der Schüler vor Willkür, Ungerechtigkeit
und Indoktrination sowie ihren Anspruch auf sach- und fachgerechten Unterricht nicht
gefährden" (Avenarius/Heckel 2000, 343). Andererseits müsste mit der allgemeinen bildungspolitischen Tendenz zur stärkeren Autonomisierung und Profilierung der Einzel-

schule – pädagogisch betrachtet – die pädagogische Freiheit eher zunehmen. Demgegenüber ist in allen schulischen Autonomiebestrebungen nur eine weitere Verrechtlichung durch Gremien sichtbar.

Was bleibt für die „pädagogische Freiheit"? „Der Lehrer hat Verfassung, Gesetze und sonstige Rechtsvorschriften zu beachten; er ist ferner an die Richtlinien, zentralen Reformmaßnahmen, Lehrpläne, Lernzielorientierungen und sonstigen curricularen Anordnungen der Schulbehörde gebunden, auch soweit sie die Unterrichtsinhalte und ihre Verteilung auf die Schuljahrgänge festlegen." (Ebd. 343) (Vgl. OVG Lüneburg, Urteil vom 13.10.1992 – 5 L 2508/91: Ein klagender Oberstudienrat, der ein von der Fachkonferenz eingeführtes Chemiebuch aus wissenschaftlichen Gründen und Berufung auf seine pädagogische Freiheit ablehnte, wird abgewiesen. (Siehe RdJB 1/1994, S. 147–153; dazu M. Stock 1992) Die „pädagogische Freiheit" kann sich demnach nur in den Formen der Unterrichts- und Erziehungstätigkeit auswirken. Dabei scheiden veraltete Unterrichts- und Erziehungsmethoden ebenso a priori aus wie unbegründete didaktische (z.B. Lehrplan-) Reduktionen. Das heißt Unterricht und Erziehung müssen lege artis, nach den in Wissenschaft und Praxis anerkannten allgemeinen Grundsätzen erfolgen. Die „pädagogische Freiheit" erstreckt sich auch nicht darauf, dass der Lehrer beispielsweise Anspruch auf Unterricht in bestimmten Jahrgangs-/Klassenstufen bzw. auf ganz bestimmte Klassen hätte. Bei dringenden dienstlichen Erfordernissen darf er sogar auf Zeit für fachfremden Unterricht eingesetzt werden (für dessen Qualität er nicht verantwortlich zu machen ist). „Doch ist er (der Lehrer – W. M.) grundsätzlich nicht verpflichtet, Unterricht in Fächern zu erteilen, für den er/sie keine Lehrbefähigung besitzt." (Ebd. 346) Das gleiche gilt für das Verbot einer unterwertigen Beschäftigung, wonach z.B. ein Studienrat trotz Beibehaltung der Amtsbezeichnung und der Dienstbezüge nicht dauernd an einer anderen Schulart ohne seine Zustimmung eingesetzt werden darf.

Anordnungen der Schulaufsichtsbehörde sowie des unmittelbaren Vorgesetzten (i.d.R. des Schulleiters) sind für die Lehrer verbindlich. Der Lehrer hat sie bei Zweifeln an ihrer Rechtmäßigkeit nach Bestätigung durch einen höheren Vorgesetzten auszuführen und ist von der eigenen Verantwortung befreit, es sei denn, sie laufen erkennbar den Strafgesetzen zuwider (§ 8 Abs. 2 BAT u. BRRG § 37 u. 38 Abs. 2; sog. Remonstrationspflicht). Des Weiteren gilt für die Schulaufsichtsbehörden: Sie „können im Rahmen der Fachaufsicht pädagogische Bewertungen sowie unterrichtliche und erzieherische Entscheidungen und Maßnahmen aufheben, zur erneuten Beschlussfassung zurückweisen und alsdann erforderlichenfalls selbst entscheiden, wenn 1. gegen Rechts- und Verwaltungsvorschriften verstoßen, 2. von unrichtigen Voraussetzungen oder sachfremden Erwägungen ausgegangen oder 3. gegen allgemein anerkannte pädagogische Grundsätze der Gleichbehandlung aller Schüler verstoßen wurde" (Heckel/Avenarius 1986, 178).

Im Übrigen wird die so genannte pädagogische Freiheit durch die Teilautonomisierung und die innerschulischen Gremien stärker in Mitleidenschaft gezogen als von der örtlich entfernten Schulaufsicht (Urteil Hess. StGH vom 4.10.1995, Hess. StAnz. 1995, S. 3391 ff., und Kommentar von G. Püttner in: RdJB 1/1997, S. 40–44). Die pädagogische Freiheit ist nach h.M. keine Lehrfreiheit. Sie „ist eine Pflicht gebundene Freiheit, die ihren Grund und ihre innere Rechtfertigung in der Erziehungsaufgabe des Lehrers findet. Sie ist ihm nicht um seiner selbst willen, sondern um seiner Funktion, seines Amtes willen gewährleistet. (...)" Ihr verfassungsrechtlicher Standort wird wie folgt fixiert:

„Die pädagogische Freiheit wurzelt in der vorrangig durch den Lehrer wahrzunehmenden Staatsaufgabe, erfolgreich Schule zu halten (Art. 7 Abs. 1 GG), und in dem Recht der Schüler auf ihre vom Lehrer zu fördernde Selbstentfaltung (Art. 2 Abs. 1 GG)." (Avenarius/ Heckel 2000, 342)

3.3.3 MEINUNGSFREIHEIT IM UNTERRICHT UND VERFASSUNGSTREUE

Grundsätzlich steht jedem Lehrer und Schüler das Recht der freien Meinungsäußerung nach Art 5 Abs. 1 Satz 1 GG verfassungsmäßig zu. Einschränkungen für Lehrer (Oschatz 1985) sind möglich nach Art. 5 (2) GG sowie im Zusammenhang mit dem Beamtenstatus nach Art. 33 (4 u. 5) GG, ferner nach den §§ 35 (2) BRRG und 53 BBG. Sie treffen auf die uneingeschränkte, verfassungsmäßige Freiheitsgarantie für Schüler. Das heißt jedoch nicht, dass diese zu jeder Zeit und Gelegenheit alles äußern dürften, wonach ihnen der Sinn steht. Die Verbreitung der so genannten Auschwitzlüge ist gesetzlich verboten (BVerfGU 1994). Im Unterricht brauchen weder Alles-, Viel- oder Dauerredner toleriert zu werden.

Zur inhaltlichen Gestaltung des politischen Unterrichts führen die Schulrechtler u. a. aus: Er „erschöpft sich nicht in einer Institutionenlehre (…). Das Interesse des Schülers ist zugleich auf die politische Realität, auch auf ihre Fehlentwicklungen zu richten. Der Lehrer muss Geist und Sinn der freiheitlichen demokratischen Grundordnung verdeutlichen. Er hat die Einsicht zu vermitteln, dass die Demokratie vom Konflikt, aber auch vom Kompromiss lebt; dass die Mehrheit entscheidet und es gleichwohl einen Schutz der Minderheit gibt; dass die Funktionsfähigkeit des Rechtsstaats auch vom Rechtsgehorsam des Bürgers abhängt; dass die Bundesrepublik Deutschland ein Sozialstaat ist, der der Verwirklichung sozialer Gerechtigkeit zu dienen hat. Bei der Auseinandersetzung mit politischen Fragen braucht der Lehrer mit seiner persönlichen Meinung nicht hinter dem Berge zu halten, er darf sie aber den Schülern nicht aufdrängen. Vor allem muss er dafür sorgen, dass auch andere Auffassungen zur Geltung gelangen und dass die Schüler zu selbstständigem Urteil finden. Keinesfalls darf der Lehrer sich im Unterricht für bestimmte politische Richtungen einseitig engagieren." (Avenarius/Heckel 2000, 526)

Da der Lehrende kein politisches Neutrum ist, werden seine persönlichen Stellungnahmen über den schulischen Rahmen hinaus der externen Diskussion ausgesetzt, und er kann in öffentliche Auseinandersetzungen verwickelt werden. Dies erfordert eine hohe fachliche Kompetenz; außerdem sollte zwischen Parteinahme und Parteilichkeit unterschieden werden. Parteinahme beruht auf die jedem Bürger zustehende Entscheidung für eine bestimmte politische Position, Parteilichkeit begnügt sich mit dem (oft unreflektierten) Eintreten für eine ideologische Richtung (Giesecke 1999). Es sollten nur diskursiv und wissenschaftlich abgesicherte Positionen vertreten werden, die besonders gegenüber fortgeschrittenen Lernenden mittels Quellen, Beurteilungskategorien, Erkenntnisinteressen usw. offengelegt und begründet werden. Vom Lehrenden wird eine gewisse Zurückhaltung in politischen Fragen (Einschränkung für politische Lehreräußerungen nach § 35 Abs. 1 Satz 2 Beamtenrechtsrahmengesetz und Schulgesetze der Bundesländer) und das Bekenntnis zur freiheitlich demokratischen Grundordnung der BRD erwartet.

Der grundrechtliche Schutz der freien Meinungsäußerung der Schüler ist weitreichend (vgl. BVerfG-Urteil „Soldaten sind Mörder", Tucholsky). Die Leugnung des Holocaust ist für alle Bürger, Schüler und Lehrer, strafbewehrt (BVerfG-Urteil 1994). Die Schüler dürfen z. B.

ihre Meinung durch provokante Plaketten und Abzeichen schulöffentlich äußern (z. B. „Atomkraft – nein danke", Friedenstaube), sofern jüngere Schüler dadurch nicht manipuliert oder eingeschüchtert werden (sollen). Dagegen sind direkte Aktionen gegen die Schule (z. B. Unterrichtsstörung, -boykott, Leistungsverweigerung, Sitzstreiks, Besetzung von Amtsräumen) grundrechtlich nicht gedeckt, ebenso wenig der so genannte Schülerstreik (Schüler sind keine Arbeitnehmer). Die Teilnahme älterer Schüler – auch bei Vorliegen einer schriftlichen elterlichen Zustimmung bei Minderjährigen – an öffentlichen Demonstrationen ist durch Art. 5 (1) und 8 (1) GG geschützt. Über die Teilnahme während der Unterrichtszeit vertritt die Behörde den (strittigen) Standpunkt, dass der Unterricht (staatlicher Bildungs- und Erziehungsauftrag nach Art. 7 (1) GG und gesetzliche Schulbesuchspflicht) allem vorgehe. So galt die Demonstration ganzer Schulklassen mit ihren Lehrern gegen die Castor-Transporte im bzw. ins westfälische Endlager für Atomabfälle, Ahaus, im März 1998 für beide Gruppen als rechtswidrig, für die Schüler außerdem als Indoktrination durch Lehrer. Insgesamt wurde die Demonstration als (in den Akten bzw. in das Zeugnis eintragbare) Schulpflichtverletzung betrachtet. Eine tolerantere Auffassung argumentiert damit, dass die Teilnahme an einer Demonstration der politischen Bildung zugute und überdies ganz selten in Frage komme. Man könne Schüler z. B. vor Ferien, anlässlich Familienfeiern, Arztbesuchen usw. nicht großzügig vom Unterricht befreien, aber ihnen die zeitlich befristete Teilnahme an einer (politischen) Willensäußerung versagen (Schaller 1991; Schippmann 1992; Geis 1994). Eine Lösung des Problems sollte durch eine Rechtsgüterabwägung erfolgen (können).

Für die Meinungsfreiheit des Lehrenden im Unterricht gelten besonders das Indoktrinationsverbot und das Toleranzgebot. Es ist ihm/ihr, wie anderen Arbeitnehmern im Betrieb, untersagt, während des Dienstes z. B. ein Kopftuch (umstritten; Weinmann 1999), Anstecker (das Tragen einer Anti-Atomplakette durch Lehrer in der Schule verstößt gegen das Gebot der Zurückhaltung bei politischer Betätigung (Art. 5, 1 u. 2, 6,2, 7,1, 33,5 GG; BVerwGU v. 25. 1. 1990 – 2 C 50.88 in SPE n. F. 418 Meinungsfreiheit, Lehrer Nr. 16; vgl. BarbG Az.: 1 AZR 694/79 v. 2.3. 1982 oder Bhagwan-Kleidung (Art. 4 Abs. 1 u. Art. 6 Abs. 2 GG, VGH Bayern, München, B. vom 9.9. 1985 – 3 CS 85 A/1575 –; veröff. in: NVwZ 1986, S. 405 f., u. SPE n. F. 418 Meinungsfreiheit (Lehrer) Nr. 11), die eine bestimmte Meinung demonstrativ favorisieren, aus Gründen der möglichen Beeinflussung von Schülern, zu tragen. Auch sonst darf er sie sich im Unterricht für keine bestimmte politische oder weltanschauliche Richtung engagieren (Grenzen der Meinungsfreiheit: Art. 33 (5) GG; LGB Baden-Württemberg §§ 73, 74, s. VGH B-W Mannheim, Beschluss v. 24. 5. 1984 – DH 18/83 in: SPE n. F. 514 Polit. Treuepflicht, Lebenszeitbeamte Nr. 5).

Mit diesen Ausnahmen stehen ihm/ihr die staatlich garantierten Rechte eines jeden Bürgers voll zu, z. B. Parteimitgliedschaft, die Übernahme eines politischen Wahlamtes oder einer (zu genehmigenden) nebenamtlichen Tätigkeit. Allerdings haben Lehrer nach dem Beamtengesetz (ebenso staatliche Angestellte) in ihrer Lebensführung gewisse, ihrem Amt als Jugenderzieher geschuldete Rücksichten auch außerhalb des Dienstes zu nehmen (nach Art. 33 (5) GG) und sich in herausgehobenen politischen Funktionen eine gewisse Zurückhaltung aufzuerlegen (Mäßigungspflicht). Dabei handelt es sich mehr um ein moralisches Postulat, nicht um eine Rechtsnorm. Gemeint ist, es mache keinen guten Eindruck, wenn ein Lehrer z. B. als politischer Mandatsträger am Ort ständig und öffentlich gegen die Bildungspolitik seines Kultusministers polemisiere. An die Verfassungstreue der Lehrer sind konkrete Anforderungen zu stellen (Krölls 1984).

Für verfassungsrechtliche Bedenken allein (mit dem Ziel der Entfernung aus dem Dienst) reicht z. B. eine bloße Mitgliedschaft oder Kandidatur in/für eine (nicht verbotene) verfassungsfeindliche Partei nicht aus. Von den Gerichten wird ein strenger Maßstab angelegt (vgl. den Fall der Kandidatur eines Oberstudienrats für die Republikaner, VG Münster, Beschluss v. 24. 2. 1995 – 15 K 4889 /94.0; veröff. in DVBl. 1995, S. 630 ff.)

Im Hinblick auf die Verfassungstreue von Lehrern verlangen die Beamtengesetze des Bundes und der Länder übereinstimmend vom Beamten (ebenso vom Angestellten), „sich durch sein gesamtes Verhalten zu der freiheitlich demokratischen Grundordnung im Sinne des Grundgesetzes zu bekennen und für deren Erhaltung einzutreten" (§ 4 1 Nr. 2 BRRG). Daher darf in ein Beamtenverhältnis zur berufen werden, „wer die Gewähr dafür bietet, dass er jederzeit für die freiheitlich demokratische Grundordnung im Sinne des Grundgesetzes eintritt" (§ 3 5 1 Satz 2 BRRG).

Die Anforderungen des Bundesverfassungsgerichts an die Verfassungstreue von Beamten ergeben sich aus der freiheitlich demokratischen Grundordnung mit ihren grundlegenden Prinzipien:

- die Achtung vor den im Grundgesetz konkretisierten Menschenrechten, vor allem dem Recht der Persönlichkeit auf Leben und freie Entfaltung,
- die Volkssouveränität,
- die Gewaltenteilung,
- die Verantwortlichkeit der Regierung,
- die Gesetzmäßigkeit der Verwaltung,
- die Unabhängigkeit der Gerichte,
- das Mehrparteiensystem und
- die Chancengleichheit für alle politischen Parteien mit dem Recht auf verfassungsmäßige Bildung und Ausübung einer Opposition (BVerfGE 2, S. 1, 12 f.). (Vgl. Krölls 1984, 117)

Über die Möglichkeiten einer Lehrtätigkeit in der EU informiert Pfaff (1992) sowie die Fachabteilung bei der Kultusministerkonferenz in Bonn.

Anmerkungen zum Umgang mit volljährigen Schülern: Sie stehen in einem freiwilligen Anstaltsverhältnis zur Schule, aus dem bestimmte Pflichten (z. B. regelmäßige Unterrichtsteilnahme, Beachtung der ministeriellen und schulischen Vorschriften sowie der alters- und sachgemäßen Anordnungen der Lehrenden im Hinblick auf den Schul(besuchs)zweck u. dgl.) erwachsen. Wenn sie z. B. nicht zum Unterricht erscheinen oder ihn vorzeitig verlassen, kann von ihnen eine schriftliche Entschuldigung verlangt werden. Die Aufsichtspflicht erlischt ihnen gegenüber nicht gänzlich etwa bei Schulveranstaltungen (z. B. Studienfahrt). Übertretungen können mit Schulstrafen (z. B. Verweis, Entlassung, Nichtversetzung) geahndet werden.

Die Judikatur darüber ist noch nicht besonders entwickelt. im Vergleich mit Studenten des gleichen Alters sind die Schüler stärker gebunden.

3.3.4 Methoden- und Gestaltungsfreiheit

Die Forderungen nach Freiheit des Lehrenden in Unterricht und Erziehung entstammen dem reformpädagogischen Programm zusammen mit einer zunehmenden Professionalisierung des Berufsstandes. Der Lehrende will aus Einsicht in die fachlichen und erzieherischen Notwendigkeiten sowie aus Verantwortung vor der Jugend und der Gesellschaft frei entscheiden können und nicht durch institutionelle Einschränkungen allzu sehr beeinträchtigt werden. Die Lehrfreiheit der Universität (Art. 5 (3) GG) besteht nach h. M. für den Lehrer nicht. Er hat einen geringeren Ermessensspielraum im Rahmen der (Schul-) Gesetze und der untergesetzlichen Regelungen (Verordnungen, Erlasse, Richtlinien, Weisungen). Diese gewähren ihm keine persönlichen Rechte gegenüber der staatlichen Schulhoheit und ihrer Fach-, Rechts- und Dienstaufsicht sowie gegenüber den Rechten der Schüler/innen und Eltern. Der Lehrer ist als weisungsgebundener Beamter/Angestellter den Anordnungen der vorgesetzten Behörden verpflichtet. Andererseits ist gerade politische Bildung ohne die gemeinsame freie Disposition über Personen und Sachen, ohne Wagnis und Risiko nicht möglich.

Was kann die Methodenfreiheit des Lehrenden und die eigenständige Gestaltung seines Unterrichts bedeuten? Die Gefahr „zerhackter Rationalität" tritt auf, wenn komplexe Personenensembles (die [heterogenen] Schüler/-innen einer Klasse/Gruppe) und Unterrichtsthemen/-gegenstände strukturiert werden müssen. Methodenfreiheit wird definiert innerhalb des allgemein anerkannten Methodenspektrums nach den Regeln der Zunft (lege artis; Wissenschaft und Praxis) und soll Extrempositionen vermeiden. Sie ist eine grundlegende Qualifikation und beruht auf Kompetenz.

Sie wird erreicht durch

- die Fähigkeit zu selbstständigem Lernen, zum Gewinnen von Kenntnissen und Einsichten, zur Änderung des Verhaltens
- kritisches Denken und Üben
- selbstständige Planung und Durchführung von Aufgaben, Selbstkontrolle, Feststellen und Aufarbeiten von Defiziten
- Phantasie im Erfinden neuer methodischer Möglichkeiten
- Flexibilität, Kreativität, Motivation und Transferfähigkeit angesichts neuer Situationen.

Es gibt keine Supermethode. Der Lehrende sollte innerhalb des Vorgegebenen (Methodenangebot, Adressaten, äußere Bedingungen, Medien, Problemstellung, Lernziel) seine spezielle Auswahl treffen. Die Lehrmethoden lassen sich charakterisieren als a) deskriptiv (Lehrervortrag), b) analytisch (Gruppenarbeit; Fallstudien, Besichtigungen usw.) und c) klinisch (mithilfe der erworbenen Kompetenz sollen Fragen analysiert und gelöst werden; Simulations-, Planspiele). Ebenso wird die Freiheit der Themenbehandlung – normativ-philosophisch oder distanziert-(ideologie-)kritisch – postuliert.

Ein weiterer Punkt betrifft die inhaltliche Freiheit. Dies ist zwar im Wesentlichen eine didaktische Frage, aber mit der methodischen Entscheidung eng verknüpft. Politisch-gesellschaftliche Themen können nicht nach einem statischen Auswahlschema behandelt werden. Sie sollten je nach Aktualität (s. S. 74) und Jahresplan dem Lehrenden zusammen mit den Lernenden überlassen bleiben. Infolge der Strukturierungsmöglichkeiten des heterogenen Politikfeldes, d. h. der Vereinfachung politischer Fragestellungen nie nach den Vorbedingungen der Lernenden , und dem spiralcurricularen (nicht wissenschaftssystematischen) Aufbau der Lehrpläne/Richtlinien (s. S. 77) ist mit einer wiederholenden, immanenten Behandlung wichtiger politisch-gesellschaftlicher Probleme zu rechnen. Der Einstieg kann demnach an jeder geeigneten Stelle erfolgen.

Das Interesse der Lernenden ist ein weiterer subjektiver Faktor im Lehr-/Lernprozess. Es ist nicht immer vorhanden, sondern muss oft erst geweckt werden ebenso wie die

Methoden vermittelt und ausprobiert werden müssen. Man unterscheidet zwischen subjektiven und objektiven Interessen, zwischen persönlichen (individuellen, Gruppen-), Schichten-, (gesamt-)gesellschaftlichen und politischen Interessen, zwischen konkurrierenden und gleichartigen Interessen u. dgl. Im Falle einer Konfrontation entstehen Interessenkonflikte. Die Lernenden sollten in die unterrichtlichen Entscheidungen (Problemstellungen, Erkenntnis- und Zielvereinbarungen), die Begründung der intendierten Vorgehensweisen, schließlichin die Reflexion der Verfahren und Ergebnisse aktiv einbezogen werden (Schmiederer 1977). Die anvisierten Themen haben einen positiven bzw. negativen Aufforderungscharakter und lösen ein bestimmtes Verhalten aus. Deshalb hat das Wecken des Interesses, die Motivation, einen besonderen Stellenwert in der Lerntheorie. Danach ist das Interesse die emotionale bzw. intellektuelle Reaktion auf einen Reiz und besteht aus inneren und äußeren Faktoren mit stimulierender Wirkung. Ein starkes Interesse entsteht a) bei primären Konflikten eines Lernenden, b) durch Neugier, c) durch eine existenzielle Frage u. dgl.

Dieser Art der inhaltlichen und motivationalen Freiheit muss die Freizügigkeit in der Durchführung korrespondieren (Unterricht im Klassenzimmer, Fachraum, außerschulischem Lernort); denn Politik muss gelegentlich dort aufgesucht und erfahren werden, wo sie sich unmittelbar ereignet oder wo sie ihre Spuren hinterlassen hat.

Die Freiheit des Politikunterrichts erweist sich für Lehrende und Lernende auch in dem Maß an praktischer politischer Meinungsfreiheit, begründete Parteinahme in einer (Diskussions-)Atmosphäre der Toleranz artikulieren zu können. Parteilichkeit ist mit einer wissenschaftlichen Grundhaltung unvereinbar. Die Parteinahme des Lehrenden sollte hinter bestimmte aufklärerische Minima nicht zurückfallen, etwa hinter das erreichte Maß an Sozial- und Rechtsstaatlichkeit, hinter die verwirklichten Standards an Partizipation und Solidarität, an Aufnahmebereitschaft für Fremde, an die Grade der Selbst- und Mitbestimmung u. dgl. Dazu gehören u. a. Postulate nach mehr sozialer Gerechtigkeit und Chancengleichheit, nach der Verwirklichung der Menschenrechte und anderer Verfassungsgebote, nach dem Abbau von überflüssigen Herrschaftsstrukturen, von gesellschaftlicher Ungleichheit usw.

Der Lehrende darf seine fachliche Überlegenheit gegenüber den Lernenden nicht ausspielen; die Falsifizierung ist ein probates Mittel der Korrektur eines Irrtums oder einer falschen Aussage/Ansicht. Deshalb sollten Alternativen aufgezeigt werden. Der Lehrende sollte seine Gründe darlegen, die ihn zur Befürwortung oder Ablehnung einer anderen Meinung veranlassen. Bei Kontroversen ist Zurückhaltung geboten.

3.3.5 AUFSICHTSPFLICHT UND AMTSHAFTUNG

Für die freieren Arbeitsformen des Politikunterrichts stellt sich die Frage der Aufsichtspflicht in besonderem Maße. Die Lernenden müssen z. B. während einer Gruppenarbeit zeitweise den Raum und das Schulgebäude verlassen, am Nachmittag Recherchen, Befragungen usw. durchführen oder auf Exkursionen selbstständig agieren (dürfen). Wer trägt in solchen Fällen die Verantwortung? Die Lernenden sind im Rahmen der allgemeinen Erziehungsmaßnahmen und des für ein bestimmtes Alter, Reifegrad, Umweltgewohnheiten u. dgl. Üblichen zur Selbstständigkeit zu befähigen. Dabei können Irrtümer in der Einschätzung durch den Lehrenden vorkommen. Entscheidend ist, dass er sorgfältig prüft und bona fide handelt.

Zwar ist ein strenger Maßstab an die Aufsichtspflicht anzulegen, aber sie braucht in ihrem Anspruch und Auswirkung die der Eltern nicht zu überschreiten. Das heißt kleinliche Gängelung ist ebenso verfehlt wie die Gewährung allzu großzügiger Freiräume. Einzelvorschriften für den Lehrenden gibt es in solchen Fällen nicht. Es gilt die Analogie aus der allgemeinen Rechtsprechung.

Die Lernenden sollten in Abständen auf Gefahren usw. aufmerksam gemacht werden und sie sollten das Gefühl haben, dass die Einhaltung entsprechender Anordnungen auch überprüft wird. Im Übrigen gilt der Grundsatz, dass man den (unmündigen) Lernenden das zutrauen darf, was den für sie zutreffenden Verkehrssitten entspricht. Mit andern Worten, der Lehrende darf von den Lernenden zumindest ein Verhalten erwarten, das sie – im Hinblick auf Selbstständig- und Verantwortlichkeit – im privaten Bereich mit Selbstverständlichkeit praktizieren.

Während einer Schulveranstaltung sind die Schüler amtlicherseits voll versichert. Sonst gilt z. B. Folgendes:
Wenn auf dem (Rück-)Weg von der Schule oder einem Ausflug usw. die Wegstrecke zu im Wesentlichen privaten Zwecken unterbrochen wird (z. B. Besuch der Großmutter, Kino usw.), setzt der Versicherungsschutz erst wieder ein, wenn der Wiederanknüpfungspunkt an den Heimweg erreicht ist. Zum versicherten Heimweg gehören keine (Teilabschnitte von) Straßen, die vom geraden Weg wegführen (BSG, Urteil v. 17. 10. 1990 – 2 RU 1/90, in: SPE n. F. 878 Unfallversicherung Nr. 50)

Die Tätigkeit des Lehrenden geschieht in Ausübung eines öffentlichen Amtes nach Art. 34 GG in Verbindung mit § 839 BGB. Dies schließt die staatliche Fürsorge(pflicht) (oder diejenige eines freien Trägers) und die Gewährung staatlichen Schutzes mit ein. Die daraus resultierende Amts- oder Staatshaftung, d. h. die Haftung des so genannten Dienstherrn anstelle einer persönlichen Haftung in Ausübung von Amtspflichten, beruht auf den folgenden Rechtsgrundlagen:
Artikel 34 GG:
„Verletzt jemand in Ausübung eines ihm anvertrauten öffentlichen Amtes die ihm einem Dritten gegenüber obliegende Amtspflicht, so trifft die Verantwortlichkeit grundsätzlich den Staat oder die Körperschaft, in deren Dienst er steht. Bei Vorsatz oder grober Fahrlässigkeit bleibt der Rückgriff vorbehalten. Für den Anspruch auf Schadenersatz darf der ordentliche Rechtsweg nicht ausgeschlossen werden."
§ 839 Abs. 1 BGB:
„Verletzt ein Beamter vorsätzlich oder fahrlässig die ihm einem Dritten gegenüber obliegende Amtspflicht, so hat er dem Dritten den daraus entstandenen Schaden zu ersetzen. Fällt dem Beamten nur Fahrlässigkeit zur Last, so kann er nur dann in Anspruch genommen werden, wenn der Verletzte nicht auf andere Weise (z. B. durch eine Unfallversicherung – W. M.) Ersatz zu erlangen vermag." (Vgl. § 46 BRRG)

Haftungsansprüche aus dienstlicher Tätigkeit gegenüber Lehrenden können nicht gegen den Beamten/Angestellten direkt erhoben, sondern müssen gegenüber dem Dienstherrn gestellt werden. Der Lehrende leistet also im Normalfall keinen Schadenersatz, auch nicht dessen eventuell vorhandene private Versicherung. Regressansprüche des Staates an den Lehrenden können nur bei – äußerst schwer nachweisbarem – Vorsatz oder bei grober Fahrlässigkeit erhoben werden. Vorsatz liegt vor, wenn der Lehrende bewusst oder gewollt gegen seine Dienstpflicht(en) verstößt oder eine Verletzung dieser Pflicht(en) durch sein

Verhalten in Kauf nimmt. Grobe Fahrlässigkeit besteht dann, wenn der Lehrende die erforderliche Sorgfalt in besonders schwerem Maße verletzt oder nicht beachtet oder die einfachsten, nahe liegenden Überlegungen nicht anstellt. Fahrlässig handelt dagegen jemand, der eine Pflichtwidrigkeit kennt oder sie bei der nötigen Voraussicht erkennen könnte. (Margils 2000; Böhm 2002)

Zeitschrift: Recht der Jugend und des Bildungswesens (RdJB). Luchterhand-Verlag, Neuwied/Rh.

Zeitschrift für Schule, Berufsbildung und Jugenderziehung. Luchterhand-Verlag, Neuwied/Rh. (vierteljährlich; dauernde Berichterstattung über das Schulrecht)

SchulR – SchulRecht. Informationsdienst für Schulleitung und Schulaufsicht (Zs. Luchterhand- Verlag, Neuwied/Rh.

Schulrechtssammlungen: Sammlung der Beschlüsse der Ständigen Konferenz der Kultusminister in der BRD. Luchterhand-Verlag, Neuwied/Rh. (Loseblattsammlung)

Sammlung schul- und prüfungsrechtlicher Entscheidungen (SPE). Luchterhand-Verlag, Neuwied/Rh. (Loseblattsammlung)

Schulrecht der einzelnen Bundesländer. Luchterhand-Verlag, Neuwied/Rh. (Loseblattsammlung)

Schulrecht. Leitsätze aus Gerichtsentscheidungen. SH Schulrechtliche Entscheidungen Nr. 3, Nov. 1989, Luchterhand-Verlag, Neuwied/Rh.

Schulrecht in Grundrissen. Luchterhand-Verlag, Neuwied/Rh.

3.3.6 Anhang: Der Datenschutz

Dem Datenschutz – personenbezogenen Daten von Lernenden (Personenschutz) – ist besondere Aufmerksamkeit zu widmen. Dem Lehrenden bzw. der Institution (Schule, VHS, Betrieb usw.) ist es nicht erlaubt, über den eigentlichen Lehr-/Unterrichtszweck hinaus persönliche Daten zu sammeln (vgl. Art. 1 (1) GG Menschenwürde: Art. 2 (1) GG freie Entfaltung der Persönlichkeit, Bundesdatenschutzgesetz [BDSG] vom 1.6.1991). Dazu gehören Sperrzeiten in Archiven und das Copyright. Das Bundesverfassungsgericht hat in seinem Urteil zum Volkszählungsgesetz 1983 den Gedanken der „informationellen Selbstbestimmung" entwickelt. Er soll vor der Gefahr irrationaler Auswahl, falscher Verwertung und Verbreitung von Daten schützen: „Es (das Grundrecht der freien Entfaltung der Persönlichkeit – W. M.) umfasst auch die aus dem Gedanken der Selbstbestimmung folgende Befugnis des Einzelnen, grundsätzlich selbst zu entscheiden, wann und innerhalb welcher Grenzen persönliche Lebenssachverhalte offenbart werden. (…) Individuelle Selbstbestimmung setzt aber – auch unter den Bedingungen moderner Informationsverarbeitungstechnologien – voraus, dass dem Einzelnen Entscheidungsfreiheit über vorzunehmende oder zu unterlassende Handlungen einschließlich der Möglichkeit gegeben ist, sich auch entsprechend dieser Entscheidung tatsächlich zu verhalten. Wer nicht mit hinreichender Sicherheit überschauen kann, welche ihn betreffenden Informationen in bestimmten Bereichen seiner sozialen Umwelt bekannt sind, und wer das Wissen möglicher Kommunikationspartner nicht einigermaßen abzuschätzen vermag, kann in seiner Freiheit wesentlich gehemmt werden, aus eigener Selbstbestimmung zu planen oder zu entscheiden. Mit dem Recht auf informationelle Selbstbestimmung wären eine „Gesellschaftsordnung und eine diese ermöglichende Rechtsordnung nicht vereinbar, in der Bürger nicht mehr wissen können, wer was wann und bei welcher Gelegenheit über sie weiß. Wer unsicher ist, ob abweichende Verhaltensweisen jederzeit notiert und als Information dauerhaft gespeichert, verwendet oder weitergegeben werden, wird versuchen, nicht durch solche Verhaltensweisen aufzufallen. Wer damit rechnet, dass etwa die Teilnahme an einer Versammlung oder einer Bürgerinitiative behördlich registriert wird und dass ihm dadurch Risiken entstehen können, wird möglicherweise auf eine Ausübung seiner entsprechenden Grundrechte (Art. 8, 9 GG) verzichten. Dies würde nicht nur die individuellen Entscheidungschancen des Einzelnen beinträchtigen, sondern auch das Gemeinwohl, weil Selbstbestimmung eine elementare Funktionsbedingung eines auf Handlungs- und Mitwirkungsfähigkeit seiner Bürger begründeten freiheitlichen demokratischen Gemeinwesens ist."

3.4 Zugangsmöglichkeiten: Die Position der Lernenden in der Gesellschaft und die Aktualität/Tagesereignisse

Bei der Einführung des Faches, ganz gleich in welcher Altersstufe, kommt es darauf an, den Lernenden ihre Abhängigkeit von der sie umgebenden Gesellschaft bewusst zu machen: die Familie, die Vereine, die Verwandten, die Gemeinde, die Schule, die Medien, die Randgruppen, das Recht, die Wirtschaft, Parteien/Wahlen usw., schließlich der Staat der BRD und seine Verflechtung im internationalen System. Daraus werden die fast gleichlautenden Aufgabenfelder des politischen Unterrichts hergeleitet.

Die Zugangsmöglichkeiten sind unterschiedlich und hängen von den Erfahrungen, dem Vorwissen, den Materialunterlagen, der jeweiligen Bedeutung des Gegenstandes ab. Aus den Themenbereichen entstehen Fragen wie:

* Warum brauchen wir eine SV?
* Warum sollen wir in Gruppen arbeiten?
* Warum soll(te) die Schule nach dem Mitbestimmungsmodell organisiert sein?
* Warum soll(t)en Schüler an der Gestaltung des Unterrichts mitwirken?
* Welche Kenntnisse und Fähigkeiten benötigt man, um seine Interessen in der Gemeinde/im Stadtteil vertreten zu können?
* Welche Rechte und Pflichten haben die Bürger einer Gemeinde?
* Warum soll(t)en die Bürger an wichtigen Entscheidungen der Gemeinde/des Landes beteiligt werden?
* Warum soll(t)en die Ausländer gleichbehandelt werden?
* Warum soll(t)en Frauen und Männer gleichberechtigt sein?
* Wer und was ist für die (ausreichende) Rente unserer Großeltern verantwortlich?
* Wer versorgt die Menschen, die kein (regelmäßiges) Einkommen haben?
* Welche Aufgaben erfüllen die politischen Parteien, wie werden sie gewählt?
* Was war der Holocaust, der Nationalsozialismus, die DDR?

Die Themen können beliebig erweitert und auf die aktuelle Situation bezogen werden. Nicht zuletzt können herausragende Ereignisse aus der internationalen Politik, die häufig qua Fernsehen und Zeitungen wahrgenommen werden, thematisiert werden (Antritter 1982).

Die Schlussfrage sollte jeweils lauten: **Was hat das alles mit Politik zu tun?** Was (Inhalte, Kenntnisse) und wie (Methoden, z. B. Fall-, Problem-, Situationsanalysen) müssen wir lernen?

So soll der Schüler in die Notwendigkeit eines neuen Lernbereichs eingeführt werden und seinen Stellenwert im Rahmen des Fächerkanons erfahren. Seine Neugierde und Motivation sollen geweckt, die Auseinandersetzung mit öffentlichen Problemen angeregt werden. Diese Art der Erstbegegnung mit einem neuen Lernbereich – die allerdings immer schon durch Kolportage von älteren Mitschülern bereits präformiert ist – steht im Gegensatz zu dem Lehrer, der die „allererste Sozialkundestunde" in Klasse 7 unvermittelt damit begann: „Unsere Sozialkundestunde heute, die erste Stunde in Sozialkunde, heißt: ‚Das Erscheinungsbild und die Aufgaben unserer Tageszeitungen'." (Grammes/Weißeno 1993, 54) Auf diese Weise können kaum Motivation geschaffen und Neugierde erregt werden.

Was politische Bildung ist, wie weit ihr Begriff gespannt sein soll, muss stets neu bedacht werden. Es lässt sich keine einmalige formale Festlegung treffen. Manche sagen, alles Öffentliche sei politisch, andere wollen den staatlichen vom gesellschaftlichen Bereich trennen (Grosser u. a. 1976). Entscheidend ist wohl die Fähigkeit zu rationalem Urteilen und zu einem Entscheiden aus Gründen, danach die Bereitschaft zu einem verantwortlichen Handeln (s. S. 222). Dafür stehen als Verfahrensmodi zur Verfügung: der Rückgriff auf Normen und Werte (z. B. die Verfassung), auf Verfahren, auf den Diskurs, und den gesellschaftlichen Konsens (Sutor 1999). Die Themen selbst orientieren sich an ihrer Lebens-, Gegenwarts- und Zukunftsbedeutung für den Lernenden (Politikbegriffe s. S. 88).

Ein Teil des Politikunterrichts und eines jeden politischen Lernprozesses sollte aus der Auseinandersetzung mit aktueller Politik, mit Politik im Vollzug (in actu) bestehen. Ihre Qualität ist ein Test auf die Möglichkeit seriöser politischer Diskussion und Entscheidung, ein Anwendungsfall für politisch-gesellschaftliche Analyse in der Gegenwart und für die Zukunft. Letztere muss sich mit bestimmten Aspekten und Akzenten begnügen, das Wesentliche vom Unwesentlichen scheiden, sich infolge des immer bestehenden Informationsmangels mit Vorläufigem zufrieden geben.

Die grundlegende Frage nach der Aktualität kann wie folgt aufgeschlüsselt werten:
* Was ist geschehen?
* Wie kam es zu dem Vorfall?
* Wer ist dafür verantwortlich?
* Wie reagieren die Betroffenen?
* Welche alternativen Lösungen bieten sich an?
* Sind die vorgeschlagenen Lösungen durchsetzungsfähig?
* Welche Bedeutung hat das Ereignis für mich, für meine Gruppe?

Bei der notwendigen Reduktion auf Wichtiges stößt man auf die Idealtypen des Soziologen Max Weber als einem methodischen Verfahren, das durch Abstraktion des Vorgegebenen Typisches herausarbeitet und sich des Ausschnitthaften der Wirklichkeit bewusst ist. Ebenso wird bei jeder Modellbildung gearbeitet, indem man Informationsmengen auf Unverzichtbares hin fokussiert. Dahinter steht ein bestimmtes individuelles Wertprinzip, das für die (aspekthafte) Auswahl von (aspekthafter) Bedeutung ist.

Als Methode für die Bearbeitung politischer Tagesereignisse bietet sich an:
1. Schritt: Das Ereignis feststellen, beschreiben und erklären
   Schlüsselfrage: Was ist geschehen, welche Probleme ergeben sich daraus?
2. Schritt: Hintergründe aufarbeiten
   Schlüsselfrage: Wo liegen die gesellschaftlichen Ursachen des Ereignisses?
3. Schritt: Politische Antworten/Lösungen suchen

Schlüsselfrage: Wie verhalten sich involvierte (Interessen-)Gruppen vor und nach dem Ereignis?

4. Schritt: Politische Zukunft einschätzen

Schlüsselfrage: Wie beurteile ich das Ereignis im Hinblick auf eine Wiederholung in der Zukunft?

5. Schritt: Die Folgen tragen

Schlüsselfrage: Was folgt aus der Bearbeitung des Ereignisses für das eigene Verhalten?

Die angemessene Interpretation der Tagesereignisse ist ein entscheidender Test für die Legitimation eines fundierten Umgangs mit Politik, mit der Frage nach dem Cui bono. Dagegen steht die durchgängige Sekundärinformation durch die Massenmedien. Für die meisten Menschen ist – vor allem „große" – Politik immer Politik aus zweiter Hand. Deswegen könnte man verfahrenstechnisch zunächst im überschaubaren Rahmen einer Gemeinde/eines Stadtteils versuchen, die Hintergründe von politischen Entscheidungen der Gemeindevertretung/des Ortsbeirats oder Stadtparlaments zu eruieren, zu diskutieren und danach evtl. bürgerschaftliche Maßnahmen zu planen. Dagegen werden große Ereignisse (z. B. internationale Konferenzen) mit erheblichem propagandistischen Aufwand zugunsten von Personen, Organisationen, Ländern, Bündnissen usw. oft zum Zwecke der Ablenkung von persönlichem oder institutionellem Versagen medienwirksam veranstaltet. Wer durchschaut die Inszenierung?

Für die Einarbeitung in Aktuelles kommen örtliche und überörtliche Tages- und/oder Wochenzeitungen, Zeitschriften, Rundfunk- und Fernsehsendungen (s. S. 283) in Frage, dazu eine Ausstattung mit Lexika und sonstigen Nachschlagewerken. Die Hörer/Leser sind über die ideologische Richtung der Medien aufzuklären, ebenso über ihre private bzw. öffentlich-rechtliche Organisationsform, über die Stellung von (Verlags-)Inhabern, (Chef-)Redakteuren, Rundfunk- und Fernsehräten und der in ihnen vertretenen gesellschaftlichen Gruppen, über Statute, Arbeitsrichtlinien usw.

Wie und wo Lernende gesellschaftlich aktiv werden können:

* Tageszeitung lesen
* Wochenzeitung lesen
* täglich Nachrichtensendungen sehen oder hören
* in der Familie über Politik sprechen
* mit den Freunden über Politik sprechen
* für das Amt des Klassensprechers kandidieren
* in der Klasse eine Aufgabe übernehmen, z. B. die Organisation des Wandertages
* an einer AG teilnehmen
* eine AG leiten
* bei der Schülerzeitung fest mitarbeiten
* einen Artikel für oder einen Leserbrief an die Schülerzeitung schreiben
* bei der Organisation einer Schulveranstaltung mitwirken, z. B. Dritte-Welt-Basar
* eine Patenschaft für Fünftklässler übernehmen
* sich als Nachhilfelehrer der „Nachhilfebörse" der SMV zur Verfügung stellen
* soziales Engagement zeigen, z. B. sich mitverantwortlich zu fühlen, dass in den Pausen in der Schule nicht geprügelt wird, dass keine Sachen beschädigt werden, dass in den öffentlichen Verkehrsmitteln Rücksicht auf ältere Menschen und Kinder genommen wird
* Mitglied in einem Verein werden

- eine Aufgabe in einem Verein übernehmen
- Mitglied einer Bürgerinitiative werden
- eine Bürgerinitiative unterstützen
- an einer Demonstration oder Kundgebung teilnehmen
- Flugblätter verteilen
- Leserbrief an eine Zeitung schreiben
- an eine Partei oder an einen Abgeordneten schreiben
- eine Sitzung des Gemeinde- oder Stadtparlaments besuchen
- Mitglied einer Partei werden
- als Nichtmitglied eine Partei im Wahlkampf unterstützen
- einen Abgeordneten in seiner Sprechstunde besuchen
- an einem europäischen Jugendaustausch teilnehmen
- an einer Unterschriftenaktion teilnehmen
- sich an einer Spenden- und Hilfsaktion beteiligen
- eine Wahlkampfveranstaltung besuchen
- ab 16 oder 18 Jahren: wählen gehen

(Andreas Bilger: Die Fundgrube für den Politikunterricht. Berlin 1997, S. 54)

3.5 Die Arbeitsgrundlage: Lehrplan/Richtlinien/Curriculum

3.5.1 Begriff und Funktion von Lehrplänen

Der (offene oder geschlossene, d.h. liberale, sich weitgehend auf Empfehlungen beschränkende sowie der restriktive, vor allem verbindliche Themen auflistende) Lehrplan repräsentiert in gewissem Sinne das zu unverzichtbaren Themen(bereichen, -kreisen; Modulen) geronnene inhaltliche Verständnis eines (Unterrichts-)Faches und bestimmt die Struktur der Bildungsinstitution mit. Er übernimmt eine Direktions-, Mentoren- und Taxonomiefunktion (Muszynski) und die Selektion der Lern-/Lehrgegenstände. Deshalb muss er kontrollierbar, legitimierbar (didaktisch und normativ begründbar), hinterfragbar und operationalisierbar (effizient umsetzbar) sein. Von ihm hängt es mit ab, ob die Lernenden ebenso wie die Lehrenden mittels enger didaktisch-methodischer Vorgaben dirigiert werden oder ob er nichtrepressive Unterrichts- und Erziehungsformen zulässt, indem er Möglichkeiten einräumt, die allen Beteiligten Freiräume offen halten und sie an der Gestaltung der Lernprozesse teilnehmen lässt. Das heißt: Curricula/Lehrpläne sollen ein didaktisch-methodisches Profil aufweisen, indem sie mindestens Aussagen über Inhalte, Ziele, Medien und Methoden machen. In einer operationalen Evaluierung sollen die qualitativen Standards herausgearbeitet, die Positionen bestimmt (Wertbezug) und die Adressaten beschrieben werden. (Mickel 1971).

In jeder Gesellschaft beruhen die Lehrpläne auf einer bestimmten Anthropologie und Ideologie sowie einem Verständnis von Welt, das sich aus den Lern- und Verhaltenszielen deduzieren lässt. In einer pluralistisch organisierten Gesellschaft können diese nur pluriform sein.

Das „Curriculum" oder der „curriculare Lehrplan" (Culp) hat den additiv-stofforientierten Lehrplan von einst abgelöst. Das Curriculum ist als ein Gesamtsystem von Unterrichts-/Lernzielen, -inhalten, -methoden und -materialien konzipiert. Es wird mithilfe von fünf Schritten konstituiert: Lernzielbestimmung, Inhaltsfestlegung, Lernverfahren (Operationalisierung), Lernkontrolle (Evaluation) und ggf. Überprüfung (Revision). Man unterscheidet drei Curriculumkonzepte im öffentlichen Schulwesen: das wissenschaftlich-rationalistische, das patriarchalische und das demokratisch-diskussionsorientierte (Hameyer 1992). Eine neue Qualität erreichen die Lehrpläne/Curricula im Zusammenhang mit den Autonomiebestrebungen der modernen Schule. Die gewünschte eigene Profilbildung setzt einen freieren Umgang in Gestalt von Kern-Curricula voraus.

Ein modernes Curriculum für den politischen Unterricht sollte an die politische und gesellschaftliche Praxis in einem dauernden Reflexionsprozess rückgekoppelt werden und dadurch die Qualitätskontrolle, -entwicklung und -sicherung gewährleisten. Es sollte Aussagen machen über

1. die Lernanforderungen der Gesellschaft und die Lernbedürfnisse der Kinder und Jugendlichen,
2. die Lernziele (u. a. ausgewiesen als [Schlüssel-]Qualifikationen und definiert als Verhalten) und Lerninhalte in Verbindung mit den übrigen (anthropologischen, soziokulturellen, lernpsychologischen usw.) Faktoren im Lernprozess,
3. die Strategien (Planungsmethoden).

Dazu kommen für den Lehrenden die Kontrollverfahren und -instrumente (Evaluationskriterien) sowie Hinweise auf die Unterrichtsorganisation (Arbeitsverfahren, Methoden, Medien) (vgl. Bund-Länder-Kommission 1974).

Der Amerikaner B. S. Bloom (1973) hat eine Taxonomie (= ein in der Biologie verwendeter Begriff für ein systematisch gegliedertes Einteilungsschema) kognitiver (Denken, Wissen, Problemlösen), affektiver (Haltungen, Werte, Interessen, Wertschätzungen) und psychomotorischer (manuelle und motorische Fertigkeiten) Lernziele entworfen, die eine Hierarchisierung beabsichtigt. Der wichtige kognitive Bereich umfasst Kenntnisse, Verständnis, Anwendung, Analyse, Synthese, Beurteilen. Neben den kognitiven Lernzielen (Wissen, Urteilen, selbstständig-kritisches und produktives Denken) und kognitiven Verhaltensformen (z. B. Methoden des Problemlösungsverhaltens) ist die Pflege von Einstellungen, Haltungen sowie politisch-sozialen Verhaltensstilen als bedeutsame Faktoren des Lernprozesses zu berücksichtigen. Entsprechend ist das Lehrangebot zu konzipieren und die Möglichkeit individueller Wahl und Schwerpunktbildung zu sichern. Zuzüglich sollen mithilfe einer freieren Unterrichtsorganisation demokratische Arbeits- und Verhaltensweisen provoziert bzw. verstärkt werden.

Als zentrale Lernziele für alle Bundesländer können registriert werden: Wissenserwerb und Operationalisierung, Anwenden und Beurteilen von Regeln und Methoden, selbstständiges (Er-)Arbeiten, Berücksichtigung von Wertmaßstäben, Problemkenntnis und -lösen, Erwerb von spezifischen Kompetenzen und Qualifikationen.

3.5.2 LEHRPLANANALYSE ALS VORAUSSETZUNG FÜR UNTERRICHT

Der moderne lerntheoretisch und -psychologisch begründete, lernziel-(curricular-) orientierte Unterricht soll eine Kommunikationsbasis unter den Betroffenen schaffen, von der aus das Lern-/Lehrgeschehen rational reflektiert werden kann. Im Interaktionszusammenhang von Kollegen, Schulpolitikern, Fachdidaktikern, Erziehungswissenschaftlern, Eltern und nicht zuletzt und immer wieder den Schülern soll die intersubjektive Betrachtung und Bewertung von Unterricht qua Lehrplan stattfinden (können).

Unter Berücksichtigung der Individualität und notwendigen Freiheit der Lehrenden verstehen die meisten Lehrpläne sich als Richtlinien. Für die Herangehensweise an die durch Ministerialerlass verbindlichen Lehrplantexte empfiehlt sich Folgendes:
Der Lehrende (und der ältere Lernende) sollte eine Lehrplananalyse vornehmen (s. Anhang). Grundsätzlich muss er feststellen, ob es sich um einen Maximal- oder Minimalplan, um Richtlinien oder ein Curriculum (s. o.) handelt, ferner wie der Grad der Verbindlichkeit (obligatorische und fakultative Themen), die Struktur (inhalts-, lernzielorientiert, horizontal, vertikal, spiral), die Zielsetzungen und die (unter-) gesetzlichen Grundlagen (Legitimation, s. o.) einzuschätzen sind. Daraufhin kann die Interpretation des Lehrplantextes den folgenden Verlauf nehmen:

1. Konzeptionelle Analyse:
   Welche politischen, gesellschaftlichen, wirtschaftlichen usw. Konzepte liegen dem Lehrplan zugrunde? (Exegese der allgemeinen und fachlichen Hinweise und der einzelnen Abschnitte sowie der Lernziele)

2. Inhaltsanalyse:
   Welche fachdidaktischen und fachwissenschaftlichen Anforderungen werden gestellt?

3. Zielanalyse:
   Welche (kognitiven, konativen, emotionalen, rationalen) Ziele werden anvisiert? Besteht eine Korrespondenz zwischen Weg (Unterrichtsthemen, Methoden) und Ziel(en)?

4. Pädagogische Analyse:
   Ist die vorherrschende erzieherische Tendenz affirmativ, am so genannten Bewährten orientiert oder progressiv, aufgeschlossen gegenüber Neuem?
   Ist der „mündige Bürger" eine Zielkategorie?

5. Politologische Analyse:
   Welche Begriffe werden prioritär verwendet (Macht und Herrschaft, Pluralismus, Demokratie, Freiheit, Emanzipation, Partizipation, Mündigkeit, Parlamentarismus u. dgl.)? Sind sie status-quo-orientiert oder dynamich-transzendierend? Die fachlichen Inhalte sollten die folgenden Bereiche abdecken (Minimalkatalog): die Verfassung der BRD, Grundrechte, Staatsaufbau, Gewaltenteilung (-verschränkung), demokratische Wahlverfahren, Demokratie(theorien), Rechts- und Wirtschaftssystem, politische Parteien und Verbände, gesellschaftliche Schichtung, Verteilung von Armut und Reichtum, wichtige supranationale Organisationen, Problemfelder der internationalen Politik usw., dazu instrumentelle Methoden der Informationsbeschaffung, -sammlung, -auswertung und -beurteilung, Skepsis gegenüber Propaganda, Erkennen von Manipulation durch Medien und Sprache, Unterscheidung zwischen Urteilen und Meinen u. dgl.

6. Didaktisch-methodische Analyse:
   Ist eine didaktische Konzeption/Theorie erkennbar? Welche Konsequenzen ergeben sich daraus für Lehrende und Lernende? Welche didaktischen Prinzipien spielen eine besondere Rolle (z. B. Exemplarität, Kontroversität, Aktualität, Betroffenheit, Denken in Alternativen, praktische Operationalisierung, Kritik- und Urteilsfähigkeit u. dgl.)? Welche Methoden, Arbeitsweisen und Sozialformen werden empfohlen? Inwieweit sind sie mit den Punkten 1–5 kompatibel? Sind die Themen(bereiche) fächerübergreifend-interdisziplinär angelegt?

7. Wissenschaftstheoretische Analyse:
   Welche wissenschaftstheoretischen Positionen liegen dem Lehrplan zugrunde? Welche
   Auswirkungen haben sie auf den Lernprozess?
   (Ein detaillierter Fragenkatalog für eine Lehrplanalyse befindet sich bei Werner van Holt/
   Ingo Strote: Einschätzung von Curriculum-Materialien für das Fach Politik. In: R. Klauser
   [Bearb.]: Lehrerfortbildung zum Curriculum Politik. Opladen 1979, S. 119–155, bes. S. 137
   bis S. 140)

3.5.3 LEGITIMATIONSPROBLEME VON LEHRPLÄNEN UND FESTLEGUNG VON LERNZIELEN

Politik kann sich von Tag zu Tag infolge der Entscheidungen ihrer Hauptakteure ändern, sie
ist immanent dynamisch (auch politisches Nichtstun, „Aussitzen", entfaltet eine eigene
Dynamik), die Mittel-Ziel-Relationen ändern sich permanent. Dennoch beruht die
Curriculumkonstruktion nicht auf einem irrationalen Dezisionismus, sondern folgt verschiedenen – wenn auch nicht immer zufriedenstellenden – entscheidungstheoretischen Ansätzen: z. B. dem lerntheoretischen, kybernetischen, emanzipatorischen, situativen, handlungsorientierten, qualifikationsbezogenen usw. Ansatz, konkret dem Berliner Konzept
(Robinsohn 1967), dem hessischen Konzept Gesellschaftslehre (Sievering 1990), dem
nordrhein-westfälischen Konzept des Strukturgitters (Blankertz 1971; Thoma 1971) und
schließlich jenen Ansätzen, die sich eher an eine wissenschaftliche Fachsystematik anleh-
nen. Je nach Favorisierung bestimmter Grundlagen entstehen offene (pluralistische, für
interessengerichtetes, spontanes, alternatives, kreatives, innovatives, mehrspektivisches
Lernen geeignete) oder geschlossene (deterministische, durch detaillierte Sequenzierung festgelegte) oder spiralförmig angeordnete (prinzipiell gleiche Themen, aber mit ge-
ändertem, nach Alter und Lernfortschritt abweichenden Anspruchsniveau) Lehrpläne/
Richtlinien/Curricula.

Die Lernziele müssen sich tendenziell durch Verfassung und Bildungsgesetze legitimieren,
wobei in unserem pluralen System die Postulierung von „obersten" Lernzielen als fragwürdig
erscheint. Sie können auch nur bedingt wissenschaftlich festgestellt werden, da eine für alle
gesellschaftlichen Gruppen verbindliche Legitimation durch Wissenschaftler eben so wenig
akzeptabel ist und auf erhebliche theoretische Bedenken stößt (Popper). Legitimation erfolgt
a) durch Verfahren (Luhmann), was nur ein formales Prinzip darstellt und nichts über seine
Validität aussagt (die gleiche Objektivität wird durch die Verwendung eines Strukturgitters
[Thoma 1971] vorgetäuscht) (Jenkner/Stein 1976), b) durch Normativierung (z. B. Grundgesetz), c) durch Diskurs (Habermas). In einer Demokratie sollte eine Lernzieltheorie (die
sich in praxi oft als Lehrzieltheorie entpuppt) einen pluralen Ansatz haben, der jedoch nicht
in einen Relativismus bzw. Eklektizismus des unverbindlichen Sowohl-als-auch entarten
darf. Die theoretische Position sollte stets klar sein, jedoch sollte darüber ein öffentlicher Diskurs geführt und es sollten Entscheidungen, Interessen, und Wertprämissen offen gelegt
werden.

Die Lehrplanproduktion geschieht je nach Bundesland mittels einer ad hoc einberufenen
Kommission aus Fachlehrern und Fachleitern sowie unter Hinzuziehung von Wissenschaftlern oder ohne deren Beistand. Tendenz, Verwendung und Endformulierung entscheiden Ministerialbeamte, die auch die Texte im Auftrag des Kultusministeriums als Erlass
für das ganze Bundesland in Kraft setzen. Wissenschaftliche Verfahren und demokratische

Kontrolle sind nicht immer gewährleistet, mancherorts werden die Berufsverbände und gesellschaftliche Gruppen angehört.

Für die Lernzielermittlung schlägt Robinsohn (1967) die empirisch und hermeneutisch geleitete Auffindung von relevanten Lebenssituationen und Funktionen, von Qualifikationen und Bildungsinhalten mittels eines rationalen und transparenten Entscheidungsprozesses vor. Robinsohns Kriterien sind nicht werturteilsfrei angesichts einer (normativen) Zielprojektion (z. B. Emanzipation, Mündigkeit) und weil politische Didaktik auf Evidenzurteilen (nach K. G. Fischer 1968) beruht, d. h. sie ohne Rekurs auf politische, soziologische, anthropologische u. a. Prämissen nicht denkbar ist. Andererseits müssen Lernziele ständig überprüft werden (Falsifizierung), und zwar

1. Erkenntnisziele (erkennen, dass …) = Ebene des wissenschaftlich (intersubjektiv) Nachprüfbaren; sie werden methodisch festgestellt durch Beschäftigung mit Materialien, Auswertung von Informationen, Analyse und Synthese;
2. offene Lernziele (überlegen, ob …) beinhalten die methodische Offenlegung der Positionen, des Pro und Contra in Debatte und/oder offener Diskussion; besonders geeignet sind Konfliktmaterialien, divergierende Auffassungen, provokatorische Fragen;
3. Informationsziele (wissen, dass …) richten sich auf das Faktische; methodische Wissensvermittlung erfolgt durch Lehrende oder Lernende.

Insgesamt sollten die Lernziele als Hypothesen verstanden werden, die durch Falsifikation bzw. Verifikation zu präzisieren sind (Borrelli 1976, 15, 42 f.).

Vorteile einer Lernzielorientierung bestehen im Vorausdenken und Planen sowie in der erforderlichen Transparenz der Vorgänge. Als Nachteile treten auf: die Gefahr technologischer Unterrichtsgestaltung, eine geringe Beachtung spontanen Denkens, Vermeidung offener Lernsituationen. Außerdem berücksichtigt der lernzielorientierte Unterricht nur wenige Aspekte eines Sachverhalts, nicht seine Ganzheit. Das behavioristische Dogma verbindet jede Operationalisierung mit Verhaltensänderung und verkennt die Bedeutung von Kategorien im Erkenntnisprozess. Heuristisches Lernen kann demgegenüber keine festen Verhaltensziele gebrauchen, und oft geschieht eine Reduktion der komplexen Unterrichtsinhalte zugunsten der präfixierten Ziele. Verhaltensziele sind stark präskriptiv und steuern Inhalte und Methoden. Ihnen gegenüber muss der Ziel-Methoden-Implikationszusammenhang beachtet werden. Nur nach behavioristischem Modell sind Lernziel und Verhalten am Ende einer Unterrichtseinheit isomorph.

Curriculare Verhaltenslernziele enthalten demnach Wertentscheidungen, die andere Ziele abblocken. Bei gleichem Lernprozess kommt nicht das gleiche Verhalten zustande. Eine Zerlegung und additive Operationalisierung komplexer Lernziele ist bei (naturwissenschaftlichen) Lernzielen streng sachlogischer Struktur theoretisch möglich, nicht bei (sozialwissenschaftlichen) Lernzielen mit Wertimplikationen.

Ein lernzielorientierter Unterricht ist ein Steuerungssystem. Inhalte werden zu Mitteln, ihre Bedeutungen werden zumindest partiell ignoriert. Dagegen sind z. B. Fallanalyse und Projekt (s. S. 367) nicht auf fixierte (Lern-)Ziele festzulegen. Bei ihnen entscheidet der Fortgang des Arbeitsprozesses. Außerdem ist es fraglich, ob durch objektivierende Bearbeitung von Gegenständen – und nicht in erster Linie durch subjektiv-reflexive Verarbeitung von Erfahrungen (Prozess der [Selbst-]Reflexion), d. h. unter Hineinnahme in bzw. Infragestellung von personaler Identität – Verhaltensziele erreicht werden können. Darüber hinaus entsteht die Frage, inwieweit es sich im Einzelfall überhaupt um ein Lern- oder Lehrziel handelt. Guter Unterricht ist mehr als das Erreichen von Lernzielen, sondern weist sich aus durch vielfältige Anregungen (Geiger 1974).

Die ausschließliche Anbindung von Lernzielen (Robinsohn: für das Leben) an unmittelbare Verwertungszusammenhänge führt zu utilitaristischen Verzerrungen. Die Forderung nach Mündigkeit und Emanzipation kann nur eingelöst werden, wenn von einer verengten Pragmatisierung der Lerninhalte abgesehen wird und so genannten Kerncurricula größere Freiheitsräume eröffnen.

4 Gesellschaftspolitischer und didaktischer Referenzrahmen politischen Lernens

4.1 Die gesamtgesellschaftliche Analyse

4.1.1 ANALYSE UND DIAGNOSE GESELLSCHAFTLICHER TRENDS

Die Gesellschaft liefert die Inhalte, den Rohstoff für die politische Bildung und ist gleichzeitig deren Formalobjekt, d. h. Lernende sollen in die Lage versetzt werden, gesellschaftspolitische Ereignisse zu strukturieren und zu beurteilen. Deshalb gründen alle (Vor-)Überlegungen und Maßnahmen für den unterrichtlichen Bereich auf einer extrapolierenden gesamtgesellschaftlichen Analyse bzw. konkret auf einer Politikfeldanalyse (Schubert 1991), auf der Feststellung des Ist-Zustands ebenso wie auf der voraussehbaren zukünftigen Entwicklung.

Schule muss sich i. d. R. mit der theoretischen Antizipation von gesellschaftlicher Realität zufrieden geben. Dabei handelt es sich um das Erfassen einer Fülle von untereinander vernetzten Variablen, die durch Politik ständig verändert werden (können). Eine statische entwickelte Gesellschaft gibt es nicht. Das heißt die Erforschung und Kenntnisnahme der zeitgeschichtlichen Situation (vgl. die epochalen Zeitdiagnosen von Ortega y Gasset 1930; Karl Jaspers 1931 und 1963; David Riesman 1950; Hendrik de Man 1951; Ernst Fromm 1976; Jürgen Habermas 1979; Noam Chomsky 1998) ist eine permanente Aufgabe der Vorabklärung des unterrichtlichen Feldes und eine Voraussetzung politischer Bildung.

Dabei kommt es weniger auf ein im Einzelnen zutreffendes Kolossalgemälde der Gegenwart (Greiffenhagen 1993; Heitmeyer 1997) an, als vielmehr auf die Herausarbeitung, Integrierung und Beachtung zentraler, den Epochenwechsel (Fukuyama 1992; Giddens 1997; Kennedy 1993 u. a.) anzeigender Merkmale und Tendenzen, die am konkreten Beispiel sowie am Transformationsprozess und der Legitimationskrise z. B. von Großorganisationen (Kirchen, Verbänden, Gewerkschaften, Parteien) zu vertiefen sind.

Allgemeine Trends beziehen sich auf die Wissensexplosion, die weltweite Migration, die Anonymisierung der Sozialbeziehungen, die Konsumentenhaltung, den Gruppenegoismus, die Pluralisierung (z. B. von Lebensformen und -stilen, der sozialen Milieus; Hradil 1996), ein fragmentiertes und ambivalentes Werteuniversum, Globalisierung (New Economy: vernetzte Wirtschaft, Internationalisierung der Märkte, politische „Entgrenzungen" usw.), die Traditionsbrüche, die Arbeitslosigkeit, die Segmentierung in soziale, lebensstilgeprägte Milieus in einer wie immer bezeichneten, die Parameter des gesellschaftlichen Wandels anzeigenden Leistungs-, Wohlstands-, Wissens-, Bildungs-, Dienstleistungs, Stress-, Verantwortungs-, Erlebnis-, Spaß-, Informations-, Wissenschafts- usw. Gesellschaft (anstelle einer tradierten Klassen/Schichtengesellschaft) bei Aufrechterhaltung der sozialen und strukturellen Ungleichheiten (nach Geißler 1996, 360 ff.; Pongs 1999 f.), Aufbrechen der so genannten Deutschland A. G. (Deregulierung, Beachtung des internationalen [vor allem EG-] Rechts, Shareholder-Bewusstsein, Vermehrung zivilgesellschaftlicher Strukturen usw.), Neue Technologien (Gentechnologie, Digitalisierung, Telekommunikation usw.) bis zur Nanotechnologie (griech. nanos = Zweig). Offensichtlich herrscht Unsicherheit, „aufgeklärte

Ratlosigkeit" (Habermas 1995). Neben den permanenten gesellschaftlichen Modernisierungen und der (nachholenden) hohen Berufsbeteiligung der Frauen sind die Effekte der Digitalisierung, Individualisierung, Migration, des demographischen Wandels und vor allem der Globalisierung (global players; global governance; internationale Partnerschaften von Unternehmen) mit Folgen für eine international orientierte Ausbildung (etwa an Beispielen internationaler Projektarbeit) erst in Umrissen sichtbar. Sie werden Konsequenzen für die Souveränität und Demokratie der Staaten haben (Adam 1998), die Nationalstaaten (Prozess der „Rückbildung des Staates", Pierre Bourdieu) neu justieren, das Subnationale fördern, neue nationale und internationale Steuerungs- und Koordinationsprobleme aufwerfen, neue Rechtssysteme schaffen usw. Die Staaten werden durch völlig neue Strukturen verflochten.

Bei der Beschreibung des gegenwärtigen Zustandes einer Gesellschaft weiß man nie, wie lange sie gültig ist. Im Folgenden wird mit einiger Zurückhaltung auf allgemeine Trends verwiesen, die sich in wenigen Jahren ändern können. Die Erarbeitung der zeitgeschichtlichen Parameter bleibt eine permanente Aufgabe. Die Gesellschaft der BRD ist gekennzeichnet u. a. durch Entideologisierung (z. B. Verfall des Staatssozialismus, Bedeutungsrückgang der Kritischen Theorie) und einen beständigen Wandel von der Industriegesellschaft zur „postindustriellen" (D. Bell) Dienstleistungsgesellschaft, von einer „spätkapitalistischen" (J. Habermas) zu einer freizeitorientierten Erlebnisgesellschaft, zu „postmateriellen" Werten (Inglehart) in der (undefinierten) „Postmoderne". Dadurch werden tradierte Lebensstile, materielle und nichtmaterielle Lebensperspektiven sich ändern. Die normative Kraft traditioneller sozialer Milieus lässt nach und führt zu einer ausgeprägten Individualisierung (mit mehr Einzelentscheidungen und weniger festgelegten gesellschaftlichen Statuspassagen, zu abnehmender Bindungsbereitschaft und Entsolidarisierung), zur Pluralisierung von Lebensstilen und Subkulturen sowie zu Differenzierungen (durch sog. „soziale Ausdifferenzierung"), ferner zu einer wachsenden Bedeutung von Kontingenz, Ungewissheit und Ambivalenz, zum Verfall der Konventionen, zur abnehmenden Verbindlichkeit der Traditionen, zur Ignorierung anerkannter Regeln, Rituale, kirchlichen Einfluss, insgesamt zur Desintegration der gesellschaftlichen Kohäsion. Vertikal getrennte soziale Milieus und Schichten sind nach wie vor fixierbar, trotz der weiten sozialen Öffnung der Gesellschaft (z. B. Aufstieg durch Bildung), deren Strukturwandel (große Chancen und erhöhte Risiken: „Identitätssorge" nach N. Luhmann, Ambivalenzen; sie führen zu diffuser Identität infolge biografischer Unsicherheiten). Der Individualismus selbst hat keine gemeinsame Wertebasis und begünstigt schließlich die „Erosion traditioneller Loyalitäten" (Dubiel/v. Friedeburg). Die Gefahren der prioritären Artikulation von Gruppen- und Einzelinteressen für den gesellschaftlichen Zusammenhalt, für die Solidarität der Menschen untereinander sind evident, insbesondere angesichts innenpolitischer Schwierigkeiten wie hohe Arbeitslosigkeit, Wohnungs- und Ausbildungsbedarfe, unklare Zukunftsperspektiven usw. (Gaiser 1993). Diese und andere Veränderungen der Industriegesellschaft haben eine „reflexive Modernisierung", d. h. eine „potenzierte Modernisierung mit gesellschaftlich verändernder Reichweite" (U. Beck 1993) herbeigeführt. Es handelt sich also nicht um Korrekturen, sondern um ein anderes gesellschaftliches Paradigma.

Die favorisierte Individualisierungstheorie verweist auf einen Prozess, dem die Tendenz zur Enthierarchisierung in allen Lebensbereichen (durch sog. flache Hierarchien, Mitarbeitermitwirkung usw.) sowie eine „Entgrenzung von Politik" (U. Beck) inhärent ist.

Allerdings ist das Individualisierungstheorem nach seiner empirischen Reichweite umstritten. Nach Scherr (1998) findet eine Übergeneralisierung statt. Der Individualismus ist

a) ein Element des gesellschaftlichen Strukturwandels,
b) nach sozialen Milieus zu betrachten,
c) konnte/kann die Integration des gesellschaftlichen Systems nicht auflösen (z. B. gemeinsame Traditionsbestände, kulturelle Orientierungen, Wirtschaftssystem, schulische Erziehung u. dgl.),
d) verhindert nicht die Formen sozialer Kontrolle; Macht und Herrschaft sind vorhanden, ebenso schichtenspezifische Einschränkungen der Möglichkeiten individueller Lebensgestaltung.

Die kulturellen Inhalte als Objektivationen der geistigen und praktischen Aktivitäten der Menschen in der Gesellschaft, z. B. die sozialen und politischen Verhältnisse, die Arten des Zusammenlebens (Pflichten, Rechte, Sitten, normative Erwartungen, kollektive Gefühle, Denkmuster, Situationsdeutungen, Sprachregelungen u. dgl.) werden als überindividuelle Gegebenheiten mit verselbstständigten Eigenschaften aufgefasst. „Sie erfassen und symbolisieren typische Handlungsmöglichkeiten, regelmäßige Aktionsformen, Verhaltensmuster, soziale Prozesse, soziale Vereinigungen, Institutionen usw., deuten und interpretieren sie in Bezug auf ihre eigenen Zwecksetzungen, Sinngebungen und verfügbaren Mittel, und orientieren sich mithilfe von Bildern, Begriffen und Theoremen (Glaubenssätzen, mystischen oder realistischen Erklärungen, Modellen, Ideologien) über Beziehungen zwischen derartigen sozialen Erscheinungen" (Hülst 1996,281; „Sozialphänomenologie", A. Giddens). Zu der in einem Staatswesen organisierten Gesellschaft gehören Fragen nach der Funktion von Institutionen (Recht, Erziehung, Familie, Wirtschaft, Moral, Kommunikation usw.), Organisationen (Parteien, Verbände usw.) und Interaktionen (Ausübung von Macht und Herrschaft, Koalitionsverhalten usw.).

Die Gesellschaft ist nicht mehr eindeutig fixierbar, Chiffren wie Spätkapitalismus, Sozialismus, Postmoderne u. dgl. greifen nicht mehr. Ein gewaltiger gesellschaftlicher Umstrukturierungsprozess ist im Gange. Eine „neue Unübersichtlichkeit" (J. Habermas 1985) wurde konstatiert. Seit dem Ausgesetztsein der Menschen gegenüber der Großtechnik (Atom-, Gentechnik, Chemie, Molekularbiologie, Mikroelektronik u. a.) und ihrer theoretischen Möglichkeit zur Totalvernichtung der Menschheit hat eine Globalisierung der Risiken stattgefunden, verstärkt durch ökologische Krisen. Seit dem Unfall im ukrainischen Atomkraftwerk Tschernobyl (1986) macht das Schlagwort von der „Risikogesellschaft" (U. Beck 1986; Pohl 1997) weltweit die Runde. Als politische Antwort darauf, als „politisches Programm der radikalisierten Moderne", wird der „Skeptizismus", die „Aktivierung der Subpolitik" angesehen, die zur „Selbstorganisation des Politischen" und zur „Selbstgestaltungsgesellschaft" führen sollen (U. Beck 1993). Die subpolitischen Handlungsspielräume des Einzelnen werden ausgeweitet. Beispiele für unkonventionelle Beteiligungsformen finden sich in Gestalt des Ehrenamtes, der Bürgerinitiativen, der Sozialen Bewegungen u. dgl., alle als Aktivierung des Partizipations- und Gestaltungswillens der Menschen vorwiegend in ihrer Lebens(um)welt (Kommune). Die darin sich ausdrückende „Partizipationsdemokratie" außerhalb des repräsentativen parlamentarischen Rahmens läuft Gefahr, zu einer parteienverdrossenen „Absenzdemokratie" zu werden, die charakterisiert wird durch die „Lust an der freischwebenden politischen Mobilisierung" (W. Lepenies). Ein Beispiel für die daraus resultierende segmentierte, pragmatisch-kasuistische Interessenpolitik am Ort ist der (amerikanische) Kommunitarismus. Die Gemeinsamkeit der verschiedenen (sozialdemokratischen, linksliberalen, konservativen) Ansätze liegt in der hermeneutischen Methode, d. h. Grundsätze der praktisch-moralischen Situationsbeurteilung werden aus der Interpretation der Alltagswelt (s. S. 100), nicht aus Prinzipien gewonnen (Reese-Schäfer 1993). Inwieweit durch die vermeintliche Rückbesinnung auf den Basiskonsens eine Wiederbelebung des Gemeinschaftsdenkens erfolgen wird, bleibt abzuwarten.

Global betrachtet führt die Zunahme frei flottierender (lokaler) Netzwerke zur Desintegration nationaler Gesellschaften, von Solidaritätszusammenhängen, sittlichen Traditionen, nationalem Erbe (Geschichte, Kultur). Menzel (1995) hat in Anlehnung an die Theorie des Zusammenpralls (clash) der Zivilisationen (Huntington 1996) zwei gesellschaftliche „Mega-Trends" ausgemacht: 1. „der Trend zur Globalisierung der Weltwirtschaft, der Weltgesellschaft, der Weltkultur" (Vernetzung der Metropolen, transnational verfasste Dienstleistungsgesellschaft, Universalierung der Lebensstile, Entsouveränisierung der Nationalstaaten, Demontage des Sozialstaats, Auflösung nationaler Identitäten und kultureller Wertvorstellungen); 2. „der Trend zur Fragmentierung aller Lebensbereiche" (human-kapitalintensiver Dienstleistungssektor mit hohem Einkommen; sog. Neue Armut), z. B. durch Auflösung des Normalarbeitstags und des Normalarbeitsverhältnisses, Umbau des Sozialstaats, Vermehrung sozialer Ungleichheit, Pluralisierung von Milieus (die z. B. die Erziehungsstile, das Konsumverhalten, die Wahlentscheidungen, die Formen der politischen Partizipation, das Rechtsbewusstsein, die Gesetzesakzeptanz usw. prägen.), das Verhältnis der Geschlechter zueinander (in der Partnerschaft, im Reproduktionsverhalten usw.), die wachsende Anzahl von Singles und Alleinerziehenden, die Pluralisierung von Lebensentwürfen für Frauen, Aufbau eigener Identitäten, die Globalisierung und Digitalisierung von Politik (d. h. die normalen Verfahren nationaler Politik, z. B. Abstimmungen, Repräsentation u. dgl. reichen nicht mehr; die Wirtschaft macht ihren Einfluss zunehmend geltend), die Zunahme der Bedeutung von sozialen Bewegungen (Friedens-, Frauen-, Ökologie-, Alternativbewegungen) usw. Die lehrmäßige Folgerung besteht in der ständigen Beobachtung der Mainstreams.

Das offene Politik- und Gesellschaftssystem erlaubt keine vollständige Beherrschung und Regelbarkeit von Politik. Eine politische Einheitskultur ist in einer durch Heterogenität gekennzeichneten Demokratie ausgeschlossen. Der liberale Verfassungsstaat ist jedoch auf das integrative Zusammenwirken von konkurrierenden Interessen, Politik- und Wertvorstellungen angewiesen. Seinem Konstruktionsprinzip widerspricht die Politikerverdrossenheit, die Ohnmachtserfahrungen gegenüber bürokratischen Strukturen, die Komplexität der Sachprobleme, die nachlassende Verantwortungsbereitschaft für die Gesellschaft sowie die abnehmende Loyalität gegenüber (Funktions-)Eliten und den Einrichtungen des politischen Systems (Forndran 1993) usw. Dagegen stehen die Bemühungen um die Durchsetzung einer „Zivilgesellschaft"(im Gegensatz zur „Staatsgesellschaft", Hegel), d. h. einer landesweiten Partizipation der (öffentlich nicht legitimierten) gesellschaftlichen Kräfte (z. B. Verbänden usw., vgl. Locke, Adam Smith, Federalist Papers usw.), verknüpft mit Verweigerungen gegenüber der liberalen Demokratie. Das heißt der Nationalstaat und seine enge territoriale Bindung werden in Frage gestellt mit der Folge, andere Paradigmata für die Demokratie zu finden (z. B. Teilnahme von EU-Ausländern am kommunalen Wahlkampf). Schließlich wird die Analyse neoliberaler Politik durch die Untersuchung der Machttechnologien und der sie anleitenden Rationalität ermöglicht. Das Konzept der „Gouvernementalität" (frz. gouverner + mentalité) wurde von Michel Foucault entwickelt. Er untersucht, auf welche spezifischen Formen (politischer) Rationalität die (neo-)liberalen Regierungspraktiken zurückgreifen.

4.1.2 Strukturelle und systemische Grundlagen der Gesellschaftsanalyse

Die Gesellschaftsanalyse gründet sich u.a. auf die Kenntnis der zugrunde liegenden Strukturen. Die Frage entsteht, inwieweit die Sozialwissenschaften propädeutisch, aktiv ein Instrumentarium dafür zur Verfügung stellen können. Es bietet sich ein Weg über die Klassifikation sozialer Systeme an. Der Begriffsapparat wird hierzu in erster Linie von der Systemtheorie (s. S. 155) zur Verfügung gestellt. Das methodische Vorgehen kann dann in der nachstehenden Reihenfolge geschehen: Ein System besteht

(a) aus einer Anzahl aufeinander bezogener Einheiten (Elementen, Teilen), deren gemeinsamer Bezug in einem

(b) bestimmen Sinn (= Funktion, Bedürfnisbefriedigung) liegt. Dieser hat

(c) eine gewisse Regelmäßigkeit (Struktur) und ist

(d) räumlich, personell und

(e) zeitlich begrenzt.

Es gibt verschiedene Arten von Systemen, z. B. das Sozialsystem (gekennzeichnet durch Handlungen/Interaktionen von Lebewesen), das Personensystem, das kulturelle System, die natürliche Umwelt als System (Luft, Wasser, Erde).

Man kann danach fragen: Welche Auswirkung(en) hat eine bestimmte Funktion des Systems A auf eine bestimmte Funktion des Systems B bei räumlicher und zeitlicher Begrenzung bzw. bei räumlicher Begrenzung und zeitlicher Veränderung? Methodologisch setzt dies eine genaue Bestimmung der Funktion, Struktur, der räumlichen und zeitlichen Begrenzung eines Systems sowie eine genaue Bestimmung der Austauschprozesse bzw. Mechanismen zwischen Systemen (input – output) voraus. Aus der Konfrontation der Systeme können sich infolge des Komplexitätsgefälles Probleme ergeben.

Beispiel: Bestimmung der verschiedenen Sozialsysteme und deren Abgrenzung untereinander:

1. nach ihrem Sinn (s.o.), z. B. Entscheidungen fällen, Kinder erziehen, Alte versorgen, Produktion und Konsum bestimmter Güter, etwas lernen
2. nach der Struktur (s.o.), z. B. gleiche/ungleiche Interaktionen, affektive, dominante, egalitäre
3. nach ihrer räumlichen bzw. Personenausdehnung (s.o.), z. B. Dyade, Triade, Kernfamilie, Gesellschaft
4. nach ihrer zeitlichen Ausdehnung (s.o.), z. B. kurz-/langdauernde Sozialsysteme.

Als Übungsaufgabe bietet sich die Systemanalyse beispielsweise einer Familie, einer Gruppe/ Schulklasse, einer Gemeinde, des Schulwesens usw. an. Die Details können über das oben angedeutete Maß hinausgehen. Die von den Lernenden vorzunehmende gesellschaftliche Analyse wird mit dem Mikrobereich beginnen, z. B. mit einem Konfliktfall (gestörtes Lehrer-Schüler-Verhältnis im Kontext des Schüler-Eltern-Verhältnisses). Von der Mikroebene geht es zur Mesoebene: Wie werden bestimmte Störungen – im interkommunikativen Bereich einer Gruppe/Schulklasse von der Schul-/Institutsleitung oder dem Dozenten-/

Lehrer (kollegium) wahrgenommen, wie mit ihnen umgegangen? Die nächsthöhere Ebene ist der Makrobereich: Behandlung eines (Schul-)Konflikts durch die übergeordnete Dienststelle (z.B. Stadtverwaltung; Oberschulamt, Regierungspräsidium, Kultusministerium).

Zur Problemlösung können die folgenden Leitfragen verwendet werden:
1. Worin besteht das Problem?
2. Wie ist das Problem entstanden?
3. Wessen Interessen werden durch das Problem berührt?
4. Welche Lösungen des Problems sind denkbar/möglich?
5. Welche Bedeutung haben die Lösungen für … ?

Die Beantwortung kann nach dem Schema „Chancen und Gefahren" (Hilligen) erfolgen.

4.2 Politik- und Demokratiebegriff als Fundamentum politischer Bildung

4.2.1 ARTEN DES POLITIKBEGRIFFS

Politik regelt das Zusammenleben von Menschen. Sie wird in verschiedenen Erscheinungsformen registriert: in Personen (politische Akteure), Sachen (Entscheidungen) und Institutionen (Staat und/oder Gesellschaft), dezidiert oder latent sowie nach Grundbegriffen wie Macht, Konflikt, Interesse, Konsens, Kompromiss, Verhandlung/Regelung usw. In den allgemeinen Bestimmungsgrundsätzen von Politik unterscheiden die Lehrer (Massing 1995, 66) sich kaum von den Schülern (der Klassen 10 und 12; ebd. 67) und der Politikwissenschaft (ebd. 69).

Je nachdem und nach Vorherrschen eines bestimmten Politikbegriffs sowie nach den Eigenheiten politisch aktiver Persönlichkeiten werden unterschiedliche Politikstile praktiziert: der patriarchalische, populistische, technokratische, partizipatorische, autoritäre, obrigkeitlich-zivilgesellschaftliche, demokratische usw. Stil.

Der Politikbegriff ist die ausschlaggebende Grundlage für politische Bildung und fungiert als deren Formalobjekt. Bis in die 1990er-Jahre galten die traditionellen Formen des normativ-ontologischen (konservativen), empirisch-analytischen bzw. kritisch-rationalistischen (liberalen) und dialektisch-kritischen (linken) Politikbegriffs. Sie beruhten auf unterschiedlichen inhaltlichen Voraussetzungen:

- Die konservative Position erstrebte die Verknüpfung von demokratischen Institutionen und Inhalten (Grundnormen); Partizipation und Demokratisierung wurden als Beeinträchtigung der (Staats-)Autoritäten (Obrigkeiten) angesehen, Pluralismus schien suspekt, das Repräsentativsystem (formal-ordnungspolitischer Politik- und Demokratiebegriff) wurde favorisiert usw.
- Die liberale Position war prozedural orientiert: Politik als ein „System von Methoden" (bei inhaltlicher Offenheit); keine Trennung von Staat und Gesellschaft usw. (material-prozesspolitischer Politik- und Demokratiebegriff).
- Die linke Position strebte eine Minimierung von Herrschaft zugunsten partizipativer Gleichheit und Abbau von Ungleichheiten in der Gesellschaft an.

Die Politikbegriffe (Rohe 1994) sind vor allem in praxi nicht scharf von einander zu trennen. Sie bewegen sich in Gestalt eines Mix auf einander zu (Reese-Schäfer 2000). Deshalb scheint die viel zitierte Definition Max Webers nach wie vor praktikabel, wonach Politik das „Streben nach Machtanteil oder nach Beeinflussung der Machtverteilung, sei es zwischen Staaten, sei es innerhalb eines Staates zwischen den Menschengruppen, die er umschließt", ist.

Seitdem wird die angelsächsische Begriffstriade favorisiert:
- politics: Politik als Prozess (z. B. politische Auseinandersetzung, Debatten, Medien, Akteure, Willensbildungs- und Entscheidungsprozesse = prozessuale Dimension)
- policy: Politik als Inhalt (z. B. ein politischer Sachverhalt, Klärung von [verfassungsrechtlichen] Streitpunkten; Handlungsprogramme, Politikfelder, -inhalte [z. B. Sozial-, Außenpolitik usw.] = inhaltliche und normative Dimension)
- polity: Form (politischer Handlungsrahmen, in dem eine Auseinandersetzung ausgetragen wird, politische Institutionen, Normengefüge: Zuständigkeit von Bundesregierung, Bundestag, Bundesverfassungsgericht usw. Verträge = institutionelle und strukturelle Dimension) (Rohe 1994, 61 f.).

Dabei erfordert politics ein konfliktorientiertes politisches Lernen, policy ein problemorientiertes, kontroverses, mit subjektiven Vorstellungen verbundenes politisches Lernen und polity ein institutionelles politisches Lernen. „Es geht um (demokratierelevantes – W. M.) vielperspektivisches politisches Lernen, in dem methodisch variabel ‚Politik' auf verschiedenen Ebenen (persönlich, gesellschaftlich, wirtschaftlich usw.) und aus unterschiedlichen Verständniszusammenhängen (historisch, pragmatisch, normativ usw.) ‚fassbar' wird."(Harth 2000, 33 f.) Insgesamt wird Politik heute zivilgesellschaftlicher interpretiert und organisiert.

Differenzierung des Politikbegriffs

Dimensionen	polity (Form)	politics (Prozess)	policy (Inhalt)
	politische Ordnung	Akteure	Probleme
	Ideen	Konflikte	Programme
		Kompromissbildung	Maßnahmen
politikwissenschaft-liche Kategorien	Ideologien	Konsensbildung	Ziele
	Verfassung	Macht (Herrschaft)	Ergebnisse der Politik
	Institutionen	Entscheidungsbefugnis	
	Gesetze und Rechts-normen	Interessen	Pläne und Vereinbarungen
		Legitimationsbeschaffung	Bewertung der Politik

(Klaus Schubert: Politikfeldanalyse. Opladen 1991, S. 26)

Dimensionen des Politischen als Analyseinstrument

Dimensionen	Kategorien	Schlüsselfragen
Polity (Form) Politischer Handlungsrahmen	Internationale Abkommen und Regelungen	Welche internationalen Abkommen/Regelungen bestimmen den Handlungsrahmen?
	Grundgesetz	Welche Grundgesetzartikel werden berührt?
	Zentrale Verfassungsprinzipien	Welche zentralen verfassungsrechtlichen Prinzipien müssen berücksichtigt werden?
	politische Institutionen	Welche politischen Institutionen sind an politischen Entscheidungen beteiligt und welche Kompetenzen haben sie?
	Gesetze und Rechtsnormen	Welche Gesetze und Rechtsnormen spielen eine Rolle?
	Politische Kultur	Welche Wirkungen hat die politische Kultur?
Policy (Prozess) Inhaltliches Handlungsprogramm	Politisches Problem	Um welches politische Problem geht es?
	Programme/Ziele	Welche Ziele sollen erreicht werden?
	Lösungen	Welche Lösungsvorschläge werden diskutiert?
	Ergebnisse der Politik	Zu welchen Ergebnissen hat die Politik geführt?
	Bewertung der Politik	Wie werden die Ergebnisse bewertet?
Politics (Prozess) Politischer Willensbildungs und Entscheidungsprozess	politische Akteure/ Beteiligte, Betroffene	Welche politischen Akteure stehen im Mittelpunkt? Wer ist beteiligt, wer ist betroffen?
	Partizipation	Welche Chancen der Mitwirkung bestehen und welche werden genutzt?
	Konflikte	Wie verlaufen die Konfliktlinien?
	Kampf um Machtanteile und um Entscheidungsbefugnis	Welche Machtstrukturen lassen sich feststellen und was beeinflusst sie?
	Interessen(vermittlung) • artikulation • auswahl • bündelung • durchsetzung	Welche Interessen können definiert werden, wie werden sie vermittelt und durchgesetzt?
	Legitimationsbeschaffung • Verhandlungen • Kompromisssuche • Konsensfindung	Wie werden Mehrheiten gefunden und wie wird Zustimmung gesucht?

(Aus: BpB 1994, S. 31f.)

Eine andere Unterscheidung gliedert in
* gouvernemental (auf Staat, Führung, Herrschaft, Macht, Hierarchie bezogen)
* normativ (auf Frieden, Freiheit, Ordnung, Demokratie ausgerichtet)
* konfliktorientiert (an Konfliktregelung interessiert).

Die Politiktheorien können nach ihrem wissenschaftstheoretischen Ansatz eingeteilt werden in
a) empirische Theorien
  (Bereichstheorien wie Parteien-, Wählerverhaltens-, Korporatismus-, Regimetheorie, internationale Beziehungen usw.)
b) normative (ontologische) Theorien
  (Pluralismus-, Demokratie-, Gerechtigkeitstheorie [Rawls; A. Downs], Theorie kommunikativen Handelns [Habermas]) mit ihren Fragen nach
  * der guten Staatsform
  * der Gerechtigkeit

- der politischen Gleichheit
- der Freiheit
- der Gleichberechtigung der Geschlechter
- der Ökologie usw.

c) formale Theorien

untersuchen unabhängig von normativen Fragen

- das Handeln von Akteuren
- das Funktionieren von Gesellschaften
- den Konfliktbegriff usw.

(Fachwissenschaftliche und -didaktische) Theorien (Massing 2001; Hufer 2001) sollten von den Lernenden auf ihre Begründungen und Plausibilität hin analysiert werden. Dazu bieten sich die folgenden methodischen Schritte an (Emer 1997, 12):

- „• Zielsetzung: Welche Fragen will der Autor beantworten, welche nicht?
- Hauptthesen und erläuterte Schlüsselbegriffe notieren
- Methodischer Ansatz (z. B. empirisch-statistisches Vorgehen, textanalytische Methode, psychoanalytischer Ansatz)
- Axiomatische Grundannahmen: Von welchen philosophischen, nicht mehr hinterfragten Grundannahmen geht der Autor aus?
- Verhältnis zu anderen Theorien: Auf wen beruft sich der Autor, von wem grenzt er sich ab?
- Sprache und Stil: Mit welcher Sprache und mit welchem Stil wird die Theorie entwickelt?"

Im Detail lässt die Plausibilitätsfrage sich wie folgt stellen (ebd.):

- „• Stimmen die Elemente der Theorie miteinander überein oder widersprechen sie sich? (Kriterium der Prüfung: die innere Logik)
- Inwieweit ist die empirisch vorfindliche Wirklichkeit in dieser Theorie richtig abgebildet, werden wichtige Bereiche der Wirklichkeit ausgeklammert? (Kriterium der Prüfung: die empirisch vorfindliche Wirklichkeit, kontroverse Stellungnahmen zum Theorie-Praxis-Problem in BpB 1990)
- Wie tief wird die Wirklichkeit von der Theorie erfasst? (Kriterium der Prüfung: Oberflächenphänomene und Kausalzusammenhänge)."

Die kausal-genetische Frage nach der Entstehung der Theorie soll wie folgt gestellt werden (ebd.):

- „• Welche Absichten, welches Erkenntnisinteresse hatte der Wissenschaftler? (…)
- Was bezweckte der Autor in seiner Zeit, inwiefern trug seine Theorie zur Aneignung und Bewältigung der Realität bei?
- Wie ist das bereits vorhandene Gedankenmaterial und begriffliche Instrumentarium der Wissenschaft bis zu diesem Zeitpunkt in die Theorie eingegangen, wo enthält sie neue Fragestellungen, Erkenntnismuster?"

Schließlich die Wirkungs- und Funktionsfrage einer Theorie (ebd.):

- „• Welche gesellschaftlichen Interessen und psychischen Bedürfnisse befriedigt die Theorie
- Wem nützt die Theorie? Wie beeinflusst sie das Bewusstsein und greift in den Gang der Geschichte ein?
- Was bedeutet mir diese Theorie? (Subjektiver Wert)."

Die staatszentrierten Politikbegriffe werden obsolet durch Global Governance, einem internationalen Geflecht formaler politischer Institutionen und einem Zusammenspiel unterschiedlicher Akteure (z. B. transnationale Unternehmen, Nichtregierungsorganisationen, soziale Bewegungen usw.) und informeller Regelungen. Die bestehenden Organisationen können Probleme wie weltwirtschaftliche Instabilität, Armut und Umweltzerstörung zwischen den Ländern nicht mehr adäquat bearbeiten. Dafür braucht es eine neue Form des grenzüberschreitenden Problemlösungspotenzials, eben den „kooperativen Staat", den Staat als „Mediator", Governance. Auf der an Bedeutung gewinnenden kommunalen Ebene, den Massenmedien und Verbänden entstehen Public Politics, oft materialisiert in Public-private-partnerships. Der Politikbegriff ist nicht mehr eindeutig fixierbar. Einerseits ist neben die Politik die Subpolitik („entgrenzte Politik", U. Beck) getreten, andererseits besteht die Gefahr eines permanenten Rollentauschs zwischen dem genuin Politischen und dem Gesellschaftlichen. Daraus resultiert die Möglichkeit einer unvorhergesehenen Totalpolitisierung nach dem Muster: „Das Politische wird unpolitisch und das Unpolitische politisch." (U. Beck)

Es handelt sich immer nur um Arbeitsbegriffe, die nicht endgültig festgelegt werden können (Sternberger 1961) und auf tägliche Herausforderungen reagieren müssen. Dabei sind insbesondere die Schwächen ontologisierender Positionen der Politikwissenschaft sowie der marxistischen Modelle mit ihren normativen Prämissen und Zielen zu beachten, die ziemlich kritik- und diskussionslos zur Richtschnur für davon abzuleitende Analysen zu werden drohen.

Für Politik gibt es demnach keinen objektiven Maßstab. Diese prinzipielle Maß(stab)losigkeit birgt die Gefahr eines „maß"losen Handelns, dessen Rationalisierung durch „Leidenschaft, Verantwortungsbewusstsein, und Augenmaß" (M. Weber) sowie durch Wertbindungen betrieben werden kann.

4.2.2 DER POLITIKZYKLUS – EIN POLITISCHES PHASENMODELL

Eine interessante Variante für die methodische Bearbeitung bietet der policy-Bereich in Gestalt des Politikzyklus. Er zeigt nicht nur den Verlauf einer Problemverarbeitung, sondern eröffnet auch die Möglichkeit des je neuen Einsatzes bei einer seiner sechs Phasen:

Politik als Prozess der Problemlösung

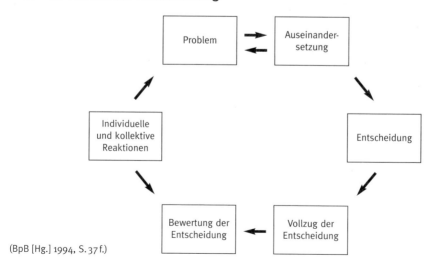

(BpB [Hg.] 1994, S. 37 f.)

Die Phasen werden (nach BpB 1994, 22) wie folgt erläutert:

1. Ein Problem tritt in das öffentliche Bewusstsein. Aus einem latenten wird ein manifestes Problem, politische oder gesellschaftliche Gruppen/Parteien interessieren sich dafür.

2. Das Problem wird öffentlich diskutiert.

3. Das Problem wird in ein administratives (Verwaltung) oder politisches (Parlament) Entscheidungsgremium per Antrag in den Geschäftsgang gebracht.

4. Das Problem wird von den zuständigen Akteuren bearbeitet (mit oder ohne Einfluss der Öffentlichkeit) und in einen formal und inhaltlich vertretbaren (Entscheidungs-) Text/Vorlage gebracht oder als nicht machbar verworfen.

5. Die zuständigen Gremien fällen eine Entscheidung. Daraus entstehen Wirkungen (Umsetzung oder Ablehnung des Beschlussvorschlags/Antrags), die entweder öffentlich weiter diskutiert oder beendet werden.

6. Politikfolgen hat ein öffentlich gemachtes Problem allemal. Es können sich neue Intiativen daraus ergeben, und der Politikzyklus beginnt von neuem. (Vgl. dazu ergänzend die anlytischen Fragen ebd. 38–40) und die ausführlichen Analyseinstrumente bei (Massing/Weißeno 1995, 87–95).

Den drei Begriffsfeldern – die das Politische in ordnungs- und prozesstheoretischen Bestandteilen erscheinen lassen – kann man sich nähern vom historischen, institutionellen, behavioristischen, funktional-strukturellen und vom komparatistischen Ansatz. Als Problemfelder erscheinen die Ideengeschichte, das politische System (Innenpolitik; Staat und Institutionen, Wirtschaft usw.), die Gesellschaft, die Ausübung von Macht und Herrschaft sowie die Internationale Politik. Als zentrale Grundbegriffe des Politischen in einer demokratischen Gesellschaft können genannt werden:

Menschenwürde (als oberster Wert in einer Demokratie), Staat, Gesellschaft, Demokratie, Institution, Macht, Herrschaft, Konsens, Dissens, Differenz, Kompromiss, Konflikt, Konkurrenz, Interesse, Einfluss, Bedürfnis, Willensbildung, Entscheidung, System, Struktur, Organisation, Regierung, Partizipation, Solidarität, Legitimität, Souveränität, Föderalität, Ideologie, Prozess, Werte u. dgl. Gleichzeitig ist darauf zu verweisen, dass nicht alles menschliche Verhalten sich aus Macht- und Herrschaftsverhältnissen erklären lässt. Dazu gehören auch Glück, Einsatz- und Arbeitsbereitschaft, Intelligenz, Erfahrungen, Durchhaltevermögen, Ausbildungsgrad, Toleranz, Voraussicht, Willenskraft u. dgl. Im systemtheoretischen Ansatz von T. Parsons und N. Luhmann dreht es sich um die Bewahrung der Ordnung (des „Systems") und des Gemeinwohls sowie um die Erhaltung des Organismus Gesellschaft, im konflikttheoretischen Ansatz von Dahrendorf wird die Integration des gesellschaftlichen Verbandes vom Selbstinteresse der Mitglieder und vom Machtinteresse der Herrschenden geleistet. Konflikt ist folglich ein Grundtatbestand der Koexistenz im Verband. Politik wird in den verschiedenen Wissensformen (Alltags-, wissenschaftliches, professionelles usw. Wissen) anders definiert. Darauf ist in der Praxis zu achten. Dies gilt auch für den Versuch, Politik durch „Gemeinschafts-," und „Sozialkunde" (im wörtlichen Sinne) zu verwässern und zu Lebenshilfe oder sozialem Lernen degenerieren zu lassen (Grammes 1991).

Politische Bildung muss sich an einer realistischen Theorie der Politik orientieren. Realistisch ist eine solche Theorie, wenn sie den Kampf der gesellschaftlichen Interessen, die Konflikte, Antagonismen usw. mit dem Zweck jeder Politik in Einklang zu bringen versucht: der Herstellung friedvoller, gerechter, menschenwürdiger und solidarischer Verhältnisse.

Das Telos der Politik ist demnach der Ausgleich, die Toleranz, der Kompromiss, nicht der Kampf. Als korrelative Kategorien für dieses Politikverständnis kommen in Frage:

Kampf	–	Ausgleich, Spielregeln
Interessen	–	Gemeinwohl, Partnerschaft
Pluralität, Widerstand	–	Solidarität
Konflikt	–	Konsens, Kompromiss
Macht	–	Recht
Herrschaft	–	Freiheit, Genossenschaft
Divergenzen	–	Konvergenzen
Überwindung von Herrschaftsstrukturen	–	Aufrechterhaltung der Funktionsfähigkeit des jeweiligen Systems.

Diese Begriffe wurden traditionell auf den Staat bezogen. Mit der ubiquitären Repräsentanz der Gesellschaft wurde eine „progressive Fundamentaldemokratisierung" (v. Krockow) vollzogen, die Untrennbarkeit von Staat und Gesellschaft. Sie erfordert den (Ideal-)Typus des Bürgers, der sich auszeichnet durch ein starkes politisches Interesse, ein hohes Informationsniveau, ein ausgebildetes Urteilsvermögen und große Handlungsbereitschaft. In diesem Zusammenhang ist es Aufgabe der Politischen Philosophie, die (Wert-) Frage nach dem Zumutbaren und dem Sinn einer politischen Ordnung zu stellen. Zur Beantwortung sind (politische) Begriffe wie Würde des Menschen, Freiheit, Gleichheit, Demokratie geeignet. Sie sind für die Existenz einer humanen Gesellschaft unverzichtbar.

Die Politikbegriffe werden im engeren und weiteren Sinne, in normativer, präskriptiver oder deskriptiver Weise gebraucht. Ihre Auswahl ist ausschlaggebend für die Bearbeitung von Inhalten und Problemen, ihre Variationen sind vielfältig (Massing 1995, 61–98). Sie beziehen sich in Gestalt der Demokratie auf eine Herrschaftsordnung, in der der Mensch grundsätzlich Subjekt, selbst Zweck und niemals Mittel, d. h. bloß Instrument (Kant) ist.

4.2.3 DEMOKRATIE ALS FOKUS DES POLITIKBEGRIFFS

Der mit dem Politikbegriff korrespondierende Demokratiebegriff folgt verschiedenen Ordnungsmodellen: dem individualistisch geprägten, dem kommunitaristisch orientierten (auf der Mikroebene) und dem pluralistischen (auf der Makroebene). Die allgemein als Legitimationsgrundlage für Politik und politische Bildung reklamierte Staatsverfassung kann weder für Politik noch für politische Bildung im normativ-ontologischen Sinne in Anspruch genommen werden. Sie formuliert jedoch Ansprüche, die auf Politischer Ethik (Wertüberzeugungen) und Politischer Anthropologie (Sutor 1992, dagegen Claußen 1992) beruhen und einen Minimalkonsens für politisches Verhalten und Handeln hergeben (können; Sutor 1980; 1995).

In allen Fällen geht es um die Umsetzung mehrheitlich beschlossener Politik durch demokratisch kontrollierte Organe und Institutionen, um politische Performanz (engl. Vollzug, Implementierung von Politik).

Nach Schmidt (1997) werden die Demokratietheorien eingeteilt in die
- elitistische Theorie („plebiszitäre Führerdemokratie" als Variante charismatischer Herrschaft, M. Weber; der Staat steht im Vordergrund)
- Konkurrenztheorie der Politik (J. Schumpeter)

- ökonomische Theorie (J. Schumpeter, A. Downs)
- pluralistische Theorie (Ernst Fraenkel; Rolle der Interessenverbände wichtig)
- partizipatorische Theorie (Bürgerbeteiligung, Bürgergesellschaft)
- kritische Theorie (Gesellschaftskritik, Kritische Theorie)
- komplexe Theorie (Mitwirkung und -entscheidung möglichst vieler)
- präsidentielle Theorie (in Korrespondenz mit der plebiszitären und repräsentativen Theorie)
- parlamentarische Theorie
- Theorie der sozialen Demokratie.

Dazu kommen die
- Mehrheits (= Konkurrenz)demokratie
- Konkordanzdemokratie
- Konsensdemokratie
- Fundamentaldemokratie (K. Mannheim)
- Parteien-, Massendemokratie.

Je nach Zielrichtung haben die Theorien eine empirisch-analytische, formale, normative, diskursive usw. Orientierung. Eine zentrale Stellung nimmt die Erhaltung der freiheitlich demokratischen Grundordnung der Bundesrepublik Deutschland ein. Sie soll gewährleistet werden durch den Kernbestand demokratischer Verfassungen: das Demokratie- und Mehrheitsprinzip, die Rechts- und Sozialstaatlichkeit, die Gewaltentrennung, die Volkssouveränität, die Partizipation, die Grund- und Menschenrechte, den Föderalismus, den Parlamentarismus, den Pluralismus, Minderheitenschutz, das staatliche Gewaltmonopol usw., sofern sie nicht durch überstaatliche Rechte und Institutionen eingeschränkt bzw. innerstaatlich schwächer werden (Hartwich 1999). Zu letzterem gehört die Schwächung der Souveränität und Gewaltenteilung, die „Entzauberung des Staates" (H. Wilke), der „kooperative Staat" (E.-H. Ritter), die „Verflüssigung (oder ‚Entgrenzung') von Politik", die „Strukturdemokratisierung" (U. Beck), die „Enthierarchisierung der Beziehung zwischen Staat und Gesellschaft", das „Nebeneinander von hierarchischer Steuerung und horizontaler Selbstkoordination" (F. W. Scharpf) u. dgl. (Sarcinelli 1993, 62 f.; Behrmann/Schiele 1993). Diesen Deformationserscheinungen gegenüber wird auf „Verfassungspatriotismus" (D. Sternberger 1990) abgehoben, auf die personale und kollektive Identifikation mit dem demokratischen Gemeinwesen, als dessen Rechtsform wie als Wertgrundlage und Wertordnung die Verfassung verstanden wird (ebd. 61). Dabei kommt es auf den Aggregatzustand von Gesellschaft an (der in Ost- und Westdeutschland Unterschiede zulässt; Holtmann 2000). Danach wäre Verfassungspatriotismus „die Fähigkeit und Bereitschaft zur Teilhabe, zur Mitgestaltung an der ‚Bürgergesellschaft'" (ebd. 60).

Pädagogisch dürfe Verfassungspatriotismus sich nicht nur von universalistischen, von jedem (National-)Staatsbezug gereinigten Prinzipien bestimmen lassen, ohne den verfassungsstaatlichen und institutionellen Bezug herzustellen (ebd. 61). Er steht in der Tradition der Aufklärung (Konstitutionalismus ist vor- bzw. postnational, erfüllt eine „einheitsstiftende Funktion" (E.-W. Böckenförde).

Verfassungspatriotismus ist immer auf ein konkretes Volk bezogen und identitätsstiftend (wie sich bei der Integrierung der Ostdeutschen in die BRD [alt] zeigt). Eine Ausweitung der politischen Bildung auf eine „Weltproblem-Kunde" (Breit 1993, 195; 1993) – unter Überspringen einer (potenziellen) Europakunde – erscheint unrealistisch.

4.3 Der lebensgeschichtliche, subjekt- und alltagsorientierte Erfahrungsansatz politischer Bildung

4.3.1 ZUR BEGRIFFSBESTIMMUNG

Zur *Lebenswelt* eröffnet sich ein phänomenologischer, konstruktivistischer oder kognitions-theoretischer Zugang. Wissenschaftliche Theoriebildung ist in lebensweltlich-vorwissen-schaftlicher Praxis fundiert, d. h. normative Aspekte sind am Aufbau bzw. bei der Begründung der Wissenschaften beteiligt. Die Lebenswelt spielt eine zentrale Rolle in der Philosophie Husserls (Phänomenologie). Sie ist analytisch zu trennen von der artifiziellen Laborsituation.

Die Lebenswelt ist die umgebende, individuell oder gruppenhaft erfahrene Welt. Sie wird ontologisch begriffen und nach Strukturen oder Typik analysiert. Die historisch oder soziokulturell wahrgenommene Erfahrungswelt produziert alltagsweltlich generierte Wahrnehmungen, die von den eigenen subjektiven Erfahrungen distanzieren. Dadurch entsteht eine Differenz zwischen Privatheit und Öffentlichkeit. Dennoch hat die alltägliche Lebenswelt eine je eigene Handlungslogik. Deshalb sollte der Lehrende die Wahrnehmungsschemata der Lernenden infolge der je unterschiedlichen Fokussierungen und Prämissen zu berücksichtigen versuchen. Dafür empfehlen sich die methodischen Schritte:

- die Probleme mittels reflexiver Lernarrangements aufzuarbeiten
- den Weiterbildungsbedarf zu ermitteln
- die Transfermöglichkeiten zu eruieren.

Die Lebenswelt ist die Gesamtheit der fraglosen Gewissheiten des Alltags bei der Orientierung in der psychisch-sozialen Umwelt (A. Schütz) und durch wesentliche Deutungsmuster der Gruppe und des einzelnen bestimmt. Dieser Ansatz stützt sich auf persönlich bedeutsame Lernerfahrungen und hängt mit der Individualisierung der Lebenswelt zusammen. Er will kritische und kreative Denk- und Handlungspotentiale freisetzen. Durch lebensgeschichtliche Biografieforschung qua sozialer Analyse und interpretativer Erschließung, die in das kollektive Geschehen eingebettet sind, erfolgt eine Auseinandersetzung mit fremden Quellen und dient so der eigenen Identitätsbildung. Gleichzeitig werden soziale Milieus freigelegt, die auf unterschiedlichen Wahrnehmungs- und Kommunikationsmustern, alltagsästhetischen Empfindungen, bevorzugten Erlebnisweisen usw. beruhen.

Materialiter wird zwischen vier Wirklichkeitsebenen in der Informationsgesellschaft unterschieden:

1. Die Dokumentenwirklichkeit
   (mündliche und schriftliche „Vorgänge": Reden, Protokolle, Anträge, Formulare, Telefonate usw.)
2. Die Medienwirklichkeit
   (gesellschaftlich-politische Öffentlichkeit als inszenierte Wirklichkeit: Politikvermittlung, Nachrichten, Kommentare, Fernsehbilder usw.)
3. Die Reflexionswirklichkeit
   (zusammenfassende Berichte, besonders in Form wissenschaftlicher Studien)
4. Die didaktische Wirklichkeit
   (Schulbücher und andere Unterrichtsmaterialien; Simulationen).

Nach Hoppe (1996, 17 f.) führt die *Subjektorientierung* dazu, paradigmatische Erfahrungs- und Bewusstwerdungsprozesse anderer Subjekte von biografischen Materialien, Lebensgeschichten und -erinnerungen, Romanen, Interviews, Reportagen, Fallstudien als Grundlage für komplexe politische Zusammenhänge zu erfassen und politisches Bewusstsein zu entwickeln.

Die Subjektivität profiliert sich in der Auseinandersetzung mit der Objektivität.

In Anlehnung an die Lebensweltlichkeit entstand die Biografieorientierung, das so genannte biografische Verfahren. Die eigene Lebensgeschichte ist immer auch eine Lerngeschichte und wird ständig strukturiert, indem wir Wahrnehmungen korrigieren und Erinnerungen glätten (nach Maßgabe des Selbstkonzepts). Konstruktivistisch gesehen sind Alltagserzählungen selbsterlebter Ereignisse selbstreferentiell. Persönliche Bezüge sind oft der Anreiz für politisches Interesse (z. B. für die Unterrepräsentanz von Frauen), private Erlebnisse müssen in öffentliche (gesellschaftliche) Strukturen eingebettet werden. Sozialbiografische Verfahren sind jedoch für politisches Lernen nur bedingt geeignet, z. B. wenn politische Biografien zu einem bestimmten Zweck verglichen werden sollen. Ansonsten ist eine übermäßige Personalisierung und Subjektivierung des Politischen zu vermeiden.

Zwischen Lebenswelt und politischer Bildung besteht eine ästhetisch-sinnliche Beziehungslücke, wenn man eine sinnlich-lustbetonte politische Bildung (durch Spaß, Freude, Spannung, Aufregung, Freizeit, Muße, Zwischenmenschlichkeit u. dgl.) unterstellt. Generell sind für die Alltagsästhetik Kriterien des Lebensstils maßgebend (früher: Beruf, Einkommen, Ausbildung, Besitz, Status; heute: Kommunikations- und Freizeitverhalten, Kleidung, Redestil, Wertmuster u. dgl.). Die Ästhetisierung von Lebenswelt bedeutet die Versinnlichung von Lebensweisen, die Visualisierung von Sinneswahrnehmungen, die inszenierte Verbildlichung in der Mediengesellschaft (symbolische Politik). Die Pluralisierung der Lebensstile und die Segmentierung der gesellschaftlichen Milieus macht unabhängig von klassen- oder schichtbedingten Zwängen (z. B. werktags Kanzlei/Praxis am Alex oder Ku'damm, Wochenende im Kiez). Die Entkoppelung von sozialer Lage und Lebensweise führt zu neuen sozialen Milieus.

Die Kunst in Gestalt von Bildern, Collagen usw. trägt je nach Standpunkt zur Ästhetisierung des Politischen bei (George 1998). Die einen attestieren ihr eine gesellschaftskritische Rolle (z. B. Picassos Guernica, Friedenstaube, Bilder in KZs usw.) und ein persönliches Befreiungspotenzial, eine Bearbeitung und Erweiterung der Alltagserfahrungen, die anderen wollen in ihr eine zweckfreie Veranstaltung sehen (Adorno). Nach einer Auflistung ästhetischer Methoden und Arbeitstechniken kommen nach George (1993) in Frage (1998, 41):
- Plakat, Wandzeitung, Bild, Foto, Video
- Theater- und Rollenspiel
- Besuch eines (Freilicht-)Museums
- Methoden geistiger Wahrnehmung:
  Reflexion über eigene Sinneserfahrungen, Gefühle, Gedanken
  Intuitive (Bild-)Gestaltung der eigenen Umwelt
  Meditation als intrinsisches Nachdenken über ästhetische oder politisch relevante Gegenstände.

Der *Erfahrungs*begriff beschränkt sich nicht auf die unmittelbaren, unsystematischen, situativen Sozialerfahrungen, vielmehr müssen die subjektiven Momente durch Reflexion und durch räumlich-zeitliche Anbindung an individuell- oder kollektiv-lebensgeschichtliche

Ereignisse präzisiert werden; denn biografische Prozesse laufen nur innerhalb eines sozialen Systems ab. Der Erfahrungsansatz versucht generell, sinnliche Erfahrungen ins Bewusstsein zu heben. Der *Situations*-(oder Erfahrungs-)ansatz wurde von Robinsohn (1967) in die Curriculumforschung in Gestalt von Lebenssituationen eingeführt. Sein Begriff hat Ähnlichkeiten mit dem alltagssprachlichen, deskriptiven Situationsbegriff.

Mollenhauer (1972), der Erziehung durch Interaktion, Situation und Institution bestimmt, sieht in der Situation den kleinsten Referenzrahmen für die kleinste deskriptive Einheit im Sozialisationsprozess. Situationen können sowohl Planungsgegenstände der didaktischen bzw. pädagogischen Reflexion als auch Prozessteilstücke erzieherischen Handelns sein. Dagegen greift Peter Petersen (1937) zu kurz, wenn er Erziehung als „Schaffen pädagogischer Situationen" beschreibt. Sein Situationsbegriff ist pädagogisch, intentional, nicht alltäglich.

Die meistzitierte feldtheoretische Definition stammt von Winnefeld (1957, 34). Danach besteht das Unterrichtsgeschehen aus einer „Faktorenkomplexion innerhalb pädagogischer Situationen". Situationen – als Umweltausschnitte, komplexe Einheiten – sind

a) bestimmte Formen von Interaktion

b) ein vorgegebenes Erfahrungsfeld

c) „situativ" geprägt von bestimmten Bedingungen, Fakten, die außerhalb des Interaktionsprozesses liegend gedacht werden.

Wird der Situationsbegriff deskriptiv – nicht empirisch-analytisch – konzipiert, dann soll die Praxisnähe bzw. Geschehensnähe der jeweiligen Argumentation oder Analyse gezeigt werden. Dies entspricht eher dem alltagssprachlichen Gebrauch. Die Situation berücksichtigt das reale Geschehen, die interaktiv-interpretativ ausgelegte soziale Situation wird zur Erhebungseinheit. Situation wird auch als Handlungssituation begriffen. Es handelt sich dann um Stimulussituationen.

Generell wird der Begriff – in der Didaktik – sowohl als Kategorie zur retrospektiven Analyse von Unterricht wie zur prospektiven Konstruktion (Planung) von Unterricht(sthemen) verwendet. Die Fixierung einer Situation ist allerdings methodologisch aposteriori nicht abgesichert, man kann sie nur apriori festlegen.

Strukturelle Aspekte, die das begriffsinhaltliche Spektrum von Situationen erschließen können, sind:

1. der Elementaraspekt (Situation als elementare Einheit eines Geschehensprozesses)

2. der Ganzheitsaspekt

3. der Referenzaspekt (Situation als Referenzrahmen des Geschehensprozesses)

4. der Integrationsaspekt (verweist auf subjektive Wahrnehmung, auf Interpretation und Definition des infrage stehenden Geschehens)

5. der Konstruktionsaspekt (Situation als Ergebnis von Handlungsprozessen. „Der Situationsbegriff bezeichnet in der methodologischen Diskussion empirische Untersuchungsverfahren und in der didaktischen Diskussion der Erlebnis- bzw. Lernqualität schulischen Unterrichts in klassifikatorischer Weise die Realitätsnähe konstruierter Situationen." (Winnefeld 1957, 366)

6. der Aktualisierungs- (Vergegenwärtigung) und Konkretheitsaspekt

7. der Einmaligkeitsaspekt (die Situation ist nicht wiederholbar)

8. der Strukturiertheitsaspekt

9. der Aspekt der Handlungsaufforderung (ebd. S. 359–370).

Schließlich favorisiert der Symbolische Interaktionismus (s. S. 251) eine handlungstheoretische Benutzung des Situationsbegriffs: Erklärung und Deutung einer (Lebens-) Situation durch den Handelnden. Sie ist mehr als Erfahrung und impliziert den Wandel. Die Situationsorientierung führt – wie die Schüler- oder Wissensorientierung – in die Erfahrungswelt, die ihrerseits strukturiert oder diffundiert ist, d. h. in übergeordnete (objektive) Strukturen (Institutionen, Normen, Systeme, Lebenszusammenhänge) eingebunden ist oder nicht. (Brühwiler 2001)

4.3.2 ÜBER DAS ERFAHRUNGSLERNEN

Bei alledem ist zu bedenken, dass die Erfahrungen im Alltag subjektiv zentriert sind und eine Totalität vorspiegeln. Es handelt sich um lebensgeschichtliche Erfahrungen, die intersubjektiv nicht nachprüfbar sind und deren Lücken oft erzählerisch gefüllt werden. Darin erinnern sie an bestimmte (narrative) Erzählformen der Geschichte. Die Theorieferne von solchen Erfahrungen drückt sich auch darin aus, dass strukturelle Zusammenhänge nicht erkannt werden. Im übrigen reicht das Politische über den eigenen Erfahrungshorizont hinaus und spielt sich jenseits der sinnlich erfahrenen Wirklichkeit ab. Deshalb muss Erfahrungslernen durch theoretisches Lernen ergänzt und korrigiert werden.

Darüber hinaus findet ständig eine kompensatorische Substitution von Erfahrungen (Erfahrungsdefiziten) z. B. durch Gruppenprozesse, aktive Medien- und Projektarbeit, selbstbestimmte Unterrichtsorganisation, vielseitigen Einsatz aktivierender Unterrichtsmethoden, Sozialintegration in der Klasse/Gruppe u. dgl. statt.

Die (Erfahrungs-)Wirklichkeit wird immer durch theoretische Denkvorgänge (mit-) konstituiert. Entsprechende Wissensbestände (Alltagswissen <-> wissenschaftliches Wissen) werden im Sozialisationsprozess weitergegeben. Wirklichkeit kann nur mithilfe adäquater Methoden erforscht werden. Nach Schütz/Luckmann (1979) ist die Wirklichkeit schon eine „gedeutete" Realität und damit eine „gesellschaftlich konstruierte" Lebenswelt. Ihr geht die bewusste, für den Erkenntnisprozess wichtige innere bzw. äußere Wahrnehmung voraus. Im Gegensatz zur bloß sinnlichen Empfindung ist sie für den (phänomenologischen) Konstitutionsprozess (Husserl) entscheidend.

An dem Phänomen der (erfahrungsmäßigen) Offenheit und Pluriformität der modernen Gesellschaft nehmen die Lernenden in vollem Maße teil (z. B. auch durch Ferienjobs, Praktika, über Massenmedien). Hier sammeln sie Erfahrungen, die strukturiert und analysiert werden müssen, ansonsten entsteht die Gefahr einer „Außenlenkung" (D. Riesman). Das Erfahrungslernen stellt sich schematisch wie folgt dar:

Realbegegnungen	Realitätssimulation	Produktives Lernen
Erkundung	Rollenspiel	Wandzeitung erstellen
Befragung	Planspiel	Collagen machen
Interview	Hearing	Texte/Kommentare schreiben
Expertengespräch	Debatte	Schaubild zeichnen
etc.	etc.	Flugblätter/Plakate entwerfen
		Reportagen/Hörspiel/Foto oder Diareihe erstellen
		etc.

(H. Klippert:In: BpB (Hg.): Erfahrungsorientierte Methoden der politischen Bildung. Bonn 1988, S. 75–83, hier S. 75)

Der Erfahrungsorientierung wird gelegentlich der Vorwurf einer theoriefeindlichen Erlebnispädagogik gemacht. Sie sei nur anwendbar, wo das Thema keinen systematischen Aufbau verlange (Schaeffer 1976).

Methodische Anlage und Verläufe der Lernprozesse alltagsorientierter politischer Bildung variieren nach Zielgruppen, Lernanlass und -ziel. Ein sich häufig wiederholender methodischer Verlauf wird wie folgt beschrieben:

1. Erfahrungsaustausch über Probleme aus dem Alltag der Teilnehmer und Festlegung eines allgemein interessierenden Themas,
2. gemeinsame Informationssammlung, Suche von Konfliktlösungen und Handlungsalternativen, Erprobung durch Rollenspiele u. dgl.,
3. gemeinsame Aktionen und Projekte durchführen.

Ein so strukturierter Lernprozess kann die folgenden Merkmale aufweisen:
- Die Beschäftigung mit einem realen gesellschaftlichen Problem bewirkt Betroffenheit.
- Ein überschaubares Problem, das unter einem gemeinsamen, interessengeleiteten Aspekt behandelt werden sollte,ermöglicht exemplarisches und entdeckendes Lernen.

4.3.3 Einige Einwände gegenüber der Alltagsorientierung

Die Beschäftigung mit dem – von Alltagserfahrungen gekennzeichneten – (politischen, sozialen, wirtschaftlichen usw.) Umfeld dient als Ausgangspunkt für die Einarbeitung in die Beobachtungs- und Analysemethoden (Phänomenbeschreibung, -zergliederung, begriffliche Synthese, Verallgemeinerung). Die Alltagsorientierung der politischen Bildung erfolgte Mitte der 1970er-Jahre, als der Optimismus, wesentliche Fortschritte durch institutionelle Reformen machen zu können, enttäuscht wurde. Damals wurde die Alltags- und Lebenswelt entdeckt. Die Alltagswende will das Theorie-Praxis-Gefälle reduzieren. Verlangt wird die Beachtung der subjektiven Deutungen der lebensweltlich Agierenden. Das Individuelle, Biografische, gesellschaftlich Einmalige, Partikulare, das alltägliche Tun, die „betroffenen" Subjekte usw. sind in den Vordergrund der Aufmerksamkeit gerückt (vgl. Husserls Phänomenologie). (Vorwissenschaftliche) phänomenologisch-hermeneutisch gerichtete Subjektivität, Seinssinn (Transzendentalismus) stehen gegen (positivistischen) Objektivismus, Szientismus (Tatsachenwissenschaften).

Gegen die Überpointierung von Alltagserfahrungen werden von Historikern Einwände erhoben. Gegenüber dem Boom an (örtlicher und regionaler) lebensweltlicher Alltagsgeschichte wird eingewandt, sie dienten als Protest gegen globale Theoriekonstruktionen (z.B. System, Klassen-, Modernisierungstheorien der Weltgeschichte, Ablehnung der modernen Politikgeschichte und der als einseitig empfundenen Sozial- und Wirtschaftsgeschichte).

Deshalb würden Freizeithistoriker überschaubare Kleinprojekte bevorzugen, ihre Ergebnisse jedoch unzulässig verallgemeinern. Des Weiteren werde dadurch die Geschichtsschreibung aus dem Blickwinkel des Dilettanten „von unten" her betrieben. So wichtig andererseits solche Bausteine lokaler Geschichtsforschung sein mögen, so sehr gerät ihrer Verselbstständigung die großräumliche, nationale oder globale Perspektive aus den Augen zugunsten einer kleinräumlichen, oft idealisierenden (historiografischen) Horizontverengung.

Als erprobte Projektthemen für zeitgeschichtliche Formen des Alltags kann auf den Schülerwettbewerb „Deutsche Geschichte um den Preis des Bundespräsidenten" (Körber-

Stiftung, Hamburg) mit Themen wie „Unser Ort – Heimat für Fremde", „Umwelt hat Geschichte", „Alltag im Nationalsozialismus", „Alltag im Nachkriegsdeutschland", „Wohnen im Wandel", „Die Kriegsjahre in Deutschland", „Jüdischer Alltag im Nationalsozialismus", „Zwangsarbeiter in X", „Widerstand und Verfolgung" u. a. verwiesen werden.

Die weitere Kritik an der Alltagsgeschichte mahnt zur Vorsicht bzw. zu ihrer behutsamen Einordnung in das gegenwärtige politische Bedeutungsgefüge. Die Bedenken eines Historikers lauten:

„Der Blick auf Facetten vergangener Lebenswelten kann zu Erfahrungen verhelfen und Phantasie freisetzen; zu orientierenden Erkenntnissen führt er aus sich selbst heraus nicht, wohl aber verleitet er leicht zu romantischen Kurzschlüssen. Es fehlt an Instrumenten sowohl zur historischen Situierung solcher Facetten, wodurch sie erst Einsichten vermitteln könnten, als auch zur Bewusstmachung unseres eigenen Alltags, wodurch sie erst eine wahrhafte Bedeutung für uns erlangen würden." (Niethammer 1982, 21) Die Folge davon kann sein:

„… ein solcher Ansatz (kann) leicht zu einer Abfolge statischer Genrebildchen entarten und der demokratische Impuls einer Geschichte von unten (kann) in einer statischen und völlig entpolitisierten Geschichtsanschauung verpuffen." (ebd. 23)

Eine allzu starke Konzentrierung auf Alltag und Lebenswelt kann die Eingrenzung, Lokalisierung und Provinzialisierung menschlicher Erfahrungen unterstützen; denn Alltagsdenken ist subjektiv, erweist sich häufig als unreflektiert, affektbetont, praktisch, wunschorientiert, moralisierend, irrational. Folglich ist Alltagsbewusstsein individuelles Bewusstsein, vermittelt durch historisch-gesellschaftliche Bezüge, abhängig davon, wie Individuen ihre Lebenssituation interpretieren. Die persönlichen Lebenszusammenhänge können nicht eo ipso auf überpersönliche Verhältnisse, Ereignisse usw. extrapoliert werden.

Politologische Kritik (Hufer 1990) stellt die (überproportionale) Alltagsorientierung als „subjektivistische Wende" dar, d. h. die institutionelle Politik (durch Staat und Gesellschaft) wird entgrenzt und vereinseitigt zugunsten partikularer lebensweltlicher Probleme. Dafür werden nicht mehr die kritischen und analytischen Methoden verwendet, sondern mehr die geisteswissenschaftlichen – hermeneutischen, psychologischen, lebensphilosophischen – methodischen Ansätze. Durch (Über-)Akzentuierung von Biografie und Lebenswelt wird das vermeintlich „Politische" in die Dimension des Privaten gebracht, bei Ausblendung der politischen Makrostruktur und unter starker Emotioalisierung. Dächte man einen solchen Ansatz weiter, käme man zu einer privatistisch-kleinräumlichen Politikauffassung und zu einer Vernachlässigung der tragenden Institutionen in Staat und Gesellschaft.

4.3.4 Der zeitgeschichtliche Horizont politischer Bildung und die Oral History

Infolge der konstitutiven Geschichtlichkeit des menschlichen Daseins (das Erinnern) findet man das politisch Allgemeine immer nur im geschichtlichen Zusammenhang. Daher muss Politik sich mit der (Zeit-)Geschichte auseinandersetzen. Der Begriff „Zeitgeschichte" wurde von dem Tübinger Historiker Hans Rothfels 1953 in die Diskussion eingeführt und als die „Epoche der Mitlebenden und ihre wissenschaftliche Behandlung" bezeichnet. Damit war die Ansicht verbunden, „dass etwa mit den Jahren 1917/18 eine neue universalgeschichtliche Epoche sich abzuzeichnen begonnen habe". Geschichtsbewusstsein, Gegenwartserkenntnis und Zukunftswille ergänzen sich gegenseitig. Politische Bildung benötigt u. a. den Kontext der Zeitgeschichte als Anschauungs- und Erfahrungsraum, als Möglichkeit des Nachvollzugs von Vorentschiedenem, der politischen Begriffsbildung (z. B. Macht und Herrschaft, Konsens und Dissens, Pluralismus, Föderalismus, Demokratie, Konflikt und Kompromiss, Kritik und Affirmation, Partizipation usw.) und damit zur Erkenntnis und Einübung des Allgemein-Politischen wie zum Verständnis und zur Beurteilung der gegenwärtigen politisch-gesellschaftlichen Ordnung.

Die Zeitgeschichte – als Teil der res gerendae, des Unabgeschlossenen, current history eignet sich in Gestalt der (segmentierten) Ereignis- oder Erfahrungsgeschichte bzw. der das Ganze umschließenden Gesellschafts- oder Politikgeschichte besonders zur (historisch-)politischen Auseinandersetzung „weil diese als ‚laufende‘ Geschichte mit aktueller Politik verknüpft und als ‚zukunftsoffene‘ Geschichte mit normativen Optionen besetzt ist" (Schaaf). Dafür ist der Historikerstreit (Oesterle/Schiele 1989) ein herausragendes Beispiel. An ihm kann diskutiert werden, inwieweit die NS-Zeit für Lernende heute eine Relevanz hat und moralisch sensibilisiert (sekundäres Betroffensein) oder ob der Nationalsozialismus, einschließlich seiner völkervernichtenden Verbrechen, eine singuläre Phase der deutschen Geschichte gewesen sein soll und folglich zu historisieren, d. h. unter die ambivalenten Epochen des „nationalen Erbes" zu subsumieren wäre.

Als Methode kommt – neben der Benutzung von schriftlichen Quellen im Gemeinde-, Stadt-, Landes-, Staatsarchiv – die Befragung von Personen in Frage (oral history). Die Auswertung und Verallgemeinerung solcher Mitteilungen müssen mit der gebotenen Skepsis gegenüber begrenzten Einzelbeobachtungen erfolgen. Dazu eignen sich Projekte in Gegenwarts(geschichts)werkstätten (s. S. 379) und politischen AGs (s. S. 434). Als Themen bieten sich u. a. an: NS, Europa nach 1945, Weltfrieden, Zukunftsbelastungen (Krisenbewusstsein, Risikogesellschaft), Epochen der Geschichte der DDR und BRD (alt) (auch Einzelfragen über Jugend, Schule, Gesellschaft, Wirtschaft, Kultur usw.). Dabei kann die Methode des struktur-erschließenden Verfahrens für die Erschließung zeitgeschichtlicher Ereignisse (Gegenwarts-phänomene, Probleme, Konflikte usw.) nützlich sein:

1. Präzisierung des Problems
   a) Feststellen des Vorwissens
   b) Hypothesenbildung
   c) Beschaffen von Materialien und Informationen
2. a) Eruieren des zeitgeschichtlichen Hintergrundes (u. a. Motivationen und Intentionen handelnder Personen)
   b) Verifizieren der Hypothesen
3. Werten, Beurteilen
4. Lösungen finden
5. Generalisieren
(6.) Transfer.

Im Bereich der Zeitgeschichte ergeben sich inhaltliche und methodische Überschneidungen zwischen Geschichts- und Zukunfts(lern)werkstätten, zwischen (zeit-)historischen und politologischen Aspekten, zwischen Geschichte und Alltagsgeschichte. Die Befragung von Zeitzeugen ist eine beliebte Methode. Persönliche Erfahrungen und teilnehmende Beobachtung, die weder falsch noch richtig sein mögen, auf alle Fälle nur einen Ausschnitt aus dem Geschehen repräsentieren können, oft ohne Hintergrundwissen erfolg(t)en, teilweise dem Vergessen anheimgefallen sind/waren, von meist ungeschulten Beobachtern wahrgenommen wurden, zum Zwecke der Entschuldung (unbewusst und bewusst) adaptiert und durch Lektüre, Berichte usw. korrigiert wurden, können eine Menge von Fehldeutungen enthalten. Das Prinzip mundus in gutta, das Fehlen von Totalität reicht für eine verallgemeinernde Aussage nicht aus. Dennoch werden die Beobachtungen wegen ihrer Anschaulichkeit und Unmittelbarkeit alternativ zur professionellen Geschichtsschreibung eingesetzt, ohne diese ersetzen zu können. Sie führen u. a. in methodische Verfahren zeitgeschichtlicher Analyse und Beurteilung ein. Am wirkungsvollsten sind sie dort, wo sie zum Vergangenheitsverständnis, zur Wiederentdeckung der Heimat, von sozialen Milieus usw. beizutragen vermögen. Spurensicherung qua Sammlung von Fotos, Tagebüchern, Briefen, Plänen usw. wird als objektivierendes, vermeintlich verallgemeinerbares Merkmal betrieben (z. B. Projekt Kölner Frauengeschichte, Antimilitaristische Stadtrundfahrt, Zeitgeschichtliche Kreisbesichtigung). Die Problematik der *oral history* besteht u. a. darin, dass Augenzeugen die historische Wirklichkeit nicht in ihrer Komplexität erkennen. Sie vertreten häufig eine lebensgeschichtliche Sichtweise, ihr Gedächtnis ist of trügerisch, das eigene Verhalten wird idealisiert, Widersprüche werden geglättet, die Fragetechnik beeinflusst die Gesprächssituation u. dgl. Es kommt ferner auf das Alter, Geschlecht, die Lebensumstände, den Beruf, Bildungsstand, die Aussagekraft (Perspektiven, Absichten, Darstellungsfähigkeit), die Einschätzung des Interviewten an. Geschichte „von unten", Alltagsgeschichte ist nicht mit einer nach strengen methodischen Regeln vorgehenden, totalisierenden (z. B. strukturanalytischen), professionellen Sozialgeschichte des Alltags (Wehler 1985), narrative Wahrheit ist nicht mit historischer Wahrheit gleichzusetzen.

4.4 Der politikdidaktische Rahmen: Entwicklungen und Konzeptionen

4.4.1 Begriff und Aufgaben der Didaktik

Methodologie und Methoden müssen die didaktischen Grundlagen reflektieren, wenn sie nicht zu bloßen Formalien (Unterrichtstechnik) degenerieren wollen. Insofern ist die Methodenlehre eine Perspektivtheorie innerhalb der Politikdidaktik. In der normativen Didaktik ist Methode nur ein (instrumentelles) Mittel zum Ziel, in der kritischen Didaktik dagegen eine selbstständige Größe. Ihre Verfahren enthalten selbst gesellschaftspolitische Implikationen, insofern es nicht unbedeutend ist, welcher Ansatz gewählt (z. B. affirmativ, kritisch), welche Medien verwendet, welche Ziele anvisiert werden.

Ebenso wichtig sind die jeweils korrespondierenden Organisations- und Interaktionsstile des Unterrichts.

Die wissenschaftsorientierte Didaktik (griech. Lehre, Unterricht) hat es mit den Lehr- und Lernbedingungen, mit der Organisierung, Durchführung und Kontrolle von Lernprozessen zu tun. Sie orientiert sich an fachlichen Theorien und Konzeptionen. Sie darf jedoch nicht zu sehr an der instrumentellen Handlungslogik des jeweils bestehenden Wirtschafts- oder Sozialsystems orientiert sein. Es besteht außerdem eine sachlogische Differenz zwischen selbstorganisiertem Lernen im Alltag und in anderen gesellschaftlichen Bereichen und dem in didaktischen Settings ablaufenden, zielgerichteten Lernen unter Mitwirkung von entsprechend ausgebildeten Lehrenden. Stets spielt die kategoriale methodische Strukturierung eine entscheidende Rolle.

Die lerntheoretische und kritische Variante der Didaktik orientiert sich somit in erster Linie am methodisierten Lern-/Lehrprozess. Für die Auswahl von Inhalten ist deren Bedeutung für das Leben ausschlaggebend. Voraussetzung sind operationale Zieldefinitionen. Mit alledem sind der Aufbau von Lernsituationen, die Stufung des Lernprozesses und die Erfolgskontrolle (das Erreichen der Lernziele aufgrund methodischen Vorgehens; Evaluation) gemeint. Das heißt Didaktik leitet den Vermittlungsprozess zwischen Wissenschaft, Problemstellung, Zielprojektion und Lebensbedeutung.

Die Kritische Didaktik verfolgt ein offenes, plurales Konzept und beruht auf empirisch-analytischen Erhebungen. Sie favorisiert vernetztes Denken und Forschen sowie ein zweckrationales Handeln. (Vgl. die umfassende Definition Klafkis[1976, 77 f.])

Zwischen Methoden und Didaktik besteht eher ein korrelatives Verhältnis. Beide leisten Entscheidungshilfen für unterrichtliches Handeln. Sie wollen unterrichtliche Realität erklären und implementieren. Die didaktischen Fragen konzentrieren sich auf das

WAS (Selektion, Inhaltsaspekt)

WARUM (Legitimation, Begründungsaspekt)

WOZU (Intentionalität, Zielaspekt),

ferner auf die Lern- bzw. Bildungsvoraussetzungen der Adressaten (anthropologische, soziale, edukative usw. Dimension),

WIE (s. u.)?

Diese didaktisch-methodischen Kriterien sollen die folgenden Fragen beantworten:

- Wofür ist das Thema typisch, exemplarisch?
- Ist das Thema für den Lernenden relevant?
- Ist das Thema fachwissenschaftlich abgeklärt?
- Welche didaktische Reduktion soll das Thema erfahren?
- Welche didaktische Reduktion ist geeignet, die Lernziele zu erreichen?
- Welche Methoden kommen für das Thema in Frage?
- Welche Medien stehen zur Verfügung?
- Wie kann der Lernerfolg festgestellt werden?

In ihrem Vorgehen ist die Didaktik eine wissenschaftliche Disziplin, die das Lern- und Lehrnotwendige auf methodischem Wege eruiert und die Methoden der Vermittlung, Erarbeitung und Zielgewinnung daran bindet. Didaktische Ermittlungs- und Forschungsmethoden werden fachspezifisch erworben. Eine begriffliche Ausweitung, wonach auch Schüler und Schülerinnen angeblich mit einer „Lernerdidaktik" aufwarten (Weißeno 1993), verwässert den komplexen Grundbegriff (eben so wenig gibt es kleine „Methodiker"). Didaktik ist immer strukturiert und strukturierend, bezieht sich auf anerkannte Wissensbestände. Was Weißeno meint, ist Vorwissen, individuell verarbeitetes Wissen, sind (Wissens-) Erwartungen. Am ehesten lässt sich von einer „Fachleiterdidaktik" sowie von unterschiedlichen „Lernertypen" sprechen (ebd.).

Lehren, Unterweisen, belehrt werden und lernen (griech. didaskein) sind ohne ein geordnetes Vorgehen, die Klärung des WIE, mühsam und oft erfolglos. Notwendig sind dagegen Lehr- und Lernstrategien als systematisch geplante Kombination von Lehr- und Lernaktivitäten zur kognitiven Strukturierung von Unterricht und zur Umsetzung in Verhalten. Deshalb ist jedes (forschende, entdeckende, produktive und reproduktive) Lernen und Arbeiten auf methodische Regeln angewiesen. Diese schließen Vorentscheidungen über Inhalte und Ziele mit ein.

Inhaltsstrukturen und Zielprojektionen können durch inadäquate Methodenverwendung deformiert werden. Andererseits haben Methoden als Organisations- und Vollzugsformen eines zielgerichteten Lehrens und Lernens den Sinn, eine angemessene, erfolgversprechende Arbeit zu ermöglichen (Bedingungsfaktor). Sie haben also nicht nur eine instrumentelle Funktion, sozusagen als Sekundärelemente, sondern ihr Adäquanzkriterium liegt auch darin, dass sie positive Lernprozesse fördern.

4.4.2 ÜBERSICHT ÜBER GRUNDLEGENDE FORMEN DER DIDAKTIK

Zur Systematisierung und Fundamentierung politikdidaktischer Strategien wurden entsprechende Konzeptionen – als hypothetische bzw. mehr oder weniger theoretisch konsistente, systematische Aussagen über Ziele, Inhalte und Methoden, Unterrichtsorganisation u. dgl. entworfen (Bohlen 1980,121 f.) – und Theorien (George 1983) – als Systeme von Begriffen, Definitionen, Aussagen und Hypothesen, mit deren Hilfe ein mehr oder weniger konkludenter Zusammenhang hergestellt werden kann – formuliert. Letztere sollen Handlungen planbar machen. Sie sind Systeme von (konkludenten) Sätzen, in denen die bestimmenden Variablen des zu erklärenden Feldes identifiziert und in ihrer gegenseitigen Bedingtheit dargestellt werden. Sie geben Antwort auf (didaktische) Prinzipien wie Situations-, Problem-, Interessen-, Handlungsorientierung, Betroffenheit u. dgl. Dies führt zu je unterschiedlichen (hier nur kurz zu erwähnenden) konzeptionellen Ansätzen, z. B. zur
* *Abbilddidaktik:* Strukturen und Inhalte der Fachdisziplinen werden in reduzierter Form in den Lehrplan übernommen (Gagel 1983; vgl. Platons Höhlengleichnis in „Politeia" [Der Staat], 7. Buch).
* *Konstruktiven Didaktik:* Ihre Intention beruht auf der Beobachtung von pädagogischen Feldern durch Lehrende und Lernende. Sie sind hierbei konstruktiv tätig, indem sie Wirklichkeiten konstruieren (Dubs 1995; Reich 1996). Die konstruktivistische Sicht (s. S.157) verweigert Eindimensionalität und Eindeutigkeit von Wahrheitsfindung und damit auch eine Letztbegründung für unterrichtliches Handeln. Die Bedeutung der Konstruktiven (Konstruktivistischen) Didaktik liegt u. a. in der Notwendigkeit beobachteter Unterrichtsforschung (Grammes/Weißeno 1993).
* *Bildungstheoretischen Didaktik:* Sie ist holistisch und beruht auf einer Theorie der Bildungsinhalte(Derbolav, Weniger, Klafki) , der Orientierung an den Sachstrukturen und am hermeneutischen Denkansatz.
* *Lerntheoretischen Didaktik:* Die Dimension der Vermittlung und die Theorie des Unterrichts stehen (im Gegensatz zur Bildungstheoretischen Didaktik) im Mittelpunkt. Unterricht wird als ein Handlungszusammenhang betrachtet, in dem sich die einzelnen Systemelemente wechselseitig bedingen, sodass Entscheidungen immer alle Bereiche tangieren. Nach den maßgeblichen Berliner Didaktikern (Heimann, Otto, Schulz) besteht das System des Unterrichts aus zwei Bedingungs- und vier Entscheidungsfeldern: anthropogene und soziokulturelle Bedingungen, Entscheidungsfelder der Intention, der Inhalte, Methoden und Medien. Organisation und Gestaltung des Unterrichts bilden demnach den Schwerpunkt dieser Theorie, nicht die Theorie des Lehrens und Lernens oder psychologische und erkenntnistheoretische Überlegungen. Die Aufgabe der Fachdidaktik besteht demnach in der Erforschung von Inhalten, Medien, Zielen, Methoden, Kategorien des Umgangs mit Politik in Lernprozessen. Sie tut dies empirisch-analytisch, theoretisch-reflexiv oder praktisch und

fragt u.a. nach den Rahmen- und Vorbedingungen von Politik und politischem Entscheiden und Handeln. Diese Bedingungen beziehen sich auf anthropologische, soziale, (lern-, entwicklungs-)psychologische, sozialisationtheoretische, kommunikative, erkenntnis-theoretische, ideologiekritische, evaluative, curriculare, historische, geografische usw. Faktoren. Sie sind kultureller, normativer, rationaler/irrationaler, bewusstseinsmäßiger u.dgl. Herkunft.

• *Kommunikativen Didaktik:* Die Lernenden sollen an der Konzeption von Unterricht von Anfang an beteiligt werden (Schülerinteressen; Schmiederer 1977; Grammes 1998). Es besteht ein starker Praxis- und Handlungsbezug. Die Dimension der „Beziehung" ist vorrangig.

• *Kybernetischen (Informationstheoretischen)Didaktik* (griech. kybernetes Steuermannskunst): Ein vorgegebener Soll-Wert (fixierte Lernziele) soll durch Steuerungsvorgänge (Regelsystem) von einem Ist-Wert aus durch genau festgelegte Informationsschritte, ständiges Feedback (Rückmeldung) und unter Anwendung informationstheoretischer Methoden erreicht werden (Skinner, H. Frank, F. v. Cube). Die Gefahr liegt in der Technisierung und Rationalisierung des Lernvorgangs, in der Behinderung freier Kommunikation und Interaktion sowie in den normativen Ansprüchen und daher in der potentiellen Manipulierung auf erwünschte Verhaltensziele hin. Die Kybernetische Didaktik ist am ehesten für den Erwerb von Informationen geeignet.

• *Emanzipatorischen Didaktik:* Alle relevanten politikdidaktischen Entwürfe orientieren sich mehr oder weniger am gesellschaftlichen Konfliktmodell. Unter dem Einfluss der Sozialwissenschaften hat sich etwa seit der Mitte der 1960er-Jahre eine gesellschaftskritische Sicht durchgesetzt. Die Unterschiede zwischen den einzelnen Positionen (Giesecke, Hilligen, Fischer, Sutor, Claußen u.a.) liegen in der Bewertung der (liberalen, sozialdemokratischen, christlichen usw.) Gesellschaftsmodelle. Damit wurden die didaktischen und curricularen Entscheidungen (Lernziele, Inhalte, Quatifikationen) selbst zu gesellschaftspolitischen Entscheidungen. Dazu kam die Wahl der wissenschaftstheoretischen Grundlagen (s.S. 141) und der Methodologie: empirisch-analytisch (Kritischer Rationalismus), normativ-institutionell (ontologisierend, Rückbezug auf die klassische – antike und christliche – Philosophie), dialektisch-kritisch (Kritische Theorie), systemtheoretisch (statischkonservativ) und, weniger bedeutsam, historisch-dialektisch (marxistisch; Christians, Belgrad).

An weiteren Didaktiken sind zu erwähnen: die Lernzielorientierte D., die Kommunikationstheoretische D., die Generative D., die Kasuistische D., die Kritisch-konstruktive D. (Klafki 1985, 5. Aufl., 1996), die Kritisch-emanzipatorische D. (Claußen 1981), die Fachwissenschaftsbezogene D. (Roloff 1972 ff. , Sutor 1971; 1984) usw. (Blankertz 1986).

4.4.3 POLITIKDIDAKTISCHE ENTWICKLUNGEN – EINE ÜBERSICHT

Überblicksmäßig lassen sich – nach fast zwei prädidaktischen, partnerschaftlich (Oetinger/ Wilhelm) und konservativ-staatsorientierten (Litt, Spranger, Flitner, Weniger, Weinstock, Vorläufer: Kerschensteiner 1901) Nachkriegsjahrzehnten – an relevanten politischen (Groß-)Didaktiken ausmachen:

1965 Hermann Giesecke: Didaktik der politischen Bildung (1972 revidiert)
1971 Bernhard Sutor: Didaktik des politischen Unterrichts (1984 revidiert als Neue Grundlegung der politischen Bildung, 2 Bde.)

1971 Rolf Schmiederer: Zur Kritik der Politischen Bildung. Ein Beitrag zur Soziologie und Didaktik des Politischen Unterrichts (1977 revidiert als Politische Bildung im Interesse der Schüler)

1972 Ernst-August Roloff: Erziehung zur Politik. Eine Einführung in die politische Didaktik

1972 Kurt Gerhard Fischer: Überlegungen zur Didaktik des Politischen Unterrichts

1975 Wolfgang Hilligen: Zur Didaktik des politischen Unterrichts (1985 revidiert)

1976 Dieter Grosser/Manfred Hättich/ Heinrich Oberreuter/ Bernhard Sutor: Politische Bildung. Grundlagen und Zielprojektionen für den Unterricht an Schulen

1977 Dieter Grosser: Kompendium Didaktik Politische Bildung

1981 Bernhard Claußen: Kritische Politikdidaktik

1981 Klaus Rothe: Didaktik der Politischen Bildung

1998 Tilman Grammes: Kommunikative Fachdidaktik. Politik, Geschichte, Recht, Wirtschaft.

Alle Didaktiken vertreten je eigene Positionen (Gagel 1999; 2000), mit denen man sich vergleichend oder kontrastierend auseinandersetzen sollte.

Die fruchtbaren Jahre zwischen 1965 und etwa 1980 sind unübersehbar. Sie korrespondieren mit Entwicklungen in der Wissenschafts- (Kritischer Rationalismus, Kritische Theorie, Systemtheorie; kritische Sozialwissenschaften; s. S. 141) und kritischen Sozialisationstheorie (1968 Mollenhauer; 1970 Gottschalch; 1971 Negt u. a.) auf der Folie des „Endes der Nachkriegszeit" (L. Erhard) sowie der neuen Politik der sozialliberalen Regierungen (einschließlich der Auseinandersetzungen um die Rahmenrichtlinien „Politik" und die Zulassung von Politikschulbüchern in Hessen und NRW; Stein 1979). Nach Inhalten und Zielen lassen sich – in historischer Abfolge und unter Berücksichtigung der jeweiligen Zeitsignaturen – die folgenden Nachkriegskonzeptionen politischer Bildung feststellen:

1. Partnerschaft (Sozialerziehung, Oetinger)
2. Staatspädagogik (Litt, Spranger, Weniger, Weinstock)
3. Urteils- und Bewusstseinsbildung über gesellschaftpolitische Zusammenhänge (Sutor, Grosser)
4. Gewissensbildung aufgrund einer philosophischen Anthropologie (Petzelt)
5. Vermittlung von Einsichten (K. G. Fischer)
6. Konfliktanalyse und politische Partizipation (Giesecke, Hilligen)
7. Gesellschaftskritik und Emanzipation (Konsens- und Wertproblematik) (Schmiederer, Roloff, Claußen).

Nach der (stets unpräzisen) politischen Geografie handelte es sich um

• die national-konservative Konzeption einer harmonisierenden Gesellschaftsauffassung
• die altliberale Konzeption (teilweise unpolitisch-)humanistischer Bildungtradition
• die linksliberale Konzeption einer konflikttheoretischen Gesellschaftsauffassung
• die sozialistische Konzeption eines antagonistischen Gesellschaftsverständnisses.

Die „nachkonzeptionelle Phase" der Fachdidaktik (Gagel) ist gekennzeichnet durch so genannte „Orientierungen" (z. B. Handlungs-, Alltags-, Erfahrungs-, Bedürfnis-, Stadtteil-, Zukunfts- usw.), „Kompetenzen" (z. B. Medien-, Methoden-) und „Fähigkeiten" (z. B. Kritik-, Konflikt-, Kooperations-, Interpretations-), „Schlüsselqualifikationen", ferner durch Fokussierung auf Unterrichtsforschung. Die Politikdidaktiken können hier nicht kommentiert werden. Zu ihrer Bewertung ist auf den Praxis-, Realitäts- und Problembezug, ihre wissenschaftstheoretische Begründung, den Verfassungsbezug, den Beutelsbacher Konsens, die Unterscheidung zwischen Ordnungs- und Konfliktdidaktiken u. dgl. zu achten.

Die Didaktiken erweisen sich als
- Theorie der Bildungsinhalte und -kategorien
- Theorie des Unterrichts (Didaktik im engeren Sinne)
- Wissenschaft der Lernplanung, -organisition und -kontrolle (Möller 1969)
- Anwendungsbereich psychologischer Lehr- und Lerntheorien (Hch. Roth 1973, H. Aebli 1976 ; W. Correll 1971).

4.4.4 EINIGE DIDAKTISCHE IMPERATIVE UND ORIENTIERUNGEN

In der Diskussion werden einige zeitgemäße didaktische Imperative vertreten:
1. Die Lernerorientierung
   – auch Schülerorientierung oder -interesse genannt (Schmiederer 1977; Steger 1988) – bezeichnet die Beteiligung der Lernenden an der Auswahl der Inhalte, Ziele und Methoden ihrer Bearbeitung; Interesse und Betroffensein sollen berücksichtigt werden. All dies macht den Lehrenden nicht überflüssig und ist nur vertretbar, wenn einem evtl. ausufernden Subjektivismus vorgebeugt wird, indem der für einen zusammenhängenden Unterricht/Kurs vorgesehene (Lehr-)Plan beachtet wird.
2. Die interkulturelle Orientierung
   geht produktiv ein auf die zunehmende Internationalisierung der Gesellschaft. Sie greift die sich daraus ergebenden Notwendigkeiten und Chancen inhaltlich und perspektivisch auf (z. B. beschäftigt sie sich mit bestimmten Themen: fremde Kulturen, politische Systeme usw., mit neuen Sichtweisen: Was verbindet ein Lernender türkischer, griechischer, italienischer usw. Herkunft mit Begriffen und Einrichtungen wie Parlament, Gemeinderat, Demokratie, Föderalismus, Parteien usw.). So werden traditionell nationale Perspektiven aufgebrochen und in einen größeren Kontext gestellt.
3. Die Handlungsorientierung
   Die Realisierung von Politik zeigt sich in (den Ergebnissen von) Handlungen. Ihr inhaltlicher Kern besteht meistens aus einem Kompromiss von unterschiedlichen Interessen. Die Handlungsorientierung ist keine ausschließliche Maxime für die Lernenden. Auch bei aktivierenden Unterrichtsmethoden kann auf die begriffliche Anstrengung nicht verzichtet werden.
4. Die Wissenschaftsorientierung
   Jeder verantwortliche Unterricht gründet sich auf die Ergebnisse der zugehörigen Wissenschaft(en). Sie liefern die Lehr- und Lernunterlagen für den didaktischen Auswahlprozess. Ihre Bedeutung steigert sich mit den intellektuellen Ansprüchen der Lernenden, die in den Gebrauch wissenschaftlich gewonnener Resultate und Verfahren eingeführt werden sollen.
5. Die Problemorientierung
   geht über den bloßen rezeptiven Wissenserwerb hinaus und stellt die den Lernenden interessierenden Fragen zur Diskussion.
6. Die Diskussionsorientierung
   Die moderne Demokratie wird auch als democracy by discussion bezeichnet, und das Parlament hat seinen Namen von der Diskussion (frz. parler). Interessengegensätze und

Kontroversen als wichtige Konstitutiva der pluralen Demokratie lassen sich nur durch kompromissorientierte, symmetrische und rationale Diskurse ausgleichen. Sie müssen zeitlich begrenzt sein, auf einer soliden Wissensgrundlage beruhen und dürfen nicht in unqualifiziertes Palaver ausarten. Deshalb sind für die didaktische Auswahl im politischen Lernbereich Kategorien opportun wie z. B. die Beachtung der politischen, ökonomischen, gesellschaftlichen usw. Strukturen und historischen Entwicklungs- und Wandlungsprozesse eines Phänomens, seine gegenwärtige und zukünftige Bedeutung, mit ihm zusammenhängende Interessen, Perspektiven usw.

7. Die Produktorientierung

Als Produkt bezeichnet man die sichtbare, über die rein kognitive Ebene hinausreichende Leistung der Lernenden, z. B. schriftlicher oder mündlicher Vortrag (als Resultat einer Hausaufgabe usw.). Die Aufgabe ist die Zielvorgabe für das Produkt. Ihm stehen Erwartungen seitens des Lehrenden (Abnehmers) gegenüber. Eine Prozessoptimierung erfolgt z. B. durch

- Bereitstellung von Materialien und Ressourcen
- die Zusammenarbeit in Gruppen
- die Arbeitsbedingungen (z. B. Lernwerkstatt, Bibliothek) und sonstigen Hilfen
- Orientierung an der Relation von Kosten und Nutzen
- die Adressatenorientierung.

Diese didaktischen Orientierungen erfahren ihre Begrenzung durch die Prinzipien des Repräsentativen (pars pro toto; mundus in gutta), Elementaren (Klafki 1959) und des „exemplarischen Lernens" (Fischer 1993, 33ff; Hermann Heimpel auf der Tübinger Konferenz 1951 s. Flitner 1954, 127 f.). Sie zielen auf

a) Problemlösungskompetenz (griech. problema = das Vorgelegte, Hervorragende):
   Ungeklärte Fragen sollen angemessen beantwortet werden, wobei die Argumente, Wertentscheidungen usw. zu begründen sind;

b) Handlungskompetenz:
   Der Fokus von Politik und Gesellschaft ist die (reflektierte) Handlung als Mittel der Einflussnahme. Deshalb sind Fertigkeiten und Fähigkeiten zu entwickeln, die ein Handeln im offenen Raum begünstigen (z. B. Auftreten in einer Versammlung, Darstellung der Argumente, Diskussionsfähigkeit auf einem Podium, Leitung einer Gesprächsrunde usw.) (Markert 1980);

c) Verantwortungsbereitschaft:
   Für politisches Handeln sind normative Grundlagen unverzichtbar. Deshalb ist die Berufung auf eine „Verantwortungsethik" (Max Weber) erforderlich. Sie muss in der pluralen Gesellschaft stets um den Minimalkonsens bemüht sein (Sarcinelli 1990).

Ferner soll mit den obigen Begriffsfeldern ernst gemacht werden mit der sich verändernden Stellung des Menschen in der Politik, die bestimmte Denkweisen erfordert: selbstständige, universal ausgerichtete Denkstile, Mitbestimmung, rationale Konfliktlösung, Transparenz, Funktionalisierung von Herrschaft, Sensibilisierung für solidarisches Handeln usw.

4.4.5 Didaktische Analyseverfahren und Bezugswissenschaften

Je nach didaktischer Richtung ist eine *didaktische Analyse* (Behandlung des Themas im Lehrplan, im Unterrichtszusammenhang, der Gegenwarts- und Zukunftsbezug, die Struktur des Inhalts, die Lerninteressen; Grosser 1976; die Schulaufsicht, die Erwartungen der öffentlichen Einrichtungen wie Kammern und Verbände, das Umfeld usw.) sowie eine *Problem-* (Maier 1993), *Sach-* (Massing/Skuhr 1993; Janssen 1997) und *Bedingungsanalyse* (anthropologische und soziokulturelle Voraussetzungen, fachwissenschaftliche und gesellschaftliche Vorgaben, Lebenssituation der Lernenden, ihre Methodenkompetenz, ihr Vorwissen, ihre [Vor-]Urteile, ihre Erwartungen, ihre [Alltags-]Erfahrungen u. dgl., Schirp 1988) erforderlich.

Die didaktische Analyse soll die Vielzahl der Faktoren in eine Struktur bringen, Begründungen für ihre Verwendung liefern und kann (nach Kuhn 1999, 194 f.) gegliedert werden in:

a) *fachwissenschaftliche Analyse* mit den Leitfragen
  * Welche Fach-/Bezugswissenschaft(en) werden herangezogen?
  * Welche Begriffe und Kategorien werden verwendet?
  * Welche Theorien oder Konzepte werden zugrunde gelegt?
  * Welcher Politik-/Demokratiebegriff ist maßgebend?
  * Welche Werte werden favorisiert?
  * Welche Methoden werden angewandt?

b) *fachdidaktische Analyse* mit den Leitfragen
  * Welches (fach-)didaktische Konzept genießt Priorität?
  * Welche didaktischen Leitbegriffe (z. B. Kontroversität, Problem-, Schüler-, Handlungsorientierung usw.) sind vorherrschend?
  * Wird der Beutelsbacher Konsens (s. S. 127) respektiert?
  * Welche Inhalte, (Lern-)Ziele, Materialien, Methoden usw. werden benutzt?
  * Welche Rolle spielt der Lehrende/Lernende?

c) *fachmethodische Analyse* mit der Leitfrage
  * Welche (Mikro-, Makro-) Methoden und Arbeitsverfahren werden ausgewählt? (Begründung)

Zwischen den skizzierten so genannten Lagerdidaktiken entstehen Legitimationsprobleme, Positionskämpfe, die u. a. aus der Spannung zwischen systemaffirmativen und emanzipatorisch-systemverändernden oder -transzendierenden Zielvorstellungen hervorgehen. Für ihre Beurteilung und Verwendung im Politikunterricht ist die zentrale Frage: Welches Politikverständnis liegt ihnen zugrunde und wie wollen sie was mit welchen Mitteln erreichen?

Didaktiken haben *Bezugswissenschaften* (s. S. 419). Für die politische Bildung sind es die Sozialwissenschaften, insbesondere die Politikwissenschaft. Das heißt nicht, als seien die Didaktiken der in den Unterricht verlängerte Arm von Fachwissenschaften. Dies wäre infolge der Ausdifferenzierung moderner Wissenschaften gar nicht möglich.

Im Übrigen ist der Übergang von der bloßen Erweiterung fachwissenschaftlicher Erkenntnisse zur didaktischen Frage hin bereits eingeleitet, wenn der Wissenschaftler selbst im Forschungsprozess nach dem Warum und Wozu seiner Erkenntnis für das Leben fragt. Die Frage nach dem praktischen Zweck einer wissenschaftlichen Erkenntnis ist dem Forschungsprozess immanent. Der Unterschied zwischen dem Wissenshorizont einzelner Sachfelder und den Entscheidungsfeldern einzelner Lebensbereiche ist die „didaktische Differenz".

Außerdem sind die Erfahrungsfelder, Lerninhalte und Informationen aus der Perspektive der Lernenden zu formulieren, nach Lebenssituationen und -ansprüchen, nicht nach einer fachwissenschaftlichen Systematik. Was Politikdidaktik von der Politikwissenschaft glaubte einfordern zu müssen, hat Behr (1978) ausführlich dargelegt. Die für politische Bildung zuständigen Sozialwissenschaften (Zeitgeschichte, Politische Psychologie, Politische Soziologie, Geografie, Ökonomie, Recht usw.) haben sich weiter entwickelt und sind eher von ihrem zahlenmäßig gewichtigen Nachkriegsauftrag, der Ausbildung von Gymnasiallehrern, abgekommen und haben sich einer eigenen, fachspezifischen Klientel zugewandt (Kastendiek 1977; Mohr 1988). Die daraus entstandene Auseinanderentwicklung wurde in der zweiten Hälfte der 1980er-Jahre streitig thematisiert und als so genannte Hartwich-Kontroverse vor allem in der Zeitschrift „Gegenwartskunde" ausgetragen (Stein 1982; Wever 1987; Hilligen 1988; Hartwich 1987; Claußen 1987; Grosser 1985; Ellwein 1985; Geiger 1986; Roloff 1987).

Folgerichtig hat Hartwich, der sich über viele Jahre für die politische Bildung engagiert hat, erklärt: „Das Sozialkundestudium ist mittlerweile aus der Sicht der Fachwissenschaft so auseinandergerissen, dass es nicht mehr ernsthaft als das Studium der Politikwissenschaft bezeichnet werden kann." (In: Claußen/Noll 1989, 16)

Dennoch bleibt die Politikwissenschaft als Demokratie-, Integrations- und synoptische Wissenschaft (Bergstraesser) die dominierende (Leit-, Bezugs-)Disziplin des Lehr-/Lernbereichs Politische Bildung (Breit/Massing 1992; Massing/Weißeno 1995; BpB 1997). Die Fachdidaktik bliebe eine Form ohne Inhalt, wenn sie auf fachwissenschaftliche Vorgaben verzichten müsste. Im Mittelpunkt von Politikdidaktik und Politikwissenschaft stehen zentrale Kategorien wie Macht und Herrschaft, Konsens und Dissens, Streit und Kompromiss, Emanzipation und Partizipation, Freiheit und Gleichheit, Recht und Unrecht, Wirtschaft und Gesellschaft u. dgl. neben den (Funktionen der) politischen Institutionen und Systeme, einzelnen Politikbereichen (z. B. Innen-, Außen-, Bildungs-, Sozialpolitik usw.), Verhaltensweisen, politischen Ideen (z. B. Staats- und Gesellschaftstheorien), Verfassungsrecht usw. aus Gegenwart und Vergangenheit.

Innerhalb dieses Buches können (politik-)didaktische Positionen, Konzeptionen, Theorien nur insoweit herangezogen werden, als sie für das Verständnis der Methoden relevant sind. Für eine ausführliche Beschäftigung wird auf die Literatur verwiesen (zeitgeschichtliche Entwicklung und Ausformulierung: Franke 1980; Hilligen 1985 ; Gagel 1994 ; Kühr 1980; Sander 1992; Wochenschau 1989; Deichmann 2000; Handbücher und Lexika: Sander 1997; Mickel 1999; Beer 1999; George/Prote 1996; Hafeneger 1997); letzter „aktueller Stand" BRD (alt): Rothe 1989). Insgesamt wird evident, dass die Politikdidaktik für den Berufsschulbereich und die Erwachsenenbildung (vgl. die Arbeiten von Hufer) immer noch erhebliche Defizite aufweist. Für die ebenfalls lange Zeit unterrepräsentierte gymnasiale Oberstufe liegen Arbeiten von Sutor (1971; 1984) und Reinhardt (1997) vor. Letztere fasst zusammen: „Insgesamt geht es in der Oberstufe (…) um die Ebene der Meta-Reflexion auf Verfahren und Ergebnisse der Systemanalysen und Beurteilungen. Die in der Sekundarstufe I benutzten Denk- und Untersuchungsweisen (Begriffe, Verfahren, Kriterien) werden stärker systematisiert und selbst zum Gegenstand von Analyse und Urteil. (…) Die Bedürfnisse von Menschen, ihre Handlungsweisen, die Regeln der Institutionen, die Strukturen von Teilsystemen und das begriffliche Reflektieren darauf sind permanente Bezugspunkte auch wissenschaftspropädeutisch akzentuierten Lernens. (Ebd. 53 f.)

Zum besseren Verständnis werden hier zwei für die politikdidaktischen Theorien bedeutsame Begriffserläuterungen angeführt: *Emanzipation* (s. Mündigkeit; Stein 1999; Hilligen 1973; Wellie 1991) – gesellschaftspolitisch einflussreicher Höhepunkt in den 1960/70er-Jahren – ist ein Sammelbegriff und hat es aufgrund seiner Herkunft aus dem Römischen Recht, der Aufklärung und der Französischen Revolution mit der Freilassung von Sklaven, der Freigabe der Frau, der Entlassung aus der Leibeigenschaft, der Mündigsprechung, der Gleichberechtigung, der Rechtsgleichheit, der Entlassung aus dem hierarchischen Gehorsam (Kirche), der Freilassung der Frau aus der väterlichen Gewalt, der Befähigung zu und Leistung von Selbst- und Mitbestimmung, insgesamt dem Durchlaufen des (evolutionären oder revolutionären) Weges von Abhängigkeiten zur Mündigkeit zu tun. Seine Akzentuierung richtet sich auf eine Gesellschaft, die auf Demokratie setzt, zu der u. a. strategisches Lernen und rational-kommunikatives, emanzipatorisches Handeln zur gesellschaftlichen Praxis gehören.

Danach bedeutet Emanzipation allgemein die Verringerung von Abhängigkeiten, unter denen Menschen zu leiden haben, und die Erweiterung von objektiven Chancen und subjektiven Fähigkeiten sowie der Bedürfnisbefriedigung. Politische Emanzipation ist auf die Herstellung von Freiräumen, auf die Mitsprache durch individuelle Urteils- und Handlungsfähigkeit, durch Selbstdenken und Selbsttätigkeit für die Menschen auf dem Boden bestehender Bindungen (Traditionen, Institutionen, Werten) gerichtet, d. h. das Autonomieprinzip darf in Verantwortung gegenüber der Gesellschaft nicht subjektivistisch überdehnt werden.

Emanzipation ist eine regulative und heuristische Idee, ein normativer politischer Begriff, der die Abschaffung nicht legitimierter, überflüssiger Herrschafts- und Autoritätsstrukturen beinhaltet und auf personale Autonomie abzielt.

Folglich kann Emanzipation nur in einem politisch-gesellschaftlichen Handlungszusammenhang gelernt und geübt werden (z. B. in Schule, Betrieb usw.), ausgehend von der Interessenlage der Betroffenen. Insbesondere sind die gesellschaftlichen Widersprüche und politischen Defizite zu analysieren, nicht legitimierte Autoritätsstrukturen aufzuzeigen, zukunftsweisende Modelle zu entwerfen, freiheitlichere Lebensformen denkerisch zu antizipieren, Ideologien zu dekouvrieren, ein demokratisches Bewusstseins-, Urteils- und Verhaltenspotenzial aufzubauen, Kompetenzen zu erwerben.

(Ausführlicher Katalog emanzipatorischer Lernziele bei Claußen 1975, 101 ff.) Das heißt, politische Bildung, die nicht affirmativ-systemstabilisierend sein will, muss sich in den Dienst der politischen Demokratisierung und der personalen Autonomisierung (bei sozialer Einbindung in die Gesellschaft) stellen. Damit wird ein – ständig zu problematisierendes – politisches und anthropologisches Postulat normiert. Es handelt sich um die Werte einer freiheitlichen und sozial-gerechten Demokratie. Sie beinhalten u. a. den Abbau irrationaler Herrschaft von Menschen über Menschen und die Ausweitung des Freiheitsraums des Individuums.

Mündigkeit, politisch verstanden als Pendant zu Emanzipation (Stein 1999), wurde von Hegel benannt als „der freie Wille, der den freien Willen will", von Rousseau, Kant, Humboldt, Schleiermacher u. a. als übergeordnete Norm postuliert, an der unterrichtspraktisches Handeln zu orientieren ist. Er impliziert personale Freiheit auf der qualifizierenden Grundlage von Kompetenz als sachbezogener Zuständigkeit, von Kenntnis als sachbezogener Informiertheit und von Verantwortung als sachbezogener Zurechnungsfähigkeit. Politische

Mitsprache und Mitbestimmung bedürfen der Rechtfertigung einer so formulierten Mündigkeit. Danach wird Kompetenz aktiviert durch das Recht auf Teilhabe (Partizipation; Klein/Schmalz-Bruns 1997), Kenntnis wird vermittelt durch Aufklärung (Information), und Verantwortung wird eingeschärft auf ethischer Grundlage und durch das Risiko von Kritik. Mit der so freigesetzten Selbstbestimmung ist kein Solipsismus oder unbegrenzter Individualismus gemeint, sondern das Eingebundensein in sozialer Verantwortung und Beteiligung (Partizipation) am Gemeinwesen (Behrmann 1974; BpB 1985; Bullmann 1995; Ebersold 1980; Klein/Schmalz-Bruns 1997). Über den Stand und die Aufgaben künftiger politikdidaktischer Forschung unterrichtet Grammes (1992).

4.4.6 ANHANG: POLITISCHE SOZIALISATION UND UNTERRICHT IN DER DDR

Hier folgen einige Hinweise auf die Sozialisation im autoritären, administrativ-bürokratischen DDR-System des „realen Sozialismus". Nach Schubarth (1992) bestand ein Patronatsverhältnis des Staates zu seinen Bürgern (Paternalismus). Es wurde ihnen alles vorgegeben nach den „objektiven Gesetzmäßigkeiten des Geschichtsprozesses", die den Glauben an die pädagogische Machbarkeit, an den Primat der pädagogischen Führung stärken sollten. Die Ziele bestanden u. a.

- im Erwerb und der Vertretung eines „festen Klassenstandpunkts"
- in der „treuen Ergebenheit gegenüber den Idealen des Sozialismus"
- im „unerschütterlichen Vertrauen in die SED"
- im „glühenden Patriotismus und Internationalismus"
- in der „Herausbildung allseitig entwickelter sozialistischer Persönlichkeiten"
- in der Gläubigkeit und blindem Vertrauen gegenüber Partei und Staat.

(Schubarth 1992, 21)

Im Geschichts- und Staatsbürgerkundeunterricht wurde der Versuch gemacht, die „gesetzmäßige Überlegenheit des Sozialismus über den Kapitalismus" zu beweisen.

Eine herausragende Rolle im Gefüge der politisch-ideologischen Erziehung in der DDR spielte der Staatsbürgerkundeunterricht (seit 1957/58; vorher Gegenwartskunde bzw. Ge-sellschaftskunde). Er wurde von der 7. bis 9. Klasse mit einer Wochenstunde und in der 10. und 12. Klasse mit zwei Wochenstunden ausschließlich als Vermittlungsagentur des dogmatischen Marxismus-Leninismus benutzt (Erziehungsdiktatur). Welche Methoden dabei verwendet wurden, ist für das Verständnis aufschlussreich. (Allgemeine und Fach-) Didaktik wurde in totalitären Staaten von der politischen Führung zentral bestimmt. Die Fragen nach dem Was, Wozu und Warum konkreten schulischen und außerschulischen Lernens wurden öffentlich nicht gestellt und konnten auch nicht Teil der Ausbildung der Lehrenden sein. Diese hatten sich dem Diktat der einheitlichen Lehrbücher, der amtlichen Verlautbarungen, der approbierten Exegese der kanonischen kommunistischen Schriften, der Parteitagsbeschlüsse, des Parteiprogramms, der Reden von politisch Verantwortlichen usw. unkritisch zu fügen. Für die geforderte Beachtung des Einheitslehrplans ist die folgende Äußerung eines DDR-Geschichtsdidaktikers charakteristisch: „Die Lehrpläne sind für die Lehrer das entscheidende verbindliche Führungsdokument für die Planung und Gestaltung ihres Unterrichts und zugleich ein grundlegender Maßstab für die erreichten Ergebnisse in der Entwicklung sozialistischer Persönlichkeiten." (Szalai 1976, 3 15)

Didaktische Kenntnisse seitens der Lehrenden, die all das hätten in Frage stellen müssen, waren angesichts der apodiktischen Vorschriften nicht notwendig bzw. nicht erwünscht. Deren praktisch-theoretische Vorbildung war neben den Fachwissenschaften auf einige wenige Unterrichtsmethoden konzentriert. Symptomatisch für das ideologische Einheitssystem war das Vorhandensein eines einzigen, von der Ostberliner Akademie der Pädagogischen Wissenschaften quasi-staatlich abgesegneten, von einem Autorenkollektiv unter Leitung des bekannten Leipziger Methodikers Wolfgang Feige erarbeiteten Methodikbuches von 1975 („Beiträge zur Methodik des Staatsbürgerkundeunterrichts", Berlin-Ost) (vgl. W. Feige u. a.: Grundlagen, Ziele und Inhalte des Fachs Gesellschaftskunde. Berlin-Ost 1990). Weiterhin war bezeichnend, dass neben der staatlich kontrollierten Fachzeitschrift „Geschichtsunterricht und Staatsbürgerkunde" nur wenige Arbeiten zur politischen Bildung bzw. zum staatsbürgerkundlichen Unterricht in der DDR erschienen sind, in denen außerdem fast jeder (selbst latente) Hinweis auf die westdeutsche Diskussion und Fachliteratur fehlte. Erklärlich wird der defizitäre, wissenschaftliche Rationalitätskriterien ignorierende Zustand aus der Zielperspektive der Entwicklung „sozialistischer Persönlichkeiten" und der grundsätzlichen Festlegung des politisch-gesellschaftlichen Systems auf den Marxismus.

So wird verständlich, dass in dem genannten Methodikbuch für die Unterrichtspraxis auf 324 Seiten neben der Betonung der Führungsfunktion des Lehrers (nicht etwa der Anleitung zur Selbstständigkeit des Schülers), den ausführlichen, gebetsmühlenhaften, auf ideologische Stromlinienförmigkeit zielenden Wiederholungen nur wenige, auf Systemstabilisierung gerichtete Methoden alternativlos-schematisch vorgestellt wurden. Aus dem Inhaltsverzeichnis werden einige Beispiele zitiert:

Methode wird verstanden als „Aneignungsprozess im Staatsbürgerkundeunterricht als dialektische Einheit von Erkenntnisgewinnung, Fähigkeitsentwicklung und Einstellungsbildung."

„Die Gewinnung von Erkenntnissen über gesetzmäßige Erscheinungen der Gesellschaft und zur Führung des Erkenntnisprozesses."

„Der Prozess der Entwicklung ideologischer Einstellungen."

Einzelmethoden:

„Die entwickelnde logisch-theoretische Darbietung." (des Marxismus – W. M.)

„Das kontrollierende Unterrichtsgespräch."

„Die Arbeit mit Schriften der Klassiker des Marxismus-Leninismus und Parteidokumenten."

In den 1980er-Jahren wurde versucht, mit neuen Methoden zu arbeiten unter der Voraussetzung, dass eine bestimmte (marxistisch-leninistische) Sprachebene nicht durchbrochen werde. So mangelte es bis zuletzt am methodischen, interpretatorischen und theoretischen Pluralismus.

Die Aufgabe der Staatsbürgerkunde-Didaktik in der DDR galt im Wesentlichen der praktischen Umsetzung zentraler ministerieller Vorgaben unter Heranziehung marxistischer Theoriekonstrukte und unter Berücksichtigung der systemischen Eingebundenheit in den damaligen Ostblock. Infolgedessen verstanden die zuständigen Wissenschaftler sich in erster Linie als „Methodiker". Dem Lehrer wurde kaum ein eigenständiger Interpretationsspielraum gelassen. Er sollte sich als „politischer Funktionär der Arbeiterklasse und ihrer Partei" verstehen (Drews 1981, 222).

Das vom Staat für alles und alle verbindlich festgelegte „Lehrplanwerk" (Neuner 1988) bestimmte die Inhalte und ihre Anordnung. Unterrichtsziel war die „allseits entwickelte sozialistische Persönlichkeit", ein Beitrag zur Gewinnung eines Klassenstandpunkts der Arbeiterklasse, der Aufbau und die Verteidigung des Sozialismus, der internationale Klassenkampf, die Anerkennung der führenden Rolle der Arbeiterklasse, die Liebe zum sozialistischen Vaterland, die Überzeugung vom gesetzmäßigen Untergang des Imperialismus, der sozialistische Patriotismus und proletarische Internationalismus, die Freundschaft mit der Sowjetunion („Von der Sowjetunion lernen, heißt siegen lernen"), die sozialistische Moral und klassenmäßige Bewertung, schließlich der Marxismus-Leninismus als allumfassende Ideologie. „Der Marxismus-Leninismus ist konsequent und offen parteilich." (Drews 1981, 76) Schulische Sozialisation war auf (angebliche) objektive Wahrheiten und auf den Erwerb „richtiger" Positionen ausgerichtet.

Der Unterricht wurde als dialektische Einheit von Erkenntnisgewinnung, Fähigkeitsentwicklung und Einstellungsbildung betrachtet (Feige 1975, 22; Drews 1981, 77). Wissenschaftlichkeit, Parteilichkeit und Lebensverbundenheit („Einheit von Schule und Leben") galten als so genannte „bildungspolitische Grundpositionen". Daraus wurden so genannte didaktische Prinzipien" [d. h. „allgemeine Grundsätze für die Führung und Gestaltung des Unterrichts durch die Lehrer", Drews 1981, 32], gleichsam metadidaktische Festlegungen, „die andere didaktische oder methodische Operatoren wichten, begründen oder prüfen. Sie bestimmen ein didaktisches Handlungsverhalten, das auf das Verwirklichen der Bildungs- und Erziehungsziele gerichtet ist (normative Komponente, die wesentliche Interessen der Arbeiterklasse widerspiegelt)" (Drews 1981, 20 f.).

Die Einstiegsphase des Unterrichts war in drei Teile methodisch gegliedert:
Bewusstmachen
- des Ziels der Tätigkeit der Schüler
- der Probleme und Aufgaben des Unterrichts
- des Lösungsweges.

Ebenso wurden vom Lehrplanwerk (zuletzt 1985) der zeitliche Rahmen, die Lernkontrollen, die Beispiele, die wissenschaftliche Herleitung und die „Führungs"rolle des Lehrers festgelegt und in den zugehörigen Lehrbüchern „Staatsbürgerkunde" (letzte Auflagen aus den 1980er-Jahren) samt den für den Lehrer bestimmten „Unterrichtshilfen" bis in die Details der Stundengestaltung und Fragestellung auf vulgärmarxistischer Grundlage, „die konzentrische Anlage des Stoffes zur Rolle der Arbeiterklasse und ihrer marxistisch-leninistischen Partei sowie zur Politik der Partei und zum Kampf der Arbeiterklasse gegen den Imperialismus und zur Gestaltung des Sozialismus und Kommunismus" (Feige 1975, 27) in gleichförmigen ideologischen, spiralförmigen Wiederholungen von Klasse zu Klasse sowie in deskriptiver Form und antagonistischer Frontstellung (Erziehung zum „Hass") gegen den westlichen Imperialismus (gesellschaftliches Denkmodell: Freund - Feind) sowie bei fast völligem Verzicht auf westliche Quellen ausgearbeitet. Damit und infolge der (angeblichen) gesetzmäßigen Erscheinungen der Gesellschaft war ein reproduktiver, katechetisch-dogmatischer Unterricht programmiert.

Dem Lehrer war zusammen mit den Schülern eine „Prozessgestaltung des Unterrichts" zugedacht. Dabei kamen als methodische Formen in Frage:
- Die „Darbietende Unterrichtsmethode (…)" (lehrerzentriert)
- Die „Aufgebende Unterrichtsmethode (…)" („selbstständige Schülerarbeit")

- Die „Erarbeitende Unterrichtsmethode (…)" (Feige 1975, 146 f.)

Bei der „Bestimmung des erkenntnistheoretisch-logischen Weges zur Gewinnung der geplanten (sic!-W.M.) Unterrichtsergebnisse" werden folgende Methoden präferiert:
- „• logische Methoden der Darbietung bzw. Erarbeitung von Erkenntnissen;
- historische Methoden der Darbietung und Erarbeitung von Erkenntnissen,
- Methoden des Beweisens gesellschaftswissenschaftlicher Erkenntnisse,
- Methoden der Ableitung von Schlussfolgerungen,
- Methoden der Analyse gesellschaftlicher Sachverhalte;
- Analytisch-synthetische Methode,
- Methode des Vergleichs,
- deduktive und induktive Methode,
- Methode der Analogie;
- Problemmethode u.a." (Ebd. 148)

Die Unterrichtsmethode wurde durch die dialektische Einheit von Lehr- und Lernmethoden bestimmt. Sie „beruht auf Bestandteilen verschiedener Theorien und damit letztlich auf objektiven Gesetzmäßigkeiten verschiedener Bereiche der Wirklichkeit" (Feige 1975, 135). Die Tätigkeit des Lehrers bestand in den Methoden der „Vermittlung" bzw. „Darstellung", unterschieden von derjenigen der „Aneignung" durch die Schüler.

Die Frage nach der Begründung lautete: Welche Konsequenzen ergeben sich aus der allgemeinen (marxistisch-leninistischen) Erkenntnistheorie für die unterrichtsmethodische Theoriebildung und das Handeln? Als zentrales Element galt die Widerspiegelungstheorie, wonach die objektive Realität sich im Bewusstsein des tätigen Individuums wiederfindet (Klingberg 1975).

Die Methodik hatte für die Entwicklung immer effizienterer Steuerungsinstrumente des Lehr- und Lernprozesses zu sorgen. Das methodische Vorgehen war zweigeteilt: in
a) allgemeine Methoden, eine „Menge von Regeln" mit Aufforderungscharakter, zu Operationen ihrer Befolgung,
b) zielorientierende (methodische) Prinzipien, die dazu auffordern, allgemeine Zielstellungen und Zusammenhänge zu beachten, aber nur mit orientierender (nicht transformierender) Funktion.

Nach Terhart (1983) bildete das Dreiecksverhältnis von methodischen Regeln, methodischen Prinzipien und methodischem Vorgehen insgesamt den Gegenstandsbereich der Methodologie, die als „Theorie des methodischen Vorgehens" bezeichnet wurde.

Danach galt eine methodische Regel als korrekt, wenn sie auf einer bewiesenen Gesetzesaussage basierte. Diese wiederum drückte nach sozialistischer Auffassung den objektiven gesetzmäßigen Zusammenhang zwischen Ist-Zustand und angestrebtem Soll-Zustand aus. Die Ausgangsbedingungen des Lernenden müssen bei der Methodenwahl berücksichtigt werden. Dadurch werde die Methode nicht im Sinne des Neopositivismus auf eine rein logisch-methodologische Problematik reduziert.

Die Grundfrage der sozialistischen Unterrichtstheorie bestand nach Terhart (1983) darin, ob Erkenntnis- und Unterrichtsprozess identisch sind. Es bestehe eine „dialektische Vermittlung" zwischen beiden; die Autoren wollten sich nicht eindeutig festlegen. Im Vordergrund des Unterrichts stand nicht die Erforschung der „objektiven Wirklichkeit", sondern die „Vermittlung des durch die gesellschaftliche Praxis bereits als wahr bestätigten Wissens an die Schüler" (ebd. 124). Darin zeigt sich ein vom Westen fundamental verschiedenes Verständnis von Unterricht sowie die Führungsrolle (Leitungsfunktion) des Lehrers an. Als Grundsatz galt: „Der (vorgebene – W. M.) Inhalt bestimmt die Methode." Mit dem Inhalt war das Bildungsgut der sozialistischen Schule gemeint, nicht ein frei zu wählender Stoff/ Thema, der nur über Vermittlung und Aneignung bildungs- und erziehungswirksam wird.

Methode wurde als eine ideologische Größe verstanden – andernfalls würde sie im Ergebnis gleich sein mit den (damaligen) bürgerlichen Konvergenztheorien –, nicht als ein wertneutrales Instrument zum Erreichen fixierter Ziele. Es wurde eine einheitliche Erkenntnistheorie unterstellt, auf deren Basis alle beteiligten Disziplinen arbeiten könnten. Sie konnte demnach auch auf die Unterrichtspraxis umgesetzt werden, da diese wie die sie umgreifende gesellschaftliche Praxis insgesamt nach den Prinzipien des Marxismus-Leninismus organisiert war. Die praktische Umsetzung der Grundlagenforschung geschah allerdings mit widersprüchlichen Handlungsempfehlungen (z. B. „Einheit von induktivem und deduktivem Vorgehen", „Selbstständigkeit der Schüler bei Leitungstätigkeit des Lehrers"). Schließlich resultiert die „Notwendigkeit, den Staatsbürgerkundeunterricht zu planen" aus „dem Wesen des Unterrichts (…), dass sich der Schüler unter der Führung des Lehrers zielgerichtet und systematisch marxistisch-leninistische Grundkenntnisse aneignet, kontinuierlich die Fähigkeit ihres selbstständigen Erwerbs und ihrer Anwendung entwickelt und dabei seinen Klassenstandpunkt festigt" (Feige 1975, 286).

Nach der Wende (Biskupek 2002) ist der Referenzrahmen politischer Bildung anders geworden (Wallraven 2002). Obwohl der Staatssozialismus implodiert ist, ist es mit der bloßen Übernahme westlicher Standards nicht getan (Claußen 1995). Vielmehr müssen ideologische Altlasten beseitigt werden. Es geht um die Aufarbeitung der NS- und DDR-Vergangenheit, um die Übernahme von Werten einer offenen, zivilen Gesellschaft wie Autonomie, Individualität, Emanzipation, Selbstständigkeit, Pluralisierung, Modernisierung, Multikulturalität, (kritisches) Vertrauen in Institutionen und den Staat, Rechtsstaatlichkeit, Dialog- und Kritikbereitschaft im Unterricht, Offenheit der Problemlösungen (Alternativen, Optionen), Konfliktbereitschaft, Abbau der Leitungsfunktion der Lehrer im Unterricht, demokratische Herrschaftsausübung, Sensibilisierung für Systemkritik, Handlungsorientierung usw. (Themenheft PoBi 1992).

4.5 Kategorien und Schlüsselbegriffe als aufschließende Instrumente sowie Schlüsselqualifikationen

4.5.1 Kategorien – Grundlagen didaktisch-methodischer Erschließung und Strukturierung

Kategorien gehören zum didaktischen und methodischen Instrumentarium. Sie sind Systembegriffe, die eine komplexe Vielfalt von Erscheinungen ordnen (heilen), und sollen ein irrationales Herangehen verhindern. Sie sollen das Allgemeine im Besonderen aufleuchten lassen. Als Systemkategorien liefern sie das fachwissenschaftliche Klassifikationsfeld, als didaktische Kategorien besorgen sie die Auswahl des Lehrnotwendigen und die Begründung der kategorialen Entscheidungsfragen. Das erhebt sie über die Vergänglichkeit der Tagesaktualität. Ihre praktische Verwendung durch Lernende ist in Folge ihres hohen Abstraktionsgrades schwierig. Deshalb ist ein gezielter Umgang mit ihnen erforderlich (Lach 1999).

Von Henkenborg (1998, 193) werden sie als

- randständig (geringe Bedeutung für den Unterricht)
- flüchtig (nur gelegentliche Benutzung)
- unstrukturiert (voluntaristische, zufällige und partikulare Anwendung)
- konservativ (die Lehrenden verlieren leicht den Anschluss an die Weiterentwicklung der Gesellschaft, der Gesellschaftstheorien und der politischen Theorien, sodass ihre Kategorien veralten) kritisiert. Dazu ist anzufügen, dass insbesondere ihr Willkürcharakter, d.h. ihre Festlegung und Hierarchisierung nach subjektiver Auffassung des jeweiligen Autors (Didaktikers), ihre Praktikabilität und Überzeugungskraft stark reduziert.

Andererseits sind ihre didaktischen Funktionen evident. Sie beruhen nach Dauenhauer (1997, 20) auf

- Reduktionsfunktion (Offenlegung inhaltlicher Strukturen)
- Erklärungsfunktion (Erleichterung des Verstehens)
- Transferfunktion (Übertragungsmöglichkeit auf andere Situationen)
- Halterungsfunktion (gewisse zeitliche Dauerhaftigkeit)
- Sortier- und Behaltensfunktion (Lernhilfen, Erkennen bekannter Strukturen in neuen Stoffen).

Umgangssprachlich verkörpern sie das Wesentliche, Prinzipielle und Strukturelle, das Typische und Verallgemeinerbare, sie bezeichnen die Klasse, Sorte, Art. Philosophisch sind sie die Bezeichnung für die allgemeine und grundlegende Seins- und Aussageweise bzw. für die allgemeinste und grundlegendste Denk-/Begriffsform. Nach

- Kant sind sie ein für allemal (a priori) vorgegebene Verstandesschemata
- Nicolai Hartmann sind sie historisch gewordene Denkschemata
- Aristoteles sind sie die obersten Genera aller Begriffe
- dem Neopositivismus sind sie bloße Konventionen, sprachlich vorgegebene Ausdrucksformen.

Ihre Verwendung ist konstitutiv für jede Wissenschaft. Sie klassifizieren Gegenstände, Themen, Unterlagen, Prozesse und Phänomene nach gemeinsamen Merkmalen. Es kommt also darauf an, wie sie von der jeweiligen Methodologie in ihrer normativen (was sein soll [z.B. Freiheit, Gerechtigkeit, Frieden u.dgl.] und/oder ihrer analytischen Funktion (wie etwas ist, z.B. Konflikt, Macht, Herrschaft, System) sowie in ihrem Stellenwert eingeschätzt werden.

Bei Aristoteles, dem Begründer der Kategorienlehre, stellen die zehn Kategorien (Substanz, Quantität, Qualität, Relation, Ort, Zeit, Lage, Haben, Tun, Leiden) die Aussageweise und die Seinsweise von Gegenständen, das Aussageschema und den Aussagetypus dar. Und da es verschiedene Weisen des Seins gibt, gibt es verschiedene Kategorien. Sie gelten als die Grundbegriffe, in denen die Philosophie ihre Grundsatzfragen an das Sein der Dinge stellt. Vernunft bzw. Sprache und Sein entsprechen sich- Kategorien sind daher bei Aristoteles Formen des Wirklichen in der Sprache.

Nach Kant bedarf man zur denkenden Erfassung der Welt bestimmter Ordnungsprinzipien, die sowohl der Struktur des menschlichen Denkens wie der Beschaffenheit der Wirklichkeit, auf die sich das Denken richtet, Genüge tun sollen.

Kategorien erfassen das Ding als Erscheinung für uns (nicht an sich). Kategorien sind folglich Strukturmomente des Erfahrungsgegenstandes, der erst durch unseren fragenden Verstand konstituiert wird. Kant hielt Kategorien für angeborene Merkmale des menschlichen Bewusstseins, für Verstandesbegriffe a priori, für Bedingungen der Möglichkeit von Erfahrung, also Denk- und Verstandesformen, Voraussetzungen von Erkenntnis.

Didaktische Kategorien müssen grundlegende und grundsätzliche Begriffe und Fragen als Strukturprinzipien verwenden, die es erlauben, möglichst viele Variablen durch Subsumtion auf den (gemeinsamen) Begriff zu bringen. Formale Kategorien – im politischen Raum z. B. Macht, Recht, Interesse, Gemeinwohl, Konsens, Konflikt, Kompromiss, Beteiligung, Freiheit, Solidarität, Ideologie, Legitimität, Entscheidung, Verantwortung, Mitbestimmung, Geschichte, Struktur usw. – reduzieren Komplexität und Diffusität. Sie unterscheiden sich von sachlogischen Kategorien, Funktionsbegriffen, die das nötige Begriffsinstrumentarium zur Verfügung stellen. Die Allgemeine Didaktik bemüht sich um zentrale Kategorien wie das Modell, das Exemplarische, das Repräsentative, das Elementare (einfache, anschauliche, verständliche Sachverhalte) und das Fundamentale (grundlegende Ordnungen, Überzeugungen, Normen, und zwar in beispielhafter Weise wie das Elementare). Kategorien ermöglichen Forschen und Lernen (Bruner 1970; 1974). Maßstab für ihre Auffindung und Verwendung ist die Wissenschaft. Kategorien sind also denkerische Fundamentalmodi und werden von „Begriffen" unterschieden. Sie helfen als strukturierende Ordnungsparameter dem Unterricht bzw. dem Denken und Entscheiden durch Reduzieren von Komplexität. Die Kategorien sind die allgemeinen Modi des In-Beziehung-Setzens von Gegenständen. Sie definieren keine Gegenstände (wie die Begriffe), sondern beschreiben Beziehung(en) zwischen Gegenständen (z. B. Raum, Zeit, Kausalität, Substanz, Quantität, Qualität).

Kategorien entziehen sich der endgültigen Fixierung. Abgesehen von ihrer sich ständig ändernden, zeitbedingten Semantik gibt es für sie kein verbindliches Ableitungsschema (z. B. von politischen oder historischen usw. Ereignissen). Daher wirken Kategorienschemata oft diffus, subjektiv, an der Vorstellung vom jeweiligen Gegenstand/Problem orientiert. Die Zusammenstellung der Kategorien entbehrt einer geschlossenen Systematik. Sie ist lediglich ein heuristisches Instrumentarium, das zu Ergänzungen u. dgl. auffordert. Sie sind unentbehrliche Schlüsselbegriffe für politisches Verständnis, Einsichten und Rationalität. Manche Autoren plädieren deshalb für „kategoriale Bildung" (Klafki, Sutor).

Der instrumentell-analytische Charakter von Kategorien politischer Bildung wird bei einem Beispiel von Sutor (1971; 1984) deutlich. Er verwendet sie für die Phasenstruktur einer Problemanalyse:

1. Vorphase: Einstieg und Planungsgespräch
   Kategorien: Problem/Konflikt; Betroffenheit; Meinung,
2. Erste Hauptphase: Situationsanalyse: Was ist?
   Kategorien: Information; Interessen/Beteiligte; Interpretation/Ideologie, Geschichtlichkeit/Strukturen.
3. Zweite Hauptphase: Möglichkeitserörterung: Was ist politisch möglich?
   Kategorien: Macht/Organisation; Recht/Verfahrensregel/Institutionen; Beteiligung/Mitbestimmung; Koalition/Kompromiss/Zielkonflikte; Durchsetzung/ Entscheidung.
   (Zwischenschritte in den Hauptphasen möglich: systematische Information, erneutes Planungsgespräch, Zwischenzusammenfassung)
4. Dritte Hauptphase: Urteilsbildung/Entscheidungsdiskussion: Was soll geschehen?
   Kategorien: Menschenwürde (Freiheit, Gerechtigkeit, Friede); Zumutbarkeit/Grundkonsens; Legitimität/Gemeinwohl; Wirksamkeit/Folgen/Verantwortbarkeit.
5. Anschlussphasen: Transfer und Kontrolle; Metakommunikation.

4.5.2 Schlüsselqualifikationen als gesellschaftliche Essentiale

Die wenig eindeutige Festlegung von „Kategorien" lässt den aus der Arbeitswelt und Berufs-forschung stammenden Begriff der „Schlüsselqualifikation" in ihre Nähe rücken und be-inhaltet die Abwendung von berufsfachlicher Spezialisierung zugunsten eines durch all-gemeine Schlüsselbegriffe festzulegenden und aufzuschließenden Berufsfeldes. Er ist diffuser und weniger abstrakt als jene. Die politische Sicht der Schlüsselqualifikationen muss nach Weinbrenner (1991a) von der Betrachtungsperspektive der subjektiven Interessen, Er-fahrungen und Bedürfnisse des arbeitenden Menschen ausgehen.

Dies erfolgt u. a. durch ein handlungsorientiertes Lernen und durch die permanente Ver-änderung der Tätigkeits-, Anforderungs- und Marktstrukturen. Dazu gehören – von Jung (1991, 92) übernommen – zehn (recht allgemeine und keineswegs politik- oder gesell-schaftsspezifische) „Prinzipien und Elemente einer zukunftsorientierten, arbeits- und berufsbezogenen Politischen Didaktik":

- „Arbeits- und Berufsorientierung,
- Politische Durchdringung des Fachunterrichts,
- Problem- und Politikfeldorientierung,
- Qualifikations- und Zielorientierung,
- Situationsorientierung,
- Zielgruppenorientierung,
- Wert- und Normorientierung,
- Ganzheitlichkeit,
- Zukunftsorientierung und
- Historizität."

Weinbrenner (1991b, 6) ist vorrangig an „gesellschaftlich-politischen Rationalitäts-kriterien der ‚Sozialverträglichkeit' und ‚Umweltverträglichkeit' von Arbeit und Technik oder kurz gesagt: einer auf das Überleben und das Wohlergehen (= Anlehnung an die auf Aristoteles zurückgehenden Optionen von Hilligen – W. M.) von Mensch und Natur bezogenen Gesamtrationalität orientiert", nicht ausschließlich an „ökonomisch-technischen Effizienzkriterien der Rentabilität und Produktivität" (ebd.). In der Literatur werden so ge-nannte Schlüsselqualifikationen meist ohne konkludente Begründung rein pragmatisch ex tempore aufgezählt, z. B.:

a) Personale Schlüsselqualifikationen: Identifikation, Informationsfähigkeit (z. B. Beschaf-fung von Informationen im Internet, Umgang mit dem PC [z. B. Wahlanalysen], Flexibilität, Team-, Entscheidungs-, Durchsetzungs-, Führungs-, Kompromiss-, Konflikt-fähigkeit, Toleranz, problemanalytische Fähigkeiten, Kooperations-, Kommunikations-, Urteilsfähigkeit, problemlösendes Denken, (soziale) Verantwortung, Kreativität, Diskus-sions- und Argumentationsvermögen, vernetztes sowie regionales und globales Denken, rationales Verhalten und Handeln, Selbststeuerung, Denken in funktionalen Zusammen-hängen und in Prozessabläufen, Partizipationsfähigkeit, Interkulturelle Kompetenz u. dgl.

b) Demokratische Schlüsselqualifikationen: freies Argumentieren, Gesprächsführung, Kon-fliktfähigkeit, Szenariotechnik, Projekte, Spiele, Werkstätten, Medien-, Sprachkompetenz, Fach-, Sozial und Lernkompetenz u. dgl.

Die – interdisziplinär anzueignenden – Schlüsselqualifikationen können nicht gelehrt und nicht im direkten Zugriff gelernt werden, sondern müssen in konkreten Handlungs-situationen (z. B. in aktuellen Problemlagen und Konflikten) erworben und eingeübt werden, ohne dass man sich des Erfolges sicher sein könnte. Nach Solzbacher (1994, 396) umfassen sie

- auf der intellektuellen Ebene: Spontaneität, Flexibilität, Mobilität, Problemlösekompetenz,
- auf der sozialen Ebene: Teamgeist, Rücksichtnahme und Durchsetzungsvermögen,
- auf der personalen Ebene: Frustrations- und Ambiguitätstoleranz als Grundsteine der so wichtigen „Ich-Identität."

Schlüsselqualifikationen – seit Beginn der 1970er-Jahre aufgrund der Arbeit von Mertens (1974) aus dem Bereich der Arbeitswissenschaft in die Lernzieldiskussion der nordrheinwestfälischen Politiklehrpläne als Ablösung der seitherigen Inhalts- und Stofforientierung übernommen – korrespondieren mit Schlüsselproblemen auf allen Gebieten. Eine – immer unvollständige – Auflistung von Qualifikationen stellt zusammen: Erkundungs-, Handlungs- und Konfliktfähigkeit, Kreativität, Toleranz, Entschlusskraft, Mündigkeit, vernetztes Denken. Für einzelne Bereiche werden je spezifische Schlüsselqualifikationen und mit je unterschiedlicher Gewichtung gewünscht.

Diese diffuse Zusammenstellung unterscheidet nicht zwischen Qualifikationen und (Schlüssel-)Problemen. Die ersteren haben in den Richtlinien Politik (NRW) seit den 1970er-Jahren eine herausragende Rolle gespielt. Sie werden jedoch als normative Inhalts- und Zielvorgaben zunehmend infrage gestellt zugunsten von Schlüsselproblemen in so enannten. Rahmenvorgaben und unter Angabe von verbindlichen Problembereichen. Ferner erfolgt inzwischen eine stärkere Betonung von Methodenvielfalt und -kompetenz sowie der Neuen Medien. All dies soll drei Kompetenzbereiche öffnen: die politische Urteilskompetenz, die politische Handlungskompetenz und die methodischen Kompetenzen.

Beer (1998, 224 f.) reklamiert ein interessantes Spektrum von Schlüsselqualifikationen für die Erwachsenenbildung „zur Bewältigung der individuellen Umbrüche und Herausforderungen ebenso wie zur Verteidigung und Gestaltung einer demokratischen Kultur unter dem Druck innergesellschaftlicher Ausdifferenzierung und sozialer Konflikte in Verbindung mit globalen Bedrohungssyndromen" (ebd. 224). Er nennt acht solcher Qualifikationen:

„1. Die Fähigkeit zum konstruktiven Umgang mit Unsicherheiten, Paradoxien und Ungleichzeitigkeiten (…).

2. Die Flexibilität, sich auf neue Situationen einzustellen (…). Dies nicht verstanden als affirmative Anpassung, sondern als aktive Gestaltung auf der Basis eigener Interessen und Wertekontexte.

3. Die Fähigkeit zum Kontextwechsel, das heißt, in anderen als der eigenen Milieukultur zu agieren, ohne die eigene Identität aufzugeben oder die der ‚anderen' zu verletzen.

4. Dialogische Aufmerksamkeit und Konfliktfähigkeit im Sinne des Aushandelns pragmatischer Rahmenbedingungen und Minimalkonsense zur Bewahrung des (innergesellschaftlichen) Friedens.

5. Die Empathie, sich in andere Menschen, Situationen und Betroffenheiten hineinzuversetzen (…).

6. Die Fähigkeit, unterschiedliche Reichweiten zwischen globalen und lokal-regionalen Kontexten aufeinander zu beziehen und die daraus resultierende Spannung auszuhalten.

7. Die Fähigkeit zu interdisziplinärem Denken, Kommunizieren und Handeln (…).

8. Die Fähigkeit, Verantwortung für zukünftige Generationen mit zu übernehmen (…)."
(Ebd. 224 f.

4.6 Zur Funktion von Konflikt/Mediation/Differenz/Konsens

4.6.1 Konflikte und emanzipatorisches Bildungsinteresse

Alle Menschen machen im Verlaufe ihrer Sozialisation Konflikt- und Kompromisserfahrungen. Konflikte *(Dissense)* entstehen aus Interessengegensätzen, Widersprüchen, Auseinandersetzungen usw. Sie sind die Regel im gesellschaftlichen und politischen Alltag und lassen Neues entstehen. Ihr Ziel ist (meistens) der Kompromiss, der Ausgleich („Versöhnung ist mitten im Streit." Hölderlin, Hyperion).

Das emanzipatorische Bildungsinteresse favorisiert die Erziehung zur Konfliktfähigkeit in der Form von Konfliktbewusstsein, -bereitschaft und -bewältigung. Es gibt zwar mehrere Theorien, aber keine mit hinreichend abgesicherten und brauchbaren Aussagen (Strategien) über Konflikte und deren Lösung/Regelung in der komplexen gesellschaftlichen Wirklichkeit (z. B. Rassismus, Radikalismus, Extremismus, Neonazismus, Anarchismus). Andererseits sollen im Lernfeld Politik alltagsweltliche Konfliktsituationen, Fälle aus Kindergarten, Schule, Peer-group, Familie, Verein usw. thematisiert werden, um dabei ein Repertoire für positive, friedliche Subjekt-Umwelt-Beziehungen aufzubauen. „Konfliktsituationen sind relativ offene, unstrukturierte Handlungsfelder, die erst in der Interaktion der Konfliktparteien ihre jeweilige Definition finden." (Eckert(Willems 1992, 52) Zu ihrer Lösung bedarf es der Kooperations-, Konkurrenz- oder Machtstrategien. Man unterscheidet zwischen Interessen-, Ordnungs- und Wertkonflikten.

Außerdem können Konflikte unterteilt werden in
a) intrapersonelle Konflikte (als Rollenkonflikte)
b) subjektive Konflikte (individuelle Konflikte)
c) Konflikte zwischen zwei oder mehr Subjekten (innerhalb einer Gruppe)
d) Konflikte zwischen einem Subjekt und einer Gruppe
e) Konflikte zwischen Gruppen
f) Konflikte zwischen Gruppen und „Gesellschaft"
g) Internationale Konflikte (Dedering 1981).
Die Lösungen beruhen auf bestimmten Prinzipien der Aushandlung.

4.6.2 Über die Funktion von Konflikten und ihre Theorien

Der Lernende soll Konfliktsituationen erkennen, analysieren und Lösungen vorschlagen, Auseinandersetzungen auf rationalem und diskursivem Wege (in „herrschaftsfreier Kommunikation", Habermas) führen lernen, und zwar verbalargumentativ sowie durch Rollenspiele. So soll kommunikative und technische Handlungskompetenz erreicht werden (Dedering 1981).

Ein Konflikt kann als Motivation für Lernen dienen. Er weckt Neugier, Identifikation Zustimmung, Ablehnung, Empörung usw. Der Begriff leitet sich philosophisch aus der dialektischen Theorie des Widerspruchs her.

Wenn Handelnde in einer sozialen Interaktion die Differenzen ihrer Problemlösungsaktivitäten zum Thema machen, entsteht ein sozialer Konflikt (Krysmanski 1971, 31). Das funktionalistisch-liberale Interesse am Konfliktbegriff (Coser 1972; Dahrendorf 1986) – im Gegensatz zum marxistisch-antagonistischen Konfliktbegriff, wonach Konflikte im

Kapitalismus irreversibel sind, solange der Grundwiderspruch zwischen Kapital und Arbeit andauert, d. h. die kapitalistische Gesellschaftsform nicht in eine sozialistische transzendiert worden ist – besteht u. a. in seiner Regelbarkeit durch Verhandlung, Vermittlung, Schlichtung usw. (s. u). Im größeren Rahmen, wo Herrschaft (vgl. Max Weber) im Spiel ist, ist die Möglichkeit zu Konflikten auf allen politischen und gesellschaftlichen Ebenen gegeben, „solange sich gesamtgesellschaftlich eine Differenz zwischen ‚Adäquanzstruktur' und ‚Äquivalenzstruktur' feststellen lässt" (Krysmanski 1971, 33). Wichtigster struktureller Konflikt – als Erweiterung des soziologischen Konfliktbegriffs – ist demnach der Herrschaftskonflikt, bei dem die Kontrahenten um die Veränderung des Status quo streiten.

Nach Simmels zentraler These (im Gegensatz zu F. Tönnies) ist Konflikt eine Form der Sozialisation und wesentliches Element für Gruppenbildung und -leben: Gruppen verlangen Harmonie und Disharmonie, Auflösung und Vereinigung. Das heißt Konflikt und Kooperation haben soziale Funktionen.

Coser (1972, 8) versteht sozialen Konflikt „als einen Kampf um Werte und um Anrecht auf mangelnden Status, auf Macht und Mittel, einen Kampf, in dem einander zuwiderlaufende Interessen notwendig einander entweder neutralisieren oder verletzen oder ganz ausschalten". Das heißt der Konflikt wirkt funktional und dysfunktional, integrierend und desintegrierend. „Echte" Konflikte sind systemnotwendig. Coser unterscheidet

a) echte Konflikte: Sie werden auf ihre „Sachrationalität" hin definiert. Sie entstehen, wenn Menschen während der Verfolgung ihrer Handlungsziele und der Durchsetzung ihrer Forderungen aneinander geraten. Das Merkmal der Echtheit wird an der Realisierbarkeit gemessen;

b) unechte Konflikte: Hier handelt es sich um für irrational gehaltene Wünsche und Forderungen, um emotionale Reaktionen. Sie sind systemschädigend.

Dahrendorf geht davon aus, dass Konflikte allgegenwärtig (ubiquitär) und ein konstitutives Moment der Gesellschaft sind. Unter Konflikten versteht er (1956, 125) „alle strukturell erzeugten Gegensatzbeziehungen von Normen und Erwartungen, Institutionen und Gruppen", die in latenter oder manifester Form auftreten können. In seinem viel zitierten Buch „Homo sociologicus" (1958) hat er eine Kunstfigur kreiert. Der Mensch wird darin ausschließlich als Rollenträger gezeichnet und sein innerer Bereich ausgeblendet (vgl. Kant: Der Mensch ist „Zweck an sich" und folglich autonom). Deshalb ist Rollendistanz erforderlich. (Dualität von Öffentlichkeit und Privatheit).

Dahrendorf (1986, 272) präzisiert: „Immer aber liegt in sozialen Konflikten eine hervorragende schöpferische Kraft von Gesellschaften. Gerade weil sie über je bestehende Zustände hinausweisen, sind Konflikte ein Lebenselement der Gesellschaft – wie möglicherweise Konflikt überhaupt ein Element allen Lebens ist." Daher wandte Dahrendorf sich gegen Parsons' strukturell-funktionalen Theorieansatz, weil Parsons den sozialen Wandel nicht erklären kann, wenn er Konflikt als Störfaktor behandelt. Und an anderer Stelle führt Dahrendorf (1969, 1008) aus: „Der Analyse aller Konfliktformen sind gewisse theoretische Perspektiven gemeinsam. Dazu gehört (1.) die Annahme, dass sozialer Konflikt als solcher unvermeidlich ist, es also nicht darum geht, Konfliktsituationen von konfliktfreien Situationen zu unterscheiden, sondern die Bedingungen variierender Ausdrucksformen zu untersuchen. Das heißt (2.) dass die Aufgabe der Bewältigung von sozialen Konflikten nicht in deren ‚Lösung', sondern in deren Regelung zu suchen ist, also darin, Konflikte in kontrollierbare Bahnen zu lenken."

Rapoport ist nach seiner Hauptthese darum bemüht, menschliche Konflikte von der Ebene der Kämpfe und Spiele auf die Ebene der Debatten zu heben. Im von affektgeladenen Komponenten beherrschten Kampf soll der Gegner geschädigt, im von rationalen Regeln geleiteten Spiel dagegen soll er überzeugt werden, ebenso in der ideologisch geführten Debatte (1976, 30f.). Eine allgemeine Konflikttheorie lässt sich nach Rapoport nicht aufstellen, weil „Konflikt" Sache der Interpretation ist; denn „Die Natur der symbolischen Umwelt ist so beschaffen, dass sie in großem Maße davon abhängt was Menschen über sie sagen oder denken." (Rapoport o. J., 7) Ein System muss sich nach Rapoport im Gleichgewicht (Homöostase) befinden. Systeme gehören (d.h. sind aggregiert durch) unterschiedlichen Ordnungen von Komplexität und Organisation an. Deshalb muss zwischen Systemtypen und verschiedenen Bedeutungen von „Konflikt" unterschieden werden, um ihre Interaktionen beschreiben zu können, wobei auch die Umwelten der Systeme zu berücksichtigen sind.

Konflikte und die dabei verwendeten Kategorien richten sich (Rapoport o. J., 215ff.) nach der Art der beteiligten Systeme:

a) Symmetrischer Konflikt: Die Teilnehmer verkörpern annähernd ähnliche Systeme (z.B. Mann – Frau, zwei vergleichbare Nationen).

b) Asymmetrischer Konflikt: Zwei verschiedene Systeme stehen gegeneinander (Beispiel: Revolution, Revolte).

c) Endogener asymmetrischer Konflikt: Beispiel: politische Opposition oder rassische, religiöse, klassenkämpferische, ethnische Konflikte.

d) Exogener asymmetrischer Konflikt: Beispiel: koloniale Unterwerfung.

e) Sachbezogener Konflikt: Er ist gelöst, wenn die Streitfrage erledigt ist (europäische Kriege im 18. Jh., symmetrische Konflikte).

f) Strukturbezogener Konflikt: Er ist gelöst, wenn das System oder Subsystem sich verändert (z.B. Revolution).

Der Konflikt darf bei der Erklärung der Gesellschaft nicht verabsolutiert werden und muss in Komplementarität zum Begriff der Integration gesetzt werden. Auch eine fortschrittliche Gesellschaft bedarf der sozialen und politischen Stabilität. Ebenso ist der Konflikt Ausfluss menschlicher Freiheit, er ist nicht desintegrativ; aber er verlangt eine Legitimierung durch Konsens (die „Regeln" sind für demokratische Konfliktaustragung charakteristisch) und Kooperation. Der Konflikt darf nicht auf Kosten der Einheit der Gesellschaft gehen, es sei denn, man wolle sie transzendieren. Dagegen ist es wichtig, das Verhältnis von Eigennutz und Gemeinwohl, von individuellen und kollektiven Ansprüchen oder das Ost-West-Verhältnis in Deutschland immer wieder erneut zu diskutieren. Ein (vordergründiger) consensus omnium ist nur (vermeintlich) in totalitären Gesellschaften zu erreichen. Ansonsten werden Konfliktformationen als gesellschaftlich produktiv verstanden.

Eine Typisierung von Konflikttheorien kann wie folgt aussehen:

a) konservativ: Akzentuierung von Konsens in der Gesellschaft; Konflikt als Symptom sozialer „Krankheit" abgelehnt (harmonistische Gesellschaft);

b) liberal: Durch Tabuierung und Unterdrückung von Konflikten wird das gesellschaftliche System gefährdet, daher ist eine formale Regelung und Kanalisierung der Konflikte erforderlich;

c) systemtheoretisch: Konflikte sind Herausforderungen an die Gesellschaft, die durch Maßnahmen sozialtechnologischer Steuerung bewältigt werden sollen;

d) sozialistisch-marxistisch: Konflikte werden auf Klassenlagen und entsprechende ökonomische Interessen zurückgeführt (z. B. Konflikt zwischen Lohnarbeit und Kapital in der bürgerlichen Gesellschaft) und durch revolutionäre Veränderung beseitigt;

e) psychoanalytisch: Die Frage stellt sich, wie soziale Konflikte von Einzelnen psychisch bewältigt werden können. (Dedering 1981, 8; Eißel 1981)

4.6.2.1 Konflikte und politisches Lernen

Politischer Unterricht muss die Lernenden u. a. zur „produktiven Konfliktfähigkeit" (v. Krockow 1976, 81) anleiten. Der Umgang mit Konflikten erfordert ein Training zur Generierung kreativer Lösungen sowie die Entwicklung von Handlungskompetenz in Konfliktsituationen (Eckert/Willems 1992, 85 ff.), z. B. die (Fall-)Analyse von konkreten Bürgerinitiativen, sozialen Bewegungen oder Protestgruppen unter Fragestellungen wie:

- Worum geht es im Konflikt (sachliche Ebene)?
- Wie wird der Konflikt ausgetragen (agonale Ebene)?
- Welche Gefühle u. dgl. bestimmen Ziel und Verhalten der Kontrahenten, wie sind sie involviert (emotionale Ebene)?
- Welche Einstellungen/Absichten haben die Akteure (rationale Ebene)?
  Nach methodischen Stufen aufgegliedert ergibt sich das folgende Schema:
  1. Enstehung und Bestimmung des Konflikts (Schlüsselfrage: Wie ist der Konflikt entstanden, worum geht es, welches sind die konfligierenden Parteien [Interessen, Ideologien – W. M.]?)
  2. Den Konflikt im gesellschaftlichen Kontext fixieren (Schlüsselfrage: Welche aktuellen persönlichen, nationalen, internationalen, kollektiven, ethnischen usw. Fragen werden berührt?)
  3. Aufzeigen der Argumente und Interessen der Konfliktparteien (Schlüsselfrage: Welche Probleme liegen im Streit miteinander und wie werden sie begründet?)
  4. Die Machtverhältnisse einschätzen (Schlüsselfrage: Welche Position hat Aussicht auf Erfolg, sollte sich durchsetzen, welche Mittelanwendung ist legitim?)
  5. Kompromisse suchen und beurteilen (Schlüsselfrage: Welche Kompromisse sind möglich, welche sind opportun und angemessen?)
  6. Die praktischen Folgen aufzeigen (Schlüsselfrage: Wie wird die Praxis aussehen [können], nachdem mögliche Szenarien durchgespielt wurden?)

Zur Einübung in die Methoden eignen sich auch Rollenspiele, Pro-Contra-Diskussionen, Perspektivenwechsel, Verhandlungen (bargaining) u. dgl. (vgl. Müller 2002).

4.6.2.2 Das Mediationsverfahren als Methode der Konfliktlösung

Zur Konfliktlösungsstrategie gehört auch das Mediationsverfahren als eine neue Methode gewaltfreier und selbstverantwortlicher Regelung und einer zeitgemäßen Konfliktkultur (z. B. Gewaltprävention). Über Partizipation und Mitbestimmung sollen politische Lernprozesse eingeleitet, Konsenspotentiale ermittelt, die Wirksamkeit von Vermittlungsbemühungen im Konfliktfall erhöht werden (Diskursprinzip). Das Ziel besteht im Erreichen von Verhandlungslösungen bei strittigen Vorhaben mithilfe einer umfassenderen Entscheidungsrationalität. Das aus den USA stammende, in der BRD in Gestalt von so genannten

Bürgeranwälten etwa bei der Erweiterung des Frankfurter Flughafens, der Erschließung und Bebauung von Neubaugebieten usw. angewandte Verfahren, kann wie folgt definiert werden: „Unter Mediationsverfahren versteht man Verhandlungsprozesse zwischen allen, an einem Konflikt beteiligten Gruppen und Personen, die mithilfe einer neutralen dritten Person (Mediator) gemeinsam getragene Problemlösungen erarbeiten." (Fietkau/ Pfingsten 1992, 5).

Dieser steuerungstheoretische Ansatz bezieht die gesellschaftlich relevanten Akteure zum Zwecke eines konsensualen Verhandlungsergebnisses in den Entwicklungsprozess mit ein. Allerdings ist nicht zu übersehen, dass die Beteiligten in der Implementationsphase versuchen werden, ihre eigenen Auffassungen durchzusetzen (Holznagel 1990).

Die durch neutrale Dritte erfolgende Schlichtung eines Konflikts (z.B. Tarifkonflikt, Schul-/Gruppenkonflikt), d.h. die praktische Mediation kann in Stufen ablaufen:
1. Vorbereitung: Regeln bekannt geben, Probleme klären
2. Bestandsaufnahme: Was ist passiert?
3. Die Interessen der Beteiligten eruieren
4. Auslotung von Handlungsspielräumen und Entscheidungsmöglichkeiten zum beiderseitigen Vorteil (sog. win-win-Situation)
5. Lösung: Welche Vorschläge sind akzeptabel? Wie? Sanktionen? Alternativen?
6. Überprüfung, Ergänzungen u. dgl. (Breuer 1995, 101 f.; Besemer 1997).

4.6.2.3 Komplementäre Begriffe: Differenz, Kompromiss und Konsens

Die Mediation muss demnach die *Differenz(en)* zwischen den Konfliktparteien ausloten. „Differenz und Differenzierungsfähigkeit sind eine konstitutive Bedingung für Ordnung, für Bedeutungsbildung und damit für die Verstehbarkeit der Welt. Lernen beruht auf der Wahrnehmung von Unterschieden; Lernprozesse sind Operationsketten des Un-terscheidens und Differenzierens; Lernfähigkeit meint daher zunächst Unterscheidungsfähigkeit für bedeutsame Differenzen." (Schäffter 2000, 14) Die Differenz wurde in der Philosophie durch Kant (Prolegomena §38) herausgearbeitet. Danach gibt der Mensch der Natur eine Ordnung, ohne zu wissen, ob diese Ordnung auch die Ordnung der Natur sei. Nach Husserl und Luhmann hat man sich in der Bildungsarbeit darauf einzustellen, dass die Lernenden aus dem Kontext nur das auswählen, was in vorhandene Bewusstseinsstruk-turen integriert werden kann. In der politischen Thematik kommt es z.B. auf das Herausarbeiten der Differenz von Freiheit und Gleichheit, von sozialen Schichten und Klassen, von Männern und Frauen, von akzeptierten und weniger akzeptierten gesellschaftlichen Gruppen, von Rechtsstaatlichkeit (Legitimität) und Partizipation, von Staat und Gesellschaft usw. an.

Die Aufhebung bzw. Reduzierung der Differenz führt zum *Kompromiss* oder zum *Konsens*. Er ist Ergebnis der Streitkultur und muss stets erneut bestätigt/ausgehandelt werden. Voraussetzung ist, dass Konsens über einen (Minimal-)Konsens besteht, z.B. unter Zugrundelegung des Überwältigungsverbots, der Zurücknahme überhöhter, auch ideologischer Zielsetzungen, umfassender Information, der Freiheit der Urteilsbildung, der Zulassung von Dissens u.dgl. (vgl. Beutelsbacher Konsens, S.127). Konsens oder Kompromiss heben den Streit auf. Man unterscheidet zwischen einem Ordnungs-, Verfahrens- und Wertkonsens. Am ehesten ist ein formaler Konsens zu erzielen. Die Schwierigkeit liegt im Konkreten (z.B. Was heißt Emanzipation u.dgl.? s.S.112). Auch ist zu fragen, wann sind strategische

Kompromisse noch Ausdruck von (politischer) Verantwortungsethik, wann nur noch blanker Opportunismus. Gagel (1981, 88) unterscheidet vier Varianten des Konsensbegriffs: als

- „Übereinstimmung" über Normen, Werte, Überzeugungen
- „Übereinkunft" über Vereinbarungen und Regeln
- „Zustimmung" zu Entscheidungen und ihrer Befolgung
- „Zumutbarkeit" von Entscheidungen, die im äußersten Fall noch hingenommen werden können.

4.7 Beutelsbach oder der formale Minimalkonsens

4.7.1 WISSENSCHAFTSTHEORETISCHE UND GESELLSCHAFTSPOLITISCHE GRUNDLAGEN

Bis zur Mitte der 1960er-Jahre herrschte in der politischen Bildung der BRD ein „unbefragter Mittelkonsens" mit der Ausrichtung auf
- Erziehung zur Demokratie
- Ablehnung von Nationalsozialismus und Kommunismus
- Bekenntnis zum freiheitlich demokratischen Rechts- und Verfassungsstaat. In der zweiten Hälfte der sechziger Jahre - nach dem materiellen und konservativ-staatsrechtlichen Aufbau der BRD, einer Regierung der Großen Koalition aus CDU/CSU und SPD (Kiesinger/Brandt), dem Abtreten der teilweise NS-belasteten Vätergeneration, den kritischen Anfragen der ersten Nachkriegsjahrgänge (der sog. 1968er) im Zusammenhang mit der damals verbreiteten neomarxistischen Gesellschaftstheorie (Frankfurter Schule, sog. Kritische Theorie) – entfaltete sich eine am Konflikt orientierte pädagogisch-politische Theorie und radikale (Studenten-/Schüler-/Lehrlings-)Bewegung, die sich als „Totalopposition" verstand. Der allgemeine, auf die Strukturen der Weimarer Republik zurückgreifende Konsens der Aufbaugeneration erwies sich nicht mehr als tragfähig für eine obrigkeitlich restituierte demokratische Gesellschaft. Robinsohn (1967) löste eine mehr handwerkliche Lehrplankonstruktion durch eine auf wissenschaftlichen Grundlagen beruhende Curriculumdiskussion ab. Im Anschluss an amerikanische Vorbilder wurde der Fokus auf die Entwicklung von begründeten Methoden und Kriterien für die Inhaltsauswahl gelegt. Dabei ging Robinsohn von der Prämisse aus, Aufgabe der Schule sei, die Schüler/-innen „zur Bewältigung von Lebenssituationen" zu befähigen. Dazu seien „Qualifikationen" erforderlich, die durch Aneignung von Kenntnissen, Einsichten, Haltungen und Fertigkeiten erworben werden müssen. Daraus resultierte das Ziel des politischen Unterrichts, die Schüler/-innen für politische und soziale Sachverhalte/Probleme zu sensibilisieren, sie in die Lage zu versetzen, sich die notwendigen Informationen selbst zu beschaffen, zu ordnen, zu bewerten und auf politisches Handeln vorzubereiten. Es sollte sich um Fähigkeiten und Einstellungen handeln, die in konkreten Lebenssituationen zu aktivieren sind, um ein wertgebundenes Handeln zu ermöglichen.

Der so genannte Richtlinienstreit um die Lehrpläne für politische Bildung in Hessen und Nordrhein-Westfalen zu Beginn der 1970er-Jahre widerspiegelt die genannten Positionen. Es ging dabei um eine grundsätzliche gesellschaftspolitische Auseinandersetzung. Von konservativer Seite wurde an der „Ordnungsdemokratie" (striktes Repräsentationsprinzip) festgehalten, von der so genannten progressiven Seite wurde die „Prozessdemokratie" gefordert. Diese beiden Grundhaltungen finden sich – mutatis mutandis – in den zu jener Zeit entwickelten politikdidaktischen Konzeptionen und Theorien (neben Schmiederer, Sutor und Giesecke sind Hilligen, Roloff und später Claußen u. a. zu nennen). Daraus entstand die Notwendigkeit nach einem Minimalkonsens zu suchen, wollte man die politische Bildung sich nicht konzeptionell und mit den damit verbundenen Konsequenzen für die Praxis auseinander entwickeln lassen.

4.7.2 Drei Konsenshypothesen à la Beutelsbach

Auf Einladung der baden-württembergischen Landeszentrale für politische Bildung tagten 1976 zum ersten Mal Fachdidaktiker in Beutelsbach bei Stuttgart (Wiederholungstagung 1986). Das Ergebnis fasste Hans-Georg Wehling (1977, 179 f.) in Form dreier Prinzipien zusammen (die keineswegs von allen Teilnehmern so akzeptiert wurden), die seitdem als Beutelsbacher Konsens (BK) in die Literatur eingegangen sind und einen erheblichen Einfluss auf die unterrichtliche Praxis ausüben:

„1. *Überwältigungsverbot*. Es ist nicht erlaubt, den Schüler – mit welchen Mitteln auch immer – im Sinne erwünschter Meinungen zu überrumpeln und damit an der ‚Gewinnung eines selbstständigen Urteils' (Minssen) zu hindern. Hier genau verläuft nämlich die Grenze zwischen politischer Bildung und *Indoktrination*. Indoktrination aber ist unvereinbar mit der Rolle des Lehrers in einer demokratischen Gesellschaft und der – rundum akzeptierten – Zielvorstellung von der Mündigkeit des Schülers.

2. Was in Wissenschaft und Politik *kontrovers* ist, muss auch im Unterricht kontrovers erscheinen. Diese Forderung ist der vorgenannten aufs engste verknüpft, denn wenn unterschiedliche Standpunkte unter den Tisch fallen, Optionen unterschlagen werden, Alternativen unerörtert bleiben, ist der Weg zur Indoktrination beschritten. Zu fragen wäre, ob der Lehrer nicht sogar eine *Korrekturfunktion* haben sollte, d. h. ob er nicht solche Standpunkte und Alternativen besonders herausarbeiten muss, die den Schülern (und anderen Teilnehmern politischer Bildungsveranstaltungen) von ihrer jeweiligen politischen und sozialen Herkunft fremd sind. (…)

3. Der Schüler muss in die Lage versetzt werden, eine politische Situation und seine eigene *Interessenlage* zu analysieren, sowie nach Mitteln und Wegen zu suchen, die vorgefundene Lage im Sinne seiner Interessen zu beeinflussen. Eine solche Zielsetzung schließt in sehr starkem Maße die Betonung operationaler Fähigkeiten ein …"

Die drei Konsenshypothesen, von denen

- das Kontroversgebot die kognitive Zieldimension,
- das Überwältigungsverbot die affektive Zieldimension und
- das Interessengebot die handlungsorientierte Zieldimension abdeckt, sind formaler Natur, jedoch nicht wertfrei. Sie sind auf die Verfassung verpflichtet, stellen aber keinen inhaltlichen Minimalkonsens dar.

Der Konsens deutet auf ein geringes Konfliktpotenzial hin. Er unterscheidet sich nach der Ebene: der Lernziele, Inhalte und Methoden und wird auf drei weiteren Ebenen praktiziert: als System-, Spielregel- und Problemlösungskonsens. Dazu gehört logisch der Dissens als methodischer Zweifel. Er wird methodisiert, und der Konsens ist nur über ihn erreichbar. Darüber hinaus sind Differenz und Pluralismus als konstitutive Merkmale der Demokratie dem Konsens nebengeordnet. Die Interessenlage verweist nicht nur auf den Schüler selbst, sondern auch auf diejenige anderer Menschen (Empathie) sowie auf die Mitverantwortung für das allgemeine Ganze („Gemeinwesensolidarität"). Auch pluralistische Gemeinwesen brauchen eine Gruppenidentität, ein gewisses Maß an Identifikationsübereinstimmung.

Die drei Konsenshypothesen lassen sich keiner „Richtung" oder wissenschaftlichen Theorie zuordnen und sind eher formal, aber nicht wertfrei und auf das Grundgesetz verpflichtet. Das Kontroversgebot deckt die kognitive, das Überwältigungsverbot die affektive und das Interessengebot die handlungsorientierte Lernzieldimension ab. Sie enthalten keinen inhaltlichen Minimalkonsens (Sutor 1996).

4.7.3 Der Beutelsbacher Konsens als didaktischer Minimalkonsens

Der BK wird auch als didaktischer Minimalkonsens, der sich auf die naturrechtlich hergeleiteten Grund- und Menschenrechte der Verfassung stützt, bezeichnet, der eine „pragmatische Wende" in der politischen Fachdidaktik eingeleitet habe. Ein formaler Konsens ist am ehesten möglich, die Schwierigkeit liegt in der Konkretisierung (z. B. Was heißt Emanzipation?). Ein allgemeiner Konsens würde zur Sterilität der Gesellschaft führen, deren Pluralität nur durch die Institution des Dissenses bewahrt werden kann (Streitdialog). Ergebnis einer Streitkultur ist der ständig erneut auszuhandelnde (reversible) Kompromiss (Sontheimer 1997). Bei ihm ist zu fragen, wann strategische Kompromisse noch Ausdruck von (politischer) Verantwortungsethik, wann nur noch blanker Opportunismus sind. Sternberger (1990) hat den Kompromiss zu einem tragenden Element der demokratischen Auseinandersetzung gemacht: „Das Wesen der Politik unter freien und duldsamen, daher auch zur Selbstbeschränkung bereiten Menschen – das Wesen solcher Politik ist die Bereitschaft zum Kompromiss, zum aufrichtigen Kompromiss. Wenn aber der Kompromiss herrschen soll, so kann man mit den Feinden des Kompromisses, den ‚Kompromisslosen' oder Fanatikern, keinen Kompromiss zulassen. Kein Kompromiss mit den Feinden des Kompromisses!" Kompromiss, Konsens und Dissens dürfen die Differenz nicht überdecken.

4.8 Vom Umgang mit Institutionen als Agenturen des politisch-gesellschaftlichen Systems

4.8.1 Über die Leistungsfähigkeit von Institutionenkunde

Die institutionellen Bedingungen des politischen Systems entscheiden darüber, ob und wie (schnell) Ideen zu politischem Einfluss gelangen (domestic-structure-Ansatz in der Politikwissenschaft) und wieweit persönliche und öffentliche Freiheitsräume garantiert werden können.

Die Anfänge politischer Bildung in der Nachkriegszeit waren – mangels einer Fachdidaktik und -methodik – stark durch die so genannte Institutionenkunde bestimmt (und sind dafür kritisiert worden). Darunter versteht man die positivistische Wissensanhäufung über die öffentlichen Institutionen (z. B. Parlamente, Gesetzgebung, Gerichte, Verwaltungen, Wahlsysteme usw.). Solche Kenntnisse sind zwar nützlich, taugen aber nur in einem funktionalen Zusammenhang. Das heißt man sollte beispielsweise erklären, was ein routinierter Vorsitzender mit einer Geschäftsordnung machen kann, welche Möglichkeiten die genaue Kenntnis von Verfahrensfragen in der Praxis bietet, warum politische Unternehmungen (z. B. Bürgerinitiativen) zum Scheitern. verurteilt sind, wenn die institutionellen Vorgaben und Vorschriften nicht beachtet werden usw. Deswegen ist eine funktionale Institutionenkunde notwendig, die eine Kenntnis des Funktionierens von Institutionen beinhaltet. Was nützt einem z. B. die korrekte Antwort auf die beliebte Frage „Wie entsteht ein Gesetz?", wenn man nichts von den Einflüssen von Interessengruppen (Lobby), (öffentlichen) Meinungsmachern, politischen Parteien, Einzelpersonen, Bundesländern, Experten oder von Verfahrenstricks in Ausschüssen bei der Formulierung eines Gesetzentwurfs weiß? (Öffentliche) Institutionen nehmen i. d. R. handlungsleitende (konservative) Positionen ein. Ihre Existenz garantiert Beständigkeit, Sicherheit, Gleichbehandlung u. dgl. Deshalb ist Vertrauen in die Institutionen wichtig für die Aufrechterhaltung der staatlichen und gesellschaftlichen Ordnung. Dies setzt u. a. das Verständnis der Bürger in Funktion und Aufgaben der Institutionen sowie in die Art des Zustandekommens ihrer Entscheidungen voraus. Politische Institutionen (polity) müssen demnach in Beziehung gesetzt werden zu den politischen Prozessen (politics) und Inhalten (policies) (Gagel 1989, 390).

Beobachter haben einen „Wandel von einem (früher – W. M.) eher hoheitlichen zu einem mehr und mehr auch pragmatisch-funktionalen Institutionenverständnis" aufgezeigt (Sarcinelli 1991, 47). Das heißt vieles spielt sich im intermediären Raum zwischen Institutionen und gesellschaftlichen Kräften ab. Deshalb „wird es darauf ankommen, Institutionen nicht nur als Organisations- oder Normsysteme, sondern auch als Handlungs- und Kommunikationssysteme (…) in den Blick zu nehmen" (ebd.). Einerseits herrsche in der BRD ein stabiles Systemvertrauen, ein ausgewogenes Verhältnis zwischen institutioneller Amtsautorität und Bürgerfreiheit, andererseits bewirke die „neue Subjektivität" eine „verstärkte Hinwendung zu partizipativ-egalitären Wertvorstellungen" (ebd. 47 f.). Das politische Verhalten wird als individualistischer, flexibler, weniger institutionenorientiert beschrieben.

Die Behandlung der politischen Institutionen gehört zur Herrschaftsanalyse. Neben ihrem formalen Aufbau sind ihr (gesetzmäßiges) Entscheidungshandeln, die inneren und äußeren Einflussfaktoren sowie ihre Akteure zu beachten (Ackermann 1998). Die Analyse kann mehr abstrakt unter Anwendung der Kategorien Organisation, Legitimation, Steuerungsmodell, Kontrolle, Partizipation, Effizienz vorgenommen werden oder mittels des methodischen Einstiegs über eine Perspektivenübernahme (z. B. Perspektive der jeweils handelnden Personen: Beamte/Angestellte der Institution, Bürger, Interessenvertreter, Politiker usw.) erfolgen. Nur so lassen sich realitätsangenäherte Einschätzungen der Handlungsspielräume, Partizipations- und Gestaltungsmöglichkeiten der involvierten Personen vornehmen. Allein durch das Sichtbarmachen des Wechselverhältnisses von Strukturen und Akteuren von Institutionen gelangt man zur Einsicht in die Binnenperspektive der Macht, zum Verständnis und zur Kritik. Allerdings ist es schwierig für Außenstehende, an Insiderwissen heranzukommen. Generell kommt es für die politische Bildung darauf an, „Wege aufzuzeigen, wie die Zusammenhänge zwischen lebensweltlicher Subjektivität und politisch-institutioneller Objektivität aufgeklärt und transparent gemacht werden können" (Sarcinelli 1991, 50). Die Anknüpfung an eine Regierungslehre reicht nicht aus, sondern „aufgeklärter Institutionalismus" „muss über die phänomenologische Deskription hinaus zur Erklärung politischer Prozesse und politischen Verhaltens beitragen" (ebd. 53).

4.8.2 Vorschläge für die Beschäftigung mit Institutionen

Nach Deichmann (1996) sollen die Lernenden sich mit den juristisch festgelegten Regeln, den Phasen eines Verfahrens (z.B. Gesetzgebung), den parteipolitischen Interessen in und an den Institutionen, den Positionen der Ansprechpartner, dem Instanzenweg, der Lobby, den Entscheidungs- und Schaltstellen auseinandersetzen und sich mit ihnen vor Ort vertraut machen. Die Betrachtungsweise solle sich auf die Institution als formale Organisation und als Interaktionssystem richten (ebd. 35), verbunden mit einer Analyse von Macht- und Herrschaftsaspekten sowie von Formen der Interessenrealisierung, wobei sich ein rollentheoretisches Herangehen empfehle (ebd. 42). Ein problemorientiertes Lernen kann z.B. eine Entscheidung zurückverfolgen nach dem Muster: Wie kam der § 218 StGB zustande, wie ist der Weg einer Baugenehmigung usw.? Die funktionale Institutionenkunde kann an jeder Problemfrage ansetzen, z.B.: Was bedeutet es, wenn die Europäische Kommission zurücktreten muss (1999), das Europäische Parlament nur bestimmte Kompetenzen hat, die Europäische Kommission Gesetzesvorschläge machen, wenn sie Subventionen für Fabriken, Werften, Gruben gewähren oder verweigern, VW mit 800 Mio. DM Bußgeldern belegen darf usw.? Institutionenkunde sollte sich also auf die Darstellung und Behandlung der Funktionslogik des Systems (mithilfe von Prozesswissen und dem nachgeordneten Institutionenwissen) sowie auf dessen politisch-historische Begründung (normative Ebene; Grundwissen) (Grammes 1995) konzentrieren.

Nach den Habermaschen Zugriffsweisen auf die Wirklichkeitserkenntnis („Erkenntnis und Interesse" 1965/68) ist die Institutionenkunde (Funktionswissen) dem technischen Erkenntnisinteresse, die Institutionenkritik (Aufklärungswissen) dem kritischen Erkenntnisinteresse und die Institutionenpraxis (Orientierungs- und Handlungswissen) dem praktischen Erkenntnisinteresse zuzuordnen.

Eine methodische Empfehlung zur Bearbeitung politisch bedeutsamer Institutionen und Organisationen schlägt die folgenden Schritte vor:
1. Versuch einer ersten Stellungnahme
   (Schlüsselfrage: Wie schätze ich die Institution oder Organisation (I/O) prima vista ein, wie wird sie von anderen beurteilt?)
2. Die Arbeit der I/O erklären und verstehen
   (Schlüsselfrage: Worin besteht die praktische Arbeit der I/O und zu welchem Zwecke?)
3. Den Aufbau beschreiben und nach Möglichkeiten politischer Einflussnahme fragen
   (Schlüsselfrage: Wie ist die I/O aufgebaut, wer versucht auf sie Einfluss zu nehmen?)
4. Das zeitgeschichtliche Zustandekommen der I/O beschreiben
   (Schlüsselfrage: Wie und warum ist die I/O entstanden und wie hat sie sich bis heute entwickelt?)
5. Kritik erarbeiten und Änderungsvorschläge formulieren
   (Schlüsselfrage: Was wird an der I/O kritisiert, was lässt sich ändern?)
6. Nach praktischen Folgen fragen
   (Schlüsselfrage: Wozu ist die I/O nütze, unverzichtbar?) (Nach B. Greiner)

4.8.3 Beispiel: Einführung in Funktionen des Rechts(verfahrens)

Das Recht ist eine wichtige Legitimationsbedingung von Politik und eine streng an Codices und Institutionen gebundene Einrichtung.

Recht und Gerechtigkeit als übergesetzliche Normen und Teile der Ethik (seit Aristoteles' Nikomachischer Ethik) stehen in der kulturellen Tradition eines Landes. Ihre Ausdifferenzierungen (z. B. Was ist recht und billig, iustum et aequum?) werden von den gesellschaftlichen Gruppen unterschiedlich interpretiert (z. B. § 218 StGB, Demonstrations-, Ausländer, Asylrecht usw.), was zur dauernden Diskussion und letztlich zur Fortbildung der Begriffe beiträgt und wobei dem Bundesverfassungsgericht eine entscheidende Bedeutung zufällt. Sie bringen den gesellschaftlichen Bezugsrahmen in einem Lande in eine bestimmte Ordnung, ihre Festlegung und Veränderung ist Sache der Politik. Der ordnungspolitische Gesetzesrahmen erfüllt eine Schutzfunktion und normativiert die gesellschaftlichen Verhältnisse, verpflichtet alle Bürger auf die verfassungsmäßigen Grundsätze als gemeinsame rechtliche Minima. Darin liegt auch die Zielrichtung für Rechtsbewusstsein, die Einsicht in grundlegende Kategorien des Rechts, z. B. in den Unterschied zwischen (formeller) Legalität und (strenger) Moralität (Kant). Dazu gehören die auf Kaiser Justinians (527–567) Corpus Juris Civilis zurückgehenden fundamentalen Prinzipien aus der römischen Rechtstradition wie neminem laede (tue niemandem Unrecht), suum cuique (gib jedem das, was ihm von Rechts wegen zusteht), honeste vive (lebe ehrenhaft), ne bis in idem (keiner darf wegen eines Delikts zweimal verurteilt werden), in dubio pro reo (im Zweifel für den Angeklagten), audiatur et altera pars (man höre auch die Gegenseite) u. a. In praxi spielen Verfassungsnorm und Verfassungswirklichkeit eine herausragende (didaktische) Rolle. Fallanalysen aus dem Konfliktbereich des politischen Strafrechts (z. B. Nürnberger Prozesse [Bärenbrinker/ Jakubowski 1998], Kriegsverbrechertribunal der Vereinten Nationen, Eichmann-Prozess in Jerusalem, Auschwitz-Prozess usw.; Perversionen der Politischen Justiz (Standgerichte im Zweiten Weltkrieg, während der stalinistischen Vorkriegssäuberungen in der Sowjetunion), aus dem Jugendstrafrecht sowie aus dem Schulrecht erlauben eine projektorientierte Arbeitsweise. Dabei kommt es mehr auf die rechtsbildenden quaestiones iuris als auf die (nicht zu vernachlässigenden) quaestiones facti an.

4.8.3.1 Die Schule als Rechtsraum

Die Schule selbst ist ein Rechtsraum (s. S. 63). In ihr sind wichtige Erfahrungen zu machen, z. B. ob die Grundrechte der Schüler anerkannt werden, ob gerecht geurteilt wird, ob alles nach Recht und Gesetz verläuft, ob es rechtsfreie Räume gibt, ob Verfahren (Prüfungen, Versetzungen) ordnungsgemäß, gleich und billig abgewickelt werden, ob die Mitwirkung der Schüler und Eltern gewährleistet wird, ob die Schulstruktur demokratischen Grundsätzen entspricht, ob das Schulverhältnis (Rechte und Pflichten der Beteiligten) angemessen ausgestaltet ist, ob die Aktivitäten aller Betroffenen sich im gesetzlichen Rahmen bewegen usw.

Eine optimistische (Politische) Pädagogik ging ursprünglich davon aus, man könne Verfehlungen von Schülern gegen die Schulordnung mithilfe eines internen Gerichtsverfahrens oder *Tribunals* lösen und diese zugleich als Anschauungsunterricht für den Rechtsbereich politischer Bildung betrachten. Ein solches Verfahren erscheint am ehesten bei geringfügigen Vergehen in Internaten praktikabel und ist selbst hier als „Kameradenschelte" pädagogisch problematisch. Im stärkeren Maße gilt dies für simulierte, an einem konkreten oder virtuellen Fall orientierte Gerichtssitzungen als (vermeintlicher) Teil politischer Bildung. Sie weisen in praxi eklatante juristische und pädagogische Mängel auf.

Die innerhalb kurzer Zeit abgewickelten Verfahren lassen bei Schülern den Eindruck entstehen, als könne man alles besser, rascher, unkomplizierter und mit gesundem Menschenverstand erledigen als die mit langjährig ausgebildeten Juristen besetzten (Zivil- und Straf-) Gerichte. Auch bei den Schülern kann im Grunde auf elementare Rechts- und Gesetzeskenntnisse nicht verzichtet werden, Gesetzeskodices dürfen nicht fehlen, die Prozessordnung darf nicht unbekannt bleiben usw. Eine Art „Rechtsgefühl" genügt nicht zwischen Recht und Unrecht zu unterscheiden und daraufhin ein Urteil zu fällen. Infolge der völligen Unzulänglichkeit einer laienhaften Gerichtsprozedur sollte man ganz von ihr absehen, um nicht das Gegenteil von dem zu erreichen, was man eigentlich beabsichtigt hat, nämlich Rechtsbewusstsein. Dieses muss sich an den fixen und variablen Teilen der nationalen Rechtsordnung (Verfassung, Gesetze, höchstrichterliche Urteile) ausrichten. Deshalb kommt in erster Linie eine Diskussion von geeigneten Fällen – unter Zugrundelegung ihrer juristischen Begründungen – für den rechtlichen Lernprozess in Frage (vgl. Sandmann 1975; Ott 1975; Reuter 1975; Grammes 1998). Die Effektivität angesichts meist unzulänglicher curricularer Verankerung und mangels Fachkenntnissen der Lehrenden, mit Ausnahme des gelegentlichen Einsatzes von Juristen, hat Rechtskunde innerhalb der politischen Bildung über eine marginale Rolle nicht hinausgelangen lassen. Die Politiklehrpläne der Bundesländer präferieren, wenn überhaupt, die philosophisch-politischen Aspekte der Rechtsstaatlichkeit (Gewaltenteilung, Bindung der Verwaltung an das Recht) und die Geltung der verfassungsmäßigen Grundrechte, für die bürgerlich liberale, institutionelle, wertorientierte, sozial-integrierte, demokratisch-funktionale, sozialstaatlich-dynamische Interpretationsansätze zur Verfügung stehen.

Der pädagogische Gewinn einer Entscheidung für eine gelegentliche Gerichtsverhandlung nach den Prinzipien der Legalität, Formalität und Mündlichkeit im Rahmen des politischen Unterrichts oder von Projekttagen liegt nicht im (Rollen-, Simulations-) Spiel selbst, bei dem man in Folge seiner unprofessionellen Durchführung weder material-inhaltlich noch formal-verfahrensmäßig etwas lernen kann (s.o.), sondern in den dadurch aufgeworfenen Fragen. Der Lehrende sollte sie mit den Lernenden und evtl. mithilfe eines Juristen produktiv aufgreifen. So stand auch in dem kommentierten Unterrichtsbeispiel (didaktisches Spiel anhand von Spielkarten) von Schönitz (1995) ein Rechtsanwalt zur Verfügung.

Eine nachgespielte Gerichtssitzung mit Richter(n), Zeuge(n), Verteidiger, Ankläger, Angeklagten, Schöffen – aufgrund eines konstruierten oder tatsächlichen Falles (z.B. Diebstahl, Betrug, Unterschlagung, Körperverletzung, Einbruch, Totschlag, Rechtsbeugung, Verrat, wobei die Lernenden die aktuellen Materialien selbst zusammentragen können) – ist ohne vorbereitende gesetzliche und rechtliche (z.B. Grundsätze des BVerfG [z.B. darf DDR-Unrecht nur dann geahndet werden, wenn es nach den damals geltenden Gesetzen auch unverhältnismäßig bzw. ungesetzlich war]; ferner evidente Verletzungen der Menschenrechte sowie Nichtbeachtung allgemeiner Rechtsgrundsätze [s.o.] Grundinformationen (z.B. Gerichtsorganisation, notwendige Teilbereiche aus dem Öffentlichen, Privaten und dem Prozessrecht) nicht durchführbar. Nicht zuletzt erfolgt die Interaktion bei Gericht nach festgelegten Verfahrensregeln, die dem Richter allein übertragen und für den juristischen Laien nicht handhabbar sind. Das Vorgehen selbst folgt einer hermeneutischen Verfahrenslogik. Dabei kann billigerweise nicht von der Vermittlung brauchbarer Rechtskenntnisse gesprochen werden, und es bleibt der Ratschlag: Im Ernstfall lass' dich von einem Anwalt beraten! Noch stärkere Vorbehalte treffen die Veranstaltung eines *Tribunals* oder eines

Schülergerichts. Hier werden die genannten formalen Defizite besonders schwer wiegen. Wie will man z. B. den Kosovo-Konflikt unter einer bestimmten (parteilichen) Perspektive erarbeiten und zu einem rechtlichen Problembewusstsein beitragen? Methodische Übung und persönliche Identifikation lassen sich – zudem bei ungesichertem Material – kaum von einander trennen. Noch weniger können/sollten Schüler über Vergehen und Verstöße ihrer Mitschüler auf der Grundlage des in Deutschland gültigen (formalisierten) Gesetzesrechts zu Gericht sitzen (wollen). Die formalen, kenntnis- und reifemäßigen Voraussetzungen sind dafür (noch) nicht vorhanden.

4.8.3.2 *Zur Entstehung eines Rechtsbewusstseins*

Wie aus einem irrationalen Rechtsgefühl, im Sozialisationsprozess durch Gebot und Verbot erworben, im (gelungenen) Erziehungsprozess durch das Gewissen internalisiert, ein reflektiertes Rechtsbewusstsein als Teil des Politikbewusstseins entstehen soll, bleibt offen.

Es bezieht sich auf den kritischen Umgang mit der staatlichen Rechtsordnung, d.h. die Rechtserziehung muss insofern dem geschriebenen Gesetz (der lex lata) voraus sein, als sie es anhand der rechtssoziologischen und –philosophischen Gesellschaftsanalyse stets aufs neue auf seine Aktualität und Angemessenheit (lex ferenda) befragen muss (z. B. Nichtahndung von Kleinkriminalität, Einschließung von Kindern unter 14 Jahren usw.). Zum Rechtsbewusstsein gehören in der Zielperspektive u. a.

- Verständnis für die Notwendigkeit rechtlicher Normen für das friedliche Zusammleben der Menschen
- Erkennen des Spannungsverhältnisses zwischen Rechtsnorm und Rechtswirklichkeit
- Einsicht in die historische und gesellschaftliche Bedingtheit und Veränderbarkeit des Rechts und seine Bindung an Normen
- Einsicht in die Interdependenz zwischen Recht und Politik (Macht), Recht und Sittlichkeit
- Einsicht in die Korrespondenz von Rechtsanspruch und Rechtspflicht
- Einsicht in die Vorteile des Rechtsstaates, die Bindung des Rechts an die Verfassung.

Die Höhe eines Urteils kann eine heftige Diskussion über seine Angemessenheit hervorrufen und ermöglicht Überlegungen zum Problem der Strafe (als Schuld, Sühne, Vergeltung; Rolle des Opfers). Bei nachgespielten spektakulären Fällen (z. B. Urteil über den DDR-Staatschef E. Honecker, den Stasi-Chef Mielke, Mitglieder des ZK, menschenrechtsverletzende Richter usw.) wird fortgeschrittenen Lernenden die Diskrepanz zwischen Vergehen und Strafmaß auffallen. Sie kann zu einer Auseinandersetzung zwischen juristischem, kodexorientierten (StGB, BGB), normativen Richterspruch einerseits und traditioneller (den Vergeltungsgedanken stärker im Blick habenden), unreflektierter rechtlichen Denkweise von Laien führen. Dabei kann klar werden, dass (Zeit-)Geschichte (NS, DDR) nicht von Gerichten (zeitbedingt) aufgearbeitet werden kann, diese vielmehr ihrer eigenen professionellen Logik und Methodik folgen müssen.

Dies wird u. a. deutlich an den (implizit vom Richter) anzuwendenden rechtslogischen Begründungsregeln (sog. canones; Analogieschlussverfahren unter der Voraussetzung der Vergleichbarkeit zweier Rechtsfälle; Weiler 1985, 212 f.):

Fragen der Funktion des Rechts, seine positive bzw. metaphysische Begründung (übergeordnete Rechtlichkeit u. dgl.) provozieren die Diskussion über die Gerechtigkeit. Zwei Schwerpunkte sind in der modernen Theorie zu unterscheiden:

1. Die Umverteilung (klassische Theorie); Rawls hält in seiner ökonomischen Gerechtig-keitstheorie Unterschiede für zulässig, wenn dadurch den andern (Ärmeren) geholfen werden kann: ein Reicher gibt von seinem Überfluss ab, wenn er aber selbst nichts mehr hat, kann er – zum Schaden des Armen – auch nichts hergeben.
2. Politik der (Gruppen-)Anerkennung: Soll man in Deutschland Moscheen bauen dürfen oder nicht, den Ruf des Muezzin gestatten oder nicht? (Arenhövel 1999).

Die methodische Bearbeitung eines exemplarischen Rechtsfalles könnte nach folgendem Schema geschehen:

1. Feststellen des Sachverhalts (Tatsachenermittlung, quaestiones facti)
2. Problemstellung (rechtlicher Charakter und Bedeutung des Falles)
3. Beschreiben der Konfliktsituation
4. Lösen des Konflikts (Urteil, Strafmaß)
5. Reflexion der angewandten Gesetze und Rechtsgrundsätze (quaestiones iuris; formale Legalität und übergesetzliche Gerechtigkeit)
6. Frage nach der Übertragbarkeit auf ähnliche Fälle (Kategorialisierung).

Die Teilnahme an Gerichtssitzungen ist dann sinnvoll, wenn damit eine eingehende (Vor- und Nach-)Besprechung des verhandelten Falles, seine exemplarische Eignung für die eine oder andere rechtliche Grundeinsicht sowie in die Prozessregeln durch einen Richter ver-bunden ist.

4.9 Feministische Aspekte politischer Bildung

4.9.1 ZUR AUSGANGSLAGE FEMINISTISCHER BILDUNGSARBEIT

Die Ausgangslage besteht nach Hoecker (1995) darin, dass Frauen ein erheblich geringeres Interesse an Politik, Parteien usw. als Männer bekunden und in Parlamenten und Regie-rungen unterrepräsentiert sind. Das führe zu einem asymmetrischen Geschlechterverhältnis in der Politik. Deshalb sei ein Abbau der tradierten Geschlechtsrollenideologie notwendig. Reinhardt (1996) konstatiert bei Mädchen einen kommunikativ-interaktionellen Zugang zu politischen Problemen mit starken Ich-Bezügen, während bei Jungen ein analytisch-systematischer, distanzierter Zugriff zu beobachten sei.

Das Geschlechterverhältnis – von einigen Forschern als ein sozialisatorisches Konstrukt bezeichnet – müsse eine Balance zwischen Gleichheit und Verschiedenheit aufweisen (vgl. die Geschlechterdifferenz[theorie] bei Hoppe 1996, 99–179), während die inhaltlichen Be-stimmungen bei der Zuordnung zu einem konkreten Fall variabel seien. Hoppe (1995, 301) stellt eine stärkere Beziehungsorientierung (z. B. für andere sorgen, soziale Verantwortung übernehmen) bei Frauen fest, die sich auch eher in kleinen, überschaubaren Gruppen im Nahbereich mit konkreten Anliegen (Selbsthilfe, Bürgerinitiativen) engagieren. Demgemäß ist die weibliche Moral nach Lück (1995) eher an Fürsorglichkeit und Verantwortung orientiert. Im Falle von Asylbewerbern würden die Jungen mehr administrative (tech-nokratische) Lösungen anstreben, während die Mädchen mehr auf Linderung der Not (humane Lösungen) drängen.

Die feministische Bildungsarbeit sollte nach Lehmacher (1988) von den subjektiven Erfahrungen (Biografie) der Mädchen und Frauen ausgehen. Die Wahl der Arbeitsformen sollte ganzheitlich sein: Gefühle, Einstellungen, Wünsche, Interessen, Bedürfnisse u. dgl. seien in sprachlicher, bildnerischer und verhaltensmäßiger Form zu berücksichtigen, und zwar als

„• Wahrnehmung und Bewusstwerdung der im Sozialisationsprozess erworbenen Rollen, Verhaltensweisen, Leitbilder, Fähigkeiten, Anpassungs- und Ausgrenzungserfahrungen;
• Reflexion der personalen und sozialen Identifikationsentwicklung;
• Untersuchung der Veränderungen und Brüche in der Rollenübernahme als Frau in verschiedenen gesellschaftlichen Bereichen; (…).“ (Ebd. 225 f.)

4.9.1.1 Patriarchalische Attitüden versus feminine Denkweisen

Patriarchalische Prämissen des Denkens und Handelns haben die politische Öffentlichkeit seit Jahrhunderten geprägt, die i. d. R. patriarchalisch organisierte Gesellschaft wirkt auf die Denk- und Handlungsmuster zurück. Belenky (1989) führt dies auf den traditionellen Erziehungs- und Sozialisationsprozess der Mädchen und Frauen zurück. Ihre Denkweise werde von der „epistemologischen Atmosphäre" in den Familien geprägt: Frauen, die prozeduralen oder konstruierten Denkweisen anhängen, entstammen Familien, in denen ihnen Gehör geschenkt wurde, in denen Fürsorge und Solidarität herrschten, vor allem die Mütter üb(t)en großen Einfluss auf die intellektuelle Entwicklung der Töchter aus, sie such(t)en – im Gegensatz zu den eher dozierenden Vätern – den Austausch im Gespräch. Daraus resultiert weibliches Denken in seiner elaborierten Form, seine Verbundenheit, Empathie, Geduld und mit seinem Ziel: Verständnis für andere Menschen. Vor allem die Beschäftigung mit Kindern befähige Frauen dazu, „verbunden" zu denken, d. h. die Bedürfnisse und Handlungsmotive anderer Menschen einzubeziehen. „Mütterliches" Denken berücksichtige die Gefühle – gegenüber den „abgelösten" Denkweisen von Männern – und konstruiere eine menschlichere Wirklichkeit. Männliches Denken sei dagegen abgelöst vom Ich und von den gedachten Objekten, prämiiere Trennung und Distanz und bezwecke nicht Verständnis, sondern Urteile. In dieser Verschiedenheit spiegele sich die andersartige soziale Praxis von Frauen und Männern. Die verfassungsmäßig garantierte gesellschaftliche Gleichberechtigung der Geschlechter (Art. 3 II GG) wird zunehmend die strukturelle Ungleichheit aufheben und mit drei Vorurteilen im Hinblick auf die maskulinen staatlichen und gesellschaftlichen Strukturen brechen müssen, und zwar 1. mit ihrer Ontologisierung (das ist so von der Natur der Menschen her), 2 mit ihrer Mythisierung (etwas war schon immer so) und 3. mit ihrer Ideologisierung (das können nur Männer, Frauen sind dazu zu schwach) (Kuhn 1990).

4.9.1.2 Zur Stellung der Frau in der Gesellschaft

Nach verbreiteter Auffassung ist die Stellung der Frauen ambivalent. Sie vertreten (angeblich) eher postmaterielle, lebensweltlich orientierte Standpunkte, sind für die Zügelung des technischen Fortschritts und wirtschaftlichen Wachstums und für den Abbau zwischenmenschlicher Spannungen (z. B. Konkurrenz, Leistungsdruck) bei gleichzeitigem Aufbau harmonischer Beziehungen. Rein äußerlich drängen Frauen in westlichen Ländern in die beruflich-öffentlichen Domänen der Männer hinein (bis zur Regierungschefin und in die Bundeswehr [EuGH-Urteil vom 11. 1. 2000; Rechtssache C 285/98]), propagieren ihre

Ansprüche (u.a. in einer feministischen Sprache, in Theologie usw.), kurz in allen Lebensbereichen und in eigenen Foren, Treffs, Cafés, Gesprächskreisen seit Beginn der Neuen Frauenbewegung Ende der 1960er-Jahre und zugleich mit der einsetzenden Gender-Forschung. Dabei wird ein breiter Politikbegriff zugrunde gelegt nach dem Motto: „Das Private ist politisch." Ausgangspunkt für politische Beteiligung ist danach die soziale Benachteiligung von Frauen: bei der Arbeit in Haushalt und Familie, der Kinderbetreuung, beim Eherecht, beim Verbraucher- und Umweltschutz, bei der öffentlichen Versorgung, in Gestalt der Gewalt gegen Frauen u.dgl. Die damit verbundene (defizitäre) Art subjektiver Aneignung der Wirklichkeit im Alltag ist durch die (maskulinen) öffentlichen Strukturen bestimmt. Deshalb darf Politik von Frauen und für Frauen nicht im formalen Politikverständnis auf etablierte und institutionalisierte (Frauen-)Politik reduziert werden. Demgegenüber müssen frauenspezifische Erfahrungen kollektiv aufgearbeitet werden, und es muss eine stärkere Fokussierung auf spezifische frauliche Lebenssituationen und Themen erfolgen. Sie müssen auf eine gleichgesellschaftliche Ordnung hin transzendiert werden (Schiersmann 1987). Ein verbreitetes Vorurteil besteht in der angeblichen „wesensmäßigen" Verschiedenheit zwischen den Geschlechtern, wo es sich tatsächlich um Rollenklischees und daraus resultierende verschiedenartige Selbstkonzepte handelt. Ebenso ist es mit der vermeintlich fehlenden Technikakzeptanz von Frauen (Althoff 1988),

4.9.1.3 Der traditionelle Politik- und Wissensbegriff und die Frauen

Ferner ist zu fragen, inwieweit der traditionelle Politikbegriff – als Verkörperung von Partei- und Regierungspolitik – den Frauen entspricht. Der Umstand, dass Frauen zwar in Parlamenten, Parteien, Gewerkschaften usw. eine Minderheit bilden, aber die Hälfte der außerparlamentarischen Bewegung – Bürgerinitiativen, Öko-, Friedensbewegung – stellen, widerlegt die These eines geringeren politischen Interesses. Frauen gehör(t)en zur Kerntruppe (weniger zu den Führungsgruppen) politischer Umstürze, z.B. in der DDR, der Französischen Revolution usw. Allerdings scheinen Frauen neben dem „eigentlichen" politischen Engagement auch das allgemeine soziale Engagement, den Lebenszusammenhang, fest im Auge zu behalten. Das heißt ein erweiterter Politikbegriff (s.o.) ermöglicht die Einbeziehung der Frauen, Politik ist nicht mehr allein „Männersache". Politik muss demnach neu konzeptualisiert werden, und politische Bildung muss eine Dechiffrierung der männlichen Politikbegriffe vornehmen. Daraus folgt für politische Bildung von Mädchen und Frauen. Es muss

- ein anderer Politikbegriff zugrunde gelegt,
- ein anderer inhaltlicher Zugang ermittelt,
- eine andere Organisationsform entwickelt,
- eine andere Veranstaltungsform gewählt,
- der Lebenszusammenhang von Frauen zum Ausgangspunkt des politisch-sozialen Lernens gemacht (es handelt sich um oft scheinbar private Probleme, aber mit Ursprung in gesellschaftlichen Strukturen, Vorurteilen, Rollenzuweisungen),
- der private und gesellschaftliche Alltag thematisiert und
- frauenspezifische Muster zum Gegenstand genommen (z.B. Selbsterfahrungsgruppen, Unterstützungs-, Rhetorikkurse u.dgl.) werden. Dabei ist erforderlich „die Infragestellung des traditionellen Wissensbegriffs (ohne gleich eine feministische Wissenschaftstheorie zu

kreieren – W. M.) und einseitiger theoretischer Diskurse, die kritische Untersuchung aktueller Theorien und Welterklärungsmuster, das Aufzeigen der Vielfalt von Handlungsformen und Lebensweisen, die Aufarbeitung von Geschichte und das Sichtbarmachen von heutiger und früherer Frauenkompetenz, das Aufzeigen von selbstbewussten weiblichen Lebensentwürfen und -perspektiven mit dem Ziel, das Selbstbewusstsein zu stärken" (Augstein 1990, 75). Zu diesem Zwecke muss politische Bildung in die frauenzentrierten (ortsnahen) sozialen Gesellungsformen wie Nachbarschaft, Frauen- und Bürgerinitiativen, Familienzentren, feministische Bildungseinrichtungen usw. gehen, weniger in Parteien und Verbände.

4.9.2 Das Geschlecht – eine Strukturkategorie der Gesellschaft

Das Geschlecht (vgl. gender studies) ist eine „Strukturkategorie unserer Gesellschaft" (A. Kuhn), eines ihrer Elemente ist die Ungleichheit. Es hat für die Form, in der Menschen ihre Lebenszusammenhänge und Verhältnisse interpretieren, grundlegende Bedeutung, auch für das politische Bewusstsein. Deshalb kommt es darauf an, die Machtfaktoren, die das Alltagsleben – d. h. die Reproduktionssphäre, die u. a. durch verengte Wahrnehmungsweisen bestimmt ist, die zu abhängigem Denken und Werthaltungen sowie unterschiedlichen geschlechtsspezifischen Deutungsmustern führt – und die Bewusstseinsstrukturen der Geschlechter auf verschiedenen Ebenen bestimmen, offen zu legen. Selbst die Sprache ist männlich orientiert. Das Allgemeine ist meist in eine männliche grammatische Form gefasst (Richter 1989).

Geschlechterdifferenz und -kongruenz bzw. Geschlechterspezifik sollten sowohl im Umgang mit Mädchen und Jungen, Männern und Frauen ebenso wie im Hinblick auf unterschiedliche Interessen und Zugangsweisen zu politisch-gesellschaftlichen Themen und Problemen – trotz formaler Rechtsgleichheit, aber noch nicht realisierter Gleichstellung der Frauen – berücksichtigt werden. Der Unterschied ergab sich aus der Zuständigkeit der Frauen für die häusliche Binnenwelt, die Hausarbeit, Kindererziehung usw.", die Außenwelt und Erwerbstätigkeit waren Sache der Männer, und Politik wurde dadurch männlich determiniert (Lück 1995). Tatsache ist, dass die Lernprozesse von Jungen und Mädchen sich aufgrund der geschlechtsspezifischen Sozialisation, Erziehungsmaximen und Vorerfahrungen unterscheiden (vgl. Jacobi 1991). Daraus werden (mit biologistischen Pseudoargumenten) folgende Eigenschaften abgeleitet:

a) für Frauen: Emotionalität, Fürsorglichkeit, Passivität, Hingabe- und Opferbereitschaft, persönliche Anteilnahme in zwischenmenschlichen Beziehungen, Kontextsensibilität und Flexibilität u. dgl.;
b) für Männer: Rationalität, Aktivität, Durchsetzungsvermögen, Gestaltungswillen, Wille zur Macht(ausübung), Pflichterfüllung in Institutionen, Leistung, Erfolg, Wettbewerb, Kampf, Rigidität, Gerechtigkeit u. dgl.

Die daraus deduzierte These von den zwei Moralen (männlich/weiblich) ist heftig umstritten. Das stereotype (geschlechtsspezifische) Rollenverhalten wird vor allem erlernt und in der Schule katalysiert (vgl. die Diskussion um die Koedukation [Lück 1995, 255]).

Neue Dimensionen des Politischen können sich für Mädchen (und Jungen) ergeben, wenn Lebenszusammenhänge von Frauen aspekthaft einbezogen werden, und zwar (nach Grammes/Richter 1993, 361 f.):

„1. Aufgaben und Inhalte von Politik (policy) werden z. B. um Bereiche aus der Haus- und Familienarbeit (Doppelrolle, Sozialversicherungen) ergänzt;

2. Interessen (politics) von Frauen sowie ‚women's politics' als politische Aktivitäten von Frauen lassen sich thematisieren, wobei eine gemeinsame Suche im Unterricht sich mit besonderen Interessen von Mädchen in Schülervertretungen beschäftigen könnte;

3. beim Blick auf politische Strukturen und Institutionen (policy) wird eine Ausgrenzung von Frauen deutlich, die sich u. a. in Gründungen von frauenpolitischen Institutionen (Frauenhäuser, Frauenbeauftragte oder diverse Haueninitiativen) ausgedrückt hat."

In geschlechtshomogenen und -heterogenen Arbeitsgruppen zu Themen wie Wehrpflicht, § 218 StGB kann ausprobiert werden, ob sich geschlechtstypische Ergebnisse einstellen. Darüber hinaus wird von Hoppe (1992) ein biografischer Ansatz vorgeschlagen. Danach soll die durchschnittliche Biografie von Mädchen/Frauen zum Ausgangspunkt politischer Lernprozesse gemacht werden: Überwindung des Gefühls eingeschränkter Handlungsmöglichkeiten (erst kommt der Bruder, dann die Schwester; junge Frauen erwerben inzwischen – auch prozentual – gleiche Bildungsabschlüsse wie Männer, z. B. Abitur, setzen sie aber noch nicht in entsprechende Ausbildungswege und [höhere] Berufspositionen um). Für die Frauen ergeben sich nach wie vor strukturelle Benachteiligungen z B. in der „Falle" von Mutterschaft, Familie und Beruf.

Dieser Ansatz wird als einseitig kritisiert. Er perpetuiere alte Rollenklischees.

Dagegen sind nach Birgit Meyer (1992, 12) die Unterschiede in der Politikbetrachtung von Mann und Frau „weder biologisch determiniert noch essentialistisch normiert etwa durch Bezüge auf ein ‚weibliches Wesen', sondern sind historisch-kulturell kontingentes Ergebnis patriarchalischer Vergesellschaftung." „… durch die Geschlechterpolarisierung moderner Gesellschaften und durch die Notwendigkeit und Unentrinnbarkeit der sozialen und kulturellen Konstruktion von Geschlechtlichkeit (haben sich) unterschiedliche Stile und Orientierungen im Politischen herausgebildet" (ebd.).

Am Beispiel des Umgangs von Frauen mit Macht wird demonstriert, dass sie

- „• eher egalitäre versus hierarchische Orientierung;
- Flexibilität versus Rigidität in der Artikulation der politischen Position;
- kommunikatives versus strategisches Machtverständnis;
- prozessorientiertes versus zielorientiertes Denken;
- Personenbezogenheit versus Sachbezogenheit;
- kooperatives versus konkurrentes Verhalten;
- Laien- und Alltagswissen versus Expertentum;
- Betroffenheit versus Abstraktheit;
- Kontextberücksichtigung versus Prinzipienorientierung;
- Kompetenzorientierung versus Karriereplanung;
- Querdenken und Vernetzen versus Ressortdenken" (Meyer 1992, 11 f.) zeigen.

(Vgl. Schaetter-Hegel 1993; Belenky 1989)

Die soziale Wirklichkeit und die gesellschaftlichen Probleme werden offensichtlich von Frauen anders wahrgenommen und interpretiert, weil sie eine andere Disposition dafür haben und anderen Sozialisationsbedingungen unterliegen als Männer. Während diese beispielsweise sich bei problematischen Entscheidungen meist auf abstrakte Gesetze und Prinzipien verlassen, machen Frauen ihre Entscheidungen auch von eigenen Erfahrungen abhängig (H. Kutz-Bauer 1992). Nach der Gehirnforschung stellt sich (nach Moir/Jessel

1990, 233) heraus: „Männer neigen mehr zum analytischen Denken, zum Herausziehen des Wesentlichen, Frauen nehmen mehr das Gesamtbild auf (…). Männer konzentrieren sich aufmerksamer auf einen engen Bereich von Punkten und haben damit eine Prädisposition für Probleme, die analysiert und in Fächer eingeteilt werden können, während Frauen eher dazu neigen, ein Problem in seiner ganzen Vielschichtigkeit in sich aufzunehmen als es an bestimmten Schlüsselstellen zu ‚attackieren'." Dies sollte nicht dazu führen, traditionelle konservative Positionen zu verstärken (vgl. die Frauenberichte der Bundesregierung).

Es ergeben sich eine Reihe von Beobachtungsaufgaben zur Stärkung des Problembewusstseins:

Wie werden Frauen in Texten oder Bildern im Fernsehen, in Zeitungen, Illustrierten, Rundfunk, Filmen, in der Werbung, Trivialliteratur usw. dargestellt, z.B. als Haupt- oder Nebenfiguren, als maßgeblich/kaum an der Handlung beteiligt, in ihren Beziehungen zu Männern, anderen Frauen? Wie ist ihr Beruf, ihr Familienstand, ihre Schichtzugehörigkeit, welche Statussymbole verwenden sie? Wie gestaltet sich ihr Lebensalltag? Wie wird der weibliche Körper (visuell) dargestellt (z.B. als erotisches Klischee, als Ausdruck Konsum fördernder Warenästhetik u.dgl.)? Welche Rollen spielen Frauen? Welche Art von Gefühlen werden Frauen zugeordnet? usw. (BpB 1992, 57f., 97).

5 Wissenschafts- und Interpretationstheorien als Voraussetzung für methodengeleitetes Denken und Erkennen

5.1 Zur Bedeutung der Wissenschaftstheorien

Jeder sachliche Vermittlungs- und Erkenntnisprozess ist durch wissenschaftstheoretische Antizipationen vorstrukturiert. Auch die Unterrichtstheorie muss auf erkenntnistheoretische Zusammenhänge zurückgreifen, nicht nur auf lernpsychologische und sachlogische Bedingungen. Eine um Wissenschaftlichkeit bemühte Methodenlehre bedarf deshalb zu ihrer Fundierung der wissenschaftstheoretischen Reflexion, benötigt theoriegeleitete Grundlagen. Wissenschaft selbst ist der Inbegriff methodischen Denkens und Erkennens. Die Ergebnisse will sie sammeln, ordnen (systematisieren, klassifizieren usw.) und in einem Begründungszusammenhang nach Gesetzmäßigkeiten und Regeln erklären. Sie wird durch ihren Gegenstandsbereich bestimmt, durch ihre Zielsetzung und durch ihre Methode (z. B. Induktion, Deduktion, Dialektik, Hermeneutik usw.), ferner durch Intersubjektivität, Allgemeingültigkeit, Begründbarkeit usw. Nach Kant („Logik") sind die zentralen Fragen der Philosophie:

„Was kann ich wissen? (Erkenntnistheorie)

Was soll ich tun? (Moralphilosophie)

Was darf ich hoffen?

Was ist der Mensch?" (Anthropologie)

Ernst Bloch beginnt in Anlehnung daran das Vorwort seines Buches „Prinzip Hoffnung" (1959) mit den Grundfragen unserer Identität: „Wer sind wir? Wo kommen wir her? Wohin gehen wir? Was erwarten wir? Wie soll das geschehen?" Beim Fragen entsteht das Problem der Methode. Sie hat sich zunehmend ausdifferenziert und repräsentiert einen je eigenen Erkenntniswert.

Die Wissenschaftstheorien sind keine Letztbegründungen für (politik-)didaktische Theorien und Konzeptionen. Sie stellen die Beziehungen zu den Methodologien der Einzelwissenschaften her, die ihrerseits fachlich und philosophisch begründet werden müssen. Sie ermöglichen unterschiedliche Sichtweisen und Aussagen. Wissenschaftstheoretische Methodologien sind Idealbilder eines Lernens aus Erfahrung. Deshalb werden wissenschaftstheoretische Rationalitätstheorien auf ihre (philosophische) Gültigkeit hin befragt. Sie gehören zu den Grundlagen eines wissenschaftspropädeutischen, proseminaristischen Arbeitens von fortgeschrittenen Lernenden.

Zentral für jede Wissenschaft ist die Erkenntnistheorie (Epistemologie), die zum Wissen, zur Kenntnis und Kunde (griech. episteme; Gegensatz: doxa = Meinung, Glauben) führen soll.

Am Anfang steht der methodische Zweifel, die Skepsis (Sokrates: „Ich weiß, dass ich nichts weiß und kaum das.") als zentralstes Merkmal der Wissenschaft. Platon unterscheidet drei Arten von Erkenntnis: die episteme als die eigentliche Wissenschaft, die techne als das angewandte Wissen und Können, die tribetis als das Erfahrungswissen ohne Anspruch auf systematische Einsicht.

Von einer Theorie wird dann gesprochen, wenn es sich um ein zusammenhängendes, widerspruchsfreies Aussagesystem über einzelne Aspekte der Wirklichkeit handelt und nach anerkannten wissenschaftlichen Regeln erfolgt und überprüfbar ist. „Theorien helfen uns bei der Selektion, Konstruktion und Interpretation von Komplexität. Besonders fruchtbar haben sich heuristische Modelle erwiesen, die sich im wesentlichen darauf beschränken, ein Analyseschema anzubieten, in dem Relationen zwischen abhängigen und unabhängigen Variablen bestimmt werden." (Haftendorn 1996, 6). Sie erfüllen nach Kindermann (1996, 21) vier Primärfunktionen angesichts der Komplexität, Faktenflut und Dynamik der Verhältnisse:

1) „… die Theorie hilft kausal und strukturell relevante Elemente zu erkennen (Selektionsfunktion),
2) diese zu Vorstellungsbildern von der Wirklichkeit zu strukturieren (Gestaltungsfunktion),
3) ihre Wirkungszusammenhänge zu erklären (Deutungsfunktion) und
4) rational begründete Voraussagen hinsichtlich erwartbarer Entwicklungstendenzen zu entwerfen (Prognosefunktion)."

(Wissenschafts-)Theorien haben ein doppeltes Legitimationsproblem: die Begründung von Theorie und die Rechtfertigung von Praxis.

Die Theorien selbst werden u. a. durch Vergleich (Synopse), (Teil-)Analysen, historische Erfahrungen gewonnen, aus denen sich Analogien, Begriffe usw. ergeben, die wiederum typisiert werden (müssen). Die Theorien werden auf ihre Reichweite, d.h. auf ihren Erklärungshorizont (Validität und Reabilität, Praxisrelevanz der Theorie und Theorierelevanz der Praxis) in einem wissenschaftlichen Diskurs geprüft. Überprüfungskriterien sind ihre Problemlösungskapazität, Konsistenz, Stringenz, Verknüpfbarkeit mit Modellen aus anderen Disziplinen.

Man unterscheidet generell Theorien mittlerer Reichweite (Merton), die mikrosozialen Theorieanätze (auf die Handlungsebene von Individuen und Kleingruppen bezogen) und die makrosozialen Theorieansätze (von gesellschaftlichen Strukturzusammenhängen ausgehend).

Klassifikatorisch handelt es sich um Systemtheorien, Gesellschaftstheorien und Verhaltens- und Handlungstheorien. Jede einseitige wissenschaftstheoretische Orientierung sollte vermieden werden (Behr 1974).

5.2 Wissenschaftstheorien als Basistheorien

Die Wissenschaftstheorien beschäftigen sich mit grundlegenden Mustern des wissenschaftlichen Denkens und Forschens. Nach Tschamler (1996, 29) gibt es drei Auffassungen:
* Wissenschaftstheorie als (Meta-)Theorie der Wissenschaft
* Wissenschaftstheorie als Wissenschaftslogik (Deduktion/In-/Ab-/Reduktion)
* Wissenschaftstheorie als Methodologie (qualitative und quantitative Methoden; s. u.).

Die Begründungen sind vielfältig – praxeologisch, phänomenologisch, transzendentalphilosophisch (Arbeit mit aprioristischen, von der Erfahrung unabhängigen Begriffen, Kant), kommunikativ/interaktionistisch, konstruktivistisch, positivistisch, handlungsorientiert, empirisch, hermeneutisch – und münden in unterschiedlichen Paradigmata (= Erklärungsansätze ohne die Stringenz einer Theorie). Thomas S. Kuhn (1976, 186; s. S. 44) spricht von „Paradigma" oder „disziplinärer Matrix" als von der „ganze(n) Konstellation von Meinungen, Werten, Methoden usw., die von den Mitgliedern einer gegebenen Gemeinschaft geteilt werden". Jedoch wendet er den Begriff , der in der Wissenschaftsgeschichte Karriere gemacht hat, in verschiedenen Versionen an, z. B. als Modell, Tradition, Philosophie, Plan, akzeptiertes Muster, Maßstab, Errungenschaft u. dgl., d. h. als Beispiele – die Gesetz, Theorie, Anwendung und Hilfsmittel einschließen – für konkrete wissenschaftliche Praxis, aus denen festgefügte Traditionen wissenschaftlicher Forschung erwachsen. In einer bestimmten Zeitspanne gelten die Schemata als nicht hinterfragbare Basisannahmen bzw. Überzeugungen.

Jedes Paradigma insinuiert bestimmte Fragestellungen als vernünftig. Zu ihm gehört immer ein Gegenstandsgebiet und eine Methodologie (Problemstellungen und -lösungen), z. B. der Übergang vom „Staunen" der (ontologischen) antiken Philosophie (Platon, Aristoteles) zum modernen „Zweifeln" (Descartes, Kant, Husserl). Daraus folgt, dass Methoden nicht absolut gesetzt werden dürfen. Dennoch ist ein dauerndes Verständnis über methodologische Rationalitätstheorien erforderlich, damit eine (vorläufige) Einheitlichkeit des Erkennens zustande kommt. Insofern erfüllt Methodologie durchaus eine wissenschaftstheoretische Metafunktion.

Alle methodologischen Regeln setzen überdies eine kommunikative Sprachinterpretation innerhalb einer Gruppe voraus (Apel), die Vorrangigkeit der sprachlichen Vorverständigung vor jeder szientischen Erkenntnisproblematik. Erst beim allgemeinen Gruppendissens der Begriffe und Wechsel der Fragestellungen entsteht ein neues Paradigma (Kuhn)/Interpretationsschema. Nur auf der Basis vorangegangener umgangssprachlich-kommunikativer Vorverständigung kann es zu einem intersubjektiven Einverständnis über methodologische Relevanzprobleme, z. B. über Standardmethoden, kommen. Dagegen stehen alle empiristischen, induktionslogischen Methodologien vor dem Dilemma, dass sie mehr oder weniger die epistemologische Unabhängigkeit der Fakten von Theoriekontexten behaupten müssen. Eine lineare Entwicklung der Wissenschaften durch Methoden gibt es nicht, sondern entscheidende Veränderungen erfolgen durch Paradigmawechsel. Nach Kuhn setzt das Neue eine Vorbekanntheit voraus. Eine absolut neue Entdeckung entsteht nur durch eine unbeabsichtigte Nebenwirkung. Jedes Paradigma impliziert epistemologische Vorentscheidungen. Fragen sind dennoch keine tautologischen Fragen.

5.3   Verfahren und Typologie der Wissenschaftstheorien

Die Wissenschaftstheorien verfahren nach allgemeinen Grundsätzen:
Soweit es um Sachverhalte geht, behauptet die Existenzhypothese die Existenz von eindeutig bestimmbaren Sachverhalten, während die Korrelationshypothese die Existenz von Beziehungen zwischen Gegenständen und Sachverhalten postuliert. Letztere verfährt als Kausalhypothese nach dem Muster A verursacht bedingt B, als Nullhypothese: A und B sind voneinander unabhängig.

Die Dinge, Eigenschaften und Relationen werden in (theorieabhängigen) Begriffen, die Sachverhalte in Sätzen abgebildet. Begriffe haben Einfluss auf die Wahrnehmung und strukturieren die Anschauung. Dies geschieht nach Kants (1944, 126) Lehre von der Gegenstandserkenntnis nach folgender Formel:

Die Anschauung ist demnach eine Art Vorbegriff. Im Anschauen lösen wir uns noch nicht denkend von der Wirklichkeit ab und abstrahieren noch nicht.

„Ohne Sinnlichkeit würde uns kein Gegenstand gegeben und ohne Verstand keiner gedacht werden. Gedanken ohne Inhalt sind leer, Anschauungen ohne Begriffe sind blind. Daher ist es ebenso notwendig, seine Begriffe sinnlich zu machen (d. i. ihnen den Gegenstand in der Anschauung beizufügen), als seine Anschauungen sich verständlich zu machen (d. i. sie unter Begriffe zu bringen)."

Die Begriffe werden in einem komplexen Kontext bereits erworbener Begriffe gebildet (Begriffsverknüpfung aus empirischer Erfahrung und theoretischen Einsichten). Sie sind Voraussetzungen wie Resultate des denkenden Umgangs mit Sachverhalten. Sie haben unterschiedliche Abstraktions-, Prägnanz- und Generalisierungsgrade. Die gängige Differenzierung unterteilt in Individual-, Gattungs-, Art-, Allgemein(Alltags-)begriffe. Sie machen Aussagen intersubjektiv kommunizierbar, das Begriffsnetz ist für die Verständigung wichtig. Durch Begriffe wird die Realität konstituiert, weniger abgebildet.

Das Wissen bezieht sich auf Sachverhalte. Also genügen ihm erst Sätze. Das Erkennen gipfelt in einem (analytischen/synthetischen oder apriorischen/aposteriorischen) Urteil.

Eine wesentliche Aufgabe der Theorie liegt in der Definition der Begriffe und Gegenstände. Am Anfang des Vorgangs steht ein explicandum. Das definiendum soll dem Ausdruck, mit dessen Hilfe es definiert wird (dem definiens), äquivalent sein. Die

- Nominaldefinition legt fest, welche Bedeutung einem bestimmten Terminus von jetzt an gegeben werden soll, die
- Realdefinition macht eine Aussage über die wesentlichen Eigenschaften eines realen Phänomens und beansprucht empirische Gültigkeit, schließlich gibt die
- operationale Definition Kriterien, mit denen ein empirischer Begriff gemessen werden kann, z. B. der Ortsverein einer Partei gilt als politisch aktiv, wenn eine bestimmte Anzahl von Mitgliedern mitmacht.

Seit der Antike gibt es die Auseinandersetzung zwischen Theorie (als Vordringen in den Bereich der Prinzipien und Ideen außerhalb der realen Sphäre des menschlichen Lebens; wörtlich: Reise zu den Göttern und Schau des ‚Guten'), Praxis (griech. techné = das Handeln, z. B. Ethik, Politik, Ökonomie nach Aristoteles) und Poiesis (das Herstellen von Werken). Platon trat für die Dominanz der Theorie (die Ideen sind die bestimmenden Kräfte; vgl. die idealistische Erkenntnistheorie von Kant, Hegel, Fichte, Schelling) ein, Aristoteles setzte dagegen die Wirklichkeit als unmittelbar gegeben voraus.

Erst seit Descartes („Cogito, ergo sum.") wird die „Realität" problematisiert und das Erkennen vom Subjekt aus gesehen (Rationalismus). Dagegen behauptet der Empiriker und Sensualist John Locke: „Nihil est in intellectu quod non prius fuerit in sensu." Diese Auseinandersetzung bestimmte auch den mittelalterlichen Universalienstreit. Danach stellten die einen fest: Das Allgemeine, das wir in den konkreten Dingen sehen (z. B. Holz in ‚Tisch') ist schon in Form von Ideen vor den Erscheinungen der Dinge da (Platon); die andern fanden im Anschluss an Aristoteles: Das Allgemeine ist in den Dingen, ist nur ein Name (Nominalismus).

Die Wissenschaftstheorie als Metatheorie der einzelwissenschaftlichen Erkenntnis besteht primär in der rationalen Rekonstruktion wissenschaftlicher Erkenntnis. Dabei stehen als wissenschaftslogische Methoden die Deduktion, die Induktion und die Abduktion (ein Objekt oder Sachverhalt wird sich vermutlich so oder so verhalten; daraus folgt eine

Typologische Übersicht

Empirisch-analytische Theorien	Interpretativ-epistemologische Theorien	Konstruktivistisch-systemische Theorien
objektive Realität	Subjekttheorien	autopoietische Systeme
Realitätsadäquanz	Rekonstruktionsadäquanz	Viabilität
statistisch-falsifikatorisch	konsensuell-dialogisch	evolutionär
nomothetisch	narrativ-typisierend	rekursiv
linear	zirkulär	selbstreferenzielle Geschlossenheit
		interdisziplinäre Systemtheorie
(naturwissenschaftlich)	(geistes- und sozialwissenschaftlich)	

Hypothese, die neue Einsichten hervorbringen kann) zur Verfügung. Daneben gibt es besondere Wege zur Erforschung der Objektbereiche: die Auslegung von Texten (Hermeneutik = qualitative Methode), Beobachtung und Experiment (quantitative Methode).

Die Wissenschaftstheorie kann jedoch nicht allein auf Erkenntnistheorie – als den Versuch, die Frage des methodischen Zustandekommens von Erkenntnis zu behandeln, Noetik als Denk- und Erkenntnislehre der Grundsätze des Denkens – reduziert werden; sie ist um Objektivierung und den Zusammenhang zwischen unterschiedlichen Phänomenen bestrebt (Zahn 1979). Ihre Gültigkeit hängt davon ab, inwieweit sie in der Lage ist, auch Handlungsfolgen in die Zukunft zu projizieren/extrapolieren.

Man bezeichnet eine Theorie als objektiv, wenn die betreffenden Aussagen durch eine vernunftgemäße, zuverlässige Methode als wahr erweisbar sind, d.h. durch die Regeln der „induktiven Logik". Dabei müssen die vortheoretischen Grundannahmen (z.B., dass die Osterweiterung der EU einen größeren Markt zur Verfügung stellt, einen höheren Lebensstandard erreicht; oder dass das Mächtegleichgewicht, die militärische Machtverteilung, der Einfluss von Organisationen wie UNO usw. für den Frieden in der Welt sorgen), die Wertbasis und der normative Hintergrund der Theorie offen gelegt werden; denn die Wahrheitserkenntnis ist perspektivisch, standort- bzw. standpunktbedingt. Nicht zuletzt deswegen gehört zur (politischen) Bildung das Training des methodischen Perspektivenwechsels, womit die Anerkennung des Bestehens mehrdeutiger, ja, widersprüchlicher Wahrheiten gemeint ist.

Die Wissenschaftstheorien hängen nach Habermas (1968, 155) mit dem Erkenntnisinteresse zusammen. Danach führen
- empirisch-analytische Wissenschaften zu nomologischem Wissen (technisches Erkenntnisinteresse)
- historisch-hermeneutische Wissenschaften zu interpretativem Verstehen (praktisches Erkenntnisinteresse)
- kritisch-hermeneutische Wissenschaften zur Ideologiekritik (emanzipatorisches Erkenntnisinteresse).

Zwischen den logisch-methodischen Regeln und „erkenntnisleitenden Interessen" gibt es einen Zusammenhang. Die Übergänge sind fließend. In allen Fällen handelt es sich um die Generierung von wissenschaftlichem Wissen und von Aussagen, die jeweils mithilfe geeigneter Methoden gewonnen werden sollen.

Wissenschaftstheoretische Grundströmungen

Wissenschafts-theoretische Positionen	Prämissen	Erkenntnisgegen-stand, -ziel, -interesse	Wertbezug	Methoden/Vor-gehensweisen	Grobe Zuordnung politikwissenschaft-licher Positionen
Normativ-ontologische Theorien	Existenz einer objektiven Wahrheit Wahres und Gutes durch Wissenschaft zu finden	Sinn und Wesen von Staat und Gesellschaft gute Ordnung des Gemeinwesens allgemein gültige, praktische Anweisungen	zentrale Be-deutung von Werten konstante und überzeitliche (ahistorische) Werte	Hermeneutik Phänomenologie Topik Begriffsrealismus historisch orientierte Betrachtungs-weise Ideengeschichte	vor allem konser-vative Positionen; bewahrende Kon-zeptionen
Empirisch-analytische Theorien	Wirklichkeit nur durch Erfahrung und Beobach-tung erfassbar keine absolute Wahrheit (Neopositivis-mus)	Beschreibung, Erklärung und Voraussage der Wirklichkeit Analysen von abgegrenzten Teil-bereichen der Gesellschaft Auffinden von Ge-setzmäßigkeiten Sammlung und Ordnung von sozialen Fakten	Werte können Gegenstand und Voraus-setzung, aber nicht Ergebnis der Wissen-schaft sein kein wertfreies Herangehen, aber wertfreie Ergebnisse	Sammeln von Fakten, Bildung von Hypothesen, Operationalisie-rung und Über-prüfung an der Wirklichkeit empirisch deduktiv oder empirisch induktiv	vor allem recht-fertigende und kritische Positionen; verbesserte und z.T. veränderne Konzeptionen
Dialektisch-historische Theorien	Gesellschaftliche Wirklichkeit gekennzeichnet durch: Geschichtlichkeit Totalität Dialektik (Widersprüche)	kritische Analyse der Gesamtgesell-schaft Erkennen der historischen Entwicklungs-gesetze Veränderung der Gesellschaft	Einschluss der Werte in die wissenschaft-liche Analyse Werte als Ausdruck his-torisch-materieller Interessen	Kritik an der ver-kürzten Rationa-lität der anderen Ansätze historischer Materialismus Dialektik neuerdings auch Methoden der empirischen Sozialforschung	vor allem Positionen der politischen Krisentheorie, des Neomarxismus; Stamokap; Kon-zeption des System-wechsels und z.T. verändernde Konzeptionen

(Aus: Carl Böhrer, Werner Jann, Eva Kronenwett: Innenpolitik und politische Theorie. Ein Studienbuch. 3. Aufl., Op-laden 1988, S. 417)

Aus ihrer Basisfunktion für jede Art von Erkenntnisgewinnung resultiert die notwendige Be-schäftigung mit den Wissenschaftstheorien. Sie erfolgt in diesem Buch nur so weit, als sie die unverzichtbaren Grundlagen von politikdidaktischen Konzepten/Theorien bereitstellen und zur Fundierung der Methoden beitragen.

5.4 Nachvollziehbare wissenschaftstheoretische Grundpositionen politischer Bildung

Im Anschluss an die wissenschaftstheoretischen Grundrichtungen werden in der Didaktik unterschieden:

1. Die normativ-ontologische Position (Freiburger [Bergstraesser, H. Maier, Hennis, Oberndörfer], Münchener und Mainzer [Voegelin, Fraenkel, Buchheim, Hättich] Schule); das methodische Problem liegt in der Unterscheidung zwischen Anspruch und gesellschaftlicher Wirklichkeit (Methoden: Hermeneutik, Fallanalyse, historische Problem- und Begriffsanalyse, Ideengeschichte); sie geht von naturrechtlichen, überzeitlichen und übergesellschaftlichen Werten aus und steht in der Tradition platonischer Ideenlehre und aristotelischer praktischer Philosophie sowie der mittelalterlichen Scholastik. Dieser konservative Ansatz unterstellt die Existenz von objektiven Wahrheiten, die sich in ethischen Normen und in der „natürlichen" Ordnung (Ontologie) von Staat und Gesellschaft ausdrücken. Der Politikbegriff ist eher gouvernemental-autoritativ. Vertreter in der Politikdidaktik ist Sutor. Die Nähe zur systemtheoretischen politischen Didaktik ist evident.

2. Die dialektisch-kritische Position (Hegel, Marx, Frankfurter Schule [Horkheimer, Adorno, Marcuse, Habermas]); methodisches Problem: Unterscheidung zwischen emanzipatorischen Ansprüchen und gesellschaftlicher Realität (Methoden: inhaltsanalytische Forschung wird in ein [vorgegebenes] System dialektischer, analytischer Kategorien auf polit-ökonomischer Grundlage einzuordnen versucht; historisch-genetisches Interesse an den Problemen). Vertreter einer solchen Theorie in der politischen Didaktik sind Schmiederer (in seinem Spätwerk über „Politische Bildung im Interesse der Schüler", 1977 nicht mehr) und Claußen.

3. Die empirisch-analytische Position (Kant; Kritischer Rationalismus: Popper, Albert; Positivismusstreit in den Sozialwissenschaften zwischen Position 1 und 2; s. S. 149); methodisches Problem: Unterscheidung zwischen Wissen und Tatsachen (Methoden: Inhaltsanalyse, Hypothesenfalsifikation, empirisch-deduktive und -induktive Einzeluntersuchungen [Hilligen, Fischer]).

Ihnen korrespondiert ein jeweiliges Erkenntnisinteresse:

zu 1.: ein ordnungspolitisches Interesse („gute Ordnung"), Werturteile, normative Setzungen, praktisch-philosophische Orientierung (wird von Position 2 als unwissenschaftlich abgelehnt),

zu 2.: Dialektik von Sein und Sollen (transzendenter Gehalt aller Grundbegriffe); Kritik historisch verstandener Macht-, Abhängigkeits- und Herrschaftsverhältnisse; der Wahrheitsbegriff ist an ein Gesellschaftsmodell gekoppelt; empirische Befunde sind auf die gesellschaftliche Totalität zu beziehen (wird von Position 1 und 3 als unwissenschaftlich und ideologisch zurückgewiesen), emanzipatorische Interessen; Prinzip der Dialektik, dem die Wirklichkeit (angeblich) folgt (wird von Position 1 und 3 als Metaphysik abgelehnt),

zu 3.: Orientierung an formaler Logik; technisches Interesse (Falsifizierung von Aussagen). Die grundsätzliche Unvereinbarkeit dieser Positionen ist evident (vgl. den Wahrheitsbegriff von 2 und 3). Deswegen sind bei einem partiellen Methodenverbund die wissenschaftstheoretischen Voraussetzungen zu beachten; denn beispielsweise sind dialektische Auseinandersetzungen auf Empirie und Hermeneutik angewiesen, will man nicht der Spekulation Tür und Tor öffnen. Ebenso wenig kann Empirie ohne Interpretation auskommen. Hermeneutik ihrerseits kann/sollte durch Ideologiekritik ergänzt werden, um sie über die Immanenz hinauszuheben. Daraus lässt sich eine Komplementarität von Hermeneutik, Empirie und Kritischer Theorie konstatieren.

Allein auf der Grundlage anerkannter Methoden lassen sich die Hypothesen einer Untersuchung im Sinne zu falsifizierender oder zu verifizierender Erklärungsannahmen im einzelnen verfahrensmäßig nachprüfen. Die zu diesem Zwecke vorzunehmende Reflexion über die Methode steht im größeren Kontext der „Theorie". Diese wiederum steht für erkenntnistheoretische und gesellschaftsanalytische Überlegungen.

5.5 Wissensschaftstheoretischer und bezugswissenschaftlicher Begründungszusammenhang von Methoden

In einem umfassenden (philosophischen) Methodenbegriff wird das Denken selbst zur Methode erklärt (Lorenzen 1974). Von entscheidender Bedeutung sind die Erkenntnismethoden, z. B. die sokratische Methode des Dialogs, die transzendentale Methode der Herleitung von Begriffen (Kant), die phänomenologische Methode der Relevanz des Gegenständlichen (Husserl), die Methode der Sprachanalyse (Wittgenstein) u. a. Das Vorgehen ist entweder (historisch-)hermeneutisch (erklärend-verstehend, Dilthey), (empirisch-)analytisch (positivistisch-feststellend) oder dialektisch (Progress im Aufeinanderstoßen von Gegensätzen; Hegel; Marx). In allen Fällen ist es kritisch. Für die einzelnen Disziplinen mit ihren speziellen Erkenntnisinteressen entstanden die – in sich differenten – fachspezifischen Methoden, z. B. die juristische , die historische, die theologische Methode mit je eigenen Formen vornehmlich des Umgangs mit Texten (Quellen), die soziologische Methode mit ihren experimentell-naturwissenschaftlichen, deskriptiven, analytischen und interpretativ-geisteswissenschaftlichen Anteilen. Daneben besteht das Bedürfnis nach holistischen Methoden, nach der Möglichkeit, das Ganze zu erfassen. Die grobe Unterscheidung von Methoden nach ihrer Herkunft aus den Geistes- oder Naturwissenschaften reicht infolge des Zusammenhangs von theoretischem und praktischem Wissen nicht mehr aus. Auch die Klassifizierung nach Erkenntniszielen als a) nomothetisch (sog. Gesetzeswissenschaften, auf analytischen und dialektischen Theorien beruhend) und b) idiografischen (beschreibend, mehr am Einzelfall orientiert, normativ-ontologisch) Wissenschaften kann nur zusätzliche Anhaltspunkte liefern, mehr nicht.

Bei dem Rekurs einer Methode auf eine Wissenschaftstheorie ist die Frage nach den Begründungs- und Kontroll-(Beurteilungs-)kriterien erheblich. Zwecks terminologischer Präzisierung muss geklärt werden, welche Kategorien verwendet, welche Vergleichsmaßstäbe herangezogen werden sollen. Die Beantwortung führt zu Konsequenzen für die von Wissenschaftlern vertretenen Positionen bzw. für die Relevanz ihrer Aussagen. Dabei kommt es im Hinblick auf die Angemessenheit ihrer Methoden u. a. an auf

* die intersubjektive Begründbarkeit der Hypothesen
* den Nachweis der Prämissen und Quellen
* die Präzision der Begriffe
* die logische Konsistenz der Beweisführung
* die Plausibilität der Ergebnisse.

Entsprechend den wissenschaftstheoretischen Ansätzen ist das Erkenntnisinteresse technisch bzw. szientifisch unter Berufung auf empirisch-analytische Wissenschaften, es ist praktisch bei normativ ausgerichteten und emanzipatorisch bei kritisch orientierten Sozialwissenschaften. Ein wichtiger Auslöser für die überdisziplinäre Beschäftigung mit den Wissenschaftstheorien war der Positivismusstreit (Adorno 1972). Er wurde auf dem Tübinger Kongress der Deutschen Gesellschaft für Soziologie 1961 von den Vertretern des Kritischen Rationalismus und der Kritischen Theorie, Popper und Adorno, ausgelöst und als Streit zwischen Habermas und Hans Albert (1971) über die Grundlagen der Sozialwissenschaften fortgesetzt. Der Erstere wollte – in Kürze – die Ansprüche der subjektiven dialektischen Gesellschafts- und Geschichtsinterpretation sicherstellen (Ideologie versus Positivismus), während der Zweite die Ansprüche einer analytischen, erfahrungswissenschaftlich orientierten Soziologie verteidigte. Marxistischen Theorieansprüchen fehle der Wahrheitsgehalt, ebenso den normativen Setzungen und der vermeintlichen Existenz geschichtlicher Gesetzmäßigkeiten. Dagegen sei die „offene Gesellschaft" eine solche frei handelnder und entscheidender Individuen (Popper).

Als Erklärungsmodelle für die Beurteilung der als obrigkeitlich-statisch empfundenen gesellschaftlichen Verhältnisse der Nachkriegszeit in Westdeutschland wurden die Wissenschaftstheorien mit dem Ziel von Systemveränderungen bzw. Systemtranszendenz von den Studenten der so genannten 1968er-Bewegung in Anspruch genommen. Neben den unreflektierten, der profanen Weltsicht dienenden Alltagstheorien handelte es sich um hypothetische Erklärungsangebote, da eine theorielose Praxis irrational gewesen wäre. Es ging in erster Linie um die (teilweise neomarxistische) Kritische Theorie (sog. Frankfurter Schule, Horkheimer, Adorno, Habermas u. a.) und den neopositivistisch verstandenen Kritischen Rationalismus (Popper, Albert u. a.) sowie um die Systemtheorie (Parsons, Luhmann).

Keine dieser Wissenschaftstheorien (einschließlich der Sozialisations-, Lern-, Verhaltens- und Handlungstheorien) kann für sich allein eine umfassende Analyse eines Gegenstandsbereichs politischer Bildung leisten. Deshalb ist ein wissenschaftlicher Pluralismus (mit all den Gefahren des Eklektizismus und Relativismus) für eine multiperspektivische Orientierung im Sinne der mehrseitigen Betrachtung eines Problems vonnöten und bedarf der Methodenvielfalt (z. B. Perspektiven- und Paradigmawechsel, s. S. 332).

Die verschiedenen Forscher arbeiten nach Kriz u. a. (1996) mit unterschiedlichen Paradigmata, sind kontext- und methodenabhängig. Das heißt die Wirklichkeit wird von jedem anders erfahren; aber es besteht eine ähnliche Wahrnehmung. In ihr sind individuelle Selektion, Erinnerung, Deutung und Entscheidung – durch Rollenübernahme und Prägung durch das Bewusstseinsgefüge der umgebenden Gesellschaft u. dgl. – verbunden, und sie sind theoriegeleitet. Auch die Erfahrung ist kulturabhängig und gesellschaftlich vorstrukturiert. Sie erfolgt a) phylogenetisch aus der stammesgeschichtlichen Entwicklung des Menschen (spezifische Ausprägung der Sinnesorgane und des zentralen Nervensystems), b) soziogenetisch aus dem Entwicklungsstand der Gesellschaft bzw. der Sozialisation und c) ontogenetisch, indem sie die Vergangenheit des Individuums mit der Erfahrungsstruktur der Gegenwart und Zukunft verknüpft (vgl. Detjen 2002, 118 f.). Daraus folgt, die Wirklichkeit ist nicht, sondern wird konstituiert. Wirklichkeit „konstituieren" heißt dann insbesondere aktives „Strukturieren".

Die Entscheidung für eine der Theorien, für die traditionelle Theorie und Praxis oder für die Kritische Theorie und Praxis hat Konsequenzen für die politische Bildung. Nach Ersterer

„sollen Unterrichtskonzepte und Unterrichtsrealitäten bezeichnet werden, denen es primär darum geht, den Lernenden für die Wahrnehmung einer vorgezeichneten Staatsbürgerrolle zu qualifizieren und dabei das politische System als etwas grundsätzlich Unveränderliches darzustellen". Im zweiten Falle geht es darum, „den Lernenden politisch-gesellschaftliche Phänomene und Strukturverbindungen in ihrer historischen Gewordenheit, relativen Offenheit für die Zukunft und subjektiven wie objektiven Zwiespältigkeit durchschaubar werden zu lassen sowie theoretisch und praktisch hinsichtlich Grundlagen, Beschaffenheit und Konsequenzen des Systems zur Disposition zu stellen" (Claußen 1981, 64 f.).

5.6 Einige Wissenschaftstheorien als (Mit-)Bestimmungsfaktoren politischer Bildung

5.6.1 Der Kritische Rationalismus

Die kritisch-szientistische Methode wurde von dem Amerikaner Charles S. Peirce in seiner „Kurzen Logik" (1891) dargestellt. Popper (1976, 105 f.)hat sie wie folgt beschrieben:

- Wissenschaftliche Theorien können zwar induktiv „entdeckt", aber niemals als wahr bewiesen („verifiziert") werden.
- Die Prüfung des Wahrheitsanspruchs einer Theorie geschieht deduktiv durch Widerlegungsversuche („Falsifikation").
- Die Falsifikation muss intersubjektiv überprüf- und wiederholbar sein.
- Bei positiver Falsifikation muss die Theorie verändert werden; bei negativem Ausgang hat sie vorläufig Bestand bis zum nächsten Falsifikationsversuch.

Das bedeutet, Poppers Kritischer Rationalismus orientiert sich an der formalen Logik und an operationalisierbaren Begriffen. Es ist nur wahr, was den Tatsachen entspricht. Daraus resultiert die Suche nach (logischen) Widersprüchen. Historische Gesetzmäßigkeiten, z. B. Klassenkampftheorien, Totalitarismus u. dgl., fallen folglich aus dem Bereich des rational Diskutierbaren heraus, weil sie nicht überprüfbar und logisch unhaltbar sind. Die Scheidung von Wissen und Tatsachen geht auf den Logischen Empirismus (Neopositivismus) zurück. Im klassischen Empirismus ging man noch voraussetzungslos von den Tatsachen aus. Kritisches Denken muss dagegen seine Kategorien aus logischen Deduktionen, aus den von der menschlichen Vernunft vorgegebenen Denkschritten und nicht von einer sich ständig wandelnden Praxis herleiten. Infolgedessen kann kritisches Denken nur die Konsistenz von Sätzen mittels permanenter Falsifizierung (Methode des Fallibilismus) überprüfen und keine Modelle für gesellschaftliche Praxis entwerfen. Allerdings wird vom Logischen Empirismus alles, was erlebt, wahrgenommen wird, protokolliert. Daraus können durch Induktion allgemeine theoretische Sätze abgeleitet sowie theoretische Annahmen bewiesen werden. Das Verfahren besteht also darin, Alltagserfahrungen und Alltagssätze so zu formulieren, dass daraus Protokollsätze werden, die dann mithilfe empirischer Methoden verifiziert werden können. Ziel des Logischen Empirismus ist die Verifikation.

In praxi geht die kritizistisch-positivistische Methode von Popper mit dem Ziel, Gewissheit herzustellen, wie folgt vor:
1. Beobachtungen
2. Protokoll über die Beobachtungen zwecks intersubjektiver Nachprüfbarkeit

3. Hypothese (Erklärung der protokollierten Beobachtungen)
4. Probabilistische Verifikation
5. Falsifizierung.

Das Paradox der (vermeintlich erreichten) Objektivität und Wertfreiheit, die selbst Werte darstellen, wird dadurch teilweise aufzulösen versucht, indem man zwischen rein wissenschaftlichen Werten und Unwerten sowie außerwissenschaftlichen Werten und Unwerten unterscheidet.

Der leitende wissenschaftliche bzw. wissenschaftsrelevante Wert ist die Wahrheit, dann folgen die Fruchtbarkeit, die erklärende Kraft, die Einfachheit und Genauigkeit von Theorien. Diese Theorie, die von den Inhalten abstrahiert, ist im Grunde eine Methodologie. Sie erscheint praktikabel unter der Voraussetzung einer offenen, pluralistischen Gesellschaft liberaler Prägung. Als Vertreter unter den Politikdidaktikern hat vor allem Kurt Gerhard Fischer zu gelten.

Die Frage des von Popper (1934; und Albert) formulierten Objektivismus lautet: Wie bezieht die allgemeine Theorie die Einzelfälle mit ein? Durch das explicans/definiens (= die allgemeine Theorie) wird der Einzelfall, das explicandum/definiendum bestimmt. Die wissenschaftliche Objektivität wird als „die Intersubjektivität der wissenschaftlichen Methode" beschrieben, was ihren „öffentlichen Charakter" (Popper) ausmacht. Werturteile werden abgelehnt. Danach sind Theorien nach kritisch-rationalistischer Auffassung Systeme von

- in sich widerspruchslosen Sätzen
- allgemeingültigen (universalen) Sätzen
- falsifizierbaren Sätzen
- wertfreien Sätzen
- nachprüfbaren Sätzen (Tschamler 1996, 60).

Die Sprache wird als ein Zeichensystem verstanden, dessen syntaktischer und semantischer Aspekt im Vordergrund steht (Semiotik). Nie lässt sich ein Wort oder ein Zeichen als die letzthinnige Präsenz des Sinnes hinnehmen.

Kritischer Rationalismus kritisiert besonders das Induktionsprinzip, mit dem von besonderen Sätzen, die z.B. Beobachtungen, Experimente usw. beschreiben, auf allgemeine Sätze, auf Hypothesen oder Theorien geschlossen wird. Generelle Sätze mit unendlichem Gegenstandsbereich lassen sich nach Popper nicht endgültig verifizieren, wohl aber falsifizieren: „Alle Schwäne sind weiß" (= genereller Satz) lässt sich nicht sichern, sobald ein Gegenbeispiel feststeht, d.h. sobald die Aussage gesichert ist: „Es gibt auch schwarze Schwäne." (Popper)

Der Kritische Rationalismus hält folglich endgültig gesicherte wissenschaftliche Erkenntnis für unerreichbar, entwirft keine Modelle für die gesellschaftliche Praxis und bekennt sich zur „offenen Gesellschaft" (Popper). Die bewusste Wertabstinenz (vgl. die Unterscheidung zwischen [subjektivem] Werturteil und [wissenschaftlichem] Tatsachenurteil, zwischen Analyse und Beurteilung) kann allerdings von ihren eigenen normativen Prämissen, eben der Wertfreiheit und Interesselosigkeit des Forschers, nicht abstrahieren. Sie kann demnach allein die soziale Wirklichkeit ohne hermeneutische Ergänzung nicht erklären. Rationalität läuft Gefahr, unter der Forderung nach Wertfreiheit zur Zweck-Mittel-Rationalität und „halbierten" Rationalität zu verkümmern. Politik wird von ihr auf Sozialtechnik reduziert: Die Aussagen müssen konkludent sein, ihre Inhalte sind sekundär.

Es geht um die Beschreibung sozialer Phänomene, die sich auf eine nomologische Erklärung von Ereigniszusammenhängen stützen und zeitlich und räumlich unbeschränkte Geltung anstreben.

Die Idee der Falsifikation ist das tragende methodologische Grundprinzip des wissenschaftlichen Erfahrungserwerbs nach dem Muster: Wenn p als Folgesatz aus einem Satzsystem ableitbar ist, und wenn sich p als falsch erweist, dann kann man aufgrund des analytischen Implikationsverhältnisses von p und t auf die Falschheit einer Theorie t schließen. Das Verfahren beruht auf Induktion, d.h. Maßstab der Erkenntnis ist die Vergangenheit, die ständige Wiederkehr unserer Beobachtungen, z.B. Alle Schwäne sind weiß, alle Raben sind schwarz (Popper). Die Möglichkeit eines andersfarbigen Schwans oder Raben ist durchaus gegeben. Deshalb ist die Schlussfolgerung von wiederholt beobachteten gleichen Exemplaren auf alle Exemplare logisch nicht haltbar (s.o.).

Die falsifikatorische Forschungsheuristik legt – nach Petersen-Falshöft (1979) – offen, wie ein theoretisches Deutungssystem dem anderen folgt. Darin bestätigt sich der vorläufige Charakter unseres Wissens. Der Fallibilismus, der nach dem (von anderen Wissenschaftlern kritisierten) Prinzip von Versuch und Irrtum verfährt, stellt infolge seiner radikalen Kritik eine denkerischer Revolution in Permanenz dar.

Poppers Idee der Falsifikation will eine methodische Bildung auf ursprüngliche Weise verkörpern, weil sie das Lernen mit Kritikbereitschaft verbindet. Dies soll zur Habitualisierung von rationalem Verhalten beitragen. Der Prozess selbst beginnt mit der Wahrnehmung von Daten, die auf einer Vorinterpretation beruht, d.h. wir machen Beobachtungen unter einer antizipativen Direktive (produktives Moment der Vorurteile für den wissenschaftlichen Erkenntnisprozess). Erfahrung strukturiert sich nur im Lichte von Theorien. (Der induktionslogische Erfahrungsbegriff der Neuzeit setzt voraus, dass es eine theoriefreie, rein beschreibende Observationssprache gibt.) Das Handeln kann man aus alledem nicht ableiten. Man kann es nach Popper nicht prognostizieren, weil man die zukünftigen wissenschaftlichen Resultate nicht im Voraus kennt. Daher ist die Frage, inwieweit die Methode für politisches Handeln überhaupt relevant ist, da sie den Gegebenheiten immer hinterher hinkt.

Poppers Basissätze richten sich gegen die empiristische Vorstellung von den evidenten Wahrnehmungsurteilen. Popper versucht die Idee der Erfahrung durch die der objektiven Prüfung zu ersetzen und die der Erfahrbarkeit (Beobachtbarkeit) durch die einer objektiven Prüfbarkeit.

Kritik richtet sich gegen die Nichtverifizierbarkeit von Basissätzen, woraus die Nichtfalsifizierbarkeit von Theorien folge. Kann es eine unabhängige Prüfbarkeit oder theorieneutrale Entscheidungskriterien geben? Prüfungsversuche sind durch ihre theoretische Antizipationslastigkeit ebenfalls vorbelastet. Die zu prüfende Theorie definiert die Prüfstandards und Tatsachen, die zu ihrer eigenen Erprobung dienen sollen. Damit bleibt sie – wie jede Methode – der hermeneutischen Zirkelstruktur verhaftet.

Durch den Zweifel sollen Wahrheit und Erkenntnisfortschritt sichergestellt werden (Bacon, Descartes, Popper). Auch bei der Falsifikation ist der empirische Anwendungsbereich durch unkontrollierbare Antizipationen (Vorurteile) vorbestimmt. Dieser Einwand stellt die prätendierte Voraussetzungslosigkeit von Methode in Frage. Antizipationsfreie Basissätze (die es gar nicht geben kann) müssten den Theorien vorausgehen, wenn sie diese widerlegen sollen.

Die Falsifikationsmethode ist für Popper die adäquate Theorie des Lernens, denn wir lernen nur aus Irrtümern. Methodisches Lernen zeichnet sich durch das Bemühen aus, Irrtümer so schnell wie möglich zu machen, um aus ihnen zu lernen. Die Kritik moniert, dass Popper die Bedeutung der sprachlichen Wissenstradierung verkennt, die für das Lernen schon immer das konstitutive Vorwissen bildet, von dem aus Entdecken und Lernen des Neuen ihren Ausgang nehmen. Der Mensch bildet ein je neues Verhältnis zu seinem Vorwissen aus, indem er etwas über die Bedingtheit der Voraussetzungen dieses Vorwissens lernt. Lernen erschöpft sich nicht in bloß informativer Kenntnisnahme, sondern ist im besonderen Maße „Dazulernen" im Sinne eines Umschlagens des erfahrenden Bewusstseins (Petersen-Falshöft 1979, 122).

Wissenschaftliche Entwicklung erfolgt zusammengefasst nach Popper in einem durch wissenschaftliche Rationalität determinierten linearen Wissenschaftsmodell. Dagegen wandte sich Kuhn (s. S. 143) in der Kontroverse mit ihm. Nach Kuhn ist Wissenschaft ein alternierender Prozess normaler Wissenschaft und außerordentlicher oder revolutionärer Wissenschaft, d. h. ein nicht-rationaler Prozess sich abwechselnder Paradigmen.

5.6.2 Die Kritische Theorie

Wissenschaft kann nach Auffassung der Kritischen Theorie nicht auf Satzsysteme reduziert werden (wie im Kritischen Rationalismus), sondern wird als Teil des gesamtgesellschaftlichen Geschehens aufgefasst. Jede Wissenschaft hat daher eine Theorie der Gesellschaft als Grundlage. Normen und Prinzipien sind Teilmomente einer bestimmten gesellschaftlichen, historisch bedingten Entwicklungsstufe. Die Kritische Theorie versteht Gesellschaft als eine dialektische Totalität zwischen Menschen und Gesellschaft, Theorie und Praxis. Eine Analyse des Istzustandes genügt ihr nicht. Theorie und Praxis gehören für sie eng zusammen. Deshalb fordert sie die Einheit von Denken und (emanzipatorischem) Handeln. Das heißt, auch Wissenschaft wird von den gesellschaftlichen Verhältnissen, von den „erkenntnisleitenden Interessen" (Habermas) bestimmt; „interesselose Theorie" gilt als ein Unding (Horkheimer). Systemkritik ist demnach eine transzendierende Kritik, und „radikale" Erkenntniskritik muss folglich als „Gesellschaftskritik" und Systemveränderung angelegt sein. Nach dieser (normativen, kollektivistischen) Theorie ist das Individuum ein „Ensemble der gesellschaftlichen Verhältnisse" (K. Marx). Ziel ist die Beseitigung von sozialer Unterprivilegierung, die Abschaffung von überflüssiger Herrschaft, der Klassengesellschaft usw. Die Methode ist – im Anschluss an Hegel und Marx – die dialektische (Horkheimer/Adorno 1971; Didaktik: Christian 1978). Die Ideologiekritik als Hauptmethode der Kritischen Theorie führt die Hermeneutik über ein bloßes „Verstehen" und Nachvollziehen hinaus. Ihre Fragestellung und Methode gehen davon aus, dass menschliches Denken und Handeln bis hin zur Wissenschaft durch die jeweiligen gesellschaftspolitischen Verhältnisse, gesellschaftlich vermittelte Interessen, Abhängigkeiten, Herrschaftsverhältnisse, Zwänge oder Chancen (mit-)bestimmt werden. Darin verstößt sie im didaktischen Sinne gegen das Überwältigungsverbot.

Die Kritische Theorie bezieht also die historische Bedingtheit ihrer Kategorien und Theorien in den Forschungsprozess mit ein. Das heißt auf die kritische Beurteilung der Wirklichkeit ist das Kriterium der empirischen Überprüfbarkeit nicht anzuwenden, nachdem Wirklichkeit zuerst empirisch festgestellt worden ist. Die Nähe zur marxistischen Auffassung, wonach Theorien für Abbildungen von Wirklichkeit gehalten werden und die derzeitige

Gesellschaft als antagonistisch interpretiert wird, ist evident. Die Kritische Theorie ist immer auf „Totalität" gerichtet (andernfalls „halbiere" eine Wissenschaft sich selbst), und nicht die Fakten sind allein wichtig, sondern die Vorstellungen vom „Ganzen", die den Fakten erst ihren Erkenntniswert geben. Dies hängt mit der Unterscheidung zwischen von der Kritischen Theorie so bezeichneten, als positivistisch und status-quo-orientiert, die Erweiterung des Tatsachenwissens intendierende „traditionelle Theorie" einerseits und „kritischen", ganzheitlich-dialektischen, auf Durchsetzung von mehr Vernunft in der Wirklichkeit zielende Theorie andererseits (Horkheimer 1973) zusammen. Sie ist eine Sozialphilosophie und versucht als solche philosophische Reflexion, gesellschaftskritische Analyse und empirische Forschung miteinander zu verbinden. Ihre Methodologie lehnt die Trennung des wissenschaftlichen Objekts vom betrachtenden Subjekt ab. Gegenstände, Methoden und Relevanzstrukturen wissenschaftlicher Arbeit können nur im Zusammenhang der Gesellschaft insgesamt zureichend verstanden werden. Die Kritische Theorie hat demnach die Gesellschaft selbst zum Gegenstand und liefert (vermeintlich) den gesellschaftlichen Rahmen für jede einzelne menschliche Handlung, die durch ein emanzipatorisches Erkenntnisinteresse einer vernünftigen Zielsetzung unterstellt wird. Die auf Handeln angelegte Kritische Theorie leistet die Überwindung des cartesianischen Dualismus von Denken und Sein.

Dies ermöglicht ihr parteiliche Eingriffe in gesellschaftliche Prozesse zugunsten von Unterprivilegierten, für Gleichheit und Solidarität, Abschaffung von (überflüssig erscheinenden, historisch determinierten) Herrschaftsverhältnissen, Aufhebung gesellschaftlicher Antagonismen usw. Die Kritische Theorie verknüpft somit „Erkenntnis und Interesse" (Habermas), Theorie und Praxis, Wissenschaft und Politik, verschränkt Wissenschaft und Leben, Objektivität und Parteinahme, hält Ideologie als eine nicht eliminierbare Komponente der Wissenschaft und unterstellt die Wertbestimmtheit aller Human- und Sozialwissenschaften. Sie hat ein emanzipatorisches Gesellschaftsmodell zum Ziel, in dem ein Optimum an Freiheit und Gleichheit durch Abbau von nicht legitimierter Herrschaft, Beseitigung von Unterdrückung und Armut, durch ein Höchstmaß an gesellschaftlicher, politischer und wirtschaftlicher Partizipation, letztlich durch die Realisierung von Emanzipation verwirklicht werden soll. Mit Emanzipation ist nicht die Trennung des Individuums von der Gesellschaft gemeint, sondern die Schaffung eines neuen Verhältnisses zur Gesellschaft und damit ihre Veränderung.

Die Optionen und Erwartungen dieses kritisch-analytischen bzw. historisch-dialektischen Ansatzes sind nicht beweisbar und nicht verifizierbar. Sie entfernen sich von der Wirklichkeit, stellen das politische System zur Disposition und entwerfen transzendierende Perspektiven. Claus Offe (1989 in Beck 1991, 229) qualifiziert die ihr zugrunde liegende Ideologie wie folgt: „(…) so ist heute ohne Zögern zu konstatieren, dass der Begriff ‚Sozialismus' – als eine umfassende Strukturformel für eine Gesellschaftsordnung verwirklichter Emanzipation – heute (und nicht erst seit heute) operativ leer ist."

Die Stärken liegen in der Wirtschafts- und Gesellschaftsanalyse, im Entwurf von Modellen. Deshalb haben sie in der 1968er-Studentenbewegung eine herausragende Rolle bei der Kritik des so genannten (kapitalistischen) „Systems" gespielt und wurden von der dialektisch-kritischen (neomarxistischen) Politikdidaktik der 1970er-Jahre rezipiert (Schmiederer 1972). Die konsequenteste Umsetzung eines theoretischen Systems auf eine didaktische Konzeption erfolgt(e) durch Claußen (1984 u. v. a.).

5.6.3 Die Systemtheorie

Unter einem System versteht man ein einheitlich geordnetes Ganzes, das ein gewisses Maß an Integration und Geschlossenheit im Verhältnis seiner Elemente zueinander (eine Struktur) besitzt. Weiter gehört dazu eine gewisse Kontinuität und Regelmäßigkeit in den Beziehungen zwischen den Elementen des Systems. Die daraus entstandene Systemtheorie wird als eine systemerhaltende, „traditionelle" Theorie verstanden. Das System wird im Wesentlichen als unveränderlich betrachtet. Dem entspricht z. B. ein formal-institutioneller Demokratiebegriff ebenso wie ein statisches Verfassungsverständnis, ein Verständnis für das So-Seiende (normativ-ontologischer Zugriff). Es geht von der Existenz objektiver Wahrheit und überzeitlicher, „naturrechtlicher" Werte aus, die in den Strukturen des Vorgegebenen, der „natürlichen Ordnung" des Seins erkennbar ist. Allerdings ist die Norm nicht mit der Realität identisch, sodass zwischen ihr und der Wirklichkeit kritisch geprüft und unterschieden werden muss (Sutor 1986).

Mit der Systemtheorie verbindet man also den Ordnungsgedanken, nach dem schon Platon und Aristoteles, Kant und Hegel gesucht hatten. Ihre Hauptvertreter sind Parsons und Luhmann. Die strukturell-funktionale Variante wird von Talcott Parsons vertreten. Er begreift Gesellschaften als Systeme, in denen bestimmte „Funktionen" für die von ihnen betroffenen Einheiten (z. B. Individuen, Gruppen, kulturelle und soziale Systeme) erfüllt sein müssen, damit die „Struktur", d. h. die innere Ordnung des Systems (nach R. Merton z. B. soziale Rollen, Normen, Strukturen, Prozesse, kulturelle Muster) über einen gewissen Zeitraum hinweg gesichert bleibt. Das Ziel liegt in der Erhaltung des Gleichgewichts eines (Sub-) Systems (z. B. der Staat, die EU; das Gleichgewicht der weltpolitischen Kräfte; das Bildungs- und Sozialsystem usw.).

Das Problem besteht in der Komplexität. Teilbereiche der Gesellschaft differenzieren sich funktional aus (z. B. durch Arbeitsteilung), die Verhältnisse sind nicht mehr überschaubar und infolgedessen nur beschränkt analysierbar. Die Systemanalyse fragt danach, wie ist Ordnung, Gleichgewicht, Homöostase möglich? Die Kritik wirft Parsons vor, er ignoriere den Konflikt und den sozialen Wandel sowie den revolutionären Umbruch, bezeichne sie als dysfunktional, setze zu sehr auf Integration, Konsens, Status quo u. dgl.

Niklas Luhmann vertritt die strukturell-funktionale Variante. Er fragt danach, wie soziale Ordnung möglich ist – unter Benutzung der folgenden Leitfragen:
- Welche Möglichkeiten hätten bestanden und bestehen noch?
- Welche Alternativen sind denkbar?
- Wodurch wird das, was existiert, ausgewählt oder bevorzugt?
- Was ist die spezifische Leistung des Ausgewählten im Gegensatz zu den nichtrealisierten Varianten?

Soziale Systeme sind autopoietisch, d. h. sie haben die Fähigkeit, eigene Prozesse und Strukturen zu erzeugen und zu verändern, sie sind selbstreferentiell und geschlossen (emergent = von ihrem Erzeugungskontext ablösende Einheiten, die sich unter Aufnahme von Energie und Information aus ihrer Umwelt autonom herstellen), schließlich können sie, weil strukturell an ihre Umwelt gekoppelt, von dieser angestoßen und zu internen Abläufen provoziert werden.

Die funktionale Methode zielt auf „die Erweiterung der Kapazität und Komplexität", nicht auf Systemerhaltung. Moderne Gesellschaften differenzieren sich nach Luhmann in verschiedene autopoietische und selbstreferentiell operierende Teilsysteme (z. B. Rechtssystem,

Erziehungssystem), die eine bestimmte Funktion übernehmen (z. B. Rechtsprechung, Erziehen und Unterrichten). Jedes System kann Beziehungen zum Gesamtsystem oder zu Einzelsystemen eingehen. Das „selbstreferenzielle System" ist die Beziehungsmitte, ihr sind „offene" und „geschlossene" Systeme nachgeordnet. Jede Änderung erfolgt aus sich heraus. Systemkritik ist immanente Kritik. Eine Gefahr liegt im unendlichen Regress der Selbstreferenz (Verhältnis von Selbststeuerung und Intervention wird bedeutsam).

Systemtheoretische Politik zielt auf die Erhaltung des Bestehenden, auf nicht systemgleichgewichtsstörende Veränderungen, ist also systemstabilisierend (Greven 1974; Narr 1971; Deichmann 1975). In der Politikdidaktik ist G. C. Behrmann dieser Theorie zuzuordnen.

5.6.4 DIE PHÄNOMENOLOGIE

Während die hermeneutische Methode (s. S. 162) sich auf die Erlebnisse als Begegnung mit der Welt stützt, bezieht die phänomenologische Methode sich auf die Erscheinungen als Fakten. Ein Phänomen ist das, was sich selbst, und zwar wie es ist und was klar vor uns liegt, zeigt. Die Phänomenologie ist die Lehre von den Erscheinungen.

Nach Husserl (1913; 1929) gründet die phänomenologische Methode sich auf das geistige Schauen, auf Intuition, die sich auf das Gegebene (die Washeit) bezieht. Sie versucht das verborgene Wesen, den Logos, die Vernunft usw. in den Tatsachen in Erscheinung treten zu lassen (eidetische Phänomenologie; vgl. Hegels „Phänomenologie des Geistes", 1806) und fragt, wie die Welt dem Menschen und er dabei sich selbst ins Bewusstsein kommt. Die Hauptregel lautet: „Zu den Sachen selbst" (Husserl). Maßgeblich ist dabei die so genannte (methodische) Reduktion von

a) allem Subjektiven
b) allem Theoretischen (Hypothesen, Theorien, Beweisführungen)
c) aller Tradition.

Die Methode verfährt deskriptiv und nimmt eine objektivistische Haltung dem Gegenstand gegenüber ein. Sie ist unhistorisch. Aussagen gelten nur innerhalb eines raum-zeitlich begrenzten Horizonts. Ihr ist es gleichgültig, ob der Gegenstand existiert oder nicht (im Gegensatz zur empirischen Methode, die erst feststellt, ob etwas tatsächlich ist). Sie stützt sich auf so genannte Protokollaussagen, die im Protokoll von Beobachtungsberichten aufgeschrieben werden. Es handelt sich um Aussagen, die das Vorkommen von Phänomenen feststellen. Sie werden dann durch eine Folge von radikalen Reduktionsschritten präzisiert, und zwar durch
* „phänomenologische Reduktion" (Ausklammerung der realen Welt)
* „eidetische Reduktion" (Ausklammerung der [bildhaften] Vorstellungen)
* „transzendentale Reduktion" (Ausklammerung des Übersinnlichen).

Schließlich wird erklärt, es werden Hypothesen gebildet, verifiziert, und die „transzendentale Subjektivität" (das „reine Bewusstsein") konstituiert den Sinn der Welt und den Weltinhalt und somit alle Gegenständlichkeit.

Die Protokollaussagen stehen erkenntnistheoretisch am Anfang, und aufgrund dieser Aussagen werden die theoretischen Elemente und schließlich abstrakte Theorien gebildet. Die Hinwendung zum pädagogischen Alltag ist positiv zu bewerten (F. Copei 1969; M. J. Langeveld). Jedoch verweilt die Phänomenologie zu sehr auf der Mikroebene des politischen Handelns (Interaktion, Subjektivität), während die gesamtgesellschaftlichen Bedingungen (Machtverhältnisse, Ungleichheitsstrukturen usw.) kaum beachtet werden.

5.6.5 Die Konstruktion der Wirklichkeit oder Was ist „wirklich"?

Der *Konstruktivismus* ist eine neurobiologisch fundierte Erkenntnistheorie. Das Gehirn ordnet die Empfindungen (Informationen 1. Ordnung) nach universellen Mustern (Gestalt, Farbe, räumliche und zeitliche Zuordnung, emotionaler Kontext) und schafft dabei eine Repräsentationsebene für Wahrnehmungen (Informationen 2. Ordnung), auf einer weiteren Ebene werden durch Denkprozesse Erkenntnisgegenstände, die sich in Denkzeichen vom Typ „Begriffe" objektivieren (Informationen 3. Ordnung). Danach sind menschliche Wahrnehmung und Erkenntnis keine wahrheitsgemäße „Abbildung" und „Widerspiegelung" äußerer Realitäten, sondern eine autopoietische Konstruktion eigener Wirklichkeiten nach dem Kriterium ihrer Viabilität (= der Gangbarkeit eines Weges). Menschen erzeugen mit anderen. ihre Welt, die für sie plausibel und funktional ist. Konstruktivistisch heißt eine Erkenntnistheorie, die davon ausgeht, dass unser kognitives System durch eine offene Menge miteinander verbundener Hirnfunktionen beschrieben werden kann, die das Erkannte (als Konstruktion, „Konstrukt", Modell) erzeugen. Die konstruktivistische Erkenntnistheorie selbst ist ein Konstrukt unseres kognitiven Systems. Als empirisch-wissenschaftliche Grundlage braucht sie eine konstruktivistische Kognitionstheorie. Schon der Kantianer Hans Vaihinger hat in seiner „Philosophie des Als-Ob" (1876) Werte, Ideale, Ziele, Gott, Moral als Gedankengebilde bezeichnet, denen in der Welt nichts entspricht und die nur von praktischem Nutzen sind. (Vgl. Kritik des Radikalen Konstruktivismus durch Detjen 2002, 112 ff.)

Nach Piagets Wahrnehmungspsychologie (Schmidt 1996) ist beim Kind das, was als „Objekt" wahrgenommen wird, eine Koordination des Organismus selbst von sensomotorischen Signalen und muss nicht als Gegebenheit in der näheren Umgebung des Kindes vorausgesetzt werden. Auf jeder höheren Ebene im System werden zunehmend komplexe Größen konstruiert: Objekte, Abfolgemuster, Programme, Prinzipien und schließlich organisierte Systeme, Theorien und Modelle. „Lernen" ist kein passives Aufnehmen, sondern die Zunahme der Fähigkeit des Systems, Sinneseindrücke zu kontrollieren und zu diesem Zweck Referenzsignale zu regulieren. Der Organismus konstruiert Invarianten und hält sie aufrecht. Dies ist ein Lernprozess, der zu „Wissen" führt (epistemischer Solipsismus).

Der Konstruktivismus befasst sich lediglich mit dem Wissen, dem Kognitiven, der reinen Epistemologie. Letztere wird vollständig von der Ontologie getrennt. Konstruktivismus ist also eine Kognitionstheorie. Sie beantwortet Fragen nach dem Wie des Erkennens.

Wissen ist danach das, was wir aus der Wahrnehmung gewinnen – wobei die traditionelle Wahrnehmungstheorie davon ausgeht, dass die Aktivitäten des Sehens, Hörens, Riechens usw., die etwas in den Organismus überführen und replizieren, was außerhalb fix und fertig vorliegt (Stimulus-Response-Theorien) – und bezieht sich weniger auf Entitäten, Strukturen oder Ereignisse in einer unabhängig existierenden Welt. Wissen besteht aus der Konstruktion von Invarianten mit deren Hilfe der Organismus seine Erfahrungen assimilieren und organisieren kann.

Aus Erfahrungen können jedoch keine ontologischen Schlüsse gezogen werden. Die Welt vor aller Erfahrung ist hiernach völlig unzugänglich. Die menschliche Kenntnis ist auf solche Dinge begrenzt, die der Mensch mithilfe von mentalen Operationen aus Elementen zusammensetzen kann. Die große Leistung des Gehirns besteht in den kognitiven Konstanzleistungen (Abstraktionen, Invariantenbildung, Objektkonstanz); sie ermöglicht es, dass wir uns in einer ständig fluktuierenden Umwelt zurechtfinden können.

Nach den Erkenntnissen der Wahrnehmungspsychologie ist Wahrnehmung niemals eine bloße Widerspiegelung externer Ereignisse, sondern ein selektiv und kreativ ablaufender Prozess, in den frühere Erfahrungen usw. eingehen. Es ist nicht bewiesen, dass Wahrnehmung einen Einfluss auf unser Handeln hat. Der subjektive Willensentschluss ist wahrscheinlich ein bloßes Epiphänomen. Ein Großteil unseres Handelns geschieht ohne geplante, bewusste Aktionen. Das Gehirn erscheint als ein selbstreferenzielles System. Und die Gestalttheoretiker (z. B. M. Wertheim, W. Metzger) sehen die Realität des naiven Realisten (ich und Umwelt) als bedingt durch Vorgänge im Nervensystem an.

Menschen als selbstreferenzielle, operational geschlossene Lebewesen sind für ihre Konstrukte und Handlungen selbst verantwortlich. Sie sind – so gesehen – lernfähig, aber unbelehrbar. Die Akteure konstruieren die Unterrichtswirklichkeit und das relevante Unterrichtswissen: der Lehrende tritt mit den Lernenden über interessante Lernumwelten in Interaktion und fordert die Lernenden zur Wirklichkeitskonstruktion heraus. Watzlawick (1981, 314) fasst im Anschluss an Ernst v. Glasersfeld, H. Maturana, G. Vico u. a. zusammen: „Der Konstruktivismus erschafft oder ‚erklärt‘ keine Wirklichkeit ‚da draußen‘, sondern enthüllt, dass es kein Innen und Außen gibt, keine Welt der dem Subjekt gegenüberstehenden Objekte. Er zeigt vielmehr, dass die Subjekt-Objekt-Trennung, auf deren Annahme sich die Myriaden von ‚Wirklichkeiten‘ aufbauen, nicht besteht; dass die Spaltung der Welt in Gegensatzpaare vom erlebenden Subjekt konstruiert wird; und die Paradoxien den Ausweg zur *Autonomie* öffnen.“

Lernen wird also verstanden als Bereitstellen von Erfahrungsmöglichkeiten, als Konstruktion von Umwelten durch das autonome Subjekt. Es kann nur gelernt und verstanden werden, was sich mit bereits vorhandenem Wissen verbinden lässt. Daher sind Lernprozesse in „reichen“ Lernumgebungen, d. h. in einem sozialen Kontext am günstigsten. Dabei kommt es sehr auf die Selbstorganisation des Lernens mit dem Ziel eines reflektierten Lernprozesses an. Nicht zuletzt deshalb ist es wichtig, mit dem Lernen umgehen zu können (Methoden, Arbeitstechniken). Didaktik ist hier eine konstruierende (keine auswählende) Tätigkeit.

Die konstruktivistische Wissenschaftstheorie (der sog. Erlanger Schule: P. Lorenzen, O. Schwemmer, F. Kambartel, J. Mittelstraß, P. Janich u. a.) strebt einen vermittelnden Lösungsansatz zwischen Kritischer Theorie und Kritischem Rationalismus an. Sie hält an der Zuständigkeit der Vernunft für Wertentscheidungen fest. Die konstruktivistischen Analysen führen jedoch nicht zu „letztbegründeten“ philosophischen Sätzen, sondern zu „Vorschlägen“, wie Menschen gemeinsam bestimmte ihrer Behauptungen als begründete ausmachen können. Es gibt folglich keinen ein für allemal abgeschlossenen Kanon „vernünftiger“ („natürlicher“, „elementarer“) Bedürfnisse oder Zwecke, noch können die (potenziellen) Folgen aller Handlungsweisen vorab bedacht werden, die aufgrund der Realisierung vernünftiger Zwecke vorgeschlagen oder ergriffen werden. Mittel, Ziele, Situationen, Aktivitäten ändern sich. Daher kann nur die Regel fixiert werden, nach der die Menschen in Konfliktsituationen entscheiden sollen. Das Begründen (der Regel) kann – in Anlehnung an Kants „Kritik der Urteilskraft“: Der Verstand schöpft seine Gesetze nicht aus der Natur, sondern schreibt sie ihr vor. – als menschliche Tätigkeit angesehen werden, nämlich als ein rationaler Dialog, der zur Zustimmung aller Beteiligten führt. Kriterium für eine gelungene Begründung ist die faktische Zustimmung vernünftig Argumentierender. Allerdings ist den konstruktivistischen Wissenschaftstheoretikern – wie den Vertretern der Kritischen Theorie

– nicht gelungen, das Begründungsproblem überzeugend zu lösen. Es bleibt unklar, wie der Anspruch, Entscheidungskonflikte vernünftig entscheiden zu können, gelöst werden kann. Das Bemühen, eine Legitimationslogik zu entwickeln, konzentriert sich bei den Konstruktivisten auf die Verbesserung empirischer und damit vorletzter Bedingungen vernünftiger Argumentation. Eine „logische Propädeutik" ist somit die Voraussetzung für solide wissenschaftliche Bemühungen, wobei diese sich sowohl auf den deskriptiv-explanativen als auch normativ-praktischen Bereich beziehen können.

5.6.5.1 *Die Umorientierung wissenschaftlicher Forschung durch den Konstruktivismus*

Der Konstruktivismus verzichtet auf universelle (ethische oder letztbegründete) Prinzipien, vernachlässigt gesellschaftliche Strukturen, weil der Mensch die Realität nicht erkennen könne, und setzt Lernziele und -inhalte der Beliebigkeit aus. Für Unterricht und Unterrichtsforschung entsteht angesichts dessen die Frage, wie Lehrende und Lernende ihre Wirklichkeitskonstrukte zur Sprache bringen, wie sie sich mit anderen vergleichen lassen, wie neue Inhalte individuell und milieuspezifisch assimiliert und wie die Wahrnehmung reflektiert werden kann. Konstruktivistische Unterrichtsforschung fokussiert sich nicht auf die Objekte, sondern auf die Subjekte und deren kognitive Strategien, Wirklichkeit zu konstruieren, und will Kenntnis über die subjektiven Konstrukte der Subjekte (z. B. im Rahmen von Schule und Unterricht) erlangen. Das methodologische Problem besteht in Folgendem: Wenn alle Konstrukte von Konstrukten Konstrukte sind, wie lässt sich dann die Qualität der Konstruktion von Konstrukten bestimmen? Das ist eigentlich ein hermeneutischer Zirkel: Das Konstrukt ist empirisch angereichert und dient gleichzeitig zur Weiterentwicklung von weiteren Konstrukten.

Die konstruktivistische Umorientierung wissenschaftlicher Forschung

von wahrem (objektivem)	auf brauchbares Wissen,
von Deskriptivität	auf Problemlösungskapazität,
von Objektivität	auf Intersubjektivität ,
von Ontologie	auf kognitive Methodologie

bringt eine Reihe erkenntnistheoretischer Probleme (z. B. Verifikation, Falsifikation, Adäquatheit, Approximativität; Zurückweisung jedes absoluten Erkenntnis-, Wahrheits- oder Wertanspruchs) zum Verschwinden (Schmidt 1996, 43). Die Gültigkeit der Erkenntnis beruht auf der Methodologie, die die kulturelle Einheitlichkeit der Beobachter bestimmt, und nicht darauf, dass sie eine objektive Realität widerspiegelt. Anstelle von Wahrheit und Wirklichkeit treten Begriffe wie Glaubwürdigkeit, Verlässlichkeit, Effektivität, Plausibilität, Kompatibilität, Möglichkeit, Vielfalt, Verantwortlichkeit, Toleranz u. dgl. auf (ebd. 82).

So „perturbiert" (s. u.) der Konstruktivismus das traditionelle wissenschaftstheoretische Selbstverständnis. Auch Bildungsforschung entdeckt keine „Wahrheiten", sondern konstruiert Modelle aufgrund von Beobachtungen und Unterscheidungen. „Lernen" ist nicht objektiv feststellbar, sondern ein Erklärungsprinzip für menschliche Veränderungen und Problemlösungen. Das Wissen ist „viabel", solange es das leistet, worauf es angelegt und durch die Erfahrung nicht widerlegt wurde, d. h. die erfolgreiche instrumentelle Funktion ist sein Hauptkriterium. Lernen wird als eine selbstorganisierende (emergente) Systemeigenschaft erklärt, die nicht aus den Inputs resultiert, sondern plötzlich (übersummativ, Gestalttheorie) auftritt. Die Folge besteht darin, dass der Lehrende nicht primär nach standardisiertem, abfragbaren Wissen strebt, sondern den Besonderheiten des individuell konstruierten Wissens positiv gegenübersteht (Meixner 1997, 11). Deshalb ist der Aufbau produktiv-divergenter Denkformen (nicht reproduktiven Wissens), von Problemlösungsstrategien, von Wissensformen im Lernenden wichtig. Das produktive Denken entspricht dem gestalt-theoretischen Modell (s. S. 198) von Wertheimer, wonach produktives Denken ein schöpferisches Denken meint, das durch die Synthese von Erfahrung und Phantasie zu neuartigen Ergebnissen kommt. Es weicht von der üblichen (konvergenten) Denkweise ab und wird infolge der Vielfalt der Wege und Lösungsmöglichkeiten nach Guilford als divergentes Denken bezeichnet.

Wichtigstes Medium ist die Sprache, deren Interaktionen als Anregung zu Konstruktionen, Handlungsweisen und Interpretationsmöglichkeiten zu verstehen sind (diskursive Konstruktion). Für die Wirklichkeitsprüfung kommen nach Meixner (1997, 21 f.) in Frage:
a) das narrative Paradigma (Erlebnisberichte, Lebensgeschichten)
b) das Beobachtungsparadigma (Beobachtung des konsensuellen Gebrauchs sprachlicher und nichtsprachlicher Verhaltensweisen)
c) das Introspektionsparadigma (die am Dialog beteiligten Gesprächspartner müssen sich von ihrer Rolle distanzieren können, um die Wirklichkeit (neu) zu überdenken.

Das heißt. erforderlich ist die Herstellung eines konstruktiven Umfelds, sind verhaltenskonditionierende Übungen (Rollenspiele, Teilnahme an Aktivitäten, Einbeziehen von Vorwissen und Erfahrungen).

5.6.5.2 Konstruktivistische Methoden

Methodologisch wird von Meixner (1997, 37 f.) auf den Sokratischen Dialog (s. S. 243) „Theaitetos" und der darin praktizierten Mäeutik, eine Methode, die zu neuem Wissen führt, aufmerksam gemacht. Sie zitiert Werner Jaeger (1973, 631): „Ziel des sokratischen Gesprächs als der Urform philosophischen Denkens ist das *Wozu* als der Weg, die *Methode* des Logos, um zum richtigen Handeln zu gelangen." Sokrates, der von einer gleichberechtigten Lehrer-Schüler- und Schüler-Schüler-Beziehung ausgeht, stellt zunächst die Ausgangsfrage, der Lernende soll dann selbst suchen, finden, entdecken und erkennen (induktives Vorgehen). Sokrates katechesiert weiter durch Fragen. Erkennen ist ein Wiedererinnern. Die Aporie zeigt das Scheitern eines Weges und gehört zur methodischen Einübung einer skeptischen, selbstkritischen Position. Ein konstruktivistisch ausgerichteter Dialog belehrt demnach nicht, sondern hilft dem Lernenden, aus sich das herauszufinden, was aufgrund von Vorerfahrungen schon in ihm ist (Selbstreferentialität). Dazu gehören die Prinzipien der Ganzheitlichkeit (Handeln und Tun des Menschen mit seinem Geist, seinem Körper, seiner Seele und seinen Emotionen), der Anschaulichkeit (Analogiebildungen) und der Lernerzentrierung durch Beispiele aus dem Erfahrungsbereich der Lernenden.

Meixner (1997, 97 ff.) hat ein Repertoire von methodischen Schritten auf konstruktivistischer Grundlage zusammengestellt:
„Stelle die neu zu erlernenden Wissenseinheiten in einen situativen Zusammenhang (…).
Setze relevante Kontexte und möglichst authentisches Material dazu und mache den Lernstoff zur Sache des Lerners (…).
Nutze möglichst viele motorische Elemente und verschiedene Sinneskanäle (…).
Stelle die Lerneinheit in ein soziales Umfeld (…).

Bestimme maieutische Gesprächsführung zur Dialogform im Unterricht (…).
Bringe den Lehrer dazu, sein Wissen autonom aus Kontext und Interaktion zu bauen und eigenen Fehlern zu lernen (…).
Ziele auf flexible Anwendung des Wissens ab; erzeuge Lernumgebungen, die einen Wissenstransfer nahelegen (…)."

Als zusätzliche Hinweise werden angeführt: „Lernen und Motivation sind interdependent (…). Jede Instruktion muss das Interesse des Lerners, seine persönlichen Ziele berücksichtigen. Dazu gehört persönliches Betroffensein in der jeweiligen Lernsituation, persönliches Engagement und persönliche Verantwortung. Jeder Lerner muss die Gelegenheit erhalten, mit dem Lernstoff seine eigenen Erfahrungen machen zu können." (Ebd. 98)

Der Konstruktivismus legt sich eine epistemologische Bescheidenheit und eine Zurückhaltung gegenüber naiven Objektivierungen auf. Mit der Pluralität der Wahrnehmungen und Wirklichkeitssichten steigt die Notwendigkeit eines produktiven Umgangs mit den unterschiedlichen Deutungen. Daraus wurde der *Deutungsmuster-Ansatz* (vgl. Deutungsmusteranalyse S. 172) entwickelt. Deutungsmuster ist der Oberbegriff für alle Muster des Wahrnehmens, Orientierens, Denkens, Fühlens, Wertens und Handelns. Unter konstruktivistischem Aspekt stellt sich nicht die Frage, wie „realitätsnah" Deutungsmuster sind, sondern es geht darum, die jeweils passenden (viablen) Deutungsmuster zu finden. Man weiß nicht, wie das Gegenüber die Realität konstruiert, welche Deutungsmuster seinen Handlungen zugrunde liegen. Der Konstruktivismus beruht infolge seines normativen Defizits auf Toleranz und Verantwortung, die sich daraus ergeben, das die Menschen nicht determiniert sind und selbstständig handeln und entscheiden können.

Daraus folgen einige methodische Schritte:
1) das Bewusstmachen der eigenen Deutungsmuster und Handlungsweisen
2) das Infragestellen des eigenen Ansatzes
3) das Berücksichtigen von Alternativen
4) das Konstruieren neuer Deutungsmuster.

Im pädagogischen Umgang mit diesem Verfahren kommt es darauf an, immer auf die Gewissheit/Kritik der Deutungsmuster-Ansätze durch gezielte Verunsicherung (Perturbationen = subjektiv wahrgenommene Irritationen, verunsichernde Ereignisse, die jemanden veranlassen, seine Wirklichkeit zu rekonstruieren; vgl. „kognitive Dissonanz", Festinger; erfahrungsorientiertes Risikolernen) zu drängen. Lernen wird dann zur konstruktiven, progressiven Verarbeitung einer Perturbation (z. B. neue Strategien, Neuorientierung).

Für die durch die Theorien generierte „Wahrheit" gibt es drei Lösungsversuche:
1. die klassische Korrespondenztheorie:
   von Aristoteles zu Thomas v. Aquin: Veritas est adaequatio intellectus et rei,
2. die Evidenztheorie:
   (Variante von 1.) Evidenz ist das Kriterium für die Übereinstimmung von Aussage und Sachverhalt,
3. die Konsenstheorie:
   Wahrheit besteht im Konsens der Wissenschaftler, d. h. wenn eine Aussage allgemein ist und akzeptiert wird (vgl. Bacon: Veritas est filia temporis).

5.7 Die Hermeneutik oder Wie kann man die Wirklichkeit „verstehen"?

5.7.1 HERMENEUTIK ALS WEG ZUM WIRKLICHKEITSVERSTÄNDNIS

Die Interpretation ist ein Mittel des Verstehens: Interpretatio est vox articulata per se ipsam significans (Boethius).

Die Realität ist nur in Abhängigkeit von Interpretationen erfassbar und rekonstruierbar. Wir begreifen sie nur mithilfe interpretativ geprägter Begriffe, Theorien, Möglichkeiten, Erkenntnis- und Wahrnehmungsformen, Handlungsweisen usw. Erst anhand basaler Interpretationsschemata gestalten sich „Gegenstände", Auffassungen oder Erkenntnisse im Gesamtzusammenhang des Lebens, Handelns und Erfahrens mit den unserer Sprachgemeinschaft vorgegebenen sprachlichen und begrifflichen Strukturen, Deutungskonzepten u. dgl. In der Interpretation von Texten übernimmt die Hermeneutik eine zentrale Funktion in den Geisteswissenschaften. Sie ist kein den Naturwissenschaften vergleichbares Verfahren streng kausal-induktiver Schlussfolgerung und Erkenntnis. „Das hermeneutische Phänomen ist ursprünglich überhaupt kein Methodenproblem. Es geht in ihm nicht um eine Methode des Verstehens, durch die Texte einer wissenschaftlichen Erkenntnis so unterworfen werden, wie alle sonstigen Erfahrungsgegenstände. Es geht in ihm überhaupt nicht in erster Linie um den Aufbau einer gesicherten Erkenntnis, die dem Methodenideal der Wissenschaft genügt – und doch geht es um Erkenntnis und um Wahrheit auch hier. Im Verstehen der Überlieferung werden nicht nur Texte verstanden, sondern Einsichten erworben und Wahrheiten erkannt. Was ist das für eine Erkenntnis und was für eine Wahrheit?" Das ist die grundlegende, von Gadamer (1990, 1) formulierte Ausgangsposition und Fragestellung. Letztere hängt mit der Frage zusammen, wie Kategorien der geschichtlichen Welt auf die Geisteswissenschaften angewandt werden können. Hermeneutik ist danach eine so genannte Methode, die eine besondere [legitime, geisteswissenschaftliche] Form von Erkenntnis- und Wahrheitssuche darstellt.

Die Hermeneutik ([das „Verstehen"] griech. Hermeneutiké téchne = Auslegungskunst, hermeneia = Auslegung, Erklärung, hermeneuein = den Sinn einer Aussage erklären, etwas zum Verstehen bringen) ist die Lehre von der verstehenden Deutung eines überlieferten oder aktuellen Kontextes von Bedeutungen. In Platons Siebtem Brief wird deutlich: Der Interpret stiftet den Sinn. Das äußert sich im gegenseitigen („dialogischen") Verstehen sowie im Verstehen von Gruppen im Alltag und im länger währenden Verstehen von Textsorten (z. B. Verträge, Dokumente, Beschreibungen, Berichte, Erläuterungen, religiöse und literarische Erzeugnisse usw.). Die Methode des Verstehens beruht auf der schon im Altertum sich herausbildenden Auslegungspraxis kanonisierter Texte, später seit dem Mittelalter u. a. in der Bibelexegese und -kritik (auch von Luther wurde Rechenschaft über seine [philologisch-hermeneutischen] Auslegungsprinzipien verlangt [: die Bibel als sui ipsius interpres mit einem eindeutigen, aus ihr zu entwickelnden Sinn, dem sensus litteralis]; im 19./20. Jahrhundert spielte sie in der historisch-kritischen Leben-Jesu-Forschung [werkimmanente, biografische und sozialwissenschaftliche Interpretation] und bei der Entmythologisierung biblischer Texte [Bultmann] eine herausragende Rolle), in der juristischen (Pandekten-) Exegese bis in die heutige richterliche Praxis der angemessenen Gesetzesinterpretation und -anwendung. Im 17. Jh. wurde die „Hermeneutica" als wissenschaftliche Disziplin eingeführt und erreichte ihre Hochzeit im 19. Jahrhundert durch Schleiermacher (s. u.) und Dilthey

(s. u.), im 20. Jahrhundert durch Heidegger und Gadamer(s. u.). Es geht jeweils um die Klärung unter-schiedlicher Begriffe und Formen des Verstehens, um Handlungs-, Personen-, Selbst-, Fremd- und Textverstehen. Dabei lassen sich mehrere Ansätze unterschiedlicher Verstehensformen unterscheiden:

- der lebensphilosophische (Dilthey)
- der neukantianische (Rickert)
- der phänomenologische (Husserl)
- der existenzphilosophische (Heidegger, Gadamer)
- der psychoanalytische (Lorenzer)
- der kommunikationstheoretische (Habermas) und
- der ideologiekritische Ansatz (Apel).

Die Hermeneutik stellt die „Ganzheit" der betrachteten Inhalte in den Vordergrund. Es ist ein idiografisches (= eigentümliches) Programm, eine nichtanalytische Vorgehensweise.

5.7.2 ÜBER DIE RICHTUNG DES LERNPROZESSES

Jeder Lernprozess ist elementar auf Verstehen angelegt. Interpretieren erweist sich als eine Art des geregelten Fragens. Der hermeneutische „Vorrang der Frage" (Gadamer) besagt: Jede (wissenschaftliche) Aussage, jede Interpretation eines Textes u. dgl. wird erst auf dem Hintergrund einer Fragestellung verständlich. Allerdings gibt es keine Methode (‚richtig') fragen zu lernen und keine Logik des Fragens. Die Ausgangsfrage lautet: Wie ist gültiges/richtiges Verstehen möglich? Während der hermeneutische Denkansatz von einem als Sinnzusammenhang verstandenen „Ganzen" (aus Philosophie, Kultur, Religion, Recht usw.) ausgeht, auf das Einzelne in Relation zum Ganzen schließt (holistisch verfährt), sucht der positivistisch-empirische Ansatz vom Einzelnen aus zu einem widerspruchsfreien System zu gelangen, löst das einzelne Phänomen aus dem Zusammenhang, isoliert es in Variablen, die er in ihrer Relationalität für den Effekt überprüft.

Vorab ein Beispiel aus dem Bereich der Deutschlandpolitik der Nachkriegszeit bis zur Wende. Für die Betrachtung und Beurteilung der politischen Verhältnisse in der DDR und der BRD standen an Interpretationsparadigmata zur Verfügung:

- der systemimmanente Ansatz im Westen
(Erklärung der beiden politischen Systeme aus sich selbst heraus; kein direkter Vergleich der beiden Staaten untereinander [P. C. Ludz 1973], erstmalige praktische Anwendung im „Bericht zur Lage der Nation" von 1974);
- die Auffassung von der westlichen Systemüberlegenheit
(teilweise unter Verwendung der Totalitarismustheorie [z. B. K. D. Bracher 1982]: totalitäre Diktatur versus freiheitliche Demokratie; KMK-Beschluss „Totalitarismus" von 1962: enge Verwandtschaft von Nationalsozialismus und Kommunismus);
- Prüfung der Relevanz politischer Zentralbegriffe
(z. B. pluralistische Gesellschaft, Soziale Marktwirtschaft, Demokratie, Partei, Macht, Interesse usw. [Behr 1979]);
- politischer Systemvergleich
(Konkordanzmethode und Differenzmethode; Vergleichende Länderanalyse und Vergleichende Demokratieanalyse [Böger/Kremendahl 1986]);
- statistischer Vergleich (Korrelationsanalyse).

Die Auseinandersetzungen bewegten sich infolgedessen in der Spannung zwischen system-transzendierender Kritik (z. B. Konvergenztheorie) und systemimmanenter Analyse. Die Schwierigkeit liegt im Herausfinden eines Tertium comparationis. Im Osten galt als Methode der Abgrenzung das Axiom von der Unvereinbarkeit von Kapitalismus und Sozialismus, im Westen war die eigene Systemüberlegenheit in der kontroversen Diskussion.

5.7.3 Zur wissenschaftlichen Grundlegung des „Verstehens"

Seit Schleiermacher, d. h. seit etwa 200 Jahren, gilt die Hermeneutik als die Kunst des Aus-legens, Erfassens und Deutens von Zeichen meistens in Form eines Textes, dessen Sinn oder Bedeutung in seiner Entstehungszeit durch mehr divinatorisches Hineinversetzen (durch Nachbilden des schöpferischen Aktes) in den Autor und des Nachvollzugs der „inneren Ent-stehung" zu verstehen versucht wird. Die Wahrheit(sfindung) ist also nicht das Kriterium des Verstehens. Schleiermacher unterschied zwischen dem
a) grammatischen Verstehen als unmittelbare sprachliche Interpretation und
b) dem psychologischen Verstehen als Identifikation mit dem Andern, um aus der Kenntnis von dessen Lebensbezügen das Verstehende zu erfassen.

Der Interpret versteht den Text besser, indem die Situation des Autors durch grammatische und psychologische Rekonstruktion interner und externer Kontexte wiederhergestellt wird („Rekontextualisierung"). Die Interpretation wird als Verstehen geistiger Objektivationen aufgefasst. Die dafür erforderlichen Kategorien sind nicht apriori vorhanden, sondern werden aus dem Lebenszusammenhang genommen. Für die so genannte Lebensphilosophie sind menschliche, gesellschaftliche, geschichtliche, individuelle Erfahrungen wichtig. Das hermeneutische Verstehen und Erklären bei philologisch-historischer Textauslegung ist im Grunde affirmativ. Als eine textimmanente Methode bewegt es sich in einem Zirkel, dem so genannten „hermeneutischen Zirkel" (dem Hin und Her zwischen dem Ganzen und den Teilen), der konzentrischen Erarbeitung des inneren Kontexts durch zirkuläre Ex-plikation des Ausgangspunkts, d. h. das zu Erklärende wird aus dem bereits immanent Gefundenen erklärt und ähnelt damit der Münchhausen-Geschichte, wonach der Beteiligte sich selbst am eigenen Schopf aus dem Sumpf ziehen soll. Für Lehrende ist die Entwicklung hermeneutischer Kompetenz auch für die Entschlüsselung von Äußerungen der Lernenden notwendig.

„Verstehen" bezeichnet das Erfassen von Bedeutungs- und Sinnzusammenhängen durch Nachvollziehen, Erleben, Sich-Hineinversetzen u. dgl. vor dem Hintergrund eines ge-schichtlichen Zusammenhangs. Als „Auslegungskunst" ist Hermeneutik das methodische Besinnen auf die Voraussetzungen des Verstehens.

Das hermeneutische „Verstehen" (psychoanalytisch = Empathie, interaktionistisch Ver-ständigung) wird nach Windelband in erster Linie den (idiografischen = beschreibenden) Geistes-/Kulturwissenschaften zugeordnet, das ebenso bedeutsame „Erklären" als Aufweis von Ursache und Wirkung (Kausalerklärung) mehr den (nomothetischen) Naturwissenschaften. Verstehen wird wissenschaftstheoretisch in vier Klassen eingeteilt: in
• Theorien (vor allem in den Naturwissenschaften),
• Modelle (vor allem in den Handlungswissenschaften),
• Geschichten (vor allem in der Geschichtswissenschaft, um historiografisch erhobene Daten zu verknüpfen) und

- Metaphern (vor allem in der Theologie und Kommunikationswissenschaft, um komplizierte, sich der Sprache entziehende Sachverhalte durch Analysebildung zu erklären).

Die Grundlagen einer Hermeneutik wurden in der Nachfolge von Schleiermacher (1977) gegen Ende des 19. Jahrhunderts von seinem Biographen Wilhelm Dilthey (1883) gelegt. Dabei spielt die Lebensphilosophie im Anschluss an Hegel eine wichtige Rolle. In ihrem Gefolge machte Dilthey die grundlegende Aussage: „Die Natur erklären wir, das Seelenleben verstehen wir … Dies bedingt eine sehr große Verschiedenheit der Methoden, vermittels deren wir Seelenleben, Historie und Gesellschaft studieren, von denen, durch welche die Naturerkenntnis herbeigeführt ist." (1894; Dilthey 1961, V, 144) Danach werden alle Produkte des Menschen aus dem Leben erläutert und auf die „Einheit" und „Ganzheit", auf das „Gesamterlebnis der geistigen Welt" bezogen. Die erklärende Naturwissenschaft erschöpfe sich dagegen in „Zergliederung", „Zerlegung" und „Auflösung". Die Lebensbezüge, deren kleinste Einheit das Erlebnis ist, liegen auch der Erkenntnis zugrunde. „Wir nennen den Vorgang, in welchem wir aus Zeichen, die von außen sinnlich gegeben sind, ein Inneres erkennen, Verstehen." (Dilthey 1961, 318). Die Aussagen werden mithilfe eines Vorverständnisses (der „inneren Erfahrung"; so auch bei Gadamer; verbum interius, Augustinus) gemacht. Subjekt und Objekt der Erkenntnis werden durch die gleich bleibende „Struktur des Seelenlebens" verbunden. Das „Verstehen" repräsentiert die interpretatorische Feinstruktur (subtilitas intelligendi), die von dem „Auslegen" (subtilitas explicandi) und dem „Anwenden" (subtilitas applicandi) zu unterscheiden ist. Letztere ist „keine nachträgliche Anwendung von etwas gegebenem Allgemeinen, … sondern ist das wirkliche Verständnis des Allgemeinen selbst, das der gegebene Text für uns ist. Das Verstehen erweist sich als eine Weise von Wirkung und weiß sich als eine solche Wirkung." (Gadamer 1990, 346)

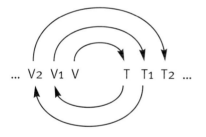

V = Vorverständnis;
T = Textverständnis;
V1 = erweitertes Vorverständnis;
T1 = erweitertes Textverständnis;
usw.

(Nach: H.-J.Pandel: Quelleninterpretation. Berlin 2000, S.117)

Auch Max Weber (1969) hat seine großen Untersuchungen über die wirtschaftlichen und sozialen Verhältnisse im Osten unter ähnlicher Prämisse betrachtet: Historische Forschung als „Wirklichkeitswissenschaft" entwickle sich in Begriffen und Urteilen, die nicht die empirische Wirklichkeit sind, auch nicht sie abbilden, aber sie in gültiger Weise denkend ordnen lassen. Der Geschichtswissenschaft sei ein „erklärendes Verstehen" möglich, das Erfassen von „verständlichen Sinnzusammenhängen, deren Verstehen wir als ein Erklären des tatsächlichen Ablaufs des Handelns ansehen".

Die Soziologen Weber, Simmel und Sombart unterschieden streng zwischen Verstehen und Erklären, ebenso wie Ch. P. Snow (1967; Helmholtz; Windelband: idiografische und nomothetische Wissenschaften) zwischen seinen „zwei Kulturen" (Natur- und Geisteswissenschaften), dem Naturerkennen und dem Kulturerkennen trennte.

5.7.4 Gadamer – Hauptrepräsentant der Hermeneutik

5.7.4.1 *Hermeneutik als Lehre von der Interpretation/Exegese*

Die Hermeneutik als Interpretationslehre wurde zum besonders von Platon, Aristoteles sowie Heidegger und Husserl inspirierten Forschungsgegenstand bei Gadamer. Sein Hauptwerk „Wahrheit und Methode" (1960, 6. Aufl. 1990) leuchtet die interpretativen Möglichkeiten aus. Im Gegensatz zur „Ontologie" der antiken Philosophie, der Beschäftigung mit der Welt, wie sie ist, geht es den Hermeneutikern um Sinnverstehen (Interpretation von Sätzen) als Basis der Philosophie. Dabei meint „Sinn" bei Gadamer nicht den Sinn von einzelnen Wörtern, sondern von situierten Äußerungen, um deren Bedeutung im Gespräch gerungen wird. Die Wahrheit steht auf dem Spiel (vgl. Wittgenstein). „Verstehen" ist nach Gadamer in Anlehnung an Heidegger „der ursprüngliche Seinscharakter des menschlichen Lebens selber".

Die Seinsfrage wird so zur Textfrage. Die schöpferische Setzung wird in den disziplinierten Nachvollzug eingebunden. Aus dem Geworfensein (Heidegger) wird die Zugehörigkeit zur Tradition. „Autorität", „Klassik" und „Tradition" – ein konservativer Ansatz – sind Leitthemen, wobei das letztere für Gadamer eine Quelle der steten Sinnerneuerung ist, so wie ihm „jedes Verstehen ein *anders* Verstehen" ist.

Konkret hat die Hermeneutik bei Gadamer drei Funktionen, und zwar

* das Verstehen (vom Einmalig-Besonderen auf das Allgemeine zurück schließen; rekonstruktives Verfahren),
* das Auslegen (nach bestimmten Theorien, Konzepten, Topoi, Theoremen, Fragestellungen oder Inhalten, z. B. „Auslegung" der Existenz [vgl. Diltheys Lebensphilosophie, Heideggers Existenzphilosophie, Gadamers geisteswissenschaftliche Welterfahrung bis zu Kamlahs „Hermeneutik des Daseins"]),
* das Anwenden (auf den Unterricht; auf eine Straftat usw.).

Das Ziel besteht in der hermeneutischen Rekonstruktion.

Als zentrale Aufgabe des hermeneutischen Verstehens wird in praxi ein Sachverhalt in einen übergeordneten, historisch orientierten Sinnzusammenhang eingeordnet. Dabei erfolgt die Textinterpretation in drei methodischen Phasen:

1. Vorbereitende Interpretation:
   Prüfen, ob der Text authentisch ist; Bewusstmachen des Vorverständnisses, Vorwissens, der Fragestellung des Interpreten, Herausarbeiten des allgemeinen Sinnes aus dem Zusammenhang (contextus) und aus dem einheitlichen Sinn, auf den das Ganze zielt, dem scopus.

2. Textimmanente Interpretation:
   Anstellen semantischer und syntaktischer Untersuchungen (Wortbedeutungen, grammatische Zusammenhänge, logische Analysen), die versuchen, den Textsinn als Ganzes herauszuarbeiten. Bei Widersprüchen wird (zunächst) der Autor für vernünftig gehalten. Sie gehen zu Lasten des Interpreten (Ich verstehe das so und so.).

3. Koordinierende Interpretation:
   Heranziehen des Gesamtwerkes, Biografien usw. des Autors, Versuch, dessen bewusste und unbewusste Voraussetzungen aufzudecken; Formulieren von Hypothesen.

Nach Gadamer (1990, 295) geht es darum: *„Das Verstehen ist selber nicht so sehr als eine Handlung der Subjektivität zu denken, sondern als Einrücken in ein Überlieferungsgeschehen,* in dem sich Vergangenheit und Gegenwart beständig vermitteln. Das ist es, was in der hermeneutischen Theorie zur Geltung kommen muss, die viel zu sehr von der Idee eines Verfahrens, einer Methode, beherrscht wird."

5.7.4.2 Über den Vollzug des „Verstehens" in der Sprache

Das Verstehen vollzieht sich im Medium der Sprache (s. S. 256). Jede Sprache ist eine Weltansicht (Humboldt). Sie hat ihr eigenes Dasein, in dem sich ihr die Welt darstellt. Deshalb macht das „Zursprachekommen des in der Überlieferung Gesagten das eigentliche hermeneutische Geschehen aus" (Gadamer 1990, 467). „Der scheinbar thetische Beginn der Auslegung ist in Wahrheit Antwort, und wie jede Antwort bestimmt sich auch der Sinn einer Auslegung durch die Frage, die gestellt ist.

Die Dialektik von Frage und Antwort ist mithin der Dialektik der Auslegung immer schon zuvorgekommen. Sie ist es, die das Verstehen als ein Geschehen bestimmt."
(Ebd. 476)

Daraus wird gefolgert: „Denn das auslegende Wort ist das Wort des Auslegers – es ist nicht die Sprache und das Lexikon des ausgelegten Textes. Darin drückt sich aus, dass die Aneignung kein bloßer Nachvollzug oder gar ein bloßes Nachreden des überlieferten Textes ist, sondern wie eine neue Schöpfung des Verstehens. Wenn man … die Ichbezogenheit alles Sinnes hervorgehoben hat, so bedeutet dieselbe für das hermeneutische Phänomen, dass aller Sinn der Überlieferung in der Beziehung auf das verstehende Ich diejenige Konkretion findet, in der er verstanden wird – nicht etwa in der Rekonstruktion eines Ich der ursprünglichen Sinnmeinung." (Ebd. 477)

5.7.4.3 Kritische Anmerkungen zum „Verstehen"

Die Kritik qualifiziert das „Verstehen" als subjektiv, spekulativ und empirisch nicht nachprüfbar. Zugunsten der Empathie werde von der Logik abstrahiert.

Unterschiedliche Deutungen bleiben bestehen, nicht zuletzt deswegen, weil – nach konstruktivistischer Auffassung – jeder Mensch (Interpret) über andere Konstrukte (zusammengefügt aus je eigenen Bedürfnissen, Erwartungen, Interessen, Wertvorstellungen u. dgl.) verfügt und somit jede Erkenntnis, jedes Erklären oder Verstehen, jedes Werten aus der Sicht eines anderen Menschen nicht behebbar „unzuverlässig" ist. Jedoch wird die Objektivität von Dilthey nicht von den Ergebnissen her bestimmt, sondern als intersubjektiver Prozess der ständigen intersubjektiven Selbstkontrolle und Selbstkorrektur verstanden.

Das Verstehen setzt eigentlich voraus, dass zwei Interagierende (Sprecher und Hörer, Autor und Interpret) zwei zureichend ähnliche Konstrukte aktivieren (können), in denen sich die kommunikativen Erfahrungen individueller und kollektiver Geschichte verdichten. Verstehen im konstruktivistischen Sinne ist Konstruktion. Es bezeichnet den Prozess (und dessen Ergebnis), durch den Bedeutungen von sozial und kulturell relevanten Handlungen bzw. deren Resultate und Folgen ausgemacht werden. Verstandenes kann niemals im semantischen Sinne „wahr" sein, und Botschaften (Quellen) aus vergangenen Jahrhunderten können nicht präsent gemacht und gültig interpretiert werden, da sie Konstrukte von Menschen sind, mit denen wir nicht kommunizieren können.

Letztlich geht es um Sinnfragen, Sinnbestimmungen, Deutungen und Bedeutungen für Gegenwart und Zukunft, um Wertfragen und Wertentscheidungen. So wird allerdings nur ein Teil der Wirklichkeit erfasst. Gadamer (1990, 494) beantwortet die Kritik wie folgt: „Dass in ihrer (der Geisteswissenschaften – W. M.) Erkenntnis das eigene Sein des Erkennenden mit ins Spiel kommt, bezeichnet zwar wirklich die Grenze der ‚Methode‘, aber nicht die der Wissenschaft. Was das Werkzeug der Methode nicht leistet, muss vielmehr und kann auch wirklich durch Disziplin des Fragens und des Forschens geleistet werden, die Wahrheit verbürgt.“

Als allgemeiner methodischer Leitfaden einer Interpretation wird von Müller-Doohm (1997, 105) vorgeschlagen:

„*Textelemente:*
* signifikantes Vokabular
* morphologische Besonderheiten (Akronyma, Rechtschreibänderungen, Assonanzen)
* Phraseologismen (stilistische Mittel, Anspielungen)
* Isotopiemerkmale, -verhältnisse
* syntaktische Besonderheiten (Satztyp, Satzgefüge, grammatikalische Funktionen wie Modus, Tempus, Interpunktion etc.)
* maßgeblicher Textstil (narrativ, informativ, rhetorisch)
* funktionale Satztypen (perlokutionäre Akte z. B.)
* Schriftarten, Ästhetik des Schriftbildes
* Sekundärinformationen (Preise, Katalognummern u. a.).“

Jede Interpretation beginnt mit einer Kontexthypothese, die falsifiziert, korrigiert oder bestätigt wird. Kritische Anmerkungen zur Hermeneutik verweisen auf deren unkritische „Affirmation“.

5.7.5 Vertiefung des „Verstehens“ durch „Objektive Hermeneutik“

Dilthey wurde zu Beginn des 20. Jhs. abgelöst von der pädagogischen Tatsachenforschung: E. Meumann, W. A. Lay, P. Petersen und A. Fischer in den zwanziger Jahren und schließlich von Heinrich Roth in den sechziger Jahren. Die Pädagogik wurde zur modernen empirisch grundierten Erziehungswissenschaft. Die Interpretationsproblematik wurde in den 1970er-Jahren vor allem von Oevermann (1980) in Gestalt der „*objektiven Hermeneutik*“ wieder aufgegriffen. Diese geht nach Wernet (2000, 11 f.) „davon aus, dass sich die sinnstrukturierte Welt durch Sprache konstituiert und in Texten materialisiert. (…) Aus der Perspektive des methodischen Zugriffs stellen Texte Protokolle der Wirklichkeit dar. Ein Protokoll ist nichts anderes als eine vertextete soziale Wirklichkeit.“

Danach sollen objektive, d. h. unabhängig von den subjektiven Intentionen der Beteiligten sich durchsetzende gesellschaftliche Strukturen herausgearbeitet werden. Den Hintergrund für dieses Konzept bilden strukturalistische Modelle (Piaget, Chomsky) sowie die Theorie der objektiven Bedeutung sozialen Handelns (Mead). Interpretationen werden nur als Einzelfallanalyse vorgenommen und sollen nur in Gruppen durchgeführt werden (Fal-sifikationsprinzip, Analyse „objektiver Sozialdaten“, Sequenzanalyse), um interpretative Angemessenheitsurteile zu optimieren. Die Methode der objektiven Hermeneutik ist folgende:
* Ein Text wird verschiedenen Interpreten, die den Kontext nicht kennen, vorgelegt.

- Der Text wird Wort für Wort, dann Satzteil für Satzteil, dann Satz für Satz, dann Abschnitt für Abschnitt analysiert/interpretiert.
- Mit zunehmender Strukturierung können Bedeutungshypothesen aufgestellt werden.
- Die sich ergebenden Lesarten/Interpretationen werden mit fortschreitender Lektüre weiter strukturiert und können operationalisiert werden.
- Die Ergebnisse der Interpreten werden zu einer übergreifenden Interpretation verdichtet.

Von dieser kann behauptet werden, dass sie der wirklichen Bedeutung des Dokuments annähernd gerecht wird. Denn: „Die Verbindlichkeit der Textinterpretation gründet sich auf die Regelgeleitetheit sozialen Handelns. Der Geltungsanspruch, den die objektiv-hermeneutische Bedeutungsexplikation erhebt, stützt sich auf die Inanspruchnahme geltender Regeln. Soziales Handeln konstituiert sich entlang dieser Regeln und die Interpretation der Protokolle dieses Handelns erfolgt unter Rückgriff auf unser Regelwissen." (Wernet 2000, 13)

Des Weiteren wird mit Verfremdungen gearbeitet. Das heißt einzelne Aussagen/Sätze/Wörter/Begriffe werden in fremden Kontexten fixiert und ihre Bedeutungsvariationen (Konnotationen) festgehalten. Sie liefern so das Material für die Bedeutungsmöglichkeiten des Ausgangstextes. Das Verfahren folgt fünf Prinzipien (ebd. 21 ff.). Es beginnt mit (ebd. 89 ff.)
- der Rekonstruktion des Falles (Fallbestimmung: Forschungsinteresse und Fragestellung), nicht mit der Textinterpretation
- der Interaktionseinbettung (Welchen Aufschluss verspricht das Protokoll über den Fall?).

Danach folgt die Anwendung der Prinzipien der

1. Kontextfreiheit
   „Welche Bedeutungen hat der Text, unabhängig von seinem aktuellen Kontext?"
2. Wörtlichkeit
   „Nicht was der Text sagen wollte, sondern was der Text gesagt hat, ist Ziel der Explikation."
3. Sequenzialität
   „Das Prinzip der Sequenzialität ist darauf gerichtet, den Bildungsprozess der Textstruktur zu rekonstruieren."
4. Extensivität
   „Prinzipiell müssen alle protokollierten Textelemente berücksichtigt werden. Kein Element darf als unbedeutend ausgeschlossen werden."
5. Sparsamkeit
   „Nur diejenigen Lesarten sind erlaubt, die vom Text erzwungen sind." (Alle Zitate ebd. 90 f.)

Es handelt sich um eine aufwändige Methode, die nur gelegentlich von fortgeschrittenen Lernenden praktiziert werden kann.

Im Folgenden wird ein frühes Beispiel Oevermanns (verkürzt) wiedergegeben (nach Wernet 2000, 22 ff.):

K: Mutti, wann krieg ich denn endlich mal was zu essen? Ich hab so Hunger.

Oevermann gab nach der kontextfreien Analyse dieser Äußerung folgende Kontextbeschreibung: Der Sprecher war ein sechsjähriger Junge, die Äußerung fiel, nachdem die Familie gerade zum Abendessen am Esstisch Platz genommen hatte. Auf dem Tisch standen Brot, Aufschnitt, Butter und Tomaten. Mit dem Essen konnte jeder beginnen, er musste sich nur Brote schmieren.

Die obige Äußerung des Kindes unterstellt, dass eine Person *(Mutti)* für die Essensbeschaffung zuständig ist und eine Nichtzuständigkeit des Sprechers vorliegt. Erst nach der hier angedeuteten Operation der kontextfreien Interpretation (u. a. der Bildung von Lesarten und kontrastiven Geschichten) zieht man den tatsächlichen Kontext der Äußerung heran.

Dazu der Kommentar von Wernet (ebd. 23): „Die Bedeutungsrekonstruktion, die die kontextfreie Äußerung vornimmt, basiert darauf, textkompatible gedankenexperimentelle Kontexte zu formulieren. In dem ersten Textzugriff werden ausschließlich diese gedankenexperimentellen Kontexte – statt des tatsächlichen Kontexts – zur Bedeutungsexplikation herangezogen."

Danach werden die übrigen Prinzipien angewandt. Das Sparsamkeitsprinzip will nur diejenigen Fallstrukturhypothesen zulassen, die textlich überprüfbar sind, d. h. die Analyse verlangt eine weit gehende Zurückhaltung gegenüber Mutmaßungen.

Auf dem angedeuteten Wege kommt eine akribische objektiv-hermeneutische Textanalyse zustande.

5.7.6 ANALYSEMETHODEN SOZIALWISSENSCHAFTLICHER HERMENEUTIK

Im Folgenden werden wichtige Analysemethoden aus dem Bereich sozialwissenschaftlicher Hermeneutik nach Hitzler/Honer (1997) vorgestellt. Nach der wissenssoziologischen Hermeneutik kann die gesellschaftliche Wirklichkeit nur verstehend angemessen beschrieben werden. Es geht um die rationale Rekonstruktion des typischen, subjektiv gemeinten Sinns, der im Besonderen zum Ausdruck kommt (kulturhistorisch oder pragmatisch). Das dokumentarische Vorgehen behandelt eine Erscheinung als „Dokument", als „Hinweis auf", als etwas, das anstelle und im Namen eines vorausgesetzten, zugrunde liegenden Musters steht.

1. Die Feinanalyse

   (als die am häufigsten verwendete Analyseform der Textinterpretation) wird nach Oevermann in acht Einheiten gegliedert:

   „0. Zustand des Handlungssystems aus der Sicht des nächsten Handelnden,

   1. Paraphrase des sachlogischen Inhalts der Mitteilung,

   2. Intention des Sprechers,

   3. Konsequenzen der Handlung für das Handlungssystem,

   4. Merkmale des ‚turn-taking',

   5. Auffälligkeiten der sprachlichen und nichtsprachlichen Symbolorganisation,

   6. Kommunikationsfiguren und Beziehungslogik des Handlungssystems,

   7. Belege für die Erfüllung theoretischer Annahmen der zu entwickelnden Theorie." (Ebd. 40)

Sie dient zur Rekonstruktion der objektiven Bedeutungsstrukturen, d. h. die objektive Sinnstruktur des Textes in einer bestimmten Sprach- und Interaktionsgemeinschaft (also nicht, was der Autor sich dabei gedacht hat). Dabei ist die Beachtung der Textsorte wichtig: Argumentation, Beschreibung, Erzählung usw.

2. Die Narrationsanalyse

   beruht auf einer biografischen Selbstpräsentation. Sie ist eine textanalytische Methode der biografischen Analyse, die Rekonstruktion einer Lebensgeschichte. Das biografisch-narrative Interview ist an die Gegenwart seiner (Re-)Produktion gebunden und wird zur sequenziellen Analyse biografischer Daten verwendet. Als methodische Auswertungsschritte werden vorgeschlagen:

„1. Analyse der biografischen Daten

2. Text- und thematische Feldanalyse (sequenzielle Analyse der Textsegmente des Interviews)

3. Rekonstruktion der Fallgeschichte

4. Feinanalyse einzelner Textstellen

5. Kontrastierung der erzählten mit der erlebten Lebensgeschichte

6. Typenbildung." (Ebd. 152)

Mehrere Fallanalysen können zu Typen verdichtet werden, z. B. der (Langzeit-)Arbeitslose, der Erfolgreiche, der Versager usw.

3. Die ethnomethodologische Konversationsanalyse

untersucht die formalen Prinzipien der sozialen Organisation sprachlicher und nicht sprachlicher Interaktionen (empirisch, Tonband-, Videoaufzeichnungen).

Nach der Ethnomethodologie (H. Garfinkel) ist die soziale Wirklichkeit – in der Kontingenz und Chaos, nicht Struktur und Ordnung als Normalfall gelten – eine Vollzugswirklichkeit (keine objektiven Sachverhalte; Kontext und Situationsgebundenheit von Interaktionen werden zum wichtigsten Erklärungshinweis) und wird laufend in konzertierten (Ver-)Handlungen und Wahrnehmungen hervorgebracht.

Sie will an den Alltagshandlungen, den alltäglichen Aktivitäten der Menschen ansetzen, wobei nicht der Person des Handelnden, sondern dem Prozess der Verfertigung von Ordnung das Interesse gilt.

Die jeweils dahinter liegenden Wissensbestände sollen beschrieben und die Interaktionen bestimmenden Basisregeln aufgedeckt sowie die Art der sozialen Wirklichkeiten bestimmt werden, die Menschen konstruieren bzw. konstruiert haben. Auch nonverbale Verhaltensformen im Kontext von Alltagswissen und Alltagswelt werden durch die Rekonstruktion von Prozessen, in denen es um die Bedeutungs- und Sinnzusammenhänge nicht sprachlicher Verhaltensweisen geht, zu erklären versucht.

Um interagieren zu können, müssen Handelnde die Handlungen verstehen. Jede einzelne Handlung kann nur in Bezug auf ihren Kontext verstanden werden. Das methodische Vorgehen gliedert sich in

1. Fremdverstehen: Begreifen alltäglichen Handelns oder sozialer Daten, Aufzeichnen „natürlicher" Interaktionssequenzen

2. Transkription und interpretatives Paradigma (s. S. 46, 174; menschliche Interaktion als ein interpretativer Prozess, in dem Bedeutungen untereinander erschlossen werden; keine Reiz-Reaktions-Abfolge)

3. Analyse und dokumentarische Interpretation (Erscheinungen werden als Ausdruck, als „Dokument" eines zugrunde liegenden Musters verstanden).

Die Ethnomethodologie unterscheidet sich demnach von den traditionellen (empirisch-analytischen) Verfahren weniger in der Art der Datenerhebung (durch teilnehmende Beobachtung, Interview, Inhaltsanalyse), sondern durch die Interpretation der Daten. Es wird kein Unterschied zwischen Alltags- und Forschungspraxis gemacht. Daher kann die Erforschung der Alltagspraxis von Menschen aufgrund der bestehenden interaktiven Situation nur durch interpretierendes Verstehen erfolgen. Ethnomethodologen und Aktionsforscher betrachten die Betroffenen als Experten für die Analyse ihrer eigenen Situation, gehen aber insofern darüber hinaus, als sie Veränderungen dieser Situation während des Forschungsprozesses intendieren. Die Kritik an Enthnomethodologie und Aktionsforschung betont, dass sie keine objektive Erkenntnis ermöglichen. Sie werden allenfalls als Hypothesen generierende Methoden akzeptiert. Darin erfüllen sie eine wichtige Aufgabe für die Weiterentwicklung der Sozialwissenschaften.

4. Die Gattungsanalyse

Bestimmte Codes sind für die Binnenstruktur von Gattungen zuständig, z. B. Hochsprache, Jargon, Dialekt, Soziolekt; expressive Ausdrücke, mimische und gestische Elemente, phonologische Variationen und syntaktische Konstruktionen (z. B. Parataxe, Hypotaxe, Imperative, Passivkonstruktionen, bestimmte Konjunktionen usw.); stilistische und rhetorische Figuren:

bestimmte Wortverbindungen (Asyndeton, Polysyndeton), Worteinsparungen (Ellipse, Aposiopese), Worthäufungen (Akkumulation, Amplifikation, Gradation), Wortstellungstypen (Parallelismen, Chiasmen), Metaphern, Metonymien, hyperbolische Ausdrücke und andere stilistische Figuren (Litotes, Emphase, Symbol usw.), Klangfiguren (Anaphern, Epiphern, Wortspiele, Lautmalereien usw.).

5. Die Deutungsmusteranalyse (s. S. 161)

6. Die Diskursanalyse

(Variationen sind die Konversations-, Narrations-, Gattungsanalyse und die Ethnografische Semantik) beschäftigt sich mit der Analyse von Gesprächen. Als empirische Grundlagen fungieren vor allem „natürliche" Daten (mündliche, schriftliche, visuelle Texte) und teilweise durch Interviews neu produzierte Daten.

Die Sprache wird als ein abstraktes, geregeltes Zeichensystem (langue) verstanden, das dem konkreten Sprechen (parole) zugrunde liegt und die menschlichen Vorstellungen von „Welt" formt (de la Saussure). Das konkrete Sprechhandeln, die Sprechakte (zusammengesetzt aus Sprecher, Aussage [Form und Inhalt], Zuhörer [Publikum] und seine textförmige Dokumentation), ist/sind Gegenstand, nicht das linguistisch-strukturale Verständnis der „Sprache als System". Die symbolische Ordnung wird durch Diskurse gesellschaftlich produziert (= konstruktivistische Grundperspektive).

Diskurse sind „themenbezogene, disziplin-, bereichs- oder ebenenspezifische Arrangements von (Be-)Deutungen, in denen je spezifische Handlungsvoraussetzungen und -folgen (Institutionen, Praktiken) impliziert sind" (Keller 1997, 317). Sie sind immer kontextualisiert, d. h. in ein gesellschaftliches und historisches Umfeld oder andere Diskurse eingebunden und werden über sprachliche und nichtsprachliche Praktiken aktualisiert, modifiziert usw. Sie haben im Bestehen auf personeller Ausgewogenheit und Disziplin eine ethische Komponente.

Diskurse können untersucht werden

- „ wie sie entstanden sind,
- welche Veränderungen sie im Laufe der Zeit erfahren,
- auf welche Gegenstandsbereiche und welches Publikum sie sich beziehen,
- welche manifesten und/oder latenten Inhalte (kognitive Wahrnehmungsschemata, moralisch und ästhetische Bewertungsschemata für „Sachverhalte") sie transportieren,
- welche (rhetorischen) Mittel dazu eingesetzt werden,
- welche materialen Praktiken verwendet werden,
- welches ihre Träger sind,
- in welchem Verhältnis sie zu anderen (konkurrierenden) zeitgenössischen oder historischen Diskursen stehen,
- wie erfolgreich sie sind, d. h. welche Auswirkungen sie haben." (Keller 1997, 318 f.)

Die in Diskursen produzierten Texte werden vor allem im Hinblick auf formale Strukturen analysiert, und zwar nach

a) grammatikalischem Muster (Satzbau)
b) rhetorischen Mitteln
c) (manifesten und latenten) Inhalten.

Das Untersuchungsprogramm, die empirische Vorgehensweise kann erfolgen aufgrund der freien Analyse (Foucault), als konkreter policy-Prozess, als qualitative Analyse, orientiert an der rekonstruktiven, an Parametern der interpretativen Sozialforschung angelehnten Analyse, an der standardisierten inhaltsanalytischen Codierung, an der Analyse inhaltsanaly- tisch-interpretativ aufbereiteter einzelner Texte als Dokumente/Fragmente eines interessie- renden Diskurses.

Als methodische Aspekte der Diskursanalyse kristallisieren sich heraus:

1. die Wahl des Diskurses über …
2. die Fixierung der Fragestellung
3. die Bestimmung der Untersuchungsgrößen (materiale Diskurspraktiken, formale Text- strukturen, Inhalte)
4. Festlegung des Analyseverfahrens (Inhaltsanalyse, grammatikalische oder rhetorische Muster, rekonstruktive Einzeltextanalyse)

Die ethnografische Semantik bezieht sich auf den Gegenstandsbereich des „Feldes". Da- nach werden Erkenntnisse an Orten gefunden, an denen Menschen zusammentreffen und Aktivitäten gemeinsam entfalten. „Felder" gelten als soziale Wirklichkeit. Das wichtigste Symbolsystem ist die Sprache. Die elementare Einheit der Analyse ist die semantische Relation, d. h. die (attributive, hierarchische, kausale usw.) Zuordnung einer Einheit oder Eigenschaft X zu einer Einheit oder Eigenschaft Y, die sprachlich oder gestisch vorgenom- men wird.

Die Anzahl der Möglichkeiten bestätigt, dass es keine „präzise(n) methodologischen Ab- grenzungsregeln der hermeneutischen Analyse" gibt (Rittelmeyer/Parmentier 2001, 42) und Hermeneutik „weniger Methode als vielmehr Grundbewegung des menschlichen Daseins überhaupt" ist (ebd. 18).

5.7.7 DER FORSCHUNGSPROZESS BLEIBT UNABGESCHLOSSEN

Der Forschungsprozess stellt sich nach Maeder/Brosziewski (1997, 357) wie folgt dar:
„1. Bestimmung der Untersuchungseinheit im Feld
2. Teilnehmende Beobachtung mit Feldnotizen und/oder Tonband
3. Datengenerierung mit Dokumenten aus dem Feld
4. Themenzentrierte Interviews
5. Datenanalysen: Domänen, Taxonomien, Komponenten und kulturelle Themen
6. Selektive Beobachtung und fokussierte Interviews
7. Weitere Datenanalysen, auch in Dokumenten; Schritte wie bei 5
8. Ethnografischer Bericht."

Alle Interpretationen sind unabgeschlossen („hermeneutischer Skeptizismus", Rittel- meyer/Parmentier 2001, 18), sie lassen immer wieder andere Perspektiven usw. zu. Das heißt, sie sind ohne „Letztevidenz", sie sind je „situations- und kontextrelativ und ebenso inte- ressen- oder präferenzen- und wert(ungs)relativ" (Lenk 1993, 247). Hermeneutik, Diltheys zentrale Kategorie der „Bedeutung" (nicht der „Wahrheit") ist keine streng überprüfbare Methode wie z. B. Kants transzendentaler Idealismus, sondern Verstandenes wird zur Erklärung von Unverstandenem herangezogen (z. B. bei der werkimmanenten und biografischen Interpretation). Dies bewirkt den – kritisierten – „hermeneutischen Zirkel", die wechselseitige Bedingtheit der Fragen und Aussagen, den zirkelhaften Begründungszusammenhang, die Ideologieanfälligkeit. Eine wichtige Rolle spielt die Sprachentschlüsselung, Diltheys „Nachkonstruktion". Gadamer (1960) grenzt sich vom Begriff der Methode ab, indem er Verstehen als eine Erkenntnisweise betrachtet, die nicht in Regeln gefasst werden kann. Damit rückt er die Wahrheitsfrage an den Rand, Interpretationsergebnisse erleiden infolge begrifflicher Unklarheit einen Relevanzverlust. Andererseits konnten ideologische Systeme (z. B. Marxismus/Leninismus) sich unter solchen Prämissen etablieren (Hempfer 1992).

5.7.8 DAS „INTERPRETIERENDE [INTERPRETATIVE] PARADIGMA" ALS GRUNDLAGE FÜR DIE UNTERRICHTSARBEIT

Für die Unterrichtsarbeit ist der aus der amerikanischen Soziologie stammende Begriff des „interpretierenden Paradigmas" (Wilson) in Gebrauch gelangt. Das heißt, fast niemand interpretiert einen Text, ein Bild, eine Tabelle usw. nur mithilfe einer einzigen Methode. Der Methodenverbund (Klafki) kann im realgeschichtlichen (Problem-)Zusammenhang eine Kombination etwa aus folgenden Interpretationsmethoden darstellen: der hermeneutischen Methode (geistesgeschichtlich-sinnhaftes „Verstehen", kontrollierte Auslegung, Deutung, Interpretation, Übersetzung, Exegese), der empirischen Methode (auf Daten, Fakten beruhend), der genetischen Methode (Nachvollzug der Gedankenentstehung, -führung, -entwicklung), der (ideologie-)kritischen Methode (Herausarbeitung von gesellschaftlichen Widersprüchen), der phänomenologisch-deskriptiven Methode (Beschreibung von Erscheinungen), der analytischen Methode (Analyse und Synthese von Begriffen usw.), der dialektischen Methode (Trias von Hypothese – Analyse – Synthese), der kritisch-analytischen Methode (Falsifizierung von Sätzen).

6 Basismethodische Voraussetzungen politischen Lernens

6.1 Psychologische und soziologische Determinanten politischer Bildung

6.1.1 Psychologisch-soziologische Grundlagen

Da Methoden (und Arbeitstechniken) auch gegenstandskonstitutiv und alters- bzw. vorbildungsabhängig sind, verweisen sie auf die fundamentale Frage, wann und wie politisch-gesellschaftliche Probleme in den Horizont der Lernenden gebracht werden können/sollen. Dabei sind ihre Vorstellungswelt, ihre Bewusstseinslage, ihre sozialen Erfahrungen, ihre Interessen, ihr Umfeld, das Lernangebot u. dgl. zu berücksichtigen. Grundsätzlich kann man jedoch davon ausgehen, dass jede politisch-gesellschaftliche Fragestellung und jedes Ereignis allen Lernenden in der je angemessenen Form vermittelt werden können. Dabei sind (entwicklungs-) psychologische und soziologische Determinanten zu beachten und drei Modelle zu unterscheiden: die Reifungstheorie, die Milieutheorie und die Interaktionstheorie. Sie sollen den Hintergrund ausleuchten helfen, von dem her Verhalten, Ereignisse usw. bestimmt werden, ferner entwicklungsgenetische Konstanten feststellen.

6.1.2 Psychologische Voraussetzungen und Etappen politischen Lernens

Wissen (s. S. 216) wird nicht von den Bildungseinrichtungen der Jugend- und Erwachsenenbildung monopolisiert, und Handeln ist nicht allein dem so genannten Leben vorbehalten. Das Vermittlungsproblem liegt in einem gestuften Aufbau des strukturellen Zusammenhangs von Wissen und Handeln. Deshalb ist nach Roth (1971, 234f.) methodisch (in etwas gestelzter Sprache) zu bedenken, dass die Lehrenden den Lerngegenstand

„1. in die altersspezifische Schau übersetzen müssen,

2. in die altersspezifische Sprache
(Die Lehrenden) werden ihn

3. in seiner Prägnanz zeigen, sodass er zur Figur auf einem Grund wird, noch gesteigerter: zu einem exemplarischen Fall, der im Besonderen reizt. (Die Lehrenden) werden

4. die Ursituation aufzeigen oder wiederherstellen, wo er menschliche Erfindungsgabe, Entdeckerleistung oder Schaffenstat war. (Die Lehrenden) werden

5. ihn in seine elementaren Bezüge auflösen, ihn als elementares Modell zeigen, das den Anfänger nicht verwirrt, sondern ihm Übersicht gewährt und Durchsicht gestattet."

Überdies ist nach Roth (ebd.) die psychologische Erkenntnis des Lernenden wie die sachlogische des Gegenstandes von ausschlaggebender Bedeutung für die Methodik. Jede Entwicklungsphase hat nach diesen Kriterien

- ihre eigene Erkenntnishaltung
- bedeutet Entfaltung altersspezifischer Fähigkeiten und Begabungen, die nach Betätigungen verlangen
- führt zu „Erstbegegnungen" mit Sachen, Personen oder Werten, die von besonderer Erlebnisvalenz sind und häufig Wesensprägungen zur Folge haben.

Insgesamt müssen die Methoden „originale Begegnungen" (H. Roth; den „fruchtbaren Moment" F. Copeis) zwischen Lernendem und Gegenstand herbeiführen (ebd. 109 ff.). Im Allgemeinen frage der Lernende danach, was er wissen *will*. Daher beruhe der Vollzug des Fragens nicht nur auf dem Erkennen, sondern ebenso auf dem Wollen. Die epistemischen und die voluntativen Tätigkeiten seien im menschlichen Geiste nicht voneinander getrennt. Wollen kann der Mensch nur das, was er in irgendeiner Weise schon kennt, und erkennen kann er nur das, worauf er seine Aufmerksamkeit lenkt, d. h. was er erkennen will. Nach den Ergebnissen der Lernpsychologie Roths (1971, 186 ff.) zu urteilen, sind im übrigen Übung und praktische Betätigung nicht die alleinigen Mittel, künftige Verhaltensweisen antizipierend zu trainieren.

Ohne die Persönlichkeitsstruktur des Lernenden zu kennen, seine Motivation und Interessen, seinen Sozialcharakter, sein verbales Ausdrucksrepertoire, seine schichtspezifische Herkunft (z. B. familialer Bildungshintergrund, Erziehungsstil, Sprachverhalten), seinen allgemeinen politischen Kenntnisstand u. dgl. ist effizienter (politischer) Unterricht erschwert. Nach den Aussagen der Erziehungs- (Tausch 1991) und Entwicklungspsychologie (Fend 2000) ist der Lernende während der Zeit der Pubertät und vor der Adoleszenz für Kausalzusammenhänge und für reales Denken empfänglich und nimmt die Umwelt unbeschwert in sich auf. Erst allmählich fragt er nach ihrem Wertcharakter. Zwischen dem 15. und 18. Lebensjahr erwacht die individuelle Verantwortung für Geschichte und Politik sowie das Interesse für die vielfältigen Interaktionen der Menschen untereinander. Bis zum Eintritt in die Pubertät ist der Lernende auf das Anschauliche und Konkrete, auf das Beobachten, Sammeln, Ordnen, Vergleichen und Planen gerichtet. Seine Anteilnahme am Weltgeschehen gilt dem Interesse an fernen Ereignissen. Im Staat sucht er zuerst die Personen, die ihn verkörpern. Diese phasenspezifischen Verhaltensweisen beruhen nicht auf biologischen Konstanten, sondern sind individuell abweichend und gesellschaftlich vermittelt und damit veränderbar. Die Phasenpsychologie wird von der Lernpsychologie relativiert, der Erziehungsvorgang wird als gesellschaftlicher Reproduktions- und als Lernprozess organisierbar aufgefasst. Entwicklung findet als kontinuierliches soziales Lernen statt.

Im Pubertierenden entfaltet sich die Kritik am Überlieferten. Die Frage nach dem Erwachsensein kennzeichnet die Phasenhaltung. Er fragt nach Maßstäben, nach dem Sinn menschlicher Handlungen und sucht nach Zusammenhängen. Gleichzeitig erkennt er die Mängel des Daseins und tritt für Ideale ein. Sein Verhältnis zur Gesellschaft ist noch unsicher, seine Einstellung zu Gruppen, Verbänden, Parteien und Staat hat sich noch nicht fixiert. Zu- oder Abneigungen sind Ausdruck seiner wechselnden Stimmungen und von Umwelteinflüssen. Das kann sich in großer Aktivität wie durch Zurückgezogenheit äußern. Den vollen Sinn für Realität und das Verantwortungsbewusstsein erreicht er am Ende der Reifezeit. Während der geschilderten Periode ist darauf zu achten, dass die Neigung zu extremer Kritik nicht in Radikalismus umschlägt. Infolge seiner oft kompromisslosen, rigoristischen (moralischen) Auffassungen misst der Lernende z.B. die Auseinandersetzungen von Kontrahenten an ihrer Prinzipientreue und nicht an pragmatischen Überlegungen. Aufgrund dieser Grundeinstellung fühlt der Lernende sich mehr zur politischen Problemwelt als zu realen politischen Ereignissen hingezogen. Dies begünstigt den methodischen Ansatz eines rationalen Vorgehens, eines Rekurses auf politisches Denken und Bewusstsein als wesentliche Voraussetzungen politischen Entscheidens und Handelns.

In den nachfolgenden Altersstufen werden die gesellschaftlichen und staatlichen Strukturen, die Kulturen, Recht und Verfassung, Wirtschaft usw. direkt angegangen. Das Streben des in der Nachreifezeit befindlichen Adoleszenten ist auf das Verstehen werthafter Sinnzusammenhänge gerichtet. Er fragt nach der philosophischen Dimension, dem Woher und Wohin. Urteil und Entscheidung fallen nach rationaler Prüfung der Sachverhalte. Die Fakten und Hintergründe des politisch-gesellschaftlichen Lebens werden hinterfragt. Die psychologische Lage des jungen Erwachsenen zeichnet sich durch Nüchternheit und kritischen Realitätssinn, durch „Konkretismus" (Adorno), Entwerfen realer Utopien, Schaffensdrang und Verantwortungsbewusstsein, Verfestigung von Interessen, Ausbildung des Selbst(wert)gefühls u. dgl. aus. Der Lehrende sollte den Lernenden mit geeigneten Verhaltensmustern und Alternativen konfrontieren, ihm soviel selbstständige Aufgaben (Projekte) wie möglich übertragen, damit er lernt, sich in die rationalisierte, technisch perfekte Umwelt zu integrieren. Zu ihrer Interpretation und Ergründung der Zusammenhänge verhilft ihm das methodische Instrumentarium der soziologischen Diagnostik. Dabei muss die Tatsache berücksichtigt werden, dass das Jugendstadium gegenüber früher kein bloßes unselbstständiges Übergangsstadium in die Erwachsenenwelt, sondern um Jahre hinausgeschoben worden ist und als ein gesellschaftliches Subsystem einen eigenständigen Charakter angenommen hat. Die Vorbereitung auf die plurale „offene Gesellschaft" (Bergson; Popper) läuft nicht so geradlinig wie in früheren geschlossenen Gesellschaften. Lektüre, praktische Erfahrungen (Reisen), Massenmedien usw. ermöglichen erhebliche Horizonterweiterungen. Die Absicht ist nicht mehr primär auf eine rasche Integrierung in die Erwachsenenwelt gerichtet, sondern auf Ich-Identität im kritischen Sinne (z. B. Aufbau eigener Positionen, Entlarvung von Ideologien, Abwehr von zwanghaften Rollenerwartungen, Ri-tualen u. dgl.). Daraufhin besteht heute eine größere Chance, Gesellschaft und Staat in den Unterricht einzubeziehen. Jedoch kann politische Bildung nicht mehr mit einem konstanten Ordnungsbild arbeiten.

6.1.3 Psychologische Rückbesinnung auf politischen Unterricht

Die methodische Betrachtung des politischen Unterrichts nach psychologischen und soziologischen Aspekten hat ergeben, dass Entwicklungsphasen zu beachten sind. Allerdings dürfen daran keine übersteigerten Erwartungen im Hinblick auf den tatsächlichen Unterrichtserfolg gestellt werden.

Als Selbstkontrolle der Anwendung psychologischer Komponenten im Unterricht kann der Lehrende sich (nach H. A. Müller) diese und andere Fragen vorlegen:
1. Entwicklungspsychologischer Aspekt:
   Richte ich meinen Unterricht altersspezifisch aus und ist er dem Entwicklungsstand der Lernenden angemessen?
2. Sozialpsychologischer Aspekt
   Berücksichtigt mein Unterricht die Interessen der (heterogenen) Gruppen, differenziere ich und stelle gruppenspezifische Aufgaben? Werden einzelne Lernende favorisiert?
3. Erziehungspsychologischer Aspekt:
   Ist mein Erziehungsstil den Lernenden angemessen? Bin ich durch mein Verhalten und Handeln glaubwürdig?
4. Unterrichtspsychologischer Aspekt:

Greife ich auf die Interessen der Lernenden zurück? Habe ich die Lerninhalte hinreichend motiviert? usw.

Die anthropologische Seite der politischen Bildung ist ohne eine psychoanalytische Fundierung nicht zu verstehen. Diese untersucht mit der psychotherapeutischen Methode den Prozess als Schlüssel für das Verständnis sozialer Interaktionen, wobei die sozialen Potenzen und Bedürfnisse des Menschen freigelegt werden. Erst von daher kann man feststellen, welches Frustrations- und Aggressionspotential sich im Menschen verbirgt und mit welchen Auswirkungen auf Politik zu rechnen ist. Ferner wird die Wirklichkeit, soweit sie durch das Unbewusste beeinflusst ist, aufgedeckt und dadurch werden z. B. gesellschaftliche Vorurteile, verinnerlichte Einstellungen (Abhängigkeitsverhältnisse) u. dgl. erkannt. Dies war schon Max Weber klar, der die psychologischen Wurzeln des Kapitalismus im kalvinistischen Arbeitsethos (innerweltliche Askese, Sinnenfeindlichkeit, Selbstverneinung) suchte. Daraus entstanden innerhalb der bürgerlichen Gesellschaft Tugenden wie Pflichtbewusstsein, Sparsamkeit, Arbeitseifer usw., die auch das politische Bewusstsein geprägt haben. Insbesondere hat das Kleinbürgertum diese Tugenden übernommen, die die Anfälligkeit für totalitäre Ideologien (z. B. Nationalsozialismus, Kommunismus) erhöhten.

Für das Reagieren auf politische Vorgänge ist die individualpsychologische Komponente von erheblicher Bedeutung. Wie agieren/reagieren die einzelnen Einstellungstypen?

Ihre Kenntnis bewirkt eine realistische Einschätzung ihres (potentiellen und tatsächlichen) Verhaltens. Ihre Klassifikation fällt bei den einzelnen Autoren unterschiedlich aus, je nach dem, was gemessen werden soll. Da ist die Rede von den

- Anpassungsbereiten
- Widersprechenden und Widerstrebenden
- Gewissensorientierten
- Ideologischen Dogmatikern
- Egozentrikern
- Aktiven
  Andere Einteilungen politischer Habitustypen nennen die
  - Engagierten
  - Interessierten
  - Indifferenten
  - Reflektierten Staatsbürger
  - Naiven Staatsbürger
  - Skeptischen
  - Destruktiven
  - Unpolitischen
  - (Irr-)Rational Distanzierten.

6.2 Sozialisation als ein Determinierungsfaktor politischen Lernens

6.2.1 MERKMALE DER SOZIALISATION

Als Sozialisation bezeichnet man den Vorgang der funktionalen und intentionalen Anpassung des Individuums an soziale, kulturelle usw. Normen und Werte einer Gesellschaft

(Akkulturation, Integration, Assimilation), meist im biografischen Ablauf von der Geburt an, durch deren Internalisierung und Habitualisierung sowie durch die Entwicklung eines inneren Antriebs, sich gemäß den jeweiligen Rollenansprüchen zu verhalten. Im Laufe der Zeit erfolgt ein Individuierungsprozess, der u. a. durch Rollendistanz und Widerstand gekennzeichnet ist. All dies vollzieht sich im starken Maße im Lernmilieu des Bildungssystems. Als Ziele des hier erfolgenden sozialen Lernens werden im allgemeinen genannt: Entfaltung von Ich-Identität, Solidarität, Toleranz, Kooperation, Kritik, Sensibilität, Sprache, Sozialität (soziale und kommunikative Kompetenz), Handlungsfähigkeit (z. B. durch „herrschaftsfreien Diskurs" [Habermas], der Konsens und Kompromiss ermöglichen soll). Es wird unterstellt, dass besonders in Kindheit und Jugend Dispositionen zu einer bestimmten Handelnsweise, zu grundlegenden moralischen usw. Orientierungen, Einstellungen u. dgl. als dauerhafte Persönlichkeitsmerkmale erworben werden. Dies geschieht unter der Annahme fester Zusammenhänge zwischen der Gesellschaftsstruktur, den Sozialisationsagenturen (s. u.) und der Persönlichkeit des Sozialisanden. Eine statische Betrachtungsweise sieht darin die (passive) Integration ins politische und gesellschaftliche System, ein dynamische Betrachtung zielt auf Veränderung und aktive Partizipation (Parteinahme). Insgesamt werden Sozialisationsprozesse untersucht, damit politisches Bewusstsein (s. S. 220) feststellbar wird und – darauf aufbauend – politische Bildungsprozesse in Gang gesetzt werden können. Dabei kommt es nicht nur auf die objektiven Sozialisationsbedingungen an, sondern ihre affektive und kognitive Verarbeitung durch den Einzelnen ist entscheidend für das Verhalten.

Analytisch lassen sich vier Wirkungsschwerpunkte im politischen Sozialisationsprozess unterscheiden, nämlich

„• Politisch relevante Persönlichkeitsmerkmale,
• affektive politisch-soziale Grundorientierungen,
• Grundeinstellungen gegenüber dem Politischen,
• Richtungen der politischen Einstellungen und Meinungen." (Marz 1978, 7 f.)

Dazu trennt man zwischen primärer und sekundärer (tertiärer) Sozialisation. Die erstere vollzieht sich in der Familie, die ihrerseits durch ihre „objektive" Stellung im Verteilungssystem wirtschaftlicher und sozialer Macht (d. h. von Ober- und Unterordnungsbeziehungen im gesellschaftlichen Gefüge) beeinflusst wird. In der frühen Phase der Sozialisation erwirbt das Kind die elementaren Fähigkeiten (Bewusstseinsstruktur und Sprache) und die motivationalen Verhaltensdispositionen (Antriebsstruktur, moralische Orientierungen; Piaget, Aebli, Kohlberg), auf denen alle späteren Lernprozesse aufbauen. In dieser Phase sollte das Kind mit der umgebenden Umwelt, ihren Normen, Widersprüchen, Gefahren, Vorzügen usw. vertraut gemacht werden (Imitations-, Identifikations-, Rollenlernen). Die verschiedenen Rollen sollten allmählich eingeübt, die Abhängigkeitsverhältnisse sollten elementar verdeutlicht werden. Dies bedingt die Hinführung zu einer kritischen Fragehaltung, zu Widerspruch, Alternativen, Urteilsfähigkeit, Überwindung von Rollendressaten, Einsicht in die Veränderbarkeit der gesellschaftlichen Verhältnisse (soziales Lernen). Es kommt darauf an, dass u. a. Lernfähigkeit, Ichstärke, Identitätsbewusstsein, Selbstvertrauen u. dgl. im familialen Sozialisationsprozess erworben werden. Die Familie fungiert als Vertreterin der jeweiligen gesellschaftlichen Schicht. Davon hängen basale Interessen des Kindes ab, z. B. selbstständiges Arbeiten, der Umgang mit Konflikten, die Durchsetzung von Wünschen, das Fordern von Begründungen oder die Hinnahme gestellter (An-)Forderungen.

Das Verständnis politischer Einrichtungen, Ereignisse und Personen wird durch äußere Beeinflussung (Massenmedien, Teilnahme an der Erwachsenenwelt) zeitlich weit nach vorn verschoben. Der Vorgang gliedert sich – nach amerikanischen Forschungen – in mehrere, deutlich von einander abgesetzte Phasen:

1. Phase der affektiv-personalistischen und symbolischen Orientierung (bis etwa 7. Lebensjahr).
2. Phase der langsamen kognitiven Differenzierungen und Erweiterung des politischen Horizonts (7.–10. Lebensjahr).
3. Phase der raschen kognitiven Differenzierung, Generalisierung und Abstraktion, des Aufbaus eines aktiven Interesses und Engagements (10.–14. Lebensjahr).
4. Phase der Differenzierung, Ergänzung und Relativierung vorhandenen Wissens und Einstellungen in Richtung auf individuelle politische Interessen und Ideologien. (Behrmann 1969, 156; Grüner 1988).

In der sekundären Sozialisation (Schule usw.) geht es mit der Teilnahme an divergenten Interaktionsbeziehungen und Gruppen um die Erweiterung und Differenzierung der erworbenen Orientierungen. Dadurch sollen die jungen Menschen frei werden von den imitativ und identifikatorisch übernommenen Attitüden, Werten, Denk- und Verhaltensgewohnheiten, affektiven Loyalitätsbindungen (systemstabilisierender Immobilismus) zugunsten eines durch Selbstbestimmung charakterisierten Persönlichkeitsprofils. Kritiker haben ohnehin die These von der so genannten „Persistenz des frühen Lernens" (Greenstein) insoweit relativiert, als spätestens durch Sozialisationskrisen – die oft zu Radikalisierung, Apathie, Entfremdung oder Isolation führen – die Persistenz von Verstärkungen durch Erfahrungen in späteren Lebensphasen abhängt. Dabei helfen alte stereotype Schichtzuschreibungen infolge der sozialen Angleichungen (u. a. durch höhere Allgemeinbildung, vertikale Aufstiegsmobilität, Medienkonsum, Fortbildung usw.) nicht mehr weiter. Reste schichtspezifischer Einstellungssyndrome (Stereotype, Vorurteile, Meinungen usw.), Werthaltungen, Verhaltensweisen sind abhängig von der Berufsposition, dem Bildungsstand, den Rollenerwartungen, dem sozialen Umfeld usw. Sie werden eingegrenzt durch einen heute qua Massenmedien, Reisen usw. möglichen, früher unvorstellbaren Welthorizont mit entsprechenden Auswirkungen auf das Sprachniveau, den Erfahrungshintergrund usw.

Die tertiäre Sozialisation erfolgt durch Parteien, Verbände, Ausbildungsstätten und im übrigen durch lebenslange menschliche Begegnungen. Nicht zuletzt spielen globale Veränderungen eine Rolle, ferner die Folgen der Individualisierung, die Erosion traditioneller Lebenszusammenhänge (familiale und Geschlechterbeziehungen), der interkulturelle Austausch, die zunehmende Bildungsbeteiligung, die Angleichung der sozialen Schichtspezifik u. dgl. Auf diese Weise wird ein früher nicht bekanntes Potenzial an (aus-)gebildeten Personen für die Gesellschaft und für die Volkswirtschaft erschlossen.

6.2.2 Forschungsansätze

Die Sozialisationsforschung wurde von der psychoanalytischen Persönlichkeits- und der Sozialpsychologie stimuliert und zusammen mit lerntheoretischen Ansätzen zur Entfaltung gebracht, ebenso von der amerikanischen Kulturanthropologie (M. Mead, R. Benedict). Hinweise finden sich bei Freud, vor allem bei seinen Schülern Reich, Fromm und Bernfeld sowie bei Erikson, Hochheimer, Mitscherlich und Fürstenau.

Die Sozialisationstheorie verfolgt

1. den tiefenpsychologischen Ansatz:
   Sozialisation wird erklärt als Ausbildung des Über-Ichs, das als System der übernommenen Normen und Wertmaßstäbe betrachtet wird;

2. den entwicklungspsychologischen Ansatz:
   Erwerb moralischen Bewusstseins (Piaget, Kohlberg) als *ein* bedeutsamer Aspekt von (politischer) Sozialisation. Er enthält viele lerntheoretische Momente;

3. den soziologischen Ansatz:
   Vor allem die strukturell-funktionale Theorie (Parsons) betrachtet Sozialisation primär unter dem Aspekt der Vergesellschaftung des Individuums und dem Funktionieren und Fortbestand des politischen Systems: Vorbereitung auf die herrschenden Verhaltenserwartungen. Die Normenkonformität wird zur zentralen Kategorie (Integrations- bzw. Identifikationsmodell).

   Habermas vertritt ein Interaktions- bzw. Individuationsmodell: Konzeptualisierung des Spannungsverhältnisses von Individuum und Gesellschaft und die Rückkoppelung zwischen beiden als gleichwertig begriffenen Ebenen. Das Hauptinteresse besteht darin, wie das Individuum durch interpersonale Prozesse lernen kann, sich sowohl an (soziale und politische) Normen anzupassen als auch sich von ihnen zu distanzieren und sie zu reflektieren (antinomisches Verhalten) (Weißeno 1983, 15–35). Der Erwerb von Interaktionsmodellen ereignet sich in aktiven Interaktionsbezügen, deren kommunikativer Anteil besonders hoch ist. Der Aktivitätsaspekt der Sozialisation muss zur Suche von Lücken im Anpassungssyndrom veranlassen. Diese Lücken müssen z.B. nach dem rollentheoretischen Konzept thematisiert werden. Die schulische politische Bildung muss dabei auf Vorläufer-Motive aufbauen, die sie von anderen Sozialisationsinstanzen (Familie, Kindergarten, Verein, Wir-Gruppen) angeboten bekommt. Auszubildende erreichen eine Wendemarke ihrer Sozialisation. Ihr Leben erhält einen völlig anderen Rhythmus, neue soziale Normen müssen angeeignet werden; teilweise krisenhafte Statusveränderungen, Anpassungsdruck und Abhängigkeitsverhältnisse beeinflussen die politischen Einstellungen der Sozialisanden.

6.2.3 Formen der Sozialisation und politische Bildung

Die Art der Sozialisation der Lernenden ist auch eine zentrale Frage für den Methodengebrauch.

Praktisch verläuft die Sozialisation als intentionale oder funktionale Interaktion. Sie bezieht sich auf die Gesamtheit aller Lernprozesse im intellektuellen, affektiven und instrumentellen Bereich sowie auf alle Objekte und Subjekte des Gegenüber, singulär oder innerhalb bestimmter Strukturen. Anhaltspunkte für eine beschreibende Analyse sind Verfassungsnorm und -wirklichkeit, Eigentumsformen, Normensysteme, Demokratieformen, Parteien und Verbände, Presse, Eliten, Autoritäts- und Herrschaftsstrukturen, gesellschaftliches Schichtengefüge, soziale (Un-)Gleichheit, Betriebs-, Partnerschafts-, Familienstrukturen, die Rolle von Wirtschaft und Politik, Stellung der Frau(en), Bedeutung von Schule (Mittelschichtinstitution?) und (Aus-)Bildung, Cliquenbildung, allgemeine kulturelle Situation, Subkulturen usw. Die individuellen biografischen Determinanten gehören zu den wichtigsten Erziehungs- und Sozialisationsinstanzen. Eine familien- und schichtenspezifische Erziehungs- und Lebenspraxis führt zu unterschiedlichen Wahrnehmungs-, Erfahrungs-, Verarbeitungs-, Beurteilungs- und Interaktionsmustern, zu Wertorientierungen als (Vor-)Stufe von politischer Orientierung und einer bestimmten methodischen Art des Umgangs mit ihr. Politische Sozialisation kann demnach

a) sich auf die Einordnung in ein vorgegebenes System richten, systemaffirmativ sein (was einen nicht verordneten Wandel ausschließt, z. B. die Übernahme des kollektivistischen Klassenstandpunkts zur Bildung des „neuen Menschen" in der DDR), Dauerarbeitslosigkeit in fast allen Berufen wurde zu einem neuen Phänomen politischen und sozialen Lernens seit den 1990er-Jahren. Da Arbeitslose nicht organisiert und (noch) unauffällig sind, ist eine Zuordnung schwierig (Steinkamp/Meyer 1996);

b) autonome Sozialisationsprozesse initiieren und ihre politischen Wirkungschancen ausloten bzw. anstreben (partizipativ-emanzipativ; kritisch-dialektische Intention: zugleich in die Gesellschaft einüben und gegen sie immunisieren). Die Intentionen dieser Art von politischer Sozialisation zielen u. a. auf Kritikfähigkeit, Bereitschaft zum Fragen, zur Information und Diskussion, zur Fähigkeit zum Widerspruch, zum Zweifel, zur Kooperation und Solidarität. Kritikfähigkeit setzt soziale und affektive Distanzierungsfähigkeit voraus; politische Reflexion gelingt leichter, wenn nicht nur die angebotenen Interpretationsschemata, sondern auch die vorgegebenen Motive und Werte partiell in Frage gestellt werden und keine Idealisierung des politischen und sozialen Kontextes, in dem man lebt, vorgenommen wird. Methodenkenntnis als Mittel der Gesellschaftsanalyse (s. S. 87) ist eine wesentliche Voraussetzung dafür. Dabei spielt der Leistungsstatus des Lernenden eine wichtige Rolle: Je höher er ist, desto kritischer ist der Lernende; je niedriger er ist, desto eher glaubt er an die Immobilität der Verhältnisse. Insgesamt ist eine relative Konstanz des sozialen Integrationsmusters eines Individuums festzustel-len. Persönlichkeitsstrukturen weisen eine innere Konsistenz auf. Sozialisation ist, zusammengefasst, ein historisch-gesellschaftlich vermittelter Prozess der Persönlichkeitsgenese in Abhängigkeit von der Umwelt. Er umfasst den Aufbau von Ich-Identität, die Aufnahme von Werten und Normen, Strukturen und Erwartungen; er vollzieht sich in Interaktionen von Individuen und Gruppen, bewusst oder unbewusst, geplant oder zufällig, laltent oder manifest. Die Identität (personale oder Ich-Identität, soziale oder Inter-Identität) wird im Wechselbezug von Rollenzuweisung und Selbstdefinition – über Rollendistanz, Role-taking (sich in Rollen anderer versetzen), Ambiguitätstoleranz („Vieldeutigkeit" und Unsicherheit zur Kenntnis nehmen und tolerieren können) und Identitätsdarstellung (gegenüber anderen) – gewonnen. Sie ist abhängig von den lebensgeschichtlichen Interaktionserfahrungen der Individuen, durch „Identitätsdiffusion" (Erikson; Häufung von Erlebnissen, Ansprüchen usw., die gleichzeitig an den Einzelnen herantreten).

6.2.4 ÜBER DIE INTERNALISIERUNG SOZIALER ROLLEN

Nach dem rollentheoretischen Ansatz wird das menschliche Verhalten durch die Wahrnehmung von Rollen gesteuert, die das Individuum im Sozialisationsprozess übernimmt. Mündigkeit (Emanzipation) besteht dann in der Fähigkeit, sich aus tradierten Rollen (vorschriften) lösen zu können, die das Finden von Individualität, das Befriedigen eigener Bedürfnisse usw., letztlich das Gewinnen einer eigenen Identität hindern. Selbstbestimmung erfolgt demnach durch Rollendistanz, Normenkritik u. dgl. Der rollentheoretische Ansatz in der Soziologie prüft Bedingungen und Formen regelmäßigen sozialen Verhaltens. Die Rollentheorie ist demnach ein Instrument, mit dem das Verhalten von Menschen in der Gesellschaft analysiert werden kann.

Rolle wird soziologisch als allgemeine (normative) Erwartung definiert. Die soziologische Rollentheorie richtet sich u. a. auf die Rassen-, Religions- und Schichtzugehörigkeit, das Geschlecht, das Alter usw. Die Wahl ist durch den vorgegebenen gesellschaftlichen und kulturellen Rahmen beschränkt. Darin wird eine weit gehende Übereinstimmung zwischen den gültigen Normen und ihrer Beachtung durch den Handelnden unterstellt. Die Sozialisation eines Individuums wird als gelungen angesehen, wenn sein Verhalten im Großen und Ganzen mit den jeweiligen Rollenmustern übereinstimmt (Rollenkonformität). Abweichungen von den Rollenerwartungen werden als Devianz bezeichnet, Schwierigkeiten des Einzelnen mit der ihm zugeschriebenen Rolle können zum Rollenkonflikt (s. u.) führen.

Rolle ist die Verwirklichung der mit dem Status oder der Position übernommenen Rechte und Pflichten. Es handelt sich um Ansprüche der Gesellschaft, um Erwartungen hinsichtlich des Verhaltens, Aussehens, Charakters u. dgl. Rollenwahrnehmung wird dadurch für die gesellschaftliche Existenz des Einzelnen bedeutungsvoll. Die soziale Kontrolle ist Mittel zur Durchsetzung der Rollenerwartungen (ausgeübt z. B. durch den Staat, Organisationen, Vereine, Familie, Nachbarschaft(en), Religion, Brauchtum, Sitte, Mode, epochale Kulturstile u. dgl., aber auch durch das Recht).

Bei einem Interessenkonflikt sieht der Positionsinhaber sich in der Situation, die Erwartungen des anderen oder der anderen Gruppe zu verletzen. Ein Vater kann in einen Rollenkonflikt geraten, weil er gleichzeitig der Lehrer seines Kindes ist. Ein Intrarollenkonflikt entsteht dann, wenn widersprüchliche Rollenerwartungen aus unterschiedlichen Rollensektoren an den Rolleninhalber herangetragen werden. So haben beispielsweise Schüler/innen und deren Eltern die Erwartung an den Lehrer, dass er bei der Beurteilung auch psychosoziale Faktoren (z. B. allgemeine Leistungsfähigkeit , Anstrengungs- und Arbeitsbereitschaft, einschränkende häusliche Verhältnisse usw.) berücksichtigt (was offiziell nur in engen Grenzen toleriert wird) (Dahrendorf 1959; Reinhardt 1997).

Das interaktionistische Rollenkonzept wendet sich dagegen vom Ergreifen einer zugeschriebenen, definierten Rolle (dem role-taking) weg zur Fähigkeit, die eigene Rolle selbst zu interpretieren (role-making). In der Interaktion ergibt sich Spielraum für die subjektive Ausgestaltung der Rolle, und es kann sich die Fähigkeit zu Rollendistanz und Rollentausch nach eigenen Vorstellungen entwickeln. Das interaktionistische Rollenkonzept zielt demnach auf Ich-Stärke und Ich-Identität. Lernende sollen zur Identitätsbalance befähigt werden. Das erfordert Rollendistanz (das Ich geht nicht in seinen Rollen auf, Verhältnis von Freiheit und Bindung ist flexibel) und Ambiguitätstoleranz. Dabei meint Rollendistanz die Fähigkeit des Rollenträgers, die konkreten Rollenverpflichtungen (-erwartungen) aus eigener Einsicht mit individuellem Verhalten zu mischen. Ambiguitätstoleranz bedeutet die Disposition eines Rolleninhabers zu erkennen und zu akzeptieren, dass bestimmte Rollenerwartungen mehrdeutig sind.

Rolle stellt in der Systemtheorie Parsons' (1973, 55) die Grundeinsicht eines Systems sozialer Beziehungen (s. S. 155) dar: „…die soziale Struktur ist ein System von Beziehungsmustern zwischen Handelnden in ihrer Eigenschaft als Rollenträger." Dieser strukturell-funktionale Rollenbegriff befürchtet Strukturwandlungen durch Rollenkonflikte. Er dient im Übrigen der Beschreibung von Interaktionsverdichtungen in ihrem funktionellen, d. h.

organisatorischen Zusammenhang mit dem Gesamtsystem. Rollen sind Schaltstellen zwischen Individuum und System. Bei Störungen entstehen Konflikte, die durch das Eingebundensein des Individuums in mehrere unterschiedliche Rollen (Interrollenkonflikt) hervorgerufen werden (können).

6.3 Die Jugendphase als Orientierungsmerkmal politischen Lernens

6.3.1 Jugendliche als Adressaten politischer Bildungsbemühungen

Zu den unerlässlichen Voraussetzungen jeder Bildungsarbeit gehört die Beschäftigung mit den Adressaten, ihrer sozialen, (aus-)bildungsmäßigen Herkunft, ihren geistigen Fähigkeiten, ihrem Wissens- und Kenntnisstand u. dgl. Dies gilt für Kinder und Jugendliche ebenso wie für Erwachsene. Angesichts der Verkürzung der Generationenspanne auf etwa zehn Jahre, muss der Lehrende von einem raschen Wandel im Denken und Verhalten seiner Klientel ausgehen. Die folgenden Hinweise auf die „Jugend" können daher nicht als Konstante angesehen, sondern müssen zeitbedingt überprüft werden.

„Jugend" ist ein fließender Begriff. Er wird allgemein als die Zeit des Heranwachsens, des Freigestelltseins von gesellschaftlichen Zwängen, der Experimentiermöglichkeiten im Hinblick auf die persönliche Zukunft, des Ausprobierens neuer (Lebens-)Entwürfe u. dgl. verstanden. In ihm soll sich die (Erwachsenen-)Identität herausbilden.

Die Jugendzeit (bis Ende 20 Jahren) wird, im Gegensatz zu früher, nicht mehr als ein möglichst schneller Übergang in die Erwachsenenwelt konzipiert, sondern als eine aktive und selbstständige Sozialisationsphase betrachtet, deren soziale Kosten sich reiche Industriegesellschaften leisten können (s. u.). Der Eintritt in die Erwachsenengesellschaft erfolgt nach Heitmeyer/Jacobi (1991) später und damit auch die abverlangten, verbindlichen Entscheidungen (z. B. für Politik, Arbeit, Beruf usw.). Als Antwort auf die „neue Unübersichtlichkeit" (Habermas) sind ein privatistischer Rückzug in eine neue Innerlichkeit oder Hedonismus und Konsumismus zu beobachten. Dadurch entsteht eine „egoistische Unbekümmertheit" (Brähler/Wirth), ein Rückgang an sozialer Teilnahme, ein Anstieg von Narzissmus, Selbstwertgefühl und Lockerheit, eine aggressive Rivalitätsbereitschaft. Jugendliche werden in ihren politischen Interessen immer unberechenbarer, spontaneistischer.

Eine Hauptsorge für den Zusammenhalt des politischen und sozialen Systems der BRD betrifft nach Auffassung von Beobachtern die allgemein zunehmende „Individualisierung von Lebenslagen" (U. Beck) und die Abnahme von Solidarität. Die Individualisierung löst die traditionellen Strukturen in Familie, Gemeinde, Arbeitsplatz auf und führt zur Entsolidarisierung und sozialen Beziehungslosigkeit. Die institutionalisierte Politik wird zurückgedrängt, das politische Handeln wird aufgesplittert, punktuelle Koalitionen (z. B. Bürgerinitiativen) bilden sich ohne längerfristige stabile Bündelung der (Gesamt-)Interessen. Dies führt zur „Subjektivierung von Politik" (Heitmeyer).

Die (14.) Shell-Studie „Jugend 2002" fasst die Einstellung der Jugendlichen zur Politik zusammen: „Die Mehrheit der Jugendlichen hält die Demokratie in Deutschland für eine gute Staatsform. Nur 8 % der Jugendlichen in den alten und 17 % in den neuen Ländern sind hier anderer Meinung. (…) Für die Regierung eines ‚starken Mannes' spricht sich nur eine verschwindend geringe Minderheit aus, genauso übrigens für einen sozialistischen Staat. (…)

Dennoch sind in den neuen Bundesländern immerhin 52 % der Jugendlichen, in den alten 27 % kritisch gegenüber der demokratischen Praxis, so wie sie in Deutschland besteht, eingestellt. (…) Erhöhtes Vertrauen genießen solche staatlichen Institutionen, die als parteiunabhängig angesehen werden, wie etwa Bundesverfassungsgericht, Justiz und Polizei. Das geringste Vertrauen wird dagegen den politischen Parteien entgegengebracht. Als besonders vertrauenswürdig werden außerdem Menschenrechts- oder Umweltschutzgruppen eingeschätzt. Eher mäßig, aber höher als in die Parteien, ist das Vertrauen der Jugendlichen in die Bundesregierung und in die Kirche. Auch die Bürgerinitiativen genießen nur ein mäßiges Vertrauen, wenn auch etwas mehr als die Regierung. Im mittleren Bereich bewegt sich auch das Vertrauen in die Gewerkschaften. (Shell 2002, 22 f.)

„Bei der absoluten Mehrheit der Jugendlichen steht (…) der Parteienverdrossenheit eine große Akzeptanz der Demokratie als politisches System gegenüber. Demokratische Normen und Werte sind für die heutige Jugend maßgeblich. Alles in allem stellt Politik für die Mehrheit der Jugendlichen heute keinen eindeutigen Bezugspunkt mehr dar, an dem man sich orientiert, persönliche Identität gewinnt oder sich auch selber darstellen kann. ‚Politisch sein‘ ist heute nicht mehr ‚in‘.“ (Ebd. 24) „Politisches Engagement ist heute kein Selbstzweck mehr und schon gar kein Königsweg zur ‚persönlichen Emanzipation‘.“ (Ebd. 26)

Die Wertorientierung „zeigt ein dominantes Muster: Leistungs-, macht- und anpassungsbezogene Wertorientierungen nehmen zu, engagementbezogene (ökologisch, sozial und politisch) ab“ (ebd. 152). Die Shell-Studie benutzt dafür den Begriff der „Pragmatisierung“ und fährt fort: „Dieser übergreifende Trend bedeutet, dass sich die Prioritäten der Jugendlichen zur persönlichen Bewältigung konkreter und praktischer Probleme verschieben und weg von übergreifenden Zielen der Gesellschaftsreform“ (Ebd.) „Die Jugendlichen sind somit Trendsetter eines *individuellen Wertkonzeptes*, das Werte vor allem vom persönlichen Nutzenkalkül beurteilt.“ (Ebd. 158 f.)

Herausragend ist der unideologische und leistungsorientierte Habitus der Jugendlichen, im allgemeinen nur mit geringen Unterschieden zwischen Ost- und Westdeutschland, zwischen (mehr auf Macht und Einfluss bedachten) männlichen und weiblichen (mehr für das Soziale, für Natur und Religion interessierten) Probanden. Es findet eine Vermischung zwischen modernen Zielen (z. B. Sicherheit, Leistung) und alten Werten (Ordnung, Fleiß, Ehrgeiz, Erfolg), ferner die Favorisierung von Sekundärtugenden wie das Eintreten für Familie, Freundschaft, Partnerschaft, Lebensstandard, aber auch für Karriere, Treue, Verantwortung u. dgl. (flankiert von einem wachen sozialen Bewusstsein) statt. Als wichtigste gesellschaftliche Zukunftsaufgaben werden Arbeitsmarkt, Kinder, Familie, Bildung u. dgl. angesehen.

Der Jugend (Statist. Bundesamt 2002) zu Beginn des Jahrtausends (Zinnecker 2002) wird Sensibilität für zwischenmenschliche Beziehungen, soziale Anteilnahme und Aktivität, Spontaneität und Eigeninitiative, postmaterialistische Wertpräferenzen (z. B. Selbstverwirklichung, -bestimmung, individuelle Freiheit, partizipatives Engagement, idealistische Daseinsgestaltung, Ausleben von Bedürfnissen wie Sexualität usw.), ein teilweise eskapistisches, unmittelbares Daseinsinteresse, Individualismus als Folge der Erodierung sozialer und politischer Milieus (die Ich-Wir-Balance verlagert sich zur Ich-Identität), die Pluralisierung von Lebenslagen, Sinnsystemen (Weltanschauungen), Verhaltensoptionen, der Komplexität und Vielfalt der Lebenswelten, der Rückzug ins Private u. dgl. attestiert. Die Gleichheit der (post-)industriellen Lebensbedingungen durch Massenkonsum, Medienvermittlung, die „Entgrenzung des Politischen“ (U. Beck) bewirkt gesellschaftliche Egalisierung, in deren

Folge erhebliche typologische Übereinstimmungen unter den Jugendlichen entstehen (Melzer 1992), z. B. lange Ausbildungszeiten, Hinausschieben von Verantwortungen, Unterbrechen der Erwerbstätigkeit, eigene Wohnung, Auto, Verweigerung von Bindungen an formelle, hierarchisierte Institutionen wie Klasse, Schicht, Milieu, Konfession (Höhn 1993, 25–39), dafür Bevorzugung von gleichaltrigen Freundschaftsgruppen, Szenen und Cliquen, informellen sozialen Netzwerken im Freundes- und Bekanntenkreis, konzentriert auf lebensweltliche Subkultur, Selbstentfaltung, privates Glück, individuelle Freiheit, gesellschaftlicher Nahbereich, multikulturelle Angebote, Aufgeschlossenheit gegenüber existentiellen Überlebensfragen (z. B. atomare Bedrohung, Gentechnik) u. dgl. Die Jugendkultur ist ferner durch Ästhetisierung gekennzeichnet, durch Sinnen- und Wahrnehmungsorientierung, Bildlichkeit (erlebnisbezogen: vgl. Kleidung, Konsum, Lebensstile, Szenen) im Gegensatz zu Sprachlichkeit und Diskursorientierung. Arbeit und Beruf sind für Junge Männer und Frauen von zentraler Bedeutung.

Anerkennung, Eintreten für postmaterielle (plurale) Werte, Relativierung gängiger Moralvorstellungen, Normen und Konventionen (Enttraditionalisierung), Selbstverwirklichung und Selbstbestätigung und das Gefühl sozialer Integration sind wichtiger als hohes Einkommen und Karriere (Bernart 1996, 205). Brüche in der Biografie werden hingenommen. Junge Frauen suchen eine Balance zwischen Erwerbsarbeit und Familie zu finden (IBM-Jugendstudie 1992). Dagegen ist das direkte Interesse an der offiziellen Politik – bei großer Sympathie für die Ziele sozialer Bewegungen (z. B. Frieden, Entwicklungsländer, Umwelt) – eher gering, die öffentliche jugendliche Protestbereitschaft bei erfahrenen Defiziten in Staat und Gesellschaft (z. B. Schul-, Studienplatz- und Ausbildungsprobleme, Lehrstellen, Arbeitsplätze) hat gegenüber den 1970er-Jahren nachgelassen. Vom Staat wird vor allem Daseinsfürsorge erwartet. Die Beziehungen zu politischen Parteien und Gruppen sind gestört bei insgesamt positiver Einschätzung der demokratischen Staats- und Lebensform in der BRD und relativ gutem Informationsstandard, aber es besteht eine durchgängige Skepsis gegenüber der demokratischen Praxis (kaum Engagement in öffentlichen Institutionen wie Parteien, Gewerkschaften, Kirchen usw. im Gegensatz zu Vereinen und kleinen informellen Gruppen, Bürgerinitiativen, Hilfsorganisationen).

Die umfängliche, in ihren Ergebnissen teilweise von einander abweichende Jugendforschung kann hier nicht referiert werden (s. die Arbeiten des Deutschen Jugendinstituts in München). Einige Marksteine waren Eduard Sprangers „Psychologie des Jugendalters" (1924), Helmut Schelskys „Die skeptische Generation" (1957), Hans Heinrich Muchows „Jugend und Zeitgeist. Morphologie der Kulturpubertät" (1962), Friedrich H. Tenbrucks „Jugend und Gesellschaft" (1962), Thomas Ziehes „Pubertät und Narzißmus" (1975), die großen Jugendstudien der Deutschen Shell-AG (14. Studie 2002), dazu eine Fülle von Einzeluntersuchungen. Als methodologische Ansätze werden genannt:

a) hermeneutische und psychologische Methoden (in älteren Arbeiten: Tagebuch-, Aufsatz-, Dokumentenanalyse; Spranger, C. Bühler u. a.)

b) soziologische Methoden (Schelsky, Tenbruck)

c) psychoanalytische Methoden (Ziehe)

d) empirisch-analytische Methoden (in mikrotheoretischer Perspektive Fokussierung auf Lebenswelt- und Alltagskonzepte, Deutungsmuster, Subjektivität, politisch-ideologische Aspekte, Zukunftsbilder, Lebensentwürfe, Wertorientierungen; Shell-Studien) (Giese 1983; Wasmund 1983).

Hornstein (1991, 219 ff.) fasst die Ergebnisse der Jugendforschung zusammen und wertet sie als neue Bezugsgrößen für die politische Bildung:

a) Das Politische soll als Partizipation erfahren werden.

b) Die Zukunft soll offen gehalten und das Überleben gesichert werden (globale Solidarität und Zukunftssicherung).

c) Es soll eine stärkere Orientierung an der Lebenswelt der Adressaten erfolgen, ebenso der Erwerb von Kompetenzen als Handlungsdispositionen, als Orientierungs- und Handlungsbereitschaften, politische Urteilsfähigkeit (Wissen, Kenntnisse von Zusammenhängen auf der Folie des „aufgeklärten Bürgers").

Die diagnostizierte Individualisierung der Lebenslagen von Jugendlichen (Hoppe 1996, 51–74) lässt kritische Fragen aufkommen wie: Wer sorgt für das allgemeine Wohl, für soziale Integration und die Kohäsion der Gesellschaft angesichts des Strebens nach personaler Selbstverwirklichung? (Hoppe 1996, 32–51) Die Vereinzelung und Pluralisierung (Hoppe 1996, 51–74) kann zu Verarmung, Egoismus und Verfall der Gemeinschaftsbindungen führen (Joas 1996, 12).

Jugendliche nichtdeutscher Nationalität bilden eine besondere Gruppe infolge ihrer ethnischen, sozialen und kulturellen Herkunft. Politische Bildung muss sich ihnen zuwenden im Hinblick auf die Integration in die deutsche Gesellschaft, wobei die Akzeptanz der demokratischen Verfassung und ihrer Grundsätze eine herausgehobene Rolle spielt. Dabei können methodisch aufbereitete Vergleiche mit den Institutionen des Herkunftslandes hilfreich sein. Ausländische Lernende reagieren u. U. anders auf Begriffe wie Demokratie, Verwaltung, Regierung, Parlament, Gericht usw. infolge der Bedeutungsunterschiede zum einheimischen Wortgebrauch. Auch die veranschaulichenden Beispiele sollten nicht ausschließlich aus der deutschen (Zeit-)Geschichte genommen, auf die interkulturelle Perspektive sollte generell geachtet werden.

6.4 Gruppendynamische (Arbeits-, Verhaltens- und Führungs-)Prozesse im Unterricht

6.4.1 GRUPPENDYNAMIK UND LERNGRUPPE

Der Begriff der Gruppendynamik ist diffus (Brocher 1971; Gudenreich 1986; Hofstätter 1968; Lüdemann 1973; Stiller 1980). Er bezeichnet die Beziehungen und Strukturen in formellen und informellen sozialen Gruppen (besonders von Kleingruppen) ebenso wie die Trainingspraktiken und die gruppengeprägte Denk- und Beobachtungsmethode, die zur Bildung einer Gruppenmeinung beiträgt. Gruppendynamik bezieht sich demnach auf die Vorgänge in der Gruppe (z. B. Gruppenbildung und -erhaltung, Methode und Anwendungsbereich). Für die einzelnen Gruppemitglieder schafft sie Zufriedenheit (efficiency) und Effektivität (effectiveness). Der Erwerb von Sozial- und Selbsterfahrungskompetenz in der Gruppe kann der Sache der Demokratie nützlich sein.

Innerhalb jeder Gruppe finden permanent dynamische Prozesse statt. Die Primärgruppen (z. B. Familie, Clique, Bande, Wir-Gruppe) sind durch direkte zwischenmenschliche Beziehungen (face-to-face-relations) gekennzeichnet, die Sekundärgruppen, d. h. die übrigen gesellschaftlichen Gruppen, sind zweckhaft eingerichtet und organisiert.

Eine Gruppe besteht aus einer Anzahl von drei oder mehr Personen, die eine Zeitlang zusammenbleiben und deren Mitglieder in einer direkten (face-to-face) Kommunikation zueinander stehen sowie sich nach gemeinsamen Regeln verhalten. Man unterscheidet formelle (bewusst gebildete) und informelle (spontan gebildete), themengleiche und -differenzierte Gruppen.

Ihre Zusammensetzung erfolgt nach verschiedenen Kriterien: Sie können Freundschafts-, Sympathie- oder Interessengruppen sein, ferner Zweckgruppen (=Gruppen optimaler sachlicher Zusammenarbeit), Leistungsgruppen (Lernende mit annähernd gleicher Leistungsstärke und -niveau) oder Übungsgruppen, von den Lernenden gewählt oder vom Lehrer zusammengesetzt, nach dem Zufallsprinzip, Interesse oder Sympathie gebildet sein. Sie können leistungsmäßig homogen oder heterogen sein, je nach den der Gruppe übertragenen Aufgaben.

Ein gewisses Begabungs- und Leistungsgefälle, unterschiedliche Schwerpunkte, Leistungshöhe, Arbeitsrhythmus und -tempo einzelner Mitglieder können einander ergänzen und produktiv wie innovativ umgesetzt werden. Im Lehr-/Lernsektor werden im Allgemeinen heterogene Gruppen bevorzugt- denn vor allem in ihnen können Kritik, Vorurteile, Verhaltens-, Vorstellungs- und Wertunterschiede, Interessengegensätze usw. thematisiert, problematisiert und ausagiert werden.

Die Struktur der Gruppe soll integrierend wirken. Sie lässt sich aufschlüsseln nach dem Positionsgefüge, der Rangordnung, der sozialen Kontrolle, dem Wertesystem, den Aktivitäten, der individuellen Leistungsfähigkeit und -bereitschaft, der Solidarität, der Verpflichtung auf das gemeinsame Ziel usw. In heterogenen Gruppen sollte eine innere Differenzierung erfolgen, um sprachliche und andere Defizite auszugleichen, Informationsrückstände zu beheben, zur kommunikativen Arbeit anzuregen.

Eine Lerngrupppe hat eine soziale Struktur, ein Geflecht von interpersonalen Beziehungen (z.B. Autoritäts-, Sozial- und Arbeitsbeziehungen). Soziale Annahme und Zurückweisung sind Bestandteile jeder Lerngruppe. Durch die interpersonalen Beziehungen wird ein Normensystem, werden Rollen, Verhaltensweisen, Werte u. dgl. im Rahmen der jeweiligen Institution (Schule, VHS, Bundeswehr, Verein usw.) hervorgebracht und verinnerlicht. Die Gruppenmitglieder bringen ihre je eigenen Persönlichkeitsmerkmale, ihre Bedürfnisse, Erwartungen usw. mit. Daraus entstehende Auseinandersetzungen und Konflikte müssen rational ausgetragen werden, bevor eine Art Gruppenbewusstsein (team-spirit) aufkommen kann.

Sozialpsychologisch ist die Gruppe ein „offenes Interaktionssystem" (Homans). Zu seiner Strukturierung hat man einige analytische Begriffe entwickelt: Die Kohäsion gibt Auskunft über den Grad des Zusammenhalts(gefühls) und der wechselseitigen Anziehungskraft in der Gruppe. Sie sagt etwas aus über die Stabilität einer Struktur. Je fester die Kohäsion, desto effektiver ist die Gruppe. Als Kohärenz bezeichnet man den Grad der allgemeinen Verbundenheit. Sie wird als Ausdruck von Zuneigung zu einem Gruppenmitglied über Wahlen (Soziogramm [Engelmayer 1978; Moreno 1981]; positiv und marginal besetzte Positionen) festgestellt. Jedes einzelne Mitglied spielt eine (oft zugeschriebene) Rolle, die durch einen Komplex sozialer Normen und Erwartungen fixiert ist. Die dadurch erwachsende Position bestimmt den sozialen Rang und privilegiert oder verweigert den Zugang zu bestimmten Ämtern. Soziale Kontrolle, Machtkämpfe u. dgl. sorgen in demokratisch organisierten Gruppen für Wechsel in den Funktionen, den Einflussmöglichkeiten usw.

Zur Analyse gruppendynamischer Prozesse können die folgenden Fragen taugen:

- Welche Rollen lassen sich allgemein und repräsentiert durch einzelne Mitglieder erkennen?
- Wer gibt die meisten Impulse, ergreift die Initiativen in der Gruppe?
- Wer fördert/hindert ein symmetrisches Gespräch?
- Wo werden Haltungen bestätigt/abgelehnt?
- Welche Initiativen werden aufgegriffen?
- Welche kritischen Punkte bleiben? u. dgl.

Die Fragen sind gleichzeitig als Strukturelemente für die Einzel- oder Gruppen*supervision* (Beratung) geeignet. Die Problemfälle der Supervisanden werden durch Metakommunikation der Beteiligten auszuräumen versucht. (Supervision RdJB 1989)

6.4.2 VORGÄNGE IN DER GRUPPE

Das Problem des Einzelnen in der Gruppe besteht u. a. darin: Wie kann er in der Spannung zwischen Individualität (Vereinzelung) und Kollektivität (Integration) seine Identität entfalten? Es handelt sich hierbei um die Frage nach der Verwirklichung des anthropologischen Leitbilds des Aristoteles: der Mensch als ens individuale et sociale. Zu seiner Feststellung müssen in einer (Lern)Gruppe die Konstanten und Variablen im Verhalten Einzelner ermittelt werden, da sie sich systemverändernd auswirken (können). Aspekte einer solchen Gruppenanalyse sind:

a) das interaktionelle Geschehen = soziologischer Aspekt
b) die motivationalen Prozesse = psychologischer Aspekt.

In der Gruppe finden aus dynamischer Sicht folgende Vorgänge statt: Interaktion und Kommunikation, „soziale Distanz" (K. Lewin; = Binnendistanz), Korrelation zwischen Aggression und Interaktion, Konvergenz- und Divergenzverhalten, Entwicklung von spezifischen Werten und Normen, Anpassung und Distanzierung, Rollenwechsel und -differenzierung, emotionale und kognitive Zustimmung und Dissonanz u. dgl. Eine stabile Gruppe steht für Sozialbeziehungen, erfüllt das humane Bedürfnis nach sozialer Interaktion, Partizipation und Gratifikation (Anerkennung).

Empirische Fragestellungen können in vier Dimensionen bei der Sozialstruktur einer Gruppe ansetzen: Welche Beziehungen bestehen

1) im Bereich des Arbeits- und Problemverhaltens (kognitiver, zielorientierter Bereich, Zusammenhang von Gruppenstruktur, Leistung und Zufriedenheit),
2) im Über-/Unterordnungsverhältnis (Einfluss von Führungsstilen auf Gruppenstruktur und Mitglieder);
3) im Bereich sozialer Anerkennung (Beliebtheit und Freundschaft),
4) im Hinblick auf Einfluss und Macht (Statushierarchie, Problem der ‚Tüchtigen' und ‚Beliebten' in der Lerngruppe)?

Das Verhalten des Einzelnen in der Gruppe wird von folgenden Faktoren beeinflusst:

1. der individuellen Lerngeschichte (lebensgeschichtliche Erfahrungen des Lernenden),
2. der (Selbst- und Fremd-)Interpretation der momentanen Situation und Aufgabe,
3. dem individuellen Gefühl der Gruppenzugehörigkeit,
4. den gegenwärtigen Kontakt- und Interaktionsmöglichkeiten mit den anderen Gruppenangehörigen (Ulich 1977, 53).

In gruppeninternen Konfliktfällen kann eine gemeinsame, die Intimsphäre inkriminierter Mitglieder respektierende Reflexion über ein Soziogramm hilfreich sein.

Allerdings sind die Grenzen der soziometrischen Erhebung zu beachten. Sie erfolgt meist unreflektiert nach dem emotional gesteuerten Beliebtheitsgrad.

Die *Soziometrie* ermöglicht eine quantitative Untersuchung der zwischenmenschlichen Beziehungen unter dem Aspekt der Auswahl, Bevorzugung, Ablehnung, Gleichgültigkeit. Je nach Bedarf lassen die Ergebnisse sich in einem Säulen-, Kreis-, Profil- oder Koordinaten*soziogramm* darstellen (s. S. 390).

Kommunikation ist die Anfangsbedingung eines jeden (aus rationalen und irrationalen Faktoren bestehenden) Lernprozesses. Gruppendynamische Verfahren ermöglichen demokratische Lernformen. Auf dem Wege der Selbsterfahrung soll ein Regelkreis entstehen, wobei Mängel der Kommunikation und Kooperation diagnostiziert und behoben werden. Ferner soll die Sensibilität für soziale Zusammenhänge gefördert und ein Zurechtfinden in komplexen gesellschaftlichen und vielschichtigen organisatorischen Strukturen gefördert werden.

Kritisch ist anzumerken: Die gruppendynamischen Verfahren dienen der politischen Bildung nur dann, wenn die psychologische Erfahrungserweiterung die voluntativen Entscheidungen und die Erkenntnis des Normativen im politischen Geschehen nicht substituieren kann, durch die Gruppenmitgliedschaft in kognitive Aneignung übergeführt werden kann. Auch muss man fragen, inwieweit die Einübung von Rollenverhalten mit selbstverantwortlicher Mündigkeit kompatibel ist und ob kein Konformismus durch soziale Angleichung (social engineering) entsteht. In Gestalt einer Lernkontrolle bzw. einer *Supervision* (Metakommunikation der Beteiligten) sollten Fragen nach den Strukturelementen und Prozessverläufen in den Gruppen beantwortet werden.

6.4.3 (ARBEITS-)GRUPPENSPEZIFISCHE AKTIVITÄTS- UND SOZIALFORMEN

Die *Arbeitsgruppe* ist zugleich eine Sozialgruppe. Sie leistet Integrationsaufgaben innerhalb eines Lernverbandes. Sie führt zum Wir-Erlebnis, sorgt für Interaktionen unter den Mitgliedern und nicht zuletzt für ein Ausmaß an sprachlicher Kommunikation. Damit ist sie nicht nur eine Organisationsform des unterrichtlichen Arbeitens, sondern erfüllt auch eine pädagogisch-psychologische Funktion: „Soziale Begabungen" im Sinne der Auswahl von Führungskräften können entdeckt und Führungsrollen erprobt werden.

Die Gruppenarbeit (Gudjons 1993) beginnt i. d. R. mit der Strukturierung der einzelnen Gruppe, der Verteilung der Aufgaben (klare Zielsetzung, Zeitangaben usw.) und Rollen (z. B. Leiter, Protokollant, Beobachter), der Beschaffung von Material und dessen Auswertung usw. Das Ergebnis sollte schriftlich festgehalten, gesichert und vervielfältigt werden. Der Lernertrag mag zunächst (!) gegenüber einem lehrerdominanten Unterricht geringer erscheinen. Dagegen weckt das Einüben in die Anwendung von Methoden, die Interpretation von Quellenmaterial, die Vorbereitung von Diskussionsbeiträgen, das selbstständige Sammeln von Informationen, die Benutzung von Bibliotheken usw. wertvolle, die persönliche Autonomie fördernde Fähigkeiten. Darüber hinaus ist die Gruppenarbeit als kollektiver Lernprozess geeignet, gemeinsame Denkprozesse in Gang zu setzen, demokratische Lern- und Verhaltensmuster aufzubauen u. dgl. provoziert das Erreichen eines allgemeinen Aspirationsniveaus und setzt Normen des (Gruppen-)Verhaltens.

Am Ende einer Gruppenarbeit sollte eine Meta-Reflexion über den Gruppenprozess, d.h. über die sozialen Interaktionen, den Beitrag einzelner Mitglieder zum Resultat, die angewandten Methoden usw. stattfinden.

Arbeitsformen korrelieren mit Gesprächsformen, die einen wie die anderen bedingen kommunikative und interaktive Beziehungen. Deswegen werden sie an mehreren Stellen des Buches (zumindest implizit) behandelt.

6.4.3.1 Einzel- und Partnerarbeit

Die Einzelarbeit ist die in deutschen Bildungsinstitutionen am häufigsten praktizierte Arbeitsform. Sie ermöglicht ein individuelles Lerntempo, Selbsttätigkeit, Grenzerfahrungen (z.B. in der Anwendung von Methoden, im Umfang an Kenntnissen usw.).

Zwar wird die Fähigkeit zur Einzelarbeit im Erwerbsleben wenigstens in Teilbereichen immer notwendig sein, jedoch steckt eine Gefahr in der fehlenden Kommunikation und dialogischen Auseinandersetzung. Es hängt mit dem Sozialisationstyp und jahrelangen praktischen Erfahrungen zusammen, ob jemand mehr ein egozentrierter Einzelarbeiter oder ein stärker sozial engagierter, auf ständigen menschlichen und geistigen Austausch fixierter Typ ist. Es ist darauf zu achten, dass die Eigenarbeit in kommunizierender Absicht geschieht, d.h. es sind Lernarrangements zu treffen, die zwar die Besonderheiten der Lernenden berücksichtigen, aber die Tätigkeit eines jeden für die Gruppe nicht aus dem Auge lassen.

Die Partnerarbeit mit dem Sitznachbarn oder nach Wahl entspricht einer Forderung der arbeitsteiligen Gesellschaft und dem Bedürfnis nach Austausch. Wegen ihrer hohen Bedeutung sollte sie bereits im Kindergarten praktiziert werden. Das partnerorientierte soziale Lernen fördert die gleichberechtigte Kooperation, die diskursive sprachliche Verständigung, den Methodenwechsel aufgrund personeller Aspekthaftigkeit der Zusammenarbeit u. dgl.

6.4.3.2 Die arbeitsteilige Gruppenarbeit

Die Gruppe bildet ein Team, das auf kooperatives Lernen, auf die gemeinsame produktive und kreative Lösung von Problemen usw. ausgerichtet ist. Sie ist nach Regeln organisiert und weist jedem Mitglied seine Position zu. Die ausgeglichene innere Struktur ist für den sozialpädagogischen und materiellen Erfolg maßgebend. Die Zusammensetzung kann wechseln, damit jedes Mitglied die Möglichkeit erhält, sich in neuen Konstellationen zu erproben.

Für die Gruppenarbeit in den Bildungsinstitutionen sprechen die folgenden Gesichtspunkte:
1. Eine demokratische Gesellschaft erfordert die Übung demokratischen Verhaltens (Erkennen, Vertreten und Verbalisieren eigener und fremder Interessen, Mitverantwortung usw.).
2. Die meiste Zeit des Lebens verbringen die Menschen in Gruppen, überall ereignen sich – bewusst oder unbewusst – gruppendynamische Prozesse.
3. Die meisten Arbeitsvorgänge sind gruppenteilig.
4. Solidarisches Gruppenverhalten schützt die Individuen (die Schwächeren werden in der [Klein-]Gruppe „mitgezogen" und können sich nur mithilfe der Großgruppe [z.B. Gewerkschaft] durchsetzen).

Die themengleiche oder -verschiedene Gruppenarbeit kann in allen Altersstufen praktiziert werden. Sie stellt die bevorzugte Form des Arbeitsunterrichts dar. Die Ansätze für eine Gruppenarbeit sind unbegrenzt. Fast jede Arbeit kann in der Gruppe erledigt werden. Die Gruppen sollten untereinander vernetzt sein und zum Gesamtergebnis beitragen. Der Lernverband kann jederzeit in Gruppen aufgelöst werden, Gruppen können sich auch von selbst bilden und sich mittelfristig spezialisieren.

Für die Gruppenarbeit lässt sich folgendes Verlaufsschema erstellen:

1. Entwurf eines Arbeitsplans
2. Verteilung der Arbeit auf die einzelnen Gruppen
3. Arbeitsablauf in den Gruppen
4. Ergebnisberichte und Diskussion
5. Zusammenfassung der Gruppenberichte zu einem Gesamtergebnis.

Die Intra(Klein-)gruppenarbeit kann sich an dem folgenden Stufenschema orientieren:

- Arbeits- und Themenvorschläge entwickeln/prüfen
- Gedanken/Meinungen austauschen und abwägen
- Erkundungen durchführen
- Texte lesen und diskutieren
- sich gegenseitig beraten und helfen
- üben, sich abfragen und bewerten
- eine Aufgabe/Problem gemeinsam lösen
- ein Ergebnis fixieren
- das Vorgehen überprüfen.

6.4.3.3 Beispiel für eine Gruppenarbeit oder eine Pro-Contra-Diskussion

Die Fakten des Falles:

„Herr X. lehrte Geschichte und Französisch (in der DDR). Er war bis zur Wende (1989) Parteisekretär, also oberster SED (= Sozialistische Einheitspartei Deutschlands)-Funktionär an der Schule.

Herr X. war bei Schülern und Lehrern als militanter Atheist bekannt und gefürchtet (d.h. mit mehr Macht ausgestattet als der Schulrektor).

Anlässlich einer Besprechung über eine Arbeitsgemeinschaft forderte er die Schülerin Christine F. der achten Klasse in Anwesenheit von Pionierleiter (für die jüngeren Schüler bis 14 Jahren) und Direktorin ultimativ zur Nennung von Namen Jugendlicher auf, die zur Jungen Gemeinde, einer evangelischen Religionsgemeinschaft, gingen.

Im Unterricht benutzte er jede Gelegenheit zu spitzen Bemerkungen über das kirchliche Engagement von Christine und anderen kirchlich gebundenen Jugendlichen.

Die Schülerin hat sich jetzt an das Ministerium gewandt und fordert die Entlassung von Herrn X." (Aus: PZ-Extra 15, S. 34 f.; Erläuterungen in Klammern von W. M.)

Ergänzung: Herr X. erteilt einen tadellosen Unterricht seit der Wende.

An diesen Fall könnte man Fragen stellen wie:

- Wie groß war die ideologische Indoktrination der Schüler durch den Lehrer? Hat er Schaden angerichtet?
- Kann man dem Lehrer seine marxistische Position in einer sozialistischen Gesellschaftsordnung zum Vorwurf machen?

- Gilt für den Lehrer die Vermutung, dass er inzwischen die demokratische Ordnung mit Überzeugung vertritt?

Die Diskussion sollte Folgendes berücksichtigen: In einem Rechtsstaat ist zwischen einer juristischen (z. B. Hat Herr X. gegen damals geltendes Recht bzw. gegen Grundsätze der Menschlichkeit verstoßen?) und einer ideologischen Beurteilung (z. B. Sind Schüler in ihren weltanschaulichen Auffassungen schwer irritiert worden?) zu unterscheiden.

Das Bundesverfassungsgericht hat in Fällen wie des Herrn X. eine strafrechtliche Schuld verneint. Im Übrigen lässt sich die Grundsatzfrage anschließen: Kann man historische Schuld mit den Mitteln des Rechts aufarbeiten?

6.5 Unterrichts- und Führungsstile als prägende Faktoren politischer Bildung

6.5.1 KOMMUNIKATIVE STILFORMEN

Politisches Verhalten wird im Allgemeinen nur teilweise über kognitives Lernen erreicht, entscheidender sind die Erfahrungen in der Kommunikation und Interaktion, wie Lernende den Umgang mit den Lehrenden (und anderen stilbildenden Personen) erfahren. Deren Handlungsschemata werden bewusst oder unbewusst übernommen. So ist es nicht unbedeutend, ob der Unterricht auf rezeptive, positivistische Informations- und Wissensvermittlung im frontalunterrichtlichen Verfahren angelegt ist und der Kenntnissicherung gilt, oder ob freiere, emanzipative Arbeitsformen praktiziert werden.

Obwohl die Arbeitsschule der 1920er-Jahre bereits mit der katechetisch-steuernden (Formalstufen-)Methode zugunsten von Selbsttätigkeit, -steuerung, -kontrolle, -planung usw. gebrochen hat, ist der lehrerzentrierte Frontalunterricht nach wie vor dominant. Er perpetuiert die traditionelle Lehrer-/Lernphilosophie aus systematischer Unterrichtsplanung, planmäßiger Lernsteuerung, strengen Fächergrenzen, strikter Erfolgskontrolle, insgesamt auf dem Primat der Instruktion beruhend. Die neuere konstruktivistische Lehr-/ Lernkultur favorisiert das selbstständige und entdeckende Lernen, den handlungsorientierten Unterricht, fächerübergreifende Projekte u. dgl. Priorität genießen die aktiv-konstruktiven Leistungen der Lernenden in einer attraktiven Lernumgebung. Im Folgenden sollen die gebräuchlichen Unterrichtsstile mit ihren verhaltenswirksamen Auswirkungen vorgestellt werden. Sie wurden aus Unterrichtsanalysen im Sinne von Interaktionsanalysen deduziert. Grundlegend waren die Arbeiten von Kurt Lewin (1953; 1963). Er entdeckte drei Führungsstile, die von Kritikern wegen vermeintlicher methodischer Fehler moniert wurden. Er habe experimentelle Laboruntersuchungen an einer Gruppe von 10- bis 12-jährigen Schülern vorgenommen, bei denen er einen Zusammenhang zwischen der Art des Verhaltens der erziehenden Erwachsenen (Führung, Lenkung) und dem Verhalten und Erleben der Kinder feststellen konnte. Die Kritiker sind jedoch skeptisch im Hinblick auf die Übertragbarkeit der Untersuchungsergebnisse auf andere, reale Gesellschaftsstrukturen. Unterrichts- und Führungsstil können demnach nicht wertfrei beurteilt und generalisiert werden, da sie unter unterschiedlichen Bedingungen entstehen und unterschiedlichen Zielen zugeordnet werden. Eine Schematisierung – wobei die jeweilige Zuordnung und die Verbalisierung kritisch zu überprüfen wären – kann folgendermaßen aussehen:

autoritär (autokratisch)	demokratisch	laissez-faire
Alle methodischen Entscheidungen gehen vom Lehrenden aus. Techniken und Ablauf werden schrittweise angeordnet, sodass spätere Schritte weitgehend ungewiss bleiben. Frontalunterricht herrscht vor. Die Grundrechte der Lernenden werden stark eingeschränkt.	Die Klasse/Gruppe bespricht, was geschehen soll. Ziel und Schritte werden von der Gruppe festgelegt und sind allen bekannt. Der Lehrende stellt mehrere Möglichkeiten zur Wahl. Arbeitsunterricht wird bevorzugt.	Es herrscht völlige Freiheit für alle Entscheidungen. Der Lehrende stellt Arbeitsmittel zur Verfügung und erklärt sich zur Auskunft bereit, wenn er gefragt wird. Er äußert sich von sich aus nur selten über das Tun der Klasse/Gruppe. Arbeitsteiliger Unterricht steht im Vordergrund.

6.5.2 AUSWIRKUNGEN DER UNTERRICHTSSTILE AUF DAS LERNVERHALTEN

Dem *autoritären Unterrichtsstil* entspricht das folgende Verhalten des Lehrenden mit korrespondierenden Reaktionen der Lernenden:

a) Lehrende:

unnahbar, kühl, abwesend – distanziert – gängelnd – vorantreibend – anordnend – befehlend – bestimmend – verlangend – diktatorisch – steuernd – streng – kleinlich – überaktiv – in den Vordergrund tretend,

b) Lernende:

abhängig – gefügig – untertänig – oppositionell – unselbstständig – widerspenstig – aggressiv – angeberisch – überheblich – intolerant.

Dieser Art des Unterrichtens fehlt die Möglichkeit der Umkehrbarkeit (Reversibilität). Sie geht eindimensional vom Lehrenden aus und lässt keine symmetrischen Reaktionen zu.

Demokratisches Verhalten im Unterricht lässt sich wie folgt charakterisieren:

a) Lehrende:

zustimmend - nachgebend – freundlich – höflich – eingehend – sachlich interessiert – offen für Anregungen – hilfsbereit – beratend – großzügig – zurückhaltend – bescheiden – kontaktfreudig – ermutigend;

b) Lernende:

zufrieden – friedlich – zustimmend – ausgeglichen – nachgiebig – anpassungswillig – zwanglos – kontaktfreudig – arbeitsam – strebsam.

Ein solches Unterrichtsklima ist von Offenheit, Freizügigkeit und Toleranz, Schülerzentriertheit geprägt und vermag affektive Steuerungen auszulösen. Andererseits dürfen die kontradiktorischen, in der Demokratie durch Diskussion und Auseinandersetzung bestimmten Elemente nicht außer Acht gelassen werden.

Das *laissez-faire-Verhalten* zeigt sich in folgenden Eigenschaften:

a) Lehrende:

zu leicht nachgiebig, unsicher – hilflos – ideenlos – schwankend – ziellos – inaktiv - weich – indifferent;

b) Lernende:

uneinig – ungeduldig – uninteressiert – abgelenkt – kontaktarm – isoliert – gereizt.

Den autoritären Unterrichtsstil hat man auch als den dominativen, den demokratischen als den sozial-integrativen bezeichnet (Tausch 1991). In diesen Benennungen wird die politische Relevanz deutlich: hier der obrigkeitliche Stil (dem autoritären System zugeordnet) und dort der kooperative Stil (auf demokratische Zusammenarbeit hin gerichtet). Die stilgerechte Kooperation sollte praktiziert werden. Es sollte nicht daran gezweifelt werden, dass dem politischen System der BRD am ehesten der demokratische Unterrichts- und Führungsstil als verhaltensmäßiger Stabilisierungsfaktor entspricht. Allerdings hat die Praxis es meist mit Mischformen zu tun und muss sich den Erfordernissen der Klasse/Gruppe anpassen. Unterricht und Erziehung vollziehen sich dialektisch in einem Spannungsfeld von Anpassung und Widerstand. Oft geht es auch zunächst nur darum, eine heterogene Population von Lernenden mithilfe eines zeitweisen strafferen Führungsstils an bestimmte Gewohnheiten und Verhaltensweisen heranzubringen. Auch die Sitzordnung (s. S. 236) ist für das Verhalten maßgebend.

Der Unterrichts- und Führungsstil des Lehrenden ist keine isolierte Größe. Er ist vielmehr ein Teil des kommunikativen Gesamtkomplexes. Aber durch seine Art werden verschiedene (Arbeits-, Schul-, Institutions-)Klimata erzeugt. An Klimatypen lassen sich zusammenfassen:

a) *autoritärer Typ:* entspricht einer hierarchischen Institutionenstruktur nach dem Schema Vorgesetzter – Gleichgestellte – Untergebene;

b) *gemeinschaftsbetont-patriarchalischer Typ:* Institution/Gruppe wird nach dem traditionellen Familienmodell behandelt. Alle Mitglieder sind (angeblich) eines Sinnes. Widerspruch, Kritik und Selbstständigkeit können sich dabei schlecht entwickeln,

c) *partnerschaftlich-kooperativer Typ:* Alle Beteiligten begegnen sich mit Respekt, ihre Aussagen sind reversibel, ihr Intra- und Intergruppenverhalten ist symmetrisch.

Die verschiedenen Stilformen und Klimatypen sind aufeinander bezogen, decken sich aber nicht. In ein partnerschaftliches Klima kann sich z. B. ein dominativer Unterrichtsstil mischen. Darin kommt jener Rollenpluralismus, ein ständiger Rollen- und Attitüdenwechsel innerhalb eines Rollenensembles sichtbar zum Ausdruck, der auch sonst in der gesellschaftlichen Wirklichkeit vorfindbar ist.

Eine synoptische Zusammenstellung der Stilmerkmale ergibt folgendes Schema:

Führungs-, Erziehungsstil	Schulklima	Unterrichtsstil
autoritär	autoritär	
autokratisch		dominativ
(patriarchalisch-	patriarchalisch-	
gemeinschaftsbetont)	gemeinschaftsbetont	
partnerschaftlich	partnerschaftlich	integrativ
demokratisch		
laissez-faire		laissez-faire

Eine demokratische Unterrichtsorganisation ist eine notwendige Bedingung für eine emanzipatorische Wirkung von Unterrichts- und Lernprozessen. Dazu gehören Selbstorganisation, Kooperation, reflektierte Interaktion u. dgl. Der Lehrende sollte sich u. a. im Hinblick auf seinen Stil der Selbst- und/oder Fremdbeobachtung (Tonbandprotokoll, Hospitationen von Kollegen [peer-reviewer]) unterziehen und etwa folgende Fragen zugrunde legen:

1. Wie viel spricht, schreibt, agiert der Lehrende (Lernende)?
2. Welche Methoden und Arbeitstechniken sollten der Klasse/Gruppe zur Verfügung stehen?
3. Wie verhält der Lehrende sich gegenüber falschen Antworten, Beiträgen, Informationen der Lernenden?
4. Wie ist das interaktionale Verhältnis der Lernenden untereinander/zum Lehrenden?
5. Wie viel Aussagen des Lehrenden sind reversibel/irreversibel?
6. Welche Arbeitsformen und Methoden werden verwendet?
7. Entsteht ein Gruppenbewusstsein und/oder ein kritisches Potenzial unter den Lernenden?
8. Entspricht der Lernprozess dem Planungsansatz?
9. Hat eine Metadiskussion der Stunde, Thematik, Medien, Methoden, Ziele, Ergebnisse stattgefunden?

Alle Fragen müssen die je spezifische Situation – die Vorgegebenheiten und Intentionen im pädagogischen Feld – berücksichtigen.

6.5.3 Team-teaching als kollektive Unterrichtsform

Das *Team-teaching* ermöglicht den optimalen Einsatz der Lehrkapazitäten, lässt sich jedoch nur mit erheblichem organisatorischen Aufwand realisieren. Es setzt voraus, dass dem Planer die Stärken der Lehrenden bekannt sind und dass die Lernenden zu einer bestimmten Zeit zusammengeführt werden können. Das heißt Team-teaching ist überhaupt nur möglich, wenn die in Frage kommenden Lehrenden mit ihren Klassen/Gruppen zeitgleich zusammengebracht werden können. Es handelt sich also nicht um ein Team-teaching in Kleingruppen, sondern vor einer aus mehreren Kleingruppen bestehende Großgruppe. Theoretisch kann die Unterrichtsorganisation beim Team-teaching gegliedert werden in
1. Großgruppenunterricht
2. Kleingruppenunterricht
3. Beratung
4. Selbststudium.

Das Team-teaching enthält progressive Möglichkeiten in der Überwindung der auf einen Lehrenden für eine Klasse/Gruppe festgelegten Lehr-/Lernorganisation.

Idealiter sollen die jeweiligen fachlichen Spezialgebiete der Lehrenden genutzt werden. Der Verwirklichung sind jedoch Grenzen gesetzt. So fehlen oft große Räume mit einer entsprechenden (Video-, Computer-, Tafel- usw.) Ausstattung, lehrerunabhängige Medien und nicht zuletzt ein didaktisch-methodisches, auf Kooperation angelegtes Training von Lehrenden für den Großgruppenunterricht. Auch die Lernenden müssten erst ihre Erfahrungen mit einer solchen Lernorganisation machen.

Als gelegentliche Unterrichtsveranstaltung hätte das Team-teaching einige Vorteile für die Lernenden: die Erfahrung des Lernens in einer (Groß-)Gruppe, die personelle Optimierung von Lehrkapazität, die erforderliche Kooperation beim Lernen, die Konzentration auf die Ausführungen von Fachleuten u. dgl.

6.6 Konstitutive Merkmale politischen Urteilens, Entscheidens und Handelns

6.6.1 DIE FUNKTION DES GEWISSENS

Das *Gewissen* ist eine innere Normeninstanz mit der zugleich gefühlten Verpflichtung, dieser zu entsprechen, sich zu entscheiden, verantwortlich zu handeln. Sie unterscheidet Recht und Unrecht, Gut und Böse nicht im Sinne der Legalität, sondern im Wege der Sittlichkeit. Das Gewissen ist frei, oder es ist keines (Hegel: „Das Gewissen, diese tiefste innerliche Einsamkeit mit sich.“). Es ist zugleich auf Mitwissen (Teilhabe) angelegt, wie aus lat. conscientia (von griech. syneresis) hervorgeht.

Kant verweist in seiner „Metaphysik der Sitten“ u. a. wie folgt auf das Gewissen:

„… jeder Mensch, als sittliches Wesen, hat ein solches (Gewissen – W. M.) ursprünglich in sich. Zum Gewissen verbunden zu sein, würde so viel sagen als: die Pflicht auf sich haben, Pflichten anzuerkennen. Denn Gewissen ist die dem Menschen in jedem Fall eines Gesetzes seine Pflicht zum Lossprechen oder Verurteilen vorbehaltende praktische Vernunft. (…)

(…) Das Bewusstsein eines inneren Gerichtshofes im Menschen (‚vor welchem sich seine Gedanken einander verklagen oder entschuldigen‘) ist das Gewissen.“

Das (individuelle) Gewissen ist – auf der Grundlage der Verantwortungsethik – die sittliche Steuerungsinstanz für verantwortliches Handeln. Es wird von der Verfassung (Art. 4 I GG) geschützt und steht in einem Spannungsverhältnis zu allen anderen Individuen. Die Spannung wird durch Rechtspflichten in einer Gesellschaft kompensiert, damit keine Gefährdungen entstehen. Gewissen konstituiert sich aus den sittlichen und moralischen Vorstellungen und nimmt nach S. Freud die Funktion des Über-Ich, der verinnerlichten Autorität wahr. Es ist die Urteilsinstanz betreffend die Rechtfertigung bzw. Schuldzuweisung eigenen und fremden Handelns. Die Gewissensentscheidung in der praktischen Politik hat Verfassungsrang. Nach Art. 38 I GG sind die Abgeordneten „nur ihrem Gewissen unterworfen!“. Dies wird i. d. R. nur bei spektakulären Abstimmungen sichtbar.

Die Entwicklung moralischer Mündigkeit ist eine Voraussetzung für verantwortliches Urteilen und Entscheiden und zur Bildung eines kritischen Gewissens. Dadurch wird Gewissensbildung zur Aufgabe politischer Bildung ebenso wie Aufklärung und Ideologiekritik.

Das Gewissen ist ein sittliches Vermögen der Werteerkenntnis im Menschen, das Urteil und Entscheidung zurückbezieht auf (im historischen und gesellschaftlichen Kontext entstandene) Gründe, Einsichten, Normen und Prinzipien, aber auch vor unbedachten Handlungen mahnt und warnt. Es ist die Instanz des verantwortlichen Ich – aus einem wechselseitigen Prozess mit dem Es und dem Über-Ich sowie mit der Umwelt hervorgegangen – und wertet die Wirklichkeit. Das Gewissen depraviert nicht das Denken, es stellt jedoch die sinnorientierte Rationalität – als Grundlage menschlicher Freiheit und Selbstbestimmung - unter eine letzte Verantwortung. In der Dialektik von Vernunft und Unvernunft erwacht das Gewissen. Daraus folgt kritisches Engagement und verantwortungsbewusstes (politisches) Handeln ebenso wie die Passivität des Gewissens-/Gesinnungsethikers (M. Weber).

Eine weitere Betrachtung stößt auf das Diktum Goethes: „Der Handelnde ist immer gewissenlos, nur der Betrachtende hat Gewissen.“ Daran wird die grundsätzliche Ambivalenz von Politik und Ethik deutlich. Diese resultiert u. a. daraus, dass die Wirklichkeit komplex ist, während die Moral von in sich stringenten Systemen der Ethik (z. B. Individual-, Vernunft-, Sozial-, Verantwortungs-, Gesinnungs-, Wertethik usw., kategorisch, utilitaristisch, pragmatisch) hergeleitet werden kann. Martin Heidegger („Sein und Zeit" 1927) hat – inhaltlich Goethe aufgreifend - in der Formulierung „Das Schuldigsein gehört zum Dasein selbst." die Ambivalenz des Handelns zur ontischen Befindlichkeit des Menschen erklärt.

Goethe hat mit seinem Ausspruch keineswegs das Gewissen denunziert, M. Weber nicht die Gesinnungsethik. Beide wussten, dass man mit strengen ethischen Maßstäben keine Politik machen kann, verwiesen jedoch auf das individuelle und kollektive Gewissen als letzte Kontroll- und Legitimationsinstanz. Es bleibt offensichtlich ein Bestand an (transzendenter) Gewissenssubstanz, die nie ganz pervertiert werden kann.

6.6.2 Zum Verhältnis von Emotionalität und Rationalität

6.6.2.1 Die affektive Komponente

Mit der Frage nach der affektiv-ästhetischen Komponente beim politischen Lernen ist die Frage nach der *Emotionalität* gestellt. Sie beantwortet sich zunächst grundsätzlich aus der Kohabitation von Rationalität und Emotionalität im Menschen als eines ontischen Differentials. Der Mensch lässt sich nicht in einen rationalen und einen vorrationalen Teil zerlegen, je nachdem, ob es um die Aktualisierung von Verstandes- oder Gefühlsoperationen geht. Dies kommt zum Ausdruck im griechischen Begriff „nous" als zugleich ‚Vernunft' und ‚Gefühl'. Gefühle sind individueller und kollektiver Natur. Sie sind kulturell geprägte normative Instanzen; sie können – im Gegensatz zum IQ – nicht mit einem EQ (emotional quotient) gemessen werden.

In der *Gestaltpädagogik* werden die kognitiven Prozesse mit den emotionalen und körperlichen zusammen gesehen. Sie integriert Körper, Geist, Empfinden, Wahrnehmen, Fühlen, Erinnern, Denken, Phantasie, Imagination, Intuition u. dgl. (Bürmann 1992). Die Persönlichkeitsbildung geschieht danach durch Integration der drei Bereiche. Inter- und Intraaktionsgeschehen erhalten das gleiche Gewicht wie der Vermittlungsprozess des Stoffes. Im praktischen Verhalten fährt der gestaltpädagogische Ansatz zur Teilidentifikation mit fremden Schicksalen durch lebensweltliche Verbindung der eigenen Situation mit derjenigen des Themas, z. B. Menschen im Krieg. Die Spannung zwischen Rationalität und Emotionalität wie von Partnerschaft und Herrschaft, von Harmonie und Konflikt ist von jedem Menschen durchzuhalten. Sie richtet sich z. B. gegen die „verkopfte" Schule und fordert ein ganzheitliches Lernen (vgl. Gestalttheorie), z. B. qua bildhafter Darstellung, Meditation, Imagination, Intuition, Ästhetisierung (sinnlich-anschauliche Tätigkeit). So soll kein affektives Vakuum entstehen. Positive Gefühle sollen durch geistige Erlebnisse, Einfühlungsvermögen, Erschütterung, Faszination, Leidenschaft für eine Sache u. dgl. gefördert und destruktive Gefühle vermieden werden (George 1991; 1993). Über das Gefühl können sinnliche und ästhetische (visuelle, auditive, szenische, symbolische usw.) Zugänge zur politisch-gesellschaftlichen Wirklichkeit genutzt werden. Die Tatsache, dass zwischen den Rationalitätsansprüchen der Wissenschaften und der angeblichen Irrationalität von Gefühlen keine unüberbrückbaren Gräben bestehen, wird durch die neueren neuropsychologischen Forschungen bestätigt. Danach verarbeitet das Gehirn auditive und visuelle Eindrücke gleichzeitig kognitiv und affektiv. Die affektive Verarbeitung erfolgt jedoch unmittelbarer, sodass erste Reaktionen auf äußere Eindrücke zuerst emotional geprägt sind und dann der intellektuellen Verarbeitung den Weg weisen (Meier-Seethaler 1998). Daraus folgend werden die Entgegensetzungen von Vernunft und Gefühl zu (paradoxen) Formulierungen wie „Rationalität des Gefühls" und „emotionale Intelligenz" (Meier-Seethaler) dekonstruiert. Historisch wird dabei gern auf die gefühlskultivierte Form der Aufklärung des 18. Jhs. (z. B. Lessing, Herder) verwiesen.

Emotionalität ist legitim z. B. bei der Durchsetzung von Interessen, etwa bei Demonstrationen, Protesten, Streiks. Kognitives Bemühen allein kann eine (politische) Antihaltung nicht überwinden. Daher werden auch emotional anmutende Medien (Filme, Bilder, Karikaturen) verwendet und persönliche Sympathien und Antipathien aktiviert. Natürlich sind „Gefühle in Perspektiven für vernünftiges Handeln umzusetzen" (Hilligen 1984, 99). Die Vernachlässigung affektiver Komponenten kann zu relativer Folgenlosigkeit des Erkannten führen, weniger bei lebensweltlichen Ansätzen.

Darüber hinaus geht es um eine (vorsichtige) affektive Bindung an politische Grundwerte im Sinne einer Ergänzung der kognitiven Bedingungsvariablen. Erforderlich ist das Bewusstmachen affektiver Einstellungen und Verhaltensweisen, die Lösung gesellschaftlich-politisch bedeutsamer psychischer Deformationen. „Emotion ohne Refexion macht verfügbar für beliebige Zwecke." (Hilligen 1984; 93) Das politische Leben in der BRD bietet nur wenige Möglichkeiten der emotionalen Identifikation (Symbole: Flagge, Nationalfeiertag, Gedenktage, lokale Traditionen). Dies war von Anfang an so gewollt nach den Erlebnissen kollektiver Verführung während der NS-Zeit. Andererseits ist an Rudolf Smend, den Begründer der (staatlichen) Integrationslehre zu erinnern, der schon gegen Ende der 1920er-Jahre darauf verwiesen hat, dass der Staat sich nicht nur in ordnendem Handeln, sondern im Prozess des ständigen Erlebtwerdens manifestiert (u. a. bei öffentlichen Feierlichkeiten).

Die Wert- und Norminternalisation erfolgt weithin affektiv durch positiv oder negativ besetzte Imitation im Sozialisationsvorgang, danach selektiv im Zuge der Herausbildung eines „kritischen" (griech. unterscheidenden) (moralischen) Bewusstseins (Kohlberg [S. 213]; Piaget). Zu den im Unterricht zu beachtenden psycho-sozialen und politisch psychologischen Phänomenen gehören z. B. die Vorurteile, Motivationen, Interessen, Bedürfnisse, Ideologien, Handlungsbereitschaft, Engagement, Verhalten, Toleranz usw. Weitere emotionale Komponenten des Lernens sind Leidensdruck, persönliche und Gruppenerfolge, ausgeglichene interaktionelle Verhältnisse (Verständigung zwischen Lehrenden und Lernenden, unter den Lernenden wie unter den Lehrenden; Arbeitsklima). Die Gefahren des affektiven Bezugs in der Wir-Gruppe usw. liegen in seiner möglichen Ausnutzung für Manipulierung und Ideologisierung der Teilnehmer.

Diese und andere Elemente repräsentieren die emotionale Vielfalt menschlicher Existenz. Sie gehören zu der im personalen Identifikationsprozess zu gewinnenden Identität. Werden sie nicht verarbeitet, sondern ignoriert und abgeblockt, werden die Individuen auf Dauer pathologisch gefährdet und anfällig für kompensatorische (z. B. autoritäre, extreme; rassistische, nationalistische) Abstützungsmechanismen.

Der affektive Ansatz politischer Bildung bezieht sich auf (subjektive) Selbsterfahrungen der Lernenden im Zusammenhang mit situationsbezogenem, im gesellschaftlichen Kontext stehendem Lernen. Affekttives Lernen fördert Solidarität, gemeinsame Aktivitäten, emotionales Verhalten, Loyalität u. dgl. Dafür eignen sich offene, selbstbestimmte Arbeitsweisen.

Claußen (1974, 17 f.) hat die folgenden affektiven Lernziele zusammengestellt:

„• Erweiterung der Ich-Stärke, insbesondere Fähigkeit und Bereitschaft zur frustrations-freien Auseinandersetzung (…).
• Aufmerksamkeit gegenüber anderen, Verständnisbereitschaft für Probleme der Lebens-weise anderer (…).
• Politisch-gesellschaftliche Neugier (…).
• Bereitschaft zur herrschaftsfreien Kommunikation (…).
• Bereitschaft und Fähigkeit zur Kooperation und Solidarität mit anderen Menschen (…).
• Anerkennung und Bereitschaft zur Verteidigung eines selbst mitgestalteten altruistischen Wert- und Normengefüges, d.h. auch die bewusste Bekämpfung von Unterprivilegierung, Inhumanität etc.
• Bereitschaft und Fähigkeit zur Artikulation auch neuer persönlicher und gesellschaftlicher Bedürfnisse (…).
• Fähigkeit und Bereitschaft zur Erkenntnis der Interdependenz von Herrschaft und Manipulation (…).
• Befriedigung über das eigene altruistische Verhalten sowie den Erwerb der vorgenannten Qualifikationen.“

6.6.2.2 Rationalität und politisches Entscheiden

Der Emotionalität korrespondiert die *Rationalität* als eine ontische Kategorie/Befindlichkeit des Menschen. Handeln und Urteilen sollen als Zweck-, Wert- und Mittelrationalität in Übereinstimmung mit der Vernunft stehen (Unterscheidung von Seins- und Sollenssätzen). Rationalität hält die Emotion(en) im Zaume, die sonst für beliebige Zwecke verfügbar wäre(n). Andererseits hängt die Motivation davon ab, dass Unterrichtsorganisation und Kommunikationsstil auf eine affektive Besetzung von Kognitivem angelegt werden. Die Ge-fühle sind in Perspektiven für vernünftiges Handeln umzusetzen (Hilligen 1984). Die Ratio muss mit der Subjektivität in Einklang gebracht werden und darf nicht als politische Vernunft über die subjektiven Interessen und Ansprüche im Namen abstrakter, vom Einzelnen nicht mitbestimmter Wertvorstellungen und Ordnungsideen dominieren. Die Verbindung von Rationalität und Emotionalität, die Symbiose von Intellekt und Affekt sind wesentliche Aspekte der in der Gestaltpädagogik (s. o.) favorisierten Ganzheitlichkeit (Holistik) ebenso wie des integrativen Ansatzes politischer Bildung (Waidmann 1996).

Politische Rationalität als eine Denkform sollte dem Einzelnen gerecht werden, indem sie konkret und human zugleich ist (Hättich 1977). Die rationale und sozialethisch-moralische Seite von politischer Bildung müssen zusammen gesehen werden. Politik selbst ist nicht nur Technik (poiesis), sondern auch Verantwortung. Ihre rationale Seite sollte nicht als einseitige Verstandestätigkeit verstanden werden, sondern auch auf Werterkenntnis und Sinnverstehen ausgerichtet sein sowie dialogisch-kommunikativ entfaltet werden, was auch der morali-schen Seite am ehesten dient (Sutor 1980, 98).

Die Rationalitätsdiskussion wurde von ihrer prinzipiellen, weniger von ihrer erkenntnis-theoretischen Seite (d.h. um den rechten Gebrauch der Vernunft, des Verstandes und der Reflexion) von den Autoren der für die damaligen unionsregierten Bundesländer maß-gebenden bildungspolitischen Grundsatzschrift (der wegen ihres gelben Einbandes so ge-nannten Gelben Bibel) entfacht (Grosser u. a. 1976) und der „Rationalität des Urteilens“

der Rang einer zentralen Kategorie („als allgemeinstes normatives Merkmal", ebd. 27) zu-
gewiesen. Folgerichtig ist der exklusive Stellenwert, den das politische Urteil(en) erhält.
Daraufhin wird der „vorbereitende Charakter" schulischer Bildung (ebd. 37) zuungunsten
politischer Aktivität herausgestellt (vgl. Arbeitsgruppe freie Gesellschaft 1976).

Nach Grosser (1977, 59) gehören zur Rationalität eines Urteils über Politik mindestens:
„• Widerspruchsfreiheit der im Urteil enthaltenen Aussagen;
• Unterscheidung von Tatsachenbeschreibung, Wertung, Erklärung von Kausalzusam-
menhängen, Deutung (Interpretation);
• Berücksichtigung aller verfügbaren Fakten, Angabe von Informationsdefiziten und Un-
gewissheiten;
• Berücksichtigung der Komplexität politischer Prozesse und der Interdependenz politi-
scher Erscheinungen, Zurückhaltung bei monokausalen Erklärungen;
• Berücksichtigung des historischen Zusammenhangs, in dem politische Ordnung,
Probleme und Entscheidungen stehen;
• Berücksichtigung von Erfahrungen in Geschichte und Gegenwart mit vergleichbaren
Ordnungen und Normen."
Die Rationalität in politicis gerät leicht in ein Dilemma bei der Abwägung z. B. zwischen
Wirtschaftswachstum (ökonomischem Nutzen) und Nachhaltigkeit, Sozialverträglichkeit
und sonstigen ökologischen Prinzipien.

6.6.3 Die Folgen: Erkenntnisse und Einsichten

Der sozialwissenschaftliche Unterricht ist – wie alle Fachbereiche – auf das Gewinnen von
Erkenntnissen und Einsichten, das Analysieren von Strukturen und Prozessen, das Anwenden von Methoden, den Transfer in die Praxis usw. angelegt.

Erkenntnisse sind Urteile a posteriori, werden aus methodisch reflektierter Anschauung
gewonnen und zielen auf Wahrheit. Dagegen entsprechen Einsichten der Urteilsart
apriorischer Sätze. Sie sind Urteile, die aller Erfahrung vorausgehen. Sie sollen als Ergebnisse eines Arbeitsvorhabens nach Möglichkeit von den Lernenden selbst gewonnen werden.
Einsicht ist die Überzeugung von der Richtigkeit eines Sachverhalts oder einer weltanschaulichen Frage; die Einsichten sind Zusammenfassungen von präskriptiven und
empirischen Aussagen, weder systematisch noch eindeutig. Ihnen kommt keine mathema-
tische Evidenz zu. Die Beweiskraft richtet sich vielmehr nach der Art der Einsicht. Danach
lassen sich unterscheiden:
• diskursiv-logische Einsichten
• praktische Einsichten
• ideologische Einsichten.
Die ersteren sind Resultate aus reinen Sachfragen, wie sie sich etwa aus der praktischen
Politik ergeben. Will man z. B. Renten oder Gehälter erhöhen, muss man den voraussicht-
lichen Einnahmezuwachs richtig abschätzen, um die beabsichtigten Mehrausgaben decken
zu können. Die zweite Form der Einsichten hat es mit praktischen Fragestellungen zu tun,
z. B. mit der Anerkennung des Pluralismus als konstitutives Merkmal einer Demokratie, mit
dessen Vor-/Nachteilen, Gefährdungen usw. Die dritte Art der Einsichten bezieht sich auf
Überzeugungsfragen. Bei ihnen handelt es sich um Wünsche und Vorstellungen von geringem Realitätsgrad. Ihnen liegen z. B. Leit-, Ordnungs- und Wertvorstellungen zugrunde,

denen nur eine modellartig-utopische Evidenz zukommt. Zu Einsichten führen u. a. die Fragen nach den Interessen, Machtverhältnissen, der Rechtslage, den Institutionen, Lösungen (Veränderungsmöglichkeiten) usw. Einsichten sollen kategorial strukturiert sein. Nach Giesecke (1972, 179 ff.) führen seine elf Kategorien (Konflikt, Konkretheit, Interesse, Mitbestimmung, Solidarität, Ideologie, Geschichtlichkeit, Rechtlichkeit, Macht, Menschenwürde, Funktionszusammenhang) zugleich zu den wichtigsten Grundeinsichten (hier zusammengefasst), zu

1. Politik geht auf die sozio-ökonomische Ungleichheit in der Gesellschaft zurück. Dies führt zu Konflikten.
2. „Politische Entscheidungen sind konkrete und einmalige Entscheidungen."
3. Politik hat es mit Interessen zu tun.
4. Der Mensch soll wissen, wie und wo er mitbestimmen, seine Interessen wahrnehmen kann.
5. „Der Einzelne kann nur mithilfe anderer Menschen (…) seine Wünsche in der politischen Wirklichkeit (solidarisch –W. M.) durchsetzen."
6. „Politischem Handeln liegt immer eine Vorstellung darüber zugrunde, wie das Zusammenleben der Menschen (ideologisch – W. M.) geordnet sein soll."
7. „Alle wichtigen Streitfragen und Interessengegensätze sind geschichtlich bedingt."
8. Jedes politische Handeln hat Nebenwirkungen zur Folge, steht in einem Funktionszusammenhang.
9. „Alles politische Handeln muss sich auf seine Rechtlichkeit hin befragen lassen.
10. „Über dem Recht (…) steht das Grundprinzip der Menschenwürde."
11. „Jedes politische Handeln hat es mit Macht zu tun (…)."

Alle Aussagen sollen ein ideologiekritisches Herangehen an die Sache ermöglichen und nach deren Sinn fragen.

Der Vergleich von Erkenntnissen und Einsichten, oft zwei Seiten ein und derselben Sache, lässt nach Mahrenholz (1963, 692) die folgende Gegenüberstellung zu:

Erkenntnisse		Einsichten
Vom Argument	zum	Motiv
Von der theoretischen Vernunft (exemplarisch)	zur	praktischen Vernunft (pragmatisch)
Vom Wissen (Erkennen)	zum	Gewissen (Entscheiden)
Von der Sachlichkeit (Stufe der Objektivität)	zur	Stellungnahme (Stufe der Subjektivität)
Von der Ich-Enthaltung	zur	Ich-Bezogenheit
Vom wertfreien Urteil	zum	wertenden Urteil
Von der politischen Reflexion	zur	politischen Aktion.

6.7 Politisches Entscheiden verlangt Wertorientierungen

6.7.1 WERTBEWUSSTSEIN ALS ENTSCHEIDUNGS- UND VERHALTENSGRUNDLAGE

Politisches (und privates) Verhalten bedarf der Orientierungsmerkmale u. a. in Gestalt von Normen und Werten. Sie sind nach M. Weber einer rationalen Argumentation und Begründung nicht zugänglich, sondern sind durch Übereinkunft und Tradition in einem Kulturkreis festgelegte und veränderbare Prinzipien, Maßstäbe, Regeln, Konzepte, Postulate, also nicht ohne weiteres universal oder ubiquitär gültig. Sie beanspruchen moralische Evidenz für sich. Vor allem haben Grundwerte eine existenzielle (seinsmäßige) oder ontologische (seinsnotwendige) Funktion, ohne die eine Überlebensfähigkeit der Gesellschaft nicht gewährleistet wäre. Diese Funktion können Grundwerte nur dann erfüllen, wenn eine annähernde Kongruenz zwischen ihnen und dem Entwicklungsstand der Gesellschaft hergestellt ist. Die Menschenwürde wurde als der fundamentale (anthropologische) Grundwert ausgemacht. Sie kann sich jedoch gesellschaftlich nur unter der Garantie der Menschenrechte in einem Netzwerk von Werten entfalten.

Darüber hinaus ist künftig die europäische und universale Dimension der Werte zu beachten. Fundamentale Wertgrundlagen für einen Minimalkonsens und mit einer Integrationsfunktion bilden u. a. die Menschenrechtskonvention des Europarats (1950) und die Europäische Grundrechtscharta (2000).

Werte haben bedeutet so viel wie eine Position einnehmen, einen Standpunkt haben. Sie machen Politik kalkulierbar. Ein Zusammenleben und begründetes Handeln sind ohne Wertgrundlage nicht möglich, ein wertneutrales Verhalten gibt es nicht (z. B. moralisches und politisches Engagement von Jugendlichen etwa im Einsatz für soziale Institutionen, hilfsbedürftige Menschen, in Vereinen und Gruppen). Ethische Reflexionen bestimmen politische Entscheidungen und Handlungen, z. B.

- Soll Entwicklungshilfe im bisherigen Umfang geleistet werden?
- Welchen Anteil staatlicher Hilfe sollen Arbeitslose, Obdachlose, Kranke und Alte erhalten (Sozial-/Wohlfahrtsstaat)?
- Soll das deutsche Wertsystem verbindlich für eine so genannten Leitkultur sein?
- Soll die Bio- und Gentechnologie ausgeweitet werden?
- Soll auf Atomkraft verzichtet werden?
- Wie viel Flüchtlinge sollen in einem Land aufgenommen werden?
- Wie weit soll die Verantwortung des Einzelnen in seiner Gemeinde, seinem Betrieb usw. reichen?
- Hat das Zuwanderungsgesetz Konsequenzen für das Asylrecht (Art. 16a GG)?
- War das militärische Eingreifen im Kosovo völkerrechtlich gerechtfertigt?
- Sind Bankenfusionen sozial vertretbar? (Entlassungen)
- Soll Waffen- und Chemieexport toleriert werden?

Bei diesen Fragen ist die Solidarität gefordert als Brücke zwischen sozialethischer Norm und individualethischer Verantwortung. Daraus folgt der Unterschied zwischen Ethos und Kratos (sittliche Verpflichtung und Macht), aber auch dass Werte keine objektive Existenz haben, sondern in ihren vielfältigen Ausprägungen Vorstellungen des Bewusstseins darstellen. Werteinstellungen sind verhaltensregulierend und haben normativen Charakter. Die auf der kulturellen Tradition und den Grundrechten der Verfassung beruhenden, permanent diskutierten Wertoptionen (Prinzip Demokratie, Rechtsstaatlichkeit, soziale Verpflichtung des Staates und des Eigentums, Selbstbestimmung, Meinungsfreiheit, Toleranz) liefern die Prämissen für das relativ stabile Normensystem und schließlich für die soziale Kohärenz (kollektive Identität) einer Gesellschaft. Mithin sind auch für politische Bildung Wertmaßstäbe als moralische Minima erforderlich. Das Dilemma besteht darin, dass sie diese gleichzeitig infrage stellen soll.

Im Schulleben geht es um einfachere Fragen wie:

* Welche Aufgaben kann/soll der Einzelne für die Gemeinschaft übernehmen?
* Sollen die Schüler (mehr/weniger) umfängliche Mitsprache- und -wirkungsmöglichkeiten erhalten?
* Wann sind Gefängnisstrafen für Jugendliche angemessen?
* Wie kann man einem Mitschüler helfen, dessen Eltern arbeitslos sind und Sozialhilfe beziehen?

Aus solchen Fragen entsteht das Bedürfnis nach einer Politischen Ethik (Sutor 1992; 1997; Thesing/Weigelt 1988), deren Hauptanliegen auf die Realisierung von mehr Humanität (z. B. Verwirklichung der Menschenrechte, Personalität, Solidarität, soziale Gerechtigkeit [Rawls], Freiheit, Verantwortung [Jonas], Hoffnung [Bloch], Gemeinwohl, Subsidiarität [Sozialethik], Demokratie, Pluralismus u. dgl.) zielt.

Sie analysiert, reflektiert und beurteilt die Ziele, Absichten, Verhaltensweisen und Methoden der Akteure anhand gesellschaftlich anerkannter Werte und Normen. In allen Beispielen muss „‚Werte-Reflexion‘ (…) sachgebunden erfolgen. Die Isolierung der Wertedimension von den Dimensionen der Realität würde die Gefahr von bloßer Gesinnungsethik und sachfremder Emotionalität provozieren" (Reinhardt 1999, 155; Gefahr des bloßen Moralisierens).

6.7.2 Wissenschaftstheoretische Überlegungen zu Wertprämissen

Wissenschaftstheoretische Wertbetrachtungen bewegen sich in folgendem Rahmen:

Der Kritische Rationalismus (Popper) verzichtet auf Werte (obwohl dies selbst eine fundamentale Wertprämisse ist), die normativ-ontologische Richtung akzeptiert vorstaatliche Werte (Naturrecht), die Kritische Theorie (Frankfurter Schule) zielt in starkem Maße auf die Verwirklichung gesellschaftlicher Werte (z. B. Abschaffung von Unterprivilegierung usw.), die pragmatische Diskursethik vertraut auf die Aussagekraft der Mehrheit, der (Neo-) Konstruktivismus hält die Werte für Konstrukte der menschlichen Vernunft (s. S. 157). Die deontologische (griech. to deon = das Erforderliche, die Pflicht) Ethik gründet im Gegensatz zu teleologischen Ethiken auf Begründungsansätzen von Moral, in denen keine vorgängigen Zwecke oder Folgen von Handlungen Grundlage der Argumentation sind.

Ein politischer Minimalkonsens ergibt sich aus der Anerkennung des freiheitlichen Verfassungsstaates und der ihn konstituierenden Grundwerte, die stets erneut in concreto ausgehandelt werden müssen (Buse 1981; Sutor 1995), z. B. die so genannten Primärwerte wie Freiheit, Menschenwürde (als Fundamentalwert, Art. 11 GG), Gerechtigkeit, Solidarität, Frieden, Kultur, Religion, Humanität, Verantwortung, Gemeinwohl, dazu Mündigkeit, Konflikt, Toleranz, Kompromiss, Kritik, ferner die Strukturprinzipien der freiheitlichen Ordnung wie Gewaltenteilung, Volkssouveränität, Rechts- und Sozialstaatlichkeit, Mehrheits- und Mehrparteienprinzip, kooperativer Föderalismus, Demokratie, Gleichstellung der Geschlechter, Internationalität. Die kapitalistische Gesellschaftsordnung basiert auf Werten wie Rationalität, Mobilität, Fungibilität, Kalkulation, Berechenbarkeit, Machbarkeit, Planung, Voraussehbarkeit, Instrumentalisierung u. a. Damit ist keine Wertlehre (z. B. Nicolai Hartmann, Max Scheler u. a.) im Sinne einer Axiologie intendiert, sondern Verständnis und Annäherung der ohnehin synkretistischen Wertvorstellungen in unserer Kultur.

Werte sind für das Zusammenleben der Menschen unerlässlich und liefern in der internationalen Politik der Staaten(bündnisse) kalkulierbare Verhaltensmuster (heuristische Funktion der Werte). Generell ist ein Wertwandel (Hillmann 1989, 175 ff.) festzustellen. In den 1960er- und 1970er-Jahren galt der Vorrang von Ordnungs-, Pflicht- und Akzeptanzwerten wie Disziplin, Leistung, Pflichterfüllung, Opferbereitschaft, Selbstbeherrschung, heute gelten eher postmaterialistische Selbstentfaltungswerte wie Spontaneität, Selbstverwirklichung, Lebensgenuss, Gleichheit, selbstbestimmte Demokratie (Klages 1988, 56). Als für die junge Generation subjektiv wichtige individuelle Werte wurden in mehreren Untersuchungen ausgemacht: Freundschaft, Geborgenheit (in Familie und Partnerschaft), gehobener Lebensstandard, Freiheit und Selbstbestimmung, Berufszufriedenheit. Herausragender Wert individuellen Glücksstrebens ist die Selbstverwirklichung und die Orientierung am eigenen Ich. Dies beinhaltet die (vermeintliche) mentale Autarkie des (vermeintlich) autonomen Individuums, ein selbstreferenzieller Eudämonismus, die Ablehnung traditioneller christlich-abendländischer Überlieferungen.

In der zweiten Hälfte des 20. Jahrhunderts haben u. a. die folgenden Begriffe und ihre Inhalte Abwertungen erfahren: Zentralismus, geschlossene Ideologien, Obrigkeit, starker Staat, Ethnozentrismus, Nationalismus, Totalitarismus, Hierarchien, Bürokratismus, formale Demokratie, Ungleichheit, Privilegien, Traditionalismus, soziale Kontrolle usw.; Aufwertungen haben erlebt: Freiheit, Menschenwürde und -rechte, (direkte) Demokratie und Rechtsstaat, Pluralismus, Individualismus, Selbstbestimmung, Kritikfähigkeit, Frieden, kosmopolitische Orientierungen, Emanzipation, Teilhabe, Enthierarchisierung, Entbürokratisierung, Ich-Stärke, Autonomie, Partizipation, soziale Gerechtigkeit, Ökologie, Unabhängigkeit, Selbstverantwortung, Gleichberechtigung, persönliche Wertsetzung, Postmaterialismus (Redefreiheit, Mitsprache und -bestimmung, humane Gesellschaft, saubere Natur, lebenswerte Urbanität usw. zugunsten von mehr Geld und sonstigen materialistischen Werten wie z. B. Wirtschaftswachstum, Gesetz und Ordnung usw.; Inglehart 1990). All dies ist nicht zuletzt eine Sache der Moralerziehung mit

a) aufklärerischen Schlüsselwerten wie Mündigkeit, Emanzipation, Autonomie, Verantwortung,

b) konservativen Schlüsselwerten wie Persönlichkeit, Autorität, Subsidiarität, Solidarität, Stabilität (Ruhe und Ordnung),

c) Gemeinschaftstugenden wie Kooperation, Mitmenschlichkeit, Toleranz, Einordnen, Dienen, Pflichtbewusstsein, Opferbereitschaft, Sittlichkeit, Würde des Menschen, Persönlichkeitsentfaltung, Charakter und Gewissensbildung (Henkenborg 1992).

Darüber hinaus wird auf die sich dauernd ändernden aktuellen Wertanalysen verwiesen.

Im Rahmen der marktwirtschaftlichen Globalisierung ist eine Konfrontation der Wertsysteme, die zu kulturellen Auseinandersetzungen führt, vorauszusehen (Huntington 1996). Westliche Produktionsweisen werden z. B. der asiatischen Mentalität (Fleiß, Genügsamkeit, Einordnung u. dgl.) übergestülpt, was zu einem Zivilisations- und Modernisierungsschub beiträgt und traditionelle Werte(systeme) auflöst (Heins 1996).

Hierarchie der Werte

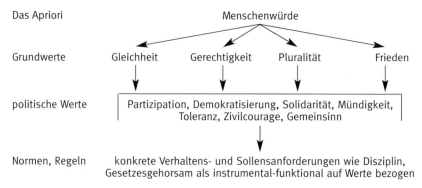

(Aus: W. Gagel: Einführung in die Didaktik des politischen Unterrichts. 2. Aufl., Opladen 2000, S. 301)

6.8 Politische Urteilsfähigkeit als Prämisse politischen Handelns

6.8.1 Zur Begriffsbestimmung

Urteilen bedeutet u. a. „in Relation zu etwas setzen" oder eine qualifizierte subjektive Aussage über Personen und Sachen, Verhältnisse, Beziehungen u. dgl. (Übersicht über die Theorien bei Grammes 1997). Urteile sind als wahr behauptete Aussagen. Deshalb müssen sie begründet werden. (Axiome sind Behauptungen, die man als wahr voraussetzt, weil man sie nicht beweisen kann oder will; Theoreme sind Behauptungen, deren Wahrheit nachgewiesen wird.) Sie müssen von Meinungen, Überzeugungen, Auffassungen u. dgl. abgegrenzt werden. Man kann zwischen

a) absoluten moralischen Urteilen

b) relativen persönlichen Wertentscheidungen und

c) freien, individuellen Präferenzen unterscheiden.

Politische Urteile können unterteilt werden in

1. Konstatierendes Urteil: z. B. Die Arbeitslosigkeit geht zurück/steigt an

2. Deutendes und erklärendes Urteil: z. B. Die Arbeitslosigkeit geht zurück, weil die Gewinne und Investitionen der Betriebe steigen

3. Werturteil: z. B. Vollbeschäftigung ist ein desiderates Ziel der Wirtschafts- und Sozialpolitik.

Aus diesen Urteilsformen resultiert das

- Sachurteil (deskriptives Urteil, s. 1.)

- Werturteil (präskriptives Urteil: z. B. Das Bündnis für Arbeit [aus Bundesregierung und Gewerkschaften/Unternehmerverbänden] sollte stärker gegen die Arbeitslosigkeit angehen)

- Vergleichsurteil (z. B. Die X-Partei hat die größere Kompetenz in der Wirtschaftspolitik als die Y-Partei).

6.8.2 Urteilsvoraussetzungen

Für das Urteil ist die Perspektive und das Ziel des Urteilenden maßgebend, dessen Entscheidung bestimmt wird durch weltanschauliche Prämissen (Werte, Ideologien, Macht, Interessen, Voreinstellungen usw.) sowie durch seine individuellen Wissens-(Vorbildung, Vorurteile, Informationsstand, kritisches Vermögen usw.) und Erfahrungsgrundlagen (gesellschaftlicher Hintergrund, politische Affinitäten, Schüler, Erwerbstätiger usw.). Die praktische Politik beginnt oft mit auf Imagination oder (partielle) Anschauung (auch inneren Erfahrungen) gegründeten Überlegungen, begrifflichen Abstraktionen, Zukunftsentwürfen. Nach Kant beginnt zwar der Erkenntnisprozess mit der sinnlichen Erfahrung (Anschauung, vgl. Thomas v. Aquin: Nihil est in intellectu quod non prius fuerit in sensu. Leibniz: Nisi intellectus ipse.), wird aber intellektuell weitergeführt. Deshalb greift die Triade „sehen – beurteilen – handeln" (= der Titel des vormaligen Politikschulbuchs von Hilligen) zu kurz. Sie bezieht sich zwar auf die platonische und aristotelische Grundorientierung abendländischen Denkens, dem Erkennen – Fühlen – Handeln (Ternar), müsste aber um das Analysieren, Sichinformieren, Überlegen und Entscheiden ergänzt werden.

Urteilen und Handeln gehören zu den didaktischen Schlüsselbegriffen und werden hier unter methodologischem Aspekt betrachtet. Sie erhalten eine moralische Dimension dadurch, dass politisches Handeln immer wertbezogen ist. Das heißt politisches Handeln muss moralisch legitimiert werden, obwohl es sich eher am möglichen Erfolg, an der Situation und weniger an der Sache orientiert. Das heißt Gewissensurteile sind selten (z. B. bei der deutschen Wiederbewaffnung, der Stationierung von Atomwaffen, der Einführung der Kernenergie, der Gentechnologie usw.). Alle Fragen politischer Rationalität, Entscheidungen, Ziele – z. B. Gemeinwohl, Frieden, Freiheit, Gerechtigkeit, Menschenrechte, der Mensch ist immer Zweck, niemals Mittel (Kant) – sind von moralischer Relevanz und auch von daher ethische Fragen, die seit Platon/Aristoteles der Praktischen Philosophie zugerechnet werden. Auch der politische Zentralbegriff der Macht muss moralisch durch normative und institutionelle Regeln gebändigt werden (Sutor 1989). Urteile sind meist vorläufig, weil Letztbegründungen zu einem unendlichen Regress oder Zirkel führen würden. Deshalb haben Evidenzurteile ein gewisse Plausibilität (Anwendung des Satzes vom zu vermeidenden Widerspruch und vom zureichenden Grund = principium rationis sufficiens).

Politische Urteilsfähigkeit soll mithilfe moralischer Vorstellungen über eine gesellschaftliche Ordnung, über politische Handlungen und Intentionen reflektiert umgehen können. In einem durch moralische Einsichten geleiteten Handeln stützt die Beilegung von Konflikten sich auf begründete Urteile. Die Frage entsteht allerdings, mit welchen Methoden lässt sich ein moralisches Urteil rechtfertigen, intersubjektiv begründen, mit welchen Kategorien lässt sich ein politisches Urteil bilden (Diskursethik s. S. 242; Sokratisches Gespräch s. S. 243; für beides Henkenborg 1992, 94 ff., 160 ff., 180 ff.). Ferner ist zu fragen, inwieweit moralische Wertungen etwas mit Tatsachenaussagen gemeinsam haben, ob sie Erkenntnischarakter haben und zu richtigem Handeln führen, schließlich ob die Vernunft eine Funktion bei der Bildung moralischer Überzeugungen hat.

Die Qualifizierung für ein politisches Urteil kann

a) inhaltlich durch Dilemmata, Probleme, Konflikte

b) methodisch durch Fallanalyse, Projektverfahren, Zukunftswerkstatt erfolgen.

Dabei sind Faktenerhebung (Beweisaufnahme, quaestiones facti) und Beurteilung (Kritierien? Quaestiones iuris) auseinanderzuhalten. Danach stellt die Urteilsbildung sich

dar in der Folge
a) Voraussetzungen (Akteure, Sachverhalt, Werte)
b) Prozess (Anwendung der Kriterien auf den konkreten Fall)
c) Resultat (wertende Aussagen).

Urteils- und Entscheidungsfähigkeit haben Priorität vor Wissensvermittlung und dienen der Selbst- und Mitbestimmung. Verantwortliche Urteilsbildung sollte auf der Grundlage von moralischen Prinzipien erfolgen (s. Piaget; Kohlberg) und nach dem Dreischritt Überlegung – Urteil – Beschluss vorgehen, auf Politik angewandt: Situationsanalyse – Erwägung von Möglichkeiten – Entscheidung. Politische Urteilsbildung hat Entscheidungscharakter (Weinbrenner 1996) und vollzieht sich im Spannungsfeld von Konflikt und Konsens.

6.8.3 Leitfaden moralischer Urteilstypen

Da (moralische) Urteile immer mit bestimmten Fällen (oder Teilen davon) zu tun haben, bietet sich als eine bevorzugte Methode das Fallprinzip an. Vor der Analyse ist in einer pluralen Gesellschaft eine Verständigung über basale Wertfestlegungen zu treffen. Sie läuft parallel mit der Offenlegung von (wertbedingten) Interessen, z. B. von nationalen (Profit-) Ansprüchen (z. B. beim Import von Edelhölzern) und internationalen Schäden (Vernichtung wertvoller Ökogrundlagen). Als Fälle bieten sich lebensweltliche Probleme der Lernenden an, z. B. die Frage nach der Wahrheit, Gerechtigkeit, Offenheit u. dgl. in concreto. Auf diese Weise kann im Laufe der Zeit ein moralisches Repertoire aufgebaut werden, das auf politisch-gesellschaftliche Fälle von allgemeiner Bedeutung – unter Beachtung der qualitativen Unterschiede von Privatheit und Öffentlichkeit, von privater und öffentlicher Moral – übertragen werden kann. Dabei können nachfolgende Fragestellungen als methodischer Leitfaden benutzt werden, z. B. Welche Lösungswege bieten sich an (praktisch, theoretisch, z. B. Spannung zwischen Ökologie und Wirtschaft, Umweltschutz und Gewinninteressen, Hilfe an die Entwicklungsländer und Schuldenlast des Geberlandes)?
- Wie werden die Lösungswege moralisch (werttheoretisch) begründet?
- Wie können die Ergebnisse umgesetzt werden? Welche Folgen (auch bei Unterlassung) haben sie für den Urteilenden/Handelnden, für die Adressaten, für die Sache?

Neue Urteile werden in die durch Sozialisation und Erziehung geformte Urteilsstruktur des Individuums integriert. Wie dieser Vorgang sich herausbildet, versucht die genetisch-moralische Entwicklungspsychologie mithilfe eines Stufenschemas zu begründen. Danach bilden die Stufen eine invariante, irreversible Sequenz (stete Bewegung zur nächst höheren Stufe), hierarchische Integrationen (die höheren Stufen heben die niederen auf), strukturierte Ganzheiten (Individuen verfügen über ein konsistentes Niveau der kognitiven und moralischen Entwicklung).

In diesem Zusammenhang gehören die Arbeiten von Piaget und Kohlberg (s. S. 213). Sie fragen danach, wie ein moralisches Bewusstsein, d. h. die Überzeugung, dass Urteilen und Handeln auf normativen Wertgrundsätzen (z. B. Klassifizierung einer Handlung als gut oder böse, gerecht oder ungerecht, Verpflichtung gegenüber sozialen Normen oder Menschenrechten) beruht, im Menschen entsteht. Helbig (1986, 107) verweist auf Goffman, der als Folge der Personenbezogenheit von Moral drei Gewissenstypen beim Aufbau eines verantwortungsethischen Wertbewusstseins ausgemacht hat:

1. den externalisierten Typ,
   der nur nach Normen handelt, wenn er Strafe zu erwarten hat
2. den konventionellen Typ,
   der die Normen verinnerlicht hat und sich darum bemüht, sie einzuhalten
3. den humanistischen Typ,
   der die Normen internalisiert hat, sie aber flexibel, situativ anzuwenden weiß.

Kohlberg geht vom kognitivistischen Ansatz aus und zeigt, dass die drei Charaktertypen drei aufeinander folgende Stadien der Entwicklung des moralischen Bewusstseins darstellen (s. u.). Seine Ausgangsposition besteht (im Anschluss an Piaget) also darin, das moralische Bewusstsein als eine Stadienfolge kognitiver Entwicklung anzusehen.

Das jeweilige Urteil sollte darüber hinaus vor den Anforderungen der praktischen Vernunft (Zweck-Mittel-Relation) bestehen können. Dies trifft sich eher mit der materialen (normativen) Wertethik (M. Scheler) als mit der formalen (rigoristischen) Pflichtethik Kants, auch nicht mit Nicolai Hartmanns Auffassung, wonach Werte „an sich" existieren und als ideales (nicht reales) Sein bestimmt werden. Nach deontologischer (= pflichtethischer) Theorie besteht die Pflicht zur Befolgung einer moralischen Regel in einer Situation, unabhängig von den zu erwartenden positiven oder negativen Konsequenzen. Sie ergibt ein Maximum an positiven Folgen.

6.8.4 Methoden und Formen politischen Urteilens und Entscheidens

Methoden zielen erkenntnistheoretisch auf das Gewinnen von Informationen, Erkenntnissen (das „Sachelementare"), Einsichten (das „Sinnelementare", K. G. Fischer) und schließlich auf ein (oft in Handeln zu übersetzendes) Urteil. Die Methoden richten sich nach einer je eigenen Systematik, von deren Stringenz die Reliabilität (Zuverlässigkeit) und Validität (Gültigkeit) des Urteils abhängt. Nach Kant ist die Urteilskraft das Vermögen, unter Regeln folgerichtigen Denkens zu subsumieren. Das (allgemeine, besondere; bejahende, verneinende; kategorische, hypothetische; problematische, assertorische) Urteil macht eine Aussage über die logische Verknüpfung eines Prädikats mit einem Subjekt. Das Urteilen selbst vollzieht sich rational, in Konfliktsituationen und bei Problemen auch nach leitenden Interessen und alternativen Möglichkeiten.

Urteilsbildung beruht demnach nicht nur auf erkenntnistheoretischer Folgerichtigkeit (Logik). Das Urteil soll auch moralisch und historisch fundiert sein, d. h. erklären können, wie z. B. politische Konflikte auf der Grundlage eines einverständlichen Moralbegriffs gelöst werden können (Henkenborg 1992; 1996). Deshalb sind Urteile auch beispielhaft anzuwenden etwa auf sozialen Wohnungsbau, die angemessene Höhe der Sozialversicherung (Orientierung an Soziallehre und Sozialethik, Wertfragen) u. dgl.

Das Urteil erscheint in mehreren Formen:
1. im Sinne von objektiver Beurteilung einer Sache/Entscheidung (Sach-, Entscheidungsanalyse),
2. im Sinne von Beurteilung einer Sache wozu (Bedingungsanalyse),
3. im Sinne eines Urteils über (fremde) Urteile (Falsifizierung, Erkenntnisanalyse).

Entscheidend dafür ist die Offenlegung der (normativen) Urteilskriterien (Legitimation; Sander 1984). Sie sind abhängig
a) von der Intention (s. 1.–3.)

b) von den (subjektiven) Prämissen (z. B. Demokratie- und Politikbegriff, Begriff des Rechts- und Sozialstaats, Gemeinwohl, Freiheit, Solidarität, Verfassung, Menschenrechte, Interessen usw.) (Wertgrundlagen)

c) vom Ziel (Begründung/Widerlegung einer Aussage; zieloffen, d. h. rein sachliche Beurteilung zum Zwecke von Wahrheit und Klarheit)

d) von den Unterlagen (Kommentare, Informationen, mündliche und schriftliche Darlegungen usw.) (materielle Grundlagen)

e) von der Bestätigung durch das Gericht der Vernunft, nachvollziehbar im Diskurs (Rationalität).

Der Urteils- und Entscheidungsvorgang soll sich auf einem möglichst hohen moralischen Niveau abspielen (wobei die erreichte Stufe moralischen Urteils – nach Piaget, Kohlberg – nicht überschritten werden, d. h. den Lernenden nicht zuviel an moralischer Urteilsfähigkeit zugemutet werden darf). Dafür eignen sich besonders Dilemma- und Konfliktsituationen (Hagemann/Heidbrink 1985, 67 f.), z. B. Entlassung von Mitarbeitern gleicher Qualifikationsstufe (erst die Jungen, die Alten, die Verheirateten, die Unverheirateten?), ein Krieg (Verhandlungslösung oder militärische Lösung, unter welchen Bedingungen?), Rechtfertigung von teuren Arzneimitteln für unheilbare, chronisch Schwerkranke, medizinisch-apparative Verkürzung/Verlängerung des Lebens bei sehr alten Menschen, Tempolimit auf Autobahnen („Freie Fahrt für freie Bürger", Tausende von Verkehrstoten), Umwelt (Nachhaltigkeit) und wirtschaftliches Wachstum usw. Diese und andere Probleme können in der Partner- und Gruppendiskussion, im Rollenspiel usw. erörtert werden. Generell sollten als Beispiele nicht nur rein moralische Fragen wie der § 218 StGB u. dgl. gewählt werden, sondern Fragen der alltäglichen Politik (z. B. Ist sozialer Wohnungsbau in unserer Gemeinde/Stadt nötig? Stellen bestimmte Maßnahmen einen Rückbau des Sozialstaats dar?).

6.8.5 ETHISCHE VERFAHREN ZUR BEURTEILUNG MORALISCHER DILEMMATA

Die Ethik erarbeitet die Methoden, die das menschliche Begründungs- und Problemlösungsverhalten im Bereich moralischer Reflexion und Argumentation kennzeichnen (Birnbacher/Hoerster 1993). Die normative Ethik ermittelt die Funktion oberster Prinzipien des moralisch (sittlich) Guten und Richtigen, aber nicht des Wahren und Falschen. Sie diskutiert die Begründungs- und Rechtfertigungsmethode moralischer Urteile (Metaethik: Urteile über Handlungen. Wann kann ein normativ-moralisches Urteil als gerechtfertigt gelten?). Welche Methoden/Begründungen sind dafür erforderlich? Entscheidungen/Urteile, die auf Moralregeln beruhen, müssen gleichzeitig vernunftgemäß und zuverlässig sein, d. h. rechtfertigungsfähige Prinzipien müssen von anerkannten Beobachtern akzeptiert werden.

Moralische Urteile
- bewerten menschliches Verhalten entweder primär oder in seinen Auswirkungen auf das außermoralisch gute Leben
- sind kategorischer Natur
- erheben Anspruch auf allgemeine Gültigkeit.

Dabei sind kulturelle Unterschiede zu beachten: Es gibt konkurrierende Moralen in verschiedenen Gesellschaften (Kulturbereichen).

Für politisches Handeln sind teleologische, insbesondere utilitaristische Kriterien (z. B. Nützlichkeit für alle Menschen; das gute Leben) charakteristisch. Die deontologische Theorie vertritt dagegen die Pflicht zur Befolgung einer moralischen Regel unabhängig von den zu erwartenden positiven oder negativen Konsequenzen. Der formalistische Charakter des Kantschen kategorischen Imperativs steht im Gegensatz zu der materialen Bestimmtheit der Pflichtprinzipien einer normativen Ethik (prima-facie-Pflicht).

Der Ablauf eines Urteils-/Entscheidungsdilemmas stellt sich wie folgt dar:

Problem (als dilemmatische Situation)

Diskussion

Entscheidung

Überprüfung

Systematisierung

Weiterführung der Problematik.

(Nach Hagemann/Heidbrink 1985, 75; vgl. ausführlich: Landesinstitut 1991, 179 f.)

Beispiele für Dilemma-Geschichten: (Unterscheidung zwischen

1. hypothetischen Dilemmata [artifiziell konstruierte Fälle],
2. realen Dilemmata [Fälle aus der Alltagssituation der Lernenden],
3. politischen Dilemmata [politisch zu entscheidende Fälle, die die Gesamtgesellschaft angehen, z. B. aus der Bioethik]):

   1) Delphi-Studie (s. S. 418): Lernende behandeln ein Problem schriftlich; eine andere Gruppe (aus Eltern, Lehrenden, Lernenden usw.) gibt das Papier kommentiert zurück. Dabei werden Urteilsstrukturen unterschiedlicher Gruppen sichtbar.

   2) Argumentationspyramide: Die in der Diskussion vertretenen Argumente werden auf Karten geschrieben und in Gruppenarbeit in Form von Pyramiden „hierarchisch" geordnet. Das Ziel besteht darin herauszufinden, welchen Wert Lernende bestimmten Argumenten zuordnen.

   3) Rettungsboot-Spiel: Ein Schiff ist gesunken, ein Teil der Passagiere kann sich in ein Rettungsboot für sechs Personen (außen anhängen geht wegen der Haie nicht) flüchten. Sieben Personen kommen für die sechs Plätze in Frage, und zwar
      - ein Professor, 66 Jahre alt, kurz vor dem Abschluss wichtiger Experimente, die für die Menschheit nützlich sein könnten,
      - eine Mutter von fünf Kindern, 36 Jahre alt, reist allein,
      - eine Schülerin, 18 Jahre alt, steht kurz vor dem Abitur,
      - ein Seemann, 33 Jahre alt, ledig,
      - ein Arbeiter, 30 Jahre alt, verheiratet, hat bei der Bundeswehr ein Überlebenstraining mitgemacht,
      - eine Lehrerin für Deutsch und Musik, 30 Jahre alt, verheiratet, zwei Kinder, reist allein,
      - eine Buchhalterin, 54 Jahre alt, alleinstehend.

   Aufgabe: Die Lernenden haben 15–30 Minuten Zeit zu entscheiden, wer das Boot verlassen muss.

   4) Kohlberg (s. u.) erzählte für seine Forschungen 10–16-jährigen Jungen die folgende Dilemma-Geschichte (sog. Heinz-Geschichte, leicht gekürzt):

„Eine Frau lag im Sterben, sie hatte Krebs. Es gab ein Medikament, von dem die Ärzte annahmen, dass es helfen könnte. (…) Das Mittel war teuer in der Herstellung, aber der Apotheker (der es erfunden hatte – W. M.) verlangte zehnmal mehr, als ihn die Herstellung des Mittels kostete (2000 Dollar für eine kleine Dosis – W. M.). (…)
Heinz, der Ehemann der kranken Frau, (…) kam jedoch nur auf 100 Dollar, die Hälfte des Preises. Er erzählte dem Apotheker, daß seine Frau im Sterben läge, und bat ihn, das Medikament billiger abzugeben oder ihn den Rest später bezahlen zu lassen. Aber der Apotheker sagte: ,Nein, ich habe das Mittel entdeckt und will damit Geld verdienen.' Heinz war verzweifelt und brach in die Apotheke ein, um das Mittel für seine Frau zu stehlen."

Aufgabe: Erprobung an den sechs Stufen Kohlbergs (s. u.).

5) Gefangenen-Dilemma: „In der klassischen ,Gefangenendilemma'-Situation befinden sich zwei Straftäter, die wegen eines minderen Vergehens festgenommen werden und mit einer geringfügigen Haftstrafe rechnen müssen. Der Staatsanwalt weiß aber, dass sich die beiden einer weitaus schwerwiegenderen Tat schuldig gemacht haben, für die sie mindestens zehn Jahre ,absitzen' müssten; das Dumme ist, er kann ihnen nichts nachweisen. Also isoliert er die beiden voneinander, sodass sie keine Absprachen treffen können, und bietet jedem einzelnen einen ,Deal' an: ,Gestehe die schwerwiegendere Tat und gehe als Kronzeuge straffrei aus'. Die Sache hat nur einen Haken: Gestehen beide Täter, dann gibt es keinen Kronzeugen und beide können sich auf eine langjährige Gefängnisstrafe gefasst machen; wegen des Geständnisses droht ihnen dann zwar nicht die Höchststrafe von zehn Jahren, aber neun Jahre hinter Gittern sind ihnen sicher. Die Alternativen stellen sich ihnen also folgendermaßen dar:

		Straftäter B	
		gesteht	gesteht nicht
	gesteht	9/9 Jahre	0/10 Jahre
Straftäter A			
	gesteht nicht	10/0 Jahre	0,5/0,5 Jahre

Nun wäre es jedem der beiden am liebsten zu gestehen, während der andere ,dichthält': (0/10). Damit ist aber leider nicht zu rechnen. Also geht es im nächsten Schritt darum, nicht selbst der Dumme zu sein: (10/0); wenn man schon den anderen nicht über den Tisch ziehen kann, dann will man doch zumindest vermeiden, selbst über den Tisch gezogen zu werden (gemischte Motive). Unabhängig davon, wie der andere entscheidet, gibt es deshalb nur eine rationale Strategie, nämlich zu gestehen: Gesteht der andere nicht – umso besser; gesteht er ebenfalls, dann entgeht man zumindest der Höchststrafe. Ebenso verhält es sich in einem Rüstungswettlauf (…). Unabhängig davon, was die Gegenseite tut, ist es stets ,besser' weiter zu rüsten: Stellt die Gegenseite die Aufrüstung ein, dann gewinnt man einen echten Sicherheitsvorsprung; rüstet die Gegenseite ebenfalls weiter auf, dann bleibt zumindest die Patt-Situation erhalten.

Aber durch die Wahl der jeweils rationalsten Strategie erreichen die Akteure ein vergleichsweise ,suboptimales' Ergebnis. Die Straftäter gehen beide für lange Zeit ins Gefängnis (9/9), und die Rüstungsgegner belasten ihre Budgets mit immensen Ausgaben. Hätten die ,Spieler' hingegen miteinander kooperiert, dann wären die einen mit geringfügigen Strafen davongekommen (0,5/0,5) und die anderen hätten Unsummen an Steuergeldern gespart. Das ‚tragische‘ am Gefangenendilemma ist demnach, dass ‚the outcome of the many individuals‘ decisions made in isolation is worse for everyone than some other course of action, even though, taking the conduct of the others as given, each person's decision is perfectly rational.“ (Rawls 1971, 269; Druwe/Kunz 1996, 117)

Die Auseinandersetzung sollte bei den (evidenten) Dilemmasituationen – z. B. Kirchenasyl (Gewissen) – ziviler Ungehorsam; 20. Juli 1944: Staatsführung im Kriege – Widerstand gegen die Staatsgewalt (Tyrannenmord; „Aufstand des Gewissens“) – nicht stehen bleiben und die Behandlung wenig spektakulärer, alltäglicher Situationen wie Sozialhilfe, Obdachlosigkeit, Wohnungsnot, Arbeitslosigkeit, Frühverrentung, Ökosteuer usw. nicht vernachlässigen.

Die Phasen der eigentlichen politisch-moralischen Urteilsbildung, ergeben das folgende Schema:

zu lösende Aufgabe	Lösungsstichworte
1. Problempräzisierung	Diskrepanz zwischen Anspruch und Wirklichkeit
	Thematisierung von Kontroversen
2. Prüfung der Maximen	Prüfung verschiedener Ansprüche
(quaestio juris)	Verallgemeinerbarkeit
	Solidarität mit den Schwachen
3. Prüfung der Sachverhalte	Beobachtung, Erfahrung, Verstehen
(quaestio facti)	Objektivität, Zuverlässigkeit
	Gültigkeit der Informationen
	Wissenschaftsorientierung
	theoretischer Diskurs
4. Einzelurteile	Folgenabschätzung
	Perspektivenwechsel
5. Gesamturteil	Logik, Dialektik
6. Veröffentlichung	Visualisierung, Rhetorik, Topik
	Darstellung, praktischer Diskurs.

(Sander 1988, S. 196)

6.8.6 Das moralische Stufenschema nach Kohlberg

Die moralisch-kognitive Bewusstseins- und Entscheidungsfähigkeit entwickelt sich nach Kohlberg (1974, 60f.; unter Benutzung von Piaget und Durkheim) in sechs empirisch-analytisch gewonnenen Stufen, die bei der Bewertung von Aussagen und der Befähigung dazu zu beachten sind. Kohlbergs Bezugsgröße ist die Konventionalität des Verhaltens, Moral ist das formale Prinzip der Möglichkeit von Entscheidungen nach Wertvorstellungen (z. B. politische Ethik, Wertsystem).

Stufenschema der Moralentwicklung nach L. Kohlberg

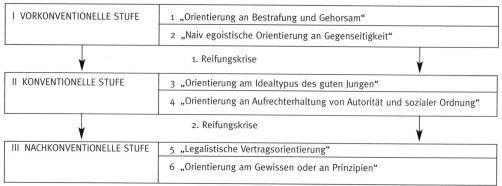

| I VORKONVENTIONELLE STUFE | 1 „Orientierung an Bestrafung und Gehorsam" |
| | 2 „Naiv egoistische Orientierung an Gegenseitigkeit" |

1. Reifungskrise

| II KONVENTIONELLE STUFE | 3 „Orientierung am Idealtypus des guten Jungen" |
| | 4 „Orientierung an Aufrechterhaltung von Autorität und sozialer Ordnung" |

2. Reifungskrise

| III NACHKONVENTIONELLE STUFE | 5 „Legalistische Vertragsorientierung" |
| | 6 „Orientierung am Gewissen oder an Prinzipien" |

(Nach: L. Kohlberg: 1974, S. 60 f.)

Das präkonventionelle Stadium gilt für die 6–10-Jährigen. Auf Stufe 1 erfolgt die (Geschlechter-)Rollenübernahme, die Prägung der Kinder durch die Autorität der Eltern, Lehrer usw., die Vermeidung von Strafe; auf Stufe 2 wird akzeptiert, dass andere Menschen andere Interessen haben und dass man diese berücksichtigen muss. Es ist ein vormoralisches Stadium und entspricht einer naiv-egoistischen Orientierung. Das konventionelle Stadium gilt für die 10–13-Jährigen. Auf Stufe 3 steht die Goldene Regel im Mittelpunkt („Was du nicht willst, dass man dir tu, …"); Stufe 4 ist die „legalistische Stufe": Gesetze und Regeln werden als konstitutiv gewertet. Das Gewissen ist – ebenso wie im präkonventionellen Stadium – normengeleitet.

Das postkonventionelle Stadium gilt für die Adoleszenz. Stufe 5 orientiert sich am Prinzip des „größten Nutzens für die größte Zahl" sowie an den persönlichen Rechten von Menschen (kontraktueller Legalismus); Stufe 6 ist prinzipien- und gewissengeleitet nach dem Vorbild des Kategorischen Imperativs, fragt nach der Verallgemeinerungsfähigkeit von Regeln und Wertentscheidungen. Es handelt sich um eine Distanzierungsphase, um eine offene Situation, die durch Kontroversen, Kritik, Diskurse u. dgl. charakterisiert ist, um Rollendiffusion und Orientierungsprobleme bei den Jugendlichen. Die drei Stadien entfalten sich mithilfe der Methode des Gesprächs und der Auseinandersetzung sowie der dialogisch-kommunikativen Problemerörterungen. Es bleibt immer die grundsätzliche Frage: Woher nehmen wir die Gewissheit unserer moralischen Urteile, die doch immer vorläufig und normativistisch sind? (Holtmann 1982). Kohlberg und Piaget werden ausführlich kritisch diskutiert von Henkenborg (1992, 71–193). Ethik (im Sinne von Urteilsbildung) und Politik stehen danach in einem konstitutiven Zusammenhang, sofern sie nicht die konventionelle Moral, ein konservatives Obrigkeitsverständnis reproduzieren oder ontologisierende Betrachtungen (vermeintlich verbindliche Werte) zur Ausgangslage nehmen (ebd. 71). Dagegen beruht kritische Moralerziehung auf Aufklärung, Mündigkeit, Freiheit und Verantwortung (Sander 1984, 88 ff.). Das Lernen stellt sich bei Piaget und Kohlberg als kognitive (nicht als biologische oder ideologische) Entwicklung im Sinne einer moralischen Urteilsbildung durch Gründe dar.

Durch fortschreitende Erfahrung der moralischen Ordnung als eine feststehende Struktur erfolgt das Aufsteigen zu komplexeren Lernumwelten. Die Stadien sprechen gegen Bruner (s. S. 302), wonach bei altersgemäßer Aufbereitung alle Gegenstände von den Individuen begriffen werden können. Zumindest im Moralischen müssen die Entwicklungsstufen abgewartet werden. Allgemeine Kritik richtet sich gegen eine formalstufenartige Anwendung des Moralstufenschemas, weil es nicht der tatsächlichen moralisch-psychologischen Entwicklung des Menschen entspreche, der Mensch in abstrakte Moralstrukturen aufgelöst werde und das Kognitive das Emotionale verdränge. Insbesondere wendet Weiler (1993) sich gegen eine normierte Moralerziehung (die bei Kohlberg die Entwicklung des moralischen Urteils bedeutet und keine Tugendlehre oder Gesinnungsethik ist), die er als im Widerspruch zur grundrechtslogischen Verfassungssystematik im Sinne des deutschen Grundgesetzes hält, und tritt für einen streng sozialwissenschaftlichen Unterricht ein.

6.8.7 Zum Bewusstseinsstand moralisch-politischer Urteile

Die Verortung des jeweiligen Bewusstseinsstandes, die Fähigkeit zur intellektuellen Apperzeption und moralischen Unterscheidung ist eine Voraussetzung für den Erwerb und die Anwendung bestimmter Methoden, für deren Leistungs- und Unterscheidungsvermögen, damit für den jeweiligen Effizienzgrad einer Methode sowie für den Aufbau eines Wertbewusstseins (Gewissensbildung). Deshalb ist der sozialisationstheoretische Rahmen abzustecken, in dessen zeitlichem (ontogenetischem) Verlauf sich das (personale und soziale) identitätstheoretische Konzept des Symbolischen Interaktionismus (Entwicklung einer Identität durch unterrichtliche Kommunikation anhand der Konfrontation mit Entscheidung fordernden Fällen) entfaltet. Dabei sind Hypothesen der Psychoanalyse und des Kognitivismus im Hinblick auf psychisches und intellektuelles Wachstum heranzuziehen (Helbig 1986, 107).

Urteile sind immer normativistisch, vorläufig, revidierbar, je nach den Maßstäben, Grundlagen usw. Die grundlegende Frage bleibt: Woher nehmen wir die Gewissheit unseres Urteils? Dies wird von den verschiedenen philosophischen und moralischen Positionen unterschiedlich beantwortet. Urteilsfähigkeit bewirkt in der Sache nicht eo ipso z. B. ein politisches Urteil. Politik ist vielmehr ein ganz bestimmter Modus des Umgangs mit und der Beurteilung von öffentlichen Problemen, die alle betreffen. Urteilen erfolgt also in (staatlichen und gesellschaftlichen) Handlungszusammenhängen. Eine solche Urteilsfähigkeit beruht nicht allein auf analytischer, szientifischer Kompetenz, sondern bildet sich zusätzlich in Diskursen über handlungsleitende Normen und subjektive Prädispositionen sowie wertbesetzte politische Prämissen wie die Würde des Menschen, Mehrheitsprinzip, Recht, freiheitliche Demokratie, Gleichheit, Macht, Opposition usw. Daraus folgt die Forderung nach Güterabwägung, nach Toleranz gegenüber abweichenden Urteilen.

Diese Ambiguität (Mehr-, Doppeldeutigkeit) soll der Lernende aushalten können. Kritische Urteilsfähigkeit meint, zusammengefasst, das Erkennen von Tatsachen, Widersprüchen, Problemen u. dgl. und zielt auf Mündigkeit, auf den Gebrauch der kritischen Vernunft im Sinne von Entscheidungsfreiheit. Die Entscheidung selbst läuft über vier Stadien:
1. Erkennen und Formulieren eines entscheidenden Problems.
2. Gewinnen und Bewerten von Informationen.
3. Aufzeigen und Evaluieren von Handlungsalternativen.
4. Lösung wählen/Entscheidung treffen.

6.8.8 Zur kategorialen Grundlegung von Entscheidungen

Als Erkenntnis- und Entscheidungsinstrumentarium sollten Kategorien (s. S. 117) sonstige begriffliche Generalisierungen des Politischen verfügbar sein. Menschlichem Handeln liegen Wertentscheidungen zugrunde, die hinterfragt, d. h. rational begründet werden müssen. Die Urteilslehre unterscheidet zwischen einem Tatsachen- und einem Werturteil. Die logisch-analytische Wissenschaftstheorie lässt nur Tatsachenurteile, d. h. nicht-normative Aussagen, als wissenschaftliche Aussagen gelten und sieht z. B. ihre gesellschaftliche Relevanz als vorwissenschaftliche Basisentscheidung an. Dagegen kommt es in den Sozialwissenschaften wie in der praktischen Politik zu Werturteilen. Auch das Sicheinsetzen für die parlamentarische Demokratie beruht auf einem normativen Apriori. Im übrigen ist die Werturteilsfreiheit in den Sozialwissenschaften ein Postulat Max Webers. Es gibt jedoch weder eine wertfreie Sozialwissenschaft (vgl. Positivismus- und Werturteilsstreit, Adorno 1969, Albert/Topitsch 1979) noch eine wertfreie Politik. Vom (normativen und vom Kritischen Rationalismus abgelehnten) Werturteil wird die so genannte Wertbasis (der Wissenschaften) unterschieden (z. B. metatheoretische Normen zur Festlegung von Auswahlkriterien, wissenschaftliche Prüfverfahren, Beurteilungskategorien). Sowohl die kritische wie die positivistische Gesellschaftstheorie verwendet subjektiv selektierte Methoden und geht von bestimmten Voraussetzungen aus. Daneben gibt es Evidenzurteile – Urteile, die durch Anschein und Anschauung selbstevident sind, d. h. (im praktischen Verständnis) keines weiteren Beweises bedürfen – z. B. über die Grundüberzeugungen des politischen Lebens, die den Konsens des demokratischen Staatswesens herstellen. Zu den Urteilen kommen die Wertungen als empirische Aussagen über normative Sätze, z. B. 15 % der Katholiken befolgen die Norm, sonntags die Messe zu besuchen. Ein solcher Satz ist nach Auffassung des Kritischen Rationalismus deskriptiv und kann empirisch überprüft werden.

Schließlich ist das (politische) Urteil von der (politischen) Meinung abzugrenzen. Urteil und Meinung enthalten Variablen, die beim Urteil einer strengeren Kontrolle durch logische (Denk-)Regeln unterliegen.

Politischer Unterricht erhält mittels der Urteils-, Entscheidungs- und Handlungsproblematik eine Verlaufsstruktur, die aus Elementen der Lerntheorie, der Arbeitstechnik und der Methoden kombiniert ist, z. B. nach

Bergstraesser: Diagnose oder Analyse, Prognose, Entwurf einer zukünftigen Ordnung,
Picht: Prognose, Utopie, Planung,
Dörge: Lageanalyse, Zieldiskussion, Maßnahmen.

6.9 Wissen als Urteilsgrundlage

6.9.1 Formen des Wissens

Unter Wissen versteht man ein Syndrom von Begriffen und (Denk-, Assoziations-, Urteils-)Operationen, das im Bewusstsein des Individuums verankert ist und für künftige Erkenntnis- und Denkakte sowie zur Generierung neuen Wissens zur Verfügung steht, ferner als ein kulturelles Kapital betrachtet werden kann. Es erscheint dann als Zukunfts-(Überlebens-)wissen in holistischer, normativer und fachspezifischer (z. B. politischer, ökonomischer usw.) Form, auf das die Methoden der Situations-, Problem-, Interessen-,

Bedürfnis- und Handlungsorientierung und das Betroffenheitsprinzip angewandt werden können. Es darf jedoch nicht verdinglicht erscheinen, sondern sollte im epistemologischen Sinne wohlfundiert und im sozialen Kontext angeeignet werden (politische, gesellschaftliche, kommunikative Dimension des Wissens). Politisches Wissen ist nach einem Wort Arnold Bergstraessers überhaupt nur sinnvoll als „synoptisches Wissen", als „die Fähigkeit des Zusammensehens".

Wissen (griech. episteme) ist nach Platon („Protagoras") auf die Welt der Erscheinungen bezogen und steht im Gegensatz zur doxa (Meinung) und zur (modernen) Information. Bei Aristoteles bezeichnet die episteme das theoretische, auf dem Beweis beruhende Wissen vom Unveränderlichen, während die phronesis auf den praktischen (sittlichen) Gebrauch abzielt.

Die episteme ist also das wohlbegründete Wissen, die Epistemologie bezeichnet die Lehre von den Grundlagen des Wissens bzw. der Erkenntnistheorie.

Die Erscheinungsformen des Wissens sind vielfältig: Informations-(instumentelles), Bildungs- (historisches), Experten-, Orientierungs-, Sach-, Aktions-, Leistungs-, Wahrnehmungs-, Verfügungs-, Berufs-, Alltags-, Schulwissen usw., lebensweltliches und institutionelles Wissen auf einem Tableau von kognitivem, theoretischem, praktischem (Erfahrungs-) und wissenschaftlichem Wissen. Letzteres wird transferiert in Professions-, Handlungs- (Entscheidungs-, operatives, dispositives), Alltags- und institutionelles (systemisches) Wissen. Es erscheint als idiografisches Wissen, indem es das je Individuelle beschreibt und analysiert, als nomothetisches Wissen, indem es zum Gewinnen allgemeiner und grundsätzlicher (gesetzmäßiger) Aussagen verwendet wird.

Schließlich unterscheidet die Wissenspsychologie zwischen deklarativem (Wissen über Inhalte), prozeduralem (Wissen von Handlungen und Verfahrensweisen), episodischem (Wissen an die Erinnerung von Ereignissen) und metakognitivem Wissen (Reflexion über das eigene Wissen) (Grammes 1998, 63, 78 f., 84 ff., 223).

Die unterschiedlichen Wissensstrukturen, die sich der Form nach auf Basis-, System- und Funktionswissen stützen und insgesamt zu operativem (Anwendungs- und Reflexions-) Wissen zusammengeführt werden sollen, haben Folgen für Lernprozesse: Das an das Vorwissen anknüpfende systematische Wissen wird schulmäßig möglichst rational und generalisierbar bewusst angeeignet. Die „fraktale Didaktik" (= komplexes geometrisches Gebilde, wie es auch in der Natur vorkommt) bietet eine Möglichkeit, auf dem Interessenniveau des Lernenden einzusteigen und von dort aus, von Fragen des Lernenden geleitet, in die Fachsystematik vorzustoßen. Begriffe und Probleme werden dort erklärt, wo sie auftauchen. Fachinhalte werden nicht künstlich problematisiert, um ihnen Gewicht zu verschaffen. Es geht also darum, das „Wissen", das andere Informationssysteme anbieten, sinnvoll in die didaktischen Ansätze zu integrieren. Als günstig erweist sich dafür die Gruppenarbeit.

Nach Richter (1991) ist das lebensweltliche Wissen stärker auf den Generierungsprozess von kontextbezogenem Wissen zum Erreichen eines bestimmten Zieles gerichtet (Betroffenheit) und unterliegt – im Gegensatz zum wissenschaftlichen Wissen – keinen festen Aneignungsregeln. Das (laienhafte) Alltagswissen kann nur begrenzt der Aufklärung dienen. Es liefert kein ausreichendes Erklärungspotenzial, sondern ist auf lebenspraktische Deutungsmuster angewiesen. Die Diskrepanz zwischen Wissen und Praxis ist als Stimulus für Lernfortschritt zu nutzen und zeichnet entsprechende Handlungsperspektiven vor. Als Zugänge zu systematischem Wissen eignen sich nach Gagel (1981) der (empirisch-analytisch zu klärende, problematische) Fall (Vorfall, Ereignis, Exemplum; konkret, Transfermöglichkeit) und das Problem (Auflösung eines unbefriedigenden Zustandes; kann zum „Fall" werden; Ziel: problemlösendes Denken und Verhalten) sowie die (heuristisch zu klärende) Situation.

6.9.2 WISSENSFORMEN UND POLITIKFELDER

Eine Einteilung von Theo Stammen (1992, 18 ff.) schreibt den in der modernen Politikwissenschaft gebräuchlichen drei Politikfeldern die folgenden Wissensformen zu:
1. Policies
   - Problem(lösungs-) oder Sachwissen
   - Programmierungswissen (für die Aufstellung politischer Programme)
   - Implementationswissen (für die Umsetzung von Programmen)
   - Politikfolgenabschätzungswissen (für die kritische Evaluierung von Programmen und Handlungen).
2. Politics
   - differenziertes Regelwissen (für die Meinungs-, Willens-, Machtbildungsprozesse).
3. Polity
   - Ordnungswissen
   - Verfahrens- und Regelwissen
   - Wertwissen
   - historisch-politisches Wissen
   - politisches Symbolwissen.

Alle drei Politikbereiche stehen in einem intensiven Wirkungszusammenhang.

Wissen sollte nicht nur (als systematisches Wissen) reflektiert werden, sondern sich (als lebensweltliches Wissen) auf Handlungsschemata, Operationen, Prozesse, Begriffe u. dgl. beziehen bzw. transferiert werden. Handeln als soziales Verhalten ist Instrumentalisierung von Wissen, Urteilen im Sinne der Lernpsychologie ist ein inneres Handeln. Dabei sollen (z. B. fachdidaktisches und fachwissenschaftliches) Basiswissen und operatives Wissen zum Anwendungswissen (z. B. Unterrichtsinhalte, -organisation usw.) zusammengebracht werden. Das durch gegenseitige Beeinflussung entstehende Interferenzphänomen muss dann geklärt werden. Für die metatheoretische Position z. B. über das Handeln der Lehrenden und das Verhalten von Lernenden wird das Reflexionswissen bemüht. Wissen ist also keine bloße Akkumulation von aggregierten Informationen.

6.10 Bewusstsein als Korrelat zum gesellschaftlichen Sein

6.10.1 VOM AUFBAU KRITISCHEN BEWUSSTSEINS

Das individuelle Bewusstsein erscheint (nach Arnold) als Latenz (von Deutungsmustern, nur eingeschränkt verfügbar, latente Sinnstrukturen vorhanden), Persistenz früherer Erfahrungen (Kindheitserfahrungen prägen nachhaltig) und Konsistenz (innerer Zusammenhang individueller Strukturen). Die systematisch-hierarchische Ordnung wird durch individuelle Bewusstseinsstrukturen konstituiert.

Bewusstseinsbildung ist ein zentrales Anliegen politischer Bildung (Grammes 1998). Sie zielt u. a. auf die Herstellung von Identität, eines „Selbstkonzepts". In den Sozialwissenschaften wird Bewusstsein als Einheit von Wahrnehmungs-, Bewertungs- und Verhaltensdispositionen verstanden. Ihre Bestimmungsmomente bilden objektive und subjektive Determinanten, soziale und individuelle Bedingungen, auf deren Grundlage sich Gesellschaftsbewusstsein während des Erziehungs- und Sozialisationsprozesses bildet. Das heißt Bewusstsein wird gesellschaftlich-historisch vermittelt und inhaltlich angereichert z. B. durch nationale, internationale, europäische oder universelle Perspektiven und durch fremde Orientierungssysteme. Es repräsentiert gesellschaftliches Sein.

Politische Lernprozesse müssen daher überlegen, wie sie das zunächst fremdbestimmte Bewusstsein zu einem kritischen Bewusstsein machen. Dies kann über eine Bedürfnisorientierung geschehen, wobei die konkrete Betroffenheit des Individuums mit ausschlaggebend ist. Das Bewusstsein speichert und steuert politisches Denken, Lernen, Urteilen, Handeln, Verhalten (Habituationen) u. dgl. Der Begriff enthält starke rationale und irrationale Elemente. Sein Inhalt lässt sich nicht rein formal-erkenntnistheoretisch (Kant betont den ontologischen Aspekt. Danach ist „das Bewusstsein meines eigenen Daseins zugleich ein unmittelbares Bewusstsein des Daseins anderer Dinge außer mir") oder als bloßer Vorgang psychologischer Akte bestimmen. Rational gesehen ist Bewusstsein der reflektierte Umgang mit einem Gegenstand/Thema. Seine bildende Kraft liegt nicht in der bloßen Faktizität, sondern in den Hypothesen, Theorien, Utopien. Die Inhalte des menschlichen Bewusstseins sind gesellschaftlich-historisch vermittelt (es repräsentiert gesellschaftliches Sein, wie es sich im politisch-ökonomischen System darstellt und sich in der persönlichen Situation des Individuums reproduziert) und individuell modifiziert, schließlich verändert es sich in gesellschaftlichen Prozessen (kommunikationstheoretische, symbolisch-interaktionistische Perspektive). Der reflexive planungsstrategische Ansatz setzt voraus, dass die dialogische Interaktion, z. B. die Veranstaltungsplanung beim Alltagsbewusstsein potenzieller Teilnehmer (in der außerschulischen Bildung) ansetzt, deren Bewusstseinsstrukturen durch Deutungsmuster- und Lebensweltanalysen, durch Bedeutungsmusterexploration und Befragen von Lebensweltinformanten ermittelt werden (können). Als individuelles Bewusstsein trägt es alle Widersprüche einer Gesellschaft in sich. Politische Lernarrangements müssen daher überlegen, wie sie das fremdbestimmte Bewusstsein zugunsten eines kritischen Bewusstseins aufbrechen, damit es auf die Veränderung von Praxis einwirken kann. Individuelle Bewusstseinsstrukturen bedürfen der sozialen Regelung und der Angebote. Dissonanzerfahrungen können zu eigenem kritischen Denken und Handeln beitragen. Ideologiekritik wird zu einem wesentlichen Moment der Korrektur des individuellen Bewusstseins als Ergebnis gesellschaftlicher Erfahrung. Bewusstsein konstituiert sich demnach in einem polyzentrischen Beziehungsgeflecht von Kultur, Wirtschaft, Recht, (Zeit-)Geschichte, Politik usw. Es manifestiert sich als emanzipatorisches, politisches, individuelles, kollektives, Standes-, Klassen-, Staats-, National-, Europabewusstsein u. dgl.

Psychologisch betrachtet bildet Bewusstsein ein integriertes Gefüge von differenten psychischen Abläufen:

a) kognitiv (Erkennungsfunktion) in der Aufnahme, Speicherung und Verarbeitung von Tatsachen,

b) emotional in der affektiven Bewertung von Tatsachen und der Vergegenwärtigung von Bedürfnissen,

c) konativ (Anweisungsfunktion) in der Planung und Steuerung von Handlungen und Unterlassungen.

Menschliches Bewusstsein ist danach ein sequenzieller, im Wesentlichen auf der Symbolebene angesiedelter Prozess. Er bringt eine Generalisierungsleistung hervor. Menschen haben gut ausgebildete neuronale Strukturen, die ihnen im Sinne der Verhaltenssteuerung viel an Intuition, Gefühl und Emotionalität für die richtige Auswahl, für die angemessene Richtung vermitteln, in der nach Lösungen zu suchen ist oder gemäß deren Lösungen auszugestalten sind. Dies führt zu ganzheitlichen, logisch schwer begründbaren (intuitiven) Einsichten.

Eine weitere Stufe betrifft Logik und Regelverarbeitung (Merkregeln, Vorschriften, Umgang mit Nebenbedingungen und Einschränkungen). Sie stellt ein wichtiges Element intellektueller Betätigung dar (Kreativitätsprozesse ermöglichend; Generierung und Auswahl von Lösungen). Bewertungskriterien sind beispielsweise die Qualität von Vorhersagen, die Kürze von Beschreibungen, die Einfachheit von Lösungen, Stimmigkeit, Generalisierbarkeit, die Analogieeigenschaften u. dgl. Im Unterbewussten finden zuzüglich viele parallel ablaufende Aktivitäten in der Auswertung von Informationen statt.

6.10.2 Das Problembewusstsein als präferierte politische Bewusstseinsform

Die am häufigsten zitierte Bewusstseinsform ist das Problembewusstsein. Es bezieht sich auf problemhaltige Situationen und knüpft (didaktisch) häufig an Alltagseindrücke und Kenntnisse von Lebensverhältnissen überall in der Welt an. Die methodischen Möglichkeiten zeigen sich besonders an der Problemstudie, und zwar als
1. Konfrontation mit dem Problem
2. Ermittlung des Vorverständnisses (Vorkenntnisse, Meinungen; Fragebogen)
3. Erarbeitung von Fragestellungen durch die Lernenden
4. Sammlung von Lösungsansätzen (Hypothesenbildung)
5. Planungsgespräch
6. Systematische Bearbeitung
   a) Problembeschreibung
   b) Erarbeitung von Erklärungsansätzen
   c) Erarbeitung von Lösungsansätzen
7. Formulierung von (Zwischen-)Ergebnissen in Bezug auf die Ausgangsfragen
8. Überprüfung der (Zwischen-)Ergebnisse (Planungsgespräch; Fragestellungen)
9. Beurteilung/Wertung der Ergebnisse in Bezug auf die gesetzten Ziele
10. Handlung als Möglichkeit
11. Metareflexion der methodischen Konzeption.
(Nach Karsten/Ingler 1991, 81)

Die Problemlösungsfähigkeit erweist sich als Problemwahrnehmung, -formulierung, -strukturierung, -lösungsanwendung.

6.10.3 Politisches Bewusstsein als Grundlage politischen Denkens und Handelns

Politisches Bewusstsein zeichnet sich aus durch Einsicht in Strukturen, Funktionen, Mechanismen, Prinzipien u. dgl. Seine Bedingungsfaktoren sind Verantwortung, Augenmaß,

Sachlichkeit (M. Weber), kritische Einstellung, Vernünftigkeit, Transparenz. Daraus resultieren Kompetenzbereiche wie Sach-, Methoden-, Sozial- und Selbstkompetemz. Das Bewusstsein bedient sich der modernen Denkmethoden, der Ideologie- und Sprachkritik, der kognitiven Distanz, der Reflexion auf das soziale Apriori, das unser Denken beeinflusst. (Auf die Neurowissenschaften kann hier nicht eingegangen werden.) Politisches Bewusstsein ereignet sich also anhand bestimmter Rezeptionsprozesse von Inhalten und Zielen politischen Denkens und Handelns. Über ihre kognitive Aneignung hinaus entstehen Identifikationen im Falle des Engagements für eine Sache, Partei, Gruppe, Person, Interessen usw., bei Loyalitätsbezeugungen, Sympathien, Antipathien usw. Die Identifikationen müssen rationalisiert und strukturiert werden z.B. durch Perspektiven- und Rollenwechsel (Einnahme von Alternativpositionen). Politisches Bewusstsein ist Teil des gesellschaftlichen Bewusstseins. Es bezeichnet u.a. Wissen, Deutungsmuster, Wertungen, Gefühle, Handlungsorientierungen in Bezug auf Konflikte in der Gruppe/Gesellschaft. Dagegen beruft sich ideologisches Bewusstsein auf Autorität und Parteilichkeit, Überzeugungs- und Systemtreue, Dogmatismus, bildet Gesinnungen und Meinungen.

Ohne die von der Geschichte beschaffte Legitimität für politisches Handeln und Herrschaft wäre Politik blind. Politisches Bewusstsein koinzidiert mit einem auf Erinnern bezogenen Geschichtsbewusstsein „dort, wo politisches Handeln auf eine Orientierung angewiesen ist, die seine zeitliche Perspektive, die zeitliche Richtung politischer Absichten und den Zeitverlauf politischer Vorgänge betrifft. (…) Die Erinnerungsleistung ist ein Vorgang der Handlungsorientierung. Sie rückt Handeln in einen Horizont von Sinnbestimmungen ein, ohne den Handlungsabsichten nicht formuliert werden können, der also indirekt wesentlich für Handeln ist. Politisches Bewusstsein gehört in den Bereich praxisbestimmender Handlungsanweisungen, Geschichtsbewusstsein in den Bereich der Handlungsorientierung, in dem es um Gesichtspunkte für die Bildung, Erörterung und Durchsetzung von Handlungsabsichten geht." (Rüsen 1989, 121)

Politisches Bewusstsein bedarf, um vor Ideologisierung geschützt zu werden, fester, rational abgesicherter Prinzipien und sittlicher Grundlagen (demokratische Werte aus Grundgesetz und Länderverfassungen) . Die Methodik wird daher um die rechte Vermittlung einiger allgemeinverbindlicher Maßstäbe demokratischer Sittlichkeit bemüht sein müssen, z.B. den Sinn für das Maß, die Verantwortung für Gesellschaft und Staat usw. Persönliche Tugenden wie Selbstbeherrschung, Pflichterfüllung, Pünktlichkeit, Ehrlichkeit, Anständigkeit, Fleiß, Ordnungssinn u. dgl. – lange Zeit als systemstabilisierende so genannte Sekundärtugenden denunziert. Ähnliches gilt für politische Tugenden wie Achtung vor Gesetz und Recht, Unterordnung des Eigenwohls unter das Gemeinwohl, Sozialverpflichtung des Eigentums, Anerkennung von Fair-play, Mehrheitsrecht und Minderheitenschutz, demokratischen Abstimmungen usw.

Die Erkundung des politischen Bewusstseins legt Deutungsmuster und Identitätskonzepte in der Gesellschaft – auf historischer und präsentischer Ebene – nach folgender Methode (Becker 1989, 234) offen:

„1. Formulierung des Themeninteresses,

2. Feststellung/-legung des Objektbereiches (Explorationsphase),

3. Gewinnung eines Arbeitskonzepts (Festlegung, Sammeln von Inhaltsaspekten),

4. Ermittlung/Auslösung von Artikulationen (z.B. Befragung, aber auch Auslösung von situativem Handeln und Artikulieren)."

Einige Themenbeispiele:

- Welche politischen Erfahrungen haben/machen Bürger?
- Wie nehmen Bürger die Entscheidungen der Regierung über eine bestimmte Politik wahr?
- Wie begründen Bürger ihre politischen Ansichten/Meinungen?
- Wie kommentieren mehrere Zeitungen dieselben politischen Ereignisse?
- Wie beurteilen Bürger die BRD auf den Gebieten Wirtschaft, Gesellschaft, Demokratie, Technologie usw.?
- Wie werden Minderheiten in Deutschland behandelt?
- Welche Einstellungen haben Bürger zum NS, zur DDR-Diktatur o. a.?
- Was halten Bürger von Gedenktagen, (Krieger-)Denkmälern, Gedenkstätten?
- Welche Umweltmaßnahmen sollten ergriffen werden? usw.

6.11 Handeln als Ziel politischer Bildung

6.11.1 ZUR BESCHREIBUNG DES PHÄNOMENS „HANDELN/HANDLUNG"

Nach der Handlungstheorie ist der Mensch ein „transzendental handelndes Wesen", das sein eigenes Erkennen und Denken („Denken ist ein Problemhandeln mit herabgesetztem Risiko." S. Freud) als ein Handeln zu reflektieren und demgemäß in metawissenschaftliche, philosophische Überlegungen einzubetten hat. Die zentrale Kategorie politischen Handelns ist die aus einem Interesse, einer moralischen Verpflichtung u. dgl. heraus gewachsene Partizipation (Joas 1996). Vernünftig sind die (Handlungs-)Entscheidungen, in denen es um Begründung für Bevorzugungen geht (Orthopraxi). Daraus folgt: Handeln ist zielgerichtet, situationsbedingt mehrdimensional, interaktiv und kognitiv rekonstruierbar. Es beruht auf je individuellen Voraussetzungen sowie auf den Bedingungen des gesellschaftlichen Umfelds und sollte angemessen sein.

Das dem Handeln vorausgehende, mit ihm (sowie mit dem Fühlen) holistisch verbundene Denken (Wertheimer 1957) sollte divergent, produktiv und kreativ sein, sich durch Spontaneität, Flexibilität, Originalität und Stringenz auszeichnen. Dazu kommt ein „Denken in Alternativen" und Kombinationen, das antizipierende Lösungen in einer frei verfassten politischen Gesellschaft vorausdenkt.

Handeln erzeugt einerseits Relationen und geht andererseits aus Relationen hervor.

Adam Smith unterschied Handlungen und Handlungsbedingungen. Handlungen hat der Handelnde im Handlungsvollzug selbst ‚in der Hand' und kontrolliert sie. (Normative) Handlungsbedingungen bestimmen das Handeln wesentlich mit, aber der Handelnde hat sie im Handlungsvollzug selbst nicht ‚in der Hand'. Deshalb wenden (systemtheoretische) Ordnungstheoretiker sich gegen den dezionistischen (Handlungs-)Ansatz, weil er nicht kalkulierbar ist.

Handeln selbst ist ein zusammengesetztes Phänomen, eine unitas multiplex, ein Arrangement von Teilen, das als Vielfalt wie als organisierte Einheit gedacht werden kann. Es ist – deskriptiv-analytisch betrachtet – jedes zweckgerichtete Tun, präskriptiv bezieht es sich auf ein bestimmtes Handeln. Es erscheint als eine umstrittene Kategorie in den Theorien/Konzeptionen politischer Bildung. Übereinkunft besteht darüber, dass Politik sich im Handeln aktualisiert. Dissens besteht einmal im Hinblick auf das Alter der Lernenden (Wann soll politisches Handeln beginnen?) und allgemein in der Lernfolge (Erst Lernen [Urteilen], dann Handeln? Lernen und Handeln parallel vollziehen? Begründungen beim Handeln erwerben?). Nicht zuletzt kommt es in den Auseinandersetzungen auf den Begriff des Handelns an. Ist Handeln mit sichtbarer Aktion identisch? Sind Nachdenken, Begründen und Urteilen auch eine Form des Handelns?

Die Handlungsorientierung, die nicht mit Aktionismus zu verwechseln ist, hat Tradition in der deutschen Pädagogik. Sie umfasst die spielerischen Momente in den so genannten niederen Schulen seit Jahrhunderten, ist ein Teil der Pestalozzischen Trias, findet sich in der Kerschensteinerschen Arbeitsschule wieder und stellt ein zentrales Moment in der Reformpädagogik dar. Sie ist eine Gestaltungsform didaktischer Vermittlung und daher eine methodische Grundentscheidung. Der Transfer von Inhalten, Erkenntnissen usw. ist nur durch ein *teleologisch*es Handeln zu sichern.

6.11.2 Urteilen und Handeln in der Politischen Pädagogik

In der Nachkriegsgeschichte der politischen Bildung in der (alten) Bundesrepublik Deutschland wurde die Handlungsorientierung besonders in der Schlusserklärung der Veranstalter des I. Kongresses zur politischen Bildung (1966) in Bonn zum ersten Mal öffentlich herausgestellt und damit ein Paradigmenwechsel gegenüber der vorausgehenden Theoretisierung vollzogen (dem folgte bald die Studenten- und Schülerrebellion; Regierung Brandt/Scheel [SPD/FDP]: „mehr Demokratie wagen"):

„Gegenstand politischer Bildung sind die öffentlichen Angelegenheiten im weitesten Sinn ohne jede inhaltliche Beschränkung (…). Politische Bildung zielt auf Mitdenken und Mithandeln der Bürger (…). (Sie) muss von der Sache her stets für neue Inhalte und Formen offen sein …" (Ebd. 219) Die folgenden politikdidaktischen Konzeptionen progressivliberaler Provenienz benutzten den Erfahrungsansatz, die Gesellschaftsanalyse und die Handlungsorientierung.

Konservative Positionen reklamieren zumindest für die Schüler einen vernunftgeleiteten Schonraum, ein Urteilen ohne Handlungsintention bzw. ein Handeln im Raum der Schule (z. B. S[M])V, Schülerzeitschrift (s. S. 432), Tutoriate, Aufsichtshilfe u. dgl.) (Grosser 1976, 37). Politisches Lernen setzt mehr auf Reflexion und soll die politischen Aktionsformen zwar verdeutlichen, sie aber nicht in schulische oder öffentliche Wirklichkeit umsetzen. Dennoch gilt: „Anwendungsbezug bei selbstständigem Transfer ist die Leitidee der Handlungsorientierung." (Knepper 1988, 82) Die konservative Auffassung geht an der Realität vorbei, seitdem Schüler mit 18 Jahren volljährig und wahlberechtigt sind. Andererseits wird zweifellos das emanzipatorische Ziel politischer Bildung und Erziehung nicht per se durch Aktion erreicht (Giesecke 1973). Nichthandeln wird oft als negatives Handeln (dis-)qualifiziert. Inwieweit aprioristische, durch zeitliche Verfrühung aufgebaute Verhaltens-/Handelnsbereitschaften mittel- oder langfristig eingelöst werden können, indem sie politisch relevant werden, hängt von den (Prä-)Dispositionen und der Verlaufsbiografie jedes Einzelnen ab (Schulze 1976, 117). Sie zielen auf simulatives Handeln, das z. B. im militärischen und wirtschaftlichen Bereich die Zukunftsstrategien betrifft und besonders in Planspielen geübt wird (z. B. Angriffs-/Verteidigungspläne der Generalstäbe, Expansion von Unternehmen, Management von Produkten; auch die Arbeit in/an Simulatoren usw.).

Die Vertreter der direkten und indirekten Handlungsorientierung gehen von dem (reform-)pädagogischen Grundsatz der Einheit von Lernen und Tun, von Theorie und Praxis aus. Sie knüpfen an die Lebens- und Erfahrungswelt der Lernenden an (z. B. Erkundung von Rathaus, Spielplätzen, Sportstätten; Detjen 1995) und fördern die Selbsttätigkeit, die Selbstorganisation und Eigenverantwortung, z. B. bei der Planung und Durchführung schülerzentrierten Unterrichts, bei Projekten, Erkundungen, Exkursionen usw. Jedoch darf die Handlungsorientierung nicht auf Produktorientierung verengt werden, sondern sollte vor allem das gedankliche (kognitive) Probehandeln mit einbeziehen. Danach entstehen Hypothesen in einer Art Gedankenexperiment und werden nach dem Muster eines Experiments überprüft (falsifiziert) (Grammes 1995; Reinhardt 1995; Knepper 1988). Nach dem Pragmatismus (griech. pragma = Handeln, Tun) ist auch das Erkennen eine Form des Handelns, nämlich des Machens und Herstellens (vgl. John Dewey: Learning by *thinking* about doing. W. James, Peirce).

Die objektive Funktion der Schule im gesellschaftlichen System (Unterricht und Erziehung; Beratung, Menschenführung, Kompetenzvermittlung) setzt der Handlungsdimension Grenzen (Gronemeyer 1976). Es können jedoch latente Handlungsmotivationen geschaffen werden, z. B. durch Wecken von Bedürfnissen, von Antrieben, Interessen, Strebungen, Wünschen usw.

6.11.3 BEGRÜNDUNGEN FÜR POLITISCHES HANDELN

Zusammenfassend werden als Begründungen für das Handeln drei konstituierende Punkte angeführt (Viereck 1995, 559):
1. Anthropologische Begründungen:
   Handeln als „wichtige Bedingung für die geistige und seelische Entwicklung Jugendlicher";
2. Lernpsychologische Begründungen:
   „enger Konnex zwischen Handeln und Lernen = Begreifen";
3. Gesellschaftstheoretische Begründungen:
   „• Selbstentwicklung durch Aktivität;
   • Selbsterprobung in praktischen und reflektierenden Prozessen;
   • Entwicklung von Sozial- und Kollektiverfahrungen im Vollzug kommunikativer Methoden;
   • Selbstbestimmung in Problemerarbeitung und Entwicklung von Problemlösungsstrategien;
   • Selbstverantwortung in Vorgehensweisen und Dokumentation der erarbeiteten Ergebnisse.
   Dabei sind im Gemeinschaftskundeunterricht folgende Bereiche wichtig:
   • Solidarität und Ausgrenzungen, Gruppenerfahrungen;
   • Konfliktverhalten und Konflikt- bzw. Problemlösungsfindung,
   • Entscheidungstraining in einfachen und komplexen Problemlagen,
   • Erfahrungen von Erfolg und Misserfolg auf allen Ebenen des politischen und gesellschaftlichen Handelns;
   • Reflexion politischer Praxis u. v. m." (Ebd.)
Darüber hinaus kommen für die Bereitschaft zu politischem Handeln einige anthropologische und psychologische Momente ins Spiel (Lingelbach 1967, 54):

1. Der ethische Impuls entsteht aus der Spannung zwischen sittlichen Prinzipien menschlichen Zusammenlebens – etwa der Vorstellung von Gerechtigkeit, Menschenwürde, Freiheit usw. – auf der einen und der gesellschaftlichen Wirklichkeit auf der anderen Seite.
2. Der demokratische Impuls entsteht aus der Spannung zwischen der demokratischen Intention der Verfassung und der politischen Realität.
3. Der soziale Impuls entsteht zwischen materiellen und ideellen Interessen einerseits und der politischen Wirklichkeit andererseits.
4. Der Machtimpuls entsteht aus der Spannung zwischen der eigenen sozialen Situation und dem Wunsch, durch gesellschaftlichen Aufstieg andere Menschen der eigenen Entscheidung zu unterwerfen.

Handlungsbereitschaft kann nach Schmiederer (1971, 51) geweckt werden durch
- gründliche soziologische Analyse der bestehenden gesellschaftlichen Verhältnisse, ihrer Strukturen, ihrer geschichtlichen Herkunft sowie deren Veränderbarkeit
- dauernde Einbeziehung eigener und fremder Interessen in den Unterricht
- Einsicht in die Zusammenhänge zwischen individuellem Schicksal, gesellschaftlichen Strukturen und Machtverhältnissen
- Verstehen konkreter und aktueller gesellschaftlicher Konflikte und Kontroversen.

Daraus kann sich die Frage nach dem Ziel politischen Engagements ergeben. Politische Praxis hat zweifellos einen positiven Stellenwert auf der Bewusstseinsskala, und politisch aktive Lernende sind i.d.R. hoch motiviert und auch intellektuell interessiert. Für die Umsetzung von Theorie in gesellschaftliche Praxis ist nach Süssmuth (1972, 28) das Erreichen folgender Verhaltensziele notwendig:

- „Bereitschaft, vor der Beurteilung politischen, wirtschaftlichen, sozialen Handelns und ideologisch bedingter Prozesse der Gegenwart und Vergangenheit die eigene Position zu reflektieren;
- Überzeugung von der Notwendigkeit politischer Selbstaktivierung;
- Bereitschaft, die im vorgegebenen Aktionsrahmen vorhandenen Chancen zur Aktivität aufzugreifen und Konsequenzen für den Solidarisierungsprozess zu ziehen;
- Bereitschaft, bei der Auswahl der Strategien zur Lösung von Problemen die Zweckmäßigkeit und Legitimität der Mittel zu beachten;
- Bereitschaft, die Auswahl der strategischen Mittel auf rationale Entscheidungen abzustützen;
- Bereitschaft, durch politische Aktionen Interessen zu vertreten;
- Bereitschaft, durch politische Aktionen Solidarität mit anderen sozialen Gruppen zu demonstrieren;
- Bereitschaft, die traditions- und situationsgebundenen Beurteilungskriterien der jeweils Handelnden zu erkennen;
- Bereitschaft, rational begründete Wertungen vorzunehmen."

6.11.4 Herleitung und Auffaltung des (politischen) Handlungsbegriffs

Handeln wird nach Aristoteles – neben der Betonung des Logos durch Platon – zum wesentlichen Moment europäischer Kultur (ebenso der Nomos der Freiheit), und „Handlungen sind Interpretationskonstrukte; sie sind kontext- und situationsrelativ, perspektiven-, personen- sowie normen- und erwartungsbezogene, insofern ‚deutende' Beschreibungen" (Lenk 1993, 172). Die Handlungstätigkeit selbst umfasst mehrere Dimensionen: emotional, kognitiv, pragmatisch; sozial, moralisch, politisch; methodisch, kognitive Strukturen aufbauend; erinnernd, vergewissernd, planend; sich nähernd, sich entfernend usw. Das Handlungsrepertoire wird demnach durch persönliches Verhalten und schließlich durch Wertsysteme bestimmt, die zugleich die Politik- und Lebensstile prägen (z. B. Werte in Kreuzberg oder in Dahlem).

Der Handlungsbegriff lässt sich auffalten in

- instrumentelles Handeln (Fertigkeiten, besonders projektartiges Lernen)
- strategisches Handeln (Problemlösungsstrategien-, stark methodenorientiert)
- kommunikatives Handeln (Diskussion, Rollen-, Interaktionsspiele);

oder in

- reales Handeln
- simulatives Handeln
- produktives Handeln.

Kant führt drei Arten des praktischen Handelns auf:

- „technisches" Handeln (heute mit Maschinen, Material, Informationen, Geld, Energie)
- „pragmatisches" Handeln (betrifft den Umgang mit Menschen und muss die „Absicht auf Glückseligkeit" jedes einzelnen Menschen berücksichtigen)
- „moralisches" bzw. „ethisches" Handeln (betrifft Werte, Normen, Ziele, unterliegt dem Kategorischen Imperativ).

Politisches Handeln lässt sich „als ein kommunikativ-symbolbezogenes Handeln in asymmetrisch, arbeitsteilig differenzierten Kommunikationsstrukturen mit in der Regel indirektem Kontakt zwischen den Handelnden und jeweils durch die Differenzierung von Aufgaben und Handlungsfeldern – wenn auch unterschiedlich – beschränkter Möglichkeit zu einseitiger Steuerung charakterisieren" (Behrmann 1978, 166).

Oder allgemeiner: Handeln ist „jede Form zwischenmenschlicher sozialer Tätigkeit auf der Basis gemeinsamer Erfahrungen" (Kammertöns 1986, 362). Die Grundlagen dieses Verständnisses von handlungsorientierter Intersubjektivität finden sich in

- der sprachphilosophischen Diskurstheorie von Habermas
- der humanistischen Psychologie (A. Maslow, C. F. Rogers, R. Cohn)
- der Kommunikationspsychologie von Watzlawick
- der soziologisch-phänomenologischen Theorie des Alltagswissens und -handelns von A. Schütz und Berger/Luckmann
- der Theorie des Symbolischen Interaktionismus (ebd. 362).

Darüber hinaus spielt die schon erwähnte Entscheidung(stheorie) für das Handeln eine Rolle; denn Handlungen sind meist intentional, auch spontan, von einem Sinn geleitet (sonst wären sie nur eine reflektorisches Verhalten). Sie sind kulturgeprägt und bedienen sich bestimmter (Orientierungs-, Deutungs-)Muster. Selbst Alltagshandeln ist theoriegeleitet und folgt einem Konzept (sog. Alltagstheorien).

6.11.5 Unterrichtliches Verhalten und Handlungsorientierung

Die direkte und indirekte unterrichtliche Handlungsorientierung geht von dem pädagogischen Grundsatz der Einheit von Lernen und Handeln aus. Der symbolisch-interaktionistische Begriff des politischen Handelns bezieht sich auch für Lehrende auf aktiv-produktives Lernen, z. B. regelmäßiges Einschalten der Fernsehnachrichten, das Lesen einer Tages-/Wochenzeitung, eines politischen Buches usw., die Diskussion politischer Themen, den Besuch politischer Veranstaltungen, die Übernahme eines politischen (Ehren-)Amtes, der Eintritt in eine Partei, in den Betriebs-/Personalrat usw., die Teilnahme an Demonstrationen, Unterschriftenaktionen usw. Neue Formen des politischen Engagements forcieren das Sicheinmischen in Gestalt von Bürgerinitiativen und „Bewegungen", Runden Tischen usw. Sie gestatten die Konzentration und den Erwerb von Fach-, Handlungswissen, Sozialkompetenz, (mikro-)politischem Problembewusstsein u. dgl. Dadurch wird die Monopolisierung von Politik im System aufgebrochen und mit alltagsbedeutsamen Fragen verschränkt. Der hierfür erforderliche methodische Ansatz muss sich auf die republikanische Praxis konzentrieren, auf Teilnahme an öffentlichen Angelegenheiten und die Nutzung der dafür in Frage kommenden Rechte.

Der politische Unterricht kann einige praktische Handlungsmöglichkeiten (z. B. Praktika, Projekte, Erkundungen, Planspiele, Sozial-/Regionalstudien, aber auch Teilnahme an Planungen und Entscheidungen, Kommunikation, Produktivität u. dgl., Freinet-Pädagogik, ferner beim exemplarisch[-genetischen] Lernen [M. Wagenschein], entdeckendes Lernen [J. S. Bruner], im offenen, erfahrungsbezogenen, lernzielorientierten Unterricht und beim sozialen Lernen, Aebli 1983; 1987) anbieten; er kann keine direkten Handlungsanleitungen für politische Aktionen außerhalb der Institution zur Verfügung stellen (abgesehen von den rechtlichen Problemen). Daraus entsteht eine Diskrepanz zwischen Kenntnissen/Wissen und Verhalten. Erstere sollten nach Möglichkeit in „sozialen Aktionsfeldern" (z. B. Familie, Gemeinde, Wirtschaft) und in „Problemfeldern" (Huén) angeeignet werden. Soweit kann man keinen künstlichen Gegensatz von Institution und Leben konstruieren. Vielmehr liegt das propädeutische Problem im gestuften Aufbau des strukturellen Zusammenhangs von Wissen und Handeln, von Reflexion (u. a. Analysen, Alternativen) und gesellschaftlicher Praxis.

Der Lernort Schule kann die Wirklichkeit nicht abbilden, er sollte sie in erster Linie reflektieren, Deutungsangebote erarbeiten, den Unterschied zwischen Wirklichkeit und ihrer Perzeption durch die – keineswegs ständige Aktionen erwartenden – Lernenden durch Erklären, kognitives Antizipieren und Analysieren bewusst machen, insgesamt den Realitätsbezug herstellen. Der homo activus ist kein Selbstzweck. Es kommt ebenso auf die „Anstrengung des Begriffs" (Hegel), d. h. auf die symbolische Orientierung an (Kenntnis des Zeichen-, Wert- und Begriffssystems; Weißeno 1996).

Das Verhalten wird durch Handeln bestimmt, und zwar (nach Habermas 1981, 114 ff.) in der

- objektiven Welt durch zweckrationales Handeln
- sozialen Welt durch normengeleitetes Handeln
- subjektiven Welt durch dramaturgisches Handeln.

Davon abgeleitet hat Nonnenmacher (1984, 46 ff.) die folgenden Handlungsmodelle entwickelt:

- das teleologische Handeln (auf das Erreichen eines Zieles gerichtet)
- das strategische Handeln (minimaler Aufwand, optimaler Effekt; Erfolgsorientierung)
- das dramaturgische Handeln (gezielte Darstellung eines Handelnden gegenüber den Interaktionsteilnehmern)

- das kommunikative Handeln (vor allem mithilfe von Sprache werden Situationen durch gemeinsame Interpretation konsensfähig gemacht; Verständigungsorientierung).

In diesen Arten des Handelns geht es „unter anderem um mehr praktisches, forschendes, strategisches, problemlösendes, soziales, kommunikatives, projektartiges ganzheitliches Lernen (…) sowie produktives und kreatives Lernen innerhalb wie außerhalb der Schule" (Scharnowski 1996, 169).

6.11.6 STRUKTURIERUNG DER HANDLUNGSDIMENSIONEN UND IHRE THEORETISCHEN GRUNDLAGEN

Klippert (1991, 13) hat die Handlungsdimensionen übersichtlich strukturiert:

Methodentraining mit Schülern

Reales Handeln	Simulatives Handeln	Produktives Gestalten
Erkundungen, Praktika	Rollenspiele	Tabellen, Schaubild, Tafelbild erstellen
Expertenbefragungen	Planspiele	Flugblatt, Plakate, Wandzeitung
Straßeninterviews	Entscheidungsspiele	Reportage, Hörspiel, Diareihe, Video
Projektinitiativen	Konferenzspiele	Referat, Wochen-
Fall-/Sozialstudien	Pro- und Kontra-Debatte	bzw. Monatsberichte
Schulsprecherwahl	Hearing	Ausstellung, Fotodokumentation
Schülerzeitung	Tribunal	Rätsel, Quiz, Lernspiele
Partizipation im Unterricht	Zukunftswerkstatt	Unfertige Arbeitsblätter fertigstellen

Methodisch gesehen ist von Klippert (1991, 17) schüleraktives Lernen gemeint durch Forschen und Entdecken, Planen und Entscheiden, Exzerpieren und Strukturieren, Organisieren und Kooperieren, Diskutieren und Argumentieren, Befragen und Gestalten. Zuzüglich nennt er Projektarbeit, -wochen, Rollen-/Planspiele, Fallstudien, Betriebserkundungen, -praktika., Lernwerkstätten, Medienarbeit (ebd. 21). Ebenso gehört nach Klippert (1996) z.B. die Auseinandersetzung mit Informationen, das Produzieren von Wandzeitungen, Plakaten, das Schreiben von Kommentaren, Zeitungsberichten, politischen Reden, Referaten, das Zusammenstellen von Wochen-/Monatsberichten, das Durchführen von Erkundungen, Interviews usw. hinzu. Handlungsorientiertes Lernen zielt auf ein Methodenkonzept, wonach Lernende sich selbstständig Wissen aneignen, Probleme lösen, Situationen bewältigen, ihre Lebens- und Umwelt mitgestalten. Es ist dreifach auf Handlung bezogen: a) als theoretisches Lernen (das auf Handeln vorbereitet), b) als Lernen durch Handeln und c) als kritische und interaktive Reflexion über das Handeln. In praxi erfordern erfahrungs- und handlungsorientierte Lernkonzepte plurale und lernortreiche Methodenarrangements, da Handlungskompetenz – bestehend aus Fach-, Sozial-, Lern- und Methodenkompetenz – in der Interaktion zwischen Mensch und Umwelt erworben wird.

Ein Verlaufsplan für handlungsorientierten Unterricht kann (nach Jank/Meyer 1994, 404) die folgenden Punkte umfassen:

1. Erstellen eines Bildes der Lerngruppe
2. Überblick über den bisher erteilten Unterricht

3. Sachanalyse
4. Didaktische Analyse
5. Lernziele
6. Methodische Überlegungen
7. Geplanter Stundenverlauf
(8.) Anhang.

Die Handlungsforschung (action research nach Kurt Lewin) ist auf die gesellschaftliche Praxis bezogen und greift in sie ein. Es findet ein Zusammenwirken zwischen Forscher und Praktiker statt nach dem diskurstheoretischen Modell (kommunikative Beteiligung der Betroffenen, Gruppendiskussion, teilnehmende Beobachtung, hermeneutische Methoden, quantitative Untersuchungsinstrumente wie Tests und Fragebogen). Als Gütekriterien kommen in Frage: Transparenz (Nachvollziehbarkeit des Forschungsprozesses durch Offenlegung von Funktionen, Zielen und Methoden) und Stimmigkeit (Vereinbarkeit von Zielen und Methoden). Das Untersuchungsfeld ist komplex, und es entstehen Verständigungsschwierigkeiten über Einzelheiten zwischen den Beteiligten (Moser 1995; Heinze 1995).

Nach Druwe/Kunz (1996) werden motivierte Handlungen als ursächlich zur Erklärung von sozialen Phänomen betrachtet. Es gibt jedoch keine einheitliche sozialwissenschaftliche Handlungstheorie. Eine Handlung kann immer nur partiell (z. B. nicht die innerpsychischen Prozesse wie Nachdenken, Problemlösen, Absichten u. dgl.) analysiert und interpretiert werden. Handlung ist stets eine Auswahl aus Alternativen, ihre Ausführung besteht in einer Tat.

Handlungen gelten als Manifestationen von Präferenzen (vgl. Gefangenen-Dilemma, s. S. 212), d. h. Individuen wählen diejenigen Alternativen, die ihnen am geeignetsten erscheinen wie auch immer geartete Präferenzen zu realisieren. Nach Downs (1968, 6) müssen für eine „rationale" Wahl – allerdings treffen Individuen ihre Wahl nicht immer nach rationalen Überlegungen – fünf Bedingungen erfüllt sein:
1. Der rationale Mensch trifft eine Entscheidung aus Alternativen.
2. Er ordnet die Alternativen nach seinen Präferenzen.
3. Seine Präferenzrangordnung ist transitiv.
4. Er wählt aus den möglichen Alternativen nach dem höchsten Rang in seiner Präferenzrangordnung aus.
5. Er trifft, wenn er vor den gleichen Alternativen steht, immer die gleiche Entscheidung.

Schließlich ist (politisches wie alltägliches) Handeln auf ethische Reflexionen angewiesen (vgl. Aristoteles' Nikomachische Ethik und die Politische Ethik [z. B. Sutor 1992]), insbesondere auf die Kantsche Komplementarität von Legalität und Moralität, wonach eine Handlung nicht nur formal zulässig (legal), sondern auch moralisch sein soll. Dies kann zu ernsthaften Entscheidungskonflikten führen (z. B. Ausführung eines als verbrecherisch erkannten Befehls [Berufung auf den sog. Befehlsnotstand]–Ablehnung durch Gewissensentscheidung).

Die Handlungsethik beruht auf normativen Grundlagen sowie auf empirischem und normativem Wissen. Es soll in allen Fällen ein bestimmter Zweck erreicht werden. Auch bei der Entwicklung von Handlungsbedarfen (z. B. Wirtschaftswachstum, nachfrageorientierte Geldpolitik, Vorruhestand, Nachhaltigkeit, Ökosteuern usw.) ist auf die ethische Begründung zu achten. Sie lässt sich (nach Hilligen 1988, 414f.) etwa in folgenden methodischen Schritten bzw. Schlüsselfragen vollziehen:

- Welche möglichen Lösungen stehen an?
- Wie lassen sie sich (ethisch) begründen?
- Wie kann rechtfertigungsfähigen Lösungswegen Zustimmung verschafft und wie können sie operationalisiert werden?
- Welche Folgen haben rechtfertigungsfähige Lösungsvorschläge für unterschiedlich Betroffene, welche Konsequenzen haben ihre Unterlassung?

Daraus wird in didaktischer Übersetzung (nach Jank/Meyer 1994, 355) das Prinzip der Ganzheitlichkeit, der Schüleraktivierung, der Produktorientierung, der Interessenorientierung, der Schülerbeteiligung, der Schulöffnung, der Ausgewogenheit von Hand- und Kopfarbeit sowie – als Ergänzung von Moegling (1998, 43) – die Prozessorientierung.

Die Definition von Max Weber (1976, 1) legt die Grundlage für soziologische Handlungstheorien: „Handeln soll dabei ein menschliches Verhalten (…) heißen, wenn und insofern als der oder die Handelnden mit ihm einen subjektiven Sinn verbinden. Soziales Handeln aber soll ein solches Handeln heißen, welches seinem von dem oder den Handelnden gemeinten Sinn nach auf das Verhalten anderer bezogen wird und daran in seinem Ablauf orientiert ist."

Die Handlungstheorie von M. Weber umfasst
- das zweckrationale Handeln (auf bewusste Zwecke gerichtet)
- das wertrationale Handeln (rational kalkuliertes Handeln, aber auch ein Wert an sich, unabhängig vom Erfolg)
- affektuelles Handeln (beruht auf spontanen Affekten, unabwägbaren Gefühlslagen)
- traditionales Handeln (erfolgt nach Gewohnheiten und Bräuchen).

Die primär soziales Handeln beschreibenden soziologischen Handlungstheorien lassen sich einteilen in einen hermeneutischen Ansatz (M. Weber) – strukturell-funktionalistischen Ansatz (Parsons) – behavioristischen Ansatz (Homans) – rollentheoretischen Ansatz (Joas) – funktional-strukturellen Ansatz (Luhmann) – symbolisch-interaktionistischen Ansatz (Mead), schließlich in ein regelgeleitetes und kommunikatives Handeln (Habermas) und ein dramaturgisches Handeln (Goffman).

Die Gefahr einer unbegrenzten Handlungsorientierung besteht darin, dass Reflexion, Kritik, distanzierte Beurteilung u. dgl. zu kurz kommen.

Das Spektrum der Handlungskompetenz für Lernende umfasst nach Schmiederer (1977, 95 ff.) folgende elf Aspekte:

„1. Information und Informationsverarbeitung. (…)

2. Analyse gesellschaftlicher und politischer Sachverhalte. (…)

3. Kennen gesellschaftlicher und politischer Teilbereiche und Institutionen. (…)

4. Erkennen der wichtigen gesellschaftlichen Grundsachverhalte und Zusammenhänge. (…)

5. Urteilsbildung, Wertsysteme und Werturteilsproblematik. (…)

6. Utopisches Denken und Reale Utopie. (…)

7. Selbstreflexion und Selbsterkenntnis. (…)

8. Ich-Stärke, neue Eigenschaften und Verhaltensmuster. (…)

9. Handeln, Handlungsfähigkeit, Handlungsintentionen und Handlungsstrategien.

10. Fähigkeiten und Fertigkeiten (‚skills'). (…)

11. Lernverhalten, Organisation von Lernprozessen, Methodenbewusstsein (…)."

7 Sprachliche Ausdrucksformen und Materialien als Instrumente und Grundlagen politischer Auseinandersetzung

7.1 Sprachliche Kommunikations- und personale Interaktionsformen

7.1.1 DIE WAHL DER GESPRÄCHSFORMEN

Ein Gespräch bedeutet, sich von der Sache (dem Thema) leiten zu lassen. Die Wahl der Gesprächsformen (z. B. gelenktes Unterrichtsgespräch, Lehrgespräch, sokratisches Gespräch, fragend-entwickelndes, genetisches Gespräch, katechetisches Prüfungsgespräch usw.) gehört zu den methodischen Grundentscheidungen. Sie repräsentieren bestimmte Arten symmetrischer und komplementärer verbaler Kommunikation, verschiedene Formen personaler Mitteilung und Interaktion (z. B. Schüler-, Partner-, Kleingruppengespräch; Informationsgespräch [rekonstruktiv-deskriptiv: Sachverhaltsdarstellungen, z. B. durch Erzählen, Schildern, Beschreiben; explikativ durch Erklärungen], Streitgespräch [Diskussion, Debatte, Disputation], Metagespräch, interpretierendes Unterrichtsgespräch [hermeneutische Auslegung von Aussagen, Texte], meinungsbildendes Unterrichtsgespräch [Thesen usw. zur Herausforderung von Stellungnahmen] usw.; (Massing 1999, 34).

Die Funktionen der Gespräche liegen zunächst im sich Artikulieren und Verständigen, im Diskutieren und Wiederholen, in der Aktivierung von (Vor-)Kenntnissen, in der Beurteilung von Informationen, im Erarbeiten von Ergebnissen, im Ausgleich von a) kognitiven (Wissen, Verstehen), b) praktischen (Können) und c) emotionalpsychischen (Zuwendung) Defiziten, im Fragen und Entwickeln, im Interpretieren und Beweisführen, im Argumentieren und Schlussfolgern, im Strukturieren und Problemlösen u. dgl., und zwar auf konvergierender oder divergierender Ebene.

Die Formen der verbalen Auseinandersetzung im Politikunterricht sind dialogisch-empathisch, „democracy by discussion". Sie beruhen auf selbstständigem, divergentem Denken und überlegten Äußerungen, provozieren die Eigentätigkeit, sorgen für Problembewusstsein und schnelles Reagieren. Bei allem ist das geschlechtsspezifische Gesprächsverhalten zu berücksichtigen. Nach Günthner/Kotthoff (1991) orientieren Frauen sich verbal stärker an ihrem Kommunikationspartner und legen großen Wert auf Bestätigung und Harmonie. Der Gesprächsstil der Männer ist konfrontativer, sie formulieren mehr den Dissens, unterbrechen häufiger, verteidigen ihre Positionen energischer u. dgl.

7.1.2 UNTERRICHTS- UND FRAGEFORMEN

7.1.2.1 Unterrichtsformen

Jeder Unterricht wird elementar durch Darbieten, Zuhören, Erarbeiten, Fragen und Antworten charakterisiert. Deswegen ist die Kenntnis und Verwendung ihrer unterschiedlichen Formen - Frontalunterricht (Lehrer-, Schülervortrag), Gruppenunterricht, Gespräch, Einzel-,

Paar-, (themengleiche oder themendifferenzierte) Gruppenarbeit, Stillarbeit; Mitplanung – notwendig. Die Unterrichtslehre unterscheidet darbietende (griech. akroamatische = ich höre scharf zu) und erarbeitende (griech. ergastische = ich arbeite, bin tätig) *Unterrichtsformen*. Für den politischen Unterricht kommen besonders die letzteren in Gestalt des Arbeitsunterrichts in Frage. Sein Prinzip besteht im „Mut zur Gründlichkeit" (M. Wagenschein). Die beiden genannten Unterrichtsformen lassen sich einteilen in die zielstrebig erfragende (griech. katechetisch-erotematische = ich töne entgegen, ich frage), die demonstrierende (griech. deiktische = ich zeige, mache vor), die entwickelnde (griech. heuristische = ich finde, entdecke), die monologische und erörtende (sokratisch-dialogische) Methode. Zur letzteren, zur kommunikativen Rationalität sokratischer Gespräche gehören: das Streben nach Konsens, das Bestimmtsein durch Gründe, das Hinarbeiten auf Verstehen. Sie zielen auf geistige Selbstständigkeit, Spontaneität und Eigenständigkeit der Gesprächsteilnehmer (Prinzip des entwickelnden Lernens). Der Vollzug erfolgt durch behutsames Fortschreiten vom Besonderen zum Allgemeinen, vom Konkreten zum Abstrakten. Er regelt die Kommunikations- und Beziehungsstruktur des Unterrichts.

Der *Lehr(er)vortrag* erhält seine Funktion, wenn fehlende Gedanken, Informationen, kurz ein den Zusammenhang wahrendes oder herstellendes Kontinuum dargeboten werden sollen und dies von den Lernenden nicht oder nicht zur benötigten Zeit geleistet werden kann. Er kann als Darstellung von Ursachen, Folgen, Schwierigkeiten, als Fall- oder Situationsbericht, als Schilderung, Erzählung und Beschreibung, als Vorlesung oder frei vorgetragen und mit Skizzen, Schaubildern, Fakten, Grafiken, durch Tafelanschrieb usw. angereichert werden. Dazu kommen Rhetorik und körpersprachliche Gestaltungsmittel wie Gestik, Mimik usw. Als methodische Kennzeichen des Lehr(er)vortrags können genannt werden:

- Verständlichkeit und inhaltliche wie sprachliche Angemessenheit
- Übersichtliche Strukturierung und klientelbezogene Zeiteinteilung
- Themenangabe und -begründung
- Sequenzielle Aufteilung
- Angabe der Lernziele
- Herausstellen der Bedeutsamkeit
- Einordnen in den Kontext
- Mediale Unterstützung.

Der Vorteil liegt in der jederzeitigen Verfügbarkeit des Lehr(er)vortrags, in seiner Prägnanz, Zielgerichtetheit, Anpassung an die spezielle Lerngruppe, Differenziertheit, im Methodenmix, im Zwang der Lernenden zum kontinuierlichen Zuhören über eine bestimmte Zeitdauer, zur Konzentration, zum Eingewöhnen in und Reagieren auf (öffentliche oder private) Vorträge. Die Begrenzung liegt in der meist rezeptiven Haltung der Hörer, im passiven, fremdbestimmten Lernen, in der teilweisen Blockade des eigenen (Mit-)Denkens als Folge der meist darstellend-expositorischen Anlage des Vortrags.

Die bewusste Übung des Vortrags von Lehrenden und Lernenden geschieht im so genannten *Lehrgang/Kurs*, einer systematisierten, zielgerichteten Veranstaltung, die sich durch planmäßige Anordnung von (freiem oder schriftlich fixiertem) Lehrer- und Expertenvortrag, Schülerreferat usw. auszeichnet. Dabei kann das konzentrierte Zuhören und Mitnotieren wichtiger Aussagen usw. geübt werden. Medien, Aktivitäten, Zeitbudget, Evaluation usw. werden festgelegt. Im Politikunterricht kann der vor allem der Vermittlung von Grund-

und Orientierungswissen, theoretischen Grundlagen, historischen usw. Bezügen, institutionenkundlichen Themen, fehlenden Informationen dienende Lehrgang nur gelegentlich bemüht werden, denn der Erwerb von politischen Kenntnissen und Einsichten sollte i. d. R. demokratisch organisiert werden (Kurtenbach 1988).

Ferner geht es darum, gegenüber den öffentlichen politischen Erscheinungsformen (der Inszenierung des Politischen, seine Hintergründe usw.) Ansätze einer ideologiekritischen und realistischen Betrachtung zu entwickeln.

Das Kursangebot sollte die Bedürfnisse der Lernenden berücksichtigen und deren Motivierung fördern. Auf ein vertretbares Maß an selbstbestimmter Themenauswahl und Selbstorganisation des Unterrichts sollte besonderer Wert gelegt werden. Die Fähigkeit zu Letzterem stellt auch ein Anwendungsfall geeigneter Methoden dar. Nach der KMK-„Vereinbarung zur Neugestaltung der gymnasialen Oberstufe in der Sekundarstufe II" vom 7.7. 1972 (i. d. F. vom 11.4. 1988, weiterentwickelt durch die „Mainzer Richtungsentscheidungen zur Weiterentwicklung der Prinzipien der gymnasialen Oberstufe und des Abiturs" vom 1.12. 1995, konkretisiert in der Dresdner Plenarsitzung der Kultusminister am 24./25. 10. 1996) soll u. a. das Methodenbewusstsein vermittelt sowie die optimale Ausnutzung der Arbeitsfähigkeit und Verfügbarkeit von modernen Arbeitstechniken er-reicht werden. Gelernt werden soll u. a. das Handhaben wissenschaftlicher Arbeitstechniken wie z. B. Materialsammlung, Literaturarbeit (Kataloge, Karteien, modern: PC, Internet), Stoffbearbeitung und -strukturierung, Referieren usw. Dazu kommen Qualifikationen wie Selbstständigkeit, Verantwortungsgefühl, Kommunikations- und Kooperationsfähigkeit u. dgl. Sie werden verstärkt durch das Erkennen und Wahrnehmen von persönlichen Inte-ressen, dem Aufbau eines Problembewusstseins und schließlich von Handlungskompetenz. Tendenziell geht es in der S II um wissenschaftspropädeutisches, stark auf Metho-denkenntnis beruhendes exemplarisches, projekt-, handlungs- und prozessbezogenes Ler-nen (PuU 3/2002).

Die wechselnde personelle Zusammensetzung von Kursen in der S II schafft gruppendynamische Probleme infolge der Andersartigkeit eines jeden Kurses. Jeder Lehrende unterrichtet anders, den Lernenden fehlt gelegentlich die (geistige und menschliche) Gemeinsamkeit, das Verständnis für kurssystembedingte Unterschiede (Gefahr der Desintegration). So kann eine „organisatorisch erzeugte Interaktionskomplexität" (N. Luhmann) entstehen.

Das Kursplenum übt i. d. R. eine zentrale Funktion aus. Es entscheidet mit über Details des Kursthemas, über Inhalte, Ziele und Methoden. Arbeitsgruppen übernehmen die Bearbeitung von Einzelfragen der vom Plenum gestellten Aufgaben, formulieren Teilergebnisse, erstellen Papiere usw.; einzelne Lernende betreiben Literaturrecherche, sammeln Material, fertigen Referate an usw.

Die Verantwortung für den Lernvorgang und dessen Effizienz liegt beim Kursleiter, der als Berater, Moderator und Lehrender tätig ist. Seine Aufgaben bestehen u. a. in der lehrplankonformen Beschäftigung mit ausgewählten Themen in ihrer didaktischen Umsetzung mittels tutorialer Anregungen (z. B. Angabe von Stoff- und Literaturhinweisen, Einüben von Methoden, Ermuntern und Kritisieren usw.). Er kümmert sich um die Resultate, beurteilt die mündlichen und schriftlichen Beiträge der Lernenden, stellt die Klausurthemen u. dgl. Insgesamt ist die Kursarbeit auf das selbstständige wissenschaftspropädeutische Arbeiten angelegt. Am Ende eines Kurses/Kursthemas sollte eine kritische Reflexion im Hinblick auf die Methoden und Ergebnisse der Problembearbeitung stattfinden. (Vgl. Reinhardt 1997)

Positive Ansätze für den gezielten Erwerb einer Methodenkompetenz ergeben sich aus der Umsetzung einer Richtungsentscheidung der KMK von 1995, wonach die Bundesländer einen mindestens zweijährigen, in die Reifeprüfung einzubringenden so genannten Seminarkurs einrichten können. Darin werden zunächst Lern- und Arbeitsmethoden auf wissenschaftlicher Grundlage eingeübt. Daraufhin werden die Schüler/innen in Kleingruppen (2–4 Personen) eingeteilt. Diese bleiben dann zusammen und erledigen gemeinsam – inner- und außerschulisch – wissenschaftspropädeutische Arbeiten (z.B.: Die Bioethik-Konvention des Europarats, Die Grundrechtscharta des Europäischen Parlaments, Der Föderalismus in der BRD, Probleme der Parteiendemokratie, Die Erweiterung der EU usw.) unter besonderer Beachtung der Methoden. Sie fertigen am Ende unter Beratung des Betreuers eine (Seminar-)Facharbeit an (s. S. 353), die in einem Kolloquium (s. S. 253) verteidigt wird.

Die beurteilenden Lehrer sollen in erster Linie die fächerübergreifende Anwendung des Fachwissens, die Qualität der Urteile und Schlussfolgerungen, die Lernstrategien bewerten, aber auch das solidarische Handeln, die Konfliktlösungsfähigkeit innerhalb der Gruppe, ihre Konzentration Ausdauer, Belastbarkeit, Diskussionsfähigkeit u. dgl. (Schmoll 2000).

Ebenso kann auch die *Vorlesung* eine nützliche Veranstaltung sein zum Einüben in konzentriertes Zuhören und für das Verfolgen eines Gedankengangs über längere Zeit. Die gut und verständlich strukturierte Vorlesung (lectio) ermöglicht folgendes:

* Übersicht, Ausführlichkeit, Ergänzungen, Informationen
* Erläuterung des Gebrauchs fachspezifischer Methoden
* Vortrag von Argumenten, Beweisen, Hypothesen, Darstellungen
* Verwendung der Regeln der Rhetorik (s. u. und S. 267)
* Vermittlung von Stoffvolumina
* Einführung in die Fachsprache usw.

7.1.2.2 Frageformen

Voraussetzung für das Praktizieren der erwähnten Unterrichtsformen ist die Organisation der Denkoperationen. Daher kommt es auf einen methodisch gezielten Einsatz zweckmäßiger *Frageformen* an. Die Fragekunst gilt seit Platon als die maieutike techne (Hebammenkunst), die Fragen selbst sind nach Sokrates/Platon durch das Seiende bereits vorbestimmt (ontologische Sichtweise), in Kants Transzendentalphilosophie wie im neuzeitlichen Konstruktivismus ist es umgekehrt: die Gegenstände werden durch den Erkenntnisprozess erst konstituiert. Die Fragen spielen eine entscheidende Rolle in Gadamers Hermeneutik (s S. 162).

Die Fragen bestimmen die Richtung der Antworten, zwingen zum Nachdenken und zum Entscheiden. Wissens- und Problemaneignung erfolgt teilweise über fragend-provozierendes Denkverhalten. Das situationsangemessene Fragen ist eine wichtige Herausforderung. Nur wer methodisch gezielt fragt, erhält eine richtige (begründbare) Antwort. Fragen werden also nicht als bloße Instrumente betrachtet, sondern als Ansätze für den Erkenntnisprozess. Allerdings gibt es keine Methode, fragen zu lernen.

Zum Auswerten von Materialien und zum Erschließen eines Gegenstandes eignen sich die aus der antiken Rhetorik stammenden Topen (Kliemann 1973, 152): Quis (wer)? Quid (was)? Ubi (wo)? Quibus auxiliis (mit welchen Mitteln, mit wessen Hilfe)? Cur (warum)? Quomodo (wie, auf welche Weise)? Quando (wann)?

Der griechische Rhetoriker Aphthonius (3. Jh. n. Chr.) empfiehlt die folgenden Frageansätze:
Quis (wer)? und quid (was) fragen nach Person oder Sache, über die gehandelt wird
(Frage nach dem Thema);
cur (gegen)? behandelt die gegenteilige Behauptung und versucht, Gegengründe zu
widerlegen;
simile (ähnlich) verlangt die Erläuterung durch ein Gleichnis aus dem menschlichen
Leben oder aus der Natur;
paradigmata (Beispiele) verlangen einen weiteren Beleg durch Beispiele;
testes (Zeugnisse) lassen nach Zeugnissen von Gewährsleuten (Fachleuten) suchen.

Dazu tritt die conclusio (Schlussfolgerung).

Eine andere Einteilung der Fragen führt zu folgender Übersicht:

- Entwicklungs- oder sokratische Fragen = Fragebeistand als Hilfe zum Selbstfinden
- Analysierende oder katechetische Fragen = Fragebeistand als Zergliederungshilfe
- Orientierungs- oder examinatonische Fragen = Fragebeistand als Prüfungshilfe
- Auffrischende oder repetitorische Fragen = Fragebeistand als Wiederholungshilfe
- Zusammenfassende, Kern- oder Konzentrationsfragen = Fragebeistand als Konzentrationshilfe
- Leitende, Ziel- oder hodegetische Fragen = Fragebeistand als Führungshilfe.

Sie können inhalts-, prozess- oder beziehungsbezogen, Wissens- oder offene, konvergente
(bereits Bekanntes wird auf neue Situationen oder Probleme angewandt) oder divergente
(neue Sach-, Sinn- oder Problemzusammenhänge müssen aufgebaut werden, die ganz oder
teilweise im Gegensatz zum bisher Bekannten stehen) Fragen sein und als Prüfungs-, Wieder-
holungs-, Kontroll-, Entscheidungs-, Ergänzungs-, Suggestiv- usw. oder rhetorische Fragen
Verwendung finden.

Eine mehr formal-inhaltlich fixierte Einteilung unterscheidet zwischen

- quaestiones morales (ethische Sätze, z. B.: Wem soll man mehr gehorchen, den Eltern
  oder den Gesetzen?)
- quaestiones naturales (physikalische Sätze)
- quaestiones logicae (logische Sätze).

Im Folgenden ein Beispiel zur fragetechnischen Aufschlüsselung der (ehem.) Deutsch-
landfrage im Schulbuch: „Soll (…) das Bewusstsein von der deutschen Einheit und der Wille
zur Wiedervereinigung wacherhalten und entwickelt werden? (…) Soll anhand der
Deutschen Frage exemplarisch die innen- und außenpolitische Verflechtung eines Problems,
die jeweilige Interessenlage von Staaten und die hinter ihnen stehenden gesellschaftlichen
Kräfte und Mittel und Ideologien festgemacht werden, mit denen bestimmte Ziele erreicht
werden? (…) Will man sich gegenüber dem Kommunismus/Sozialismus als alternativem
Gesellschaftsmodell (positiv) abgrenzen? Sollen durch einen Vergleich mit einem sozialistischen System Eigenständigkeit und Schwächen des eigenen Systems aufgedeckt werden,
oder soll die Unterrichtsreihe zu einer (kritischen) Identifikation mit der (alten – W.M.) BRD
führen? Soll die Leitfrage gestellt werden, ob Deutschland noch eine Nation sein solle und
sein wolle, oder soll ein auf die Bundesrepublik bezogenes nationales Selbstverständnis entwickelt werden?" (Moldenhauer 1977, 41) Sie dienen der kognitiven, emotionalen und
praktischen Stimulation, solange der Lernende die Fragen noch nicht selbst stellen kann.

7.1.3 DIE SITZORDNUNG

Dem jeweiligen Führungs- und Arbeitsstil (Frontalunterricht, Kreis, Einzel- und [Teil-] Gruppenunterricht; Prior 1985) korrespondiert eine bestimmte Sitzordnung. Die Anordnung der Sitzflächen ist nicht unerheblich für die zu praktizierenden Gesprächsformen. In hintereinander stehenden Sitzreihen kann sich keine Diskussion entfalten; es werden meist mehr oder weniger aufeinander bezogene Statements abgegeben, gruppenteilige Arbeitsverfahren sind nicht möglich. Die allgemeine Einteilung der Sitzmöbel wird als Omnibus, U-Form, Kreisform und Gruppentische bezeichnet:

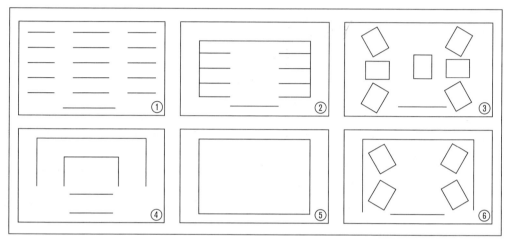

(Nach: P. Struck 1994)

Form 1 ermöglicht eine übersichtliche Kontrolle der Lerngruppe, aber behindert Interaktionen der Lernenden (Ausnahme: Partnerarbeit), Gruppengespräch und -arbeit. Sie ist lehrerzentriert.

Die Formen 2, 4 und 6 stellen Kompromisse dar. Sie ergeben sich, wie bei Form 6, aus zwei verschiedenen Typen von Lernenden: Die Gesprächsstarken sitzen außen, die Stillen innen. Form 3 begünstigt die Gruppenarbeit und den Projektunterricht und fördert soziales Lernen. Sie wird im Sinne einer modernen Pädagogik für am ergiebigsten gehalten ebenso wie Form 5. Diese favorisiert das Gruppengespräch, wobei der Lehrende mitten unter den Lernenden sitzt. (Nach Struck 1994)

Die Formen können je nach Bedarf geändert werden. Der demokratische Unterrichtsstil wird vornehmlich die quadratischen bzw. Kreisformen benutzen. Er ist auf Diskussion und Partner-/Gruppenarbeit angelegt und erfordert den (direkten, sichtbaren) verbalen wie körperlichen Kontakt (Mimik, Gestik) mit dem Partner.

7.1.4 SPEZIELLE GESPRÄCHSFORMEN

Das Sprechen gehört zur natürlichen Ausstattung des Menschen. Es ist immer partnerbezogen in Rede und Gegenrede und wird damit zum Gespräch. Martin Buber hat es daher als „dialogisches Leben" bezeichnet. Das Gespräch ist *das* Humanum. Es stellt den einen Menschen dem andern (bzw. einer Sache) gegenüber. Deshalb unterscheidet die Kommunikationstheorie zwischen einem Beziehungs- und einem Inhaltsaspekt des Gesprächs. Der Beziehungsaspekt schafft eine soziale Situation, die durch ein partnerschaftlich-kooperatives Verhalten und symmetrische Interaktion gekennzeichnet sein sollte. So ist das Gespräch die klassische Form der Kommunikation (Informations-, Reflexions-, Beurteilungsgespräch). Im Dialog lernt man fragen, argumentieren, kritisieren, zuhören, interpretieren, Informationen gewinnen, Ansichten und Meinungen kennen, urteilen, Kategorien anwenden, Kompromisse schließen usw., alles, was zur Sprach- und Argumentationskompetenz gehört. Im Politikunterricht sollte das Gespräch argumentativ, problemlösend, kontrovers und aktivierend angelegt sein sowie mit den gewählten Arbeitsformen korrespondieren (z. B. schriftliche Stellungnahme, verbale und nonverbale Einzel- und Gruppenarbeit). Die Lernenden sollen die Formen des Fragens, Argumentierens, Behauptens, Beweisens, Überzeugens, Ablehnens, Reagierens, Formulierens, Respektierens anderer Auffassungen u. dgl. sowie das Einsetzen körpersprachlicher (Mimik, Gestik) und stimmlicher Mittel lernen. Vom Lehrenden her betrachtet kann das Gespräch offen oder themenzentriert, frei oder gelenkt sein. Das Abschlussverfahren eines Gesprächs, die Zusammenfassung oder Metakommunikation, ist in praxi oft unterentwickelt.

Im politischen Unterricht steht, wie in der Politik, die Methode des Sprechens im Vordergrund. Dazu gehört (idealiter) die Redefreiheit, das herrschaftsfreie Sprechen, die Symmetrie der Partner, die Rationalität, das nichtautoritäre Klima, die Verständlichkeit, die Repressionsfreiheit, die Verbindlichkeit der Äußerungen und Beschlüsse, die Kommunizierbarkeit der Ergebnisse. Eine wichtige Voraussetzung ist die Bekanntheit der Diskutanten mit den verschiedenen Sprachcodes.

7.1.4.1 Das Unterrichts-/Gruppengespräch

Die verbreitetste Gesprächsform ist das Unterrichts- oder Gruppengespräch. Es muss die Gleichberechtigung der Partner garantieren, einen Ernstcharakter haben und nicht als ein Als-ob-Gespräch geführt werden. Die Dominanz einzelner sollte vom Gesprächsleiter korrigiert werden. Nicht alle Gespräche sind ergebnisoffen und verfügen über beliebig viel Zeit. Dies gilt für Institutionen wie (Hoch-)Schulen, VHS usw. Insbesondere die Schulen haben die Verpflichtung, Wissen usw. in einer bestimmten Zeit zu vermitteln, und müssen dafür Unterrichtsformen wählen, die dies gezielt ermöglichen. Aus diesen und anderen Gründen wird häufig das (euphemistisch als Lehrgespräch bezeichnete) fragend-entwickelnde, katechetische – gesprächstechnisch betrachtet – Einwegverfahren als lehrerzentrierter, frontaler Darstellungs- und Abfrageunterricht praktiziert. Er widerspricht in seiner Eigenschaft als unilineare Kommunikation und Häufigkeit der demokratischen Intention des Politikunterrichts.

Die Fruchtbarkeit eines (Unterrichts-)Gesprächs hängt nicht zuletzt von der Art seiner Initiierung ab, d. h. wie die Frage- und Problemhaltung der Teilnehmer herausgefordert wird:
- das Erarbeitungsgespräch = ein Aufgabengebiet soll erschlossen werden
- das Kontrollgespräch = eine noch nicht bestätigte Behauptung wird überprüft
- das Assoziationsgespräch = die Zusammenhänge werden evident gemacht
- das Deduktionsgespräch = die allgemeine Gültigkeit einer angenommenen Aussage/Behauptung wird erwiesen
- das Koordinierungsgespräch = die Isolierung eines Problems wird aufgehoben.

Diese Gesprächsformen können auch als Gesprächsstufen gelten. Oft ist das Unterrichtsgepräch ein Scheingespräch, das vom Lehrenden induziert wird.

Besonders in der außerschulischen politischen Bildung können weitere Gesprächsformen eingeübt werden: das Kontakt-, Sitzungs-, Abstimmungsgespräch (Rhetorik- und Dialektikkurse).

Für eine gleichberechtigte verbale Kommunikation eignet sich das *Rundgespräch*. Das Wort wird jeweils von demjenigen erteilt, der es zuletzt gehabt hat. Als Verhaltensregel kann gelten: Der Sprecher bezieht sich auf seinen Vorredner, indem er ihm a) zustimmt, b) ihn einschränkt, c) verneint oder d) erweitert. Das Rundgespräch kann entweder als freies Gespräch ohne Leiter oder mit Leiter stattfinden.

Am Ende eines solchen Gesprächs muss nicht unbedingt ein formulierbares Ergebnis in Gestalt neuen, präsentierbaren Wissens oder von Erkenntnissen stehen. Wichtige Punkte eines Gesprächs aktivieren sich oft erst in der Rückerinnerung ad hoc. Auch Sokrates ging mit seinen Schülern den mäeutischen Weg. Er ließ sie ihre Schlüsse selbst ziehen.

Eine Tonbandanalyse oder ein Transkript können einem Meta-Gespräch nützlich sein. Für die Sonderformen des allgemeinen Unterrichtsgesprächs – das Podiums-, Forums- oder Round-Table-Gespräch – gelten im Wesentlichen die gleichen Gesichtspunkte wie für das Rundgespräch.

Die anzustrebende Gesprächskultur nach der ars sermonis der Antike zeichnet sich aus durch eine natürliche, gepflegte Sprache, einen zivilisierten Umgang miteinander ein ziel- und ergebnisorientiertes Vorgehen und eine wirkungsvolle Gesprächs- und Verhandlungsführung.

7.1.4.2 Die Diskussion

Die Diskussion verlangt eine vorbereitete, enge Vertrautheit mit dem Gegenstand. Sie verläuft im Dreischritt von Frage (Problem) – Argumentation – Antwort. In dieser Dialektik entfaltet sich ihr agonaler Charakter. Die Argumente sollen sich prioritär ad rem und nicht ad personam richten. Der Diskutant soll die quaestiones facti von den quaestionibus iuris unterscheiden können. Die Sachdiskussion beschäftigt sich mit kontroversen Sachfragen, die Wertdiskussion mit subjektiven, ideologischen und weltanschaulichen Grundsätzen, Prinzipien, Bewertungen u. dgl.

Die Teilnehmer an einer Diskussion bereiten sich einzeln oder in Gruppen vor; möglicherweise sind Spezialisten für Einzelfragen zu benennen. Ein provokantes Statement oder eine These können die Diskussion eröffnen. Je nach Anzahl der Beteiligten ist ein Gesprächsleiter zu benennen, der seine Funktion als primus inter pares wahrnimmt. Die üblichen Spielregeln sind zu beachten.

Das Diskussionsverhalten sollte gekennzeichnet sein durch Zuhören, Fragen, direktes Ansprechen und gegenseitiges Achten des Gesprächspartners, verständliches Ausdrücken, Argumentieren, faires und solidarisches Verhalten, herrschaftsfreies Sprechen, beim Thema bleiben, kein Korreferat halten, für die eigene Meinung eintreten, Kompromissbereitschaft, Beachten der (selbst gegebenen) Diskussionsregeln, angemessenes Umgehen mit Konflikten, Beachten des Sprachniveaus, schließlich durch das Einhalten von Beschlüssen.

Für die Diskussion sind verschiedene Ablaufschemata möglich, und zwar als Gruppe gegen Gruppe, als Veranstaltung von Einzelpersonen (ohne direkte Gruppenbindung), als

Plenum gegen Einzelperson(en) (z.B. Experte, Politiker usw.), als Plenum gegen Podium oder Round-Table, als Streitgespräch zwischen zwei oder mehreren Personen, als Rundgespräch jeder gegen jeden. Es kommt nicht auf ein konsensuales Ergebnis an, vielmehr ist das Eingeständnis der Offenheit, das Aufzeigen der Vielfalt einer Fragestellung auch ein präsentables Resultat. Es kann Denkanstöße bewirken und zu weiteren Überlegungen und Nachforschungen anregen.

Man unterscheidet zwischen einer formellen und einer informellen Diskussion. Die erstere wird vorbereitet, angekündigt und auf einen festen Termin gelegt, von einem Moderator verantwortet, nach Spielregeln durchgeführt, die Ergebnisse werden gesichert (Tonband, Mitschrift). Die informelle Diskussion ereignet sich mehr ad hoc. Damit sie nicht in die Unverbindlichkeit abgleitet, sollte man die üblichen Regeln einhalten. Die Phasierung eines Podiums kann wie folgt geschehen:

1. Planung (Festlegung und Präzisierung des Themas; Besetzung des Podiums)
2. Erarbeitung des Themas bzw. Einladung und Einweisung von Experten
3. Podiumsdiskussion (Protokoll)
4. Aufarbeitung der Diskussion: vertretene Positionen, Kritik und Vorschläge; Bemerkungen zur Methode.

Am Ende einer Diskussion (oder Debatte) können u.a. folgende Fragen hilfreich sein (Meta-Diskussion):

Schlüsselfrage: Was wirkte auf die Auseinandersetzung ein?
- Welche aktuellen und geschichtlichen Erfahrungen spielten eine Rolle? Was kennzeichnete die Situation?
- Welche Interessen hatten die Akteure, welche Konflikte existierten?
- Wie waren die Machtverhältnisse und Durchsetzungschancen, was beeinflusste sie?
- Welche Wertvorstellungen und Ideologien prägten die Diskussion?
- Welche Ziele verfolgten die Akteure?
- Welche Lösungsvorschläge wurden eingebracht und diskutiert?

Schlüsselfrage: Zu welchen Ergebnissen hat die Auseinandersetzung (der Willensbildungs- und Entscheidungsprozess) geführt?
- Was sind die inhaltlichen Hauptbestandteile der Entscheidung?
- Welche Position hat sich durchgesetzt, oder ist ein Kompromiss zustande gekommen?
- Welche Interessen, Ziele, Wertvorstellungen sind stärker berücksichtigt, weniger berücksichtig unberücksichtigt geblieben? (Nach Massing/Skuhr 1993, 259)

7.1.4.3 Die Debatte

Debatte und Diskussion werden häufig terminologisch gleichgesetzt. Ihr wesentlicher Unterschied besteht darin, dass die Debatte in kontroverser Auseinandersetzung eine Entscheidungsfrage zur Abstimmung bringen will. Vorbild ist die politische Debatte in parlamentarischen Gremien, in denen Mehrheitsvoten erzielt werden sollen. Die Nachahmung des Verfahrens durch Lernende stellt eine Simulation von Ernstvorgängen dar, die dann besser verstanden werden können.

Den Ansatz für eine Debatte liefert eine strittige Frage, verschiedene Standpunkte in einer wichtigen Sache. Sie sollten in zwei oder drei Thesen gefasst und als Anträge formuliert werden nach dem Muster: Die Gruppe A stellt den Antrag, das Plenum möge beschließen, dass … . Daraufhin werden in den opponierenden Lerngruppen, die mit einem argumentativ gleichstarken Potenzial ausgestattet sein sollten, die Argumente erarbeitet und für das Plenum eine Contra-Posititon festgelegt. In der streitigen Auseinandersetzung werden alsdann die Argumente ausgetauscht.

Eine Debatte ist immer eine formelle Veranstaltung und ohne Vorbereitung nicht durchführbar. Sie ist als Simulation eines Ernstfalls gedacht und von antizipativer Bedeutung. Die Lernpraxis muss allerdings – wie in vielen anderen Fällen – auch hier verkürzen. Es können i. d. R. keine stunden- oder tagelangen Gremiensitzungen stattfinden, keine drei Lesungen eines Antrags, keine Vermittlungsausschüsse bei Nichteinigung tagen usw. Allerdings sollten die Lernenden in die Kompliziertheit der Methode eingewiesen werden, damit bei ihnen nicht der Eindruck entsteht, als könnten sie die anstehenden Fragen und Probleme rascher und unkomplizierter lösen als die zuständigen Gremien und Institutionen. Die Ausarbeitung einer Geschäftsordnung ist eine wichtige formale Übung und fördert die Einsicht in die notwendige Regelhaftigkeit eines Verfahrens. Das Debattieren (und Diskutieren) selbst ist eine unverzichtbare, an deutschen Schulen vernachlässigte rhetorische Schulung, die für den Bereich des öffentlichen Lebens, des Rechts, der forensischen Medizin usw., als Argumentationsfähigkeit schlechthin von erheblichem Nutzen sein kann.

Jede Debatte wird mit einer Abstimmung über den vorgelegten Antrag abgeschlossen. Sie erfordert von den Teilnehmern Gewandtheit im sprachlichen Ausdruck, schnelles Reagieren, rasches Erfassen fremder Gedankengänge, gute Sachkenntnis (z. B. durch das Auswerten von Zeitungen, Schriften, Protokollen usw.) usw. Darin ist eine wichtige vorpolitische Übung zu sehen. Deshalb sollten Debatten im Politikunterricht u. a. nachvollziehend im Anschluss an herausragende Parlamentsentscheidungen oder als Vorwegnahme stattfinden. Es können natürlich auch rein theoretische oder gar absurde Fragen (vgl. die angelsächsischen Debattierclubs) verhandelt werden, z. B. Antrag

- Die Bundeswehr wird aufgelöst.
- Der Sonntag findet nur noch alle zehn Tage statt.
- Ostdeutschland wird ein souveränes Gebiet.
- Die Renten werden auf … % herabgesetzt.
- Die EU wird um Osteuropa erweitert.
- Die EU erhält eine Verfassung und eine Regierung.

7.1.4.3.1 Die Pro-Contra-Debatte

Die *Pro-Contra-Debatte* fokussiert ihre Thematik auf ein antithetisches Begriffspaar, z. B. Text eines Falles auf S. 192, ferner

- Wehrdienst oder Ersatzdienst?
- Wehrpflichtarmee oder Berufsarmee?
- Frauen unter Waffen?
- Asylrecht für alle?
- Ausweisung oder Duldung von Flüchtlingen?
- Vertiefung oder Erweiterung der EU?
- Sollten Mädchen wieder getrennt von Jungen unterrichtet werden?
- Sollte es mit Staaten, die die Menschenrechte verletzen, diplomatische und sonstige Beziehungen geben?
- Sollte der Bundespräsident direkt vom Volk gewählt werden?

- Sollten Frauen und Männer in den Parlamenten und öffentlichen Ämtern paritätisch vertreten sein?

Eine solche Debatte kann von der neunten Klasse an in einer vereinfachten Version veranstaltet werden. Die Rollen der Anwälte können wegfallen, dafür nehmen die Sachverständigen eindeutige Positionen ein, die sie in einem Eingangsstatement vortragen. Man kann die Sachverständigen durch die Zuschauer befragen lassen (vgl. Expertenbefragung). In der S II sollte die Pro-und-Contra-Debatte zum Methodenrepertoire gehören. Es handelt sich um eine Argumentationsübung und ein Entscheidungsspiel zwecks (politischer) Urteilsbildung. Das Niveau hängt von der Redegewandtheit, der Schlagfertigkeit, der Formulierungs- und Überzeugungskunst der Debattanten und sonstigen Beteiligten ab. Die Rollen werden in Arbeitsgruppen vorbereitet, Rollenkarten und zusätzliche Materialien können benutzt werden. Im Übrigen sind die formal-methodischen Regeln einzuhalten:
- Eröffnung durch den Moderator (Hinweis auf die Spielregeln)
- Abstimmung des Publikums vor der Debatte. Plädoyer der Anwälte (Pro und Contra)
- Befragung der Sachverständigen durch die Anwälte (die die Aussagen in Argumente umwandeln sollen)
- Schlussplädoyer der Anwälte
- Abstimmung des Publikums nach der Debatte
- Auswertungsgespräch (Massing 1998, 45 ff.).
Ein ausreichendes Zeitbudget sollte zur Verfügung stehen.

7.1.4.3.2 Anmerkung: Die Talkshow

Bei allen Spielarten kommt es auf die Beibehaltung ihres Ernstcharakters an. Generell sollten Methodenvorschläge nicht hinter der Aktualität z. B. der *Talkshow* herlaufen. Ihre öffentliche, nach dramaturgischen Regeln erfolgende Inszenierung (vermeintliche Vertraulichkeit, Intimität) gilt weitgehend der Provokation, der persönlichen Profilierung mit „Show"-Charakter (der zu rhetorischem Voyeurismus führt) unter oft undurchsichtig ausgewählten Teilnehmern.

In nicht wenigen Fällen handelt es sich um deren Selbstdarstellung, um die Abgabe von bekannten Statements, um ein Durcheinander beim Argumentieren, um eine Ansammlung von Plattitüden, um eine Überforderung der Moderatorin (Emmrich 2001), der außerdem oft die Fragestellung und Bewertung überlassen wird. All dies kann vom Unterricht kaum rationalisiert werden. Das heißt wenn schon der allgemeine Eindruck entsteht, die Veranstaltung diene der medienwirksamen Unterhaltung der Zuschauer, weniger der Sache, sollte gegenüber einer derart vorbelasteten Methode Skepsis geboten sein. Dies gilt selbst für ein durchaus gelungenes, von Didaktikern immer wieder bemühtes, mit einem erheblichen Interpretationsaufwand verdeutlichtes positives Beispiel: der § 218 StGB (Kuhn 1995, 161 ff.; Massing 1998, 40 ff.). Demgegenüber lohnt sich zweifellos die kritische Analyse einer per Video aufgenommenen politischen Talkshow. Methodisierte Auswertungsfragen können nach Kuhn (1995, 199) sein:
„1. Welche Positionen werden vertreten?
2. Welche Beurteilungsmaßstäbe liegen den verschiedenen Positionen zugrunde?
3. Welchem Kriterium (Wert) wurde Priorität gegeben?
4. Welche Position ist am ehesten geeignet, den Konflikt zu lösen?
5. Welche Meinungen haben sie (die Schüler/innen) sich gebildet?

Die Fragen unterstellen eine rationale, policy-orientierte Diskussion, wie sie eher in einer Gesprächsrunde, einem Runden Tisch u.dgl. üblich und wo das Bestreben nach niveauvoller, sachlicher Auseinandersetzung spürbar ist."

7.1.4.4 Der Diskurs und seine ethischen Implikationen

Der Diskurs ist die unemphatische Form des Dialogs. Als regulatives Prinzip und normatives Fundament gilt die herrschaftsfreie Diskussion. Die von Habermas und Apel propagierte *Diskursethik* ist auf den allgemeinen und vernünftigen Konsens angelegt. Sie setzt auf eine ideale (utopische) symmetrische, gleichberechtigte, offene Gesprächssituation, in der die Verständlichkeit der Äußerungen, die Wahrheit ihrer propositionalen Bestandteile, ihre Richtigkeit und Angemessenheit sowie die Wahrhaftigkeit des sprechenden Subjekts gelten. Es handelt sich um den Versuch des Rekurses von Werten allein auf die „natürlichen" Fundamente moralischer Verbindlichkeiten, d.h. auf das, was alle vernünftigen Personen als gerechtfertigt einsehen könnten. (Es findet also kein Rekurs auf „höhere" Werte/Wahrheiten, auf Religion oder Metaphysik statt). Die „vernünftige Rede" eines Gesprächsteilnehmers ist das Apriori der Kommunikationsgemeinschaft. Sie unterstellt (idealiter), dass jedem Diskurspartner die Gründe einleuchten, er sie für wahr halten kann.

Diese Form des Diskurses rekurriert auf die Grundbegriffe der Moraltheorie wie Freiheit, Gleichberechtigung, Aufrichtigkeit, Gerechtigkeit und Verantwortung (Verzicht auf Täuschung, Lüge u.dgl.). Die moralische Idee der Richtigkeit oder Gerechtigkeit einer Entscheidung, Norm, Regel, institutionelle Arrangements (Praxisregulierung) besteht darin, dass die Praxisregulierung in einer diskursiven Prüfung die Zustimmung (Konsens) aller von ihr Betroffenen finden würde. In der Diskurstheorie bleibt die Frage unbeantwortet, wie und warum die Wahrheit ohne Beachtung formaler (erkenntnistheoretischer) Regeln und Prinzipien gesichert werden soll. In der politischen Praxis ist es zudem völlig illusorisch, nach diesem Modell etwas bis zu einem Konsens (Entscheidung, Kompromiss) auf der genannten Basis ausdiskutieren zu wollen. Die politische Verantwortung bewegt sich in anderen Begründungsfeldern. Hier geht es eher um rasches, strategisches, zweckrationales, opportunistisches, erfolgsorientiertes Handeln. Insgesamt verbindet die Diskurstheorie mit dem demokratischen Prozess stärkere normative Konnotationen als das liberale Modell und schwächere als das republikanische Modell.

Der formalisierte Diskurs, die disputatio der Scholastik des Mittelalters besteht aus Argument und Gegenargument.

Karl-Otto *Apels* Diskursethik (1988) weist jedem am argumentativen Diskurs Beteiligten eine (solidarische) Mitverantwortung für das Problemlösen zu. Dabei wird apriori eine ideale Kommunikationsgemeinschaft (kommunikatives Handeln im herrschaftsfreien Diskurs, Habermas) und die subjektive Gültigkeit einer normativen Ethik unterstellt. Das Prinzip der Diskursethik ist jedoch in einer heterogenen demokratischen Massengesellschaft nicht durchzuhalten. In ihr werden Interessen und gegenteilige Forderungen vertreten, die nicht durch Diskurs, sondern durch strategische Verhandlungen (do ut des) zu einem Ausgleich gebracht werden können. Vom Politiker wäre eine diskursiv-konsensuale Konfliktregelung anzustreben.

Die Diskursethik von Apel wird durch die *Kommunikationsethik* von *Habermas* ergänzt. Seine Theorie der kommunikativen Kompetenz verlangt eine ideale, symmetrische Sprechsituation (in Diskursen) und ein Modell reinen kommunikativen Handelns (in Interaktionen). Das bedeutet das Vertrauen auf (eine in der Wirklichkeit nicht herzustellende) prozedurale Rationalität. Sie wird durch Sprache, deren Struktur Mündigkeit ist, für alle Menschen gesetzt. Deshalb sind alle Teilnehmer gleichberechtigte Kommunikationspartner mit idealer Rationalität. Die „ideale Sprechsituation" (Habermas) zeichne sich aus durch Widerspruchspflicht, Sprachoffenheit, Vernünftigkeit, Verständlichkeit u.dgl., die Äußerungen (Aussagen, Behauptungen usw.) sind reversibel, antiautoritär, repressionsfrei, rationalverbindlich, kommunizierbar und gewaltlos. Die Wahrheit liegt im Konsens, der von den Argumentierenden im Diskurs erzielt wird. Dies läuft (nach Habermas) auf die Einhaltung folgender Regeln hin:

1. Kein Sprecher darf sich widersprechen.
2. Alle Sprecher müssen denselben Begriff in gleicher Bedeutung benutzen.
3. Jeder Sprecher darf nur das behaupten, was er selbst glaubt.
4. Unterschiedliche Behandlung von Personen ist zu begründen.
5. Jeder darf an Diskursen teilnehmen.
6. Jeder darf jede Behauptung problematisieren.
7. Jeder darf jede Behauptung in den Diskurs einführen.
8. Jeder darf seine Wünsche und Bedürfnisse äußern.
9. Keiner darf gehindert werden, seine Rechte wahrzunehmen.

Für Habermas ist die Demokratisierung der politischen Entscheidungsprozesse in der Gesellschaft eng mit der kommunikativen Ethik verbunden. Dagegen will die Diskurskonzeption der Erlanger Schule des Konstruktivismus (s. S. 157) die so enannte „Beratungssituationen" benutzen, um Handlungsorientierungen zu begründen und zu rechtfertigen. Momente der rationalen Argumentation sind danach entscheidend, z.B. Verständlichkeit, Begründungspflicht, Zustimmung, Sachkunde u.dgl.

Ein grundsätzlicher Kritikpunkt besteht darin, dass die Ethik auf diskursive Vernunft reduziert wird, die Homogenität der Menschen voraussetzt, die anthropologische und ethnische Betrachtung ignoriert und damit unhistorisch verfährt. Ethik hat es dagegen mit möglichst universalistischen normativen Prinzipien zu tun, während es beim heutigen gesellschaftlichen Partikularismus oft nur noch Partikularethiken gibt. Darüber hinaus ist ein Diskurs über Kulturgrenzen hinweg schwierig aufgrund der unterschiedlichen Werte und Normen, der Rollenverständnisse und Lebenswelten, des okzidentalen Vernunftbegriffs usw. Außerdem ist die aus dem „Diskurs" entstehende „Wahrheit" perspektivisch (sog. empathische Methode). Es geht ihm eigentlich nicht um Wahrheit, sondern um die Präferenz von/mit Verpflichtung verbundenen Aufforderungen. Die (dialogische Konzeption von) Wahrheit ist ohnehin nichts Absolutes. Geschichtsgebundene „Normen" und „Tatsachen" sollten vielmehr eine Einheit bilden. Bei einem Antipoden von Habermas, dem viel diskutierten Rawls (1979), sind die Gerechtigkeitsprinzipien ganz und gar noch Produkte einer interessengeleiteten Vereinbarung. Er hält sich in seinen pragmatischen Begründungen an die induktive Logik in Entscheidungsverfahren und orientiert sich am vorrangigen Interesse und an der Vernünftigkeit kompetenter Beurteiler (ebd. 101).

Das *Sokratische Gespräch* ist die Gesprächsform, die in Platons Dialogen (z.B. „Theaitetos", Gespräch über das Wesen der Erkenntnis) überliefert ist. Es geht von konkreten, alltäglichen Erfahrungen, die als Fragen gestellt werden, aus und soll so (induktiv) zu Einsichten führen. Es zeichnet sich aus durch die Radikalität des Fragens, durch Kontroversität, Pluralität und

Rationalität und ist auf die Dialektik (griech. dialegesthai = sich unterreden) von Rede und Widerrede angelegt, um die Wahrheit eines Sachverhalts herauszufinden. Darin folgt es den Prinzipien des entdeckenden Lernens, zielt auf Selbstständigkeit und Spontaneität der Teilnehmer, ist prinzipiell offen, symmetrisch und gleichwertig. Es ist auf Einsicht gerichtet. Die kritische Klärung von Gedanken erfolgt im Diskurs, nicht in der empirischen Analyse. Dieses Verfahren ist nur mit reiferen Lernenden möglich und hat nichts mit unreflektierter „Lebenserfahrung" zu tun (Cremer 1991).

Anhand von Prokokollen kann der Erkenntnis- und Fragestand immer wieder aufgenommen werden.

Die Ausgangsfrage für Sokrates bestand (nach Heckmann 1993) darin, auf welchem Wege (methodos) wir uns der (philosophischen) Wahrheit versichern können (ebd. 125). Darauf folgt sein zweigeteilter methodologischer Grundsatz:

a) das Ausgehen vom Konkreten (ebd. 17), von realen Problemen im Erfahrungsbereich des Gesprächsteilnehmers,

b) autonomes Denken praktizieren (den Weg des Abstrahierens lernen; ebd. 84).

Dies geschieht seitens des Geburtshilfe leistenden Gesprächsleiters in Gestalt von sechs „pädagogischen Maßnahmen" (Vorfragen des Philosophierens):

1. Teilnehmer auf eigenes Urteilsvermögen verweisen
2. Teilnehmer sollen im Konkreten Fuß fassen (durch Beispiel)
3. Teilnehmer sollen einander wirklich verstehen
4. Teilnehmer sollen an der gerade erörterten Frage festhalten
5. Teilnehmer sollen auf den Konsens hinstreben
6. Lenkungsmaßnahmen (ebd. 84 ff.).

Die Regeln des konsequenten Denkens und dialogischen Gesprächs sollten vorher eingeübt worden sein. Sie ziehen die Teilnehmer/Lernenden in den Prozess des Informationserwerbs und der Urteilsbildung mit ein und üben die Kritik- und Kompromissfähigkeit, das Streitgespräch, die politische Sprache, das sinnvolle Fragen, schließlich die Beziehung zwischen Lehrenden und Lernenden (Sutor 1992, 36 f.). Vorschläge für Gesprächsthemen:

- Ist Freiheit mit Gleichheit vereinbar?
- Inwieweit ist die menschliche Willensfreiheit relevant für menschliches Handeln"?
- Was ist verantwortliches Verhalten des Einzelnen und der Gesellschaft?
- In welchem Verhältnis stehen Politik und Moral zueinander?
- Welches Spannungsverhältnis besteht zwischen persönlicher und öffentlicher Moral?
- Sind soziale Rechte wie Recht auf Wohnung, Arbeit, Lebensunterhalt allgemeine Menschenrechte?
- Wie äußert sich das Spannungsverhältnis zwischen Staat und Gesellschaft?
- Wie können die sozialen Sicherungssysteme stabilisiert werden?

7.1.4.5 Gesprächsleitung in Gruppen

Die Beherrschung der Technik der Gesprächsleitung garantiert einen effizienten Gesprächs- (Diskussions-, Debatten- usw.)verlauf. Sie kann von Geschäftsordnungsroutiniers auch zur Manipulation eines Gremiums missbraucht werden. Nach Meyer (1985, 249 ff.) können die folgenden Hinweise nützlich sein:

A Vorbereitung/Beginn einer Sitzung
1. Aufgaben zwischen den Gesprächsleitern verteilen.
2. Sitzung eröffnen und Tagesordnung (Thema, Punkte zur Entscheidung usw.) festlegen (Tafel, Clipchart).
3. Vorgehensweise absprechen.
4. Thematische Einleitung (provozierende These, Statement u. dgl.), evtl. Zielangabe.

B Während des Gesprächs hat der Leiter das Recht,
- Impulse für einen zielgerichteten Ablauf zu geben,
- Abschweifungen der Teilnehmer (z. B. extemporierte Referate) abzublocken und Initiativen zu ergreifen,
- die Inhalte zu strukturieren, die Aussagen der Partner zu koordinieren,
- den Gang der Diskussion zu verdeutlichen und Zwischenergebnisse zusammenzufassen,
- auf die Fokussierung zu achten und evtl. weitere Aspekte vorzuschlagen,
- Konvergenzen und Divergenzen zwischen einzelnen Beiträgen zu verdeutlichen, Zusammenhänge herzustellen, Folgerungen und Alternativen aufzuzeigen,
- Sachverhalte zu klären, Informationen und Erläuterungen abzufragen,
- das Gespräch zu aktivieren, indem er Kontroverses verdeutlicht (Positionen pointiert herausstellt), ungelöste oder noch nicht angesprochene Fragen aufzeigt, Ausgangspunkt bzw. Ziel verdeutlicht, noch zu lösende Aufgaben formuliert, einzelne Teilnehmer (Experten) anregt, sich zu bestimmten Fragen zu äußern, das Gespräch evtl. unterbricht und zunächst eine Fortführung in kleinen Gruppen anregt (Brainstorming, Mindmapping u. dgl.),
- die Gesprächsteilnahme fördert, indem er u. a. zum Sprechen ermuntert, auf frühere oder „vergessene" Beiträge zurückkommt,
- Absprachen und Entscheidungen provoziert, indem er
  Alternativen verdeutlicht,
  auf Widersprüche und Folgen hinweist,
  evtl. selbst Vorschläge unterbreitet.

C Verfahrensregeln
Die Gesprächsleitung führt eine Rednerliste, erteilt das Wort, sorgt für die Einhaltung der Regeln, für die zeitliche Begrenzung sowie für das Protokoll.

D Gesprächsende
- Festhalten der Ergebnisse bzw. des Standes der Diskussion
- Planen und Organisieren des weiteren Vorgehens (nächste Sitzung, Aufgabenverteilung, Protokoll)
- Rückmeldung (feedback) zum Gesprächsverlauf (gruppendynamischer Prozess, Effizienz usw.), Metadiskussion.

7.1.4.6 Die Moderation

Moderative Methoden als nondirektive Gesprächsmethoden machen den Moderator als Experten zum Prozesshelfer (z. B. bei der Themenfindung, der Meinungs- und Willensbildung, der Einhaltung der Regeln; Stiller 1999; Gudjons 2000) und verpflichten ihn zur Beachtung folgender Momente:
- zur eigenen Zurückhaltung bei den Diskussionen
- zum Moderieren, d. h. zum Zuhören, Abwarten, Beobachten, Impulse geben

- zur Offenlegung der eigenen Position
- zum restriktiven Verhalten
- zur Steuerung (nicht Leitung) des Prozesses (für das Ergebnis sind die Lernenden zuständig).

Er hat ferner die Aufgabe,
- die Veranstaltung methodisch zu leiten
- Anregungen zu geben, (offene) Fragen zu stellen, zu provozieren, zu ermuntern, inhaltlich nicht einzugreifen
- für eine rasche Problemdefinition als gemeinsames Ausgangsfundament der Gruppe zu sorgen
- den Willensbildungsprozess der Gruppe zu ermöglichen
- für Transparenz durch Strukturierung und Visualisierung der Beiträge einzutreten
- die persönliche Entwicklung der Teilnehmer zu fördern (Köhler 2000, 23).

Die Teilnehmer achten darauf,
- sich aktiv zu beteiligen
- ihre Meinungen zu äußern
- ihre Kommunikation zu verbessern
- sich ihr Wissen mithilfe der Gruppe anzueignen
- zu gemeinsamen Problemlösungen beizutragen und sie zu verantworten
- nach rasch vorzeigbaren Ergebnissen zu streben (ebd. 23).

Als Vorbereitung auf die Moderation sollte der Moderator berücksichtigen:
- Inhalte und Ziele der Veranstaltung festlegen
- die Zusammensetzung der Zielgruppe feststellen
- die Erwartungen und den Kenntnisstand der Teilnehmer eruieren
- Probleme und Widerstände voraussehen
- für geeignete Materialien sorgen
- die äußeren Bedingungen prüfen usw. (ebd. 25).

Moderationsphasen können mit anderen Lernprozessen abwechseln.

Im Idealfall erreicht man mit dieser Methode
- die Gleichberechtigung aller Diskussionsteilnehmer
- den Abbau von Informationsdefiziten
- die lernerzentrierte Planung des Gesprächsverlaufs
- die Tolerierung abweichender Meinungen und Schwerpunkte
- eine erhöhte Kritikfähigkeit gegenüber sich selbst, den Teilnehmern und der Unterrichtsveranstaltung. (Nach G. F. Thomae)

7.1.4.7 Das Gespräch mit Experten

7.1.4.7.1 Experten als außerschulische Fachleute

Der politische Unterricht zielt auf die reflektierte Beschäftigung mit der Realität. Er versucht über die Massenkommunikationsmittel, an außerschulischen Lernorten und nicht zuletzt durch Referate, Berichte, Vorträge und Gespräche von/mit Einzelpersonen aus allen Lebensbereichen in Kontakt zu kommen. Es handelt sich um Experten aus einem Fachgebiet, um Politiker, Freiberufler, Unternehmer, Gewerkschafter, Beamte aller Sparten, Hausfrauen als Schulelternbeirats- oder Schulkonferenzmitglieder usw. Ihre – nur mit Genehmigung der Schulleitung zulässige – Einbeziehung in den Unterricht (s. S. 249) bricht die Dualität von Lernenden und Lehrenden auf. Die Experten – außerschulische Fachleute – vertreten ihre Thematik i. d. R. aus jahrelanger praktischer Erfahrung. Ihre Glaubhaftigkeit basiert auf ihrer berufstätigkeitsspezifischen Professionalität, auf der Unmittelbarkeit des Vorgetragenen, ferner auf Mimik, Gestik und sachlich-distanziertem Engagement. Negativ wirken Parteilichkeit und Unsachlichkeit oder Rhetorik ohne überzeugende Argumente. Entsprechend sind die Reaktionen der Lernenden: von interessiert, diskussionsbereit, neugierig bis gelangweilt, emotional, aggressiv. In der Expertenstunde hängt es vom Gast ab, wie er auf Fragen und Einwände oder Gegenargumente der Lernenden eingeht. Er wird deren (vor-) rationale Dispositionen sowie deren Wissen um die Materie beachten (müssen).

Daraus resultieren erhebliche Anforderungen an den Fachmann/-frau. Weder vor Jugendlichen noch vor Erwachsenen genügt eine solide Fachkenntnis allein – dies beruht auf der häufigen Fehleinschätzung, wer seine Sache beherrsche, könne sie auch zutreffend andern vermitteln –, sondern er/sie sollte sich auf die Besonderheiten seiner Hörer/Gesprächspartner in der betreffenden Institution (z. B. Schule, VHS, Bundeswehr, Gewerkschaftstagung u. dgl.) einstellen (können). Dazu verhelfen Hinweise auf die mentalen und sächlichen Rahmenbedingungen, auf die kenntnis-, erfahrungs-, lebensgeschichtlichen-, beruflichen usw. Voraussetzungen der Adressaten bis hin zu einem methodisch-technischen Verhalten, z. B. das Vermeiden bzw. die verständliche Erklärung von Fachtermini, ein Voranschreiten vom Einfachen zum Komplizierteren, eine zwischenzeitliche Zusammenfassung, die Begrenzung des Sachgebiets bzw. der Problemstellung, ein nicht zu rasches Sprechen, die Benutzung von Folien, Tafel, Clip-Chart usw.

Die an den Experten zu stellenden Anforderungen sind durch entsprechende Erlasse der Bundesländer und sonstiger Institutionen geregelt (vgl. Stichwort „Experte" in der Schulrechtssammlung des Bundeslandes [Luchterhand-Verlag]). Sie enthalten die folgenden Gesichtspunkte:

- Der Experte ist für sein Thema – im Einvernehmen mit dem Lehrenden – verantwortlich. Formaler Maßstab ist seine Sachkunde und sein Wille zur sachlichen Darstellung.
- Dem Experten bleibt – nach Absprache mit dem Lehrenden – die Wahl der (Darbietungs- und Diskussions-)Methode(n) überlassen.
- Der Experte soll zwischen gesicherten und unbestätigten Meinungen, Theorien, Aussagen usw. unterscheiden, Kontroverses offenlegen, diskussionsgeeignete Probleme aufwerfen, Übereinstimmung bzw. Kritik kenntlich machen, sachlich-nüchterne Begründungen geben (Toleranzgebot).
- Der Experte soll seine eigene Meinung, Erkenntnis u. dgl. oder die einer Richtung, Gruppe transparent machen, andere kritisieren und zur Diskussion stellen.
- Der Experte sollte auf jeden Fall bereit sein, sich der Diskussion mit den Teilnehmern zu stellen. Dafür ist vom Organisator genügend Zeit vorzusehen. Jeder Gesprächspartner ist ernst zu nehmen.

7.1.4.7.2 Präsentation und Einschätzung von Experten

Dem Experten werden vom Veranstalter Wünsche für seine Präsentation unterbreitet. Ein entscheidender Gesichtspunkt ist die sinnvolle Integration in das jeweilige Lehr-/Lernprogramm. Dazu empfiehlt sich der direkte Kontakt mit dem in Aussicht genommenen

Experten; bereits feststehende, wichtige, von Einzelnen oder von der Gruppe formulierte Fragen können ihm vorgelegt werden.

Im Falle einer zu erwartenden herausragenden Veranstaltung sollte die Hinzuziehung weiterer Gruppen/Klassen erwogen, das Thema, die Problematik frühzeitig bekannt gemacht werden. Ein geeigneter Raum sollte zur Verfügung stehen. Als Moderator wird i.d.R. der Organisator fungieren. Ein oder mehrere Protokollanten werden ein Verlaufsprotokoll (zur weiteren Verwendung) anfertigen, darin vor allem die Probleme und die Ergebnisse der Diskussion festhalten.

Der Experte wird zu Beginn der Veranstaltung den Teilnehmern insbesondere im Hinblick auf seine Funktion (z.B. Vertreter eines Verbandes, einer Partei, eines Berufsstandes, einer Organisation usw.) vorgestellt und evtl. auf seine Spezialkenntnisse verwiesen. Daraus wird von vornherein deutlich, dass es sich im Einzelfall um das Eintreten für bestimmte Interessen handelt. Ein Parteifunktionär wird nicht viel Positives über die Gegenpartei sagen, ein Unternehmer den Gewerkschaften distanziert gegenüberstehen usw. Die subjektiv-ideologische Position von – nicht allen – Interessenvertretern sollte im Vorhinein mit den Lernenden erörtert werden. Sie ist in unserem gesellschaftlichen Spektrum legitim, sollte jedoch als pluralistisch bedingt erkannt und eingeschätzt werden. Dies gilt mutatis mutandis auch für die von subjektiven Prämissen ausgehenden und auf sie angewiesenen Wissenschaftler.

Für den Unterricht sind jene Expertenäußerungen am fruchtbarsten, die ungelöste politisch-gesellschaftliche Probleme aus einer bestimmten Perspektive aufzeigen, z.B. grundlegende und aktuelle Fragen der Sozial-, Wirtschafts-, Rechts-, Ausländer-, Europausw. Politik. Es können Fragen sein wie: Was spricht für/gegen plebiszitäre Elemente im Grundgesetz, für/gegen eine Parlamentsreform (Anzahl der Abgeordneten, Rederecht, Diäten, Versorgungsansprüche usw.), welche demokratietheoretischen Defizite enthalten manche kommunalen Verfassungen, warum gibt es keine Neuordnung des Bundesgebietes, stößt der Föderalismus (16 Bundesländer) an seine Grenzen, welche politischen Normen enthält das Grundgesetz und wie werden sie realisiert, sind die Grundrechte des Grundgesetzes in unserm Lande gesichert, ist der Sozialstaat noch zu finanzieren usw.?

Die Kompetenz der Fachleute wird am ehesten positiv eingeschätzt, wenn sie umfassend informiert sind und das Streben nach Sachlichkeit erkennbar wird. In den meisten Fällen entstehen keine Unkosten, die Veranstaltungen laufen im Rahmen der Öffentlichkeitsarbeit von Verbänden und Organisationen.

Streitgespräche von Experten sind im Rahmen des Unterrichts nur ausnahmsweise und für ältere Lernende empfehlenswert und verantwortbar. Eine symmetrische Diskussion z.B. von Parteivertretern oder Repräsentanten konträrer gesellschaftlicher Gruppen kann kaum erwartet werden und privilegiert die flotten, rücksichtslosen Redner. Deshalb sollten sie zeitlich nacheinander eingeladen werden, wobei besonders bei Parteifunktionären auf die Parität zu achten ist. Dabei stellt sich die Frage, ob rechts- oder linksextreme Parteien eingeladen und die gleichen Präsentationsmöglichkeiten erhalten sollen. Im Übrigen kann die jeweilige Hauptthematik gleich lauten, z.B. die Kommunalpolitik aus der Perspektive der X-, Y-, Z-Partei, die künftige Sozialordnung in der BRD aus der Sicht der Gewerkschaften/der Industrie- und Handelskammer/eines Industrieverbandes usw. Vorab erbetene Materialien können der Vorbereitung dienen.

Wenig praktiziert – und wegen der fehlenden didaktisch-methodischen Kenntnisse und Fähigkeiten problematisch – wird die Übernahme von Unterrichtsstunden/-einheiten durch außerschulische Fachleute. Gelegentlich wurden gute Erfahrungen mit der Erteilung *rechtskundlicher* Unterrichtsstunden (s. Recht, S. 131) durch aufgeschlossene Richter und Staatsanwälte gemacht. Ähnliches wäre machbar durch einen Nationalökonomen (Wirtschaft) oder Soziologen (Gesellschaft), einen Kommunalpolitiker über Gemeindepolitik, einen Landtags-/Bundestagsabgeordneten über Land und Bund usw., inhaltlich und niveaumäßig differenziert nach den gegebenen Voraussetzungen.

Eine Checkliste für eine Expertenbefragung könnte im Anschluss an Wolf (1992, 745) folgende Punkte enthalten:

- Welche Fragen sollen gestellt werden?
- Wer soll die betreffende Frage stellen?
- Wie sollen die Antworten festgehalten (Notizen, Protokoll) und diskutiert werden?
- Sind die Lernenden über den Ablauf der Veranstaltung genügend informiert worden?
- Wurde dem Experten ein Bild über Vorwissen, Verständnisniveau, Arbeitsformen, Verhaltensweisen, Integrierung der Veranstaltung in den unterrichtlichen Zusammenhang, Ansprechbarkeit der Lernenden u. dgl. vermittelt?
- Ist die Möglichkeit spontaner Fragen und Antworten für die Beteiligten vorgesehen?

7.1.4.7.3 Ein rechtlicher Hinweis

Bei der Einladung von Experten sind Rechtsfragen zu beachten. Der Rechtsschutz ist i. d. R. durch die eigene Versicherung der Betroffenen abgedeckt. Ansonsten ist rechtlich zu beachten: Die Entscheidung über den Einsatz schulfremder Personen im Unterricht gehört zwar zur pädagogischen Freiheit, aber nicht zu ihrem Kernbestand, wie eine höchstrichterliche Entscheidung feststellte: Der Hessische Verwaltungsgerichtshof hatte über den Einsatz schulfremder Personen im Unterricht und damit über einen (vermeintlichen) Kernbereich der „pädagogischen Freiheit" des Lehrers zu entscheiden. Ein Studienrat an einer Berufsschule wollte einen Gewerkschaftssekretär in den Unterricht über Aufbau und Arbeit der Gewerkschaften sowie über tarifrechtliche Fragen einladen. Nach Ablehnung durch die Schulleiterin (das könne der Lehrer aufgrund seiner Ausbildung selbst machen, ein Gewerkschaftssekretär werde die Schüler/innen politisch beeinflussen wollen), aber nach Zustimmung durch das Staatliche Schulamt beschritt der Lehrer erfolglos den Klageweg. Das Gericht bestätigte die Ermessensentscheidung der Schulleiterin, wonach ihre Verweigerung nicht rechtswidrig gewesen sei, weil durch die Unterrichtsteilnahme des Gewerkschaftsvertreters die erforderliche Ausgewogenheit im Unterricht nicht mehr gewährleistet gewesen sei (VGH Kassel, Urteil v. 10. 2. 1993 – 1 UE 1902/87, in DVBl. v. 1. 8. 1993; vgl. RdJB 4/1994, S. 518 f.).

7.2 Kommunikations- und Interaktionstheorie als Erklärungsmodelle

7.2.1 ZUR BEGRIFFSERKLÄRUNG UND PRAKTISCHEN VERWENDUNG

Als Kommunikation wird eine soziale Beziehung bezeichnet, deren kleinste Einheit durch symbolische Sprechhandlungen, die auf das gesellschaftliche Normensystem zurückgreifen, oder durch Gesten u. dgl. errichtet wird. Die Sozialbeziehungen insgesamt bilden eine Gesell-schaft, d. h. gesellschaftliche und politische Praxis ereignet sich überwiegend als (aktive, passive, affektive) Kommunikation.

Von der Kommunikations- und Interaktionstheorie wird Unterricht als ein kommuni-kativ-interaktionistisches Handlungsfeld interpretiert, Handeln durch Informationsaus-tausch zwischen Menschen in einer „Begegnung" erklärt (vgl. Bollnow, Heidegger, Jaspers, Sartre, Rosenzweig; Buber 1984, Schiele 1988). Der politische Unterricht wird u. a. durch dezidierte geistig-verbale Kommunikation und agierende Interaktion gekennzeichnet. Durch Reflexion, Analyse und Kritik bereitet er auf politisches Handeln vor (Antizipation der Praxis). Kommunikation wird hier nicht informationstheoretisch als Austausch von Nachrichten verstanden, auch nicht als wichtige Form sozialer Interaktion, sondern als jedwede Art des symbolisch vermittelten Verhaltens und Handelns. Soziales Handeln ist eine Interaktion, die sich besonders auf wechselseitiges und gemeinsames Handeln richtet, auf gegenseitige Informationsübertragung und den Austausch von Bedeutungsgehalten. Ler-nende sollen die Situation des Partners richtig einschätzen, dessen Interessen erkennen, die eigenen Interessen verbalisieren, begründen, durchsetzen oder aufgeben, Informations-bedürfnisse artikulieren, die wichtigsten Kommunikationskanäle (mündlich, schriftlich, audio-visuell) aktiv wie rezeptiv einsetzen, situations- und kontextbezogen kommuni-zieren können usw.

7.2.2 Das interaktionistische und kommunikative Konzept

Zum interaktionistischen Theoriekonzept der Sozialforschung gehören Aktivität und Hand-lungsbezug, Entwicklung von Kooperationsfähigkeit und Ich-Stärke. Die Interaktionsana-lyse kann in folgenden methodischen Schritten vollzogen werden:
Wie verhält sich/reagiert der Proband
* sozial-emotional (z. B. solidarisches Verhalten, entspannt, verstehend u. dgl.; stimmt nicht zu, gibt keine Hilfe, zeigt Ablehnung u. dgl.);
* im Lernprozess (z. B. äußert Meinung, bewertet, analysiert, orientiert, informiert, klärt);
* im Fragebereich (z. B. fragt nach Meinungen, Stellungnahmen, Bewertungen, Analyse; er-bittet Vorschläge, fragt nach möglichen Wegen des Vorgehens usw.)?

Die personale (symmetrische/asymmetrische, interpersonale s. u.) und die mediale Kommunikation beeinflusst das Verhalten der Gruppenmitglieder. Selbst- und Mitbestim-mung, individuelle Privation und soziale Identität sind nur kommunikativ über die Beziehungen von Subjekten zu vermitteln. Kommunikative Kompetenz ist eine in der Sprache angelegte Verfügung über den Sinn und die Intention von Aussagen; jedoch bezieht sie sich nicht nur auf das Sprachverhalten, sondern auch auf Gesten, Gebärden und sonstige Handlungen. Kommunikation hat also einen Inhalts-(Informationen, Daten, Fakten) und einen Beziehungsaspekt (Verhältnis Sender – Empfänger, ausgedrückt durch Mimik, Gestik, Tonfall). Dazu ein Beispiel: Jemand sagt: Du hast im Lotto gewonnen! (Inhalt) und grinst dabei (Beziehung). Der Rezipient schätzt die Nachricht auf der Basis des Grinsens ein und weiß, dass er auf den Arm genommen werden soll. Die angesprochene interpersonale Sen-der-Empfänger-Beziehung wurde besonders von Watzlawick (1974, s. u.) untersucht, der Kommunikation verhaltenstheoretisch betrachtet. Kommunikation erfolgt durch Zeichen und Symbole (Sprache), Interaktion durch Zeichen und Aktion, Intrakommunikation;

interpersonale oder gesellschaftliche Kommunikation geschieht danach u. a. durch Reduktion, Klassifikation und Selektion. Das vertikale Kommunikationsmodell stellt sich als Kommunikationsspirale dar.

Kommunikation vollzieht sich verbal und non-verbal (Gestik, Mimik) und sollte herrschaftsfrei sein. Die digitale (verbale) und analoge (Gestik) Kommunikationsweise ergänzen sich; der Inhaltsaspekt wird eher digital, der Beziehungsaspekt meist analog ausgedrückt. Die digitale Kommunikation impliziert ein Handeln, da daran mindestens zwei Teilnehmer beteiligt sind. Es findet eine Art des Zusammenhandelns statt, die man Interaktion nennt. Um zu kommunizieren, muss der Sender seine zu übermittelnden Gedanken, Absichten, Informationen usw. in Zeichen übersetzen (kodieren), die vom Empfänger entschlüsselt (dekodiert) werden müssen. In jeder Interaktionssituation richten die Beteiligten Erwartungen aneinander auf der Basis gesellschaftlich internalisierter Erfahrungen, die die Normierung von Rollen und Verhaltensweisen in der Interaktion betreffen. Dies geschieht primär im Medium der Sprache. In einer idealen Sprechsituation beherrschen die Teilnehmer die Sprache gleichermaßen; in einer gestörten Sprechsituation muss die Symmetrie erst wieder hergestellt werden.

Nicht zuletzt bestimmen soziale Bedingungen (Arbeitsplatz, häusliche Verhältnisse, Erziehung, Ausbildung, Herrschaftsstrukturen usw.) das Kommunikationsverhalten eines Menschen. Einfache Tätigkeiten, fremdbestimmtes, repetitives Arbeiten erfordern vor allem eine knappe, objektsprachliche Kommunikation; komplexe, dispositive, auf vielfältige personale Kontakte gerichtete Betätigungen verlangen zusätzlich eine professionelle Verwendung der Sprache zur Steuerung von flexiblen Interaktionsabläufen.

Jedes Kommunikationssystem ist ein intersubjektives Zeichensystem; aber nicht jedes Zeichensystem (wie die „traditionelle Grammatik") hat immer stärker die „objektive" Dimension des Zeichens, die Kognition in Richtung auf das Subjekt, die Repräsentation in umgekehrter Richtung im Auge gehabt (Beitrag der strukturalistischen Sprachwissenschaft). Manche soziologischen Strukturalisten wollen alle sozialen und kulturellen Phänomene mithilfe der Zeichen-(= Kommunikations-)theorie erfassen, sind subjektiv-geschichtsfeindlich wie die Neopositivisten. Zu Anfang der 1970er-Jahre trat das Leitwort „Semiotik" an die Stelle von Strukturalismus: Wenn alle Erkenntnis zeichenvermittelt ist, dann hat jede Reflexion des Erkenntnisproblems und der Mitteilung von Erkenntnissen bei der Kritik der daran beteiligten Zeichensysteme anzusetzen. Beispielsweise sind im Bereich der Kultur die Fakten, denen nichts Wirkliches, Positives entspricht, selbst „nur" Zeichen (= semiotisiert). Die Kritik an der Kommunikationstheorie bemängelt das Fehlen eines Zentralkriteriums für die Zuordnung verschiedener Indikatoren. Ebenso greift das Verständnis von politischer Bildung als bloßer (leerformelhafter) Kommunikation zu kurz. Die Unterrichtskommunikation muss – unter Beachtung von Inhalten, Formen des politischen Lernens, Verhaltens, Urteilens, Handelns, des Lehrplans, der Strukturen usw. – der Methode entsprechen, damit das Ziel optimal erreicht werden kann.

7.2.3 Der Symbolische Interaktionismus

Menschen handeln aufgrund von Bedeutungen, die sie ihrer Umwelt zuweisen. Diese entstehen und verändern sich in sozialer Interaktion. Nach der Theorie des Symbolischen Interaktionismus (G. H. Mead) ist menschliches Handeln durch Symbole (= sprachliche Zeichen) vermitteltes, bedeutungsvolles Handeln. Dieses Konzept betrachtet Sprache als Teil des gesellschaftlichen Verhaltens. Es berührt sich mit Parsons' Ego-Alter-Dyade: Individuum und Gegenüber drücken bestimmte Einstellungen gestisch aus, die der jeweils andere als Signale für Orientierungen beachten muss. Die Gesten sind signifikante Symbole.

Der Einzelne muss fähig sein, die Rolle, die Haltung des Partners oder der Gruppe zu interpretieren. Ebenso stehen alle „Objekte" in einem symbolischen Zusammenhang: physikalische (Stühle, Bäume), soziale (Studenten, eine Mutter), abstrakte (moralische Prinzipien, philosophische Lehrmeinungen).

Der Symbolische Interaktionismus ist wegen seiner verhaltenstheoretischen Ansätze stark sozialpsychologisch und affektiv-wertbezogen orientiert. Er erlaubt – ebenso wie die Ethnomethodologie – eine umfassendere Betrachtung politischer Lernprozesse, weil sie die Interaktion und die Lebenswelt der Betroffenen mit einbeziehen.

Für den lern- bzw. sozialisationstheoretischen Ansatz des Symbolischen Interaktionismus ist der Begriff der *Situation* (s. S. 416) wichtig, der durch die Interaktionspartner selbst sowie durch die realen sozialen Gegebenheiten definiert wird. Erziehung und Unterricht müssen günstige Situationen bereitstellen, um optimale Kommunikation zu ermöglichen und Handlungsintentionen zu verwirklichen. Watzlawick (1974, 51) beschreibt den Vorgang: Wenn man akzeptiert, „… dass alles Verhalten in einer zwischenpersönlichen Situation Mitteilungscharakter hat, d. h. Kommunikation ist, so folgt daraus, dass (…) man nicht *nicht* kommunizieren kann. Handeln oder Nichthandeln, Worte oder Schweigen haben alle Mitteilungscharakter (Mitteilung = eine soziale Kommunikation). Sie beeinflussen andere, und diese anderen können ihrerseits nicht *nicht* auf diese Kommunikation reagieren und kommunizieren damit selbst." Dabei geht es um ein rational-kommunikatives, herrschaftsfreies Handeln. Das von Watzlawick (1974, 53) aufgestellte metakommunikative Axiom lautet entsprechend: *„Man kann nicht nicht kommunizieren."* Metakommunikation bedeutet Reflexion eigenen kommunikativen Verhaltens. Sie soll Unterschiede und Gemeinsames thematisieren. Die Fähigkeit dazu ist eine soziale Handlungsqualifikation, die Rollendistanz und Ambiguitätstoleranz voraussetzt und Empathie verlangt. Das heißt der Einzelne muss sich selbst kritisch und aus der Perspektive des Andern betrachten können.

7.2.4 Lernziel: Kommunikative Kompetenz

Eine Interaktionsanalyse des Unterrichts ist für die Selbstreflexion des Lehrenden hilfreich, z. B. Wie finden Kommunikation und soziale Interaktion statt (affektiv, kognitiv, psychosozial)? Mit wem spricht der Lehrende vorzugsweise (Alter, Geschlecht, Schichtzugehörigkeit u. dgl.)? usw.

Die interaktionelle Kompetenz ist eine Weiterentwicklung der kommunikativen Kompetenz. Ihre Kriterien betreffen die Interaktionsmuster (z. B. Frage – Antwort), die Rollenverhältnisse (z. B. Wer spricht wann und wie oft?), den Redewechsel (z. B. Wann findet turntaking statt?), die Eröffnungs- und Beendigungsverfahren (z. B. Wie schaltet man sich ins Gespräch ein?), den Einbezug nonverbalen Verhaltens (z. B. Sind Körpersprache und verbales Verhalten kongruent?), die sprachlichen Routinen (z. B . Ist ‚Hallo' als Begrüßung für einen Vorgesetzten angemessen?), die sozialen Maximen (z. B. Wie wirkt sich höfliches Verhalten auf den Verlauf der Interaktion aus?). Es geht also um die Verständigung von Menschen durch Symbole (Sprache, Gestik, Mimik).

Das Lernziel Kommunikative Kompetenz manifestiert sich also als Fähigkeit, zwischen Inhalts- und Beziehungsaspekt (s. o.) in Kommunikationsprozessen differenzieren, verbale und non-verbale Kommunikationsmodalitäten in Interaktionssituationen beherrschen zu können. Die Realisierung der Kommunikativen Kompetenz im Verhalten, in verbaler, gestischer oder tonaler Form wird als Performance bezeichnet. Darüber hinaus wird zwischen einer symmetrischen („herrschaftsfreien", Habermas), auf der reziproken Anerkennung von Subjekten und Intersubjektivität beruhenden und einer asymmetrischen Kommunikationsstruktur unterschieden. Ähnlich spricht man von symmetrischen, auf Gleichheit beruhenden und komplementären, in der Unterschiedlichkeit der superioren bzw. inferioren Stellung der Partner (z. B. Mutter – Kind, Arzt – Patient, Lehrer – Schüler) begründeten Interaktion (Watzlawick). Daraufhin fragt die sozial-interaktionelle Dimension der Unterrichtsmethodik, inwiefern der Unterricht die Lernvollzüge in günstiger Differenzierung, d. h. individuell oder gruppenspezifisch, organisieren und die Lernerfolge sichern kann.

Daneben gibt es Kognitive Dissonanztheorien. Danach kann kognitive Dissonanz in drei Klassen von Situationen entstehen: 1. Entscheidung zwischen Alternativen, 2. Handeln unter Druck, 3. Aufnahmeverarbeitung von Informationen, die mit bisherigen Informationen und Überzeugungen nicht übereinstimmen (Festinger 1957). Meist zielt Kommunikation auf den systemtheoretischen Rahmen, während offene Systeme nach dem Reiz-Reaktions-Schema komplex und nicht genau vorherschbar sind.

7.3 Das Kolloquium/die Disputation: Formen streitiger Auseinandersetzung

7.3.1 Begriffliche Einführung und Themen

Kolloquium und Disputation stammen aus der Tradition der mittelalterlichen Universitäten. Sie konnten intern im Kreis der Gelehrten und Studenten sowie extern für einen größeren Hörerkreis stattfinden. Sie zeichnen sich durch ihren diskursiv-agonalen Charakter der intellektuellen Auseinandersetzung der Fachleute aus. Als man in den 1960er- und 1970er-Jahren nach neuen Formen des Lernens im akademischen Bereich (Ablösung der Vorlesung durch mehr kommunikative Lehr- und Lernformen) sowie im Bereich der gymnasialen Oberstufe suchte (Auflösung des allgemein verbindlichen Fächerkanons – dessen Einheitlichkeit durch den Tutzinger Maturitätskatalog von 1951 bis dahin gewahrt worden war – zugunsten spezialisierter Schultypen und offener Lehr-/Lernmethoden) erinnerte man sich wieder an verlorene Bestände. Seitdem können an manchen Universitäten die Rigorosa als Disputation zweier Kontrahenten, des Doktoranden als des Verteidigers einer These und seines Gegenparts (advocatus diaboli), abgehalten werden. Für die gymnasiale Oberstufe hat man auf das Kolloquium zurückgegriffen. In den „Empfehlungen an die Unterrichtsverwaltungen der Länder zur didaktischen und methodischen Gestaltung der Oberstufe der Gymnasien im Sinne der Saarbrücker Rahmenvereinbarung *(Stuttgarter Empfehlungen)*" vom 28./29.9.1961 werden Aufgabe und Methode des Kolloquiums umschrieben:
„Das *Kolloquium* ist geeignet, mit den Schülern Themen zu behandeln, zu denen verschiedene Fächer einen Beitrag leisten können. Es ist darauf zu achten, dass die Themen dem

Wissen und dem Leistungsvermögen der Schüler angepasst sind. Alle Formen der geistigen Vermittlung sind angebracht, die eine lebendige Aussprache auslösen können: Berichte der Lehrer, Schülerreferate, Berichte über die Ergebnisse vorbereitender Gruppenarbeit, gemeinsame Lektüre geeigneter Abschnitte aus einfachen wissenschaftlichen Darlegungen usw. Die Aussprache braucht nicht immer zu eindeutigen oder übereinstimmenden Ergebnissen zu führen. An ihrem Ende sollte jedoch immer eine klare Zusammenfassung des Erreichten, Nichterreichten oder Strittigen stehen. Entscheidend ist, dass die Bereitschaft zum Gespräch auch bei verschiedenen Grundauffassungen gefördert wird."

Daraus geht die Wende zu selbstständigem Lernen, die Abkehr von einem rezeptiven zu einem aktiven Arbeitsstil hervor. Natürlich können solche Veranstaltungen aufgrund ihres hohen Aufwands und Anspruchs der Verpflichtung, Lernende in mehr systematisch angelegte Stoff- und Problemzusammenhänge einzuführen, nur einen singulären Charakter haben. Um so nachhaltiger kann ihre Wirkung sein.

Eine Reihe bewährter Themen lauten:

1. Was bedeutet (noch) der Nationalstaat und seine Organe (drei Gewalten) im Zeitalter der Globalisierung (Wirtschaft) und der supranationalen Institutionen (Europäische Union usw.)?
2. Probleme eines Entwicklungslandes.
3. Erscheinungsformen von Fremdenfeindlichkeit und Rassismus und Strategien zu ihrer Überwindung.
4. Was können Nation und Vaterland noch bedeuten? Wandlungen eines Begriffs in einer sich internationalisierenden Gesellschaft.
5. Patriotismus – Europäismus – Kosmopolitismus. Ergänzungen oder Gegensätze?
6. Soll die Pressefreiheit eingeschränkt werden? (Anhand aktueller Fälle.)
7. Das Verständnis von Freiheit und Menschenwürde in verschiedenen Kulturen. (Europa – Asien; vgl. Samuel P. Huntington: Kampf der Kulturen. Die Neugestaltung der Weltpolitik im 21. Jh. München/Wien 1996)
8. Die Rolle der Interessenverbände als intermediäre Gewalten in unserer Gesellschaft.
9. Ideologische Begründungen von Wirtschafts- und Gesellschaftsordnungen (Kommunismus – Kapitalismus – Dritter Weg – Soziale Marktwirtschaft).
10. Demokratie im Wandel? Ansätze moderner Demokratietheorien (s. S. 88).

7.3.2 Durchführung eines Kolloquiums

Nach Festlegung des Rahmenthemas wird eine detaillierte Aufschlüsselung vorgenommen und auf mehrere Arbeitsgruppen verteilt. Voraussetzung ist, dass die Teilnehmer in entsprechende Verfahren (z. B. Textauswahl und -interpretation, Analyse von Tabellen und sonstigen Daten, Befragungs- und Interviewtechniken usw.) eingewiesen worden sind. Für die fächerübergreifende Erarbeitung sollte ausreichend Zeit zur Verfügung stehen (u. a. freiwillige Zusammenkünfte und mögliche Zentrierung des Fachunterrichts auf das Thema des Kolloquiums), vom Curriculum sollte angesichts des zu erwartenden, kompensierenden Zugewinns an mit dem Kolloquialthema verknüpften Fähigkeiten (z. B. vernetztes Denken, Gebrauch von Methoden aus verschiedenen Fachgebieten) und Fertigkeiten (z. B. Materialsuche [Recherchen] in Bibliotheken, Archiven, Statistischen Landesämtern usw.) eine Zeitlang abgewichen werden können.

Während der Vorbereitungszeit sollte ein kleiner wissenschaftlicher Apparat in der Bibliothek zur Verfügung stehen. Die Lehrenden sollten als Moderatoren fungieren. Sie organisieren, beraten, begleiten, regen die Lernenden an. Jeder potenzielle Teilnehmer am Kolloquium sollte eine Teilaufgabe übernehmen (müssen). Sie korreliert mit seinen (schulischen) Verpflichtungen und kann in die individuelle Beurteilung (Notengebung) einbezogen werden.

Die Veranstaltung sollte in einem dafür geeigneten Raum (gesprächsfreundliche Platzanordnung, technische Ausrüstung, Zuschauerplätze) stattfinden und infolge ihrer herausragenden Bedeutung (schul-)öffentlich sein.

Lehrende und Lernende können in Freistunden als Beobachter teilnehmen. Das Kolloquium wird von seinem Leiter, i. d. R. ein Lehrender, eröffnet. Er weist auf die allgemeine Bedeutung für Teilnehmer und Hörer hin, erinnert an die Spielregeln, vor allem an die symmetrische Kommunikation, an einen zivilisierten Umgang miteinander, an die Rechte des Gesprächsleiters u. dgl.

Ihm zur Seite nehmen zwei Stellvertreter Platz, die aus den Reihen der Lernenden stammen und sich nach etwa zwei Stunden mit dem Leiter in seiner Funktion abwechseln, außerdem sollten zwei Lernende als Protokollanten tätig werden. Der Gesprächsleiter hat die Aufgabe: 1. die Diskussion zu leiten, das Wort zu erteilen, 2. das Gespräch auszulösen und durch geeignetes Vorgehen in Gang zu halten, 3. für eine Strukturierung der Beiträge zu sorgen, 4. die Klärung der Standpunkte zu ermöglichen, 5. auf ein Ergebnis hinzuarbeiten.

Die Diskussion kann auf verschiedene Weise initiiert werden: durch eine Provokation (provokante These des Gesprächsleiters oder eines Teilnehmers), durch je ein kurzes Statement der Arbeitsgruppen (pointierte Herausstellung der jeweiligen Positionen), durch ein Podiumsgespräch (Panel-Diskussion, Aufzeigen von Argumenten zum Thema; Abbruch nach einigen Minuten), durch ein Referat (das die gegensätzlichen Positionen klar gegenüberstellt), durch einen Kurzfilm, ein Bild, ein Zitat u. dgl.; danach erfolgt die Auffaltung bzw. Weiterführung der Probleme im Plenum (auch mittels Bildern, Tabellen, Karten, Statistiken usw.). Die Beteiligung von zwei Klassen/Kursen kann den Wettbewerbscharakter betonen. Bei Anzeichen von Ermüdung der Diskutanten oder Beratungsbedarf der Gruppenmitglieder kann eine relaxierende oder schöpferische Kaffee- oder Konsultationspause eingelegt werden. Zwischenergebnisse können thesenartig an der Wandtafel oder einer Clipchart festgehalten werden. Das Resultat sollte von einem Redaktionsteam zusammengefasst, veröffentlicht und als Grundlage zur immanenten Weiterarbeit oder von Studiengruppen benutzt werden. Eine (Meta-)Reflexion aller Beteiligten über Aufwand, Verfahren und Ertrag sollte sich anschließen. Mit dem Kolloquium wird ein Diskussionsverfahren paradigmatisch praktiziert, das im öffentlichen und beruflichen Bereich von erheblicher Relevanz ist.

7.3.3 Die Disputation als (wissenschafts-)propädeutische Form des Streits

Die *Disputation* will eine These auf den Punkt, zur Entscheidung bringen. Im Gegensatz zum Kolloquium, dessen Teilnehmerzahl größer und dessen Thematik umfassender sein darf, ist die Disputation eine Auseinandersetzung zwischen wenigen gleichgewichtigen Disputanten. Sie verlangt Spezialwissen, eine ausgeprägte Fähigkeit zum Diskurs, einen scharfen, dialektisch geschulten Verstand, Ausdauer u. dgl. Beispiele für zugespitzte Disputationsthesen sind:

1. Alle Deutschen waren Hitlers „willige Helfer". (Vgl. Daniel J. Goldhagen: Hitlers willige Vollstrecker. Ganz gewöhnliche Deutsche und der Holocaust. Berlin 1996; Christopher R. Browning: Ganz normale Männer. Das Reserve-Polizeibatailion 101 und die „Endlösung" in Polen. Reinbek 1996)
2. Auschwitz war ein „singuläres Ereignis" der deutschen Geschichte. (Vgl. „Historikerstreit", Dokumentation Piper. 3. Aufl., München 1987 Klaus Oesterle/Siegfried Schiele (Hg.): Der Historikerstreit und die politische Bildung. Schwalbach/Ts. 1989)
3. Hitler und Stalin – ein und dieselbe Seite des Totalitarismus? (Vgl. Alan Bullock: Hitler und Stalin. Parallele Leben. Berlin 1991)
4. Der „billige" Doppelpass ist eine Privilegierung der Ausländer. Erst Integration, dann Pass.
5. Die Erweiterung der EU gefährdet ihren Zusammenhalt (Unbeweglichkeit bei über zwanzig Mitgliedern), ihr Budget (Nichtfinanzierbarkeit weiterer „armer" Länder) und ihre Organe (zahlenmäßige Ausweitung und Vetomöglichkeiten gefährden die Funktionsfähigkeit der Kommission, des Europäischen Parlaments, der Ministerräte).
6. Die Beitritte ost(mittel)europäischer (Reform-)Staaten zur NATO stellen eine Provokation für Russland dar.
7. War die DDR ein Unrechtsstaat?
8. Sind die politischen Parteien noch zeitgemäß?
9. Einzelne Politikbereiche (z. B. Bildungs-, Sozial-, Finanz-, Außenpolitik).
10. Die Gewichtung der Standpunkte von Bubis und Walser auf der Grundlage von Walsers Paulskirchenrede (1998) über die Bedeutung von Auschwitz für die Interpretation der deutschen Geschichte.

7.4 Sprache und Methode

7.4.1 DIE FUNKTION VON SPRACHE

Die Sprache – „Verbum est vinculum societatis" stand als Inschrift am Portal der Rednerschule im alten Rom, von Leibniz wurde die Sprache als Spiegel des Verstandes bezeichnet und von Humboldt zugleich als ergon (zu Wörtern geronnene Inhalte) und energeia (als fortwirkende Kraft) klassifiziert – fokussiert im (mündlichen) logos (viele Kulturen hatten keine Schriftsprache). Vom Evangelisten Johannes (1, 1) wurde das „Wort" auf den Menschheitsanfang datiert: „En arche en ho logos, kai ho logos en pros ton theon, kai theos en ho logos." (Septuaginta)/„In principio erat verbum, et verbum erat apud Deum, et Deus erat verbum." (Vulgata). Angewandt auf die Symbolisierung und Strukturierung von Wahrnehmungen und Denkinhalten spielt die Sprache in der menschlichen Interaktion eine ausschlaggebende Rolle. Sie kulminiert in dem Diktum Heideggers, wonach die Sprache (ontologisch-funktional) als „das Haus des Seins" bezeichnet wird, bzw. in Wittgensteins Axiom von der Grenze der Sprache als den Grenzen der Welt. Das „Gesagte" in den Sätzen kann nur vor dem Hintergrund des von ihnen Ungesagten verstanden werden. Wie unser Selbst- und Weltverständnis beschaffen ist, hängt an den Netzen der gesellschaftlichen Sprache.

Die Sprache ist eine Grundbefindlichkeit des Menschen („dialogisches Leben", Martin Buber). Sprachphilosophie und -psychologie diskutieren seit Platon („Kratylos"), ob die menschliche Sprache physei (von Natur gegeben) oder thesei (auf Übereinkunft beruhend) sei. Seit Beginn des 20. Jhs. (Ferdinand de Saussure: Cours de linguistique générale, 1912) ist die Arbitrarität (Beliebigkeit) des sprachlichen Zeichens zu einer Grundaussage der theoretischen Sprachwissenschaft geworden. Danach beruht die Verbindung zwischen Bezeichnendem (Signifikant) und Bezeichnetem (Signifikat), d. h. zwischen Form und Bedeutung auf willkürlicher Setzung. Daneben gibt es Theoretiker, die auch die nichtarbiträren Aspekte der Sprache, vor allem ihre „Ikonizität", die Bildhaftigkeit sprachlicher Zeichen, zur Geltung kommen lassen, z. B. die Ähnlichkeit zwischen Form und Bedeutung etwa der Piktogramme im öffentlichen Raum (vgl. die semiotische Theorie des amerikanischen Philosophen Charles Sanders Peirce, 1839–1914).

Die sprachliche Formulierung und Vermittlung ist das herausragende Instrument methodischer Klarheit und Präzision (z. B. Unterscheidung zwischen informatorischer, deskriptiver oder präskriptiver [Werturteile] Sprache) ebenso wie von Verschleierungen, Auslassungen u. dgl.

7.4.2 Sprachliche Korrektheit als Voraussetzung klarer Gedankenführung

Deshalb sollte man der sprachlichen Korrektheit, der Lexik, Semantik und Grammatik große Aufmerksamkeit widmen, wie aus der Analyse der folgenden (konstruierten, nichtssagenden) politischen Aussage (sowie der Transkriptionen von Unterrichtsstunden, die eine unzulängliche Sprach-/Sprechkultur widerspiegeln, z. B. Schelle 1995; Grammes/Weißeno 1993; Gagel u. a. 1992) hervorgeht:

„Ich gehe davon aus, dass die Entwicklung der Lage die Lösung der Probleme erleichtert, aber auch eine Herausforderung darstellt, denn die unabdingbare Voraussetzung für die Akzeptanz unserer Politik ist es, dass wir den Bürgern nicht in die Tasche greifen, sondern uns durch gezielte Maßnahmen als Partei des Aufschwungs profilieren." (Zitat in DIE ZEIT v. 18. 9. 1992)

Im Einzelnen ist bei der Sprachanalyse zu achten auf
a) Charakteristika der Syntax
   (z. B. Hypotaxe, Parataxe, Parallelismus, Inversionen normaler Satzstellung, Bevorzugung bestimmter Satzarten [Imperativsätze usw.]).
b) Charakteristika der Lexik
   (z. B. Bevorzugung bestimmter Wortarten, verbaler oder nominaler Stil, Abstrakta oder Konkreta, emotionale oder wertende Adjektive, Schlüsselwörter usw.; Bevorzugung einer bestimmten Sprachschicht, z. B. Hoch-, Vulgär-, Fachsprache, Mundart usw.; Bevorzugung von Wörtern aus Sport, Technik, Militär, Religion usw.).
c) Einsatz rhetorischer Mittel
   (z. B. Metaphern, rhetorische Fragen usw.).

7.4.3 Sprache als Inhalt und Vehikel politischer Bildung

Wesentliche Ziele politischen Unterrichts wie Mündigkeit, Selbstbestimmung, Freiheit, Toleranz usw. lassen sich nur in bestimmten sprachlichen Strukturen äußern und kommunizieren; denn Sprache ist gesellschaftlich vermittelt, und in ihr zeichnen sich gruppenspezifische Merkmale (Wertungen, Verhaltensmuster, Wertvorstellungen u. dgl.; vgl. Soziolinguistik) ab. Sie ist nicht zuletzt ein Instrument politischen Handelns (Sternberger 1991; Politik und Unterricht 1/1998). Sie stellt sich insgesamt dar als ein Mittel der Information, der Erkenntnisgewinnung, der Normsetzung, der Gestaltung, des Appells, der Agitation (Rhues 1984), der Kritik, der Beeinflussung u. dgl.

Die kommunikative Absicht bestimmt die Einstellung des Sprechers zum Gegenstand:

Auswahl, Interpretation und Verknüpfung der Fakten sowie die Darstellungsform, Wortwahl, Syntax, Komposition werden ebenfalls der Aussageabsicht im Blick auf den Empfänger angepasst.

Politisch-emanzipatorische Sprachbetrachtung zielt auf Verdeutlichung der Rolle der Sprache als Medium gesellschaftlicher Implikate, z. B. als Instrument von Herrschaftsausübung, Manipulation, Vorurteilen, bestimmter Denkschemata, Mythologisierungen, Werten und Leitbildern von Gruppen, aber auch der Kritik und personalen Autonomie. Das moderne Kommunikationsmodell mit den Variablen Sender – Gegenstand – Empfänger macht die soziale Funktion von Sprache deutlich.

Sprache ist nicht nur ein Kommunikationsinstrument, sondern fungiert ebenso als Vehikel des Denkens und ist damit ein wichtiges Element des menschlichen Bewusstseins (s. S. 218). Daher sollte Sprachschulung Wert legen auf Befähigung zu genauer Darstellung und Beschreibung von Situationen und Gedanken. Das beginnt bei der Präzisierung von Begriffen, z. B. Arbeitgeber - Arbeitnehmer, Sozialpartner – Sozialparteien, die Firma – eine große Familie u. ä. Deren ideologischer Hintergrund ist evident. Die politische Sprache hat die Tendenz zur Rede in Idealtypen und diffusen Wesensaussagen. Dabei sind antithetische (= unscharfe) Begriffsschemata beliebt (Polysemie der Begriffe), die im Grunde autoritäre Denkstrukturen fördern, differenziertes Denken behindern, die Empirie entwerten, zu Scheininformationen über eigene und fremde Wirklichkeit führen, viel- und mehrdeutig die Wahrheit verschleiern. Das gilt nicht zuletzt für Kollektivbegriffe wie der Jude, die Nation, der Fortschritt, die Geschichte, die Klasse. Sie drohen sich ontologisch zu verselbstständigen und zu einem überindividuellen Handlungssubjekt gegenüber dem Individuum zu werden. Demgegenüber wäre ein differenziertes Selbst- und Fremdverständnis notwendig, das u. a. Sprach- und Ideologiekritik (s. S. 393) praktiziert. Die Sprache des öffentlichen Lebens ist eine rhetorische Sprache. Sie dient der Argumentation, Kritik und Appellation mit dem Zweck, eine Mehrheit für eine bestimmte Meinung oder einen Standpunkt zu gewinnen. Dabei wird oft das Prinzip der Sachlichkeit von dem der Wirksamkeit überlagert. Im Unterricht ist die Methode des herrschaftsfreien Sprechens angemessen. Zu ihr gehören das reversible Sprechen, die Redefreiheit, der Widerspruch, die Gleichberechtigung der Partner, die Vernünftigkeit, das nichtautoritäre Klima, die Verständlichkeit, die Repressionsfreiheit, die rationale Verbindlichkeit der Beschlüsse, die Kommunizierbarkeit der Ergebnisse, all das, was Habermas als „herrschaftsfreien Diskurs" apostrophiert (s. S. 242). Eine Voraussetzung ist die Vertrautheit der Diskussionsteilnehmer mit den verschiedenen (elaborierten und restringierten) Sprachcodes. Dies gilt besonders für eine Demokratie nach westlichem Muster als „government by discussion".

7.4.4 GESELLSCHAFTSPOLITISCHE FUNKTIONEN VON SPRACHE

Sprache erfüllt demnach unterschiedliche Funktionen auf verschiedenen gesellschaftlichen und politisches Ebenen (z. B. als Sprache der Diplomatie, der Politik, der Propaganda, der

Wissenschaft, der Ideologie, der Verhandlung usw.). Wo Sprache Definitionsmacht erhält im Sinne der Political Correctness, determiniert (oder gar manipuliert) sie die Betroffenen und wird zum Steuerungsinstrument, z. B. Heiliger Krieg, Kaiser und Vaterland, ein Volk – ein Reich – ein Führer, Untermenschen, Freiheit statt Sozialismus, Chancengleichheit, Berufsverbot, Abwicklung, Kurzarbeit null, Freisetzung, Krisenreaktionskräfte, Nullwachstum, Altparteien, antifaschistischer Schutzwall, demokratischer Zentralismus, aber auch fundamentale Begriffe wie Rechtsstaat, Demokratie, Verfassung, Allgemeinwohl, Solidarität usw. werden in ihr Gegenteil pervertiert bzw. erleiden eine Bedeutungsveränderung wie Nation, Ehe, Familie usw.; linke Ideologen sprechen vom System, von struktureller Gewalt, von Reform, Gesellschaft, FDGO, Kapitalismus, drittem Weg, rechte Ideologen präferieren Staat, Tradition, Konservativismus, Obrigkeit, Autorität, Legalität, Werte, Tugenden usw.

Sprache kann folglich zu Herrschaftszwecken instrumentalisiert werden, z. B. durch rhetorisch-propagandistische, emotionalisierte Verwendung (z. B. Goebbels: „Wollt ihr den totalen Krieg?"), durch semantische Umdeutung von grundlegenden Begriffen wie Gemeinschaft und Reich usw. (Steiner 1985).

Die sozial-konstitutive Funktion der Sprache wird durch ihre analytische ergänzt, und zwar als Werkzeug zur Ideologiekritik, zur rationalen Aufklärung, zur gesellschaftlichen Kontrolle u. dgl. Die Sprachanalyse zentraler Begriffe (Was bedeute[te]n Begriffe in einem bestimmten Kontext, z. B. Kapital – Arbeit, Klasse – Schicht, Gleichheit – Gerechtigkeit?) sollte mit der Strukturanalyse (Wie ist eine bestimmte Struktur, z. B. gewaltenteiliger Staatsaufbau früher oder heute im eigenen Land oder anderswo benannt worden?) verbunden werden (vgl. die historische Sprachanalyse als ein Schwerpunkt der sozialgeschichtlichen Theoriebildung; Brunner/Conze/Koselleck 1972). Die Sprache ist dynamisch und generiert permanent neue Wörter/Begriffe und Bedeutungen.

7.4.5 PRAKTISCHE HINWEISE FÜR EINE SPRACHLICHE ANALYSE

Für den Sprachgebrauch ist die Begriffsexplikation (Worterläuterung, -begründung, -rechtfertigung) sowie – auf der Grundlage wissenschaftlicher Propädeutik – die Rechtfertigung von Sätzen (Aussagen) bedeutsam. Die (politische) Rede (s. u.) gehörte zum antiken Bildungskanon und war Bestandteil der sieben artes liberales (z. B. Platon: „Phaidros", Dialog zwischen Sokrates und Phaidros über die Kunst der Rede). Sie brachte in Griechenland große Redner wie Demosthenes und Perikles, Cicero u. a. bei den Römern hervor. Für die argumentierende Rede kommt es nach Aristoteles auf die folgenden Schlussverfahrensfiguren an:

- argumentum e contrario = Umkehrschluss
- argumentum ad minus = deduktiver Schluss vom Größeren zum Kleineren, vom Allgemeinen zum Besonderen
- argumentum a minore ad maius = induktiver Schluss vom Kleineren zum Größeren, vom Besonderen zum Allgemeinen
- argumentum a forteriori = der Schluss vom Schwächeren zum Stärkeren („wenn schon, dann erst recht").

Bei der Analyse forensischer Reden ist folgendes zu beachten: der Anlass, das Thema, das Auditorium, die Situation, die Absicht, die sachliche Strukturierung, der rhetorische Aufbau (Schlüsselwörter, Satzbau, Bilder, sprachliche Dynamik u. dgl.), die inhaltliche Substanz.

Als klassisches Beispiel für eine nicht vorbereitete, sich aus unpräzisen Anfangsgedanken entwickelnde Rede und die Eigendynamik der politischen Sprache wird aus Heinrich von Kleists Aufsatz „Über die allmähliche Verfertigung der Gedanken beim Reden" zitiert. Kleist bezieht sich auf die berühmte Rede des Grafen Mirabeau in der französischen Deputiertenkammer am 23. Juli 1789, mit der dieser dem Zeremonienmeister des Königs auf dessen Auflösungsbefehl antwortet. (Der Leser kann anhand der Kleistschen Kommentare, die jeweils aus der Ich-Perspektive eingeflochten sind, genau verfolgen, wie sich im Akt des Sprechens das Machtpotenzial der politischen Sprache entfaltet.)

„… *Ja*, antwortete Mirabeau, ,*wir haben des Königs Befehl vernommen*' – ich (Kleist) bin gewiss, dass er, bei diesem humanen Anfang, noch nicht an die Bajonette dachte, mit welchen er schloss: ,*Ja, mein Herr*' wiederholte er, ,*wir haben ihn vernommen*' – man sieht, dass er noch gar nicht recht weiß, was er will. ,*Doch was berechtigt Sie*', fuhr er fort, und nun plötzlich geht ihm ein Quell ungeheurer Vorstellungen auf – *uns hier Befehle anzudeuten? Wir sind die Repräsentanten der Nation.*' – Das war es, was er brauchte! ,*Die Nation gibt Befehle und empfängt keine.*' – um sich gleich auf den Gipfel der Vermessenheit zu schwingen. ,*Und damit ich mich Ihnen ganz deutlich erkläre*' – und erst jetzo findet er, was den ganzen Widerstand, zu welchem seine Seele gerüstet dasteht, ausdrückt: *so sagen Sie Ihrem Könige, dass wir unsere Plätze anders nicht, als auf die Gewalt der Bajonette verlassen werden.*' (…) Man liest, dass Mirabeau, sobald der Zeremonienmeister sich entfernt hatte, aufstand, und vorschlug: 1) sich sogleich als Nationalversammlung, und 2) als unverletzlich, zu konstituieren. (Text in APuZ B 17/91, S. 3)

Was geht hier vor? Dörner (1991, 3) kommentiert:

„Kleist zeigt zunächst, welche bewegende Macht vom gesprochenen Wort ausgehen kann: hier die Macht der Selbstdefinition, die, einmal ausgesprochen, es einer Gruppe von Männern ermöglicht, sich als Repräsentanten einer ,Nation' zu deklarieren und auch gleich die entsprechenden institutionellen Schritte einzuleiten – allen Lähmungen zum Trotze, die das Wort des Königs früher beim Volk ausgelöst hatte. Durch den Sprachakt werden neue politische Realitäten geschaffen.

Zum anderen ist jedoch zu beachten, dass Mirabeau diesen Sprachakt keineswegs aus dem völligen Nichts heraus schöpfen konnte. Die Möglichkeit einer Bedeutung der Wörter – ,Repräsentanten der Nation' in Mirabeaus Sinne muss sich bereits im Vorfeld der Ereignisse eröffnet haben, denn ohne einen – von der sozialgeschichtlichen Forschung mittlerweile auch gut aufgearbeiteten – entsprechenden Wandel von Mentalität und Sprachbewusstsein würde eine derartige Äußerung unverstanden im Raum stehen bleiben.

Schließlich aber wäre das geschilderte Ereignis eine unbedeutende Anekdote geblieben, wenn nicht das reale politische Handeln der französischen Bürger diesem neuen Sprachgebrauch der ,Nation' zum politischen Durchbruch verholfen hätte."

7.4.6 Sprachlich-politische Argumentationshilfen

Für das politische Argumentieren bieten sich an:
- Das Stellen von politisch-gesellschaftlichen Fragen
- die Bildung, Begründung und (Über-)Prüfung von Hypothesen
- die Entwicklung, Verteidigung und Variierung von Argumenten
- die Verbindung von Resultaten aus Hypothesen und Argumenten zu Aussagen und Urteilen

- die Kennzeichnung offener Probleme
- die Reflexion von theoretischer Erörterung und gesellschaftlicher Praxis
- die Metareflexion politisch-gesellschaftlicher Erkenntnisse.

Die einzelnen Argumentationsformen beruhen auf persönlichen Prämissen der Wertung (z. B. Position der Politik- und Gesellschafts-/Staatsdeutung; erkenntnisleitende Interessen; Freiheit – Gleichheit u. dgl.).

Aus alledem resultiert u. a.: Das Sprachniveau korrespondiert mit dem gedanklichen und denkerischen Niveau eines Menschen. Je differenzierter die Ausdrucksweise, desto analytischer und abstrakter sein Denken und umgekehrt. Vielen Wörtern ist neben ihrem Begriffswert ein inhaltlich unterschiedlicher (suggestiver) Gefühlswert inhärent, z. B. Wörtern wie Volk, Vaterland, Heimat, Nation, Frieden, Freiheit, Gleichheit, Brüderlichkeit, Sozialismus, Kapitalismus usw. Konformistisches Verhalten kann sich in (vom Einzelnen nicht reflektierten) moralischen Wertbegriffen wie Pflicht, Treue, Ehre verbergen (z. B. „Die Treue ist das Mark der Ehre.").

7.4.7 Sprache als Medium der (politischen) Interaktion

7.4.7.1 Sprache als Form des Denkens und Verstehens

Sprache – nicht zuletzt ein synergetischer Verbund von verbal oder non-verbal (Gestik, Mimik), von ergon oder energeia (Humboldt) – ist ein Medium der Interaktion (Inhalts- und Beziehungsaspekt) und verfügbar für „symbolvermitteltes Handeln" (Alfred Lorenzer). Ihr Erwerb erfolgt durch Einübung in ein vorgegebenes Symbolsystem. Sie dient jedoch nicht allein instrumentellen Zwecken der Bezeichnung, Informationsvermittlung, Verständigung, Bedeutung (hermeneutische Interpretationsproblematik; Berücksichtigung der Wort- und Begriffsgeschichte) , Offenbarung (aber auch der Verhüllung, Tabuisierung, Verschleierung, z. B. finaler Rettungsschuss, Gast-/Fremdarbeiter, atomarer Störfall, Verteidigungsfall, Verschlankung, Schwangerschaftsabbruch, dem Arbeitsmarkt zuführen, wegrationalisieren usw.), schließlich des Verfälschens und Verschweigens (z. B. Militärzensur im Golfkrieg 1991: vgl. John Mac Arthur: Die Schlacht der Lügen. München 1993 u. dgl.), sondern sie ist zugleich sinnkonstitutiv durch Formung eines interdependenten kontextuellen und situativen Wirkungszusammenhangs in Denk- und kommunikativen Interaktionsprozessen, durch produktives Hervorbringen, z. B. durch Erweiterung unseres Wissens und geistigen Horizonts; sie wird zum gedanklichen Konstituum, Symbolum. Sie ist als soziale Institution zusammengefasst das zentrale Medium der „gesellschaftlichen Konstruktion von Wirklichkeit" (Berger/Luckmann), auch von Identität (vgl. „Nation", „Staat", „Vaterland", „Heimat"). Wie ein Mensch die „Welt" oder ein Problem von seiner Sprachbeherrschung vorformt (sog. „linguistisches Relativitätsprinzip", B. L. Whorf), so wird die Außenwelt vom Bewusstsein des Sprechers (mit-)konstituiert. Die Sprache nuanciert die Realitätskonstruktion durch ihre je eigene Lexik, Grammatik, Semiotik usw., durch kognitive, affektive und evaluative (objektive und subjektive) Strukturen, durch anschauliche Beschreibung, Abstraktion (Begrifflichkeit), Darstellung u. dgl.

Hinzu kommt die – u. a. sprachkompetenzbedingte – Fähigkeit des Individuums alternativ, produktiv, strukturiert, vernetzt, abstrakt/konkret zu denken.

7.4.7.2 *Sprache als (politisches) Interaktionsmedium*

Sprache dient der symbolischen Interaktion („Wir sind das Volk.") schlechthin. Durch semantische Besetzung von politischen Grundbegriffen (Stötzel/Wengeler 1995)wird von Akteuren (Parteien, Verbänden, Politikern usw.) versucht, Einfluss auf politisches Denken und Handeln zu gewinnen. Politische Sprache wird deswegen auch als „Kampf der Wörter" (Greiffenhagen 1980) begriffen. Dabei geht es um die Ausübung von Definitionsmacht, von Herrschaft durch Sprache etwa bei Zentralbegriffen wie Demokratie, Freiheit, Reform, Gerechtigkeit, konservativ, progressiv, rechts, links usw., aber auch bei Wörtern wie Terrorist, Krimineller, (Rechts-, Links-)Radikaler usw.

Ebenso geht es um die Tabuisierung politisch unerwünschter Begriffe wie Republikaner, Neofaschist, Chaot, Elite usw., um ideologisch-taktische Verschleierungen bei Wörtern wie Sozialpartner, Chancengleichheit, Volksdemokratie, Warteschleife, Talsohle, Betriebsgemeinschaft usw. So wenig wie die Lexik sollten Grammatik und Stilistik vernachlässigt werden. Je nach Adressaten(kreis) ist eine Verwendung abstrakter oder einfacher, anschaulicher Wörter und Begriffe, Nominal- oder Verbalstil, sind kurze oder kompliziertere Satz- oder unpersönliche Tempuskonstruktionen zu wählen: z. B. „Es wurden Millionen von Juden getötet …" anstelle von „Die Deutschen töteten …"

Die Objektfunktion von Sprache erfordert die inhaltliche und formale Analyse der von ihr zu vermittelnden Kommunikations- und Interaktionsprozesse in sozialen Systemen. Das Problemfeld „Politik" ist prinzipiell sprachlich-kommunikativ verfasst, Sprache spielt in der Politik eine konstitutive Rolle. Daher ist der Sachzusammenhang zwischen Politik und Rhetorik (Göttert 1994) etwa im Rahmen von konkreten Sprechsituationen wie Diskurs, Rede, Statement, Debatte auf Parteiversammlungen, im Parlament, in Gesprächsrunden, im Rundfunk und Fernsehen zu thematisieren. Die forensischen Momente der Sprache können etwa in Gestalt der Vorbereitung einer Wahlrede, eines Artikels für eine (Wahl-)Zeitung, in Pro- und Contra-Diskussionen u. dgl. eingeübt werden. Die Rhetorik kann zusammen mit Dialektik und Grammatik (Trivium) auf die mittelalterliche Tradition in der Artistenfakultät und im klassischen Schulkanon der „Sieben freien Künste" (septem artes liberales) zurückgreifen.

Da geht es darum, einen Standpunkt argumentativ und überzeugend zu vertreten, einschließlich des Gebrauchs rhetorischer Mittel wie Stimme, Gestik, Bewegung sowie sicheres Auftreten, Blickkontakt, Gliederung, Redefiguren, Pausentechnik, Wortschatz (Klein 1989), Sachwissen, Interesse, Glaubwürdigkeit, Redeziel. Eigentlich soll eine Rede „erfreuen und nützen" (delectare et prodesse, Horaz). Provozierende Themenbeispiele (wie sie im Unterricht, Kurs, Debattierclub praktiziert werden können):

- Unsere Justiz ist viel zu lasch.
- In einer Krisensituation muss ein starker Mann (auf Zeit) her.
- Wenn die DDR sich stärker am Westen orientiert hätte, gäbe es sie heute noch.
- Der Sozialismus ist für alle Zeit am Ende.
- Die Ausländer nehmen uns Wohnungen und Arbeitsplätze weg.
- Die meisten Asylbewerber lockt unser Sozial- und Wirtschaftssystem.
- Frauen verhalten sich von Natur aus anders als Männer.
- Wer fleißig und tüchtig ist, bringt es zu etwas und hat immer Arbeit.
- Den Menschen ging es noch nie so gut wie heute.

Reden (s. u. Rhetorik) haben eine konstruktive Funktion für den Einzelnen, sich in Situationen verbal zu behaupten, oder sie werden analysiert. Sie sollten von Einzelnen oder einer Gruppe entworfen werden (Vollrath 2001; 2002), z. B.

* anlässlich der Bewerbung um das Amt des Schulsprechers
* anlässlich der Unterstützung einer Lehrerin als Vertrauensperson
* anläslich des Eintretens für die Bildung einer Arbeitsgemeinschaft usw.

Die Analyse einer solchen schriftlich entworfenen oder mündlich gehaltenen Rede (Musterbeispiel: Goebbels Rede im Berliner Sportpalast 1943 „Wollt ihr den totalen Krieg?"; Ciceros Meisterreden [Artemis Verlag, Zürich/München 1983]) kann sich nach folgendem Muster (Gora 1992, 60; gekürzt) vollziehen:

A. Wer ist der Redner? (Daten zum Background; Funktion; Herkunft usw.)
* Was will er transportieren?
* Wie stellt er sich dar und wie wirkt er auf die Zuhörer?
* Mit welchen Zuhörern hat er es zu tun? (Anhänger, Gegner)
* Versucht er zu überzeugen, argumentieren, manipulieren u. dgl.?
* Wie reagieren die Zuhörer und Gegner?

B. Inhalt
* Thema, zentrale Thesen
* die wichtigsten Argumente/Gegenargumente
* Schlüsselbegriffe
* Folgerichtigkeit der Darstellung.

C. Kontext der Rede
* In welcher Situation (Institution, Ort, politische Zeitlage u. dgl.) wird die Rede halten?
* Ist sie spontan oder vorbereitet, bezieht sie sich auf andere Redner?
* Ist sie kontrovers, aggressiv, konziliant, provokativ o. dgl. angelegt
* Wirkt sie meinungsbildend, sind die Zuhörer zufrieden, begeistert, kritisch usw.?

D. Sprachliche und rhetorische Analyse
* Welchem Redetyp gehört die Rede an: Gerichts-, Kanzel-, Parlaments-, Wahl-, Festrede, allgemeinpolitische Rede?
* Welches Element ist überwiegend: das belehrende, informierende, polemisierende, mobilisierende u. dgl.?
* Welche rhetorischen Figuren werden verwendet?
* Wie ist die Rede gegliedert (z. B. Einführung, Höhepunkt, Schlussfolgerungen, Aufforderungen usw.)?

Bei einer prägnanten Rede kommt es auf ein eindeutiges Formulieren, auf ein lebendiges Darstellen an (Büttner 1999). Der gute Redner beachtet die Grundsätze des docere (Vermittlung von Informationen), des conciliare (Gewinnung von Sympathie der Zuhörer) und des movere (das Bewegen der Aufmerksamkeit des Publikums).

7.4.8 BEISPIELE AUS DER POLITISCHEN SEMANTIK (KLEIN 1989):

7.4.8.1 Aus der NS-Ideologie

Rasse (mit zahlreichen Wortverbindungen), Blut (mythisch-pathetisch für Abstammung), Boden (synonym für Heimat), Blut und Boden, Auslese, Ausmerzung, arteigen, artfremd, entartet, Sippe, Volk, völkisch, Arier usw. Aus der NS-„Bewegung": Führer, Front, Kampf, Einsatz, (heroische) Tat, Schicksal, Entschlossenheit, fanatischer Glaube, totale Mobilisierung, rücksichtslos, brutal usw. (Standardwerk: Victor Klemperer: LTI (= Lingua Tertii Imperii). Notizen eines Philologen. Leipzig 1996 ff. [1975]).

Jede geschichtliche Epoche wird u. a. durch ihre spezifische Sprache charakterisiert, z. B.

- die Adenauer-Ära durch Wörter wie Wiederaufbau, (soziale) Marktwirtschaft, Wohnungsbau, stabile Währung, Westorientierung, Heimatvertriebene, Lastenausgleich, Wirtschaftswunder, Freier Westen, Sowjetzone (SBZ), kommunistische Bedrohung usw.,
- die Ära Brandt durch Begriffe wie Reformpolitik, mehr Demokratie (wagen), Chancengleichheit, Mitbestimmung, soziale Gerechtigkeit, Lebensqualität, Solidarität, mündiger Bürger, Friedenspolitik, Aussöhnung, neue Ostpolitik, Entspannung, Berufsverbote, atomwaffenfrei, menschliche Erleichterungen usw. (Klein 1989),
- die Ära Kohl durch Wörter wie Frieden, Freiheit, Westen, Wertegemeinschaft, Mitmenschlichkeit, Rechte und Pflichten, Vaterland usw. (Bergsdorf 1987, 280–284).

Im weiteren Untersuchungssinne handelt es sich um die Semiotik, die Wissenschaft von den (sprachlichen) Symbolen.

7.4.8.2 Aus dem Jargon von Politikern

Ich gehe davon aus, dass … (wenn ich nichts darüber weiß); Entwicklung (entlastendes Wort, z. B. negative Preisentwicklung für hohe Inflationsrate, positive Preisentwicklung für niedrige Inflationsrate); Die Lage, die Situation ist … wird durch euphemistische Adjektive geschönt, z. B. die energiepolitische, arbeitsmarktpolitische usw. Lage, schlechte Versorgungslage (statt schlechte Versorgung; mit einer Lage muss man sich abfinden); das Adenauersche „die Situation ist da" klang apokryph und sollte die Menschen im Ungewissen halten, Maßnahmen ergreifen deutet auf Aktivität hin, bleibt jedoch in der Unverbindlichkeit (ebenso Aufschwung). Politiker zeichnen sich häufig durch einen vertuschenden, für künftige Fälle im Vorhinein exkulpierenden Sprachgebrauch aus: Ich würde meinen …, Wenn man so will …, Ich gehe davon aus, dass … usw. oder den wahren Sachverhalt verschleiernde Wörter wie Nullwachstum, negative Einkommenszuwächse usw. (Politolinguistik; Burkhardt 1996). Untersuchungstechnisch geht es hier um die Pragmatik, d. h. um das Verhältnis des (sprachlichen) Symbols zu Sender und Empfänger, um die Ebene der Intersubjektivität, in die der Symbolgebrauch eingelassen ist. Konkret geht es beim Ansprechpartner um seine Responsivität, seine Empfänglichkeit, Anregbarkeit, Sensibilität, Reagibilität, Antwortbereitschaft, Reaktionswilligkeit.

7.4.8.3 Aus der feministischen Sprachkritik

Sprache dekouvriert. Die über Jahrtausende währende männliche Dominanz hat u. a. ihren Niederschlag in einer maskulin geprägten Sprache und in entsprechenden Denkstrukturen gefunden. Von der Frauenbewegung seit der Studentenrevolte gegen Ende der 1960er-Jahre wird Sprache zur Emanzipation verwandt. Einige Hinweise auf geschlechtsspezifische Sprachformen, die sich seitdem durchgesetzt haben: Durch Movierung mit -in werden Wörter wie Ministerin, Staatssekretärin zu weiblichen Formen erweitert und darüber hinaus Wortbildungen wie Amtfrau, Fußballfrauschaft, Kauffrau usw. geläufig; auch wird an der strengen, grammatikalisch korrekten Zuordnung der Genera gearbeitet (vgl. die „Richtlinien für einen nicht-sexistischen Sprachgebrauch", hg. von der Deutschen UNESCO-Kommission 1993). Die Notwendigkeit feministischer Linguistik bestätigt sich an folgenden Formulierungen: 6 Mitarbeiter, darunter 1 Mann; Väter des Grundgesetzes (und vier Frauen-Mütter); „Alle Menschen werden Brüder" (Schiller) usw.

Die geschlechtsbezogene Durcharbeitung der Sprache sollte jedoch auch nach dem Prinzip der Sprechbarkeit verfahren. Schreibweisen wie die folgenden entbehren jeden Sprachgefühls:

Ausschreibung „Schulleiter/in"

„Wir wünschen uns eine/einen berufserfahrene/n und am Kind engagierte/n qualifizierte/n Schulpädagogin/en, die/der nicht nur als erfahrene/r Schulfachfrau/mann zu uns kommt, sondern als überzeugter Christ ihren/seinen Dienst versteht.

Bewerbungen sind zu richten an: Christliches Jugenddorfwerk Deutschland e.V., Panoramastr. 55, 7320 Göppingen."

(Aus: Schulverwaltungsblatt für Niedersachsen 5/88, S. 185)

7.4.8.4 *Weitere Beispiele*

Eine eklatante Fehlleistung ist der Gebrauch des in der deutschen Sprache nicht vorhandenen so genannten Binnen-I oder unzulässige Klammereinfügungen bzw. Kontaminationen. Beispiele: VerkäuferInnen, KanzlerIn, Student(inn)en StudenInnenschaften … Die Absurdität zeigt sich auch in der Nichtunterscheidung zwischen natürlichem und grammatischem Geschlecht, zwischen Genus und Gattung, z. B. ergeben 99 Lehrerinnen und 1 Lehrer 100 Lehrer; es sei denn – das bleibt jedem unbenommen – man wählt ein neutrales Wort „Lehrkräfte". Das maskuline Genus hat sich sprachgeschichtlich als das genus commune herausgebildet. Was wird aus Sammelbezeichnungen wie Personen, Führungskräfte, Eltern, Geschwister usw.? Was wird aus dem Bürgersteig, dem Führerschein, dem Nichtraucherabteil usw.? (Zimmer 1996, 56)

Auf die sprachliche Degenerierung von Spitzenpolitikern verweist ein Beitrag in der FAZ vom 18.3.1993:

„Mist im Kopp

wer. ‚Stinksauer' sei er gewesen, sagte der schleswig-holsteinische Ministerpräsident und SPD-Vorsitzende Engholm, als er von den Schubladengeschenken seines Sozialministers Jansen an den früheren Barschel-Referenten Pfeiffer gehört habe. Als sein ehemaliger Pressereferent Nilius jetzt zugab, vor dem Barschel-Ausschuss gelogen zu haben, sagte Engholm, Nilius habe ‚richtiggehend Mist gebaut'. Das ‚haut einen immer von den Beinen', sagte Engholm, wenn man so etwas erfahren müsse. Und den SPD-Landesvorsitzenden Piecyk hat es sogar ‚vom Hocker gehauen'. Regierungssprecher Rink teilte mit, die Staatskanzlei sei ‚vom Nilius-Outing restlos überrascht worden', ist das die Sprache der politischen Enkel-Generation, frisch, zupackend, bürgernah? Oder soll mit diesem Stammtisch-Deutsch der Ernst der Sache verschleiert werden – schließlich ‚baut ja jeder einmal Mist'? (…)."

Dies sind Beispiele für Popularisierung bzw. Vulgarisierung (reformatio ad peius; Mickel 1993, 368) des Sprachschatzes. (Vgl. Pursch 1991; Herles 1978).

Seitdem (Hoch-)Sprache als angebliches Repressionsinstrument der bürgerlichen Gesellschaft durch die 1968er-Bewegung denunziert wurde, scheint es nicht mehr auf sprachliche Eindeutigkeit und Genauigkeit anzukommen. Die „Anstrengung des Begriffs" (Hegel) wurde zum bildungsbürgerlichen Relikt erklärt, die sprachliche, sozial bedingte Spontaneität dagegen auf den Schild gehoben. Sie reicht jedoch nicht für präzise Formulierungen. Reste dialektaler (Unterschicht-)Sprachformen finden sich auch bei seriösen Autoren, Politikern usw., z. B. einen Gedanken rüberbringen (für vermitteln, erklären), er lässt etwas außen vor (norddt., mundartl.; unzulässige Endstellung eines unbestimmten Ortsadverbs mit einer Präposition), sie will sich einbringen (weil sie nichts anderes zu bieten hat = unzulässiger reflexiver Gebrauch eines transitiven Verbs), ein Problem andenken (man kann nur über etwas nachdenken), etwas aufoktroyieren (gibt es nur als Simplex oktroyieren = aufdrängen, aufzwingen), ich denke … (gedankenlose Übernahme des angelsächsischen Füllworts I think …), Demokratie lernen (man kann kein Abstraktum lernen; demokratisches Verhalten lernen wäre korrekt), sich outen (sich zu erkennen geben, Anglizismus aus der amerikanischen Schwulensprache), etwas händeln (für handhaben, engl. to handle), ich möchte meinen… (entweder man meint etwas oder nicht; „möchte" drückt Vorsicht, Unsicherheit, Rückzug aus), sie will etwas bewegen (sie weiß nicht, was sie will; Verlegenheitsausdruck), Sinn machen (anstelle von Sinn (er-)geben, engl. to make sense), ein(e) Aktion, Demo, Projekt usw. starten (gehört in die Fliegersprache), für höhere Löhne usw. kämpfen (aus der Militärsprache, wo das Kämpfen ernste Konsequenzen haben kann), betroffen sein (oft ungenauer Ausdruck für ein Gefühl haben), real existierender Sozialismus (eine Tautologie mit manipulativ-appellativem und iterativem Charakter), sich positionieren (für Position beziehen, seine Meinung ausdrücken), Kaiser-Wilhelms-Bad (unangemessener, possessiver Genitiv, als gehörte das Bad dem Kaiser) usw. (Blank 1989). Und was wird/ist in unserm Lande alles „angesagt", „angedacht", „vorprogrammiert" usw. (Natorp 1998). Schließlich sagt ein Student zu seinem Internet-Partner: „Ich bin nicht multiaskingfähig." (Harth 2000, 238)

Eine Untersuchung politischer Sprache und Medien kann nur adäquat geleistet werden, wenn sie gesellschaftstheoretisch fundiert ist, d. h. die Methoden der Textanalyse (s. S. 170) mit kommunikationswissenschaftlichen, soziolinguistischen und sozialpsychologischen Verfahren verbindet. Die Sprache erfasst den Menschen in seinen irrationalen Tiefenschichten ebenso wie in seinem rationalen Vermögen. Je weniger er abstrahieren kann, desto mehr ist er der Manipulation ausgeliefert (vgl. George Orwell „Doppelsprache" [double speak] in „1984")."

Aus der Geschichte der Propaganda lassen sich Beispiele bringen: etwa Hitlers „Mein Kampf" (6. Kap.: „Kriegspropaganda"; Goebbels' Reden; die Rede des Antonius an der Leiche Caesars in Shakespeares „Julius Caesar"; die so genannte. Hunnenrede Kaiser Wilhelms II. usw.).

7.4.9 Über die Rolle von Sprache in der politischen Unterweisung

Die politische Unterweisung und Diskussion sollte sich durch sprachliche Nüchternheit und begriffliche Klarheit und Korrektheit auszeichnen. Daher ist u. a. auf die präzise Verwendung von Begriffen und verständliche Formulierungen zu achten. Der Unterricht sollte auch rhetorischen Talenten Gelegenheit bieten, ihre für die politische Praxis wichtigen forensischen Fähigkeiten zu üben. Dies könnte nicht zuletzt in einer AG oder einem Schülerclub geschehen.

Die „normale" *Rhetorik* ist an die Redefreiheit (der Pro- und Contra-Rede) gebunden und hat ihre Wurzeln in der attischen Demokratie im 5. Jh. v. Chr. Sie besteht aus einem Ensemble von Stilmitteln und argumentativen Techniken, die die Wirkung öffentlicher Reden steigern sollen. Nach Platon („Gorgias") soll sie im Dienst der Gerechtigkeit stehen. Der Missbrauch zu propandistischer Verführung, die Gefahr der Massensuggestion und Kollektivpsychose (Goebbels, Hitler) liegt nahe.

Als Vorlage für forensische Praxis kann die antike Rhetorik (z.B. Perikles, die Sophisten, als Standardwerk Aristoteles' drei Bücher über die „Rhetorik"; das Werk des Römers Quintilian aus dem 1. Jh. n. Chr., „Institutio oratoria", war vom 16. bis 18. Jahrhundert Grundlage des Rhetorikunterrichts; Machiavelli hat zu Beginn des 16. Jahrhunderts das Instrumentarium der Rhetorik beschrieben) dienen. Sie unterscheidet drei Redegattungen, und zwar

* die Gerichtsrede (forensische Rede, Streit über die Beurteilung vergangener Vorgänge)
* die Beratungs- und Ermahnungsrede (Darstellung gegenwärtiger Vorgänge, und wie sie in Zukunft gestaltet werden sollen)
* die Lob- und Tadelrede. (Vgl. Vollrath/Jakisch 2002)

Für die Ausarbeitung und Präsentation einer Rede sind aus der Antike fünf Empfehlungen bekannt:

1. Inventio (Stoffsammlung, Finden von Beweisgründen)
2. Dispositio (Anordnen und Gliedern des Materials)
3. Elocutio (sprachliche Formulierung und stilistische Ausgestaltung)
4. Memoria (Aneignen der Rede durch Auswendiglernen)
5. Pronuntiatio (actio) (gestenreiche Deklamation beim Vortrag [Mimik, Stimme, Körperhaltung und -sprache, Visualisierung]; freie Rede).

Die klassische Rede selbst – wobei man zwischen ein em Orator (Demosthenes, Cicero) und einem Rhetor (mehr künstliche Rede) unterscheidet – war in vier Schritte gegliedert:

1. Exordium (Beginn, Anfang, Einleitung)
2. Narratio (Darstellung des Sachverhalts)
3. Argumentatio (Beweisführung, Begründung)
4. Peroratio (Schluss).

(Vgl. Platon: Verteidigungsrede des Sokrates. In: Biermann/Schurf 1991, 329f; vier Reden zum NS: Hitler, Wels, Brandt, Weizsäcker. In: ebd. 333 ff.; Massing 1999)

Als wichtige (fast durchweg aus dem Griechischen stammende) rhetorische Mittel werden genannt:

* Euphemismus = Beschönigung, z. B. Entsorgungspark (für atomaren Abfall), Euthanasie, Endlösung, Heimgang (für Tod)
* Emphase = nachdrückliche Betonung
* Hyperbel = Übertreibung, z. B. himmelhoch ragende Felsen, Asylantenflut, ein Meer von Tränen, blitzschnell
* Anapher = Wiederholung der ausdrucksbetonten Wörter, z. B. Das Wasser rauscht, das Wasser schwoll …, Röslein, Röslein, Röslein rot …
* Klimax = Steigerung im Aussageinhalt, z. B. Caesar: veni, vidi, vici; Schiller: „Gefährlich ist' s, den Leu zu wecken,/Verderblich ist des Tigers Zahn;/Jedoch der schrecklichste der Schrecken,/Das ist der Mensch in seinem Wahn."
* Metapher = Bedeutungsübertragung, z. B. Tagverkünder (für Hahn), das Feuer der Liebe
* Litotes = Geringfügigkeit (Gegenteil zur Hyperbel), z. B. nicht gut, nicht wenig, nicht unschön (vgl. understatement), er war nicht gerade ein Held

- Oxymoron = zwei sich ausschließende Vorstellungen, z. A. junger Greis, die armen Reichen, König ohne Land, bittersüß
- Synekdoche = Mitverstehen, pars pro toto, z. B. Dach (für das ganze Haus)
- Symbol = Zeichen, z. B. Kreuz (für Glauben)
- Hendiadyoin = (eins durch zwei) ein Begriff wird durch zwei Synonyme (z. B. Hab und Gut, bitten und flehen) ausgedrückt
- Ironie = feiner, verdeckter Spott
- Tautologie = z. B. weißer Schimmel, schwarzer Rabe
  Vergleich (s. S. 395)
- Periphrase = Umschreibung, z. B. der Allmächtige (für Gott)
- Metonymie = Umnennung, z. B. alle Welt (für alle Menschen), Jahrhunderte (für die Menschen mehrerer Jahrhunderte)
- Ellipse = Auslassung
- Anakoluth = keine Folgerichtigkeit, z. B. das Herausfallen aus der Satzkonstruktion
- rhetorische Frage = es wird keine Antwort erwartet, z. B. Machen mir nicht alle Fehler?
- Scheindefinition = Begriff oder Sachverhalt wird definitorisch festgelegt; in Wirklichkeit handelt es sich um die subjektive Sicht des Redners.

Mithilfe dieses begrifflichen Instrumentariums können Sprachanalysen vorgenommen werden. Bevor man zu subtilen Texten vordringt, können die Lernenden durch expressive Vorlagen sensibilisiert werden (Arbeitshilfen: Karl Korn: Sprache in der verwalteten Welt. Olten/Freiburg 1959; D. Sternberger/G. Storz/W. Süskind: Aus dem Wörterbuch des Unmenschen. Hamburg 1957; J. Wulf: Aus dem Lexikon der Mörder. Gütersloh 1963).

Als Fragen für die Interpretation kommen – abgesehen der für die Quellenexegese aufgestellten Maximen in Betracht:
- Wie wird argumentiert?
- Welche Behauptungen werden aufgestellt?
- Welche Gegenargumente werden vorweggenommen?
- Welche sprachlichen Mittel werden eingesetzt? u. dgl.

Bei der Analyse einer gesprochenen, miterlebten Rede ist darüber hinaus auf folgendes zu achten: Gesten (Gebärden, Mienenspiel, Körperhaltung), Stimme (Sprechtempo, Dynamik, Stimmfarbe, Pausen, Sprechrhythmen), Dialektgebrauch u. dgl.

7.4.10 Political Correctness als sprachliche Tabuzone

Bedeutsam ist, dass der Lernende erkennt, mit welchen sprachlichen Mitteln ein Redner/Schreiber seine Meinung verbreiten möchte (z. B. Wortwahl, Aufbau der Argumente, Rhetorik, Lob, Tadel, Verleumdung, Beschimpfung, Behauptung, Beleidigung, Verdrehung usw.). Die kritische Analyse der Ausdrucksmittel, d. h. der Stilfiguren, der Grammatik, des Aufbaus, der Topoi und Parameter, der Frage nach dem Warum und Wozu, der Beachtung semantischer Differentiale und der etymologischen Herkunft der Wörter/Begriffe, sind wesentliche Bestandteile der politischen Sprach- und Ideologiekritik. Ihre Notwendigkeit erweist sich nicht zuletzt an der Sprachfigur der zu Beginn der 1990er-Jahre aus den USA übernommenen Political Correctness (PC). Sie dient der repressiven Verdrängung von Unterschieden und soll leiseste Anzeichen von (angeblicher) sprachlicher Diskriminierung (z. B. bezogen auf Hautfarbe, Intelligenz, ethnische Herkunft, soziale Schicht) registrieren und ahnden – etwa durch die Wahl komplizierter Umschreibungen, z. B. werden illegale Ausländer zu ausweislosen Bewohnern, Indianer zu Native Americans, Schwarze zu African Americans, Orientalen zu Asian Americans usw.; mit weniger öffentlicher Aufmerksamkeit in Deutschland werden Ausländer/Gastarbeiter zu ausländischen Mitbürgern, Arme zu Sozialschwachen, Alte zu Senioren, Gefängnisse zu Vollzugsanstalten, Verbrecher zu Straftätern, Vertreter zu (Pharma-)Referenten, Putzfrauen zu Raumpflegerinnen, Müllarbeiter zu Müllwerkern usw.

PC fragt zuerst nach der Gruppenzugehörigkeit eines Menschen. Opfergruppen sollen durch Wegfall alles dessen, was an ihre Stigmatisierung erinnern könnte, sprachlich aufgewertet werden. Dies führt zu kuriosen, sprachlich nicht vertretbaren Vermeidungen, z. B. von Hinweisen auf das Alter (Alte sind senior citizens), das Aussehen, die Begabung (es gibt höchstens Andersbefähigte), soziale Situation (Benachteiligte statt Arme) usw. Die Fixierung von Opfergruppen verlangt in Deutschland redundante Paarformeln wie Bürger und Bürgerinnen. Wie Sprache dekouvriert und entlastet, geht aus folgendem kommentierten Gerichtsurteil hervor:

„Die Kleinbahn hält noch immer in Stutthof ‚Waldlager‘.

Die SS-Morde als Betriebsunfall im durchschnittlichen Leben des Normalbürgers, der Verzicht auf die Verantwortlichkeit des Handelns, die Verwechslung von Täter und Opfer! Erwähnung verdient das Urteil gegen Hoppe, den Kommandanten von September '42 bis April '45; zunächst zu fünf Jahren und drei Monaten, in der Revision dann zu neun Jahren Strafe verurteilt, wegen der ‚Beihilfe zu einem Morde‘, begangen an mehreren hundert Menschen‘ (Schwurgericht Bochum, 1957). Gemeint ist die Ermordung von Juden in der Gaskammer 1944; offenbar nicht zur Verurteilung stand an die Gesamtverantwortung des Kommandanten für alle im KL begangenen Verbrechen.

Das Gericht bescheinigte Hoppe, ihm sei ‚wenig‘ Zeit geblieben, ‚sich um den inneren Dienst des Lagers zu kümmern, dies sei Sache des Schutzhaftlagerführers gewesen. Geradezu wunderbar nimmt sich aus, was das Gericht zu Hoppes Verantwortung für die Vergasung von Juden feststellt: Ihm sei zu glauben, dass er es nicht habe ‚begreifen können, dass diese Menschen, nur weil sie Juden waren, getötet werden sollten.‘ Er habe ‚wohl den Vergasungen aus einiger Entfernung zugesehen, habe sich dabei jedoch räumlich weitgehend distanziert‘. Demnach habe Hoppe ‚nicht mit Täterwillen‘ gehandelt, sondern lediglich ‚Beihilfe‘ geleistet. Der Kommandant des KL ließ also morden, entgegen seiner inneren ‚Einstellung‘. Nur, er hat ‚nicht die sittliche Kraft gefunden, sich dem ihm angesonnenen Unrecht zu entziehen‘ (4. 6. 1957). Verlogene Sprache der Richter, ihr Spruch Verhöhnung der Opfer! (…).“

(Hans J. Schneider: Die Kleinbahn hält noch immer in Stutthof „Waldlager“. Über das Unvermögen der Deutschen, die Dinge beim Namen zu nennen. In: FR v. 6. 2. 1993, S. 10)

Als Lehrbeispiel für eine rhetorisch missglückte (fachlich und moralisch kaum zu beanstandende) Rede kann die Rede des damaligen Bundestagspräsidenten Philipp Jenninger anlasslich des Gedenkens zum 50. Jahrestag der so genannten Reichskristallnacht am 9. November 1988 vor dem Deutschen Bundestag in Bonn gelten (v. Polenz 1989). Es empfiehlt sich ein Vergleich (generell der Vergleich von Parlamentsreden schlechthin) mit der Rede des Bundespräsidenten v. Weizsäcker zum 40. Jahrestag des Kriegsendes am 8. Mai 1985.

7.4.11 ANMERKUNG: SPRACHE IN DER DDR

In der DDR hatte sich ohne besonderen Erfolg (trotz der Bemühungen der „Aktuellen Kamera" [Fernsehen] und der staatlich gesteuerten Presseanweisungen [PA; wöchentliche „Mitteilungen des Presseamts des Ministerrats der DDR"]) eine bewusst vom Westen abgrenzende deutsche Teilsprache – jedoch nicht im grammatischen Bau – entwickelt. Die Unterschiede betrafen in erster Linie den Wortschatz, die politische Lexik. Der neue Rechtschreibduden nach der Wende (20. Aufl., Mannheim 1991) enthielt nach eigenen Angaben 5000 Wörter aus dem Sprachschatz der DDR.

Orthografie, Grammatik und Aussprache blieben von den gesellschaftlichen Veränderungen und staatlichen Beeinflussungen weitgehend verschont. Seit 1967 wurde das „Wörterbuch der deutschen Gegenwartssprache" (WDG) herausgegeben (Neuprägungen z.B. Plaste, Elaste, Produktionsgemeinschaft, Jugendobjekt, Broiler usw.) (Drosdowski 1994; 1997). Vokabeln wie Soll, Plan, Kollektiv, Aktiv, Volksdemokratie, -republik, -polizei, -kongress, Brigade, Norm, Monopolkapitalismus, Imperialismus, kämpferische Moral, real existierend usw. sind von großer suggestiver Wirkung gewesen.

Deshalb ist der Wortgebrauch in entsprechenden Texten etymologisch, semantisch und ideologisch zu analysieren. Die Sprache der DDR zeichnete sich darüber hinaus durch den häufigen Gebrauch stereotyper Wendungen wie durch nominalistische Satzkonstruktionen aus. Inhaltlich bevorzugte sie suggestiv-appellative und polemisch-invektive, wertende Formulierungen, die ideologisch instrumentiert und als Waffe im Klassenkampf wie in der internationalen Auseinandersetzung mit den kapitalistischen Staaten eingesetzt wurden. Nach der Implosion der DDR und der politischen Wende mussten die Ostdeutschen infolge des westlichen Anpassungsdrucks altes Wortgut reaktivieren (z.B. Rektor, Grundschule, Lehramt, Brathähnchen usw.) und neue Begriffe aufgrund des gesellschaftlichen Wandels übernehmen, z.B. Sponsor, Privatpatient, Steuerberater, Mittelstand, Gymnasium, Kreditkarte, Führungskräfte, öffentliche Hand, Amtsblatt usw. Die sprachlichen Veränderungen haben sich ohne Reibungsverluste leise vollzogen. Umgekehrt, d.h. von Ost nach West, hat es kaum eine sprachliche Bewegung gegeben. Am häufigsten begegnet der Ausdruck „Fakt ist …" oder „Das ist Fakt". (Schlosser 1999)

7.5 Die Quellen – ad fontes

7.5.1 Begriffliche Hinführung

Die Quellen werden in historische und aktuell-zeitgeschichtliche unterschieden. Letztere umfassen imgrunde das gesamte verschriftete und mündlich festgehaltene Material, während die historischen Quellen (Urkunden, Verträge, Akten, Protokolle usw. einer genaueren Prüfung auf ihre Verwertbarkeit unterworfen werden. Im allgemeinen teilt man in a) verbale (Texte), b) ikonische (Bilder) und c) haptische (Gegenstände) Quellen. Im Unterricht spielen die schriftlichen Texte eine bevorzugte Rolle.

Die Wirklichkeit begegnet uns als materiale (z. B. textuale) Komplexität. Ihre Analyse entspricht dem Prinzip ad fontes. Die Erarbeitung neuer Inhaltsbereiche erfolgt als so genannte heuristische Quellenbenutzung, während deskriptive Quellen der Illustration des Unterrichts dienen, z. B. Augenzeugenberichte, Tagebücher, Erzählungen, Schilderungen, Biografien, Tonbandaufnahmen, Bilder usw. Im Politikunterricht ist diese Art mündlicher und/oder schriftlicher Vermittlung – z. B. über einen Streik, Widerstand unter dem NS- oder DDR-Regime, Probleme des Arbeitsmarktes, der Berufsausbildung usw. – unverzichtbar.

Grundeinsichten und begriffliche Beurteilungsmaßstäbe werden u. a. durch die Beschäftigung mit (Primär- und Sekundär-)Quellen gewonnen. Sie liefern das Material, ohne das die Begriffe „leer" bleiben würden. Mit ihrer Hilfe sollen Fakten zu bedeutungshaltigen Dingen (res) werden. Die wissenschaftspropädeutische Quelleninterpretation zielt auf das Erhellen von politisch-gesellschaftlichen Strukturverhältnissen. Voraussetzung dafür ist die quellenmäßige Erarbeitung von Erschließungskategorien. Die Lernenden sind in die Methoden der Quellenkritik einzuführen. Dafür bietet sich die semantisch-syntaktische und die klassifikatorische Analyse an.

Im Vordergrund stehen demnach gesellschaftspolitische Fragestellungen und Texte, und zwar normative (Verfassungen, Parteiprogramme u. dgl.), deskriptive (Beschreibung der gesellschaftlichen Wirklichkeit) und informative (Sach-)Texte. Kriterien der Textauswahl sind Sachadäquatheit, Problemorientiertheit, Kontroversität, Lernzielangemessenheit. Auf die Verlässlichkeit und Authentizität einer Quelle(nangabe) ist besonders zu achten. Die Materialien sollten dem Niveau der Lernenden angemessen sein; aus umfangreichen Schriften kann zum Zwecke einer statarischen Lektüre und Interpretation ausgewählt werden. Vom Prinzip her kommen geeignete Ganzschriften in Frage, die oft in den für Lernende vorgesehenen Editionen (z. B. Quellensammlungen für Unterrichtszwecke) von einem entbehrlichen Ballast befreit wurden. Alle Quellensorten sollten verfügbar gemacht werden.

7.5.2 Methoden der Quelleninterpretation

7.5.2.1 *Texttypen und ihre Erschließung*

Die Textexegese als die am meisten praktizierte Form der Quellenbearbeitung (-kritik) wird determiniert durch begriffliche und hermeneutische Konzepte und die damit verbundenen Problemdefinitionen, die an den Text herangetragen werden, d. h. es kommt auf die angewandten Methoden und Begriffe an. Hier spielt der Wissenschaftsbegriff hinein. Nach analytisch-positivistischem Wissenschaftsverständnis gibt es Probleme, die nicht Gegenstand der Wissenschaft sein können und daher außerhalb, in der Lebenspraxis, bewältigt werden müssen. Das nichtanalytisch-lebensgeschichtliche Verständnis von Wissenschaft betrachtet den Untersuchungsgegenstand als Ganzheit. Darauf berufen sich die Phänomenologen, Hermeneutiker und Dialektiker. Ihre Methoden genießen Priorität bei den Lernenden. Über diese Art der subjektiven Präformation von Textinterpretation muss man sich bei der Beurteilung der Resultate im Klaren sein.

Der kommunikationstheoretische Ansatz der Quellenbetrachtung nach Literski (1991) unterscheidet vier verbreitete Texttypen:

1) informative Texte a) deskriptiv, b) narrativ, c) expositorisch
2) appellativ-persuasive Texte (z. B. Wahlaufrufe, -programme)
3) argumentativ-inventive Texte (problemerörternd, -lösend)
4) instruktive, normativ-performative, inzitative Texte (z. B. Handlungsanweisungen, Gesetze, Anordnungen).

Entsprechend ihrer Zielrichtung wenden die Texttypen sich an a) die kognitiven, b) die emotionalen, c) die voluntativen Kräfte.

Die Interpretation (Decodierung, detaillierte, inhaltliche und formale Analyse) erfolgt

1) durch Paraphrasieren (mit eigenen Worten umschreiben, Inhaltsanalyse)
2) durch Feststellen des Textaufbaus
3) durch Strukturieren (z. B. nach Schlüsselbegriffen, Kernstellen, Wiederholungen, Begriffsanalyse)
4) durch sprachliche Aussagen (individualisierend, generalisierend, Werturteile, sach- und ideologiekritisch). Die sprachliche Analyse wird sich um die Herausarbeitung von Argumentations- (bildhaft, ideologisch, betroffen usw.) und Sprachmustern (Nominal-, Verbalstil), Euphemismen, Rhetorik, Fachsprache, Semantik (Art des Gebrauchs von Begriffen [Konnotationen] wie Demokratie, Revolution, Partei usw.) kümmern.

Die abschließende Frage ist: Wie repräsentativ, typisch, generalisierbar ist eine Quelle?

Die Interpretation/Exegese ist streckenweise das, was der Interpret daraus macht. Deshalb gibt es keine strenge Methodologie des Interpretierens. Das durch Interpretation gewonnene operationale Wissen bleibt idiosynkratisch und textspezifisch. Da keine endgültige Intersubjektivität erreichbar ist, es sich je unterschiedlich um ein Original, eine Kopie oder Übersetzung handelt, ist das Ergebnis der Interpretation wissenschaftlich fragwürdig.

Neben den sprachlichen (schriftlichen, auditiven) Quellen sind die gegenständlichen (haptischen) Quellen wie die Paulskirche in Frankfurt/M., der Reichstag in Berlin, ein Konzentrationslager, (Industrie-)Parks, Bergwerke, Schiffswerften, Sozialwohnungen usw. zu beachten (Kraschewski 1999, 422).

7.5.2.2 Allgemeine Methoden der Textexegese

Das Verstehen von Texten ist ein kreativer und subjektiver Vorgang, die Interpretation ein Bewusstmachen des Sinnes, eine kontrollierte Form der Deutung durch analytischen Zugang. Die hinter dieser Auffassung stehende Hermeneutik (s. S. 162) betrachtet den Text als einheitlichen Bedeutungszusammenhang im Bezug zur eigenen Wirklichkeitserfahrung. Kein „Verstehen" ist voraussetzungslos (Gegensatz: Objektivismus), ohne theoretische Grundlage kommt es nicht aus. Das hermeneutische Dreieck wird gebildet aus

- dem Autor (Was ist seine Intention?)
- dem Text (unabhängig von geschichtlichen und subjektiven Bedingungen) und
- dem Leser (rezeptionsorientierte Interpretationsmethode: der Exeget hat ein Recht auf eigene Gedanken zur Interpretation).

Die Begrenzung auf die drei Komponenten des hermeneutischen Dreiecks führt zum so genannten hermeneutischen Zirkel, einer durch Werkimmanenz bestimmten interpretatorischen Kreisbewegung. Man unterscheidet die lineare (einfaches Verfahren, Zeile für Zeile, die Gliederung folgt dem vorgegebenen Text) und die aspektorientierte Interpretation (ist komplex, behandelt einzelne Aspekte, erfordert eine eigene Strukturierung, den Rückgriff auf den Gesamttext, Arbeitshypothesen, Kontextuierung in Gestalt übergeordneter historischer usw. Bezüge).

Die strukturell-hermeneutische Methode geht textimmanent vor und strebt Sinnverstehen an. Ihre Schwierigkeit liegt in der Verifizierung ihrer Aussagen infolge des selbstreferenziellen Vorgehens. Dagegen wendet die kritisch-analytische Methode Falsifizierungsregeln an und lässt nur beweisbare Aussagen gelten. Ihre Gefahr liegt in ihrem Positivismus. Bei vergleichender (komparatistischer) Methode besteht die Gefahr vorschneller Analogiebildung. Die Vorzüge und Nachteile der Methoden bestimmen das Ergebnis mit. Ein orientierendes Lehren und Lernen wird die Schwächen der Methoden auszugleichen versuchen.

Gesichtspunkte für die Interpretation von Quellen (Reihenfolge kann geändert werden):

1 Allgemeine methodische Hinweise

Mehrfaches Lesen des Textes bzw. von Textstellen, Unterstreichen von zentralen Begriffen, thesenartige Zusammenfassung von Inhalt und Problemen, Markieren der sinntragenden Stellen in den einzelnen Abschnitten, Zitate in direkter oder indirekter Form notieren.

2 Äußere Daten

Autor, Textart (z. B. [Partei-, Parlaments-, Wahlkampf-]))Rede, Problempapier, Programm, Vertrag, Bild, Statistik, fiktionale Texte [Romane, Tagebücher usw., vollständig/unvollständig] usw.).

Empfänger, Adressat (Intention: Information, Mobilisierung, Überzeugung, Beeinflussung, thematische Orientierung [(Sachbezogenheit], Handlungsorientierung [Partnerbezogenheit], Gefühlsorientierung [Autorbezogenheit]).

Entstehungssituation (Zeit, Ort, referentielle Bezugsfelder [Staat, Gesellschaft, Wirtschaft, Kultur usw.], Bezugsperspektiven: Vergangenheitsbearbeitung, Gegenwartsanalyse, Zukunftsplanung).

3 Das Umfeld

unter besonderer Berücksichtigung

a) der textbezogenen Teil- oder Bezugsfelder (z. B. bestimmende Persönlicheiten, Wertvorstellungen [Recht, Kultur], Wirtschaft, Gesellschaft, Innen- und Außenpolitik)

b) des Autors (Absichten, ideologisch-weltanschaulicher Standort, Verhältnis zur Wahrheit und zur politisch-gesellschaftlichen Realität, Ziele, Tendenzen, Motive, Interessen)

c) des Empfängers/Adressaten (politisch-ideologischer Standort, Erwartungen u. dgl.).

4 Textbetrachtung/-analyse

Textart (Funktion, Aussageweise, Stimmungslage)

Primärtexte (Brief, Vertrag, Tagebuch, Rede),

Sekundärtexte (wissenschaftliche Arbeiten).

Textsprache

a) Sachsprache (nüchtern, sachlich, informativ),

Wortbestand: Fachausdruck, Schlüsselwort

b) Meinungs- oder Propagandasprache (apellativ, emotional)

Wortbestand: Schlagwort, Imperativ

c) Rhetorik: Sprachbilder, Vergleiche, Metaphern, Wiederholungen, nominaler oder verbaler Sprachstil, einfache oder komplizierte Satzkonstruktionen usw.

5 Textaussagen

5.1 Erfassen der wichtigsten Textaussagen

a) Gedanklicher Aufbau und Zusammenhang der Quellen

(Leit- und Entwicklungslinien, Abschnitte, Gedankensequenzen usw.)

b) Gedankenführung (informativ, argumentativ, reflektierend, linear, zielgerichtet, sprunghaft, widersprüchlich, überzeugend usw.)

c) Erklärung der Leit- und Schlüsselbegriffe.

5.2 Auswerten der wichtigsten Textaussagen

a) Berücksichtigung der kategorialen Gesichtspunke wie Zeit, Ort, Dauer, Art, Ursache, Folge, Ziel usw.

b) Problem- und Fragestellungen

c) Überprüfung, Wertung und Beurteilung von Ereignissen und Sachverhalten, von Sinndeutungen und Widersprüchen

d) Persönliche Kommentierung und Stellungnahme unter Berücksichtigung der Zeitgebundenheit des Textes.

6 Fazit: Ergebnis der Textanalyse

Wertung im Rahmen der Aufgabenstellung, Rückblick, Bilanz, Ausblick.

(Nach Husch/Niederau 1992, 20f.; vgl. Meyer 1985, 254f.)

7.5.2.3 *Zur Interpretation politisch-gesellschaftlicher Texte*

Für die interpretatorische Bearbeitung politisch-gesellschaftlicher Texte ist die philologisch-hermeneutische in Verbindung mit der geisteswissenschaftlich-historischen Methode adäquat: Eine Auseinandersetzung mit der Gewaltenteilung anhand von Montesquieus „Vom Geist der Gesetze" (Buch XI, Kap. 6: Von der Verfassung Englands) muss beispielsweise auf ähnliche Gedanken bei John Locke und deren Realisierung in der amerikanischen Unabhängigkeitserklärung von 1776 zurückgreifen, andererseits auf den Einfluss Montesquieus auf die Verfassungen der Französischen Revolution bis in unsere Zeit zu sprechen kommen. Daran sind politologische Grundphänomene und -begriffe herauszuarbeiten. Historischen Parallelen zur Gegenwart ist mit Vorsicht zu begegnen. Sie liefern oft nur Vergleichsmaterial zur politischen Ideengeschichte, stellen ein „sekundäres Erfahrungsfeld" dar, in dem die analytische Leistung eines (nicht übertragbaren) Begriffs überprüft werden kann, d. h. dass etwa der Demokratiebegriff in Athen ein anderer war als das neuzeitliche Verständnis von Demokratie.

Die Vorbereitung auf die Interpretation eines Textes o. ä. sollte anhand von Leitfragen als Hausarbeit erfolgen. Die genaue (inhaltliche) Textkenntnis ist die erste Vorbedingung der Interpretation. Initiatorische Arbeitsfragen können lauten:

- Was interessiert uns an dem Text?
- Welche Fragen sollen diskutiert werden?
- Welche sachlichen Voraussetzungen müssen unsererseits erfüllt sein?
- Welchen Anspruch erhebt der Text, an wen wendet er sich, was will er?
- Welche Absicht verfolgt der Autor?
- Welche Wirkung hat der Text auf den Leser? (Rhetorik, Stilfiguren, Art der Definitionen, Logik der Aussage usw.)
- In welcher historischen und privaten Situation ist der Text entstanden?
- Welche gesellschaftlichen Interessen, Bewusstseinshaltungen, Ideologien usw. stehen dahinter?
- Welche sozialen Normen und Wertentscheidungen liegen ihm zugrunde?
- Im Rahmen welcher Herrschafts- und Rechtsverhältnisse ist die Textaussage gemacht worden? usw.

Ein Tafelschema für eine problemorientierte Auffächerung eines Textes kann folgendermaßen aussehen:

Fragen	Argumente	Beweise	Lösungen
Probleme		Alternativen	hier Textstellen zitieren u. a.

Anstelle dieses Tafelschemas kann der Lehrende ein Beiblatt (Hand-out) für die beabsichtigte Textarbeit entwerfen, das Arbeitsanweisungen u. a. enthält. Ebenso kann ein Arbeitsbogen hilfreich sein nach dem Muster:

Arbeitsbogen	Name/Gruppe 1, 2, 3, 4, 5
Thema: Welche Faktoren beeinflussen die Wirtschaft?	
1. Welchen Faktor erkennen Sie in Ihrem Text?	Fundstelle
2. Welche Faktoren vermuten Sie hinter diesem Faktor?	Fundstelle
3. Wie groß ist der Einfluss des von Ihnen (unter 1) erkannten Faktors?	Fundstelle
4. Begründen Sie seine Wirkungsweise mithilfe einer Fachliteratur (evtl.: Theorie)!	Fundstelle
5. Beurteilen Sie seine konjunkurelle Bedeutung!	Fundstelle
6. Ist seine Wirkung durch Massenmedien leicht oder schwer zugänglich?	Fundstelle

Die Interpretation einer Quelle kann auch durch sprachliche Umformung (Paraphrasierung) oder durch das Erarbeiten verschiedener Standpunkte (Rollenwechsel) versucht werden. Das erworbene Quellenverständnis kann durch Umformulierung des Ergebnisses festgestellt werden.

Danach beginnt die eigentliche Interpretationsarbeit mit der philologischen Methode (Semantik, Grammatik, Stilistik) an den für geeignet erachteten Stellen. Als ein heuristisches Prinzip der Texthermeneutik darf der Vergleich (s. S. 395) gelten. Heutzutage werden Strukturanalyse, Herrschafts-, Gesellschafts- und Ideologiekritik als Interpretationsmethoden favorisiert. Aus alledem erwächst ein interpretatives Gesamtkonzept. Die anspruchsvollere Textexegese erfordert einen Apparat (Handbücher, Nachschlagewerke, Karten, Sekundärliteratur usw.) im Arbeitsraum.

Als Einstieg in die Quellenanalyse gilt es

- sich einen ersten Überblick zu verschaffen
- Fragen zu stellen und Erwartungen zu formulieren
- gründlich zu lesen (Notizen machen)
- den Text (schriftlich) zu rekapitulieren
- den Text zu bewerten. Standort und Intention des Forschers/Analysanden sind anzugeben.

Die Quellenkritik kann sich in folgenden methodischen Schritten vollziehen:

- Paraphrase (allgemeine Beschreibung)
- Inhaltsangabe (mit Schwerpunkten)
- Begriffsanalyse (Schlüsselbegriffe)
- Sachkritik (z. B. unklar, Widersprüche, glaubwürdig usw.)
- Ideologiekritik (Wann? Wo? Von wem? An wen? Zu welchem Zweck/Anlass? Standpunkt des Verfassers? usw.)
- Erkenntniswert. (Pandel 2000, 175 ff.)

In einer Abschlussdiskussion kommt es weniger auf feststehende Problemlösungen an, sondern darauf, dass das Auffinden von Problemen in einem verlässlichen methodischen Verfahren gelungen ist.

7.5.3 ANALYSE/INTERPRETATION/EXEGESE EINES DIPLOMATISCHEN TEXTES

Die Auslegung einer schriftlichen oder mündlichen Äußerung (Quelle, Urkunde, Stellungnahme usw.) ist eine Kunst, mit der seit Jahrhunderten Philosophen, Philologen, Historiker, Archäologen, Theologen, Juristen usw. sich beschäftigen. Sie berufen sich auf die unter den Standesgenossen anerkannten Regeln, die – wie die Suche nach dem jeweiligen skopus – strittig sind. Deshalb konnte Goethe die Zünfte der Ausleger mit einem Zweizeiler verspotten: „Im Auslegen seid frisch und munter/Legt ihr nicht aus, so legt ihr unter."

Demgegenüber kommt es auf die methodisch kontrollierte Interpretation von versprachlichen Gedanken/Aussagen an, auf die Herstellung der Theorie- und Praxiszusammenhänge, letztlich auf wissenschaftliche Erkenntnis. Interpretationsmedium ist wiederum die Sprache, und zwar im Konglomerat von Wissenschafts- und Alltagssprache, von Erfahrungen und Interessen der jeweils beteiligten Kontrahenten, Kulturen, Professionen. Es muss immer wieder neu argumentiert, erklärt, zu eigen gemacht werden u. dgl.

Entscheidend für die Textexegese ist – nach der Feststellung der Textsorte (z. B. Gesetzes-, Zeitungs-, Redetext, Bericht, Reportage, Befragung, wissenschaftlicher Text, Kommentar, Protokoll, Biografie, Vertrag, Satzung, fiktionaler Text usw.), des Verfassers, des Verlags und des Erscheinungsjahres (Quellenangabe), der Überschrift, der Gliederung, der Absicht, des Hintergrundes und der Aussageweise (direkt – indirekt), der Wertung(en), der Argumentationsmuster, der Informationen, der offenen Fragen u. dgl. – die Wahl des Interpretationsparadigmas (s. S. 46), z. B. der historisch-hermeneutischen und phänomenologisch-philologischen Methode. Ihr Vorteil liegt in der strengen Textgebundenheit, ergänzt durch die (zeit-)geschichtlichen Verflechtungen. Ein gewisser Nachteil besteht in der textimmanenten Auslegung, die dennoch auch textkritisch sein soll (Gefahr des hermeneutischen Zirkels).

Für die Textanalyse sind Fragen zu beantworten wie: Inhalt? Zentrale Aussagen? Sinnabschnitte? Wann verfasst? Textart? Zielgruppe? Verfasser? Absicht? Sprachliche Mittel? Wertungen? Fakten? Offene Fragen?

Sie können durch entsprechende Hausaufgaben vorbereitet werden, z. B. anhand von Fragen wie:

- Welche Aussagen oder Behauptungen werden gemacht und wie begründet? Welche sind zentral, plausibel, welche zweifelhaft?
- Auf welche Tatsachen bezieht sich der Verfasser?
- Welche sprachlichen Mittel werden angewandt?
- Welche Begriffe oder Textstellen ragen heraus bzw. sind unklar?
- Soll wörtlich oder allegorisch interpretiert oder gar paraphrasiert werden?
  Markante Stellen werden markiert.

Die Bearbeitung der Inhaltsdimension geschieht empirisch-analytisch, der Sinndimension hermeneutisch, der Gliederung phänomenologisch, der Absicht intentionslogisch, der Perspektive handlungsorientiert und der Bedeutung ideologiekritisch, schließlich – wo ein Vergleich oder Kontrast im Text möglich ist – komparatistisch (Weißeno 1993; 1986, 410ff.).

Darüber hinaus ist darauf zu achten, dass Textkorpora oft auf jahrelangen, Überlegungen und Verhandlungen mit bestimmten Intentionen beruhen und infolgedessen bewusst oder unbewusst polyvalent konstruiert sind. Deshalb ist die Beachtung von Umfeld und Entstehungsgeschichte eines Textes wichtig (z. B. Grundgesetz der BRD: Niedergang des so genannten Dritten Reiches, Deformation der Menschen- und Freiheitsrechte in der NS-Zeit, Herrenchiemseer Protokolle, Parlamentarischer Rat, Einfluss der Alliierten, besonders der Amerikaner, Verfassungsgerichtsentscheidungen bis zur Gegenwart). Die Interpretation kann auch mithilfe der intertextuellen Methode, d. h. jeder Interpet stellt seine Ansicht dar, erfolgen (u. a. intentio operis und intentio auctoris), verweist auf Konnotationen u. dgl. Die Betrachtungsweise ist perspektivisch. Schließlich sind unterschiedliche Stufen des „Verstehens" zu unterscheiden, deren Wahrheitsgehalt immer nur vorläufig ist.

Ausgewählt wurde ein diplomatischer Text (die „Erklärung über die gegenseitigen Beziehungen und deren künftige Entwicklung" vom 9. 12. 1996 [sog. Deutsch-tschechische „Schlussstrich-Erklärung"]); kein internationaler Vertrag = Textsorte), der nach zweijährigen Verhandlungen in die endgültige Form gegossen wurde. Politisch geht es darin um die Versöhnung der (vertriebenen Sudeten-) Deutschen und Tschechen.

- Einige Schlüsselfragen zum Text können lauten:
- Welche geschichtlichen Behinderungen zwischen Deutschen und Tschechen mussten/müssen für ein gutes nachbarschaftliches Zusammenleben beseitigt werden?
- Wie konkret sind die einzelnen Sätze und Aussagen? Versuchen Sie eine eindeutige Fassung herzustellen. Worin sehen Sie Gleichgewichte/Ungleichgewichte in den Textteilen?
- Analysieren Sie den deutschen und tschechischen Teil des Textes getrennt. Worin sehen Sie Unterschiede? Welche sprachlichen Mittel werden jeweils verwendet?
- Über den Begriff der „Vertreibung" wird seit Jahrzehnten diskutiert. Andere nennen sie „Transfer", „Umsiedlung" oder „Überführung". Was halten Sie für angemessen? Begründen Sie. Welche Konnotationen sind mit diesem oder anderen Begriffen verbunden?
- Was wurde nach Ihrer Ansicht mit der „Erklärung" erreicht?
- Worin läge der Unterschied, wenn das Münchener Abkommen von Anfang an (ex tunc) oder vom Zeitpunkt der „Erklärung" an (ex nunc) für ungültig erklärt worden wäre?
- Wie wirkt(e) sich die „Erklärung" auf die Osterweiterung der EG aus?
- Welche Fragen sind offen geblieben?

Als sich ergänzende juristische Methoden bei der Auslegung einer Rechtsnorm können angeführt werden:

1. Die grammatische Auslegung
   orientiert sich an Wortlaut und Wortsinn des Textes.
2. Die historische Auslegung
   knüpft an die Entstehungsgeschichte der Rechtsnorm an.
3. Die systematische oder logische Auslegung
   hebt auf die Stellung des Rechtssatzes im Normengefüge usw. ab.
4. Die teleologische Auslegung
   ist die wichtigste Methode. Sie versucht den mit der Rechtsnorm verfolgten Zweck (die ratio legis) zu erfassen. (Avenarius 1995, 5)

7.6 Die Medien als Grundlagen politisch bildender Arbeit

7.6.1 Mediendidaktische Vorbemerkungen

Die Multimediatisierung des öffentlichen und privaten Lebens ist evident (sog. Mediendemokratie). Die Medien werden auch als Vierte Gewalt im Staate bezeichnet mit den Hauptfunktionen:

1. Herstellung von Öffentlichkeit, Transparenz
2. Bildungsfunktion
3. Informationsfunktion
4. Sozialisationsfunktion
5. Artikulationsfunktion
6. Kritik- und Kontrollfunktion.

Für den Lernenden kommt es darauf an, den Zugang zu relevanten Informationen und Materialien zu finden, produktiv mit ihnen umzugehen und sich die Ergebnisse für das eigene Denken nutzbar zu machen. Kritische Medienerziehung als integraler Bestandteil einer informationstechnologischen Grundbildung und Medienkompetenz sind wichtige pädagogische Aufgaben. Sie beruhen auf Metaqualifikationen wie Kommunikations- und Innovationsfähigkeit, Kreativität und Selbstorganisation im sozialtechnischen System. So soll der homo sapiens informaticus ausgestattet sein. (Weißeno 2002) Entscheidend ist die (Nach-)Frage nach dem Wertsystem anlässlich einer starken Funktionalisierung der Lebenswelt.

7.6.1.1 Informationstechnische Bildung als mediales Rahmenkonzept

Besonders die junge Generation ist eine Multimediageneration, aber sie geht diätetisch mit den Medien um, ohne dadurch (politisch) informierter zu werden. Das heißt es findet zwar (politische) Sozialisation massenmedial statt, jedoch kann (politische) Bildung generell nicht durch Massenmedien substituiert werden. Dies hat die KMK in ihrem Beschluss über „Neue Medien und Telekommunikation im Bildungswesen" 1997 (vgl. die KMK-„Empfehlung zur Medienpädagogik in der Schule" vom 11./12. 5. 1995, den KMK-Bericht und Empfehlungen „Neue Medien und Telekommunikation im Bildungswesen – Sachstand und Perspektiven im Schul- und Weiterbildungsbereich" vom 27./28. 2. 1997, ferner das „Rahmenkonzept für informationstechnische Bildung in Schule und Ausbildung", 1984, und den „Orientierungsrahmen Medienerziehung in der Schule", 1994, der Bund-Länder-Kommission für Bildungsplanung und Forschungsförderung) festgehalten, worin sie u. a. auf die Möglichkeiten der Neuen Medien verweist, „durch schnellen Datenzugriff, eigenständiges Recherchieren in Datenbanken, Verlagerung von Telearbeits- und -lernplätzen in den häuslichen Bereich (…) Selbstlernangebote" zu nutzen, „aber die soziale Eingebundenheit und das soziale Lernen auch zukünftig ein wichtiges Lernziel für Schule und Weiterbildung darstellen muss". „Dabei können pädagogisch bedeutsame Ziele wie Selbstbestimmung des Lernens, Projektorientierung, Kooperation und Teamarbeit, fächerübergreifende Arbeits- und Lernformen und bereichsübergreifendes Denken gefördert und gezielt angegangen und erfahren werden." Durch die Neuen Medien (Nutzung von Digitalisierung, Speicherung, algorithmischer Verarbeitung) „ist man in der Lage,

- auf große Datenmengen jederzeit an jedem Ort und (zunehmend) schnell zuzugreifen und diese zu verarbeiten;
- Interaktivität zwischen beliebig weit entfernten Computersystemen herzustellen;
- vielfältige Vertiefungen zu ermöglichen (von lokalen Netzen bis zum Internet);
- virtuelle Realität zu erzeugen und ununterscheidbar mit realen Darstellungen zu verbinden." (KMK-Beschluss 1997)

7.6.1.2 Angebote, Aufgaben und Funktionen von Medien

Medien sind nicht nur Hilfsmittel, Ziel und Inhaltsträger (wie z. B. das Lehrbuch) des (politischen) Lernvollzugs, sondern sie sind eine querliegende Dimension, die sich durch andere Problemebenen (Ziele, Intentionen des Lernprozesses; Inhalte; Organisations- und Vollzugsformen unterrichtlichen Lehrens und Lernens, wobei der Zusammenhang zwischen Lehr- und Lernprozessen als Interaktionszusammenhang verstanden werden muss: Perspektive der Methodik) hindurch erstreckt. Die Medien(systeme) sind Lehr-/Lernhilfen, repräsentieren Ausschnitte aus der Wirklichkeit und dienen als Arbeits- und Erkenntnisgrundlagen. Sie haben demnach mehrere Fähigkeiten. Sie „können Informationen übermitteln, bearbeiten und/oder neu schaffen und in Netzwerken zu neuer Wirklichkeit zusammenfügen und damit neue ‚virtuelle Wirklichkeiten' schaffen, ohne auf ein ‚reales' Vorbild zurückgreifen zu müssen" (Dichanz 1995, 30). Ihre Auswahl und Beurteilung richtet sich nach ihrem exemplarischen Wert und ihrer Eignung für verschiedene Lernformen: für Einzel- und Gruppenarbeit, Hausaufgaben, Wiederholung, kursorische Lektüre. Medien sind prinzipiell offen. Sie sind Träger der didaktischen Vermittlungsfunktion und sollten vor allem den emanzipatorischen Anspruch der politischen Bildung unterstützen und den Lernprozess fördern, indem sie u. a. eine Vielzahl von (konfligierenden) Interessen verdeutlichen. Die mediale Mitbedingtheit politischer Informationen, Meinungen, Erfahrungen, Urteile usw. ist nicht zu übersehen. Deshalb stellt der Umgang mit audio-visuellen Medien einen notwendigen Teil funktionaler politischer Bildung dar, die intentional durch Medienreflexion und -kritik kontrolliert und ergänzt werden muss. Wie sehr politische Bildung als ein Kommunikationsvorgang verstanden wird, desto mehr spielen mono- oder multimediale Informationsträger (Medien) eine bedeutende Rolle. Der kommunikationstheoretische Bezugsrahmen ist daher als Bindeglied zwischen Politik und Mediendidaktik wichtig.

Das Angebot an Informationssystemen ist äußerst vielfältig. Es umfasst für Lehr- und Lernzwecke die Lehr- und Arbeitsbücher, Arbeits- und Quellenhefte, Tonbänder, Dias, Filme, CD-ROM, Arbeitstransparente für die Overhead-Projektion, Textbogen, Kassetten, Karten, Umdrucke, Grafiken, Statistiken, Tabellen, Schaubilder, Diagramme, Bilder, Zeitungen, Karikaturen, Simulations- und Lernspiele usw. Des Weiteren gehören dazu das Abhören, Beobachten, Mitschneiden von Live-Sendungen, politischen Debatten und Diskussionen, Pressekonferenzen usw. All diese Unterlagen können gesammelt werden in einem (Privat- oder Schul-)Archiv, einer Mediothek.

Die Kombination der je vorhandenen Medien ermöglicht einen Einsatz nach Vorkenntnissen, Zweck und Ziel des jeweiligen Themas. Der Medienverbund ist demnach als ein offenes System zu betrachten, das dem Kontextmodell folgt, d.h. in einem funktionalen Zusammenhang steht. Er kann, entsprechend ausgebaut und benutzt, die gängigen Unterrichtsmaterialien (technische Medien: Tafel, Fernseher usw.; Unterrichtsmedien: Bücher, sonstige Print- und Online-Medien) teilweise ersetzen und mittelfristig die Schule erheblich verändern (Sander 2002). An fachdidaktischen Beurteilungsmerkmalen für die Auswahl und Verwendung von Medien sind zu nennen: die Kompetenz (sachliche Richtigkeit usw.), die gesellschaftliche Relevanz, die Aktualität und Konkretheit, die Kontroverse u.dgl. In einem lerntheoretisch organisierten Arbeitsprozess dienen die Medien als Vermittler von Stimuli (Informationen), Aufgaben, Rückmeldung, Verstärkung, Kontrollen und Auswertung in bestimmten Lernphasen.

Methodisches Vorgehen im Lernprozess benötigt Medien, mit denen der Lernende selbst ständig umgehen kann. Sie sollten die Lernchancen erhöhen und nicht nur Informationen liefern, sondern Kommunikation erzeugen und Handeln auslösen (können). Sie sind prinzipiell offen, ihre Verwendung hängt nicht zuletzt mit der Lernbiografie der Beteiligten zusammen. Insofern ist der Umgang mit Medien handlungsorientiert (Wittern 1985). Eine wichtige Vorfrage besteht darin, wie die Lernenden die öffentlichen Medien wahrnehmen, was sie aufnehmen und was sie behalten. Die Gefahr der Manipulation ist groß: Während des Golfkriegs 1991 haben die amerikanischen Militärbehörden nur einer ausgewählten Gruppe von Journalisten Informationen zukommen lassen (d.h. sie konnten sie nicht an der Front selbst sammeln), und Kriegsszenen wurden z.T. auf einem Flugzeugträger nachgestellt oder sogar in England gefilmt.

Die Validierung des Materials richtet sich nach den allgemeinen Prinzipien der Didaktik bzw. der individuellen Bedürfnisse. Eine desiderate Form einer apparativen Medienbenutzung ist der Einsatz eines Video-Recorders zur Aufzeichnung von Lehr-/Lernsituationen zum Zwecke einer kritischen Nachschau und Analyse sowie dem Ziel der Entwicklung alternativer (Lern-, Verhaltens-) Modelle. Zu den kritisch-analytischen Fähigkeiten kommen die produktiven Momente der selbstständigen Medienherstellung etwa in Gestalt von Reportagen, Flugblättern, Plakaten, Fotos, Videos, Folien, Film, Radio- und Fernsehsendungen, Schülerzeitschriften usw. (PuU 1/2002).

7.6.1.3 Umgang mit Medien, Lernziele und Rezeptionsregeln

Als allgemeine Lernziele der Mediennutzung sind zu nennen:
Die Lernenden sollen
- Massenmedien in ihrer politisch-gesellschaftlichen Bedingtheit und als Herrschafts-
instrumente begreifen
- Organisation und Struktur der Medien kennen
- Medienrealität als ein von Journalisten, Wissenschaftlern und sonstigen Interessen-
ten(gruppen) vorgegebene gesellschaftliche Wirklichkeit erkennen
- Medien analysieren und Interessen der Beteiligten feststellen können
- die Manipulations- und Indoktrinationsmöglichkeiten der Medien (ideologiekritisch)
erfahren
- Medien bewusst und reflektiert verwenden können.
  Medien sollen folglich
- (Problem-)Lösungshilfen anbieten
- zu Denkanstößen und -vorgängen führen
- zu Bewertungen anregen und Antworten provozieren
- eigene Anliegen, Interessen, Probleme artikulieren helfen
- zur eigenständigen Lebensbewältigung beitragen
- die Meinungsfreiheit repräsentieren (Exner-Seemann 1995, 481).
  Für die Arbeit mit Medien stehen zwei theoretische Ansätze zur Verfügung:
  1. der kommunikationstheoretische Ansatz: Medien werden nicht ausschließlich phäno-
     menologisch beschrieben, sondern ideologiekritisch im jeweiligen gesellschaftlichen
     Kontext/Prozess interpretiert;
  2. der medienpädagogische Ansatz: Medien sind nicht nur Mittel zur Aneignung, sondern
     zur Produktion, in der Kommunikation als Prozess betrachtet wird und in dem wir noch
     stehen. Deswegen sind zusätzlich zu beachten: die Semantik, die Sprach- und Werbe-
     psychologie, das Redaktionswesen und das Presserecht. (Tulodziecki 2002)
     Die beiden Ansätze beruhen auf
     1. der technologischen (zweckrationalen) Medientheorie: Medien (Modelle, Karten,
        Bücher, Zeitungen, Zeitschriften usw.) werden zu Unterrichtsmedien als Momente
        des Strukturgefüges Unterricht;
     2. der emanzipatorischen Medientheorie: Sie soll das technologische Unterrichtskon-
        zept durch Aufklärung über dessen negative Wirkungen überwinden;
     3. der inhaltsorientierten Medientheorie: Sie ist an der Vermittlung von Inhalten
        orientiert.
  Der Umgang mit Unterrichtsmaterial (Medien) kann sich wie folgt methodisiert vollziehen:
  1. Auswahl (nach Inhalt, Lernziel, Fragestellung, Informationen)
  2. Erläuterung des Unbekannten (mithilfe von Lexika und Handbüchern)
  3. Ideologiekritik (Feststellung der im Material explizit oder implizit enthaltenen Urteils-
     kategorien, Hypothesen, Interpretationsmuster u. dgl.)
  4. Interpretation (Auswertung) unter
     a) Rückbezug auf die Ausgangshypothesen, Reflexion des Erkenntnisweges
     b) Unterscheidung der Methoden und ihrer erkenntnistheoretischen Leistung:
     ba) analytische Verfahren (Erarbeitung struktureller [Handlungs-]Bedingungen und
         Verknüpfung zu Vorstellungen über gesellschaftliche Phänomene)

bb) hermeneutische Verfahren (Herausfinden der [Handlungs-]Intentionen und Verknüpfung zu einem Ganzen)

5. Zuhilfenahme (wissenschafts-)theoretischer Modelle
6. Identifizierung des Ergebnisses.

Für die Vervielfältigung, digitale Übertragung und Speicherung (CD, CD-ROM, Festplatten, Netzwerke wie CompuNet u.a.), Ton- oder Videoband, Aufnahme von Schulfunk- und Fernsehsendungen, Fotokopien eines Schriftwerkes von ca. 3–6 Seiten ist das Urheberrechtsgesetz vom 9.9.1965 (BGBl. 1 S.1273) 1. d. F. vom 8.5.1998 (BGBl. 1 S.902) zu beachten (bes. §15 Verwertungsrechte, §46 Schul- und Unterrichtsgebrauch, §§69a–g Computerprogramme, §§87a–e Schutz des Datenbankherstellers [die fälligen Vergütungen werden von den Kultusministerien pauschal erstattet]; vgl. Hasselbring 1996; Nordemann 1987).

Als allgemeine Rezeptionsregeln für Medien können die folgenden Verfahrensschritte eingehalten werden (Einzel- oder Gruppenarbeit):

1. Zielsetzung (Auswählen)
2. Information (Wahrnehmen)
3. Hypothesen (Abklären)
4. Protokoll (Festhalten)
5. Analyse (Durchdenken)
6. Synthese (Mitteilen)
7. Kontrolle (Verstärken)
8. Zusammenfassung (Erörtern). (Nach BpB 1991, 54 ff.)

7.6.1.4 Medien im Rahmen politischer Bildung

Das politische System der BRD zeigt Wandlungstendenzen von der parlamentarisch-repräsentativen zu einer „medial-präsentativen" Demokratie (Sarcinelli). Politische Realität ist medienvermittelte Wirklichkeit (vgl. symbolische Politik) und führt zur Deformation demokratischer Strukturen.

„Diese medienvermittelte politische Realität ist in hohem Maße ritualisiert, inszeniert und akteursgesteuert, mithin also durch strategische Kommunikation bestimmt." (Sarcinelli 1995, 457)

Es besteht demnach ein symbolischer Interaktionszusammenhang zwischen Medien und Politik. Medienkompetenz ist daher als Handlungskompetenz erforderlich, will man in diese (Kommunikations-)Gesellschaft integriert sein. Medien werden unterrichtlich verwendet als Einstieg, Motivation, Verstärkung, Grund- und/oder Zusatzinformation, Veranschaulichung, Vertiefung, Anregung, Transferleistungen, Problemlöseverhalten, Übung, Kontrolle, Handlungsanleitung. Politik wird i.d.R. vom Einzelnen aus der zuschauenden, betrachtenden, hörenden und lesenden Medienperspektive registriert.

Die Gefahren sind offenkundig. Medien(macher) verfolgen einen Zweck. Sie wollen (durch ihre subjektive Brille) informieren, berichten, überzeugen, kommentieren, darstellen, befördern usw., aber auch verkürzen, verschleiern, verführen, manipulieren, beeinflussen u. dgl. Psychologisch und ästhetisch ist auf die Reizüberflutung des modernen Menschen durch übermäßigen Medienkonsum zu verweisen, auf den Warencharakter der Informationen, auf die gezielten Auswahlmechanismen usw. Die Menschen befinden sich in selektiv-informationeller Abhängigkeit von den Medien und von der Informationsvermarktung. Sie werden zu „außengeleiteten Informationssammlern" (D. Riesman), die vorwiegend „Erfahrungen aus zweiter Hand" (A. Gehlen) verarbeiten. Infolge der Informationsschwemme wird folglich die Diskrepanz zwischen Information und sinnvollem Handeln eher größer. Eine gewisse Selbstständigkeit der Begegnung mit dem Medium ermöglicht das interaktive Fernsehen.

7.6.1.5 *Methodisierte Analyseansätze für Film, Funk, Fernsehen und (Tages-)Zeitung*

Film, Funk und Fernsehen erweisen sich auch als geeignet, neue Anschauungs-, Erfahrungs- und Bedeutungshorizonte zu eröffnen. Sie leisten also nicht nur manipulativen Klischee- und Vorurteilsbildungen Vorschub, sondern geben ebenso Anregungen zu Diskussion und Stellungnahme, liefern Material für Provokation und Widerspruch u.dgl. Diese (technischen) Medien dokumentieren oder illustrieren Tatsachen und Probleme in audiovisueller Form. Ihre Suggestionswirkung kann durch Analyse ihrer Strukturbedingungen und der Rezeptionsgewohnheiten des Betrachters/Hörers reduziert werden. Dazu sollten die folgenden Analysefragen beantwortet werden (können):

- Wer hat das Medium in wessen Auftrag und mit wessen Geld hergestellt?
- Welche sprachlichen Formulierungen werden verwendet (ernsthaft, ironisch usw.)?
- Wie werden die Vorgänge bildnerisch gezeigt (Klein-, Großaufnahme, Ausschnitte; kurz, länger usw.)?
- Wie sind Bild und Sprache kombiniert?
- Welche Tatsachen werden wie lange gezeigt?
- Wie werden Geräusche und Musik verwendet?
- Welche Inhalte werden vermittelt?
- Welche Absichten und Ziele werden verfolgt?
- Welche politischen bzw. ideologischen Positionen werden vertreten?
- Wie ist das Medium in den Lernprozess einzuordnen?
- Welche Fragen wurden geklärt, bleiben ungeklärt?
  Eine Nachrichtensendung im Fernsehen kann wie folgt analysiert werden:
  - Sind die Aussagen inhaltlich verständlich und faktisch ausreichend?
  - Bieten die Aussagen Möglichkeiten zur eigenen Beurteilung (Argumente/Gegenargumente)?
  - Welche politischen Lager sind repräsentiert, mit herausragenden Vertretern, über welche Sendezeit?
  - Welche Fragen werden vom Moderator (nicht) gestellt?
  - Welche Sequenz ist unvollständig, unverständlich, was fehlt?
  - Was sagen die Bilder aus? (Oberflächenereignisse oder ?)
  Die formale Analyse von Filmen und Fernsehsendungen kann sich auf folgende Punkte konzentrieren:
  1. Gesellschaftlicher Bezug (Produktionsgeschichte, Auswirkungen, Kritik)
  2. Medienbezug (Vergleich mit andern Medien)
  3. Handlungsträger (Personen)
  4. Geschichte und Geografie (Zeit und Raum)
  5. Handlungsablauf (Höhepunkte usw.)
  6. Bildgestaltung
  7. Tongestaltung. (Nach BpB 1991, 52f.)

Der *Tonfilm* (als Dokumentar- [z. B. Tagesschau, Wochenschau], Unterrichts- oder historischer [Spiel-]Film [z. B. Bismarck, Friedrich d. Gr.: freie Gestaltung]), Kompilationsfilm (Vermischung von zeitgeschichtlichen Dokumentenaufnahmen, Interviews mit Zeitzeugen, Statements von Experten)) vermittelt das intensivste Realitätserlebnis, das nur durch das persönliche Dabeisein übertroffen werden kann. Es lassen sich die Stufen des Nachempfindens, Miterlebens (Direktheit) und der Identifizierung unterscheiden.

Analysegesichtspunkte für Filme können sein: die Darstellung der Hauptfiguren, das Handlungsgefüge, die Symbolik und Leitmotivik, Details der Bildgestaltung usw. (Heinecke 2002)

Das *Fernsehen* steht an erster Stelle der Mediennutzung. Dabei stellt sich u. a. die Frage nach der Wirklichkeit(swahrnehmung): Was ist Realität, was ist Inszenierung? Auf welche Konfliktfelder wird die Aufmerksamkeit fokussiert? Die politischen Kenntnisse der Lernenden korrelieren positiv mit dem Konsum entsprechender Sendungen, vor allem Dokumentarfilme, Live-Übertragungen von Debatten, Sitzungen, Pressekonferenzen, Abstimmungen, Staatsakten usw. Die schwenkbaren Kameras ermöglichen eine Mitschau aus unterschiedlichen Blickwinkeln. Es ist darauf zu achten, wie der Moderator seine Rolle wahrnimmt. Während viele Medien einen direkten politisch-gesellschaftlichen Bezug herstellen (wollen), enthalten andere mediale Ausdrucksformen, z. B. Unterhaltungssendungen, pseudohistorische Romane und ihre Verfilmungen, Western-Filme (in denen der Sieg über die Indianer als staatliche Notwendigkeit und militärische Tugend erscheint), Comic-Strips, Verzerrungen der Wirklichkeit usw. und bewirken eine ungeschützte Meinungsmanipulation.

Nach Fernsehen und Radio steht die *(Tages-)Zeitung* an dritter Stelle der Mediennutzung von Jugendlichen ab vierzehn Jahren. Analyse und Vergleich sind beliebte Unterrichtsvorhaben. Die Lernenden können sich (in Einzel-, Partner- oder Gruppenarbeit) aufteilen in die Feststellung von

a) Zielen einer Zeitung (politisch, kulturell, sportlich, wirtschaftlich usw.)
b) Verantwortung gegenüber der Allgemeinheit/den Lesern (Offenlegen/Verschweigen von Tatsachen, Einseitigkeit, Objektivität/Parteilichkeit usw.)
c) Aufteilung in Ressorts (Politik, Kultur, Sport, Nachrichten, Leitartikel usw.)
d) Diversem (Aufmachung, Bilder, Anzeigen; Umfang, Lesbarkeit usw.)
e) Vergleich von 2-3 Zeitungen nach dem allgemeinen Raster und z. B. den Titeleien (z. B. über die Einführung der Ökosteuer am 4.3.1999: „Bundestag beschließt die Ökosteuer. Energie wird am 1. April teurer, Rentenbeitrag sinkt" (Fft. Rundschau), „Der Energieverbrauch wird teurer. ‚Ökosteuer ist zentrales Projekt der Moderne'" (FAZ), „Benzin, Heizöl, Strom, Gas zum 1. April teurer" (Taunus-Zeitung)
f) Rückschlüssen auf die Grundhaltung und Tendenz der Zeitungen.

7.6.1.6 *Tondokumente, Bilder, Karikaturen*

Die oft als Propagandamittel eingesetzten *Tondokumente* erzeugen Unmittelbarkeit der akustischen Präsentation und zwingen zur Konzentration und zum (Nach-) Fragen nach den Anlässen, Ursachen, Wirkungen, Zusammenhängen usw. Am Beispiel von geeigneten Reden (s. o.) wird erleb- und nachvollziehbar, wie ein Redner seine Stimme (und Gesten) einsetzt, wie die Wörter akzentuiert, die Stimme moduliert, eskaliert, einen bestimmten Sprach- und Ausdrucksstil verwendet u.dgl. Ebenso ist die Resonanz bei den Hörern zu beachten, wie sie durch Ovationen, durch Beifall, Zurufe, frenetisches Klatschen, Aufstehen u.dgl. reagieren. Die dazugehörigen Originalgeräusche verdichten die öffentliche Rede zu einem Hörerlebnis. All dies soll letztlich das Bedürfnis nach rationaler Erklärung und Auseinandersetzung wecken (Vorländer 1986).

Das *Bild* (Bildreihen, Comics, Zeichnungen, Lithografien, Grafiken, Poster, Skizzen, Graffiti-Sprüche, Zahlenbilder, Landkarten, Tabellen, Schaubilder, Dias, Karikaturen usw.) erfüllt zwei Aufgaben im Lernprozess: als Quelle/Beleg und als methodisches Hilfsmittel. Die Bilder werden im heuristischen (als Grundlage von Erörterungen, Kenntnissen und Einsichten) und im illustrativen Sinne verwendet. Sie halten im Gegensatz zum Ton keine Entwicklung fest, sondern geben den Eindruck eines Augenblicks wieder. Fragen nach dem Vorher und Nachher drängen sich auf. Das Bild ist also immer ein Ausschnitt aus der Wirklichkeit, je nach der Perspektive der Kamera subjektiv. Das Medium Bild dient oft der symbolischen Visualisierung. Seine ikonischen Gehalte müssen interpretiert werden.

Dagegen verleiht die (deskriptive, kommentierende, analytische oder agitatorisch-propagandistische) *Karikatur* (ital. caricare = übertreiben) dem Bild eine intellektuell-gestalterische Überhöhung. Menschen u.a. werden ins Satirische, Groteske, Witzige oder Humoreske absichtsvoll (oft politisch-tendenziell) verzerrt. In Einzel- oder Gruppenarbeit können Bilder jeder Art gesammelt, zusammengestellt und mithilfe folgender Fragen decodiert werden:

- Was ist die Aussage des Bildes?
- Welcher Sachverhalt/Problem/Konflikt liegt im Bild zugrunde?
- In welchem Zusammenhang stehen Text und Bild?
- Ist aus dem Bild eine bestimmte Tendenz/Meinung/Deutung ablesbar?
- Welche anderen Texte könnte man unter das Bild setzen?
  (Grünewald 1999; Wolf 1998)
  Spezielle Fragen richten sich an die Karikatur:
  - Welche Widersprüche, Unzulänglichkeiten deckt sie (parteilich, ironisch, überspitzt, nachdenklich usw.) auf?
  - Wie wird sie methodisch eingesetzt (zur [Einstiegs-]Motivation, Veranschaulichung, Demonstration [Zeitdokument], Lernkontrolle)?
  - (Auf) welche Situation spielt sie an, deckt sie auf?
  - Wie wird der Sachverhalt gesehen, welche Wertungen werden vorgenommen?
  - Das jeweils gültige Urheberrechtsgesetz ist für die Verwendung der Medien zu beachten.

Der Einsatz der Medien hängt von ihrer Funktion im Rahmen des Erkenntnisziels ab: ideologiekritisch oder sachanalytisch, kommunikativ (Weitergabe von Tatsachen), konstruktiv (Anregen zur Konstruktion von Ereignissen), reflexiv (zu Gedanken anregend), zum Vergleich, zur Perspektivänderung oder -erweiterung, im interkulturellen Zusammenhang usw.

Die einzelnen Medien kann man in vielfältiger Weise, z.B. im Hinblick auf die von ihnen transportierten Gesellschaftsbilder, politische Richtungen, emotionalen Auswirkungen, Gruppenstrukturen, Verhaltensmuster, Verhältnis zu Fremdgruppen, zu einzelstaatlichen Politiken, zur Art der Benennung von Problemen, zu Kommentierungen von Ereignissen u.dgl., über einen bestimmten Zeitraum hinweg untersuchen. Ein eklatantes Negativbeispiel stellt die im Fernsehen wiedergegebene Großdemonstration gegen Fremdenfeindlichkeit am

8. November 1992 in Berlin im Beisein des Bundespräsidenten, des Bundeskanzlers und fast aller Ministerpräsidenten dar. Nicht die ruhige Versammlung von 300 000 Menschen wurde in das Bild gerückt, sondern die Störung durch etwa 300 Anarchos.

Eigene Erfahrungen können mithilfe einer Fotodokumentation z. B. über alte Menschen, Spielplätze, Arbeitsplätze, Wohnformen usw. gemacht werden.

Die Lernenden sollten mit den technischen und natürlichen Mitteln der Berichterstattung usw. vertraut gemacht werden, z. B. kann man mithilfe technischer Einrichtungen eine Stimme bis zur Unkenntlichkeit oder Lächerlichkeit verzerren, auf Bildern Personen usw. wegretuschieren, durch Schnitt Wichtiges weglassen, durch Montage manches hinzufügen, jemanden bewusst unvorteilhaft in einer (unbeobachteten) Stellung fotografieren usw.

Mit der Verfügung über die Medien wird über ein Stück gesellschaftlicher Wirklichkeit entschieden: Sie wird verändert oder neu geschaffen. Deshalb sollte die Medienpädagogik drei Grundqualifikationen sicherstellen:
„Die Schüler müssen lernen,
- durch Decodierung medial vermittelte Botschaften richtig zu verstehen,
- die Botschaften, Nachrichten, Informationen in ihrem Kontext und in ihrer Interessengebundenheit zu erkennen,
- durch eigene Produktion (kreative Medienarbeit – W. M.) an der Gestaltung von Medienbotschaften teilzunehmen." (Dichanz 1986, 54)

7.6.2 DAS LERN-/LEHRBUCH ALS FUNDAMENTUM DES POLITISCHEN LERNENS

7.6.2.1 Zur Funktion des Schulbuchs

Als Leitmedium politischer Lehr-/Lernveranstaltungen bietet sich neben den frei verfügbaren Materialien das Lehrbuch in seiner mehrfachen Funktion als Politicum, Informatorium und Paedagogicum (G. Stein) sowie als Fundamentum und Kontinuum an. Es ist ein „didaktisch-methodisches Unterrichtsmedium, das inhaltliche Gegenstandsvermittlung und politische Bildungsintentionen auf bestimmte Weise miteinander verknüpft" (Witsch-Rothmund 1986, 9) und steht im Schnittpunkt von politischer Theorie und Praxis, Zeitdiagnose, Zukunftsperspektive, vermuteter Unterrichtspraxis, Bezugswissen, normativen Vorgaben (Lehrpläne usw.), methodischen Hinweisen (Methodenkästen bzw. -seiten) usw. Es ist mehrdimensional gestaltet, repräsentiert unterschiedliche Handlungsfelder, mediendidaktische Reflexions- und bildungs- und gesellschaftspolitische Aktionszusammenhänge, hat insgesamt einen instrumentellen Charakter (Stein 1991).

Dadurch präformiert es bis zu einem gewissen Grade den Unterricht. Deshalb ist nach seinem Funktionsprofil, seiner Multifunktionalität und seiner (offenen oder geschlossenen) Konzeption zu fragen. Es gehört zu den wichtigsten medialen Trägern und transportiert Informationen besonders über die invariablen Anteile politischer und gesellschaftlicher Systeme, z. B. Staatsaufbau, Gerichtswesen, Wahlverfahren, Parteien und Verbände, Institutionen usw. Multimediale Informationssysteme und Loseblattsammlungen zu aktuellen Ereignissen konnten sich dagegen kaum etablieren.

Außerdem ist zu berücksichtigen, dass es fast keine wissenschaftliche Lehr-/Arbeitsbuchproduktion für Schulbücher gibt (Mickel 1981). Lehrbücher sind Produkte gesellschaftlicher Prozesse: Abgesehen von den Voreinstellungen der Verfasser, haben sie neben dem Stand der fachlichen und didaktischen Forschung auf die (subjektiven, teilweise ideologielastigen) ministeriellen Vorgaben (Lehrpläne/Richtlinien, Erlasse usw.) sowie auf deren Kontrolle durch (meist unbekannte) Gutachter(kommissionen) Rücksicht zu nehmen. Ihre Herstellung und ihr Vertrieb geschehen ad hoc und als privatkapitalistische Unternehmungen, in jedem Bundesland nach amtlichen (z. T. nebulosen) Zulassungsverfahren und dadurch ausgeübter Marktkontrolle. So wird eine didaktisch-progressive Bewährung mancher Schulbücher am Markt gelegentlich verhindert. Das heißt, die mit öffentlichen Geldern (teil-) finanzierte (meist unzulängliche) Schulbuchversorgung qua so genannte Lehrmittelfreiheit beruht auf einem oft undurchsichtigen staatlich gefilterten Angebot.

7.6.2.2 *Didaktisch-methodische Struktur und Aufgabe*

Das moderne Lehrbuch sollte didaktisch strukturiert, methoden-, (multi-)medien-(z. B. mit Bildern, Karikaturen, Karten, Statistiken, Diagrammen, Übersichtstafeln, Schaubildern, Auszügen aus der Sekundärliteratur, Quellen, Eigentexten usw. ausgestattet), lernziel- und handlungsorientiert sein. Die Kombination aus Lern- und Arbeitsbuch erscheint optimal für die Lernenden. Traditionelle, mehr systematisch auf Faktenkenntnisse zielende Lehrbücher erfüllen ihren Zweck in Einführungs-, Grundlagen- oder Übersichtsveranstaltungen sowie als Repetitorien. (Detjen 2002)

Die Wahl eines Lehrbuchs richtet sich nach dem angestrebten Zweck, nach seiner Angemessenheit (Verständlichkeit, Strukturierung, Verlässlichkeit, Übersichtlichkeit, Methoden- und Medienangebot u. dgl.), didaktischen Konzeption (z. B. Ermöglichung von selbstständigen Arbeitsschritten, Konfrontation mit Entscheidungen, Problemlösungen, Alternativen anhand von Konfliktfällen usw.), Operationalisierbarkeit der angegebenen Lernziele usw.

Das Lehrbuch, das sich aus diversen Gründen mit einem mittleren Anschauungshintergrund begnügen muss, kann den Erwerb von Kenntnissen und Einsichten nicht allein leisten. Es repräsentiert nicht die ganze Wirklichkeit; aber es kann die Erarbeitung grundlegender Begriffe und Strukturen fördern. Dazu muss es nicht die – technisch nicht erreichbare – letzte Aktualität präsentieren.

Das Lehrbuchangebot soll dem Lernenden ein selbstständiges methodisiertes Vorgehen ermöglichen, d. h. eine geeignete Problem-/Themenstellung und das zugehörige Material anbieten. Darauf sind die begrifflichen Kategorien und Instrumente anzuwenden.

Dies geschieht bei jüngeren Lernenden vornehmlich deskriptiv-analytisch an kontroversen Beispielen/Fällen, dann mit zunehmender Abstraktion. Das Lehrbuch(angebot) lässt sich mit aktuellen, von den Lernenden zu sammelnden Unterlagen kombinieren bzw. als Einstieg verwenden. Arbeitsaufträge sollten, differenzierend und methodisch variierend, die Lernenden (einzeln oder in arbeitsteiligen Lerngruppen) auffordern, beispielsweise

- zur inhaltlichen Klärung des Materialangebots (Sicherung des Verständnisses von Texten usw., Herausarbeitung von zentralen Aussagen)
- zur Thematisierung (Verbalisierung), Sensibilisierung und Reflexion hinsichtlich eigener – bewusster oder unbewusster, reflektierter oder unreflektierter – Erfahrungen, Motivationen, Wissensbestände, Meinungen, Wünsche, Interessen, Zukunftserwartungen
- zum Perspektivenwechsel (s. S. 332)
- zur Erklärung von Sachverhalten, Meinungen oder eigenen Erfahrungen

- zum Vergleich von Materialien und Ergebnissen von Lektüre usw.
- zum Abwägen von Vor- und Nachteilen
- zur Problematisierung und Erörterung von abweichenden Meinungen, Aussagen, Sachverhalten, Erfahrungen
- zu Stellungnahmen und zur Urteilsbildung
- zur gezielten Informationsbeschaffung aus den zugänglichen öffentlichen Medien
- zu gezielten Recherchen im Umfeld (Schule, Familie, Nachbarschaft, Behörden, Fachleute usw.)
- zum Transfer
- zur eigenständigen Umsetzung von persönlichen Erfahrungen, Lernergebnissen in fachbezogene (Bericht, Dokumentation, Schaubild usw.) oder künstlerische Darstellung (Collage, Bild usw.)
- zum kreativen Umgang mit gesellschaftlichen und politischen Erfahrungen und Problemen
- zur Einbeziehung fächerübergreifender Perspektiven
- zur metaunterrichtlichen Reflexion anregen. (Nach einem Papier von R. Stachwitz)

Positive Anstöße und Auswirkungen im Hinblick auf die Verwendung von sozialwissenschaftlichen Methoden für die Bearbeitung der vorstehend aufgelisteten Punkte gibt/gab der nordrhein-westfälische (sog.) Methodenerlass vom 22. 11. 1988. Darin wird beispielhaft auf den Erwerb folgender Methoden und Fertigkeiten verwiesen:

„• Befragungen, Beobachtungen, Experimente;
- Erstellung und Aufbereitung (nicht nur Analyse) von Statistiken aus gegebenen oder selbstgewonnenen Rohdaten;
- Konzeption von Regelungen und (z. B. gesetzlichen) Vorschriften;
- Formulierung politischer Forderungen, taktischer Verhandlungslinien und politischer Kompromisse;
- Kalkulation von Haushaltsmitteln bei gegebenen oder frei gewählten politischen Optionen." (Vgl. Kritik in DVPB NRW, Rundbrief 3/1989.)

Das Arbeitsbuch ist von einer Material- oder Quellensammlung, die sich auf bestimmte Ereignisse oder Epochen thematisch konzentriert, zu unterscheiden. Es muss sich auf mehrere Schwerpunkte perspektivisch beschränken und sollte ein Kategorienensemble (Schlüsselbegriffe) bereit stellen, mit dessen Hilfe Fälle/Entscheidungen u. dgl. begrifflich eingeordnet und als Ergebnisaussagen formuliert werden können. Das Lehrbuch sollte vor allem das Fundamentale, Typische, Modelle, Fälle liefern, die durch die Methode des Vergleichs und der Ideologiekritik sowie die Art ihrer Darstellung, ihrer Fokussierung, Perspektiven, Auswahl, Interessen usw. auf ihre Validität hinterfragt werden können. Letztlich ist das Lehrbuch selbst zum Problem zu machen.

Lehrbücher für Politik müssen sich an die normativen Vorgaben der Länderkultusministerien halten, um amtlich zum Schulgebrauch zugelassen zu werden. Die Zulassung wird von einigen Bundesländern als ein wichtiges Regulativ angesehen (vgl. den KMK-Beschluss zur Schulbuchgenehmigung vom 22. 11. 1988 sowie die entsprechenden Erlasse der Bundesländer). Sie ist rechtmäßig, wie das Bundesverwaltungsgericht (VIII B 107.71 – Beschluss v. 13. 3. 1973) festgestellt hat: „Zum staatlichen Gestaltungsbereich im Rahmen des Art. 7 Abs. 1 GG gehören die Festlegung der Unterrichts- und Erziehungsziele sowie die Bestimmung des Unterrichtsstoffes. Mit dieser Kompetenz ist notwendig die Aufsicht darüber verbunden, dass nur solche Schulbücher im Unterricht verwendet werden, die den durch die Lehr- und Erziehungsziele gestellten Anforderungen genügen. Die Entscheidung darüber, welche Schulbücher für den Unterricht in den öffentlichen Schulen zuzulassen sind, ist daher eine durch Art. 7 Abs. 1 GG dem Staat zugewiesene Aufgabe, die dieser als Träger der Schulhoheit seit jeher für sich in Anspruch genommen hat."

Das Oberverwaltungsgericht NRW in Münster hat dazu in seinem Urteil v. 27.9.1985 (5 A 201/81, veröff. in SPE n. F. 702 Schulbuchzulassung Nr. 4) Leitsätze aufgestellt.

(Vgl. Grundsätzliches über die indoktrinierende Wirkung eines Schulbuchs Art. 1 (1), 6 (2, 1), 7 (1) GG; BVerfG, Beschluss v. 9.2. 1989 – 1 BvR 1170/88, veröff. in NVwZ 1990, 54 f., NJW 1990, 702, SPE n. f. 702 Schulbuchzulassung Nr. 7.)

Das Lehr- und Lernnotwendige richtet sich demnach nicht allein nach den (oft strittigen) Ergebnissen der Fachwissenschaften, sondern nach den behördlichen Vorgaben. Lehrbücher als Unterrichtsmedien sind „Produkt und Faktor gesellschaftlicher Prozesse (Schallenberger 1973), ein Lehrbuch ist ein Politicum in Korrespondenz mit den Politica Lehrplan/Curriculum und ministeriellen Erlassen.

Dazu kommt die Berücksichtigung der Ergebnisse der Fachdidaktik, in der Probleme der Wissenschaftstheorie, der Sozialisationsforschung, der Lernpsychologie usw. integriert und auf den Begriff gebracht werden. Sie bilden selbst Teile des so genannten Heimlichen Lehrplans und richten sich u. a. nach den Erziehungszielen, die ihrerseits von der Gesellschaft sowie konkret von den Interessengruppen (Fachverbanden, Standesvertretungen, Arbeitgebern usw. bis hin zu den letztverantwortlichen Kultusministerien) normativ festgelegt werden. Jedes Bundesland hat die Möglichkeit, sich anders zu entscheiden, insbesondere da das Lehr- und Lernnotwendige (die causa definiens) strittig ist (das schuldidaktisch Wünschenswerte braucht nicht mit dem wissenschaftsdidaktisch Notwendigen übereinzustimmen) und es keine endgültigen Auswahlkriterien (ein finales definiendum) gibt sowie die Frage nach dem Cui bono je anders beantwortet wird. Immerhin sind einige (auf verschiedenen Ebenen angesiedelte) Zielprojektionen wie emanzipiertes Bewusstsein, Selbst- und Mitbestimmung, Problemhaltung, Kritikfähigkeit, Kooperation, Teamfähigkeit u. dgl. prinzipiell kongruent und bilden eine Grundlage für Mündigkeit. Aus der Aufzählung ergibt sich, dass das Lehrbuch nicht nur einer Fachwissenschaft zugeordnet werden kann.

7.6.2.3 Methodische Schritte der Schulbuchanalyse

Die wissenschaftliche Schulbuchanalyse von Werken für den politischen Unterricht erhielt einen starken Impetus durch die Arbeit von Volker Nitzschke (1966).

Für die (praktische) Analyse von Lehrbüchern können die folgenden Fragen gestellt werden:

a) Allgemeine Ziele und theoretische Grundlegung: Was trägt das Buch zu einem bestimmten Problembereich bei (z. B. Dialektik von Emanzipation und Affirmation, Konflikt und Toleranz, Interesse und Gemeinwohl, Macht und Herrschaft, Klassen und Schichten usw.)? Welche wissenschaftstheoretischen Positionen werden vertreten (Systemtheorie, Kritischer Rationalismus, Kritische Theorie, Mischformen, offenes System usw.)? Sind die Positionen für den Lernenden erkennbar? Inwieweit versucht das Lehrbuch den Lernprozess zu präformieren? Lässt es Alternativen zu, stellt es Probleme vor oder beschreibt es nur die Dinge? Stellt es Unterlagen für die Erarbeitung und Überprüfung des Gelernten zur Verfügung (Evaluation)?

b) Rationale Komponenten: Wird der Interessen- und Argumentationszusammenhang klar? Wird kritisches Bewusstsein gefördert? Dienen die angebotenen Materialien der fachlichen und argumentativen Kompetenzerweiterung? Werden alternative Beispiele oder Modelle vorgestellt? Wird zwischen Normativität und Empirie unterschieden? Lassen die Themen/Kapitel Lernziele und Qualifikationen (z.B. im Anschluss an ministerielle Richtlinien) erkennen?

c) Fachdidaktische Komponenten: Wie ist das Reduktions-(Selektions-)problem gelöst (z.B. in Bezug auf Inhalte, Adressaten, Lernzwecke)? Werden die Forschungsergebnisse einbezogen, besteht ein Aktualitätsrückstand? Wird ein Transfer auf andere Fragestellungen ermöglicht, werden interdisziplinäre Bezüge hergestellt? Entspricht die Grundkonzeption modernen didaktischen Theorien? Welche Rolle spielen moderne Unterrichtsformen und Methoden (z.B. Rollen-, Plan-, Simulationsspiel, Projekte, Vorhaben usw.)?

Steht der Inhalt des Buches im Einklang mit den Forderungen der Verfassung der Bundesrepublik Deutschland? Ist bei der Literaturauswahl deren Zuverlässigkeit und Seriosität sichergestellt?

d) Ideologische Komponenten: Welches Menschen- und Gesellschaftsbild liegt dem Lehrbuch zugrunde? Welche erkennbaren Interessen werden vertreten? Welches Demokratieverständnis wird favorisiert? Welche Denkweisen und Methoden werden bevorzugt?

e) Affektive Komponenten: Sind Aufmachung, grafische Gestaltung, Layout, Bebilderung usw. attraktiv, stimulieren sie die Sinne, das Buch in die Hand zu nehmen? Regt das Buch zur Aktivität an? Werden soziales Verhalten und kooperatives Lernen intendiert? Werden die Interessen der (potenziellen) Leserklientel berücksichtigt? Hat das angebotene Material einen hohen Motivationswert? Wird von vorfindbaren Phänomenen ausgegangen, die die Lernenden in die Lage versetzen (können), selbstständig Begründungszusammenhänge zu erarbeiten? (Vgl. W. Hilligen 1975, 1, 141ff.; H.-H. Knütter 1979, 165–172.)

Nach einem Vorschlag von Weinbrenner (o.J., 11.) verfährt die Lehrbuchanalyse primär inhaltsanalytisch (vor allem fachwissenschaftlich) und ist mehrdimensional (Referenzsysteme sind die Fachwissenschaft, die Wissenschaftstheorie, die Fachdidaktik und die Erziehungswissenschaft). Die multiperspektivische Analyse hat

a) ein empirisch-analytisches Erkenntnisinteresse (Sie richtet sich vor allem auf die deskriptive Erfassung der wesentlichen Merkmale, d.h. die Aussagen und Sachverhalte sollen durch analytische Kriterien erfasst, kategorisiert und quantifiziert werden.);

b) ein kritisch-innovatorisches Erkenntnisinteresse (Defizite werden identifiziert und Vorschläge für Verbesserungen und Veränderungen gemacht.);

c) ein praktisches Erkenntnisinteresse (Es richtet sich auf rational-kriteriale Identifizierung von für optimal gehaltene Lehrbücher.).

Schließlich sollte eine metatheoretische Analyse versuchen, die paradigmatische Struktur des Lehrbuchs herauszufinden (wissenschaftstheoretische und erkenntnistheoretische Grundlagen, fachdidaktischer Ansatz). Zur paradigmatischen Struktur gehören nach Weinbrenner (ebd. 14ff.) folgende Begriffe: erkenntnisleitende Interessen, Aussagenanalyse, Begriffsbildung, Werturteile, Ideologiebildung, Design.

Die Fachwissenschaften liefern

a) den Aussagenaspekt, d.h. den Informationsgehalt der Wissenschaften

b) den Prozessaspekt, d.h. das methodische Instrumentarium der Wissenschaften

c) den Attitüdenaspekt, d. h. die Verhaltenstugenden und die Verfahrensregeln der Wissenschaftler.

Bei der Fachdidaktik lassen sich mindestens fünf Entscheidungsebenen unterscheiden, und zwar die Ebene

a) der Selektion und Legitimation (Reduzierung von Komplexität, Lehrpläne)
b) der Strukturierung und Sequenzierung (Aufbauprinzipien des Lehrbuches)
c) der Reduktion und Transformation (Stufenbezug, Lernniveau)
d) der Lernorganisation und Vermittlung (Problem-, Situations-, Handlungsorientierung, Beziehung zum Lernenden)
e) der Kontrolle und Bewertung (Evaluation).

Die Erziehungswissenschaften fragen nach

a) dem Paradigma (Bildungskonzeption, didaktisches Modell)
b) dem Buchtyp (Lehr-, Lern-, Arbeitsbuch, Materialsammlung)
c) der didaktischen Funktion (Einsatz im Unterricht)
d) der methodischen Funktion (Arbeitsformen, Selbstständigkeit, Kritik u. dgl.)
e) den Textsorten
f) den Kommunikations- und Interaktionsformen (Sozialformen).

Bei einer Total- bzw. Partialanalyse kann das methodische Vorgehen

a) deskriptiv-hermeneutisch (immanente Interpretation, Verallgemeinerungsfähigkeit eingeschränkt)
b) quantitativ-messend (vor allem inhaltsanalytisch, positivistisch)
c) qualitativ (als Präsenzanalyse: Welche Schlüsselbegriffe, Argumentationsfiguren, Optionen, Wertungen u. dgl. kommen vor?; als Latenzanalyse: untersucht den Gehalt, die Hintergründe der Aussagen.)
d) ideologiekritisch (Spezialfall der Latenzanalyse) sein.

Des Weiteren ist der gegenseitige Bezug von Fragestellungen, Kategoriensystem und Materialbasis für die Qualität der Analyse zu beachten. Insgesamt ist der analytische Vergleich von Lehr-/Lernbüchern aufgrund je unterschiedlicher didaktisch-methodischer Ansätze und (länderspezifischer) Lehrplanforderungen sowie fehlender kompatibler Beurteilungsmaßstäbe (das Tertium comparationis fehlt) nicht unproblematisch.

Was bleibt, ist die Einzelanalyse, deren Kategorien induktiv aus dem vorliegenden Material gewonnen oder deduktiv aus den Fachwissenschaften und der gesellschaftspolitischen Diskussion entnommen werden (müssen; nach P. Meyers 1976). Um die Standards und die Wirkungen kümmert sich die problemwissenschaftliche Lehrbuchforschung (grundlegende Arbeiten von G. Stein). Danach soll ein modernes Lehrbuch offen für politische usw. Entscheidungssituationen sein, eine kontroverse Darstellung der Konfliktparteien bringen, alternative Lösungen vorschlagen, konkret, wirklichkeitsnah sein, sich mit real fassbaren Lebenssituationen beschäftigen, das Urteil der Lernenden nicht vorwegnehmen u. dgl. Als Ziele werden u. a. anvisiert:

· Einsichten in komplexe Zusammenhänge gewinnen
· Kritik- und Urteilsfähigkeit fördern
· Verhaltens- und Handlungsaspekte aufzeigen.

Die Schulbuchforschung sollte sich wegen ihrer praktischen Bedeutung für die Ausbildung der Lernenden als Teil der Unterrichts- und Medienforschung etablieren. Sie könnte als Nutzer-, Wirkungs-, Rezipienten- und Marktforschung betrieben werden und problemorientiert, multiperspektivisch (z. B. erziehungs- und fachwissenschaftlich, fachdidaktisch, interdisziplinär, ideologiekritisch, komparatistisch) sein.

Hinweise:

Für die Auswahl von Lehrbüchern, Lehrerhandbüchern usw. vgl. die jährlich erscheinenden Verzeichnisse (Prospekte) der Schulbuch- und Lehrmittelverlage. Eine gute Übersicht bietet die jährliche Bildungsmesse. Zur Bibliographie vgl. Gisela Teistler (Hg.): Bibliografie der in der BRD zugelassenen Schulbücher für die Fächer Geographie, Geschichte, Sozialkunde (Politik) in synoptischer Darstellung. Braunschweig (Georg-Eckert-Institut).

Als zentrale Sammelstelle für Schulbücher der sozialwissenschaftlichen Fächer (Geschichte, Geografie, Politik) fungiert das Georg-Eckert-Institut für Internationale Schulbuchforschung an der Universität Braunschweig. Es gibt jährlich ein „Verzeichnis der zugelassenen Schulbücher für die Fächer Geographie, Geschichte, Sozialkunde (Politik) in den Ländern der Bundesrepublik Deutschland" heraus. Weitere Informationen sind über den Verband der Schulbuchverlage e. V., Zeppelinallee 33, 60325 Frankfurt/M., erhältlich.

7.6.3 Der Computer als Instrument politischen Lernens

Das Computer-Lernen ist nicht die Fortsetzung der „Programmierten Unterweisung" aufgrund der von Skinner entwickelten verhaltenspsychologischen Lerntheorie (s. S. 304). Das programmierte Lernen arbeitete mit positiven oder negativen Verstärkungen mit verzweigten und linearen Programmen, die den Prozess des operativen Konditionierens – den Aufbau eines Verhaltensrepertoires – in Gestalt von stark lernzielfixierten Einheiten und Sequenzen in Gang setzen sollten (Zielinski/Schöler 1965). Die „programmierte Unterweisung" war nicht als ein Auflockerungsmittel für den Unterricht konzipiert. Sie sollte viel mehr Eigenständigkeit im Lernprozess und Differenzierung der individuellen Lernmodi nach Lernertypen ermöglichen. Informationsbestände werden erheblich erweitert, internationale Kommunikation wird hergestellt. Der Computer ist nicht nur ein Werkzeug zur Datenverarbeitung, sondern auch ein Medium, das Lernen und Kommunikation auf neue Weise verwirklicht. Dies wurde 1995 im KMK-Beschluss zur Medienpädagogik anerkannt, der PC als eine Kulturtechnik erwähnt.

7.6.3.1 Über Möglichkeiten des Computereinsatzes

Inzwischen ist die Computertechnologie zu einer Schlüsseltechnologie geworden, das Internet (als ein dezentrales, unhierarchisches Computernetzwerk) steht für einen Wandel der Lernkultur. Lernen wird zum (teilweisen) selbstreferenziellen Aneignungsprozess durch Selbststeuerung, Eigenverantwortlichkeit, neue (virtuelle) Lernorte, neue Verfügbarkeit der Lehr- und Lernmaterialien (z. B. selbstständige Suche im Internet via angeschlossenen Archiven, Bibliotheken usw. nach Quellen, Fotos usw. zu einem bestimmten Thema, z. B. Holocaust, Zweiter Weltkrieg, NS, Menschenrechtsverletzungen, Parteispendenskandale, Parlamentsreden usw.), Kommunikation mit dem Autor, Entgrenzung des Raumes, kulturellen Pluralismus. Es ist subjektorientiert, partizipativ, selbstorganisiert. Man muss die Angebote auswählen, nutzen, verstehen und bewerten können, andernfalls ergeben sich Manipulationsrisiken. Im Hinblick auf Demokratisierung ist das Internet ambivalent. Es hat sowohl eine servitudinale wie eine erodierende Wirkung infolge seiner Globalisierung und Internationalisierung (Harth 2000).

Neue technologische Entwicklungen (z. B. Cyberspace-Techologien) ermöglichen es, in virtuellen Bereichen interaktiv agieren zu können. Neue Dimensionen werden z. B. mithilfe einer Maus, eines Steuerknüppels, eines Joysticks, eines Spaceballs, eines Datenhandschuhs erschlossen. Auch Bilder-Welten (neue Artefakte) können von Jugendlichen leicht produziert werden. Neue Schlüsselqualifikationen entstehen im aktiven Umgang mit dem PC, dem Offenen Kanal, den Online-Diensten, der E-Mail und ihren internationalen Vernetzungen. Insgesamt geht es um (produktive und analytische) Medienkompetenz, bei der neue Wahrnehmungsorientierungen durch Erweiterung der medialen Wirklichkeiten erfolgen. Die moderne Informationsgesellschaft (Motto: Esse est percipi. Berkeley 1685–1753) zeichnet sich aus u. a. durch interaktive, multimediale Kommunikation via Fernsehgerät, Computer und Telefon (Krügler/Röll 1997).

Die Bedeutung der daraus erwachsenden methodischen und erkenntnismäßigen Erträge ist evident (Meendermann 2002). Telekommunikation und Datenverarbeitung, internationale Vernetzung der Datenbanken, Überwindung von Zeit und Raum, die Entstehung eines soziotechnischen Megasystems in Gestalt der Kommunikationsgesellschaft, konkret für den Unterricht die Herstellung von Lehr-/Lernprogrammen, von Kalkulationsprogrammen, von themenbezogenen Datenbanken, Simulationen z. B. von Trends in der Bevölkerungsentwicklung, der Beschäftigtenzahlen, der Arbeitslosen, der Rohstoffe und Energie usw. bieten enorme Möglichkeiten für sozialwissenschaftliche Extrapolationen und ihre politische Bewertung; ferner können Modellanalysen erstellt werden (vgl. Club of Rome: Die Grenzen des Wachstums) durch Systemanalyse und -simulation, datenbankgeschützte Recherchesysteme, Datenaustausch, -recherche und -präsentation, insgesamt von informationeller Selbstbestimmung (Art. 5 GG). Sie eröffnen neue Wirklichkeiten und Perspektiven. Die Methode der Erkenntnisgewinnung verläuft von der bisherigen „Diskussion" wissenschaftlicher Ergebnisse zur Herstellung eigener Resultate. Danach erfolgt die Diskussion (z. B. Rückkoppelung und Rückwirkung auf das System, Erwartungen usw.)

7.6.3.2 Die Eignung des Computers und das Internet

Der Computer eignet sich für forschendes und entdeckendes Lernen, für Experimentieren, für Eigenaktivitäten, für die Öffnung gegenüber der außerschulischen Lebenswelt, für das Hereinholen der Aktualität, für den (weltweiten) Zugang zu den Datenbanken u. dgl. Die Analyse und Bewertung der Ergebnisse wird von den Lernenden geleistet. Des Weiteren eröffnet er eine Globalisierung der Lernmöglichkeiten, eine (nicht unbedingt positiv zu wertende) Entdidaktisierung des Unterrichts und ermöglicht Simulation, die Orientierung der Lernumgebung an zu multiplen Perspektiven führenden Fällen, ferner führt er einerseits zu individualisierten, andererseits zu kooperativen Lernformen. Voraussetzung dafür ist der Erwerb methodischer Kompetenzen (Aufenanger 1999). Das Internet als ein multifunktionales Medium und mehrdimensionaler Lerngegenstand erlaubt ein interaktives (z. B. Kontaktieren mit Kandidaten während eines Wahlkampfs; Chat-Angebote mit Politikern), dezentrales, unhierarchisches, gleichberechtigtes Kommunizieren (basisdemokratische Grundstruktur) und Recherchieren. Der Vorgang kann zeitlich ausgedehnt und wiederholt werden. Dadurch werden Kompetenzen wie Interaktion und Kommunikation, Informationsbeschaffung, Gestaltung und Produktion gefördert (Wadel 1996). Die für den Politikunterricht ausgearbeiteten Programme betreffen in erster Linie Institutionelles (z. B. empirische Wahlforschung, Das Parlament, Europa im Aufbau, Textstellen, Schaubilder, Reden u. dgl.). Internet und Lernprogramme nehmen eine komplementäre Position zum Lehrbuch ein (Koch/Neckel 2001).

Im Netz bestehen nach Jarren (1998, 14) neue Möglichkeiten im Vergleich zur seitherigen Massenkommunikation, und zwar
- ein höherer Grad an Auswahlmöglichkeiten (Interaktivität)
- eine Verknüpfung von Text, Bild und Ton (Multimedialität)
- ein höherer Grad an Individualisierung (Selektivität).

7.6.3.3 Lernziele und mögliche Operationen

Zu den Lernzielen gehören nach Prechtl (1998, 30) u. a.:
„• erkennen, dass das Internet von niemandem verwaltet und kontrolliert wird.
- erfassen, dass das Internet ein Auslöser sozialen Wandels ist.
- die Wichtigkeit eines kompetenten Umgangs mit dem Medium erkennen.
- die Gefahren, die das endlose Surfen im Netz mit sich bringen kann, erkennen.
- am Beispiel die Vorgehensweise bei der Suche nach Informationen wiedergeben können.
- die wichtigsten Bestandteile des eingesetzten Browsers (= Software/Programm) benennen können.“

Zu den Chancen des Internet werden gezählt: breites Informationsangebot und leichter Zugriff selbstgesteuerte Lernprozesse, aktives Tun, eigene Produktion von Informationen u. dgl., als Gefahren erscheinen: Informationsflut, keine Überprüfbarkeit der Daten, Rückgang direkter sozialer Kontakte, Chancen des Zugangs zum Netz sind ungleich verteilt, Urheberrechte werden ignoriert u. dgl. (Prechtl 1998, 15).

Mithilfe des Computers ist eine Reihe von Operationen möglich:
- Text-Arbeit am PC
  Der multimediale, interaktive Umgang läst diverse Formen der Textmontage, ein ständiges Korrigieren, Einschieben, Verlagern, Löschen, Kopieren, Ausschneiden usw. zu. So kann sich ein Dialog mit dem eigenen Bildschirm oder mit Mitlernenden entwickeln.
- Projekt-Orientierung
  z. B. Erstellen einer Schülerzeitschrift
- Kalkulation
  z. B. Wahlverhalten
- Auswerten von (standardisierten) Umfragen (Meinungsforschung)
  z. B. Auszählung nach Absolut- und Prozentwerten, Kontingenzanalysen (Korrelationsrechnung), Untergruppenauswahl (Filterfunktion), Faktorenanalyse (quantifizierende Verfahren, Zusammenstellung in Schaubildern oder Texten).
- Simulation
  z. B. Bevölkerungsentwicklung, Wohnungsbedarf, Wirtschaftswachstum. Politik- und Wirtschaftssimulationen verlaufen nach dem imaginativen Prinzip des „Was wäre, wenn …?“, d. h. modellhaft unter der Voraussetzung von Daten und Grundannahmen.

- Datenbank nutzen
  Online, Internet.
- World Wide Web (WWW) nutzen (auch Herstellen einer eigenen Website)
  als globale Ressource für digital gespeicherte Informationen,
  als kommerzielles Instrument zur Präsentation von Angeboten zur Geschäftsab-
  wicklung,
  als interaktives Kommunikationsmedium.
- Internet nutzen
  zur Kommunikation durch E-Mails,
  zur Teilnahme an Diskussionsgruppen, die durchs Netz verbunden sind,
  zur Präsentation von eigenen Ergebnissen im Internet,
  zur extensiven Informationsbeschaffung,
  zu Bibliotheksrecherchen (Madsack 1996, 51 f.).
- E-Mail nutzen
  Elektronischer Austausch von Briefen.
- Mailbox-Konferenz durchführen
  z. B. mit Lernenden in fremden Ländern.

All diese Verfahren /Methoden müssen in hermeneutische und kritische Denkbewegungen eingebunden werden. Allein reichen sie für politische Bildung nicht aus. Sie sind umstritten. Auf alle Fälle können die quantifizierbaren und funktional erfassbaren Elemente der Wirklichkeit, Alternativen u. dgl. im Unterricht verbessert werden.

Der dabei zu beachtende *Datenschutz* (s. S. 73) ist ein internationales Problem. Vorerst ist er nur im nationalen Rahmen geregelt. Das BVerfG (Urteil vom 15. 12. 1983) hat entschieden:

„1. Unter den Bedingungen der modernen Datenverarbeitung wird der Schutz des Einzelnen gegen unbegrenzte Erhebung, Speicherung, Verwendung und Weitergabe persönlicher Daten von dem allgemeinen Persönlichkeitsrecht des Art. 2 Abs. 1 GG in Verbindung mit Art. 1 Abs. 1 GG umfasst. Das Grundrecht gewährleistet insoweit die Befugnis des Einzelnen, grundsätzlich selbst über die Preisgabe und Verwendung seiner persönlichen Daten zu bestimmen.

2. Einschränkungen dieses Rechts auf ‚informationelle Selbstbestimmung‘ sind nur im überwiegenden Allgemeininteresse zulässig.“

7.6.3.4 *Kritische Anmerkungen zur Verwendung digitaler Instrumente im Lernprozess*

Die Vorteile bergen auch Gefahren in sich wie die Vortäuschung von Realität, die informationelle Manipulation (Selektion der Informationen durch die Anbieter) und Überfülle, die sozialtechnologische Reduzierung auf Informationen und auf positivistische, instrumentalistische Funktionen. Dabei entsteht die Frage nach der kulturellen Kohärenz, den schwer herstellbaren Alternativen, von Verantwortungsbereitschaft, Allgemeinbildung, ästhetischem, ethischem oder philosophischem Denken, nach der Führung eines sokratischen Gesprächs, überhaupt nach einem langfristigen Lernprozess u. dgl. Ist Reflexion überhaupt noch möglich? Inwieweit bleibt die Vernunft zugunsten von Informationen auf der Strecke? Bedeutet dies das Ende der Aufklärung? Konkret: Welche gesellschaftlichen Folgen ergeben sich aus dem Internet, welche neuen Wege der politischen Partizpation, mehr („digitale") Demokratie, eine veränderte Rolle des Staates (wo z. B. nationale Regelungen nicht mehr greifen und global players am Werk sind), eine bürgernähere Politik (z. B. veröffentlichen Kommunen, Länder, Bund, EU usw. ihre Texte [Beschlüsse, Gesetzentwürfe, Protokolle, Reden, Pressemitteilungen, Programme usw.]? (Ruprecht 2000)

Aufgrund der Kosten und der Nutzerfähigkeit kann eine Zweiklassen-Informationsgesellschaft entstehen. Schließlich ist die Kenntnis von Programmiersprachen erforderlich. Insgesamt bestehen Vorteile für diejenigen, die sich ein solches System leisten können (Viechtbauer 1996). Nicht zuletzt können diese sich auf so genannten Homepages selbst darstellen. Die öffentlichen Internet-Cafés versuchen einen Ausgleich herzustellen.

Die wichtigsten Elemente der Multimedia sind Audio/Sound, Video, Animation, Text und Einzelbild. Ein Medium gilt als multimedial, wenn es einige Bedingungen erfüllt:

- die Benutzung von Äußerungen verschiedener Medien
- die Präsenz aller Äußerungen digital auf einer technischen Plattform (Computer) und in eine Anwendung integriert (Medienintegration)
- die nichtlineare Verknüpfung der Medien (Hyperstruktur)
- die gleichzeitige Präsentation mehrerer Medien (Parallelität)
- der aktive Einfluss des Benutzers auf Inhalt und/oder Ablauf der Anwendung (Interaktivität).

8 Formen des Lernens und des Unterrichts

8.1 Lerntheorien als Voraussetzung für intentionales Lernen

8.1.1 Der Mensch als ein lernendes Wesen (homo discens)

Auch das Lernen muss gelernt werden. Es gilt als ein kommunikativer, konstruktiver Prozess, in den die frühen Erfahrungen, Emotionen und Erwartungen in starkem Maße eingehen. Die Kognition ist demnach in einen sozialen, kulturellen und historischen Kontext eingebettet, Wissen und Verstehen sind von ihm abhängig. Instrumentell betrachtet ist Lernen mit Mühe, Anstrengung, (Selbst-)Disziplin, Fleiß, Ausdauer, (Miss-)Erfolgen, Frustrationen u. dgl. verbunden. Idealiter sollte das Lernen soweit wie möglich selbstorganisiert und an Situationen/Fällen/Themen mit Herausforderungscharakter festgemacht werden (Lernkompetenz). Das Lernen kann a) von außen kommen und wird von einem Lehrenden „hergestellt" (poiesis), es kann b) von innen kommen und wird von einem Lernenden „hergestellt" (autopoiesis). Ein positives Lernklima kann all dies unterstützen. Lernen hat stattgefunden, wenn Informationen, Zusammenhänge u. dgl. aus dem Gedächtnis abgerufen werden können, um für die Bearbeitung einer neuen Aufgabe zur Verfügung zu stehen (Transfer). Lernen ist also hauptsächlich ein Prozess des individuellen Aneignens, wobei der Starke dem Schwachen helfen sollte (tutorielles Lernen). So erwirbt jeder Mensch seine eigene Lernbiografie auf der Grundlage von Lernangeboten, -arrangements, -situationen, -umwelten, -aufgaben, -erfahrungen, -ergebnissen, (möglichst interaktiven) -systemen. Im optimalen Falle entsteht eine „metakognitive Kompetenz", ein Syndrom aus Fähigkeiten, Fertigkeiten und Einstellungen, um beim Lernen Entscheidungen (z. B. Rollenwechsel zwischen Lehrenden und Lernenden) zu treffen und deren Verwirklichung zu kontrollieren (Hagemann u. a. 1982).

Was und zu welchem Zwecke soll gelernt werden? Es handelt sich – vereinfacht ausgedrückt – um drei Determinanten, die eine Rolle für die Lerninhalte und die Lernzielbestimmung spielen: a) der Mensch in b) der Gesellschaft und c) unter Auswertung des Wissensrepertoires. Die einzelnen Inhalte und (Lern-)Ziele (die Finalität des Unterrichts) beruhen auf subjektiven Festlegungen, sie können nicht bewiesen, sondern nur durch ein rationales Verfahren (z. B. unter Federführung der Kultusministerien)oder demokratische Mehrheiten (z. B. Parlamentsvorbehalt) legitimiert werden (Hoffmann 1979). Generelles Ziel ist die Ausstattung der nachwachsenden Generation mit allem (Inhalte, Verhaltensweisen, Werte usw.), was sie zur Lebenstüchtigkeit („Überleben") benötigt. Eine sich permanent ändernde Ausdifferenzierung der notwendigen Inhalte wird in der öffentlichen Diskussion, in den Lehrplänen und Richtlinien der Schulen, den Vorstellungen der Freien Träger und sonstigen gesellschaftlichen Gruppen, in der Wissenschaft (vgl. die Kompendien der BpB 1992; 1993) usw. vorgenommen.

(Lern-)Inhalte können für Lernprozesse durch Leitfragen erschlossen werden, z. B.
- Welche Fragestellung eignet sich für den Einstieg?
- Welche Beispiele oder/und Fälle lassen einen Lehrinhalt für einen Lernenden als bedeutsam erscheinen?

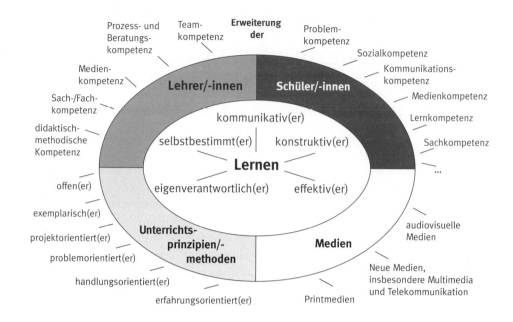

Prozess- und Beratungs-kompetenz · Team-kompetenz · **Erweiterung der** · Problem-kompetenz · Sozialkompetenz · Kommunikations-kompetenz · Medienkompetenz · Lernkompetenz · Sachkompetenz · ...

Medien-kompetenz · Sach-/Fach-kompetenz · didaktisch-methodische Kompetenz

Lehrer/-innen · **Schüler/-innen**

kommunikativ(er)

selbstbestimmt(er) | konstruktiv(er)

Lernen

eigenverantwortlich(er) · effektiv(er)

offen(er) · exemplarisch(er) · projektorientiert(er) · problemorientiert(er) · handlungsorientiert(er) · erfahrungsorientiert(er)

Unterrichts-prinzipien/-methoden · **Medien**

audiovisuelle Medien · Neue Medien, insbesondere Multimedia und Telekommunikation · Printmedien

(Nach: Lernwelten 2/1999, S. 75)

- Welche Informationen sind für das Thema erforderlich?
- Welche Methode ist gegenstandsadäquat?
- Welche Fälle eignen sich für einen Transfer des Gelernten?
- Welche Fragen können zu einer Weiterführung, zu Handlungskonsequenzen und/oder zur Reflexion des Lernvorgangs führen?
- Welche Anforderungen bzw. Fragestellungen können die Lernenden nach Bearbeitung des vorgesehenen Gegenstandes/Themas bewältigen?
- Wo liegen Ansätze zur erneuten Diskussion?

Eine Lern-/Lehrveranstaltung ist i. d. R. auf ein Ziel gerichtet. Ziele sind Orientierungen für die Interaktionen im Unterricht. Sie können durch normative Setzungen zustande kommen, müssen jedoch legitimiert werden (z. B. Interessen der Lernenden, der Gesellschaft, der Bedeutsamkeit für Gegenwart und Zukunft, Anforderungen der Lehrpläne, Stand der Diskussion usw.). Erreichte Ziele werden durch Evaluation überprüft. (Hagemann/Tulod-ziecki 1985, 27 ff.)

8.1.2 BESTANDTEILE UND STRUKTUR EINES LERNPROZESSES

8.1.2.1 Das Begriffslernen

Ein Lernprozess lässt sich von mehreren Aspekten her betrachten. Er ist intentional und instrumental zugleich. Lernen geschieht mithilfe verschiedener Methoden, Verfahren der Einsicht oder des so genannten kritischen Lernens am Problem und am Konflikt.

Vor allem muss Lernen aktiv sein. Aus den verschiedenen Möglichkeiten des Lernens wurden je anders fokussierte Theorien entwickelt, und zwar die

a) kognitive Lerntheorie: Der Lernende ist ein erkennendes, reflektierendes Subjekt;

b) aktionale Lerntheorie: Das menschliche Handeln wird als zielgerichtetes Handeln verstanden;

c) soziale Lerntheorie: Der Akzent liegt auf den Beziehungen des Lernenden zu seiner sozialen Umwelt;

d) ökologische Lerntheorie: Die realitätsnahen Lernsituationen und die komplexen Umweltbedingungen des Alltags werden ergänzend berücksichtigt;

e) interaktionistische Lerntheorie: Sie betont das komplexe Zusammenwirken und die wechselseitige Beeinflussung von persönlichen Merkmalen und Umweltbedingungen;

f) humanistisch-emanzipatorische Lerntheorie: Sie will selbstbestimmte Lern- und Bildungsprozesse initiieren (Preiser 1982, 112 f.);

g) kognitiv-konstruktivistische Lerntheorie: Die Wirklichkeit wird vom Menschen geschaffen ("konstruiert") und existiert nur (subjektiv) in seinem Gehirn. Es kann nur gelernt werden, was sich mit bereits vorhandenem Wissen verbinden lässt (Wolf 1997).

Das Begriffslernen steht im Vordergrund unterrichtlicher Bemühungen. Begriffe dienen in besonderem Maße der Abstrahierung, Kategorisierung, Klassifizierung usw. von komplexen (anschaulichen und nichtanschaulichen, sinnlichen und metaphysischen, Kant) Erscheinungen und Gedanken. Als geronnene Erfahrungen und Erkenntnisse bilden sie in Gestalt von Allgemein- und Spezial-(Fach-)begriffen die Grundlagen klarer zwischenmenschlicher und wissenschaftlicher Verständigung. Sie sorgen durch Differenzieren z. B. dafür, dass Nationalsozialismus nicht mit Faschismus, Hitlerismus nicht mit Stalinismus verwechselt wird, dass Fakten gedanklich korrekt unter Begriffe subsumiert (z. B. Parlament, Föderalismus usw.) und dass Einzelbegriffe zu Gesamtbegriffen (z. B. BRD, Deutsche Politik) zusammengefasst werden. Die Begriffe können durch eine "Einteilung" unter "Prinzipien" ("Klassifikation des Mannigfaltigen") zu einem "logischen System" (Kant; Denksystem, System der Philosophie) verbunden bzw. "relationiert" (Luhmann) werden. Hegel hob die "Anstrengung des Begriffs" als notwendige intellektuelle Leistung pointiert hervor.

8.1.2.2 Begriffsbildung nach der Kognitionspsychologie

Die Kognitionspsychologie wurde in der Nachfolge der Gestalttheorie (s. S. 198) entwickelt und beschäftigt sich mit der operativen Begriffsbildung, d. h. mithilfe eines dem Lernenden angemessenen Themas/Gegenstandes (im Gegensatz zu Piagets und Kohlbergs Stufentheorie moralischen Urteilens, s. S. 213). Sie ist eine psychologische Theorie der Erkenntnis. Der Mensch wird als ein informationsverarbeitendes System verstanden, das durch mentale Operationen (neurophysiologisch) gesteuert wird und durch Interaktionen neues Wissen generiert, d. h. das erkennende Subjekt konstituiert die Inhalte seiner Erkenntnis auf der Grundlage von und innerhalb der Spielräume, die ihm gewisse vorauszusetzende Formen oder Schemata umreißen. Das Interpretieren ist dann das Auslösen oder Auswählen von Schemata (kognitiven Strukturen) und deren versuchsweise Anwendung auf Sinnesdaten, auf (Folgen von) Wahrnehmungserlebnisse(n) und abstrakteren inhaltlichen Datengegebenheiten sowie die sukzessiv rückkoppelnde Überprüfung der Stimmigkeit bei der Anwendung des jeweiligen Konstrukts. Begriffe wie "Legitimation" können am Beispiel des Europäischen Parlaments, "Souveränität" am Beispiel des Nationalstaats, "Demokratie" am Beispiel westlicher und anderer Demokratien, "Staat" am Beispiel bestehender Staaten usw.

(jeweils unter Einbeziehung von Vergleichen und der historischen Dimension) erarbeitet werden. Manche Lehrpläne geben obligatorische Begriffskanones vor. Nach dem kognitions-psychologischen Ansatz bilden Sach- (Eigennamen, Gattungsbegriffe wie Staat, Wirtschaft, Gesellschaft) und Beziehungsbegriffe die Struktur des Bewusstseins. Begriffe nehmen Einfluss auf die Erkenntnis (konstruktive Funktion) und sind nicht bloße artifizielle Konstrukte. Sie sind abstrahierte Syntheseprodukte des (politisich-gesellschaftlichen) Erfahrens und Denkens. Als kognitive Einheiten bilden sie in ihrer Vernetzung das (politische) Bewusstsein (s. S. 220), das immer wieder individuell ausdifferenziert wird und neue Anwendungs- und Präzisionsfelder erhält. (Hasberg 1995) Zur Erklärung ist die Hirnforschung mit heranzuziehen, denn geistige Tätigkeiten wie bewusstes Wahrnehmen, Denken, Erinnern, Vorstellen, Planen von Handlungen u. dgl. haben mit dem Gehirn zu tun (vgl. Neurobiologie, Singer 2000). Geistige bzw. mentale Prozesse sind stets an neuronale Aktivität in bestimmten Hirngebieten gebunden. Unterschiede/Gemeinsamkeiten in den geistigen Aktivitäten der Individuen resultieren auf den Unterschieden/Gemeinsamkeiten in ihrer Hirntätigkeit. „Die Art, wie jemand denkt, ist also bedingt durch die strukturelle und funktionale Organisation seines Gehirns. Sein privates und sein soziales Ich sind ein Konstrukt seines Gehirns." (Roth 1996, 10) Im Gehirn ist die Individualgeschichte wie die Stammesgeschichte Grundlage der Inhalte und der Kommunikation.

8.1.2.3 Der Beitrag der Denkpsychologie

Nach Erkenntnis der Denkpsychologie sollten Didaktik und Methodik mehr auf Prozesse und Strukturen denn auf isolierte Gegenstände bezogen sein. Produktives Denken erscheint dann möglich, wenn die Gegenstände/Themen prozessual und strukturell aufbereitet werden, damit sie lernpsychologisch optimal adaptiert werden können (Skowronek 1968, 10 ff.). „Die für ein effektives Lernen notwendige ‚Aktivität des Denkens' wird durch ‚problematische Situationen', durch ‚Konfrontationen' mit den ‚Schwierigkeiten' einer Aufgabe oder durch ‚Konfliktsituationen' wesentlich gefördert. Die Intensität des erlebten Konflikts bei der Auseinandersetzung mit einer Aufgabe hängt nach dieser Auffassung von der Bedeutung ab, die die Aufgabe für die Schüler gewinnt." (Ebd. 124)

„Entdeckungsmethoden" wollen begrifflich Konflikt und Neugier im Lernenden induzieren, d. h. ihn sachimmanent motivieren. Sachimmanente, aufgabenorientierte Motivierung stellt optimale Bedingungen für einen offenen Denkprozess her. „Dieses Lernklima gibt die Freiheit, weiter reichende Ziele zu formulieren und umfassendere kognitive Strukturen als *individuelle Strukturen* aufzubauen." (Ebd. 134) Das heißt es soll die begriffliche Struktur eines Gegenstandes in die kognitive Struktur eines Lernenden übertragen werden. Eine Instrumentierung „entdeckender" oder „genetischer" Methoden (M. Wagenschein) erfordert eine Veränderung des didaktischen Feldes im Hinblick auf freie Methoden- und Problemwahl, auf kontrollfreies bzw. -minimiertes Arbeiten. Sie stellen vor allem eine von Beobachtungen und Erfahrungen ausgehende Induktionstätigkeit dar und verarbeiten die Informationen zu kategorialem Wissen.

8.1.3 Denkarten in der politischen Bildung und die Bedeutung des Strukturbegriffs

Für politische Bildung kommen folgende Denkarten in Betracht:

1. Kritisches (divergentes, diskursives) Denken gehört zum Problemlösungsverhalten, indem es u. a. Hypothesen überprüft, Ergebnisse beurteilt, Lösungen mit Alternativen vergleicht u. dgl. In Letzterem ist kritisches Denken zugleich eine Phase des schöpferischen Denkens. Voraussetzung für kritisches Denken ist: die Informationsgrundlage, die Problemkonstellation, die Fähigkeit zur Analyse und Urteilsbildung, sind diskriminierende Fertigkeiten, z. B. Maßstäbe, Erkenntnisse, Schlussfolgerungen, logische Verfahren zu einem Objekt in Beziehung setzen können.
2. Konvergentes (kreatives) Denken kommt dem Prozess des Problemlösens nahe. Isolierte Erfahrungen werden in neue Kombinationen oder Muster verarbeitet. Während Problemlösen objektiver, auf ein bestimmtes Ziel fixiert ist, ist kreatives Denken weniger festgelegt und erfordert mehr Intuition und Phantasie.
3. Kontroverses Denken soll nicht nur zu politischem Urteil als ein Akt des Erkennens, als Fähigkeit, politische Konflikte analysieren zu können (Engelhardt 1968), führen, sondern zu politischem Handeln. Es geht von konkreten Sachverhalten aus und zielt auf konfliktlösende Alternativen. Diese Art zu denken ist ein methodisches Instrument, um die von Konflikten, Kontroversen und Problemen geprägte Umwelt zu erschließen (Keil 1976; Engelhardt 1968).

8.1.3.1 Strukturtheoretische Grundlagen des Lernens

In der modernen Lerntheorie und -psychologie sind die Begriffe „Struktur" (s. u.) und „operatives Verhalten" zu Schlüsselbegriffen geworden. Beim Strukturansatz geht es um das Erfassen der „wesentlichen Begriffsstrukturen und Methoden, mittels derer Zusammenhänge und Fakten überschaubar eingeordnet werden können. Dafür ist die Frage nach der Methode von ausschlaggebender Bedeutung." (Tübinger Resolution von 1951). Demgegenüber wendet die Gestalttheorie (Koffka, Wertheimer, Lewin) sich gegen assoziationspsychologische Theorien wie den Strukturalismus, den Funktionalismus und den Behaviorismus sowie gegen das (in der Zoologie gebräuchliche) Trial-and-error-Verfahren. Sie tritt für „einsichtiges Lernen" ein. Dieses gründet sich auf Denken und Verstehen, auf Problemlösen. Es ist ein intelligentes und produktives Lernen. Nach Lewin wird eine Problemsituation durch eine unstrukturierte Region des Lebensraums repräsentiert, der bei unterschiedlich intelligenten Menschen mehr oder weniger differenziert ist. Es wird nur das bewusst, was in eine Korrelation zu einem schon vorhandenen Ganzheitsbezug treten kann. Das hängt damit zusammen, dass jeder Ganzheitsstruktur schon immer eine Sinnstruktur inhärent ist. Lernen und Erfahrung werden hier – wie bei Piaget – als ein komplexer Vorgang der Gleichgewichtsbildung von Ganzheitsstrukturen erkannt, d. h. am Anfang steht nicht eine Synthese disparater Wahrnehmungselemente, sondern Lernen und Erfahrung sind immer schon durch habitualisierte, komplexe Ganzheitsstrukturen fundiert.

Der Strukturbegriff wurde bereits von Otto Willmann, 1882/89, dem Vertreter einer organisch-genetischen Lehrmethode (vgl. M. Wagenschein), in die Didaktik eingeführt, ist aber erst in den 1960er-Jahren von dem Harvard-Psychologen Jerome S. Bruner (1960/70) – besonders mit der Entwicklung des programmierten Lehrens und Lernens (vgl. sein

Harvard-Kollege Skinner, s. u.) am Beispiel der Physik – in die didaktische Diskussion der Unterrichtsfächer vorgedrungen. Danach wird die Struktur eines Gegenstandsbereichs konstituiert durch eine Menge von Gegenständen bzw. Elementen, zwischen denen Beziehungen bestehen. Diese bilden ein System. Die Menge der Beziehungen, die zwischen den Gegenständen bzw. Elementen eines Systems besteht, bildet die Struktur dieses Systems. Dennoch ist der Begriff recht vage. Bei der analytischen Strukturanalyse versteht man unter „Struktur" Verschiedenes, z. B. Sprangers „Lebensformen", Diltheys „Urform", Husserls „Wesensformen", Schelers „Gefühlsformen", Cassirers „symbolische Formen" usw. Bruner behauptet, habe man die Gegenstandsstrukturen erkannt, könne man den Gegenstand selbst so aufgliedern, dass er für jeden Durchschnittslernenden erfassbar sei. Die unkritische Übernahme aus der angelsächsischen Curriculumtheorie hängt mit dem neopositivistischen Wissenschaftsverständnis zusammen (vgl. die naturwissenschaftliche Didaktik, die Breitenwirkung des französischen Strukturalismus; die genetisch-strukturalistische Erfahrungs- und Lerntheorie, insbesondere der genetischen Epistemologie Piagets und der Gestalttheorie).

Der Harvard-Psychologe J. S. *Bruner* führte den psychologischen Strukturalismus in die Lerntheorie ein. Danach lassen sich Bruners (1970) Struktureinsichten wie folgt zusammenfassen:

1. Isolierte Kenntnisse, d. h. Kenntnisse, deren Struktur nicht erfasst wird, werden rasch vergessen.
2. Unstrukturierte Kenntnisse bieten kaum die Möglichkeit der Generalisierung und des Transfers.
3. Motivation zu weiterem Lernen stellt sich bei unstrukturierten Kenntnissen nicht ein.
4. Das Herausarbeiten einer Struktur hat Ordnungsfunktion, d. h. zugleich Elementarisierungsfunktion.
5. Einzelheiten lassen sich in ein Strukturgitter leicht einfügen und wieder abrufen.
6. Strukturiertes Wissen lässt sich transferieren, ist motivationsstärkend und ermöglicht die Anwendung des aus dem Einzelfall gewonnenen Allgemeinen auf andere Einzelfälle, die unter das gleiche Allgemeine subsumierbar sind.

Bei Bruners begrifflich-strukturellem Lernansatz ist die naturwissenschaftliche Herkunft zu bedenken. Deswegen ist die Übertragung seines fundamentalen Axioms: „Jedem Kind kann auf jeder Entwicklungsstufe jeder Lehrgegenstand in einer intellektuell ehrlichen Form erfolgreich gelehrt werden." (Bruner 1970) auf den sozialwissenschaftlichen Bereich nur mit Vorbehalten vorzunehmen. Bemerkenswert ist, dass Bruner sich hier auf das Lehren bezieht, obwohl er sonst das „entdeckende Lernen" als heuristische Methode favorisiert. Auf alle Fälle müssen bei seinem Ansatz die Lehr-/Lerngegenstände vorher in eine Struktur gebracht werden.

Ein weiteres Bedenken gegenüber der Brunerschen Wissensstrukturierung liegt darin, dass es sich in der Didaktik nicht um die direkte Übersetzung wissenschaftlicher Systematik in Unterricht handelt.

Strukturorientiertes Lernen versucht Oberbegriffe, Kategorien zu finden, mit denen der Lernstoff geordnet werden kann. Auf diese Weise werden Kontext- und Beziehungsdenken gestützt bzw. gefördert. Es bleibt nicht bei der Aneignung isolierten Wissens, sondern die Fähigkeit zur selbstständigen Organisation des Lernstoffs und die Abstraktionsfähigkeit, die vielschichtige Sachverhalte in Begriffen zu formulieren vermag, werden geübt. Der

Gegensatz zum aktiven Lernen ist das „rezeptive Lernen" (Ausubel). Es erfolgt mit einem subjektiv ordnenden Anteil der Lernenden unter der Voraussetzung, dass die Anknüpfungsbasis für potenziellen Transfer vorhanden ist. Zu diesem Zwecke müssen Unterschiedliches und Zusammengehöriges erkannt sein. Forschendes Lernen lehnt sich an die heuristischen Strukturen des wissenschaftlichen Entdeckungszusammenhangs an, vermittelt bessere Einsichten in die Forschungslogik der Wissenschaft. Es habitualisiert eine ständige Kritikbereitschaft, weil die wissenschaftliche Methodik selbst eine Weise von organisierter Selbstkritik ist (was nicht mit Objektivität oder Wertfreiheit verwechselt werden darf). Die Forschungslogik der Wissenschaft gibt das didaktische Leitmodell ab für die Strukturierung eines forschenden Unterrichts (vgl. Bruner).

Nach *Gagel* (1983, 46) wird die kognitive Struktur durch „ein Gefüge von Begriffen und Operationen, das im Bewusstsein des Individuums verankert ist, auch verändert werden kann und für künftige Erkenntnis- und Denkakte zur Verfügung steht, diese überhaupt ermöglicht. (…) Erkennen bedeutet nach diesem lerntheoretischen Ansatz das Entdecken einer bereits gewussten Struktur in einem neuen Sachverhalt der Umwelt oder das Einordnen von wahrgenommenen Sachverhalten in die Struktur des Bewusstseins … Entsprechend meint Lernen die Veränderung, also Anreicherung oder Differenzierung dieser Struktur, wodurch Umfang und Qualität der Erkenntnisse und des Denkvermögens verbessert werden können." Dem Lernenden müssen geeignete Strukturen (fundamentale Begriffe, Operationen, Regeln, Schemata u. dgl. sowie deren Interdependenzen) vermittelt werden, die geeignet sind, Denken und Erkenntnisse zu ermöglichen. Lernen ist dann „die Übertragung einer Sachstruktur in die kognitive Struktur von Lernenden".

Nach der Theorie der „kognitiven Strukturiertheit" (Harvey/Schroder) – so berichtet Gagel (1983, 50) – besteht eine Isomorphie von Sachstruktur und Psychostruktur. Lernen wird hier nicht als kognitiver Prozess (wie oben) aufgefasst, sondern als sozialer Prozess. „Lernen vollzieht sich in der Auseinandersetzung des Individuums mit seiner Umwelt insgesamt, beide stehen in Wechselwirkung miteinander." Danach gibt es auch keinen Transfer wie oben, Informationen werden vom Individuum nicht abbildartig übernommen, sondern von ihm ausgewählt, gewichtet, geordnet, umgeformt und in eigene Erfahrung integriert.

Die Struktureigenschaften der kognitiven Systeme dieser Art sind nach dem Modell von Harvey/Hunt/Schroder (Gagel 2000, 240 f.) in vier Stufen aufgebaut:

1) Feste Orientierung an Regeln und Standards, Bemühung um Zustimmung der Bezugsperson,
2) Zunehmende Differenziertheit, Mehrdeutigkeit von Regeln, Standpunkt des Entweder-Oder,
3) Fortschritte in der Integration kognitiver Strukturelemente; Berücksichtigung von Handlungsmöglichkeiten, Bewertungen im sozialen Kontext, wechselseitige Abhängigkeit,
4) Synthese differenzierter Gesichtspunkte zu einer neuen Situation, Unabhängigkeit von äußeren Vorgaben und Vorschriften.

Den Stufen 3 und 4 werden als Lernziele zugeordnet:

- fundamentale Probleme
- kontroverses Denken
- Problemlösungsfähigkeit.

Sie verlangen eine Reihe von kognitiven Entscheidungen.

Folglich sind die Gegenstände des politischen Lernens sekundär gegenüber Prozessen ihrer Aneignung. Das Wie des Lernens tritt gegenüber dem Was in den Vordergrund.

Dennoch kann politische Bildung auf die Inhalte des Lernens nicht verzichten. Sachbezogene kognitive Lernprozesse gehören zusammen mit dem Anwenden von Begriffen und Operationen. Erst so kann ein Realitätsbereich erschlossen werden. (Gagel 1983, 52)

8.1.4 PSYCHOLOGISCHE THEORIEN DES LERNENS

Für die (Neo-)Behavioristen gibt es eine Parallele zwischen Lernen und Verhalten (mechanistische Verhaltenstheoretiker; Konditionierung nach dem Maschinenmodell, vgl. Lamettrie, d'Holbach), ist die Beobachtung des Verhaltens hinreichende Bedingung für das Verständnis motivationaler Prozesse, während nach Auffassung der Kognitionstheoretiker Einsicht und andere Bewusstseinsprozesse verhaltenssteuernde Funktion haben. Nach *Skinner* (1953) sind Denken, Wissen, Abstand, ist im Grunde alles mit Verhalten gleichzusetzen. Dieses Verhalten kann durch sorgfältig arrangierte Bedingungen in jede beliebige Richtung gelenkt werden, sodass der Mensch ganz als Produkt der Umwelt erscheint. Dagegen benutzt die kognitive Lerntheorie L. Festingers Konzept der „kognitiven Dissonanz", wonach eine Zäsur, ein bemerkenswerter, starker Einbruch zu Einstellungsänderungen, zu neuen Urteilen, zur Revision von Bewertungen usw. führen soll. Diese Veränderungstheorie stützt sich vorwiegend auf den Außendruck und vernachlässigt die psychischen Prozesse, die Leistungen des Subjekts, die Konstanz von Verhaltensweisen (Gronemeyer 1976).

Die Entwicklungsstufen des Denkens – als Determinanten des Lernens von induktiven und deduktiven Verfahren im Sinne einer geistigen Bewegung von einem Gegenstand zu einem andern hin – werden von Piaget, Wygotsky und Kohlberg (Harten 1977) diskutiert. Nach *Piagets* Zentralthese geht jedes Lernen von einer Struktur aus und führt zu einer anderen Struktur hin. Seine „genetische" Erkenntnistheorie beruht darauf, dass die psychologischen Formationsprozesse von den strukturalen Vorgaben des Vorwissens ausgehen und immer ganzheitliche Strukturprozesse sind. Diese „strukturale Genese" des Erkenntnisganges bildet die Gegenposition zum assoziationspsychologischen Evolutionismus der empiristisch-behavioristischen Lerntheorien (wonach Lernen und Erfahrung als durch die Synthese punktueller Einzelerscheinungen und -erlebnisse entstanden sind).

Das egozentrische Denken (das sich die Wirklichkeit anzupassen versucht) ist eine Übergangs- bzw. Zwischenform des Denkens, das in genetischer, funktioneller und struktureller Hinsicht als Bindeglied zwischen dem autistischen Denken (= unbewussten Denken) und dem rational gesteuerten Denken (das sozial bezogen ist und sich mehr und mehr den Gesetzen der Erfahrung und der reinen Logik unterwirft) steht.

Nach Piagets genetischer Erkenntnistheorie baut das Subjekt die Erkenntnisstrukturen dialektisch auf: Es interagiert in einem aktiven Vorgang mit dem Objekt und verändert sich in dieser Interaktion selbst, es wirkt auf das Objekt ein, aber das Objekt wirkt auf das Subjekt zurück und veranlasst es dazu, sich zu verändern, seine Strukturen zu differenzieren und zu modifizieren. Das heißt Kenntnis, Wissen, Verstehen erwachsen nicht allein aus einem Registrieren von Beobachtungen, ohne dass nicht gleichzeitig eine strukturierende Aktivität des Subjekts stattfindet (= Übereinstimmung der Epistemologie mit der Psychogenese; stützt sich weder auf eine Empirik noch auf einen Präformismus, sondern basiert auf einem Konstruktivismus). Daraus folgt, es muss für (politische) Interaktionsfelder (z. B. Gruppenarbeit) gesorgt werden. Dafür ist der Methodenerwerb wichtig. Nach Piagets Theorie der kognitiven Entwicklung erfolgt eine aktive, lernende Auseinandersetzung der Heranwachsenden mit der Umwelt in drei Hauptphasen:

voroperatorisch-anschaulich (ersten beiden Lebensjahre), konkret-operatorisch (zwischen dem dritten und elften Lebensjahr) und formal-operatorisch (nach dem elften Lebensjahr). Das Lernen ist ein aktiver Konstruktionsprozess durch Assimilation (= Veränderung des Bildes von der Welt, um sie den eigenen Denkmustern anzupassen) und Akkomodation (= Anpassung der eigenen Denkmuster, um sie mit der Welt in Einklang zu bringen). Die Entwicklung des moralischen Urteils verläuft in Altersstufen von der heteronomen zur autonomen Moral.

Daran knüpft die Kritik an: Die Struktur der Disziplin wird von Piaget als Grundstruktur für epistemologisches Beginnen angesehen. Andererseits geht die genetische Epistemologie Piagets entwicklungsgeschichtlich vor: Die Ontogenese des kindlichen Denkens ist maßgebend.

8.1.4.1   Entdeckendes Lernen

Die Lernpsychologie legt Nachdruck auf die Methoden des Lernens, auf das Bereitstellen von Anreizen, Gelegenheiten und Materialien zum Lernen. Methodologisch kommt es primär auf „das Lernen des Lernens" an, insbesondere auf das „forschende" bzw. „entdeckende Lernen", auf Strategien des Problemlösungsverhaltens, auf die Kenntnis der Entscheidungsprozesse. Das forschende Lernen versucht, ein noch nicht strukturiertes Feld durch Problemfinden, Hypothesenbilden, Entwerfen von Strategien und Alternativen, das Prüfen von Ergebnissen, Methodenbewusstsein u. dgl. aufzuschließen. Als eine Form des Problemlösungsverhaltens fördert es auch den Prozess der Begriffsbildung durch ständige Überprüfung der Schlussfolgerungen. Zum Problem wird eine Sache/Thema (nach Scholz 1986) nur durch das erkennende Subjekt, durch sein Empfinden von Schwierigkeiten, Neugier, Interesse, Spannungen, Frustrationen, Unsicherheitsgefühle u. dgl., nicht zuletzt durch „kognitive Dissonanz" (Festinger). Die Problemlösung kann als eine praxisorientierte Innovationsstrategie vorgenommen werden. Sie setzt bei konkreten Problemen an und stellt sich sequenziell wie folgt dar:
1. Problemartikulation, -diagnose, -definition und -bearbeitung
2. Methodenauswahl
3. Lösungsversuch
4. Evaluation.

Das Ausmaß der Selbstorganisation des Problemlösungsvorgangs durch Lernende richtet sich nach den persönlichen, sachlichen und organisatorischen Voraussetzungen. Das Problemlösungsmodell ist in seiner prozess- und produktbezogenen Ausrichtung ein dem Projekt angenaherter Handlungsentwurf.

8.1.4.2   Phasen des Lernvorgangs

Die durch Lernen am Erfolg und durch Verstärkung charakterisierte psychologische Lerntheorie (s. u.) favorisiert die operative und instrumentale Konditionierung. Das jeweils positive Ergebnis wirkt als Verstärker auf den Lernvorgang (vgl. Mager 1970). Der Lernfortschritt und das Niveau der Denkoperationen sind von der motivationalen Lage und der Speicherkapazität des Gedächtnisses der handelnden Personen sowie deren Fähigkeit zur Vernetzung und zum Schlussfolgern abhängig.

Divergentes und kreatives Denken werden durch Differenzierung und Individualisierung des Lernprozesses gefördert, indem man a) in Leistungsgruppen einteilt (verschiedene Lern-niveaus und Lerntempi), b) die Persönlichkeitsvariablen berücksichtigt und c) die Begabung (intellektuelle Leistungsfähigkeit), Motivation, das Lerntempo (individuelle Lernzeiten) u. dgl. beachtet.

Lernen bedeutet auch den Aufbau von Verhaltensformen durch Verstärkung auf dem Wege operativen Konditionierens, d. h. durch den planmäßigen Aufbau eines Verhaltens-repertoires. Komplexe Verhaltensformen müssen zuerst elementarisiert werden (Verhaltens-analyse), bevor für jedes Element eine Verstärkung erteilt wird. Als Regel hat Correll (1970, 179 ff.) folgendes Schema entworfen:

1. Verstärkung (Wiederholung)
2. Anschauung
3. Aktivierung
4. Übung.

Der von Correll vertretenen psychologischen Lerntheorie des operativen Konditionierens liegt die Auffassung zugrunde, der Mensch sei ein „offenes System" im Hinblick auf sein Ver-halten. Darauf folgt die apodiktische Feststellung: „Lernen ist Verhaltensänderung." (Ebenso Erikson: „Ich bin, was ich lerne."). In dieser absoluten Form kann die Aussage von der Praxis nicht bestätigt werden. Das Konditionieren spielt für das programmierte Lernen eine heraus-ragende Rolle (Skinner), wobei nicht zuletzt auf die damit verbundenen manipulativen Möglichkeiten (Fremdbestimmung) zu achten ist.

Schließlich wird Lernen als sozialer Prozess verstanden (Gottschalch 1969), wobei die Lerngruppe den stärksten Einfluss ausübt. Der Sozialphase des Lernens und Arbeitens (Teamwork) wird in der Arbeitswelt eine hohe Bedeutung beigelegt. Deshalb sollte soziales Lernen, ein Lernen in Gestalt kollektiver (gruppenhafter) Lernprozesse als Komplement zum individuellen Lernen praktiziert werden.

Insgesamt ist zu fragen, wie der Lernende politisch motiviert werden kann, vor allem so-lange er keinen direkten Anteil an den Entscheidungsprozessen der Gruppe hat. Die (in-trinsische wie extrinsische) Lernmotivation muss demnach auf die persönliche Situation abgestimmt werden. Affine Situationen müssen bereitgehalten, der Methodenwechsel muss u. a. zur Motivierung der Lernenden vollzogen werden, die funktionalen Auswirkungen des sozialen Feldes sind zu kalkulieren. Alle persönlichen und sonstigen Voraussetzungen sind Produkte der spezifischen Vergesellschaftung des Menschen, sind internalisierte Verhaltens-dispositionen, übliche Denkweisen, Bindungen an eine Matrix von Geboten und Verboten, Normen und Werten, an ein Über-Ich usw.

Der Lehrende sollte deshalb versuchen, mittels einer Faktorenanalyse die genannten Vor-findbarkeiten zu sichten. Die Kenntnis der den Lernprozess konstituierenden Faktoren-komplexion ist für dessen Effektivität unerlässlich. Schließlich ist auch auf die Sprache zu verweisen, die als Kommunikations- und Symbolsystem den Lernprozess trägt.

8.1.5 MOTIVATION UND BETROFFENHEIT IN DEN PHASEN DES LERNENS

Jeder Lernprozess hat Individual- und Sozialphasen. Sie werden durch mikro- oder makrostrukturelle Arbeitsformen ausgefüllt. Der Lernvorgang selbst ist u.a. auf Strukturerkenntnis gerichtet, die eher einen Transfer ermöglicht. Lernen kann unter neuen Bedingungen und Motivationen wiederholt werden.

Motivation kann definiert werden als „der subjektive Anteil des Lernenden am Lernprozess" (Gronemeyer 1976, 147). Sie ist auf die Verwirklichung von Handlungszielen gerichtet und entsteht im Umkreis persönlicher Erfahrungen, Bedürfnisse, Interessen (Wünsche, Hoffnungen; Themenheft „Interesse" Polit. Bildung 2/1993), Schwierigkeiten (Ängste u.dgl.), und zwar als negative Betroffenheit (Leidensdruck), positiver Gestaltungswunsch (humanistische Orientierung) und Herausforderungen (res severa verum gaudium) oder Interessendurchsetzung (instrumentelle Orientierung). Sie sollte also an die Lebenspraxis anknüpfen, z.B. an Krisen, Mängel usw., ebenso an gesellschaftliche Probleme wie Ungerechtigkeit, Armut, Benachteiligung, (strukturelle) Gewalt, Unterprivilegierung, Umweltschäden usw., nicht allein an (theoretische) Lerninhalte. Sie hängt außerdem von der Sozialisation des Lernenden ab. Motivation ist nur ein wünschbares Akzidens. Sie ist in einer günstigen Balance, wenn sich die Chancen für den Erfolg und den Misserfolg die Waage halten. Man unterscheidet zwischen einer Einfahrungsmotivation und einer Verlaufsmotivation.

Die Allgemeine Didaktik, die die Motivation vor allem an den Lerninhalten festmacht, beruft sich auf zwei mechanistische Lernmodelle:
1. auf die Kognitive Lerntheorie (L. Festinger: kognitive Dissonanz)
2. auf die Verhaltenstechnologie (B. F. Skinner: operantes Konditionieren).

In Lernveranstaltungen (Schule usw.) herrscht ein anderer Lernbegriff als in der Gesellschaft. Vorgegebene Lernstoffe sollen angeeignet werden, die Lerninhalte bleiben (zunächst) subjektneutral (oft ohne Berücksichtigung der Erfahrungen, Bedürfnisse [Grundbedürfnisse werden nach Maslow, 1981, eingeteilt in Existenz-, Sicherheits-, Zugehörigkeits-, Liebes-, Achtungsbedürfnisse und Bedürfnisse nach Selbstverwirklichung, Neigungen, Interessen, Fähigkeiten der Lernenden). (Gronemeyer 1976, 145ff.) Lernen wird fast ausschließlich kognitiv, bewusstseinserweiternd, -verändernd und -erhellend verstanden, woraus sich Verhaltensorientierung vermeintlich wie von selbst einstellt (als sog. Vorbereitung für „das Leben").

Nach Skowronek (1980) sollte dagegen der intrinsischen, von der Umwelt unabhängigen Motivierung der Vorrang gegeben werden (selbstbestimmtes Lernen). Er empfiehlt die Neugier des Lernenden zu wecken durch Angebote von Abweichendem, Kontraste, Komplexem, Überraschendem, ferner sollen Zweifel, Hypothesen aufgrund vorhandener Kenntnisse usw., Wertungen (die ich-näher als Sachaussagen sind) eingesetzt und deren Anwendung in Rollen- und Simulationsspielen (s. S. 386) geprobt werden.

Zur Verbesserung von Motivation und Entscheidungskompetenz bei Lernenden wird von Hagemann/Heidbrink (1985) die Provokation von Dilemma-Situationen (s. S. 210; bei gleichzeitiger Reduzierung von Problemkomplexität) vorgeschlagen, d.h. die Lernenden sollen in die Notwendigkeit einer Wertentscheidung hineingebracht werden (nach dem Muster der Pro-und-Contra-Argumente, s. S. 240) bzw. sie sollen selbst solche Dilemmata vorschlagen. Ein Beispiel: Ein sehr lernwilliger, fleißiger, hilfsbereiter Auszubildender, dem von seinem Chef eine Übernahme in ein Dauerarbeitsverhältnis versprochen wird, wird eines Tages von diesem aufgefordert – weil der zuständige ausländische Kollege (Hilfsarbeiter) abwesend ist – das Frühstück für die Gruppe zu besorgen. Soll er das tun oder ablehnen?

Durch Widerspruch, existenzielle Betroffenheit, ungelöste Probleme, Interessen, Diskrepanzen, Dissonanzen usw. kann epistemische Neugier geweckt werden.

Betroffenheit bezeichnet die „subjektivistische Wende in der politischen Didaktik" (Gagel 1985, 404), ist nicht ohne weiteres her- bzw. feststellbar: Sie kann frei schwebende, äußerlich unkonzentrierte, abschweifende Aufmerksamkeit sein, eine Assoziationsoffenheit, die jederzeit (re-)aktiviert werden kann. Es folgt dann eine plötzliche Vernetzung von vorher isolierten Lernsegmenten. Sie kann in ihrer Subjektivität auch den Lernvorgang blockieren bzw. vereinseitigen. Betroffenheit wird in dem je identitätsrelevanten bzw. narzisstisch interessanten Realitätsausschnitt am intensivsten erfahren und kann einem Bedürfnis nach Selbstthematisierung entspringen. Damit dient sie der Freisetzung von Lernenergien.

Betroffenheit ist ein passives Widerfahren, eine problemgeladene Situation, in der ein Subjekt mit außergewöhnlichen Gegebenheiten zusammentrifft. Dies macht eine Annäherung des Subjekts an das Objekt (z. B. problemhaltige Alltagssituation) erforderlich, eine Aufarbeitung des Objekts zum Zwecke der Erkenntnisgewinnung. Aber:

„Nicht jede Betroffenheit ist Lerngegenstand, sondern nur eine solche, an der sich ein ‚problematischer Zustand der Welt' (Adorno) offenbart und die daher politisch relevant ist. Betroffenheit und Bedeutsamkeit stehen in einem komplementären Verhältnis zueinander, sind beide gleichermaßen unentbehrlich." (Gagel 1986, 43)

Betroffenheit ist ein antirationaler, psychologisierender Vorgang. Jede individuelle Verantwortlichkeit wird autobiografisch relativiert und führt im äußersten Falle zur Aushöhlung der (objektivierten) Institutionen, rührt mich in meiner ganzen Person an. Sie ist a) objektiv, wenn mich Fehlentscheidungen (z. B. ein militärisches Eingreifen) betreffen und Bedrohungsgefühle provozieren; b) subjektiv, wenn sie meine individuelle Biografie betrifft (z. B. gute/schlechte Erfahrungen). Bedeutsamkeit stellt die objektive Dimension dar. (Gagel 2000, 154–179).

Betroffenheit antwortet auf die Frage: Geht mich das (z. B. NS, DDR, Holocaust, Auschwitz) etwas an? Als polare Einstellung zur Betroffenheit kann die bewusste Distanzierung gelten. Sie versucht den (Untersuchungs-, Diskussions-)Gegenstand in die Dimension der Fremdheit zu bringen, um die nötige distanzierte Haltung des Betrachters zu provozieren. Betroffenheit kann also die rationale Auseinandersetzung nicht ersetzen und darf nicht nur emotional verstanden werden, z. B. dürfen soziale Problemfälle nicht allein vom Mitleidsstandpunkt aus behandelt werden. Die Betroffenheit ist zwar ein wichtiges didaktisches Prinzip, das sich in praxi auch auf die Anwendung des Repertoires von Methoden und Medien auswirkt, aber es darf nicht zu einem konstitutiven Prinzip des Unterrichts werden, wie dies bei Schmiederer (1977) durch die extreme Betonung des Schülerinteresses der Fall ist.

8.2 Die Unterrichtsvorbereitung: Planung und Reflexion

Unterricht geht i. d. R. von einem formalen, artifiziellen Lehr- und Lernarrangement aus. Es ist an die (vermutete und tatsächliche) Situation der Lerngruppe, an die Besonderheiten des Faches, an die Anforderungen des Lehrplans/der Richtlinien, an die allgemeinen gesellschaftlichen und schulischen Bedingungen, an die Wünsche der Lernenden und die Fähigkeiten der Lehrenden, an die vorhandenen Medien (Schulbücher usw.), die anvisierten (formal-methodischen oder material-inhaltlichen) Ziele, kurz an eine Faktorenkomplexion rückgekoppelt. Was im Unterricht wirklich geschehen wird, wie er sich frei entfaltet oder gelenkt wird, kann vom Lehrenden nicht voll antizipiert werden. Er muss sich auf seine (anfangs geringe) Erfahrung, auf die vorgegebenen Daten (Alter, Kenntnis- und Entwicklungsstand der Gruppe, Interessengebiete, bei älteren Lernenden evtl. Berufslaufbahn, Erwerbstätigkeit usw.; psycho-soziale Situationsdiagnostik), die Versiertheit in seiner Professionswissenschaft, (Didaktik und Methodik), seine fachliche Qualifikation, sein pädagogisches Talent, seine Flexibilität im Eingehen auf unvorhergesehene Ereignisse, Verhaltensweisen, sonstige Anforderungen u. dgl. stützen. Diese und andere Vorgegebenheiten können in personale, theoretische und praktische Prämissen gegliedert werden. (Breit/Weißeno 2003)

8.2.1 FORMEN DER VORBEREITUNG

Die *personale* Vorbereitung (Präparation) betrifft zunächst das persönliche Engagement, das Einstehen für die Lernenden und die Sache. Politische Bildung beruht in beachtlichem Maße am Vorbildcharakter des Lehrenden (Nähe zu den Personen/Lernenden, Distanz zur Sache, Sicherheit im Urteil, begründete Parteinahme wenn nötig, praktisch politische Aktivitäten, Anreger u. dgl.). Von der Einstellung des Lehrenden gegenüber seinem Gegenstand/Thema hängt ein Teil des Erarbeitungs-/Vermittlungserfolges ab. Dazu ist der Unterrichtsstil von bleibender Einwirkung (z. B. frontal - autoritär, arbeitsteilig – demokratisch, s. S. 194).

Die *wissenschaftliche* Vorbereitung, die Vertrautheit mit dem Stoff und seinen Problemen (dem Stand der Forschung), die Fähigkeit zur Operationalisierung von theoretischen Ansprüchen (z. B. Lernziele, Methoden, Provokation vernetzten, alternativen und kritischen Denkens u. dgl.), die Reduktion und Strukturierung von Komplexität (Elementarisierung komplizierter Sachverhalte) usw., schafft Verhaltenssicherheit beim Lehrenden und trägt zur Effektivität des Lehrgegenstandes bei.

Die *didaktische* Vorbereitung ist umfassend. Sie verlangt nicht mehr und nicht weniger als das gesamte Lernfeld (Personen und Sachen) zu strukturieren. Die Didaktik erweist sich als die eigentliche Berufswissenschaft des Lehrenden.

Des Weiteren kann der Politikunterricht sich auf vielfältige Anschauung beziehen:

Tafelanschrieb und -bild, Statistiken, Kartogramme, Diagramme, Tabellen, Schaubilder, Bildreihen, Filme, Grafiken, Karikaturen usw., kann Besichtigungen, Besuche usw. arrangieren, nicht zuletzt kann er auf Privaterfahrungen der Lernenden zurückgreifen. Der Lehrende sollte gute Kontakte zur gesellschaftlichen Umwelt pflegen und sich in einer sich zunehmend autonomisierenden Schule und Öffentlichkeit der Elternmitarbeit bzw. der Unterstützung durch kommunale und gesellschaftliche Gremien bedienen.

8.2.2 PLANEN ALS EIN VORAUSDENKEN

Das Planen stellt sich als ein Vorausdenken einer (Unterrichts-)Situation dar, eine spätere Entscheidung schon jetzt überschaubar zu machen, sie zu strukturieren, sie dem Zufall zu entziehen. Die eigentliche Planung bewegt sich auf drei Ebenen:

1. der Mikroebene
   (Entscheidungen über Einzelabschnitte des Unterrichts, z. B. soziale Interaktion und Kommunikation; Anweisungen zu Arbeitstechniken und -abläufen, zu Arbeitsformen und -methoden)
2. die Mesoebene
   (Entscheidungen zu Lerngebieten, Medien, Sozialformen, Motivation, Lernkontrolle)
3. die Makroebene
   (Entscheidungen über den Bezug zum Erziehungsziel und zum Lernziel; Lehr-/ Lern-strategien, Kooperationsformen der Lerngruppen, Unterrichtsreihe, Interaktion und Kommunikation im pädagogischen Handlungszusammenhang).
   Es handelt sich demnach um
   a) die Charakterisierung der allgemeinen pädagogischen und sonstigen Lernvorausset-zungen
   b) einen analytischen Teil (Sach-, Bedingungs-, didaktische Analyse)
   c) einen Entscheidungsteil (Festlegung der Lernziele und -verfahren, der Methoden und Medien, der Sozial- und Aktionsformen).
   Die Unterrichtsplanung erfolgt aus einer doppelten Perspektive, und zwar
   - aus der Sicht der Lehrenden (Stichwörter: Veranschaulichung, Bedeutsamkeit, Medien, Arbeitsmittel, Methoden, Evaluation)
   - aus der Sicht der Lernenden (Stichwörter: Bedeutung, Interesse, Hilfsmittel, Lösungs-wege, Ergebnis).

Als Planungshilfe wie als Vorausnahme des Erwartungshorizonts können Lehrplan und Lehrbuch dienen.

Für die (längerfristige) Vorbereitung und Planung einer Unterrichtsreihe/-stunde – wobei ein Handapparat, ein Privatarchiv u. dgl. gute Dienste leisten können – sollte der Lehrende sich folgende Fragen unter Berücksichtigung der soziologischen (z. B. Soziogramm, s. S. 390) und psychologischen Determinanten, einschließlich einer Vorbefragung über den Kennt-nisstand der Lerngruppe und ihrer Erwartungen an das Thema sowie der (mikro-)didak-tischen und institutionellen Erfordernisse vorlegen:

- Wie vermittle ich einen Zugang zum Thema?
- Wie und wo ist das Thema einzuordnen?
- Welche Materialien/Medien habe ich zur Verfügung?
- Welche Ziele will ich erreichen?
- Wie strukturiere ich den Stoff?
- Wie führe ich die Lernenden an den Stoff/das Thema heran?
- Welche Hilfsmittel stelle ich zur Verfügung?
- Welche Methoden der Erschließung sollen praktiziert werden?
- Welches Zeitbudget steht zur Verfügung?
- Welchen Unterrichtsstil halte ich für angemessen?
- Wie ist/sind die Lerngruppe(n) zusammengesetzt (soziologisch, leistungsmäßig, Störfak-toren)?
- Wie kann ich dem Anspruchsniveau einzelner Lernender gerecht werden (individuell-differenzierende Aufgaben)?
- Welche Aufträge/Aufgaben sollen verteilt werden?
- Welche Anknüpfungspunkte ergeben sich zu anderen Themenbereichen/Fächern?

- Welche zusätzlichen Maßnahmen können ergriffen werden (Besuche, Besichtigungen, Anhörung von Experten, Arbeitsaufträge usw.)?

Diese Vorfragen implizieren ein – vom jeweiligen Autor unterschiedlich benanntes – Stufenschema des Unterrichts: Problemstufe, Lösungsstufe, Ergebnisstufe, Anwendungsstufe; Stufe der Präsentation, der Diskussion, der Resolution usw. Wichtiger als die Nomenklatur ist die durchdachte Strukturierung des Unterrichts, ist die Methodisierung des Arbeits- und Lernverfahrens. Sie soll u. a. das Vorwissen aktivieren, Vernetzungen aufbauen, selbstständige Lernprozesse ermöglichen, kooperative Lernformen fördern und individuelle Lernbedürfnisse berücksichtigen.

8.2.2.1 Die Vorbefragung (das Vorwissen)

Lernen ist immer zugleich mit einer Ausdifferenzierung des latent vorhandenen Vorwissens verbunden (vgl. Aristoteles' Lehre von der Induktion [epagoge]). Die Antizipationen müssen in ein sinnvolles Wechselspiel mit dem neu zu erlernenden Wissen gebracht werden. Neben den (kognitiven) Kenntnissen verfügen die Lernenden über bestimmte (konative) Einstellungen und Attitüden. Die aus alledem resultierende Präformierung lässt sich nicht aus theoretischen Entwürfen ableiten, sondern sie entsteht im je individuellen lebensgeschichtlichen Zusammenhang. Sie muss vom Lehrenden eruiert, rationalisiert und in künftige Lernprozesse integriert werden (s. Lerntheorien S. 297).

Ein Einblick in das Vorwissen der Lernenden sowie über ihre Einstellungen, Interessen, Wünsche, ihres Verhaltens u. dgl. kann z. B. über die Methoden des Gesprächs, des Brainstorming und des Soziodramas erlangt werden. Die Lernenden werden aufgefordert, in einem gelenkten Gespräch sich zu äußern oder auf bestimmte Stichwörter (mündlich oder schriftlich) spontan zu reagieren, z. B. auf Wörter wie Faschist, Farbiger, Ausländer, Kapitalist, Arbeiter, 1945, 1989, DDR, Kommunist usw. und sogleich das zu nennen oder zu spielen, was ihnen dabei einfällt. Lernende mit Verbalisierungsschwierigkeiten können zu einem Stichwort Collagen anfertigen oder Bildassoziationen herstellen. Bei der Frage nach den Voreinstellungen anhand der Spontanerklärung von Stichwörtern kann es u. a. darum gehen zu erfahren, wie bei bestimmten Personen Begriffe wie Persönlichkeit, Freiheit, Gleichheit, Treue, Streik, Revolution, Gewerkschaft, Nation, Staat, Vaterland, Militär, Arbeit, Eigentum usw. ideologisch besetzt sind.

Die anspruchsvollere Form des Feststellens von Vorwissen besteht in der Entwicklung, Beantwortung und Auswertung eines thematisch gezielt eingesetzten Fragebogens zu einer Unterrichtseinheit. Er kann die gewünschten Informationen über Wissensstand und Problembewusstsein mithilfe von Assoziationsfragen über Vorwissen, Voreinstellungen, Bewusstseinslage usw. liefern. Gleichzeitig sollen damit die Neugier geweckt und die Adressaten zur Mitarbeit an einem neuen Thema/Projekt motiviert werden. Der Fragebogen erhält demnach die Funktion:

a) den Lehrenden über Umfang und Niveau des Vorwissens und von Voreinstellungen von Lernenden zu informieren (im Falle gemeinsamer Auswertung auch Lernende zu instruieren)

b) den Lehrenden und Lernenden die Ausgangsposition zu verdeutlichen

c) den Lehrenden Aufschluss über den Stand des Vorgewussten und -bewussten zu geben. (Muster von Fragebogen s. S. 402).

8.2.2.2. *Der Einstieg*

Besondere Überlegungen erfordert der *Einstieg* in eine Stunde oder Unterrichtsreihe. Er sollte als ein konstitutiver Bestandteil des Unterrichts behandelt werden. Das heißt er dient nicht dem bloßen Wecken von Interesse, der Wiederholung, der Illustration usw., ist kein bloßer „Aufhänger", sondern er sollte in die Problematik des Themas einführen. Eine Einstiegssituation kann auch zur Sache selbst, die Auseinandersetzung mit ihr zum eigentlichen Thema werden. Dann liegt es nicht zuletzt beim Lehrenden, ob er – oder zusammen mit den Lernenden – die unvorhergesehene Problematik aufgreift und zum Hauptthema der Stunde macht, sie integriert oder verschiebt. Entscheidend ist das Interesse der Lernenden und die Beachtung der institutionellen Vorgaben (in der Schule: die Lehrpläne; anderswo das Ziel: eine Prüfung u. dgl.). Der Einstieg wird praktische Ansatzpunkte berücksichtigen. Sie sollen zu einer „originalen Begegnung" (H. Roth) führen. Wirksame Einstiege können entlang von Konflikten erfolgen, die spontan interessieren und überschaubar, aber unvollständig sind (damit sie zu einer Lösung anreizen). Sie sollen etwas Neues, Ungewöhnliches enthalten, evtl. mit Vorurteilen und Meinungen belastet sein und – intentional – auf die intendierte Problematik hinführen (können). Der Einstieg soll möglichst situativ, repräsentativ und exemplarisch sein, dazu anschaulich und provozierend. An ihm sollte zeitlich so lange gearbeitet/diskutiert werden, bis sein Zweck erfüllt ist. Deshalb stellt sich die entscheidende Frage nach der Funktion des Einstieg. Er soll ein Thema, ein Problem induzieren, das dann zunehmend strukturiert und begrifflich bearbeitet werden kann.

Einstiege haben demnach eine Thematisierungs-, Strukturierungs-, Motivations- und/ oder Mobilisierungsfunktion.

Es handelt sich also um ein methodisches Arrangement möglichst anhand konkreter (Vor-)Fälle aus dem Erfahrungsbereich der Lernenden, mit dem sie konfrontiert werden sollen. Gelingt die Fixierung der Thematik oder Problematik nicht, besteht die Gefahr, dass die Unterrichtsveranstaltung diffus, unstrukturiert wird.

Allerdings muss die Offenheit des Verfahrens – d.h. die Richtungweisung durch die Lernenden – erhalten bleiben. Als Hilfsmittel können benutzt werden: ein Fall, ein Problem, eine Situation, eine Aufgabe, Bild(er), Filmausschnitt, Foto(s), Beginn einer Geschichte, (Kurz-)Bericht über ein besonderes Ereignis, Clusterbildung (die Lernenden erhalten Zettel mit assoziativen Begriffen, die sie sortieren, strukturieren sollen) usw. oder schließlich um einen so genannten informierenden Einstieg, bei dem der Lehrende bekannt gibt, was er mit den Lernenden vorhat. Die Einstiege können demnach kognitv in Form von Denkanstößen (Fragen, Thesen, Probleme, Provokationen, Widersprüchen) oder ästhetisch in Gestalt von Bildern, Wahrnehmungen usw. sein.

Methodisch kann der Einstieg gegenstands- (ad rem), medien- oder methodenorientiert (z.B. Gruppensitzung) stattfinden (Kuhn 1999), und zwar mithilfe

- explorativer Verfahren (z.B. Expertenbefragung, Recherche, Interview, Erhebung, Erkundung)
- simulativer Verfahren (z.B. Plan-, Rollenspiel, Streitgespräch)
- konfrontativer Verfahren (z.B. Thesen, Entscheidungsfragen)
- assoziativer Verfahren (z.B. Bilder, Begriffe, Voreinstellungen).

Die Verbalisierung der Einstiegsmethoden erfolgt über spontane Äußerungen der Lernenden oder Fragen/Impulse des Lehrenden, z.B. nach dem

- deduktiven Ansatz (durch begrifflich-abstrakte Vorklärungen; Stichwörter an der Tafel)

- induktiven Ansatz (durch den Beginn mit Beispielen, Fällen, Anwendungsbezügen)
- übende Wiederholung durch
Anknüpfen an Hausaufgaben oder Vorkenntnisse
Brainstorming/Mind-mapping
Widerspruch/Provokation
Verfremdung
themenzentrierte Selbstdarstellung (Lernende erläutern, was sie von dem Thema/der Fragestellung halten)
Karikaturen, Comics, Bilder, Film usw.

Die Einstiege dürfen nicht zu Stundeneröffnungsritualen oder Aufwärmübungen degenerieren. Sie müssen ein integraler Bestandteil des Unterrichts sein. Sie sollen

- neugierig machen
- Interesse am (neuen) Thema wecken
- eine Fragehaltung bei den Lernenden hervorrufen
- zum Kern der Sache führen
- die Verantwortungsbereitschaft der Lernenden für das, was sie selber lernen wollen, ansprechen und wecken
- die Lernenden zur Zusammenarbeit anregen
- an Vorwissen, -kenntnisse- und -erfahrungen anknüpfen (Greving/Paradies 1996, 17 f.)

8.2.2.3 Schema eines Unterrichtsentwurfs

Unterrichtskonzepte als rational begründete Handlungsentwürfe können auch (nach Hagemann/Tulodziecki 1985, 39 f.) wie folgt gegliedert werden:
- Lernvoraussetzungen (kognitives Anfangsniveau)
- Themenformulierung und inhaltliche Überlegungen
- Lern-/Lehrzielformulierung und -begründung
- Sequenzierung der Unterrichtseinheit (Inhalte und Probleme, Zeitfaktor)
- Strukturierung der sequenziellen Einheiten
- Medien
- Methoden und Sozialformen
- Ergebnis
- Evaluierung, evtl. Implementation (Handlungsorientierung).

Die Vorbereitung darf nicht die Aktionsbreite der Unterrichtstätigkeit einengen oder die Interaktionen hemmen. Das heißt wir gehen von einem flexiblen Unterrichtsmodell aus, das allein für die Lernenden und nicht für den/die Lehrenden veranstaltet wird.

Der Aufwand muss sich nicht primär für den Lehrenden lohnen, sondern für den/die Lernenden. Priorität genießen daher die Bedürfnisse der Lernenden. Das bedeutet auch, dass die Flexibilität des Lehrenden gefordert wird, wenn aufgrund des Unterrichtsverlaufs sich eine andere Struktur ergibt als die geplante. Dann wird der Lehrende zu entscheiden haben, ob ihm die Wünsche der Lernenden wichtiger sind als die Durchsetzung seines Stundenprogramms. Eine Entscheidung gegen die eigene Stundenplanung muss gelegentlich in Sekunden fallen, sie ist mutiger als ein vorgeplantes Durchpauken und zeugt von Souveränität (auch und gerade bei Referendaren/Anfängern; eine plausible Begründung für die Abweichung vom Programm versteht sich von selbst).

8.2.3 Die Nachbesinnung/Nachbereitung (Evaluation)

Komplementär zur Unterrichtsvorbereitung ist die *Nachbesinnung*. Sie bildet den Ausgangspunkt für künftige (revidierte) Strukturierungen von Unterrichtsentwürfen.

Der Lehrende kann mithilfe einer Fragenbatterie eine Selbstreflexion vornehmen:

- War der Unterricht ein strukturierter geistiger Akt im Sinne der Psychologie des Lehrens und Lernens?
- War das Verfahren den Lernenden angemessen?
- Sind die medialen, methodischen, sozialen Möglichkeiten ausgeschöpft worden?
- War der Einstieg zutreffend?
- Wurde an das Vorwissen und die Erfahrungen der Lernenden angeknüpft?
- Wurden die Lernenden – wo möglich – in lebensnahe (Entscheidungs-)Situationen versetzt oder wurde die Lebenswirklichkeit nur illustrativ bemüht?
- Wurden die Denkansätze der Lernenden erkannt und stimuliert?
- War die Arbeitsweise den Bedürfnissen der modernen Gesellschaft angenähert?
- Ist die Problematik verständlich und klar herausgekommen?
- Wurden die termini technici in einen Bedeutungszusammenhang gebracht?
- Erfolgte eine Verständnissicherung durch immanente Kontrolle?
- Ist das Ergebnis zufriedenstellend?
- Konnten alle Lernenden zur Mitarbeit veranlasst werden?
- Welche Fragen der Lernenden sind nicht ausreichend beantwortet worden?
- Welche Unterlagen sollten als Ergänzung bearbeitet werden?
- Wurde ein Bezug zur Realität hergestellt?
- Welche Methoden, Techniken, Kenntnisse, Erfahrungen u. dgl. haben die Lernenden neu erworben, aktiviert, entdeckt?
- Welche sonstigen Stärken und Defizite sind mir aufgefallen?

Die *Nachbefragung* am Ende eines Lernprozesses ist demnach eine Vergewisserung über das Ergebnis. Sie ist nicht ohne weiteres mit der Evaluation konkreter curricularer Lernziele gleichzusetzen. Vielmehr sind, wiederum in Gestalt eines Fragebogens oder in einer offenen mündlichen oder schriftlichen Form, Fragen zu formulieren und Antworten zu geben, die sich auf den Unterrichts- und Arbeitsstil, die angewandten Methoden und verwendeten Medien, den persönlichen Erfolg/Misserfolg, den Grad der Zufriedenheit, das Problemlösungsverhalten, evtl. die vermeintliche Stärkung des kritischen Bewusstseins und der Urteilsfähigkeit, den Zuwachs an Informationen und Einsichten usw. erstrecken.

Die metapraktische und -theoretische Reflexion des Lehrenden zum Zwecke der Selbstkontrolle und der Verbesserung zukünftiger Arbeit sollte u. a. die folgenden Punkte berücksichtigen: das Nachdenken über

- inhaltliche Anregungen durch einzelne Lernende
- Probleme, die von den Lernenden aufgeworfen und erörtert worden sind
- das Arbeits- und Sozialverhalten der Lerngruppe
- die Methodenbeherrschung der Lernenden
- den Erwerb von neuen Fertigkeiten oder Fähigkeiten
- das Interesse der Lernenden an Planung und Durchführung
- die eigene Rolle im gesamten Lernprozess.

Ein Kriterienkatalog kann bei der Vergewisserung über Details helfen. Es kann gefragt werden, ob

- die sachliche Vorbereitung des Unterrichts/Projekts (Planung, Materialien) ausreichend war für das Erreichen des angestrebten Zieles
- die einzelnen Lernsequenzen richtig kalkuliert waren
- zwischenzeitliche Lern(fortschritts)kontrollen hilfreich waren und inwieweit Teillernziele erreicht wurden
- die methodischen Entscheidungen von den Lernenden (teilweise) selbst getroffen wurden und inwieweit sie angemessen waren
- die individuellen und gruppenbezogenen Leistungsanforderungen vertretbar waren
- das Arbeits-/Lernergebnis dem Aufwand an Zeit, Kraft und Mitteln entsprach. (Vgl. Bönsch 2002)

8.3 Intentionale Lernprozesse und Unterrichtsplanung als Voraussetzung für effektives Lehren und Lernen

8.3.1 INTENTIONALES (POLITISCHES) LERNEN

Das Lernen unterscheidet sich als aktives Lernen durch Tun (Übung, Projekt, Beobachtung, Erkundung, Experiment) und interaktives Lernen durch Forschen, Expertenbefragung, Exkursion. Es findet als Unterricht einen prominenten Platz und bietet sich an, es aus mikrosoziologischer und lerntheoretischer Sicht zu untersuchen. Als Unterrichtsstrategien zur Anregung von Lernen werden genannt:

„• der informierende Unterricht (Aufklärungsstrategie)
- der direkte, am Unterrichtsgegenstand Lernanregungen entwickelnde Unterricht (Konfrontationsstrategie)
- der indirekte, über Handlungen und Medien Lernanregungen schaffende Unterricht (Startrampenstrategie)." (Bönsch 1995, 71)
Über einen erweiterten Lernbegriff gibt die folgende Tafel Auskunft:

Erweiterter Lernbegriff

Inhaltlich-fachliches Lernen	Methodisch-strategisches Lernen	Sozial-kommunikatives Lernen	Affektives Lernen
• Wissen (Fakten, Regeln, Begriffe, Definitionen ...)	• Exzerpieren	• Zuhören	• Selbstvertrauen entwickeln
	• Nachschlagen	• Begründen	
• Verstehen (Phänomene, Argumente, Erklärungen ...)	• Strukturieren	• Argumentieren	• Spaß an einem Thema/ an einer Methode haben
	• Organisieren	• Fragen	
• Erkennen (Zusammenhänge erkennen ...)	• Planen	• Diskutieren	• Identifikation und Engagement entwickeln
	• Entscheiden	• Kooperieren	
	• Gestalten	• Integrieren	
• Urteilen (Thesen, Themen, Maßnahmen ... beurteilen)	• Ordnung halten	• Gespräche leiten	• Werthaltungen aufbauen
	• Visualisieren	• Präsentieren	
etc.	etc.	etc.	etc.

(H. Klippert in DLZ 46/95)

Lernen wird auch beschrieben als Wechsel von Komplexreduktion und -aufbau. „Lernen ist eine autopoietische selbstreferenzielle, strukturdeterminierte Aktivität. (…) Das psychische System kann nur die Informationen verarbeiten, die in dieses System hineinpassen und die anschlussfähig sind. (…) Unser Gehirn agiert zunächst ‚strukturkonservativ‘, es verarbeitet das, was ‚passt‘. Wenn ein solches Anpassungslernen zu einer Handlungsorientierung nicht ausreicht, muss es durch Differenzwahrnehmungen ergänzt werden. Differenzen beinhalten neue, ungewohnte Beobachtungen, häufig auch Fremdheitserlebnisse." (Siebert 2000, 16) Lernen sucht nicht in erster Linie Konsens, sondern sucht relevante Differenzen aufzuklären. Deshalb sind Differenzerfahrungen lerntheoretisch durchaus zu unterstützen. Damit wird die Differenz jedoch nicht zum Gegenteil von Konsens.

Für politisches Lernen sind drei Ebenen maßgebend:

- die lebensweltliche Lernebene (Alltag, Aktualität, Betroffenheit)
- die öffentliche Lernebene (Kommune, Land, Bundesrepublik) und
- die globale oder universale Lernebene (Europa, die Welt).

Der politische Lernprozess versteht sich als ein offenes System mit theoretischen und praktischen Anteilen. Er ist mehr als Instruktion, Schulung oder bloße Unterweisung. Politisches Lernen hat eine objektive Seite (z. B. die Orte und Bereiche, wo politisch gelernt wird: Institutionen, Medien) und eine subjektive Seite (Strukturen, Formen und Träger). In unseren komplexen Lebensverhältnissen verschärft sich der Widerspruch zwischen institutioneller Abhängigkeit und subjektiver Eigenständigkeit. Zu den Strukturelementen *organisierten Lernens* gehören die Ziele, die Themen, die Methoden, die Medien und die Evaluation. Der Planungsprozess bewegt sich vom subjektiven Vorverständnis (Erkenntnis-, Handlungsinteressen, Materialunterlagen, Zielen und sonstigen Intentionen) über das wissenschaftstheoretische (Selbst-) Verständnis (z. B. normativ-ontologisch, empirisch-analytisch, dialektisch-historisch) im Zusammenhang mit der Favorisierung einer bestimmten Wissenschafts-(s. S. 141) und Gesellschaftstheorie oder -modellen (s. S. 87) bestimmten Arbeits- und Interpretationsverfahren, fachdidaktischen Konzeptionen, zuzüglich der Berücksichtigung der pädagogischen, normativen (Lehrplan, Verfassung, Erlasse usw.), fachwissenschaftlichen (Forschungsstand, theoretische Positionen) und allgemeindidaktischen Voraussetzungen (Holtmann 1980, 82 ff.).

Unterricht gleicht infolgedessen einer fließenden Strukturierung kürzerer oder längerer Konfigurationen der Aufmerksamkeit in situativen Kontexten.

Politisches Lernen ereignet sich parallel zur politischen Sozialisation und Erziehung, indem der Lernende Erfahrungen über die gesellschaftliche Realität und in der Durchsetzung individueller oder kollektiver Interessen macht. So erweist sich politisches Lernen – das sich nach Bloom (1973) auf sechs Lernniveaus abspielt: Wissen, Verstehen, Anwenden, Analyse, Synthese, Evaluation – als (kognitive) Verarbeitung von Informationen, Sachverhalten u. dgl. sowie als Handlungslernen (Beispiele: Bürgerinitiativen, Demonstrationen, herausragende politische Ereignisse, auch Skandale, ferner S(M)V, Beruf usw.; Erfahrungen über die Folgen von Handlungen, Antizipation von Konsequenzen). Bei alledem spielen die Fragen der Soziolinguistik (z. B. political correctness im Sprachgebrauch, Verfügbarkeit über bestimmte Sprachcodes von Politik und Gesellschaft).

Lernen aus Erfahrung sollte mit dem Vertrauten, dem unserem Vorverständnis Naheliegenden beginnen. Das heißt den bereits vorhandenen Antizpationsweisen kommt eine besondere hermeneutische Dignität zu, weil Lernen nur im Anschluss an die uns zunächst leitenden Antizipationen möglich ist. Lernen beginnt demnach mit der Ausdifferenzierung (Explikation) schon vorhandenen Wissens. Weil Sprache das Medium des latent Vorhandenen (des Vorwissens, des hermeneutischen Prius) ist, lässt Erkenntnisfortschritt sich nur durch die Differenzierung der vorhandenen erkenntnisleitenden Begriffe erzielen.

Die Benutzung von Beispielen spielt dabei eine herausragende Rolle. Ein Beispiel (vgl. das exemplarische Prinzip) ist eine ideale Verknüpfungseinheit, es verknüpft zwischen Vorwissen und Neuem.

Die Verschränkung von Vorwissen und Erfahrung wird praktiziert in der Hermeneutik (Gadamer), in der Phänomenologie (Husserl), in der Gestaltpsychologie (Wertheimer), von Popper und von Kuhn. Der Ausgang vom Bekannten zum Fernen ist der universale Weg des Lernens aus Erfahrung (Aristoteles). Jedes Fragen und Urteilen ist in die Substanz der geschichtlichen Bewegung eines Traditionszusammenhangs eingebettet. Tradition ihrerseits birgt den Anfangspunkt für die produktive Entfaltung einer bestimmten Denkrichtung, denn sie hat eine anamnetische Qualität, indem sie im Zuge des Verstehens das Seiende so zur Sprache kommen lässt, dass Verstehen das Erkennen des schon Erkannten ist, in Form der produktiven Ausdifferenzierung der diffusen, unstrukturierten Vorbekanntheit (Petersen-Falshöft 1979, 149).

8.3.2 Über die Formen des Lernens und ihre Integration in die Unterrichtsplanung

Das Lernen ist nur schwer methodisierbar; denn natürliches Lernen ist nicht synthetisch, wie die pädagogische Methode suggeriert, sondern besteht aus einer ständigen Auswahl aus einem komplexen Angebot von Reizen und Eindrücken, aus denen erst allmählich eine Struktur entsteht, aber nicht eine, die Methode erzeugt, sondern die der Lernende selbst hervorbringt. Lernen hat demnach Selbsttätigkeit und Selbstaneignung zur Voraussetzung, d. h. methodische Arrangements können den Lernprozess nur begrenzt steuern. Lernen geschieht also nicht nach einem völlig vorgeplanten Input-Output-System. Das heißt dem Lehren korrespondiert nicht gleichermaßen das Lernen. Es ist nur der Versuch einer Organisierung durch sachgemäße und methodische Vorbereitung und Durchführung des Unterrichts.

Jeder Lernvorgang hat sein Fundament in der Wahrnehmung (Perzeption) des Lerngegenstands. Man unterscheidet verknüpfendes und strukturierendes Lernen. Beim ersteren reagiert der Lernende eher passiv auf Lernreize (Reiz-Reaktions-Schema): die Vorstellung A ruft die Vorstellung B hervor (klassisches Beispiel: Vokabellernen), das Wissen organisiert sich in (Assoziations-)Ketten. Das strukturierende Lernen vollzieht sich in der aktiven Auseinandersetzung des Lernenden mit dem Gegenstand. Eine lerntheoretische Zwischenform ist das Trial-and-error-Prinzip. Dabei stellt die *Unterrichtsorganisation* sich als Vermittlungstechnik des in einem Lernenden oder in einer Gruppe stattfindenden Lernprozesses dar. Der Lehrende leistet Hilfe. Hier soll die Frage erörtert werden, wann Lernprozesse im Sinne eines emanzipatorischen Lernziels als effektiv betrachtet werden können.

Lernprozesse können als effektiv bezeichnet werden, wenn es gelingt, den Einzelnen oder die Lerngruppe zu befähigen, Probleme selbstständig zu definieren und individuelle wie kollektive Lösungsverfahren zu organisieren, durchzuführen und den Erfolg zu kontrollieren. Die Aufgabe des Lehrenden besteht in der Wahrnehmung seiner (wechselnden) Rolle als Initiator, Berater, Moderator, Mitarbeiter und damit implizit der Delegierung eines Teils seiner (amtlichen) Lenkungsfunktion auf die Lernenden.

In jedem Lernprozess sind die einzelnen Lernschritte zu begründen. In der Planungsphase kann so ein Ansatzpunkt für ein abgestimmtes Vorgehen gefunden werden. Idealiter erfolgt die Problemstellung nach einem vernünftigen Erkenntnisinteresse der Lernenden. (Die Themenfindung und die Organisation der Arbeit sollten selbst zum Gegenstand des Unterrichts gemacht und dadurch bewusstes Lernen gefördert werden.) Das ganze Unternehmen beruht auf sorgfältiger *Planung* (s. S. 324). Sie bedeutet – als Bindeglied zwischen Theorie und Praxis – die Festlegung von Zielen, Inhalten, Methoden, Arbeits- und Sozialformen usw. Sie ist ein korrigierbarer, reversibler Prozes, je nach Verlauf der einzelnen Sequenzen. Ihre Legitimation erhält sie durch (amtliche) normative Vorgaben, diskursive Verfahren, Fachdidaktik und Fachwissenschaft usw. Die Planung selbst ist ein antizipierend-präskriptives und reflexives Konstrukt, das seine eigentliche (alternative) Gestalt erst in der komplexen Unterrichtswirklichkeit erhält. Das Handlungsschema darf in einem offenen, problemlösenden Unterricht seine Bestandteile nicht den Lernenden oktroyieren wollen. Daher sollten diese soweit wie möglich am Planungsprozess (Planungsgespräche) beteiligt werden. Didaktisches und methodisches Denken werden so zur Einheit zusammengeführt. (Gagel 1986; Meyer 1980; Themenheft Westermann 1985)

Lernen im Unterricht ist demnach ein geplantes Lernen:

Planung und Durchführung von Lernprozessen

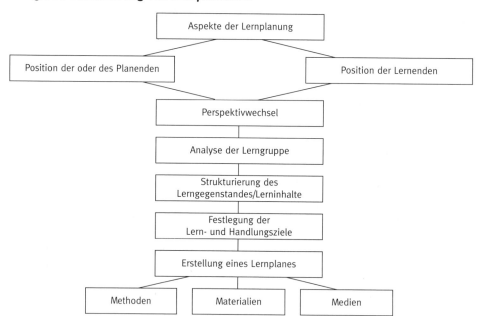

(Vgl. Gerhard Rapp: Umstrukturierung des Planungshandelns. In: Wahl u. a. [Hg.]: Erwachsenenbildung konkret. Weinheim 1991, S. 151)

8.3.3 DAS BEZUGSFELD DER UNTERRICHTSPLANUNG

Die *Unterrichtsplanung* betrifft das makro- wie mikrodidaktische Feld. Im engeren Verständnis ist sie eine konstruierte, dramaturgisch inszenierte Veranstaltung, die nach einem didaktisch-methodisch ausdifferenzierten Ritual anhand von lehr-, lern-, sozialisations- und kommunikationstheoretischen Erkenntnissen und Lehrmeinungen im Zusammenhang mit amtlichen Lehrplänen, ministeriellen Erlassen und sonstigen Vorschriften sowie pädagogischen Überzeugungen und fachlichen Kenntnissen abläuft. D.h. Unterricht beruht in seiner Ausgangsposition u.a. auf einem formalen (artifiziellen) Lehr-/Lernarrangement, auf rationaler Planung und Begründung. Das institutionelle Sozialisationsmilieu ist zunächst an fremdbestimmten, bürokratisch-hierarchischen Strukturen orientiert, der Unterrichtsentwurf ein mehr oder weniger theoretisches Konstrukt. Was für den Lernenden essenziell ist, kann oft nicht vorausgesehen werden. Dennoch ist Unterrichtsplanung eine (paradoxe) Notwendigkeit, ein zirkulärer Reflexions- und Entscheidungsprozess unter den Betroffenen.

Die Unterrichtsplanung richtet sich auf kooperativen, darbietenden, prozess-, ergebnis-, projekt-, lehr-/lernorientierten, entdeckenden usw. Unterricht. Die Unterrichtsform beeinflusst Planung und Verlauf auf diffuse Weise: Der Plan kann scheitern oder ändert im operationalen Vollzug seinen Weg, d.h. die Prämissen erweisen sich als falsch, die Sequenzen verlaufen ganz anders als geplant. Deshalb muss die Planung einen offenen, alternativen Unterrichts-/Arbeitsverlauf einbeziehen. Sie ist als ein zirkulärer (nicht linearer) Prozess zu verstehen, der immer neu angesetzt werden kann und die künftigen Stunden vorausplanend mit einbeziehen sollte.

Der Lehrende muss über ein umfangreiches Inszenierungsrepertoire (Zeigen, Darstellen, den Lernenden zum Sprechen bringen, neue Ansätze aus der Situation aufgreifen und Impulse geben usw.) verfügen. Das Planen, in das die Lernenden soweit wie möglich einzubeziehen sind (Fichten 1993), entscheidet demnach über die Prämissen, die den künftigen Handlungsrahmen, das „Entscheiden über Entscheidungen", festlegen. Im Unterricht selbst werden dann erneut Entscheidungen getroffen.

Was gelernt wird, liegt in der ganzen Breite des (funktionalen) *Wahrnehmungsfeldes* des Lernenden, also nicht nur im Bereich des intentional-planungsmäßig Beabsichtigten (Oelkers 1988). Der entscheidende Mangel der früheren Unterrichtsführung anhand von Formalstufen bzw. Phasenmodellen (Herbart, Ziller, Rein u.a., s. S. 21) bestand demgegenüber in ihrem reproduktiv angelegten Schematismus, der spontan-produktives Denken eher verhinderte, und führte zu organologischen Missverständnissen.

Die Anfangsüberlegungen bei der Unterrichtsplanung/-vorbereitung stützen sich – unter Zuhilfenahme der Ergebnisse der Sozialwissenschaften, des Lehrplans, der Interessen der Lernenden, der äußeren (Arbeits-)Bedingungen usw. – auf eine Reihe von Voraussetzungen, auf

1. die anthropologischen bzw. anthropogenen Voraussetzungen (z.B. Alter, Entwicklungs- und Reifegrad der Adressaten, Lernwilligkeit, Betroffenheit usw.),
2. die sozio-ökonomischen und bildungssoziologischen Voraussetzungen (sächliche Ausstattung und Organisation der Institution, Anzahl der Lernenden, soziale Daten der Lernenden),
3. die medialen Voraussetzungen (Lehr-/Lernmaterialien),
4. die vorgegebenen oder gewählten Themen (Lehrplan/Richtlinien, Interesse der Lernenden).

Die vorgesehenen Themen sollten kooperativ geplant und praktisch durchführbar sein, Herausforderungscharakter haben, im Wissens- und Erfahrungshorizont der Lernenden liegen, mit zugänglichen Methoden und Materialien bearbeitet werden können, zu Lernergebnissen führen u. dgl.

Die Frage stellt sich: Was ist ein politisches Thema für den Lernenden? Anhand der (amerikanischen) Begriffe policy, polities, polity (s. S. 89) kann der Lehrende das Thema untersuchen, und zwar

- „• auf einen darin enthaltenen, für die Schüler bedeutsamen ‚Prozess‘ (politics),
- • auf ein darin enthaltenes, für die Schüler bedeutsames politisches Problem (‚Inhalt‘, policy),
- • auf den darin sich abbildenden, für die Schüler bedeutsamen Ausschnitt des politischen *Handlungsrahmens* (‚Form‘, polity)." (Breit 1984, 492)

Alle Voraussetzungen zusammen bilden die Grundlagen für die Strukturierung des (Lehr-)/Lernprozesses. Damit sind die folgenden Schritte gemeint:

- die Situationsanalyse des geplanten Unterrichts/Projekts/Themas (anthropologisches, psychologisches, soziologisches und soziokulturelles Bedingungsgefüge: Lernvoraussetzungen),
- die didaktische Analyse (Prüfung der inhaltlichen Voraussetzungen),
- die Verlaufsplanung (Unterrichts- und Sozialformen, Aktionsformen, Lehr-/Lernorganisation, Medien, Zielfestlegung).

Planung wird zu einem mehrstufigen Phasenschema aus (1. Durchlauf:)

- Planungsphase (Organisation und Kontrolle des Inputs)
- Implementationsphase (Plandurchführung; besteht aus Initial-, Elaborations- und Stabilisierungsphase)
- Evaluationsphase (Messung und Kontrolle des Outputs, Vergleich der Soll-Werte mit den Ist-Werten) (2. Durchlauf)
- Planrevision
- Reimplementation
- Evaluation.

Die Unterrichtsplanung/-vorbereitung besteht demnach in der Beachtung einer vieldimensionalen Faktorenkomplexion. Die Unterrichtsplanung wurde deshalb zum Brennpunkt des so genannten Hamburger (prozess- und lernorientierten) Modells gemacht (W. Schulz; im Gegensatz zum davor dominierenden Berliner – strukturalistisch-lehrorientierten – Modell von Heimann, Otto, Schulz).

Im Unterricht müssen Strukturen der Wissenschaft, der Gesellschaft, der Umwelt usw. beachtet werden. Deshalb sind technologische Unterrichts- und Planungsmodelle unangemessen. Nach Wolfgang Schulz (1981, 3) ergeben sich die folgenden Planungsebenen:

1. Perspektivplanung (Rahmenlehrplan, Schulorganisation, Unterrichtsmedien, Richtziele, Methoden; über einen längeren Zeitraum)
2. Umrissplanung (Ausgangslagen der Lerngruppe, Vermittlungsvariablen [vermittelnde Methoden und Medien], Erfolgskontrollen, institutionelle Bedingungen von Unterricht und Erziehung, Produktions- und Herrschaftsverhältnisse an der Institution)
3. Prozessplanung (innerhalb des Umrisses und infolge von Unterrichtsschritten, Kommunikations- und Arbeitsformen)
4. Planungskorrektur.

Die Unterrichtsplanung sollte sich als *Interaktion* zwischen den Beteiligten gestalten.

Das heißt vom Lehrenden ist u. a. zu erwarten, dass er die Lernenden in die Lage versetzt, ihre Interessen zu artikulieren und daraufhin einen Lernprozess gemeinsam zu organisieren. Es kommt dabei darauf an, die unterschiedlichen Voreinstellungen der Lernenden zu thematisieren, ihre sozial- und rollenbedingten Verständigungsschwierigkeiten zu klären, ihre Informationsrückstände aufzuarbeiten, Sozialängste abzubauen, ihre kommunikativ-interaktionale Kompetenz zu erweitern, Problemlösungsstrategien aufzuzeigen, Handeln (antizipierend) zu ermöglichen.

Insgesamt geht es um ein Antizipieren, Artikulieren, Methodisieren, Aktivieren, in Gang halten u. dgl. Jedoch ist der Unterricht/die Veranstaltung nicht völlig plan- und antizipierbar. Deshalb sollte der Lehrende für Alternativen gewappnet sein.

Die Lernenden werden soweit wie möglich in die formale Planung des Unterrichts mit einbezogen (Berücksichtigung der Schüler-/Teilnehmerinteressen, Schmiederer 1977).

Allerdings wirft das (opportunistisch oder ethisch fundierte) Beteiligungskonzept eine Reihe von Fragen auf (nach Hufer 1997, 103 f.):

- Inwieweit sind die Schüler-/Teilnehmerinteressen mit der Vermittlung und dem Erwerb systematischen Wissens zu vereinbaren?
- Geraten subjektive Interessen und Wünsche in den Vordergrund des Unterrichtsgeschehens? Wie steht es mit den Lernenden, die andere als die mehrheitlichen Interessen favorisieren?
- Wie soll eine außerhalb der unmittelbaren Interessen liegende fachliche Grundausstattung sichergestellt werden?
- Sind die Voraussetzungen der Interessenten mit ihrem Problemwunsch kompatibel (zu machen)?
- Wie verträgt sich die Schüler-/Teilnehmerorientierung mit der institutionellen Aufgabe der Allgemeinbildung und dem Erziehungs-/Lehrauftrag? Wie kann eine angemessene Leistungsbeurteilung gewährleistet werden?

(Vgl. Grammes/Kaspar 1993)

Darüber hinaus können Lernende Arbeitsmaterial aus dem Internet oder anderen digitalen Medien beschaffen, nach Projekten suchen, mit anderen Partnern kommunizieren u. dgl.

Das Lehren kann sich auf zwei Modelle stützen:

Die beiden Grundmodelle des Unterrichts	
Belehren	Erarbeiten
(direkte Methoden und unmitelbarer Unterricht)	(indirekte Methoden und mittelbarer Unterricht)
Darbieten, Vermitteln, Erzählen, Vortragen, Vormachen, Erklären u. a. m.	• Freiarbeit
	• Handlungsorientierung
Lernen in geführten, kleinen Schritten	• Erfahrungsorientierung
	• Exemplarisches Verfahren
	• projektierter Unterricht
geschlossenes Modell	**offenes Modell**

(Aus: H. Viereck, 1995, S. 559)

8.3.3.1 Fragen zum organisierten Lernprozess und zum Erwerb von Qualifikationen

Ein *organisierter Lernprozess* wirft u. a. die folgenden Fragen auf
1. Welche Lernziele sollen erreicht werden? (Zielprojektion)
  Sie stellen den Versuch einer zweckrationalen (kognitiven, affektiven, konativen) Gestaltung des Unterrichts dar. Dabei ist man von der von Mager (1965) und Robinsohn (1967) ausgelösten, von Möller (1973) fortgesetzten und ausdifferenzierten Lernzieleuphorie und Hierarchisierung (Richtziele, Grobziele, Feinziele) zugunsten von vernünftigen, die örtlichen Möglichkeiten und lehrplanmäßigen Festlegungen berücksichtigenden Unterrichtsziele abgerückt. Die methodologische Kritik entfaltete sich an dem behavioristischen Konzept, wonach die Lernziele in einem programmierten, sequenziellen Vorgang erreichbar seien, die Lernenden dadurch manipuliert (konditioniert) würden.
2. Welche Themen sind dem Lernziel angemessen? (Implementation)
3. Welche Methoden und Medien sind einzusetzen? (Methoden- und Medienwahl)
4. Wie kann eine Lernkontrolle erfolgen? (Evaluation, z. B. als Bewertungs-, Diskurs- oder Interaktionsanalyse).
  Als Phasen eines Lernvorgangs lassen sich die folgenden Anteile sequenzieren:
  * Einstieg
  * Planungsgespräch
  * Untersuchung
  * Rückbezug auf die Ausgangslage
  * Urteilsbildung und Bewertung
  * Evaluation.

Der *Lernende* soll in diesem Prozess folgende *Qualifikationen* (s. S. 120) erwerben:
  * die Frage nach der persönlichen und gesellschaftlichen Relevanz einer Thematik zu stellen,
  * die mit einer Lernsituation gegebenen Möglichkeiten richtig einzuschätzen und einen niveauadäquaten Lernprozess zu durchlaufen,
  * den Lernvorgang und die eigene Rolle dauernd kritisch zu reflektieren,
  * den notwendigen Rollenwechsel in der Gruppe zu vollziehen,
  * Konflikte zu versachlichen, selbstständiges Arbeiten und Verhalten zu praktizieren,
  * ungünstige Ausgangssituationen (Unselbstständigkeit, sonstige Widerstände) zu korrigieren,
  * sein *Lernverhalten* mit den Bedürfnissen der Gruppe abzustimmen,
  * aufgeschlossen für Innovation und (Selbst-, Fremd-)Kontrolle sein usw.

Der Lehrende kann sein Verhalten bei der Mitwirkung an Lernprozessen anhand der nachstehenden *Kriterien* überprüfen:
  * Konnten Motivation und Interesse für die sachliche Arbeit geweckt werden?
  * Hat die Gruppe/der Einzelne angemessene Problem- und Zielvorstellungen entwickelt?
  * Hat die Gruppe/der Einzelne geeignete Kommunikations- und Interaktionsformen praktiziert?
  * War die Gruppe/der Einzelne sich der Methoden, Argumentationsfiguren, des Fortschritts/Rückschritts usw. beim jeweiligen Stand der Arbeit bewusst?
  * Hat die Gruppe/der Einzelne in der jeweiligen Lernsituation Schritte/Strategien für die Weiterarbeit vorgeschlagen?
  * Hat das Auftauchen von Konflikten zur Um- oder Neudefinition von Problemen und/oder zur Überprüfung der Arbeitsorganisation geführt?

- Ist das Resultat des gemeinsamen Lernprozesses als Konsens der Gruppe zu verstehen?
- Hat die Gruppe die individuellen Varianten des Lernprozesses akzeptiert?
- War die Festlegung der Lernschritte Ergebnis einer Entscheidung der Gruppe?
- Hat der Lehrende die Ausübung überflüssiger Lenkungsfunktionen vermieden? usw.

8.3.3.2 *Die Beurteilung des Lernerfolgs*

Als Beurteilungskriterien für den *Lernerfolg* kommen in Frage: Aussagen über
1. den Zuwachs an Informationen
2. die Fortschritte in der Anwendung instrumenteller Fertigkeiten (z. B. Arbeitsformen)
3. den Stand des Methodenbewusstseins und der -praxis
4. die erworbenen Verhaltens- und Handlungsdispositionen (Verwendung des Gelernten in realen bzw. virtuellen Fällen).

Die Effizienzkriterien für Lernprozesse sind ungenau. Sie würden voraussetzen, dass man die (normativen) Zielsetzungen (qua Lehrplan und gesellschaftlichen Übereinkünften) von Unterrichtssequenzen oder -stunden, -reihen usw. verlässlich messen und damit objektivieren könnte. Verschiedene Beobachter eines und desselben Lernvorgangs kommen i. d. R. zu unterschiedlichen Beurteilungen, weil ihre Standards, Perspektiven, Erwartungen (z. B. Bewertung von Sprach- und Diskussionsvermögen, interaktionale Zusammenhänge, soziales Verhalten, Fortschritte in der Sache, Verbesserung von Arbeitsformen, die Frage des Lernniveaus u. dgl.) von einander abweichen, im Übrigen das komplexe Unterrichtsgeschehen weder in seinen Details noch in seinen verursachenden Faktoren vollständig mit den Sinnen zu registrieren ist. Dies lässt nicht den Umkehrschluss zu, Unterricht sei eine total subjektive Veranstaltung und entziehe sich einer Fremdbeurteilung. Jede Unterrichtsstunde hat ihre Ratio, die sich aus den gesellschaftlichen Anforderungen, der Allgemeinen Didaktik und der Fachdidaktik usw. sowie aus der persönlichen Begründung der Lehrenden und Lernenden ergibt. Die Unterrichtsanalyse (und interpretative Unterrichtsforschung; Krummheuer/ Naujok 1999) kann – zusammengefasst – vorgenommen werden nach ihrer
a) Beziehungsstruktur
   (Sozialformen: hierarchisch, symmetrisch, spontan, schüler-/lehrerzentriert usw.)
b) Handlungsstruktur
   (aktiv, passiv usw.)
c) Prozessstruktur
   (zeitliche Abschnitte; deduktiv, induktiv, analytisch, synthetisch, ganzheitlich, elementar).

Die Bewertung der drei Punkte hängt von der Zieldimension ab. Die Diagnose stützt sich nach Becker (1991) auf eigenes oder fremdes Verhalten, Absichten, Deutungen, Positionen, Methoden, Bedingungen, Ergebnisse, Kommunikationsweisen, Befragung von Lernenden u. dgl. Sie ist mehr eine (Selbst-)Vergewisserung als objektiv.

Die *Evaluation* eines Lern-/Arbeitsprozesses kann strukturiert werden in
a) Kontextevaluation (inhaltliches Ergebnis),
b) Prozessevaluation (Bewertung des Umsetzungsprozesses) und
c) Produktevaluation (z. B. konkrete Produkte; Verhaltensänderungen). Ideale Voraussetzung ist die Anfertigung von Tonmitschnitten, (Wort- oder Verlaufs-)Protokollen, ihre

Interpretation nach vorher festgelegten Einschätzungskriterien (Art des Arbeitsablaufs, Verwendung von Medien, anvisierte und erreichte Ziele, Relation von Aufwand und Ergebnis). Sie bilden die Grundlage einer Bewertungs-, Diskurs- und Interaktionsanalyse (Heitmeyer 1979). Daneben ist auf die prozessbegleitende Selbstevaluation zu verweisen, die Becker (1991) besonders für die Lerngruppen oder Lehrenden in der Erwachsenenbildung (= prozessintern) oder durch Außenstehende (= prozessextern) empfiehlt. Dazu einige Fragenbeispiele:

- Welche Einsichten habe ich gewonnen?
- Was habe ich hinzugelernt?
- Welche praktische Regel, Methode, Anwendung habe ich gelernt?
- Wie/wodurch wurde mein Verhalten, Handeln, Entscheiden beeinflusst? u. dgl. (Unterrichtsanalysen s. Grammes/Weißeno 1993; Gagel u. a. 1992)

Der erfolgreiche Lernprozess soll den Weg zum freien Lernen öffnen. Deshalb sollte der Lehrende mit den Lernenden zusammen methodisch durchdachte Suchprozesse in stets neue Richtungen und zu neuen Zielen initiieren. Die verschiedenen Lösungsvorschläge provozieren produktives und kreatives Lernen und Denken.

8.3.3.3 Übersicht über die Strukturierungsmerkmale der Unterrichtsplanung

Zusammenfassend stellen sich die *Strukturierungsmerkmale der Unterrichtsplanung* wie folgt dar:

A. Allgemeine pädagogische Situation

Charakterisierung der Lerngruppe oder einzelner Teilnehmer (z. B. Interaktions- und Kommunikationsfähigkeit, Leistungsstand und Motivation, Größe und Zusammensetzung, Führungs- und Unterrichtsstil, auffällige Besonderheiten [Soziogramm], Arbeitsweisen, Methoden, Lernkapazität).

B. Analytischer Teil

I. Sachwissenschaftliche Analyse

Erarbeitung der Sachstruktur des Themas durch Auseinandersetzung mit der Sache selbst.

II. Didaktische Analyse

1. Einordnung des Themas in den Jahresplan (Lehrplan)
2. Bedeutung des Themas für den Lernenden (lebensweltlicher Bezug).

III. Analyse der Lernvoraussetzungen

1. Frage nach Interesse, Betroffenheit, Motivation
2. Frage nach dem Vorwissen

C. Entscheidungsteil

I. Festlegung der Lernziele

1. Lernzielbestimmung und -begründung, Operationalisierung
2. Sequenzierung der Unterrichtseinheit (Teilthemen, Teillernziele).

II. Methodenkonzeption und -organisation

1. Festlegung der Lehr-/Lernverfahren (z. B. ganzheitlich-analytisch, elementhaft-synthetisch [logisch-systematisch], historisch-genetisch, projekthaft, fachspezifisch), ferner Unterrichtsformen wie die sokratisch-dialogische (erörternd),

katechetisch-erotematische (zielstrebig erfragend; griech. ich töne entgegen, ich frage),

monologische,

deiktische (demonstrierend; griech. ich zeige, mache vor),

akroamatische (darbietend; griech. ich höre scharf zu),

heuristische (entwickelnd; griech. ich finde, entdecke),

ergastische (erarbeitend; griech. ich arbeite, bin tätig) Unterrichtsform.

    2. Sozialformen (Lerngruppenstruktur; Klein-/Großgruppen, Einzel-, Partnerarbeit)

    3. Aktionsformen

III. Medienwahl

(Lehr-, Lern-, Arbeitsmittel; uni- oder multimedial).

IV. Synthetischer Teil

Verlaufsplanung als Skizzierung des geplanten Unterrichtsverlaufs (mit Alternativen).

D. Kritischer Rückblick: Inwieweit wurden die richtigen Entscheidungen und Maßnahmen getroffen, die (Teil-)Ziele erreicht?

Die Bedingung für produktives Lernen ist eine Anknüpfungsmöglichkeit für schon Vorverstandenes. Absolut Neues kann man nur schwer lernen, da es nicht in Beziehung zum strukturierten Gefüge unseres Vorwissens gesetzt werden kann. Wenn wir etwas Neues als einleuchtend bezeichnen, meinen wir, dass es in ein Kontinuum mit dem vorhandenen (vorstrukturierten) Wissen und Problembewusstsein integriert werden kann.

8.4 Methodisierung von Unterrichtsmodellen und Unterrichtsforschung

8.4.1 STRUKTURSCHEMATA VON UNTERRICHTSMODELLEN

Die Konstruktion von Unterrichtsmodellen geschieht anhand didaktischer Konzeptionen (Nitzschke/Sandmann 1987, 86–128), Beispiele werden ständig in den Fachzeitschriften veröffentlicht. Beachtenswert und von erheblicher praktischer Bedeutung ist das von Gagel (1967, 49) entworfene Strukturschema von Modellen für den politischen Unterricht:

„A. Aufbau des Antriebsverhaltens und der Lernsituation

    1. *Einstieg.* Er bringt das Problem ‚in den Fragehorizont' der Schüler (Roth) und bewirkt die Motivation.

    2. *Motivation* als ein ‚Antriebsverhalten' (Winnefeld), das durch die Widerstände im Lerngegenstand (Guyer) verstärkt wird.

    3. Planungsgespräch. ‚Durch die ersten Versuche, das Bedürfnis und den Wunsch zu befriedigen, wird die Aufgabe, um deren Lösung es sich handelt, klarer und bestimmter ins Auge gefasst. Es tauchen bestimmte Fragen auf.' (Bernard nach Roth). Eventuell werden Arbeitshypothesen entwickelt, der Plan für den Arbeitsweg wird aufgestellt (Scheibner).

B. Die Suche nach Lösungen

    4. *Untersuchung.* ‚Tatsachen werden gesammelt, die zur Lösung beitragen können. Man sucht Hilfe, Informationen, Ratschläge, Quellen, Literatur, man macht Notizen, Zeichnungen usw.' (Bernard). Dies ist gleichzeitig die Stufe der Lageanalyse (Dörge).

5. Vermutungen, Schätzungen und Hypothesen werden zur Lösung des Problems aufgestellt. Man überschlägt, was das Resultat sein könnte. Eine Arbeitshypothese wird formuliert' (Bernard). Hier wird der *Rückbezug auf die Ausgangsfrage* notwendig, dem sich eventuell ein neues *Planungsgespräch* anschließt.

C. Das Erreichen des Zieles

6. *Beurteilung*, Erfassung und Prüfung des Arbeitsergebnisses (Scheibner). ,Die Hypothese wird nach allen Richtungen erprobt. Sie wird auf ihre Konsequenzen abgetastet. Man diskutiert über sie oder probiert sie praktisch aus (…). Es wird versucht, die Lösung zu erweitern in die Form eines allgemeinen Prinzips' (Bernard). Im Politischen können wir allerdings keine eindeutigen Lösungen erwarten, sondern Lösungsmöglichkeiten; die Stufe der Beurteilung ist gleichzeitig die *Zieldiskussion* (Dörge), die Diskussion möglicher *Entwürfe* zukünftiger Ordnung (Bergstraesser).

D. Übertragung oder Anwendung

7. *Handlungsmöglichkeiten*. Nach der Ermittlung der Alternativen folgt die Frage ,Was tun?': *Maßnahmen* (Dörge), *Planung* (Picht). Lerntheoretisch entspricht dies der Stufe ,des Bereitstellens, der Übertragung und der Integration' (Roth).

Die so wichtige Stufe der ,*Strukturänderung der Persönlichkeit*' (Winnefeld) wollen wir nicht einer bestimmten Stufe zuordnen, obwohl sie das eigentliche, wenngleich nur formal gekennzeichnete Ziel des Lernprozesses ist, das auch für den politischen Unterricht gilt." (Vgl. die veröffentlichten Unterrichtsbeispiele; die schematische Übersicht über die Schritte einer didaktischen Analyse bei Sutor (1971, 304 f.); das idealtypische Aufbauschema nach dem konfliktdidaktischen Ansatz von Giesecke (1972, 182).

Als Lehrverfahren stehen zur Verfügung:

- analytisch-synthetische Verfahren: Strukturen, Elemente, Funktionen, Wirkungen, Zusammenhänge und Interdependenzen werden deutlich;
- systematische Verfahren: beruhen auf zielgerichteten Prozessen, auf der Systematisierung von Themen/Gegenständen;
- Analogiemethode: Ähnlichkeiten und Entsprechungen zwischen Systemen, Themen usw. werden hervorgehoben und für eine Interpretation oder Weiterführung verwendet,
- Transformationsmethode: Übergang von einer Darstellungsweise zu einer anderen (z. B. durch Simulation von [übertragbaren] Erscheinungen, Verhaltensweisen, Ereignissen);
- Modellmethode: durch Reduzierung von Komplexität werden wichtige Gesichtspunkte übersichtlich erfasst;
- Black Box: input und output sind bekannt, ihre Zusammenhänge geben Auskunft über die Wirkungsweise;
- Versuch und Irrtum: probierendes Annäherungsverfahren, negative Erscheinungen werden eliminiert;
- Problemmethode: Strategien suchen systematisch nach Lösungen.

An die Konstruktion eines Unterrichtsmodells über Europa in der S I kann man beispielsweise mit folgenden gedanklichen Vorgaben herangehen:

1. Was kann man über ein konkretes Thema aus den europäischen Politikbereichen unmittelbar (sinnlich, visuell, intellektuell) oder mittelbar (über Medien) erfahren, wahrnehmen, denken?

2. Wie kann man die unterschiedlichen Wahrnehmungsstrukturen, die unterschiedliche Konkretisierung ihrer Elemente ordnen (z. B. nach Prämissen, Zielen, Methoden, Erkenntnisfeldern, Handlungsinteressen usw.)?
3. Wie vollzieht sich die Wahrnehmung europäischer Politik im Alltag, in der Außenpolitik, in der Wissenschaft?

Die Art des Warnehmens kann auf

a) konservative (individualisierender, personalisierender, ontologisierender Zugriff)

b) liberale (institutionalisierter, systemorientierter Zugriff)

c) demokratische (gesamtgesellschaftlicher, ökonomischer Zugriff) Weise erfolgen.

Die epistemologische Auswertung dieser Zugangsweisen geschieht folglich nicht ohne subjektive (Interessen-)Implikationen. Das heißt bei der Betrachtung der europäischen Wirklichkeitsproblematik ist die (dialektische) Verflechtung von Realität und ideologisch präformierter Perzipizität zu berücksichtigen, die sich legitimieren müssen vor

- (anerkannten) Normen und Regulativen (z. B. europäische Verträge, Konventionen usw.)
- den gesellschaftlichen und nationalen wie internationalen politischen Strukturen (öffentliches Bewusstsein, anvisierte ökonomische Verhältnisse, Funktionen der Institutionen)
- den Persönlichkeitsstrukturen der politischen Akteure.

8.4.2 Die diagnostische Funktion der Unterrichtsanalyse

Die Unterrichtsanalyse hat in allen Modellen eine diagnostische Funktion, indem sie den Stundenverlauf unter bestimmten Aspekten (z. B. Methoden-, Medieneinsatz, Lernziel) gliedert. Sie sollte deshalb mit der Aufweisung dieser Strukturen als Voraussetzung für eine *Faktorenanalyse* beginnen. Damit wird das Entstehen eines didaktischen und methodischen Struktur- und Problembewusstseins begünstigt, wobei das erste mit der Sache selbst identisch ist, das zweite sich aus ihr ergibt. Jeder dieser Elementarstrukturen ist eine spezifische Problematik inhärent, die im analytischen Verfahren zu exponieren ist. Die analytische Betrachtung des Unterrichts (Unterrichtsbeobachtung) erfolgt anhand einer Vorgabe von Kategorien unter bestimmten (pädagogischen, soziologischen, psychologischen, didaktischen) Aspekten sowie nach dem eigenen Vorverständnis, den Wahrnehmungsweisen u. dgl. Sie geschieht in deskriptiv-phänomenologischer Form als offene Beschreibung der Beobachtungsfaktoren oder mithilfe eines Fragebogens während des Unterrichtsverlaufs oder nach einem Transkript.

Die Entscheidungen beziehen sich darauf, welche Absichten an welchen Inhalten unter Verwendung welcher Methoden und Medien verwirklicht werden sollen (Planung) oder verwirklicht worden sind (Unterrichtsanalyse). Das heißt die (formale) Frage nach den Intentionen, Themen, Methoden und Medien des Lernprozesses reicht nicht aus. Sie muss ergänzt werden durch die (materiale) Frage nach der Förderung von Kompetenz, Schlüsselkategorien, Qualifikationen.

Lehrende und Lernende bewegen sich in den Unterrichtsprozessen mit ihrer je eigenen Personstruktur. Die Faktorenanalyse des Unterrichts bzw. seiner Vorbereitung muss sich infolgedessen auch auf die philosophisch-anthropologische und psychologische Interpretation der personalen Bedingungslage stützen, im Falle des jugendlichen Lernenden besonders auf die Deutung der entwicklungs- oder phasenpsychologischen sowie allgemein der lernpsychologischen Phänomene (s. S. 175).

Demnach wirken u. a. vier Situationstypen auf das Unterrichtsgeschehen ein und sind Gegenstände einer Strukturanalyse: die „Individuallage" des Lernenden, die Gruppensituation, die Unterrichts-(=Institutions-)situation und die „Zeit"situation (als Komplexion der gesellschaftlichen und kulturellen Faktoren, die sich zu einer speziellen „Zeitsignatur" integrieren).

Für die faktische Analyse ist es zweckmäßig, die Vielfalt der zu erörternden Faktoren methodisch zu klassifizieren:

1. normenbildende (zielsetzende), meist ideologische und außerpädagogische Faktoren,
2. bedingungensetzende (konditionierende) Faktoren,
3. formschaffende (organisierende) Faktoren, die als die eigentlich stilbildenden anzusehen sind.

Ziel der Analyse ist die Normenkritik, die Faktenbeurteilung und das Formenverständnis.

Im Hinblick auf die psychologischen Komponenten seines Unterrichts kann der Lehrende zur Selbstkontrolle sich die folgenden Fragen vorlegen:

- Ist mein Unterricht altersangemessen und entspricht er dem Entwicklungsstand der Lernenden? (Entwicklungspsychologischer Aspekt)
- Berücksichtigt mein Unterricht die Interessen aller Gruppen? Differenziere ich und stelle gruppenspezifische Aufgaben? Kommen Mädchen und Jungen gleichermaßen zu ihrem Recht? (Sozialpsychologischer Aspekt)
- Ist mein Erziehungs-/Führungsstil angemessen? Achte ich die persönliche Integrität der Lernenden? Bin ich durch mein Handeln glaubwürdig? (Erziehungspsychologischer Aspekt)
- Gebe ich den Lernenden genügend Freiräume? Habe ich die Lerninhalte hinreichend motiviert? Ist der Schwierigkeitsgrad angemessen? Gebe ich ausreichend Zeit und Hilfe bei der Lösung von Aufgaben, der Beantwortung von Fragen? (Unterrichtspsychologischer Aspekt).

8.4.3 UNTERRICHTSBEOBACHTUNG UND -FORSCHUNG ALS GRUNDLAGE FÜR DIE UNTERRICHTS(MODELL)KONSTRUKTION

Eine größere Objektivierung des Verständnisses von gutem/schlechtem Unterricht verspricht sich die empirische Unterrichtsforschung, die von Heinrich Roth (1962) in Abgrenzung von der traditionellen geisteswissenschaftlichen Pädagogik als „realistische Wendung" bezeichnet und in ihrer gezielten (kasuistischen) Form als „empirische Wende in der Fachdidaktik" (Grammes/Weißeno 1993, 9) eingeführt wurde und sich mit der auf das Typische gerichteten Analyse von Unterrichtsstunden beschäftigt. Sie generiert Wissen darüber, was Lehrende und Lernende denken (Alltagstheorien) und entfernt sich von rein theoretisch-hypothetischen, nicht praxiserprobten Konstrukten. Mithilfe von Videoaufzeichnungen und Transkripten sollen schließlich grundlegnde Strukturen des Faches ermittelt, fachdidaktische Konzepte (Kategorien, Urteilsbildung, Handlungsorientierung, Kompetenzvermittlung usw.) erprobt/ überprüft werden. Bisher wurden in der Politikdidaktik Theorien von Bezugswissenschaften, einschließlich Allgemeiner Didaktik, auf Sozial-/Gemeinschaftskunde übertragen. Jetzt soll durch Befragung der Adressaten und Unterrichtsbeobachtung eine empirische Grundlage für die Herausarbeitung von Struktureigenschaften des Syndroms (politischer) Unterricht gelegt werden (Weißeno 1993; Grammes/Weißeno 1992; Henkenborg/Kuhn 1997). Über Unterrichtsprotokolle, Notizen usw. findet eine hermeneutische Rekonstruktion des Unterrichts am Einzelfall statt und mit den Methoden der Beschreibung, Analyse und Kritik erfolgt die Beurteilung der pädagogischen Praxis, auch im Sinne einer qualitativen Schulforschung. Letztere ist ein allgemeines Desiderat und soll verlässliche Daten für die aktuelle Diskussion liefern (vgl. PISA).

Der Vorteil besteht in der größeren Praxis- und Lebensnähe bei der Auswahl der Untersuchungsfelder und -gegenstände, in der ausgeprägten Subjektorientierung, die von der Unverwechselbarkeit des Subjekts und von der Einmaligkeit der pädagogischen Situation ausgeht, in der Anwendung einer Methodik, die erst am Gegenstand entwickelt wird. Die Nachteile bestehen darin, dass die Verallgemeinerungsfähigkeit, die Objektivierung der Aussagen/Ergebnisse ungeklärt ist und von der Bildungs-, Fach- usw. Perspektive des Forschers abhängt. Forscher zielen auf einen theoretischen Erkenntnisgewinn, Praktiker haben Interesse an der Verbesserung der Praxis.

In der Tat gibt es – trotz hunderten von publizierten Unterrichtsentwürfen/-einheiten – keinen Konsens über Beurteilungsfragen (Mickel 1993). Die kasuistische Unterrichtsbeobachtung will einen methodischen Teilbeitrag zum Erfassen der vielfältigen Phänomene, die in der konkreten Unterrichtssituation auftreten, leisten (wobei die jeweils vom Beobachter abhängige Beobachtungsperspektive und das durchweg fehlende Kategoriensystem für die Beobachtung einkalkuliert werde müssen (Richter 2000). Stundenanalysen taugen also nur begrenzt zur empirischen Überprüfung von Theorie(stücken).

Grammes/Weißeno (1993) versuchen das angedeutete Defizit durch eine interpretative Unterrichtsforschung (Meier/Voigt 1991) zu reduzieren. Sie knüpft an die reflexive Unterrichtspraxis, die Stundenbesprechung mittels qualitativer Methoden an, die den Zusammenhang größerer Unterrichtseinheiten berücksichtigen (rekonstruktive Verfahren; reflexiver Unterricht; Meta-Unterricht). „Mehr Einblick in unterrichtliche Interaktions- und Kommunikationszusammenhänge" (ebd. 13) ist das (vorläufige) Ziel. Allerdings ist es überzogen, eine so genannte Planungs-, Lehrer- und Lernerdidaktik zu unterstellen.

Der Unterricht hängt nicht nur von einer vielfältigen Faktorenkomplexion bei Vorbereitung und Durchführung ab (Bedingungs-, Sachanalyse), sondern dem unterrichtlichen Geschehen haftet auch die Vergänglichkeit des Augenblicks, seine Unwiederholbarkeit (Irreversibilität) an. Dazu kommen unterschiedliche Betrachtungs-, Beurteilungs- und Beobachtungsmethoden, z. B. empirische (Wie bearbeitet man üblicherweise, erfahrungsgemäß das Thema?), hermeneutische (Welche Beurteilungsregeln stehen zur Verfügung?) und gesellschaftskritische (Welcher gesellschaftliche Ansatz soll maßgebend sein?).

Infolge dieser legitim-unterschiedlichen Kriterien kann nach Hilligen (1993, 125) Unterrichtsforschung kaum als Grundlagenforschung angesehen werden.

8.5 Handlungs-/Aktionsforschungsmethoden bei Felduntersuchungen

8.5.1 Aktivierende Methoden der Feldforschung

Die aktivierenden Methoden lassen sich unter den Begriff der Aktions-(Handlungs-)forschung subsumieren. Sie verbindet Theorie und Praxis miteinander. Das Wissen des Handelnden über institutionelle Verhältnisse, Bewusstseinslagen, Interessen und Bedürfnisse erhöht den Informationsstand über das Aktionsfeld und trägt zur Effektivität künftigen

Handelns bei. Die methodische Kompetenz wächst durch die Einübung der Methoden der Handlungs-(Feld-)forschung, z. B. durch (Krisen-)Experimente, Rollen-, Plan-, Simulationsspiel, (un-)strukturierte Beobachtung, (nicht-)standardisierte Interviews, Expertenbefragung, Protokolle, Soziometrie, Datenerhebung, das semantische Differenzial, Literatur-, Quellen-, Inhalts-, Dokumentenanalyse, unmittelbar nachträgliche Prozessreflexion u. dgl. Mit den Methoden soll sichergestellt werden, dass Lernende die Phänomene erkennen, indem sie systematisch auf sie einwirken.

Die Handlungsforschung trifft auf ein komplexes Untersuchungsfeld und ist

a) auf gesellschaftliche Praxis bezogen

b) greift in die Praxis ein

c) beruht auf dem Zusammenwirken von Forscher und Praktiker (diskurstheoretisches Modell; kommunikative Beteiligung der Betroffenen z. B. durch Gruppendiskussion, teilnehmende Beobachtung, Verwendung hermeneutischer Methoden und quantitativer Untersuchungsinstrumente wie Test und Fragebogen. Als Gütekriterien gelten

• Transparenz (Nachvollziehbarkeit des Forschungsprozesses durch Offenlegen von Funktionen, Zielen und Methoden

• Stimmigkeit (Vereinbarkeit von Zielen und Methoden, Einfluss des Forschers) (Moser 1995).

Aus der Eigenart der Handlungs-/Aktionsforschungsmethoden folgt: Es werden keine fertigen, von außen herangeführten Methoden für die Praxis der Forschung übernommen, sondern umgekehrt, Praxis wird methodisiert. Das heißt, Methoden werden im Verlaufe der Arbeit stets neu entwickelt. „Aktionsforschungsmethoden sind (demnach W. M.) keine Techniken, die unter Umgehung menschlichen Bewusstseins die Verfügung von Handlungs-Effekt-Reaktionen anstreben, sondern Praktiken. Sie zielen auf ein Handeln unter geltenden Normen angesichts materiell-ideologischer Auseinandersetzungen zwischen bewusstseins- und handlungsfähigen Menschen ab." (Kordes 1984, 207) Einfache Aktionsformen können eingeübt werden, z. B. das Veranstalten von Hearings, Diskussionen und Debatten, das Vorbereiten politischer Aktionen, Demos, Bürgerinitiativen, Leserbriefe, Verhaltensweisen in politischen Versammlungen usw.

8.5.2 AKTIONSFORSCHUNGSMETHODEN IM LERNFELD

Die aktiven und rezeptiven Aktionsformen im Unterricht sind vielfältig, z. B. Gespräch, Vortrag, Übung, Rollenspiel, Diskussion, Nachdenken usw. In der Aktionsforschung (action research) tuen sich Praktiker und Forscher zu einer intersubjektiven, interaktiven Beziehung zusammen und setzen sich mit einer Angelegenheit der Alltagswirklichkeit auseinander. Über Sprache und Dialog erfolgt ein gemeinschaftliches Handeln. Das Ergebnis besteht in einer konkreten Plausibilität, die sinnvoll ist, aber keine logischen Schlussfolgerungen zulässt. Die Aktionsforschung beruht auf einer erfahrungswissenschaftlichen Methodologie, dem Versuch einer Vermittlung von Theorie und Praxis. Hermeneutischer und empirischer Ansatz fallen zusammen, können aber nicht verhindern, dass das praktische und theoretische Moment von Wissenschaft wieder auseinander fällt. „Wissenschaft und Praxis sind notwendig aufeinander verwiesen: Theoretische Reflexion, die handlungsbestimmend werden will, erfordert die Antizipation von Praxis, während Praxis nach theoretischer Reflexion verlangt." (Moser 1975, 29)

Aktionsforschung durch teilnehmende Beobachtung (vgl. angewandte Forschung, Feldexperiment, analytische Wissenschaftstheorie) versucht die Lehrenden an der Lösung ihrer Probleme zu beteiligen, weil Veränderungen leichter erzielt werden, wenn Lehrende bei der Planung, Durchführung und Evaluation ihrer Arbeit mithelfen. Schwierig ist jedoch, Objektivität, Reliabilität und Validität herzustellen; denn Aktionsforschung ist keine empirische Forschung im engeren Sinne, sondern hängt sich an deren Methodologie an. Sie geht auf Kurt Lewin (1963) zurück. In ihr sollen Handeln, Forschen und Lernen zusammengebracht werden. Das gesamte soziale Feld wird betrachtet. Die Problemauswahl geschieht aufgrund von konkreten gesellschaftlichen Bedürfnissen, nicht primär aus einem wissenschaftlichen Erkenntnisziel heraus. Darin berührt sie sich mit der Handlungsforschung, die mit einem gesellschaftskritisch-politischem Erkenntnis- und Veränderungsinteresse verbunden ist (z.B. Mündigkeit, Emanziption). Als gruppendynamischer Effekt von aktionaler Feldforschung ergibt sich bei der Erarbeitung von Handlungsperspektiven solidarisches Handeln unter den Akteuren über die Projektgrenzen hinaus.

Der Aktionsforschungsprozess kann in die folgenden, aus Aktion und Reflexion bestehenden Phasen eingeteilt werden:
- Problemfindungsphase (Problemstellung, zentrale Fragestellungen)
- Projektdurchführung (Ziele, Intentionen, Relevanz, Methoden)
- Aufbereitung und Veröffentlichung von Ergebnissen.

„Vom methodischen Gesichtspunkt her geht es bei Aktionsforschung ... um eine Verbindung von Aktion und Erkenntnis, um eine Problematisierung von Geltungsansprüchen im Diskurs, der zu konsensual bestimmten Handlungsorientierungen führt." (Moser 1975, 167)

Die Vielfalt der Unterrichtssituationen wird (nach Altrichter/Posch 1994) aufgeschlüsselt durch Fallstudien, (Gedächtnis-)Protokolle (Memos), teilnehmende Beobachtung, Interviews, Gespräche, Beschreibungen usw. und in einem Forschungstagebuch bzw. Tonbandaufnahmen festgehalten.

Man unterscheidet zwischen
a) theoretischen Notizen (wissenschaftliche Erklärungen für bestimmte Ereignisse, Phänomene, Hypothesen, Begriffserklärungen, Deutung von Daten und Fakten, Verhalten von Lernenden und Lehrenden u. dgl.),
b) (pragmatischen und wissenschaftstheoretischen) methodischen Notizen (verwendete und alternative Methoden) und
c) planerischen Notizen (neue Gestaltung, Verbesserungen).

Der Ausgangspunkt für ein Forschungsprojekt kann bei einer komplexen Situation, bei Diskrepanzen, Interessen, Schwierigkeiten, Unklarheiten, auch bei Dilemmata (z.B. einerseits soll der Lehrende als Anwalt der Lehrenden Noten/Beurteilungen ausfertigen, andererseits als staatlich Beauftragter auftreten) usw. ansetzen. Dabei sind die Rahmenbedingungen zu beachten. Die Hypothesenbildung geschieht in der (konditionalen) Wenn-dann-Form und fungiert als praktische (Handlungs-)Theorie. Die Datenauswahl unterliegt (unbewusst) theoretischen Vorannahmen und individuellen Erfahrungen, Vorurteilen usw. des Forschers. Die daraus folgenden Einsichten haben hypothetischen Charakter. Die Verständigung erfolgt auf zwei Ebenen: der inhaltlichen und der Beziehungsebene (Watzlawick).

Am Ende des Forschungsprozesses sollen neue Handlungsstrategien entwickelt werden, die eng mit der praktischen Theorie verbunden sind, auf Veränderungen, Verbesserungen,

Problemlösungen zielen, sich nach Zielvorstellungen, Werthaltungen u. dgl. der Betroffenen richten, die Antizipation von neuen Situationen gedanklich durchspielen, wissenschaftlich gewonnenes Wissen anwenden, aber auch aufzeigen, wo man nicht mehr ansetzen soll.

8.6 Die Methode des Perspektivenwechsels / der Perspektivenübernahme

Die Wahrnehmung der Umwelt erfolgt ebenso wie die von Texten selektiv-perspektivisch. Die Reflexion darüber lässt nur eine eingeschränkte Objektivität zu und stößt damit an die Grenzen der Erkenntnis. Die Perspektivität zeigt sich z. B. bei einem Thema wie Arbeitslosigkeit, je nachdem, aus welcher Sichtweise oder in welchem methodischen Zusammenhang (als Lehrgang, Sozialstudie, Rollen-, Planspiel u. dgl.) es behandelt wird.

Die Methode des (sozialen) Perspektivenwechsels oder der Perspektivenübernahme (role-taking, perspective-taking) entspricht dem Rollentausch im Symbolischen Interaktionismus (s. S. 251). Sie wird seit langem in der Geschichtsdidaktik verwendet (Schörken 1975) und als „Fähigkeit zum Perspektivenwechsel" im Politikunterricht empfohlen (Grosser 1976, 39). Sie ermöglicht wechselseitige Einsichten in Intentionen, Ziele, Motive, Erlebniswelt usw. des Interaktionspartners und gilt als Grundlage für soziales Verstehen (reziproker Interpretationsprozess). Die Methode möchte Empathie wecken, neue Sichtweisen und Standpunkte eröffnen, schließlich zu sozialem und politischem Lernen (und evtl. Tun) anregen. Bedenken ergeben sich nach Auffassung des Symbolischen Interaktionismus und der Ethnomethodologie hinsichtlich der Fähigkeit einzelner, besonders junger, unerfahrener Lernender, sich in eine fremde Rolle (mit all ihren Normen, Orientierungen, Regeln usw.), in die persönliche Situation eines anderen Menschen mit seiner unverwechselbaren Biografie, Identität u. dgl. hinein zu versetzen. Die kognitive Konfliktinduktion durch soziale Interaktion darf in ihrer Effizienz nicht überschätzt werden. Nach Geulen (1982, 12 f.) imaginieren wir, wie die Sache einem anderen Menschen erscheint, welches seine Perspektive ist und versuchen daraus sein Handeln zu verstehen bzw. wie sein voraussichtliches Handeln sein wird (mit evtl. Konsequenzen für das eigene Handeln).

In diesem Zusammenhang entstehen die Fragen:
- Welches sind die subjektiven Bedingungen der Perspektivenübernahme?
- Welches sind die Bereiche (räumlich-visuell, affektiv, Informationsbereich, Handlungsorientierung)?
- Lassen sich verschiedene Strukturniveaus, Stufen unterschiedlicher komplexer und/ oder genereller Perspektivenübernahme ausmachen?

Die Perspektivenübernahme erweitert die Handlungskompetenz. Die Mittelwahl ist für den Handlungsablauf wichtig. Eine Interaktion erfolgt idealtypisch als Kooperation (d. h. es handeln mehrere Subjekte unter einer gemeinsamen [konsensuellen] Orientierung) oder Konflikt (Kampf, Kompromiss). Die Bedingungen für eine Interaktion bestehen a) in der konsensuellen Definition der Situation (z. B. von relevanten, aktuellen Begebenheiten) und b) in der Kommunikation, für die ein situativer und biografischer Kontext wichtig ist (z. B. Informationsstand, Vorverständnis, Einschätzung, Intention usw.). Als Voraussetzung für Konsensbildung muss man die Situationsdefinition des Andern verstehen und zur eigenen in Beziehung setzen. Dieser Verstehensprozess hat die Struktur der Perspektivenübernahme.

Inwieweit wir uns nach der wahrscheinlichen Handlungsorientierung des Andern richten, belegt ein einfaches Alltagsbeispiel: Zwei Personen wollen durch eine Tür, durch die nur eine hindurchgehen kann. Ich versetze mich automatisch in die Situation des Andern: Ist er/sie näher an der Tür dran, steht er in einem besseren Winkel zu ihr, frage ich mich blitzschnell, wie wird seine Handlungsorientierung sein usw. Daraufhin fasse ich meinen eigenen Entschluss. Das heißt „dass sich aus der Rekonstruktion der Perspektive des Anderen von der Situation seine Handlungsorientierung in dieser ableiten lässt" (Geulen 1982, 54f.). Eine andere Art von Perspektivenübernahme ist die Empathie als primärer Prozess menschlicher Interaktion und Kommunikation (beim Kinde zentral für die interpersonale Entwicklung wie Intelligenz für die kognitive Entwicklung). Kinder versuchen die Gefühle anderer zunehmend zu verstehen. Mit der Verinnerlichung der Werte anderer (durch soziale Interaktion, Perspektivenübernahme, kommunikative Fähigkeiten) „geht das Kind von der vormoralischen Stufe, auf der die Vermeidung von Strafe bzw. hedonistische Befriedigung ausschlaggebend sind, zur konventionalistischen Stufe des moralischen Urteilens über" (ebd. S. 41).

Beispiel für das Einüben der Perspektivenübernahme:

Die todkranke Ehefrau braucht ein bestimmtes Medikament. Würde ein guter Ehemann es stehlen? (S. ....) Was würde der Ehemann, wenn er seine Frau nicht liebte?

Würdest du das Medikament stehlen, um dein eigenes Leben zu retten?

Was würdest du tun, wenn du der Ehemann wärst? (Geulen 1982, 228) (Vgl. Kohlberg: moralisches Urteil.)

Als Themen kommen u. a. Frage: Was in einem Ausländer, Aussiedler, Asylbewerber, Obdachlosen usw. in Deutschland vor sich geht (Erwartungen und Realität). Wie ich mich als Lehrer verhalten würde (schwierige Klasse). Was ich als Bürgermeister für meine Gemeinde tun würde (politische Visionen). Eine Rede für einen Redner schreiben, mit dessen Partei man nicht sympathisiert. Theoretisch könnte man mit jedem Mitmenschen die Rollen tauschen, d. h. seine Perspektiven übernehmen.

Perspektivendifferenzierung und -übernahme sollten frühzeitig geübt werden, nicht zuletzt, um die egozentrische Perspektive zu überwinden; es existieren andere Perspektiven als die eigene, andere Standpunkte sollten mit den eigenen konfrontiert, Partei sollte ergriffen, sozial-politisches Lernen und moralische Urteilsbildung gefördert werden.

8.7 Die Lernkontrolle/Leistungsbeurteilung/Notengebung

8.7.1 POLITISCHER UNTERRICHT ALS LEISTUNGSBEREICH

Der politische (Schul-)Unterricht ist ein Leistungs- und Erziehungsfach wie jedes andere sozialwissenschaftliche Fach. Allerdings entsteht im Politikunterricht ein Zielkonflikt zwischen dem emanzipatorischen Anspruch (Freiheit als normative Leitperspektive; Bürgerrolle) und der zu erbringenden Leistung (Deichmann 2001), z. B. der Beurteilung politischen Ordnungs- und Problemwissens, der Anwendung analytischer und normativer Kategorien (s. S. 117), der Fähigkeit zur Kritik u. dgl. Die Überprüfung von Kenntnissen in Gestalt von Wissens-, Tatsachen und Verstehensfragen ist in den unteren Schulstufen erforderlich. Mithilfe der diskursiven (Prüf-)Methode ergeben sich für den Lehrenden Aufschlüsse über den erreichten Grad des Verständnisses von Zusammenhängen wie des Wissensstandes. In den höheren Jahrgangsstufen spielen die Fähigkeit zum Mitdenken, Ordnen, Kombinieren und Interpretieren, der (selbstständige) Umgang mit Lernarrangements, das Problembewusstsein und das Urteilsvermögen, das ganzheitliche Wahrnehmen und die Fähigkeit zu vernetztem Denken eine herausragende Rolle. Von der gesellschaftlichen Norm abweichende, extreme politische Auffassungen (z. B. ideologischer Art wie Rassismus, Nationalsozialismus, Kommunismus) müssen argumentativ bekämpft werden. Ein Lehrer darf sich z. B. nicht weigern, einen Prüfling zu examinieren, weil dieser einer radikalen Gruppe angehört (Laabs 1996). Ausschlaggebend ist die Qualität der dargebotenen Leistung, nicht die Gesinnung. Extrempositionen – z. B. die Aussagen verfassungsfeindlicher, aber nicht verbotener politischer Parteien sind durch das Grundgesetz nicht abgedeckt – lassen sich im verfassungsrechtlichen Kontext nicht vernünftig begründen. Die Konsequenz sollte nach vorausgegangenen Diskussionen, Informationen und Hinweisen in einer auch notenmäßig negativen Beurteilung bestehen. Hier stößt der Unterricht an die Grenzen der verfassungsmäßig verbürgten Meinungsfreiheit, die im Prinzip auch für den (noch nicht volljährigen) Schüler/Jugendlichen wie für den Erwachsenen gilt, aber nicht mit Beliebigkeit zu verwechseln ist (z. B. zur Abwendung von Volksverhetzung, die freiheitlich demokratische Grundordnung der BRD objektiv gefährdenden Gedankenguts). Historisch gesicherte Forschungsergebnisse z. B. über den Nationalsozialismus (Kriegsschuld, Rassenlehre, Judenvernichtung u. dgl.) können nicht zur Disposition gestellt werden, neonazistische Behauptungen über den Holocaust sind vom Gesetzgeber unter Strafe gestellt, rechtsextreme, menschenverachtende Ansichten über Fremde/Ausländer sind ebenso wie linksextreme Positionen zum Anarchismus (Autonome, Chaoten) intolerabel, weil rational nicht diskutierbar. Dagegen können ernsthafte philosophisch-politische Erörterungen etwa über den Marxismus/Leninismus nach wie vor ein anspruchsvolles Niveau erreichen. Im übrigen gilt, dass jeder Lernende den Anspruch auf einen Abschluss oder ein Zertifikat (Zeugnis) hat, sofern seine Gesamtleistungen dies rechtfertigen. Gesinnungsanteile dürfen in die Leistungsnoten nicht eingehen (Laabs 1996). Neben den fachunterrichtlichen Anforderungen können in manchen Bundesländern freiwillige schulische oder außerschulische Engagements (z. B. in der Schülervertretung, Schülerzeitschrift, als Mitglied der Schulkonferenz) besonders anerkannt und ausgewiesen werden.

Gute Erfahrungen wurden in allen Klassenstufen/Gruppen mit der Beteiligung der Lernenden an der Bewertung/Notenfindung gemacht. Für die Beurteilung des Lernfortschritts sind Aussagen zum Informationszuwachs, dem Stand der instrumentellen und methodischen Fertigkeiten (z. B. angemessene Benutzung von Lernmaterialien, Entwicklung von Fragestellungen, Planung von Projekten usw.), dem Methodenbewusstsein (planerische und retrospektive Reflexion eines Lernprozesses, Rollenverhalten), den Verhaltensdispositionen (erkennbare situative Anwendung von Fähigkeiten und Fertigkeiten) zu bündeln.

Eine (mündliche, schriftliche usw.) Kontrolle der Lernergebnisse wird i. d. R. auf einer Notenskala von 1 bis 6 vorgenommen. Andere Möglichkeiten sind verbale Beschreibungen der Leistungsfähigkeit (z. B. ganz frei formuliert oder durch Einschätzungsbogen; Pitz-Diefenbach 1999) zusammen mit prognostischen Aussagen. Die Leistungsbeurteilung ist im schulischen Rahmen aus pädagogischen, individualpsychologischen und sachlichen Gründen (z. B. Lernfortschritte, Erreichen des Lernziels, Berufsfindung, Hinweise für Personalchefs usw.) unerlässlich und gesellschaftlich geboten (Vergleichbarkeit). Durch den Erwerb von (Fach-)Wissen, Fertigkeiten und Fähigkeiten soll sich im Lernenden ein Kompetenzprofil bilden; der Lehrende soll sich vom Stand seiner Bemühungen mithilfe diagnostischer Kompetenz überzeugen können. Die Lern(erfolgs)kontrolle ist eine methodisch organisierte und institutionell (durch Erlasse) geregelte Veranstaltung zur Feststellung von Leistungen (Kenntnisse, kombinatorische und analytische Urteilsfähigkeit, Begriffsanwendung, Reproduktionsvermögen usw.). Sie richtet sich nach Kriterien wie Objektivität (Nachprüfbarkeit), Validität (Erfassung der intendierten Elemente), Reliabilität (Verlässlichkeit der Aussagen/Ergebnisse), Transferfähigkeit, Generalisierbarkeit, Differenziertheit, Konsistenz, Plausibilität von Argumenten, dagegen erfolgen keine Wertungen der Inhalte (mit Ausnahme von Extremen, z. B. Leugnung der NS-Verbrechen, rechts- oder linksextreme Positionen usw.), ferner werden problemlösende, alternative Ansätze, methodisches Können usw. einbezogen.

Die (punktuelle, sporadische, permanente oder Halbjahresabschluss-) Leistungsmessung ist (theoretisch) ein diagnostisches – kein repressives – Instrument zur Feststellung des individuellen bzw. kollektiven Leistungsstandards und -vermögens sowie der Lernzielkontrolle gemäß den amtlichen oder (im außerschulischen Bereich) selbstgesetzten Maßstäben und Vorgaben. Der (schulische) Leistungsbegriff bezieht sich vornehmlich auf kognitive (Intelligenz-) Leistungen und ist vorwiegend ergebnis-/produktorientiert und an den Sachstrukturen ausgerichtet, kaum an Verhaltenszielen wie Verantwortungsbewusstsein, Kooperationsfähigkeit, moralischem oder sozialem Engagement. Die Funktionsbeschreibung von Leistung bezieht sich – nach Schilmöller (1990,13) – auf die Rückmeldung (Auskunft über den Lernerfolg), die Diagnose (Auskunft über Lernstand und -fähigkeit), die Erprobung (Auskunft über Lernmöglichkeiten) und die Motivation (Auskunft über künftiges Lernen).

8.7.2 Der Leistungsbegriff als Fundamentalnorm und die Lernkontrolle

Der Leistungsbegriff ist fachspezifisch zu interpretieren. In der politischen Bildung sollte die Qualität einer Aussage, also weniger die positivistische Wissensanhäufung, im Vordergrund der Bewertung stehen. Politisches Verhalten, Einstellungen und Gesinnungen, die sich vorwiegend außerhalb der Institution artikulieren , können (mit Ausnahmen) nicht beurteilt werden (der Juso-, JU-, Juli-Vorsitzende erhält wegen seiner Funktion keinen Leistungsbonus). Die jeweiligen Leistungsanforderungen/-bewertungen müssen für den Lernenden transparent sein. Die Leistungsbeurteilung – Zertifikate gibt es seit dem 18. Jh. als Kriterien für die Übertragung von Staatsämtern und öffentlichen Karrieren, nachdem das Geburts-/Standesprivileg nicht mehr (voll) ausreichte (damit war eine Normierung des Schulwesens verbunden; auch der einjährige bzw. dreijährige Militärdienst war vom erreichten Ausbildungsniveau abhängig) – bildet in unserem System die Grundlage für eine (Schul-, Ausbildungs-, Berufs-)Laufbahn und erfüllt damit eine Selektions- und Allokationsfunktion für die Platzierung des Lernenden an einer adäquaten, seinen Voraussetzungen entsprechenden Stelle in der Gesellschaft. Dadurch können Widersprüche zwischen Selbstbestimmung und gesellschaftlicher Notwendigkeit provoziert werden. Deshalb richten sich Einwände gegen eine repressiv-disziplinierende Noten-/Punktegebung/Beurteilung und ein einseitiges, sich vor allem auf die im Unterricht erworbenen Kenntnisse und Fähigkeiten beziehendes Leistungsdenken. Sie behindern ein sachbezogenes Lernen, fördern die Opportunität beispielsweise bei der Auswahl von Wahl(pflicht)kursen und der Abwahl ungeliebter Fächer, provozieren das individuelle Konkurrenzverhalten, verhindern die Herausbildung von Sozialität und Solidarität, programmieren den Misserfolg der Lernschwächeren. Aus der Wirtschaft stammt das Benchmarking (= Maßstäbe setzen; Lernen aus Erfahrungen anderer, von den Besten lernen) mit der Zielsetzung, sich am Besten im Unternehmen oder der Branche zu messen. Zu diesem Zwecke werden Kennziffern (benchmarks) und Vergleichsverfahren festgelegt. Das Verfahren dient dem Ziel, die Prozesse im eigenen Unternehmen zu optimieren.

Eine anspruchsvolle Lernkontrolle kann sich u. a. auf folgende Fragen stützen:

- Inwieweit werden von Lernenden Problemstellungen selbstständig entwickelt und alternative Lösungsmöglichkeiten angeboten?
- Inwieweit ist das Urteil niveauvoll, sachangemessen und berücksichtigt unterschiedliche Positionen und Meinungen?
- Wieweit kann der Lernende eigene Interessen formulieren, (Ideologie-)Kritik üben, Alternativen und Zielvorstellungen entwerfen, (politische) Entscheidungen kritisch hinterfragen?
- Wieweit kann der Lernende Herrschaftsverhältnisse auf ihren Sinn, ihre Berechtigung befragen und die ihnen zugrunde liegenden Interessen, Normen und Werte kritisch überprüfen?
- Welche Fähigkeit hat der Lernende, politisch-gesellschaftliches Wissen in größere Zusammenhänge einzuordnen (Wissenstransfer, vernetztes Denken)?
- Wie gut kann der Lernende mit dem Instrumentarium (Methoden, Fachterminologie, Arbeitsmaterialien, Kommunikationsmitteln) umgehen?
- Welche Sprachkompetenz (mündlich, schriftlich; Wortschatz; Präzision der Formulierung) weist der Lernende nach?

Die Prüfungsmethoden können frei und diskursiv (Gespräch), reproduktiv-gelenkt (Wiedergabe von Gelerntem), interpretativ-analysierend (z. B. Textexegese, Erläuterung von Schaubildern und Statistiken) sein. Das Vorgehen kann induktiv (von einem Fall aus) oder deduktiv (von einem Ergebnis aus) ansetzen. Methoden und/oder Perspektivenwechsel ist möglich, die eigene Position/Urteil sollte begründet werden (können). Für Lernschwächere und psychisch Labile empfiehlt sich eine Aufwärmphase in Gehalt eines einführenden, Angst reduzierenden Gesprächs.

8.7.3 ÜBER BEURTEILUNGSKRITERIEN UND LEISTUNGSBEWERTUNG (EVALUATION)

Die Beurteilungskriterien müssen für jeden Lernenden von Anfang an transparent sein, damit er sich rechtzeitig darauf einstellen kann. Die differierenden Rahmenbedingungen für Prüfungen in den einzelnen Bundesländern und Schulen/Institutionen, einschließlich der asymmetrischen sozialen Situation während des Prüfungsvorgangs sowie der Dominanz der Prüfer, sind ergebnisbedingende Determinanten und im Einzelfall auf ihre Angemessenheit zu überprüfen. Nicht zuletzt ist die genaue Beachtung der (unter-)gesetzlichen Vorschriften (z. B. die Besetzung des Prüfungsausschusses, die korrekte Anwendung der amtlichen Beurteilungsmaßstäbe u. dgl.) bei jeder Prüfung aus Rechtsgründen wichtig.

Idealiter sollte Unterricht/Lernen ohne ziffernmäßige Beurteilung auskommen. Andere Verfahren der Leistungsbewertung (z. B. [stereotype] schriftliche [Lernentwicklungs-]Berichte) haben zu keinen anderen Ergebnissen (z. B. Wegfall von Konkurrenz und Angst, stärkere Interessenauswahl u. dgl.) geführt. In Deutschland verbindet man traditionell mit den (Schul-)Noten bestimmte Leistungsstandards und -erwartungen seitens außerschulischer (vor allem beruflicher) Instanzen. Die Note macht den Lernenden oft zum Einzelkämpfer um Platzvorteil mit z. T. unerwünschten Folgen. Sie fördert Einzelleistungen, hierarchisiert z. B. eine Lerngruppe und weist dem einzelnen darin einen bestimmten Status zu. Es entsteht ein Konkurrenzdenken, das die Selbstentfaltung und soziale Kommunikation stören kann.– Schließlich ist darauf zu verweisen, dass die staatliche Aufsichtsbehörde (z. B. Staatl. [Ober-]Schulamt, Regierungspräsidium, Kultusministerium) die (schulische) Prüfungsnote eines Lehrers ändern kann (OVG Niedersachsen, Az. 13 L 848/96; OVG NRW. Urteil v. 25. 8. 1989, 19 A 2649/87, in RdJB 2/1992, S. 248–250; VGH Bayern, München, Urteil v. 16. 10. 1993 – 3 B 406/91, in SPE Z 480, Nr. 15, S. 18 f.; in Baden-Württemberg kann ein Schulleiter einem Lehrer die Weisung erteilen, bei Verletzung allgemeiner Grundsätze der Notengebung eine Note zu ändern, andernfalls bei Weigerung es selbst zu tun: VGH BW, Mannheim, B. v. 27. 1. 1988 – 4 S 1136/86, in SPE n. F. 470 Notenbildung Nr. 51).

„Die gebotene Transparanz der Notengebung erfordert, dass der Lehrer das Zustandekommen einer Zeugnisnote plausibel erklären kann. Dazu gehört insbesondere die Darlegung, nach welchen Kriterien die – außer den schriftlichen Arbeiten – herangezogenen anderen Leistungsnachweise je für sich bewertet und wie sie im Verhältnis zueinander gewichtet worden sind. (…)" (VGH HE, Kassel, B. v. 5. 2. 93 – 7 TG 2479/92, veröff. in: SPE Z 400, Nr. 43, S. 76)

Gegen ein Schulzeugnis kann nur geklagt werden, wenn der Lernende sonst die Klassenstufe wiederholen müsste. Den mündlichen Leistungen wird allgemein ein großer Beurteilungsspielraum zugestanden (Bayer. VGH, Az. 7 CE 96.1584). Ihre notenmäßige Registrierung im privaten Notenbuch ist für den Lehrer nicht verpflichtend, das Notenbuch nicht beweiskräftig.

Die Benotung wird i. d. R. nicht primär pädagogisch, sondern ökonomisch, politisch, soziokulturell begründet. Sie geschieht nach den (fremdbestimmten) Maßstäben des staatlichen Entscheidungsträgers und suggeriert eine Scheinobjektivität, wie beträchtliche Beurteilungsdivergenzen immer wieder demonstrieren. Das allgemeine Leistungsverständnis ist vorwiegend individualistisch-wettbewerbsorientiert, weniger gruppenbezogen. Es richtet sich nach dem allgemeinen Standard, nicht nach dem einer Gruppe/Klasse.

Die Leistungsbewertung gründet sich auf vier Bezugsnormen, und zwar auf

1. die individuellen (Vergleich mit der früheren Leistung des Lernenden)
2. die sozialen (Vergleich mit der Bezugsgruppe: [Parallel-]Klasse/Arbeitsgruppe, durch die Literatur vermittelter Standard)
3. die sachlichen (Vergleich mit den zuvor definierten sachlichen Anforderungskriterien: Lehrplan, Notenskala)
4. die heteronomen (Vergleich mit von außen postulierten inhaltlichen und formalen Leistungsmaßstäben). Weitere Leistungsmerkmale sind: Anstrengungsbereitschaft, Ausdauer, Lerninteresse, Motivation, Zugewinn an und Verwendung von (Lern-, Lösungs-)Strategien und Techniken, Urteilsvermögen, Fachwissen, formale und praktische Fähigkeiten, soziale und fachliche Kompetenz, Rezeptivität, Aktivität, Produktivität, Kreativität, alternatives Denken u. dgl.

„Die übliche Leistungsbewertung muss deshalb ergänzt werden durch methodenbezogene Aussagen, durch Aussagen zum individuellen Fortschreiten, durch Aussagen zur erkennbaren Lernkompetenz, zur Bewährung in unterschiedlichen, vor allem sozialen Arbeitsformen und zur Persönlichkeitsentwicklung." (NRW-Denkschrift 1995, 99) Die individuellen Beurteilungen sollten mit Gruppen- und Teamleistungen koordiniert und verglichen werden (z. B. Gruppenprüfungen).

Dem widerspricht die vorwiegend auf Einzelarbeit und Konkurrenz sowie den Organisationszweck der Institution (festgelegte Inhalte, allgemeinverbindliche normative Lernziele) präferierende Lernorganisation und die hierarchisierende, Kommunikation und Persönlichkeitsbildung erschwerende Leistungsbeurteilung. (Edeler/Ritter 2000)

Die amtliche Notenskala besteht aus unbestimmten Rechtsbegriffen. Die Notengebung beruht auf der eigenen Verantwortung des Lehrers, nicht auf der pädagogischen Freiheit, sondern ergibt sich aus der Eigenart der Wertung, soweit sie ein höchstpersönliches Fachurteil enthält. Sie kann vom Schulleiter oder der Schulbehörde ersetzt werden (OVG Lüneburg, NVwZ 1999, 94).

8.8 Die (Abschluss-)Prüfung oder Kursklausur

8.8.1 Inhaltliche und formale Grundfragen der Prüfung

Durch den KMK-Beschluss über die „Einheitliche Durchführung der Vereinbarung zur Neugestaltung der gymnasialen Oberstufe" vom 2. 6. 1977 i. d. F. vom 21. 10. 1983 und durch den KMK-Beschluss über die „Fortschreibung und einheitliche Durchführung der Vereinbarungen zur gymnasialen Oberstufe" vom 4. 12. 1987 sowie die „Richtungsentscheidungen zur Weiterentwicklung der Prinzipien der gymnasialen Oberstufe und des Abiturs" (KMK vom 1. 12. 1995) (konkretisiert durch den Dresdner KMK-Beschluss v. 24./25. 10. 1996) fällt „Politik" in den *Wahlbereich* der Abiturprüfung, nachdem die Gemeinschaftskunde erstmals durch die „Verwaltungsvorschriften zur Durchführung der Rahmenvereinbarung zur Ordnung des Unterrichts auf der Oberstufe der Gymnasien" vom 13. 4. 1962 unter die Fächer der mündlichen Reifeprüfung aufgenommen (C 2 b) und zum verbindlichen Unterrichtsfach erklärt wurde (B 2).

Allgemein ist festzuhalten, dass die Abschlussprüfung ebenso wie die fortgeschrittene Kursklausur eine breite Skala der im Unterricht vermittelten Kenntnisse, Fähig- und Fertigkeiten sowie Methoden und Arbeitsweisen beinhalten soll. Der Hauptakzent ist auf die Bearbeitung politischer und gesellschaftlicher Konflikte, auf Herrschaftsanalyse (Machtfragen) , auf die selbstständige Interpretation vorgegebener Daten (Quellen, Statistiken, Schaubilder usw.) zu legen. Dabei ist zwischen offenen (freie Bearbeitung ohne fremde Fragestellung) und gelenkten Aufgaben (Text-, Karten-, Bildauswertung u. dgl., Beurteilung einer Vorlage, z. B. Das Potsdamer Abkommen) zu unterscheiden. Im Einzelnen richtet die Prüfung sich nach den Vorschriften der Bundesländer.

Der Prüfling sollte über ein hinreichendes, positives (Basis-)Wissen für eine angemessene Urteilsbildung verfügen, auch im Zeitalter der raschen Veränderung und Veraltung von Tatsachen(befunden). Der kritische Mensch zeichnet sich nicht (mehr) durch ein enzyklopädisches Wissen und Gedächtnis, sondern vielmehr durch die Anwendung von Methoden der Informationsbeschaffung und des Urteilens sowie des Stellens von Fragen aus. Er sollte ferner die an einem Untersuchungsgegenstand (-thema) beteiligten Erkenntnisverfahren koordinieren und bewerten können (Methodenpluralismus).

Inhaltlich und formal geht es in der Prüfung um das Herausarbeiten struktureller, Staat und Gesellschaft betreffender Phänomene, um die (ideologie-, gesellschafts-, herrschafts-, institutionen-, systemkritische usw.) Analyse des vorgelegten Materials. Die Strukturanalyse (s. S. 324) unterscheidet sich von der punktuellen Analyse. Sie ist nicht nur auf die Phänomene selbst, sondern ebenso auf die Epiphänomene gerichtet, d. h. ihr Untersuchungsfeld erstreckt sich horizontal und vertikal. Die strukturelle Analyse macht den ersten Teil einer (Prüfungs-)Aufgabe aus, indem sie die systemische Vernetzung einer Fragestellung feststellt. Sie muss zugleich selbstkritisch sein, indem sie die methodischen Grundlagen und begrifflichen Instrumente sowie die gesellschaftlichen Voraussetzungen und Konsequenzen der eigenen Position überprüft.

Im Gegensatz zu der auf Tatsachenbeschreibung beruhenden soziologischen Methode hat es Politik mit (Wert-)Urteilen und Handlungsmaximen zu tun. Sie geht über die (oft eilige) Situations- und Zustandsschilderung (Deskription) hinaus und ist per definitionem auf Handeln bezogen.

Der Vorgang vollzieht sich triadisch als Diagnose, Prognose und Aktion, auf Analysieren, Beurteilen und Handeln. Folglich besteht der zweite Teil einer (anspruchsvollen) Prüfungsaufgabe in der auf Entscheidung(surteil) und Handeln aus Gründen gerichteten Extrapolation der vorgegebenen Materialien. Es kann vom Prüfling nicht erwartet werden, ein kompetentes Urteil über ungelöste Fragen der Politik abzugeben, sondern es genügt, wenn er gleichsam retrospektiv nachweist, politische Entscheidungen sachgemäß nachvollziehen und über ihre Nachwirkungen etwas aussagen zu können. Er sollte demnach einen „Fall" beschreiben und analysieren, einen Text deuten und Einsichten/Erkenntnisse gewinnen, Zusammenhänge aufzeigen können. Angemessen ist die Handhabung der problemlösenden (Fall-)Methode.

Als Grundlage der Reifeprüfung gilt der KMK-Beschluss vom 1. 12. 1989 über „Einheitliche Prüfungsanforderungen in der Abiturprüfung Sozialkunde/Politik" (EPA) (beru-hend auf der KMK-„Vereinbarung über Einheitliche Prüfungsanforderungen in der Abiturprüfung" vom 1. 12. 1989 = Revision des Beschlusses vom 1. 6. 1976). Die so genannten Normenbücher (hier für Sozialkunde/Politik) sind eine Folge des KMK-Beschlusses von 1972 (s. o.).

Eine aktuelle Präzisierung der Oberstufenprobleme erfolgte in den „Richtungsentscheidungen zur Weiterentwicklung der gymnasialen Oberstufe und des Abiturs" (KMK-Beschluss von Mainz, 30.11./1. 12. 1995). Die Prüfungsmethoden der Bundesländer beziehen sich materialiter auf diese Vereinbarung . Mithilfe der (umstrittenen) so genannten Normenbücher wird eine größere Transparenz von Inhalten und Methoden sowie eine objektivierte Leistungsmessung, ferner eine Vereinheitlichung der Anforderungen ebenso wie ihre Vergleichbarkeit unter den Bundesländern angestrebt. Bedenken aus der Wissenschaft richten sich gegen die taxonomischen Vorschriften der Normenbücher sowie gegen kognitive Lernziele, die vermeintlich selbstständiges, problemlösendes Denken, Beschäftigung mit individuellen Fragen, hermeneutisches Verstehen, Nachdenken und Ausprobieren, das Einschlagen von alternativen Lösungswegen u. dgl. verhindern und damit Analyse- und Urteilsvermögen eher blockieren als fördern.

Aus den EPA, die sich inhaltlich auf die Lernfelder Wirtschaft, Gesellschaft, politisches System und politischer Prozess beziehen und fächerübergreifend zu Geschichte und Erdkunde angelegt sind, können hier nur einige wichtige Methoden und Fähigkeiten zitiert werden: die

„• Fähigkeit, Begriffe und Kategorien dieser Disziplinen zu verwenden,

• Fähigkeit, fachlich relevante Materialien auszuwerten und das eigene methodische Vorgehen zu reflektieren." (1.1.2)

Dazu kommt konkret (und gilt modifiziert für Unterricht und Prüfungen an anderen Schularten) das „Kennen von

1. Darstellungsformen (z. B. Bericht, Kommentar, Interview, Rede, Gesetzestext, Programm, Dokument, wissenschaftliche Darstellung; Diagramm, Schaubild, Karte, grafische Darstellung, Statistik)

2. Arbeitstechniken der gesellschaftswissenschaftlichen Disziplinen und von methodischen Schritten bei der Bearbeitung von Aufgaben (z. B. Umgang – Wiedergabe, Analyse, Erörterung – mit Texten, Grafiken, Statistiken, Arbeitsmethoden und methodische Schritte bei der Durchführung von Erhebungen und Befragungen, z. B. Interviewtechnik, Inhaltsanalyse; Beobachtung). (...)." (2.2)

In der fortgeschrittenen Methodenbeherrschung geht es um das „Beurteilen von Methoden

1. Verschiedene methodische Ansätze zur Erschließung eines Sachverhalts erörtern, den eingeschlagenen Lösungsweg begründen

2. Prüfen von Methoden

• im Hinblick auf ihre Leistung für die Erschließung von Sachverhalten

• im Hinblick auf immanente Wertungen und Auswahlkriterien (z. B. ... Analyse von vorgegebenen alternativen Lösungsstrategien, bezogen auf ein konkretes Problem)." (2.2)

Vorschläge der EPA betreffen die Prüfungen, die sich auf die Analyse von Konfliktfällen bzw. auf Problematisches, Unentschiedenes beziehen sollten.

8.8.2 Mündliche und schriftliche Prüfung

8.8.2.1 Die mündliche Prüfung

In ihr geht es besonders um folgende Fähigkeiten:

„• sich klar und hinlänglich differenziert auszudrücken und Überlegungen in gegliedertem Zusammenhang vorzutragen;

• ein themagebundenes Gespräch zu führen, dabei auf Impulse einzugehen und ggf. eigene sach- und problemgerechte Beiträge zu weiteren Aspekten einzubringen;

• fachspezifische Grundbegriffe und Verfahrensweisen anzuwenden und eine angemessene Stilebene zu beachten;

• die Inhalte des vorgelegten Materials zu erfassen und das behandelte Thema bzw. Problem zu erläutern;

• eine Einordnung des Sachverhaltes oder Problems in übergeordnete Zusammenhänge vorzunehmen;

• sich mit den Sachverhalten und Problemen des vorgegebenen Materials selbstständig auseinanderzusetzen und ggf. eine eigene Stellungnahme vorzutragen und zu begründen." (4.1)

Die Vorbereitung des Prüflings kann sich auf Stichwörter, auf eine inhaltliche Zusammenfassung, auf Jahreszahlen, Personen, Schlüsselbegriffe und vor allem Problemanzeigen stützen.

Das methodische Vorgehen sollte reflektiert und begründet werden können. Vorschläge für die (subjektive) Urteilsfindung der Prüfer (Schrembs/Wolf 1985, 20 f.) beziehen sich auf das hinreichende Problembewusstsein und Vorwissen des Prüflings, auf die Aufschlüsselung des Problems unter Benutzung fachspezifischer Begriffe und theoretischer Ansätze, auf selbstständige Schlussfolgerungen und Subsumtion unter einen Oberbegriff, auf Bildung oder Zurückweisung von Analogien, auf Alternativen, Kontroversen, auf Die Formulierung und Herleitung einer eigenen Position, auf das Anbieten und Begründen von Lösungen, generell auf eine produktive Leistung. Die mündliche Prüfung erlaubt Variationen in Gestalt von Zusatzfragen, Hilfen, Übergehen auf ein anderes Sachgebiet, kurz ein flexibles Anforderungsniveau. Da zwei Seiten, Prüfer und Prüfling, daran beteiligt sind, ist eine solche Prüfung ein interaktiver Vorgang.

Die (mündliche) Prüfung gliedert sich meist in zwei Teile:
1. Die Interpretation von Materialien (Texten, Statistiken, Bildern u. dgl.). Für die Beurteilung ist zu beachten: Erfolgt eine
- konkludente Verknüpfung von Materialaussagen oder nur eine Auflistung von Tatsachen?
- Unterscheidung von Themenbereichen (z. B. Staat, Gesellschaft, Wirtschaft, Kultur usw.) oder eine bi- bzw. multidimensionale Verflechtung (z. B. Staat und Gesellschaft, Wirtschaft und Soziales und Kultur)?
- eigenständige Textanalyse oder Textparaphrase?
- Problembestimmung (textimmanent oder erweitert durch referenzielle Bezüge zu anderen Themen oder Quellen/Daten)?
- Trennung von Authentizität der Materialien und Subjektivität der Bearbeitung?
2. Das Prüfungsgespräch.

Die Qualität der Aussage (das Resultat) wird u. a. durch ein Raster bestimmt. Die Anforderungsbereiche erstrecken sich auf
- das Niveau der diskursiven Argumentation
- den Umfang der (sachlichen und methodischen) Kenntnisse
- die begriffliche Eindeutigkeit und Klarheit
- die Beherrschung theoretischer Grundlagen
- den Umgang mit (vorgegebenen und abrufbaren) Fakten
- die Fähigkeit der Strukturierung von Material und von Fragen/Einwürfen
- das Anstellen von Vergleichen
- die Unterscheidung von Sach- und Werturteil
- das Aufzeigen weiterer Erklärungsansätze (alternativ, multikausal). (Nach Literski 1992)

8.8.2.2 Ansätze einer neuen Prüfungsmethode: die Projektprüfung

In der traditionellen Prüfung sitzen sich Kommission und Kandidat gegenüber. Bei der Bewertung eines Projekts (ganzheitlich, fächerverbindend) – im Rahmen einer Gruppenprüfung – werden die Kompetenz des einzelnen bei der Planung, Durchführung und Präsentation sowie die Teamfähigkeit und Handlungskompetenz beurteilt. Die Bewertung erfasst die Gesamtleistung von der Themenfindung bis zur Reflexion des Produkts.

8.8.2.3 Die schriftliche Prüfung

Von den EPA wird die Problemerörterung (mit oder ohne Unterlagen) empfohlen. Die Bewertung der Prüfungsleistung richtet sich nach folgenden Qualitätsmerkmalen: „Erfassen der Aufgabe, Genauigkeit der Kenntnisse und Einsichten, Sicherheit in der Beherrschung der Methoden und der Fachsprache, Stimmigkeit und Differenziertheit der Aussage, Herausarbeitung des Wesentlichen, Anspruchsniveau der Problemerfassung, Fähigkeit zur kritischen Würdigung der Bedingtheit und Problematik eigener und fremder Auffassungen." (3.3) Diesen Forderungen sollte ein wissenschaftspropädeutischer Unterricht vorausgegangen sein.

Für das Thema „Arbeiten Sie die Grundzüge von Hitlers Außenpolitik heraus" wurden die folgenden Textstellen angeboten: Hitler: „Mein Programm war die Beseitigung von Versailles. … (Rede am 30.1.1941 zit. in A. Bullock: Hitler. Düsseldorf 1959, S.313) Hitler: „Die Forderung nach Wiederherstellung der Grenzen des Jahres 1914 ist ein politischer Unsinn. …"(Aus: Mein Kampf, S.736, gesperrt) Hitler: „Die Außenpolitik des völkischen Staates hat die Existenz der durch den Staat zusammengefassten Rasse auf diesem Planeten sicherzustellen."(Aus: Mein Kampf, S.728 u. S.742, teilw. gesperrt)

Oberst Hossbach über Hitler (Hossbach-Niederschrift, zit. In: W. Hofer: Der Nationalsozialismus. Dokumente 1933–1945. Frankfurt/M. 1957

S.193f., Besprechung mit den Oberbefehlshabern der Wehrmachtteile am 5.11.1937)

Hitler: „… weder politisch noch wirtschaftlich könnte die Anwendung irgendwelcher Gewalt in Europa irgendeine günstigere Situation hervorrufen, als sie heute besteht" (Aus der „Friedensrede im Reichstag" vom 17.5.1933)

Hitler: „… das nationalsozialistische Deutschland aus tief innersten weltanschaulichen Überzeugungen lebt in einer gewaltigen Arbeit seiner Wiedergutmachung seiner inneren Schäden" (Aus: Reichstagsrede am 21.5.1935)

Eine Zusatzfrage sollte die Konsequenzen der Hitlerschen Außenpolitik aufzeigen. Die Texte können nach dem folgenden methodischen Muster interpretiert werden:
- Analyse der Beweisführung (kategoriale Prämissen, Fokussierung, Textsorten usw.)
- Analyse der Kernaussagen (Problematisierung der Sachverhalte, Hypothesen, Wertungen)
- Analyse der Urteilsbegründung
- Analyse des Aussagewertes
- Analyse der Methoden
- Gesamtbeurteilung/eigene Position.
  Andere Themen können lauten:
  - Erläutern Sie die Grundsätze demokratischer Rechtsauffassung, vornehmlich am Beispiel der BRD und der DDR.
  - Zeigen Sie Vor- und Nachteile des amerikanischen und französischen Präsidialsystems im Vergleich mit der deutschen Kanzlerdemokratie auf.
  - Vergleichen Sie die in den Präambeln niedergelegten Ziele des Völkerbundes und der Vereinten Nationen. (Quellen: Völkerbundssatzung von 1925 und Charta der UNO von 1945).
  - Aktuelle (vom Prüfer zu benennende) Probleme zwischen Ost- und Westdeutschland.
  - Vergleich von Staats- und Demokratietheorien (anhand von zwei oder drei Texten).
  - Wie beurteilen Sie Verlauf und Zukunft der europäischen Integration?
  - (Aktuelle) Brennpunkte der Weltpolitik (z.B. Nahost-Konflikt, das Ost-West-Verhältnis, internationale Spannungszonen usw.)

Für besonders qualifizierte Prüflinge empfehlen sich
1. eine Situationsanalyse und ihre Beurteilung
2. eine Problemanalyse mit anschließender Methodenreflexion.

Der Prüfling erhält (un-)strukturierte Materialien zu einem bestimmten Thema vorgelegt und stellt sich sein Problem selbst. Dabei muss er das Material einschätzen, den Wert der Fakten beurteilen, eine Stellungnahme abgeben, sein Vorgehen begründen.

Im Allgemeinen erfolgt die Einzel- oder Gruppenprüfung durch den Fachlehrer und einen Protokollanten. Bei guten Schülern kann sie die noch wenig erprobte Form der Disputation (s. S. 255) annehmen.

8.8.3 Zur rechtlichen Bewertung von Prüfungsentscheidungen

Prüfungsentscheidungen sind hoheitliche Maßnahmen auf dem Gebiet des Öffentlichen Rechts. Sie sind Verwaltungsakte mit u. U. erheblicher Relevanz für die Betroffenen.
Sie unterliegen der (verwaltungs-)gerichtlichen Überprüfung. Deshalb sollten die Formalien des Prüfungsvorgangs, die normativen Regeln des Gesetz- oder Verordnungsgebers korrekt beachtet bzw. eingehalten und die Prüfung lege artis, d. h. nach den allgemein anerkannten Grundsätzen und durchgeführt werden. Dies betrifft zunächst die ordnungsgemäße Zusammensetzung der Prüfungskommission, die Anwesenheit aller dazu verpflichteten Mitglieder während des Prüfungsgeschehens und der anschließenden Beratung, die angemessene, auf kultusministeriellen Vorgaben basierende Bewertung der Leistung(en) usw. Bei (angefochtenen) Verfahrensfehlern kommt es auf ihre rechtzeitige Geltendmachung (vgl. Schulverwaltung Brandenburg/Mecklenburg-Vorpommern/Sachsen/Sachsen-Anhalt/Thüringen und Berlin 9 (1999) 2, 52–53) und auf die Erheblichkeit für das Prüfungsergebnis an, z. B. zu lange oder zu kurze Prüfungszeit, sachfremde Erwägungen der Prüfer u. dgl.; Karasek 1995).

Prüfungsentscheidungen brauchen wegen ihrer Grundrechtsrelevanz (Chancengleichheit) eine hinreichend ausführliche und bestimmte gesetzesförmige Rechtsgrundlage (Niehues 1995), z. B. strenge Anforderungen an das schriftliche Prüfungsprotokoll bzw. Begründung einer schriftlichen Arbeit (Diplom-, Hausarbeit, Klausur). Nach Avenarius (1995, 96) gestehen die Gerichte bei Prüfungsentscheidungen und sonstigen Leistungsbewertungen grundsätzlich einen Beurteilungsspielraum zu (auch aus Gründen der Gleichheit, denn sonst könnte ein Prüfling klagen, d. h. die Prüfer von ihrem Routinesystem zu seinen Gunsten abbringen). „... sie begnügen sich damit festzustellen, ob die Behörde allgemeine Bewertungsgrundsätze missachtet, sachfremde Erwägungen angestellt, falsche Tatsachen zugrunde gelegt oder Verfahrensfehler begangen hat. Dieser Entscheidungsfreiraum ergibt sich aus dem Gesichtspunkt der Chancengleichheit der Kandidaten (Art. 3 Abs. 1 GG) im Gesamtzusammenhang des Prüfungsverfahrens; die Chancengleichheit wäre verletzt, wenn die Bewertung in dem von einzelnen Kandidaten angestrengten verwaltungsgerichtlichen Verfahren isoliert nachvollzogen wäre."

Nach einem Urteil des BVerwG (v. 9. 8. 1996 – 6 C 3.95, veröff. in: Die öffentl. Verwaltung 1997, 15, S 649) unterliegt der gerichtlichen Nachprüfung die Bewertung, ob mit einer Prüfungsaufgabe fachlich Unmögliches verlangt wird, ob die Prüfungsaufgabe verständlich gestellt oder in sich widersprüchlich ist. Ferner unterliegt die Bewertung einer Prüfungsleistung nicht einem höchstpersönlichen Recht des Vorsitzenden der Prüfungskommission, sondern sie unterliegt der vollen gerichtlichen Nachprüfung.

Neu in der Judikatur ist die eingeräumte Überprüfung von fachwissenschaftlichen Richtigkeitsentscheidungen mittels Sachverständigen (im Anschluss an Prüfungsentscheidungen des BVerfG v. 17. 4. 1991, BVerfGE 84, 34 u. 59), z. B. bei fragwürdigen Multiple-

Choice-Prüfungen. Eine gerichtliche Korrektur von Prüfungsentscheidungen kommt (seit 1991) allerdings nur in Betracht, wenn sich ein Bewertungsfehler auf die Notengebung ausgewirkt haben könnte. Die substanzielle Beweislast liegt beim Kläger (Muckel 1995, 398). Zwei Entscheidungen des BVerwG vom 17. 4. 1991 verlangen eine Kontrolle aller fachwissenschaftlichen Entscheidungen der Prüfer, wobei Prüfungsleistungen von verschiedenen Prüfern – ohne Verletzung der Chancengleichheit – auch unterschiedlich bewertet werden können (VGH HE, Kassel, Urteil v. 19. 12. 1997 – 8 UE 1088/96).

Eine Begründungspflicht für die fachspezifischen Inhalte der Prüfungsleistung auch für mündliche Prüfungsleistungen besteht nur darin, wenn der Prüfling es verlangt (BVerwG-U vom 6. 9. 1995; Muckel 1997); denn: „Die Herstellung eines Wortprotokolls über ein Prüfungsgespräch ist verfassungsrechtlich nicht zwingend geboten. Die Teilnahme von sachkundigen Dritten, vor allem von weiteren Mitgliedern der Prüfungskommission stellt ein geeignetes und ausreichendes Mittel zur Sachverhaltsaufklärung dar." (BVerfG, Beschluss vom 14. 2. 1996 – 1 BvR 961/94 ; veröff. in NJW 1997, 21, S. 1434)

Die Verwaltungsgerichte müssen seitdem – ggf. mithilfe von Sachverständigen – feststellen, ob eine von den Prüfern beanstandete Lösung/Aussage vertretbar ist. Als Folge davon müssen mündliche Prüfungen besser dokumentiert werden. Allerdings bleibt die eigentliche Notenentscheidung nur eingeschränkt nachprüfbar. Prüfungsspezifische Wertungen bleiben also den Prüfern als eingeschränkt kontrollierbarer Entscheidungsspielraum vorbehalten. Eine vollständige Überprüfung von Prüfungsverfahren kann nur dort erfolgen, wo eine nachträgliche Aufklärung des Sachverhalts überhaupt möglich ist. Seit 1991 wird vom Bundesverfassungsgericht ein Bewertungsspielraum für Prüfer nur noch für prüfungsspezifische Wertungen (z. B. Festlegung der Endnote) – nicht mehr für Entscheidungen über die fachwissenschaftliche Richtigkeit – anerkannt (s. o.).

Die vorgegebenen Ausbildungsinhalte dürfen in fachlicher Hinsicht nicht überschritten werden. Prüfungsspezifische Wertungen können nur überprüft werden, ob die Verfahrenserfordernisse eingehalten, das anzuwendende Recht anerkannt, der Sachverhalt richtig und vollständig zugrunde gelegt, allgemeine Bewertungsmaßstäbe eingehalten, keine sachfremden Erwägungen angestellt wurden. Entscheidend ist, ob der gerügte Korrekturfehler für das Prüfungsergebnis kausal ist. Im großen und ganzen bleibt die letztverbindliche Entscheidung über den Wert einer Prüfungsleistung den Prüfern überlassen (Muckel 1999). Relevante Prüfungsentscheidungen (Versetzungs-, Examensnoten) können von Amts wegen (Schulbehörde) geändert werden. Die Neubewertung einer wegen Verfahrens- und Bewertungsfehlern ungültigen Prüfung ist nicht möglich. Die Anfechtung kann eventuell zu einer erneuten (Teil-)Prüfung führen. Der höchstrichterliche Wandel in der Bewertung von Prüfungsleistungen vollzieht sich insofern, als die Defizite des Rechtsschutzes, die durch den Bewertungsspielraum der Prüfer entstehen, dadurch auszugleichen sind, dass dem Prüfling ein „Anspruch auf Überdenken" seiner Leistungen in einem eigenständigen verwaltungsinternen Kontrollverfahren zuerkannt wird.

Entscheidungssammlungen:
- Ergänzbare Sammlung schul- und prüfungsrechtlicher Entscheidungen (SPE). Luchterhand-Verlag, Neuwied/Rh.
- Ergänzbare Sammlung der Beschlüsse der KMK zur gymnasialen Oberstufe, zum Abendgymnasium und Kolleg sowie zur Abiturprüfung. Luchterhand-Verlag, Neuwied/Rh.

9 Arbeitsformen

9.1 Hausarbeiten

9.1.1 RECHTFERTIGUNG UND DIFFERENZIERUNG

(Haus-)Aufgaben dienen dem selbstständigen Arbeiten zur Festigung und Erweiterung von Wissen und Können, der Systematisierung und Anwendung von Gelerntem, der Hinführung zu neuen Themen/Gegenständen/Stoffen, Inhalten und Problemen.

Die Hausaufgabe sollte sich nicht nur auf unterrichtliche Vorgaben beschränken, sondern freie, produktive Lernformen sowie den außerschulischen Bereich mit einbeziehen. Sie sollte sich an das differenzierte Interesse der Lernenden mit ihren unterschiedlichen Lernvoraussetzungen wenden, den individuellen Lernfortschritt fördern, ein subjektiv bestimmtes Intelligenz-, Abstraktions- und Handlungsniveau anvisieren, nicht zuletzt Kenntnisse und Fähigkeiten der Lernenden überprüfen. Daher ist zu unterscheiden zwischen

- mündlichen und schriftlichen Aufgaben
- individueller und kooperativer Aufgabenstellung (differenziert nach Schwierigkeitsgrad, Lerntempo und -kapazität, Interesse, instrumentellen und methodischen Fähigkeiten u. dgl.)
- themengleich-konvergierender und -divergierender/konkurrierender Aufgabenstellung
- obligatorischen und fakultativen Aufgaben
- produktiv-problemlösenden und reproduktiv-reorganisierenden Aufgaben
- zielfixierten, arbeitstechnisch präzisierten und individuell-offenen Aufgabentypen.

9.1.2 HAUSAUFGABEN ALS TEIL DER UNTERRICHTS- UND LERNPLANUNG

Die Hausaufgabe sollte fester Bestandteil der Unterrichtsplanung (s. S. 324) sein. Ihr Einsatz wird vom Lehrenden festgelegt. Die Wünsche der Lernenden sollten berücksichtigt werden. Aufgaben mit mechanisch-memorierendem Übungscharakter sind zu vermeiden, dagegen sollen im politischen Unterricht produktive Arbeiten wie Beobachtungen, Nachvollzug von Entscheidungen, Entwürfe für Lösungen, Vertiefung von Einzelfragen, Sammeln und Bearbeiten von Texten und sonstigen Unterlagen u. dgl. je nach Altersstufe zur Anwendung gelangen.

Die mündliche Aufgabe hat den Vorrang. Sie besteht i. d. R. in der Verpflichtung der Lernenden zur Vor- und Nachbereitung/-besinnung der jeweiligen Thematik anhand von schriftlichen Materialien (Lehrbuch, Quellen, Notizen usw.) als Einführung, Vertiefung oder Festigung. Der Umfang richtet sich nach den lern- und lehrmäßigen Erfordernissen und, last not least, nach der „Individuallage" (Pestalozzi), der Begabungs- und Interessenrichtung der Lernenden. Für die Jüngeren oder sonstigen Anfänger können Aufgaben zu Printmedien (Texte jeder Art) unter bestimmte Leitfragen gestellt werden, z. B. zur „Sozialen Frage": Beim Durchlesen der Unterlagen achtet bitte auf folgende Punkte: Wie lebten die Arbeiter im 19. und 20. Jahrhundert? Wie viel verdienten sie in der Woche/Monat? Wie suchten sie ihre sozialen Verhältnisse zu verbessern (z. B. durch Bildung, Gewerkschaftsmacht, politische Vereinigung)? Wer half ihnen bei der Durchsetzung ihrer Forderungen usw. Ferner sollte das häusliche Erfahrungslernen durch Beobachtungsaufgaben (evtl. mit Protokollierung) in Supermärkten, Warenhäusern, Handwerksbetrieben, Ausstellungen, im Rathaus usw. gefördert werden.

Eine verständliche Themenstellung und die Fähigkeit zum (zunächst elementaren) Umgang mit Arbeitsmitteln, -techniken und Methoden gelten als wesentliche Voraussetzungen für erfolgreiche Hausarbeit. Dazu können die folgenden Fragen beitragen:

- Welche Form hat die Aufgabenstellung (Bericht, Beschreibung, Referat u. dgl.)?
- Wie ist das Thema ausgelegt (reproduzierend, produktiv, knapp, umfänglich u. dgl.)?
- Wie ist die Zielvorgabe formuliert (fest fixiert, offen, eng, weit u. dgl.)?
- Welche Methoden werden verlangt bzw. nahe gelegt?
- Welche Medien/Materialien sollen verwendet werden (z. B. Zeitungsausschnitte, Buchkapitel usw.)?
- Welchen Stellenwert hat die Aufgabe für den Lernenden individuell, für den Fortgang des Unterrichts?

Nach Angaben von Wolf (1996) empfehlen sich für die S I (Haupt-/Realschule) die folgenden Aufgabentypen:

- das Ausfüllen eines Lückentextes
- das Ankreuzen von Ja/Nein/Richtig/Falsch-Antworten (z. B. zum Amt des Bürgermeisters, des Bundeskanzlers, des Wehrdiensts usw.)
- das Multiple-choice-Verfahren
- die Beurteilung von Aussagen (mit Begründung), z. B.: Die Abgeordneten unterliegen dem Fraktionszwang und haben sowieso keine eigene Meinung zu vertreten.

Die deutsche Einigung wird in den Köpfen der Menschen in Ost und West noch viele Jahre dauern. Offene Fragen werfen Bewertungsprobleme auf (Note, Punkte).

9.1.2.1 Inhaltliche Fokussierung

Generell sollte die Aufgabenstellung auf das Exemplarische, Notwendige zielen und von den Lernenden zu bewältigen sein. Neben individuellen kommen auch gruppenspezifische Differenzierungen in Frage. Für den auf (Streit-)Gespräche, Diskussion und Debatte angelegten Politikunterricht sollten im Allgemeinen schriftliche Notizen genügen. Ergänzend können umfangreichere Projekt- und Facharbeiten (s. S. 353) hinzukommen. Bei fortgeschrittenen Lernenden ist für ein angemessenes Abstraktionsniveau zu sorgen.

Die Auseinandersetzung mit Staat und Gesellschaft – eine zentrale Thematik, die das spiralförmige Curriculum ausmacht und in ihren altersgemäßen Verständnishorizonten vorbereitet wird – stellt den Fokus der Beschäftigung im politischen Unterricht dar. Hier geht es – neben der Praktizierung von Anschaulichkeit und Aktualität, z. B. durch Parlaments-, Gerichtsbesuche, Besichtigungen von Verwaltungen, Einrichtungen von (Groß-) Verbänden, Bundeswehr usw. – um eine kritische Beurteilung unseres staatlichen und gesellschaftlichen Systems (z. B. Gewaltenteilung, Rechtsprechung, Kritik an Institutionen und intermediären Gewalten, ideologiekritische Beschäftigung mit Parteien und Regierungen, mit aktuellen und längerfristigen Themen der Einzelpolitiken, z. B. Wirtschaft, Soziales, Auswärtiges, Ehe und Familie, Gesundheit, innere Sicherheit, Ausländer, Entwicklungshilfe, Kultur, Verteidigung, Recht usw. Dabei handelt es sich jeweils um eine über Wochen dauernde Aufgabe, deren

Form man den Lernenden weitgehend überlassen sollte (z. B. Skizze, Exposee, Ausarbeitung, Vortrag, Vervielfältigung u. dgl.). Auf Prägnanz der Formulierung und Klarheit der Aussage ist zu achten.

Hausaufgaben sollten, sofern sie als zweckmäßig und nützlich erachtet werden, in den Unterricht, die Diskussion usw. als konstitutive Teile mit einbezogen werden. Sie erfüllen ihren eigentlichen Zweck sowohl in der (produktiven und rezeptiven) Aktivierung der Lernenden als auch im (abrufbaren) Beitrag zum Lernprozess schlechthin.

Für die schriftlichen Hausaufgaben sowie für das Kopieren von Tafelbildern u. dgl. sind ein Arbeitsheft, eine Arbeitsmappe, Arbeitsblätter o. ä. zu empfehlen. Dann können Skizzen, Zeichnungen, Tabellen, Statistiken, Bild- und Zeitungsausschnitte, Kopien aus Büchern, Inhaltsnotizen, persönliche Urteile, Rezensionen, Berichte usw. übersichtlich festgehalten werden. Hausaufgaben sind nur sinnvoll, wenn sie den Erfahrungs-, Frage- und Problemhorizont der Lernenden beachten und zur Weiterarbeit motivieren. Freilich gibt es auch im politischen Bereich eine Fülle von Stoffen, Fakten, Methoden usw. die einfach „gelernt" und eingeübt werden müssen.

9.1.2.2 Anhang: Angebote für Aufgabenstellungen

Als Hilfe zur Formulierung von Arbeitsaufgaben kann u. a. die folgende (ihrer Herkunft nach nicht mehr feststellbare und veränderte) Übersicht dienen:

Analysiere	s. Untersuche
Arbeite heraus	einen Gedankengang mit eigenen Worten wiedergeben
Äußere dich	zu einem Sachverhalt (assoziativ; subjektive Meinung oder Bewertung)
Befrage	einen Text, ein Bild, einen Gegenstand usw.
Begründe	argumentativ; schlüssiger, folgerichtiger Gedankengang
Benenne	z. B. Textelemente, die untereinander (k)eine logische Verknüpfung haben
Beschreibe	einen Tatbestand, Sachverhalt
Besprich	Ergebnisse, Meinungen usw. mit deinem Partner
Beurteile	Hypothesen, Behauptungen, Aussagen usw. nach Richtigkeit, Angemessenheit u. dgl.
Bewerte	fordert über „Beurteile" hinaus einen persönlichen Wertbezug
Bilde dir ein Urteil	ein Werturteil fällen und formulieren
Charakterisiere	einen gesellschaftlichen, historischen, politischen usw. Sachverhalt (Ereignis, Ablauf, Zustand) unter einem leitenden Gesichtspunkt darstellen
Diskutiere	zu einer vorgegebenen Problemstellung eigene Gedanken entwickeln, verschiedene Standpunkte berücksichtigen und begründen (Argumente, Beispiele, Für-Wider-Schema)
Ordne ein/zu	vorgegebene Einzelelemente in situativen Zusammenhang (logisch, ideologisch, argumentativ) einfügen
Entscheide	einer Alternative vor einer anderen den Vorzug geben
Entwickle	Vorschläge aus einer Problembeschreibung; Lösungen und Lösungswege formulieren
Erfinde	eine kreative Problemlösung entwickeln
Ergänze	zu einem Sachverhalt weitere Argumente/Aspekte/Elemente anfügen
Erörtere	bei einer These oder Problemdarstellung eine Kette von Für-und-Wider-, Sowohl-als Auch-Argumenten vortragen und auf ihre Stichhaltigkeit überprüfen

Gliedere	Informationen in eine Ordnung bringen
Informiere dich	Informationen aus Unterlagen besorgen (Quellen, Archive, Büchereien usw.)
Nimm an	aus einer Hypothese Schlussfolgerungen ziehen
Prüfe/Überprüfe	(Hypo-)These/Erklärung an Fakten oder innerer Logik (Widersprüche) messen
Sammle	Informationen, Texte, Bilder usw.
Schreibe um	z. B. einen Text nach einem neuen Gesichtspunkt reformulieren/paraphrasieren
Setze dich mit ... auseinander	s. Erörtern
Stelle zusammen, strukturiere	ungegliederte Materialien oder Gedanken in einen plausiblen Zusammenhang bringen
Stelle gegenüber	z. B. Informationen, Sachverhalte, Argumente, Urteile
Stelle Thesen zusammen	Informationen oder Kernstellen unter Hauptgesichtspunkten zusammenfassen
Übersetze in	Umgangssprache, Fachsprache
Unterscheide	Aussagen in zwei oder mehr Gruppen einteilen
Untersuche	an Material oder Informationen gezielte Fragen stellen, diese beantworten und die Antworten begründen
Verallgemeinere	von einem Fall ausgehend eine allgemeine Aussage treffen: „immer wenn, dann"; „alle"
Verfasse	einen Text einer bestimmten Textsorte (Brief, Bericht, Geschichte, Artikel usw.)
Vergleiche	Vergleichbares nennen, vergleichbare Gesichtspunkte finden (tertium comparationis)
Zitiere/Belege	einzelne Stellen wörtlich und mit Quellenangabe wiedergeben.

9.2 Die Klassenarbeit/Klausur

Die gelegentlichen schriftlichen Kontrollen des Gelernten sind – mit Ausnahme der Klausuren in (Wahl-)Pflichtkursen – umstritten. Die einen sprechen schriftlichen Arbeiten in einem auf freie Diskussion angelegten (Neben-)Fach die Legitimation ab, die andern halten schriftliche Unterlagen gleichsam als beweiskräftige corpora delicti für die Notengebung und daher für unverzichtbar, zumindest für wünschenswert. Die Regelung in den Bundesländern ist uneinheitlich. Mancherorts sind Übungsarbeiten oder Tests erlaubt. Im Vordergrund des auf Urteilen und Handeln angelegten Politikunterrichts steht die mündliche Auseinandersetzung, die diskursive Streitkultur, Anschauung und Erfahrung genießen Priorität. Schriftliche Möglichkeiten stringenter Verbalisierung und Formalisierung dienen der klaren Gedankenführung und schließlich der Durchsetzung politisch-gesellschaftlicher Forderungen. Ein kontrovers organisierter Unterricht kommt mit Sachwissen allein nicht aus. Er ist vielmehr auf Kombinations- und Koordinationsvermögen für die Vernetzung von Informationen wie zum Entwickeln und zur Beurteilung politischer Zusammenhänge, dem Auffinden von Strukturen u. dgl. angewiesen. Diese Kriterien entfalten sich im Einzelnen nicht zuletzt durch strenge gedankliche und begriffliche Disziplin sowie durch inhaltlich-aussagemäßige Eindeutigkeit und Konzentration auf das Wesentliche. Ihr schriftlicher Nachweis erfolgt mithilfe zweier Thementypen, den

- materialgebundenen (z. B. Texte, Statistiken, Schaubilder usw.) und
- den freien Thematiken.

Sie können reproduktiv oder produktiv angelegt sein.

Für lernende Anfänger sind einfachere Kontrollaufgaben (Multiple-Choice; Alternativantworten; Ergänzungsaufgaben; Lückentest; Kurzaufsatz u. dgl.) angemessen.

Mit fortgeschrittenen Lernenden sollte das dialektische und forensische Argumentieren geübt werden. Es muss sich auf erhebliche disponible Sachkenntnisse stützen (können).

Für eine Themenstellung ist zu beachten: Die Fragen sollten nur anfangs nach dem positivistischen Muster: Wann geschah …? Wie ist … aufgebaut? (Sachfragen) gestellt und dann zunehmend von dem divergenten Typ: Wie kam … zustande? Was hat …bewirkt? (Motiv- und Funktionsfragen) abgelöst werden. Danach kann man drei Arten von schriftlichen Klassenarbeiten unterscheiden:

1. die Arbeit in Form von (Sach-)Fragen (auch Tests),
2. die Arbeit als selbstständigen Interpretationsversuch (Facharbeit, Essay),
3. die Arbeit als politischen Aufsatz, mit oder ohne Materialvorlagen (Klausur).

Die Klassenarbeit/Klausur hat nicht zuletzt eine pädagogische Funktion., indem sie Wettbewerbsgleichheit unter den Lernenden herzustellen hilft. Zurückhaltende, weniger diskussionsfreudige Menschen können auf diese Weise ihre (oft latenten) Fähigkeiten aktivieren, während flotte Redner ihre sachliche Fundierung nachweisen müssen. Insofern dient die schriftliche Äußerung auch der Selbstkontrolle. Eine Klausurarbeit kann folgendermaßen methodisch strukturiert werden:

1. Themenreflexion gemäß der Fragestellung
2. Stichwortsammlung (Notizen)
3. Vorläufige Strukturierung
4. Themenzentrierte Auswertung der Stichworte
5. Darstellung/Ausarbeitung
6. Ergebnis(se).

Formal reichen für Klassenarbeiten auch stichwortartige Exposees aus. Der Beurteilungsmaßstab bildet sich aus dem Klassen-/Gruppendurchschnitt, dem Schwierigkeitsgrad, den billigerweise (oder/und lehrplandeterminiert) zu stellenden Anforderungen der Alters-/Lernstufe, ferner der Art der Bewältigung sachlich-kenntnismäßiger bzw. kombinatorisch-denkmäßiger Aufgaben.

In der S I sollten Klassenarbeiten, die die kontextuelle Anwendung des Gelernten (z. B. an einem Fall) überprüfen, höchstens zweimal pro Halbjahr eingesetzt werden. Die Anzahl der Klausuren in der S II richtet sich nach den amtlichen Erlassen. Wer Testbefragungen vorzieht, kann sie (nach amerikanischem Muster) a) positivistisch (Faktenwissen), b) kognitiv-diskursiv (kritisches Denken) und c) affektiv/konativ (Haltungen, Attitüden) konstruieren.

Schließlich kann die Klassenarbeit als *Erörterung* nach einer Textvorlage oder als textungebundene Problemerörterung (schon ab S I) erfolgen. Bei Letzterer sollen kontroverse Standpunkte zu einer Entscheidungsfrage gesammelt werden.

Anspruchsvoller ist der *Essay* in der S II. Er bietet inhaltliche und darstellerische Spielräume und ist assoziativ frei von Strukturvorschriften, verzichtet auf wissenschaftliche Analytik oder strenge Systematik der Gedanken.

Anhang: Beispiele aus der Unterrichtspraxis

Beispiel I: Bundestagswahl und Regierungsbildung (10. Kl., Arbeitszeit/1 Std.)
„Beantworte kurz, aber vollständig, folgende Fragen:
1. Worin unterscheiden sich Erst- und Zweitstimmen?
2. Was besagt die ‚Fünf-Prozent-Klausel'.

3. Was versteht man unter
   a) Verhältniswahlrecht,
   b) Mehrheitswahlrecht?
   Nach welchem Verfahren wird bei der Bundestagswahl der Gewinner ermittelt?
4. Wie erfolgen nach einer Bundestagswahl Kanzlerwahl und Regierungsbildung?
5. Was bedeutet der Begriff ‚Fraktion‘?
6. a) Was ist der Bundesrat?
   b) Welche Aufgabe hat der Bundesrat?
7. Was besagt der Begriff ‚Föderalismus‘?
8. Skizziere stichwortartig den Gang der Gesetzgebung vom Entwurf (wer arbeitet diesen aus?) bis zur Inkrafttretung des Gesetzes!
9. Wie beurteilst du das politische System der Bundesrepublik? Was sollte deiner Meinung nach verändert/verbessert werden?“
   (Unger 1985, 325)

Beispiel II: Voraussetzung: Beschäftigung mit den Themen „Gleichberechtigung der Geschlechter“ und „Jugendarbeitslosigkeit“.

Intention: Kenntnisse mit Auseinandersetzung und Urteilsbildung verbinden. (10. Klasse, Arbeitszeit 1 Stunde)

„1. Nenne 6 Gebiete/Punkte aus dem Arbeitsleben, bei denen man gesellschaftlich (d. h. nicht in jedem Einzelfall) von einer Diskriminierung durch das Geschlecht sprechen kann!
2. Setz’ dich mit der These auseinander, dass die Frau in unserer Gesellschaft auch heute noch nicht die volle Gleichstellung gegenüber dem Mann erreicht hat! Schreibe deine Meinung dazu!
3. Nenne stichwortartig
   a) einige Gründe für die derzeitige Jugendarbeitslosigkeit,
   a) einige Lösungsversuche zur Verringerung oder Beseitigung der Jugendarbeitslosigkeit!
4. Setz’ dich mit den Lösungsvorschlägen (nach 3b) auseinander und beurteile sie!“
   (Ebd. 327)
3. Klassenarbeit 9. Klasse: „Sollte es deiner Meinung nach in der Bundesrepublik Privatfernsehen geben? Nenne stichwortartig Argumente pro und contra, und verdeutliche deine eigene Meinung!“
(Ebd. 326)

9.3 Das Referat als Einführung in wissenschaftsorientiertes Arbeiten

9.3.1 DAS SACH- UND PROBLEMREFERAT

Das Referat hilft, den von häufigen strukturellen politischen und gesellschaftlichen Verschiebungen, Änderungen des Datenmaterials, der perspektivischen Sichtweisen, des aktuellen Geschehens, der interessenpolitischen Prioritäten betroffenen Politikunterricht zu aktualisieren, indem es ihn mit zusätzlichen Informationen versorgt und wichtige Fragestellungen aufwirft. Aus dieser Funktion lassen sich zwei Sorten von Referaten ableiten:

1. Das Sachreferat (vermittelt Orientierungswissen durch Beobachten, Beschreiben, Registrieren und Berichten konkreter Vorgänge).

Ein Sachreferat, das besonders für jüngere Schüler/innen und erwachsene Anfänger zur Einarbeitung in methodische Verfahren geeignet ist, kann fehlende Tatsachen bereitstellen und mit den Inhalten einfacher Primär- und Sekundärliteratur vertraut machen. Es spielt demnach eine ergänzende Rolle zu den vorhandenen Materialien und kann sich an die in Lehrbüchern usw. präsentierten Modelle, Problemaufarbeitungen usw. einfügen bzw. anschließen, ihre Struktur verbessern/verändern u. dgl. Die genuine Leistung des Referenten liegt in der Auswahl und Gliederung sowie in der Passung der zu vermittelnden Inhalte im Kontext des Oberthemas. Auf angemessene sprachlich (fachlich, stilistisch, grammatisch und semantisch) einwandfreie Formulierungen ist zu achten. Der Referatsvortrag stärkt das Selbstwertgefühl des Lernenden, gibt den Zurückhaltenden die Chance zur gruppenöffentlichen Artikulation und zum Beweis ihrer Fähigkeiten. Im Sinne der zeitgemäßen Forderung nach kollektiven Lernprozessen kann ein Referat (Facharbeit, Protokoll, Hausaufgabe usw.) auch von mehreren Lernenden angefertigt werden. Vorher sollten sie mit den formalen Anforderungen vertraut gemacht worden sein, z. B. Quellenangabe, Zitierweise, Aufbau und Strukturierung, Exzerpieren, Anlegen von Karteien, Kompilation von Einzeldaten, Darstellen von Zusammenhängen usw. Darin besteht der pädagogische Ansatz zu geistiger Selbstständigkeit des/der Lernenden sowie die anleitende, mäeutische Aufgabe des Lehrenden.

Das Einüben in die Arbeitstechniken und in das Begreifen eines umfänglicheren geistigen Zusammenhangs kann man mit kleinen, begrenzten, dem Anspruchsniveau entsprechenden Themen beginnen, die sich aus dem jeweiligen Arbeitsprojekt als Teil- oder Zusatzaufgabe ergeben.

Diese Betätigung kann in Gestalt eines Arbeitsplans folgenden Verlauf nehmen:
1. Groborientierung, Materialsuche (bzw. vom Lehrenden zur Verfügung gestellt)
2. Stoffauswahl (Stoffsichtung)
3. Stoffanordnung und -ausarbeitung
4. Darstellung und Interpretation
5. Beurteilung/Bewertung, Einordnen in Zusammenhänge (Kolossa 2000, 133).

Der fünfte Schritt ist zunächst nur ansatzweise möglich.

Das Problemreferat reflektiert das wissenschaftspropädeutische Leistungsvermögen Fortgeschrittener. Es baut auf den formalen Kriterien (z. B. Vergewisserung über Inhalte und ihre Brauchbarkeit) des Sachreferats auf, abstrahiert sie und bringt sie durch Reflexion in die notwendige Perspektive, vollzieht den Schritt zur Problematisierung und Beurteilung. Es erläutert abstrakte Zusammenhänge, stellt Fragen, verweist auf offene bzw. alternative Lösungen.

Problemreferate sind inhaltlich und formal anspruchsvoll. Sie begnügen sich nicht mit der Rezeption und Wiedergabe des Vorgegebenen, sondern verlangen eine integrativ-reflexive, durch ergänzende Unterlagen (Lexika, Quellensammlungen, Primär- und Sekundärliteratur usw.) angereicherte und abgesicherte, in einem zumutbaren Rahmen gehaltene produktive, die Themen- und Zielstellung berücksichtigende Reflexion der vorgegebenen Materialien. Damit erreicht man die Stufe des wissenschaftspropädeutischen Arbeitens.

9.3.2 Methodische Anmerkungen

Als Einführung eignen sich Referate, die z. B. einen wissenschaftlichen Aufsatz, eine kleinere, verständliche wissenschaftliche Schrift, dann mehrere Aufsätze und Schriften, alle nach bestimmten systematischen Gesichtspunkten und evtl. unterschiedlichen Positionen wiedergeben. Der Lehrende kann mit dem Referenten das Exposee besprechen, Anregungen geben, weiterführende Literatur benennen usw. Der Lernende sollte auch selbst Literaturrecherchen in öffentlichen Bibliotheken anhand des Sachkatalogs (Kartei- und digitale Verfahren) oder open-shelf durchführen.

Am Anfang müssen die folgenden Punkte beantwortet werden:

- Welche Fragen soll das Referat klären?
- Welches Material steht zur Verfügung? Wie seriös ist es?
- Welche Erkenntnisse sind über die Problemstellung des Referats bereits vorhanden?

Die Beantwortung führt zu den Kernaussagen, den Hintergrundinformationen, den Schlüsselbegriffen und evtl. zu einer Visualisierung (z.B. Diagramme, Karten, Tabellen, Modelle) etwa in Gestalt eines Handout, Tafelanschriebs, einer Overheadprojektion, eines Video) oder zu einem Thesenpapier (Struktur: Einleitung, Diskussionsthema, Probleme, Kernthesen, andere Meinungen, eigene Auffassung).

Für die Erarbeitung kann das folgende Ablaufschema hilfreich sein:

- Gewinnen grober Gliederungspunkte aus der Themenstellung; erste inhaltliche Orientierung anhand des Themas
- Thema begründen
- Arbeitshypothese aufstellen
- Auffinden und Darstellen von den der Arbeitshypothese widersprechenden Positionen
- Widersprechende Auffassungen diskutieren und erörtern

Ausarbeiten einer differenzierteren Fassung der Arbeitshypothese

- Formulieren der Schlussfolgerungen: Hypothese wird verifiziert, abgewandelt oder verworfen (K. Hofmann 1983, 33).

Für die Auswertung von Sekundärliteratur können die folgenden Fragen hilfreich sein:

- Welche Frage(stellung) beschäftigt den Autor?
- Welche zentralen Aussagen/Thesen werden gemacht/vertreten?
- Welche Argumente werden vorgetragen?
- Welche (Kontra-)Position nimmt der Autor ein?
- Welche erkenntnisleitenden Interessen verfolgt er?
- Welche Schlussfolgerungen zieht er?
- Welche Bewertung nimmt er vor?

9.3.3 Das Referat als Teil des Lernprozesses

Das Referat – als integrierender Bestandteil des Lernprozesses (Impuls, Zusammenfassung) – sollte (mündlich oder schriftlich, frei mithilfe von Stichworten oder wörtlich vorgetragen) mit einer kurzen, einführenden Sachverhaltsdarstellung beginnen und auf die Interpretation, Exegese oder sonstige Art der theoretischen Erörterung übergehen.

Die gedanklichen Schritte sollten nicht zu lang sein und auf das Fassungsvermögen der Hörer Rücksicht nehmen. Zwischenzusammenfassungen oder Wiederholungen schwieriger Passagen können dies erleichtern. Ebenso kann ein (schriftliches) Statement oder Arbeitspapier (Abstract, Handout) die Probleme und Ergebnisse in Thesenform bzw. als offene Fragen vergegenwärtigen; parallel dazu sollten die Hörer zu eigenen Notizen angeregt werden.

Die sich anschließende Diskussion wird mit der Klärung von Sachfragen beginnen, danach kann über den Aufbau/die Struktur des Referats (Formalkritik) sowie über seinen Inhalt/ Umfang/Grundlage(n) (Materialkritik) gesprochen werden. An diese Kritik sollten vorbildungsbedingte Beurteilungsmaßstäbe angelegt werden.

Jetzt erfolgt die diskursive Auseinandersetzung mit den vorgetragenen Thesen. Ein Protokoll kann Verlauf und/oder Resultate festhalten, eine Sammelmappe kann die Arbeitsergebnisse für die Lernenden zur jederzeitigen Einsichtnahme zur Verfügung halten.

Für die Effizienz eines Referates ist sein richtiger zeitlicher bzw. kontextueller Einsatz maßgebend. Die optimale Zeitdauer sollte bei Sachreferaten 8–10 Minuten nicht überschreiten, für Problemreferate gilt die Faustregel, dass die wesentlichen Punkte erörtert und genügend Zeit für eine Diskussion übrig bleiben muss.

Als Themen – auch für eine Facharbeit – kommen u. a. in Frage:

- Sind Wehrdienstverweigerung und Pazifismus angesichts der weltpolitischen Lage vertretbar?
- Über Ungleichheiten in unserer Gesellschaft.
- Was bedeuten Begriffe wie Freiheit, Gleichheit, Toleranz unter den verschiedenen politischen Systemen und Ideologien?
- Methoden des Wahlkampfes in unserer Stadt.
- Hat (Aus-)Bildung etwas mit Politik zu tun?
- Über die Situation von Schulabgängern.
- Unser Land und die europäische Einigung.

9.3.4 Die Fach-/Jahresarbeit

Die Fach-/Jahresarbeit berührt sich in vielen Punkten mit den Ausführungen über das Referat. Der (fortgeschrittene) Lernende erhält Gelegenheit, seine Fähigkeiten an einem umfassenderen, über einen bestimmten Zeitraum sich erstreckenden, wissenschaftspropädeutische Verfahren und fachliche Methoden anwendenden, auf Erkenntnisfortschritt gerichteten Thema zu erproben. Fachwissen und Methodenkompetenz sollten einen Grad erreicht haben, der kleinere Forschungsarbeiten zulässt. Sie beruhen im empirischen Bereich auf selbstständigen Beobachtungs-, Erforschungs-, Aufbereitungs-, Auswertungsaufgaben, im theoretischen Bereich auf der Analyse, Auswertung und Beurteilung von Sachverhalten. Als einübende Vorform einer Facharbeit kann der politisch-gesellschaftliche Aufsatz (Essay) praktiziert werden, oder Lernende können aufgrund von persönlichen Erlebnissen, Erfahrungen oder Beobachtungen eine (umfänglichere) Frage erörtern. Weitere Voraussetzungen sind die Beherrschung arbeitstechnischer Fertigkeiten wie der Umgang mit Daten, Statistiken usw., selbstständiges Arbeiten und Fragen, Stoffsammeln und -auswerten, Referate und Protokolle anfertigen können.

Die Facharbeit ist also kein erweitertes Referat, sondern dient dem Nachweis, dass der Lernende auf methodisch gesichertem Wege zu eigenen Resultaten gelangt.

Nach der vom Lernenden bzw. Lehrenden vorgenommenen Themenwahl beginnt die Planung und Materialsuche. Ein Arbeitstagebuch, das spontane Niederschriften ebenso wie Gedanken zur Weiterarbeit enthalten kann, kann für das Festhalten und Reflektieren bereits vollzogener Arbeitsschritte sowie für die Kommunikation mit dem die Arbeit betreuenden Lehrenden hilfreich sein. Es lässt Fortschritte erkennen.

Das Ziel der Facharbeit besteht somit in der selbstständigen Erarbeitung theoretischer wie realer Zusammenhänge und Ereignisse sowie in der methodisch angelegten Beweisführung und Begründung des Urteils ([vor-]wissenschaftliche Evidenz). Die Ergebnisse sind in übersichtlicher, plausibler und möglichst anschaulicher Form (z. B. Verdeutlichung durch Tabellen, Schaubilder, Skizzen, Fotos usw.) darzubieten.

Aus dem breiten Spektrum an möglichen Themen kommen für eine politisch-gesellschaftliche Facharbeit u. a. in Frage:

- Die Deutschlandpolitik bis zur Wende
- Die Stellung der Parteien zu einzelnen Politikbereichen
- Der Auftrag der Gewerkschaften in der demokratischen Arbeitsgesellschaft
- Die intermediäre Gewalt der Verbände und ihr Einfluss auf Regierung und Parlament
- Die politische und moralische Bedeutung des Widerstandes gegen Hitler/gegen das DDR-Regime
- Probleme des europäischen Zusammenschlusses
- Fragen der Raumplanung im Kreis X
- Aktuelle politische Probleme in unserer Stadt/Gemeinde
- Die Grund- und Menschenrechte in den Verfassungen seit 1789
- Die Behandlung des Nationalsozialismus/der DDR in zwei bis drei Geschichts- bzw. Sozialkundebüchern
- Israel und die arabische Welt
- Probleme der ausländischen Bevölkerung in unserer Stadt/Gemeinde
- Wiederaufbau in einer ostdeutschen Stadt
- Formen der neuen Armut. Lebensverhältnisse von Arbeitslosen und anderen Randgruppen
- Zeichen des Ost-West-Gefälles in einer ehem. Grenzregion
- (Industrielle, gewerbliche, landwirtschaftliche) Strukturveränderungen in einer ostdeutschen Stadt/Landschaft
- Die strafrechtliche Ahndung von DDR-Unrechtstaten
- Gemeinsamkeiten und Trennendes in der Geschichte der (alten) BRD und der DDR
- Maßnahmen zur wirtschaftlichen und gesellschaftlichen Angleichung Ostdeutschlands an den Westen.

9.3.5 DER STUDIENTAG

An einem so genannten Studientag – der von einem Projekttag zu unterscheiden ist – bearbeiten die Lernenden (S II) ein mit ihnen präzise formuliertes, zeitlich und sachlich festgelegtes Thema/Problem. Es handelt sich um eine offene Arbeitsform, einzeln oder in Gruppen, bei der nach Möglichkeit eine Konzentration bzw. Koordination von Anteilen aus mehreren Bereichen/Fächern stattfindet. Der Tag wird unterschiedlich organisiert: im Gebäude der Institution (Schule), in einer Bibliothek, einem Museum, einem Archiv oder als Hausarbeitstag. Der Nachweis besteht in der abzuliefernden schriftlichen Arbeit. Ein Studientag kann auch der (individuellen oder gemeinsamen) Vorbereitung auf ein Kolloquium (s. S. 253) dienen.

Für die Arbeitsmethoden, deren Anwendung einen wichtigen Bestandteil des Studientages ausmacht, kann vor allem das zu den Projektverfahren Gesagte gelten (s. S. 367). Die Arbeit selbst soll eine selbstständige Leistung sein, bei der ein oder mehrere Lehrende als Berater zur Verfügung stehen. Neben Einzelthemen für die individuelle Bearbeitung erweist sich ein in Sequenzen aufteilbares Oberthema für die Lerngruppe als optimal. Die Arbeitsergebnisse werden schriftlich fixiert (Protokoll, Bericht) und vom Plenum ausgewertet.

Der Sinn eines solchen Studientages, der sich organisatorisch in den Plan der Institution einpassen muss, liegt im konzentrierten, methodisch strukturierten Umgang mit einer thematischen (Teil-)Aufgabe zum Zwecke des Erkenntnisgewinns.

An Themen sind u. a. möglich:

- Die Funktion der „Klasse" und der „Geschichte" im Kommunistischen Manifest
- Recht und Gerechtigkeit in Platons Dialog „Gorgias".
- Die Begründung des Widerstandsrechts in ausgewählten Texten aus der (Sozial-) Theologie
- Grundlagen der liberalen Wirtschaftstheorie (A. Smith, Eucken, Röpke, v. Hayek, F. Böhm u. a.)
- Probleme der europäischen Integration (z. B. Osterweiterung, Verfassungsstruktur, Einzelpolitiken)
- Vergleich der Grund- und Menschenrechte (Magna Charta Libertatum 1215, Habeascorpus-Akte 1679, Die Erklärung der Menschen- und Bürgerrechte 1789, Zehn Zusatzartikel zur amerikanischen Verfassung [sog. Bill of Rights] 1791, weitere Verfassungen)
- Bismarcks Sozialpolitik in ihrer gesellschaftlichen Bedeutung für die Gegenwart
- Die Haltung der Kirchen gegenüber Fragen des Eigentums (Sozialenzykliken, Entschließungen des Rats der Evangelischen Kirchen)
- Vergleich wichtiger Punkte von Parteiprogrammen (historisch und aktuell)
- Die gesellschaftspolitischen Auffassungen von (Einzel-)Gewerkschaften anhand ihrer Grundsatzprogramme
- Das Problem der „Rasse" oder des „Lebensraums" in NS-Schriften (Hitler: Mein Kampf; Rosenberg: Mythus des 20. Jahrhunderts; Hermann Grimm: Volk ohne Raum)
- Aspekte des Zusammenbruchs der DDR
- Die Fronten im Historikerstreit
- Die Bubis-Walser-Kontroverse über das Erinnern an die Verbrechen der NS-Diktatur.

9.3.6 BERICHTE

9.3.6.1 Der Stundenbericht

Für die Sicherung von Ergebnissen der Sach- und Problemdiskussion sowie zur Selbstkontrolle von Lehrenden und Lernenden kommt dem Stundenbericht eine Bedeutung zu. Seine Erstellung ist gleichzeitig eine Einübung in künftig anzufertigende Zusammenfassungen, Protokolle im beruflichen oder außerberuflichen Bereich usw. Er kann auch von zwei Lernenden übernommen werden.

Bei der Wiedergabe des Faktischen kann der Stundenbericht sich kurz fassen. Eine bloße Reproduktion des zeitlichen Verlaufs einer Diskussion reicht nicht aus.

Entscheidend ist die Konzentration auf die für das Thema wesentlichen Fragestellungen. Der Berichterstatter muss teilweise nicht zusammengehörige Beiträge zu einem sinnvollen

Ganzen zusammenfügen, Bezüge untereinander herstellen. Dazu muss er unklare Aussagen durch Nachschlagen oder Nachfragen zu klären versuchen, vielleicht auch ergänzen und präzisieren. Dennoch darf nichts verfälscht werden. Auf konsultierte Lexika oder sonstige Materialien sollte verwiesen werden.

Das Abfassen eines Stundenberichts kann folgendermaßen gestaltet werden: Der Berichterstatter legt dar, mit welchen Fragen, Aussagen usw. das Gespräch eröffnet wurde. Darauf schildert er den Verlauf, alle nicht zum Thema gehörenden Abschweifungen schaltet er aus; dann referiert er die wichtigsten Argumentationsstränge sowie deren abgeschlossene oder offene Resultate. Danach schlägt er ungeklärte oder wünschenswerte Diskussionspunkte für eine weitere Auseinandersetzung vor. Darüber entscheiden die Beteiligten. Der fortlaufende Text kann durch thesenartige Zusammenfassungen und/oder Anregungen unterbrochen werden.

Die genuine Leistung des Berichterstatters liegt in der (oft von ihm selbst erst herzustellenden) Übersicht über Verlauf und Inhalte einer Diskussion, über das Herauspräparieren der zutreffenden Fragen und Probleme, über das Ordnen disparater Gedanken.

Letztlich geht es um das nachvollziehende und interpretierende Verstehen von intelligenten Beiträgen über eine bestimmte Zeiteinheit hinweg. Entscheidend für die nachbereitende Aufarbeitung ist nicht die Abgabe eines persönlichen Werturteils zu einer vergangenen Diskussion, sondern der adäquate Nachvollzug einer geistigen Auseinandersetzung. Dies gilt für die reproduktive wie für die produktive Seite der Berichterstattung.

Die vergleichsweise hohen Ansprüche an Lernende für das Erstellen eines Stundenberichts sollten sich in dessen bevorzugter Verwendung im Unterricht niederschlagen. Sein Umfang sollte begrenzt und damit geeignet sein, zu Beginn einer neuen Stunde/Sitzung verlesen und kritisch aufgenommen zu werden. Er sollte die Grundlage für eine weitere Diskussion liefern (können). Wenn möglich, sollte der Stundenbericht dem Lehrenden rechtzeitig vor einer neuen Diskussion vorgelegt werden. Die Stundenberichte werden zur ständigen Einsicht der Beteiligten in einer Mappe gesammelt.

9.3.6.2 Der Politische Wochenbericht

Der Politische Wochenbericht verfolgt zwei Ziele: Er will die Lernenden mit den wichtigsten politisch-gesellschaftlichen Ereignissen der Woche vertraut machen (Information) und den oder die Berichterstatter sowie die Leser zur Beschäftigung mit aktuellen Vorgängen anleiten (Auseinandersetzung). Auf diese Weise sollen sie über den Unterricht hinaus einen weiteren Zugang zum Politischen finden. Da der Wochenbericht in unterschiedlicher altersgemäßer Qualität erstellt werden kann, empfiehlt es sich, so früh wie möglich damit zu beginnen.

Von der inhaltlichen Seite her lassen sich zwei Arten des Wochenberichts unterscheiden: der umfassende Bericht (Gesamtbericht) und der thematische Bericht (Teilbericht). Der Letztere ist einfacher zu erstellen, indem je ein oder mehrere Lernende sich mit einem übergeordneten Thema (z.B. dem Verlauf der internationalen Konferenz in X, den Spannungen zwischen den Ländern X und Y, dem Krieg in X usw.) beschäftigen. Es wird festgelegt, welche Quellen (z.B. Zeitungen, Fernsehen, Rundfunk usw.) auszuwerten sind. Für die Bearbeitung der Materialien sollte eine methodische Einführung stattfinden (Wie wähle ich relevante Fakten und Probleme aus?).

Ein anspruchsvolleres Verfahren betrifft die Aufteilung des Wochenberichts in Ressorts (z.B. Außenpolitik: europäische Einigung, Nord-Süd-Verhältnis, internationale Politik, israelisch-arabischer Konflikt, Verhältnis USA – Russland/Asien usw., Innenpolitik: Kommunal-, Landes-, Bundespolitik, Parteien, Verbände, Einzelpolitiken wie Wirtschaft, Gesundheit, Bildung, Soziales, Recht usw.), die sich je nach Bedarf festlegen lassen. Selbstverständlich ist die Woche innerhalb eines bestimmten Ressorts nur dann interessant, wenn tatsächlich etwas Beachtenswertes geschehen ist. Das heißt es geht nicht um wöchentliche Aktualität um jeden Preis, um Ephemeres, sondern um Grundsätzliches, Fundamentales.

Ein als Experte ausgewiesener Lernender wird Bericht erstatten bzw. die Ereignisse auf einem Schwarzen Brett, einem großen Papierbogen oder in einer Berichtsmappe/-heft (Texte, Bilder, Statistiken usw.) mithilfe bunter Stifte, (Zwischen-)Überschriften in Majuskeln, attraktiver Raumaufteilung usw. erläutern. Weitere Experten oder interessierte Lernende werden die Präsentation ergänzen, Sach- und Problemfragen können von allen Beteiligten gestellt werden.

Der Bericht soll knapp gehalten und evtl. durch zusätzliche Hinweise und Erläuterungen (z. B. historisch-geografische Einleitung, Erklärung neuer Begriffe und Namen, Beschreibung des Umfelds/Zusammenhangs usw.) angereichert werden. Er kann zur bloßen Information dienen (s. o.) oder eine Diskussion einleiten. Nicht zuletzt soll der Lernende die Möglichkeit zur sachlichen Analyse aktueller Begebenheiten erhalten. Insgesamt handelt es sich um ein produktorientiertes Verfahren, um die Eingewöhnung in elementare und komplexe politisch-gesellschaftliche Geschehnisse, schließlich um die Anwendung erschließender Methoden und Arbeitstechniken.

Eine Schülerin der Klasse 8 beschrieb in ihrem ersten Wochenbericht u. a. ihr methodisches Herangehen: „Als ich die Aufgabe bekam: Diplomatische Beziehungen zwischen der Bundesrepublik und Israel und ihre Folgen, musste ich erst einmal feststellen, was diplomatische Beziehungen sind; denn ich habe mich bisher wenig um Politik gekümmert und kaum einmal in die Zeitung gesehen. Mein Vater hat mir auf meine Frage ungefähr geantwortet, dass … (…) In einem Lexikon habe ich gefunden, dass Israel erst im Jahre 1948 durch einen Beschluss der Vereinten Nationen entstanden ist. (…)."

9.3.6.3 Die Wandzeitung

Die Wandzeitung gilt als ein „didaktisch offen konstruiertes Medium" (Wittern) und ist auf selbstständiges, handlungsorientiertes Lernen gerichtet. Sie soll gleichzeitig skeptisch machen gegenüber fertigen („didaktisch geschlossenen") Medien und die Kritikfähigkeit gegenüber den Aussagen und der Konstruktion massenmedialer Informationsangebote erhöhen sowie einen aktiven, selbstbestimmten Mediengebrauch fördern. Sie versorgt den politischen Unterricht mit aktuellem Anschauungs- und Informationsmaterial. Sie wird realisiert auf einem Schwarzen Brett oder auf einem großformatigen Papierbogen von etwa 120 cm zu 200 cm im Kurs-/Klassenzimmer oder an einer gut zugänglichen Stelle des (Schul-)Hauses. In erster Linie werden Zeitungsausschnitte, Dokumente, Quellentexte, Fotos, Tabellen, (Schau-)Bilder, kommentierende (Sekundär-)Texte, aber auch Handzettel, Wahlzettel, Plakate, kleinere Informationsschriften u. dgl. zur Darstellung verwendet. Die Wandzeitung soll den Lernenden bei der Information und Vertiefung aktueller politisch-gesellschaftlicher Themen während eines bestimmten Zeitraums helfen. Für eine übersichtliche äußere Gestaltung des Schwarzen Brettes oder des Papierbogens kann durch Anbringen kleiner Schildchen mit den Ressortbezeichnungen gesorgt werden, z. B. Innen-, Außenpolitik, Wirtschafts- und Rechtspolitik usw., die bei besonderen Gelegenheiten unterteilt werden können z. B. in Wahlkampf, -versammlungen, -reden, politische Parteien, Gesundheits- und (Öko-)Steuerreform, (Hoch-)Schulpolitik. Durch die Benutzung von Farbstiften (Markern) können wichtige Aussagen oder Darstellungen markiert werden. Ebenso werden unbekannte Begriffe erklärt und evtl. weitere Hilfen angeboten, nicht zuletzt sollte eine geostrategische Karte zu einzelnen Konfliktzonen bereitgehalten werden.

Eine Wandzeitung kann auch der (Methoden-)Dokumentation eines Lernprozesses dienen. Planungsmaterial und -produkte aus einzelnen Arbeitsphasen wie Stoffsammlungen, methodischen Strukturierungen, Protokolle, Zwischenergebnisse u. dgl. belegen das gemeinsame Vorgehen. Aus diesen und den bereits genannten Gründen wird die Wandzeitung als aktuelle Informationsquelle und als Anschauungsmittel in das Lernarrangement mit einbezogen. Sie fördert die Aktivität, Selbstständigkeit und Urteilskraft der aktiv involvierten Lernenden sowie den Informationsstand der übrigen. Ein weiterer Vorteil liegt in ihrem ergebnisnahen Problembezug.

10 Einführung in sozialwissenschaftliche (Makro-)Methoden

10.1 Die Formen der Erkundung

Die Erkundung (z. B. einer Gemeinde, eines Stadtteils, von Wohn- und Arbeitssituationen, Betrieben u. dgl.) erfolgt allein oder in Gruppen und stellt eine Form ganzheitlichen Lernens durch (Real-)Begegnung mit der Alltagswelt an einem außerschulischen Lernort dar. Sie ist von der Besichtigung und Befragung abzugrenzen.

Nach Becker (1988; 1991) ist die Erkundung problem-, prozess-, projekt- und produktorientiert sowie fächerübergreifend und steht am Anfang oder Abschluss der Beschäftigung mit einem Thema. Sie zeichnet sich aus durch Praxisbezug und aktives Handeln (Lernen), durch Einarbeitung in die bzw. Überprüfung der gedachten oder wahrgenommenen Wirklichkeit. Sie ermöglicht einen direkten sinnlich-ästhetischen (visuellen, auditiven, szenischen, symbolischen) Zugang zum politisch-gesellschaftlichen Bereich, fördert soziales Lernen und ist multimethodisch angelegt.

Als Methoden kommen in Frage: die Recherche, das Interview, die öffentliche Diskussion, die Datenerhebung, das Beobachten, das Expertengespräch usw., als Arbeitstechniken: ein Beobachtungsraster, Fragebogen, Protokoll, Skizziertes; als Arbeitsmittel: Fotoapparat, Statistiken, (Schau-)Bilder, Videorecorder, Publikationen.

Erkundungsziele können sein: das Rathaus, ein Supermarkt, Betriebe, Gericht, Parlament (s. S. 445), jede Art von Institutionen und Organisationen, Zeitungsredaktionen, städtische Einrichtungen (z. B. Kindergärten, Altenheime, Gedenkstätten usw.).

Die Durchführung einer Erkundung kann nachstehendem Ablaufschema folgen:

1. Vorbereitung/Planung (Festlegung des Arbeitsthemas, der -schritte, der -orte usw.)
2. Datengewinnung (durch Befragungen, Auswertung von Unterlagen: z. B. Veröffentlichungen, Filmen usw. der zu erkundenden Einrichtungen)
3. Methoden- und Verhaltensreflexion, weiterer Arbeitsverlauf
4. Direkterkundung des Objekts (Durchführung)
5. Bearbeitung (Interpretation) des Materials
6. Ergebnisaufbereitung und -darstellung (Dokumentation, z. B. Bericht: Visualisierung und Versprachlichung). (Vgl. Becker 1991, 196)

Die Erkundung fordert aktives Verhalten und fördert forschendes und entdeckendes Lernen, die Planungs- und Ausführungskompetenz der Lernenden, ihre Entscheidungs- und Handlungsfähigkeit, das reflexive Denken, das Selbst- und Fremdwahrnehmen, den selbstständigen Informationserwerb, verhilft zu Realerfahrungen, übt kommunikative Verhaltensweisen (Sozialfähigkeit), leitet zu kritischem Tatsachenverständnis und zur Mitverantwortung für ein Projekt und dessen Ergebnis an. Die Erkundung (auch der sog. Unterrichtsgang) eignet sich für alle Alters- und Lernstufen und ist eine Form der Aneignung von Wirklichkeit. Rechtliche Bedenken bestehen nicht gegenüber einer Unterrichtsveranstaltung außerhalb des (Schul-)Hauses, sofern sie als Schulveranstaltung deklariert ist. In diesem Falle unterliegt der Lernende dem Anstaltsverhältnis und genießt den üblichen (Unfall-)Versicherungsschutz nach dem Bundesgesetz vom 18. 3. 1971 (BGBl. I S. 237).

10.2 Die Sozialerkundung als investigative Methode (S I)

10.2.1 Vom Sinn einer Sozialerkundung

Die Eingliederung in die gesellschaftliche Umwelt ist ein vorrangiges Ziel des politischen Unterrichts für Kinder und Jugendliche. Bei der Aneignung der Gegenstandswelt wird das empirische Vorgehen, werden eigenes Beobachten, Sammeln, Erforschen und Vergleichen sozialer Beziehungen und Sachverhalte favorisiert. Erkenntnisziel ist u. a. das Detail in seinen Verflechtungen, das Neue, Fremde, Andersartige. Der Untersuchungsverlauf beginnt bei der naiven Wahrnehmung der Umwelt- und führt zur exploratorischen Kenntnis und Erkenntnis. Zusammenhänge werden als Wirkungskomponenten der (vordergründigen) Erscheinungen erkannt. Die Erfahrungsgrundlagen der Lernenden bewegen sich im Mikrobereich von Familien, Jugendgruppen, Vereinen und ihrer strukturellen Zusammensetzung (Ordnungs- und Verhaltensregeln, Hierarchien, innere Konsistenz, emotionale Zuwendung usw.).

Parallel damit erfolgt der Kontakt mit der umgebenden Infrastruktur (Verkehrsmittel, Bildungseinrichtungen, Krankenhäuser, Versorgungsbetriebe usw.) und den Grundvorgängen des Wirtschaftens (Urproduktion, Weiterverarbeitung, Verteilung, Verbrauch) sowie mit Teilbereichen der Dienstleistungen, der Funktion des Geldes und des Marktes und der jeweils damit verbundenen Berufe.

Die folgende Darstellung betrifft die Art und Weise, wie Lernende der S I sich in Probleme ihrer Umwelt einarbeiten und für sich erschließen. Die Bearbeitung einer solchen fächerübergreifenden Aufgabe erfordert die Beschäftigung mit unterschiedlichen Sachgebieten und Wissensstoffen. Dadurch wird sie existenziell und konkret sowie von der (streckenweisen) Eindimensionalität des täglichen Fachunterrichts abgekoppelt.

10.2.2 Frageansätze und -techniken eines Erkundungsprojekts

Während eines Schullandheimaufenthaltes (Projektwoche) wurde das Thema „E. als Kneippkurort" gestellt. Entsprechend den fachlichen und methodischen Vorkenntnissen der Lernenden waren Vorbereitungen zu treffen, die sich auf den medizinischen und allgemein kurativen Zweck und Sinn von Kureinrichtungen, auf ihre wirtschaftliche (z. B. Investitionen, tägliche Ausgaben der Kurgäste, Ansiedlung von neuen Gewerbebetrieben, Stärkung der Kaufkraft usw.) und arbeitsmarktpolitische Bedeutung (Schaffung von qualifizierten Arbeitsplätzen; Verhältnis von Einpendlern zu Auspendlern usw.), auf Gewerbebetriebe, die Sozialstruktur eines kleinen Ortes, seine Freizeiteinrichtungen (Sportplätze, Freibad, Jugendtreffs, öffentliche Bücherei, sonstige kulturelle Angebote), Kindergärten, Schulen, Vereine, kirchlichen Verhältnisse, Gedenkstätten, Zeugen der Vergangenheit, Verkehrsverhältnisse, Feuerwehr, Polizei, Parteien, Gemeinderat, anstehende kommunalpolitische Entscheidungen usw. bezogen, schließlich Defizite. Es kommt weniger auf ein komplettes Kataster der Einrichtungen und Strukturen, auf ein vertieftes Verständnis der Funktionsweisen einzelner Institutionen an, sondern mehr auf deren soziale Dimension unter dem Rubrum „Was leisten sie für die Betroffenen" und „Welche Verantwortung tragen die hier beschäftigten Menschen?" Natürlich sind auch andere Themenstellungen möglich. Eine Vertrautheit mit kleineren sozialen Gebilden wurde bei den Lernenden vorausgesetzt, der Umgang mit elementaren sozialwissenschaftlichen Arbeitsmethoden wie Interview, Protokoll, Dokumentation, Inhaltsanalyse u. dgl. wurde eingeübt.

Das Thema entstand aus einer günstigen didaktischen Situation heraus. Bei gelegentlichen Besuchen der Lernenden im Heilkurort (dem späteren Bad E.) fielen ihnen die Kur- und Badeeinrichtungen auf. Sie fragten nach dem Zweck. Dies war der Ansatz für eine offene Projektkonzeption und für die Aufgabenstellung. Nach einer Einführung in Aufbau und Bedeutung eines Heilbades und seiner Indikationen wurden themenzentrierte Arbeitsgruppen gebildet, die – mit Notiz- und Skizzenblock, Fotoapparaten usw. ausgerüstet – loszogen. Gedrucktes Material gab es zu jener Aufbauzeit kaum. Deshalb mussten die in Frage kommenden Institutionen direkt besucht und die Ansprechpartner (auch Bürgermeister, Pfarrer, Ärzte, Pflegepersonal, Geschäftsleute) befragt werden.

So entstand allmählich eine Materialsammlung, die durch die Gruppe gemeinsam gesichtet werden musste. Daraus gingen neue Fragen hervor, die teilweise von anderen Gruppen beantwortet werden konnten. Dies machte es erforderlich, gemeinsame Überlegungen über die Unterscheidung von Wichtigem und Unwichtigem anzustellen. Als Kriterien wurden gefunden: die Unmittelbarkeit der schriftlichen oder mündlichen Aussage, die Originalität, die Aktualität, der Informationsgehalt, die Themenangemessenheit usw. Die Zwischenauswertung der Gruppen wurde auf einer Wandtafel bzw. Papierbogen fixiert und strukturiert, so dass ein umrissartiger Gesamtüberblick zum jeweiligen Zeitpunkt möglich wurde. Daraufhin erfolgte die gruppenbezogene Defizitanalyse (Was brauchen wir noch, was muss geklärt werden, wo finden wir … ?). Der Lehrende nahm eine Funktion als Mentor und Berater ein.

10.2.3   Das Produkt

Die vollendete, in einem DIN-A-4-Hefter gebundene und vervielfältigte Projektarbeit berichtete über die geografische Lage des Ortes, seine historische Entwicklung vom Ackerbaudorf zum heilklimatischen Kurort, detailliert über die Tretstellen, Badehäuser und Behandlungsarten, Ausflugsziele, Pensionen, Freizeit- und Sportangebote, die Meinungen von Kurgästen über Heilverfahren und -erfolge u. dgl. Die Ausarbeitung war entsprechend der Altersstufe der Lernenden der S I vorwiegend deskriptiv, wertende Stellungnahmen wurden nur in Ansätzen versucht.

Die Arbeit am Projekt erforderte von den Lernenden, Beobachtungen anzustellen, Erkundungen vorzunehmen, Befragungen durchzuführen, Skizzen anzufertigen, Fotos zu schießen, Besuche zu machen, Planungen auszuarbeiten, Aktivitäten zu entfalten, Materialien auszuwerten, Entscheidungen zu treffen, Urteile zu fällen u. dgl., insgesamt die Sensibilisierung für die soziale Umwelt als ein Ausschnitt der gesellschaftlichen Wirklichkeit. Auszüge des Projekts konnten in mehreren Ausgaben der Kurzeitung publiziert werden und fanden die Aufmerksamkeit des zuständigen Ministeriums.

10.2.4 WEITERE THEMENBEREICHE

Ein umfängliches Beispiel einer Sozialerkundung betrifft die Erkundung der Wohnumwelt (eines Stadtteils) sowie die Funktionsweise einer Stadt-/Gemeindeverwaltung. Arbeitsgruppen der verschiedenen Altersstufen können die Amtsleiter und Dezernenten sowie mit deren Erlaubnis die einzelnen Ämter besuchen: Sozialamt (soziale Härtefälle, Kindergärten, Ausländer), Kulturamt, Gesundheitsamt (öffentliche Hygiene, Krankenhäuser), Planungsamt (Stadtplanung), Wohnungsamt, Bauamt (Hoch- und Tiefbau), Schulamt, Stadtwerke (Wasser-, Elektrizität- und Gasversorgung), Verkehrsamt, Amt für Öffentlichkeitsarbeit, Kämmerei (öffentliche Finanzen), Amt für öffentliche Ordnung, Amt für Naturschutz, Büro der Frauenbeauftragten, Büro der Mitarbeitervertretung (Personal-/Betriebsrat).

usw. Dazu gehört ein Besuch des Stadtparlaments und der darin vertretenen politischen Parteien und Gruppen.

Weitere Themen: Erkundung der Bevölkerungsstruktur in einem Wohngebiet, der Verkehrsverbindungen, Einkaufsmöglichkeiten, sozialen Einrichtungen (Ärzte, Schulen, Spielplätze, Kindergärten, Kirchen, Bürgerhaus, Jugendclub, Sportvereine und -anlagen, kulturelle Einrichtungen, Wirtschaftsstruktur, Wohnqualität usw.).

Die Ergebnisse können in einem Sozialbericht oder einer Sozialreportage zusammengefasst und präsentiert werden.

Detaillierter Ablauf einer Erkundung

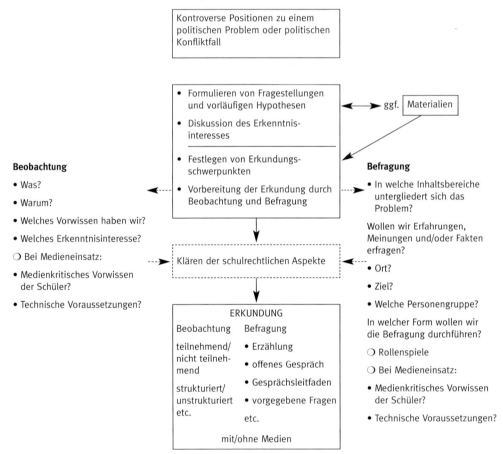

(Auswertung, Ergebnis, Präsentation, Reflexion: Johanna Fickel: Erkundende Lernwege im politischen Unterricht. In: V. Nitzschke, F. Sandmann [Hg.]: Neue Ansätze zur Methodik des Politischen Unterrichts. Stuttgart 1982, S. 294 f. [gekürzt])

Ein *Fragebogen* zum Thema „Anwohnerbefragung" kann wie folgt strukturiert sein:

1. Seit wann wohnen Sie in X?   seit …
2. Nennen Sie drei Begriffe, die den Stadtteil/
   die Wohngegend charakterisieren
3. Sind Sie Mitglied in einem Verein/einer Gruppe o. Ä.?   ja   nein
4. Wie wird/wurde das örtliche Altenwohnheim von der Orts-
   bevölkerung angenommen? Skala von 1 (sehr gut) bis 7 (sehr schlecht)
5. Haben Sie persönlichen Kontakt zum Altenheim?   ja   nein
6. Wenn ja, über Mitarbeiter, Presse/Medien, Veranstaltungen
7. Wären Sie an einer Informationsveranstaltung interessiert?   ja   nein
8. Würden Sie an einem gemeinsamen Fest mit den Alten teilnehmen?   ja   nein
9. Alter: …
10. Geschlecht: • männlich • weiblich
11. Beruf: selbstständig/angestellt • Rentner/Hausfrau/-mann • Schüler/Student/Lehrling

10.3 Die Sozialstudie als Gegenstand methodischer Praxis (S II)

10.3.1 Einführung und Ablaufphasen

Fragen über Gesellschaft und Staat können auf zweifache Weise erarbeitet werden:
durch die theoretische Beschäftigung etwa mit Staatstheorien (z. B. Platon, Aristoteles, Machiavelli, Thomas Morus, Campanella, Montesquieu, Rousseau, Hobbes, Marx u. v. a.), mit sozialen Schichtungsmodellen usw. oder mit der Analyse von Ausschnitten gesellschaftlicher Wirklichkeit (Erforschen und Vergleichen sozialer Sachverhalte und Probleme). Letztere beruht auf theoretischen Grundlagen und wendet mithilfe von Falsifizierung Verfahren der empirischen Sozialforschung an.

Die Sozialstudie soll soziale Tatsachen innerhalb einer überschaubaren gesellschaftlichen Einheit, einem Dorf, Betrieb, einer Gruppe untersuchen und Strukturen des jeweiligen Untersuchungsgegenstandes (eines Sozialgebildes) herausfinden. Sie kann zu interdisziplinären Regionalstudien (Flensburger Arbeitskreis 1973) ausgeweitet werden. Auf folgende Merkmale ist u. a. zu achten: Siedlungs-, Bevölkerungs-, Wirtschaftsstruktur, Verkehrsverhältnisse, Kultur und Bildung, Schulen, religiös-kirchliches Leben, Parteien, Vereine und sonstige gesellschaftliche Gruppen, Freizeitangebote, Integration von Ausländern, Armutsbericht, Wohnsituation, Gewerbetreibende in Handwerk und Handel, Gesundheitsdienste usw. Die Projektaufgabe geht über die bloße Registrierung von Einrichtungen und Personen hinaus und verlangt das Aufzeigen von Defiziten, eine kritische Beurteilung des Datenmaterials. Daraus sollten Verbesserungsvorschläge entwickelt und öffentlich gemacht werden (Zeitung, öffentliche Anhörung, Vorlagen an Stadtverwaltung und Parteien). Voraussetzung einer Sozialstudie ist die Kenntnis und die Anwendung fachlicher Methoden sowie der Sachverhalte (Einstieg und Beginn z. B. bei Desiderata oder kritischen Punkten). Die (anspruchsvolle, methodenvariierende) Durchführung kann den folgenden Verlauf nehmen:

1. Planungsphase
2. Themenfestlegung/Problem
3. (Faktoren-)Analyse der bereits vorhandenen Unterlagen

4. Empirische Feldarbeit (Materialsammlung, Interviews usw.)

5. Materialsichtung und -strukturierung (Isolation von Variablen)

6. Feststellung des Erkenntniswertes (Ergebnis, Operationalisierung)

(7. Zusammenfassung, Veröffentlichung).

10.3.2 BEISPIEL: STUDIE ÜBER STADTENTWICKLUNG

Eine Studie über Stadtentwicklung kann folgende methodische Struktur erhalten:

1   Geo- und topografische Abgrenzung des Gebiets

2   Wirtschaftsstruktur

2.1 Betriebe und ihre Größen

2.2 Beschäftigungsstruktur und -entwicklung

2.3 Standortfaktoren

3   Bevölkerung

3.1 Bevölkerungsstruktur und -entwicklung

3.2 Haushaltestruktur

3.3 Wanderungsbewegungen

3.4 Pendelbeziehungen (Ein-, Auspendler)

4   Infrastruktur

4.1 Verkehrserschließung

4.2 Bildungs-, Freizeit- und Erholungseinrichtungen

4.3 Öffentliche und soziale Einrichtungen (Schulen, Kindergärten, Altenstätten, Vereine usw.)

4.4 Ver- und Entsorgung

4.5 Wohnungsversorgung

4.6 Einkaufs- (Einzelhandel, Kaufhäuser) und Dienstleistungsbetriebe (freie Berufe aller Art)

5   Haus- und Grundbesitzstruktur (Villen, Reihen-, Mehrfamilien-, Hochhäuser; Eigentumsverhältnisse: privat, Wohnungsbaugesellschaften)

5.1 Gebäudebestand

5.2 Gebäudenutzung (Mieter, Läden, Praxen usw.)

6   Gewerbestruktur

6.1 Branchen(mix)

6.2 Rechtsformen (GmbH, Alleininhaber, Pächter usw.)

6.3 Qualifikationsstruktur der Beschäftigten (hoch-, niedrig qualifizierte Arbeitsplätze)

6.4 Parkplätze; Standortverteilung

7   Sozialstruktur

7.1 Einwohner nach Alter und Geschlecht

7.2 Soziale Schichtung der Einwohner (sozio-ökonomischer Status, sozio-demografische Merkmale)

7.3 Haushaltsstruktur (Familiengrößen, Ausstattung, Wohnumfeld, Wohnraum usw.)

8   Verkehr

8.1 Straßennetz und -belastung

8.2 Ruhender/fließender Verkehr

8.3 Fußgängerwege(netz), Busverbindungen usw.

8.4 Radfahrwege, verkehrsberuhigte Zonen usw.

Die Sozialstudie stellt eine weitgehend selbstständige Leistung von Lernenden dar, die mit den Arbeitsweisen und den Methoden empirischer Sozialforschung (s. S. 391) vertraut sind. Ein solches wissenschaftspropädeutisches Projekt ist handlungsforschungs- und produktorientiert, kann jedoch nur bei günstigen äußeren (zeitlichen und materialen) Bedingungen realisiert werden und erweist sich dann als eine in vieler Ansicht (s. o.) lohnende Aufgabe.

10.4 Das Betriebspraktikum und die Betriebserkundung

10.4.1 Zum Erfahrungsbereich

Eine Handlungsdimension des Politikunterrichts realisiert sich im Praktikum, das i. d. R. 2–3 Wochen dauert. Seine Intention liegt darin, die Lernenden mit der betrieblichen Umwelt unter wirtschaftlichen, sozialen, politischen, gesellschaftlichen usw. Aspekten vertraut zu machen. Es geht also nicht um den Erwerb handwerklicher oder industriell-technischer Fertigkeiten, wie das anfangs in der DDR im Fach Polytechnik mit einem Arbeitstag in der Produktion der Fall war, sondern um das Erkennen von (menschlichen, herrschaftlichen, technisch-apparativen, mitbestimmungsmäßigen usw.) Strukturen. Dabei ist die Vorbereitung (und Nachbereitung) durch Firmenmitarbeiter/Ausbilder entscheidend für das Gelingen sowie die Auswahl eines geeigneten Praktikumsplatzes. Dazu gehört auch die Beachtung des § 22 Jugendarbeitsschutzgesetz (1986) sowie der Betriebsordnung, ferner geht es um die Klärung und Einordnung der innerbetrieblichen Positionen und der Rollenerwartungen, Normen (Gattermann 1974, 25 ff.) u. dgl. Es müssen sowohl die menschlichen (Arbeitsklima, eine positive Einstellung der Mitarbeiter zum Praktikanten) als auch die sachlichen (ein Platz mit übersichtlichen Strukturen, relativ viel selbstständige Tätigkeiten der Beschäftigten, Personal-/Betriebsrat u. dgl.) Voraussetzungen gegeben sein, z. B. in einem städtischen Jugend- oder Sozialamt, Altersheim, Krankenhaus, Kaufhaus, Kindergarten, gewerblichem (Klein-) Betrieb, einer Erziehungsberatungsstelle, Personalabteilung, Apotheke, sozialpädago-gischen Einrichtung usw., aber auch bei politischen Parteien, Kirchen, Verbänden, Bürgerinitiativen, Massenmedien usw., überall dort, wo von den Lernenden praxis-, sach- und personenbezogene Initiativen ergriffen und die Grundvorgänge modellartig (in nuce) beobachtet und erfasst werden können.

Die Voraussetzungen dafür müssen eingeübt werden, z. B. in Rollenspielen (Wie ich mich den Mitarbeitern bekannt mache. Welche Fragen ich stellen sollte. Wie und wo ich während/außerhalb der Arbeitszeit recherchieren sollte. Wie ich mir das Gesehene, Gehörte, Erforschte notiere. Wie ich meine Mitarbeit anbieten kann u. dgl.), durch einen Fragenkatalog (über die Arbeitsabläufe , die Tätigkeit einzelner Beschäftigter, das Betriebsklima, die Mitsprache der Arbeitnehmer(vertreter), evtl. mithilfe von Broschüren des Betriebs oder der Arbeitsverwaltung usw.

10.4.2 Methodisches Vorgehen

Das Praktikum (s. Arbeitslehre) wird zum integralen Bestandteil der Begegnung mit der Arbeitswelt (mit der viele Lernende meist in Gestalt eines Ferienjobs oder auch Nebenjobs ohnehin konfrontiert werden). Es wird mit anderen Methoden wie Lehrgang, Projekten,

Fallstudien, Vorhaben, Rollen- und Planspielen koordiniert und kann u.a. folgende Ziele anvisieren: Einblick in einen Betrieb als Lebens-, Arbeits- und Produktionsstätte erlangen, die innerbetrieblichen Abläufe erfassen, das Stab-Linien-Prinzip (Abhängigkeitsverhältnisse) kennen lernen, den Zusammenhang von Theorie und Praxis an einem Beispiel erfahren, soziales Problembewusstsein entwickeln, die Aufgaben und Funktionen der betrieblichen Gewerkschaftsorganisation(en) feststellen und die Rollenfunktionen der Sozialparteien (Mitarbeiter – Management/Inhaber) erklären. Die Recherchen erstrecken sich auf Arbeitgeber und Arbeitnehmer. Dabei sind die folgenden methodischen Aspekte zu beachten: Neben einem vorsichtigen diskursiven Herantasten (u.a. mithilfe des betreuenden Lehrers oder eines interessierten Mitarbeiters), wobei auf gewisse Attitüden (z.B. Beachtung der Hierarchieebenen, persönliche Eigenheiten und Eitelkeiten) der Gesprächspartner Rücksicht zu nehmen ist, sollte nicht auf indiskreten Fragen z.B. nach der Erfolgsbilanz des Betriebes (die meistens selbst den Betriebsangehörigen nicht mitgeteilt wird) oder zur Lohn-/Gehaltshöhe einzelner Mitarbeiter insistiert werden. Generell kommt es je nach Betrieb/Einrichtung auf die Beachtung folgender Gesichtspunkte an: den humanen, den technologischen, ökonomischen, sozialen, betriebswirtschaftlichen, arbeits- und berufskundlichen, normativen Aspekt.

Das Praktikum wurde 1964 an den Hauptschulen eingeführt (Gutachten über die Arbeitslehre an Hauptschulen des Deutschen Ausschusses für das Erziehungs- und Bildungswesen vom 2.5.1964) und ist inzwischen für alle allgemein bildenden Schulen obligatorisch. Für die Durchführung gelten die Erlasse der Bundesländer. Allgemein wird eingeteilt in Betriebs-, Sozial-, Tages- und Blockpraktika.

Eine Einschränkung in allen investigativen und praktischen Bemühungen ergibt sich dadurch, dass die technische und ökonomische Funktionsweise eines Betriebes mit zunehmender Technisierung nicht mehr anschaulich zu machen und zu erfahren, eine allround-Erkundung als Zugang zur „Realität" oft nicht mehr möglich ist. An ihre Stelle treten Wirklichkeitssurrogate wie Modelle, Bilder, Filme, Referate usw. Danach können u. U. Betriebsteile besichtigt werden (Beinke 1987, 459). Dies widerspricht jedoch der ursprünglichen Intention, z.B. dem Kennenlernen komplexer Abläufe, der Betriebsorganisation oder des Qualifikationsprofils der Beschäftigten, der formellen und informellen Beziehungen am Arbeitsplatz, der wirtschaftlichen und juristischen Aspekte usw. Das eigentliche Erkunden ist vielfältiger und über die Zeit der Anwesenheit im Betrieb verteilt. Beispielsweise erstreckt sich die Frage nach den betrieblichen Interessen(gruppen) u.a. auf das Phänomen der „Betriebsgemeinschaft" (als Ideologie), die Art der Mitbestimmung, die Über-/Unterordnungsverhältnisse, die Situation und das Gesellschaftsbild der Arbeitnehmer, soziale Probleme, Betriebsrat, allgemeine Interessen- und Konfliktproblematik, die Rolle der Führungskräfte, das Prestige und die Kohärenz einzelner Gruppen (Ausbildung, Aufstiegsmotivation, Interessen, Berufszufriedenheit, Bildungsgang der Kinder oder der Partner, Verantwortungsbewusstsein, die Situation der Frauen u. dgl.), den Leistungsprofilen, dem Entlohnungssystem, der Lehrlingsausbildung, der Lage der ausländischen Mitarbeiter/innen, der modernen Technologie, dem Einfluss der nationalen/globalen wirtschaftlichen und politischen Rahmenbedingungen usw.

Während des Praktikums, für das ein ausreichender Versicherungsschutz von Amts wegen gewährleistet ist, werden die Lernenden von einem Lehrenden betreut. Er nimmt soweit wie möglich die schulische Aufsichtspflicht wahr und delegiert sie im Übrigen auf den Betrieb, den Verband, die Behörde. Er regelt strittige Fragen am Ort und bleibt der zuständige Ansprechpartner für Lernende und Betrieb. Durch seine mehrmaligen Besuche erhält er selbst Einblicke in die beteiligten Einrichtungen. Diese Kenntnisse wird er nicht zuletzt für eine gründliche Nachbereitung (und immanente Verwertung im Unterricht) nutzen, die er unter Auswertung des Berichtsheftes der Lernenden unbedingt intensiv vornehmen sollte, wenn das Praktikum überhaupt einen nachhaltigen Sinn und Zweck haben soll.

Die Ergebnisse des Praktikums (das von älteren Lernenden auch im Ausland [Böge 1999] abgeleistet werden kann [Hoffer 1995]) können schulöffentlich präsentiert werden.

10.5 Das Projekt/Vorhaben als multifunktionale Methode

10.5.1 Zur Bedeutung der Projektmethode

Projekt(Team-)arbeit und -management sind bevorzugte Sozialformen und Arbeitsmethoden in der modernen Erwerbsgesellschaft. Daraus resultiert die Favorisierung der Projektmethode im Unterricht. Sie beschäftigt sich mit der Bearbeitung eines umfassenderen Problems oder Themas. In der repräsentativen Auswahl oder Ausschnitthaftigkeit steht sie dem exemplarischen Lernen nahe und ist adressaten-, interessen-, situations-, produkt-, praxis- und zielorientiert. Das Projekt soll in seiner überfachlichen Ausrichtung und Überschaubarkeit den Lernenden zu Selbstständigkeit, Selbstbestimmung und -verantwortung bei Planung, Durchführung und Ergebnissicherung anleiten. Es hat einen mehrdimensionalen Methoden-, Lern- und Sozialbezug.

Zu den Vorzügen der Projektarbeit zählen:
- Abbau der Dominanz des Lehrenden, Veränderung seiner Berufsrolle
- Realitätsbezug und Praxisrelevanz
- Komplexität und Ganzheitlichkeit (Überwindung des „zerhackten" Fachunterrichts)
- fächerübergreifendes Arbeiten (Interdisziplinarität, Erfahren der gesellschaftlichen Handlungsrelevanz der Wissenschaften)
- situativer, lebensgeschichtlicher Ansatz
- forschendes, entdeckendes Lernen
- kommunikative Sozialformen
- Anwenden kreativer Methoden und instrumenteller Arbeitstechniken (Koopmann/Sachse 1995, 705 ff.).

Hieraus geht hervor, die Projektmethode hat einen existenziellen Bezug (Bedeutung für das Leben), eine sittliche Komponente (Initiative und Verantwortung), fördert Teamwork (sozialpsychologisches Moment), verlangt Ausdauer (voluntatives Moment), bildet die Urteilskraft (rational-diskursives Moment) und regt die schöpferische Tätigkeit an (kreatives Moment). Sie ist handlungs-, problem- und methodenorientiert, exemplarisch, kontrovers, transferabel, permanent aktuell, selbstständig, eigenverantwortlich u. dgl. In diesen Punkten bewährt sich die Projektmethode als eine Antizipation künftiger Lebenspraxis, die besonders in beruflichen Führungspositionen durch Übernahme und Leitung von Projekten geprägt ist. Allerdings wird der Begriff inflationär gebraucht. In der Pädagogik spricht man in nuancierter Nomenklatur von Projekt (lat. proicere = vorwerfen, entwerfen; planen, vorhaben), Projektunterricht (mit fächerübergreifendem Charakter), -arbeit, -methode, -woche und projektorientiertem (auf ein Fach bezogenen, nach den vier Schritten Themendiskussion nach dem Lehrplan, Planung, Durchführung und Reflexion arbeitenden) Unterricht.

Die Projektmethode geht auf J. J. Rousseau (gest. 1778) zurück und entstammt in der ausgefeilten Version der amerikanischen progressiven Erziehungsbewegung (John Dewey; William James). Sie wurde vor allem von William H. Kilpatrick (1859–1952), einem Schüler Deweys, entwickelt (1923). Als Sinnkriterien eines Projekts nennt er das planvolle Handeln in einer sozialen Umgebung. Es kommt ihm darauf an, das Planen als typische Einheit des wertvollen Lebens zum Ausgangspunkt für das Lernen zu sichern. Planen heißt hiernach: Prüfung der Möglichkeiten realen und vertretbaren Handelns. Dieser Prozess erfordert eine Aktivierung des Gewussten und Wissbaren. Der Gesamtvorgang wird als Charakter bildend bezeichnet. Seine sozialen Rückbindungen sind zu beachten. Darin wird die demokratische Komponente dieser Methode gesehen. Darüber hinaus wird er in den Lebensvollzug hineingestellt, indem Kilpatrick das Projekt durch einen inneren Impuls bzw. eine Triebkraft sowie durch eine innere Motivation ausgestattet wähnt. Dies erhält seine pädagogisch-psychologische Begründung durch das Argument, dass gelernt wird, was Bezug zum eigenen Leben(svollzug) hat und gestaltend beeinflusst werden kann (existenzial-pädagogische Lerntheorie des Autors; vgl. W. James und Thorndike). (Knoll 1991; Jung 1997, 13 ff.)

Die Projektarbeit wurde in Deutschland zu Beginn des 20. Jahrhunderts von der Arbeitsschulbewegung unter Georg Kerschensteiner, Hugo Gaudig („freie geistige Tätigkeit"), Berthold Otto („Gesamtunterricht") u. a. sowie von Reformpädagogen wie Peter Petersen, Hermann Lietz, Adolf Reichwein, Otto Haase, Fritz Karsen und anderen schon vor und nach dem Ersten Weltkrieg gefördert.

Man unterscheidet zwischen dem Einzel- und dem Gruppenprojekt, je nach der Anzahl der Mitarbeiter und den Intentionen. Teilaufgaben eines umfassenderen Projekts können delegiert, Experten können beteiligt werden, auch Eltern im Schulbereich. Für Projektarbeit muss genügend Zeit zur Verfügung stehen, i. d. R. sind es einzelne Projekttage (s. Studientag …), Projektwochen (oft am Ende eines Schulhalbjahres) und Projektwerkstätten.

Als Beispiel wird eine methodisierte Projektbeschreibung vorgestellt:

Thema: Kleinstadt gleich Langeweile?

1. Erarbeitung theoretischer Grundlagen (Soziologie der Kleinstadt und der Freizeit)
2. Befragung zu Freizeit und Wohlbefinden (Lebensqualität) in der Kleinstadt (anschließend Aufbereitung
   und Auswertung)
3. Erkundungen (Freizeitangebote, Qualitätsmerkmale, z. B. Ärzte, Apotheken, Bauwerke, Konsumangebote usw.)
4. Expertengespräche (kommunale Mandatsträger, Vertreter von Parteien, Vereinen, Kirchen, Verwaltung, Schulen, Betrieben, Bürgermeister usw.)
5. Erstellen eines Berichts (Kirfel 1992).

10.5.2 Zur Auswahl und Thematik von Projekten

Die thematische Auswahl des Projekts sollte nicht zu umfassend angelegt, interessant, wichtig und durchführbar, dem Aufwand angemessen, in sachlich-inhaltlicher wie in methodisch-propädeutischer Hinsicht einwandfrei sein, nach einem übersichtlichen, veränderbaren Plan erfolgen usw.

Als Projektaufgaben kommen beispielsweise und nach je örtlichen Bedingungen – z. B. nach der skandinavischen Grabe-wo-du-stehst- Bewegung des schwedischen Journalisten Sven Lindquist – in Frage:

* Demokratie in Gefahr? (Rassismus, Radikalismus).
* Verflechtung von Wirtschaft und Politik (Beispiel aus der NS-Zeit: z. B. Banken; aus der Gegenwart: z. B. Unternehmerverbände und Bundesregierung)
* Krisenpunkte von Verfassung und Verfassungswirklichkeit. (Gilt die Gewaltenteilung noch?)
* Menschenrechte in X
* Einwohnerbefragung zum Thema Dorfentwicklung in einer Gemeinde
* Standortanalyse für den Bau einer Turnhalle in einer Gemeinde, verbunden mit einer Befragung der potenziellen Nutzer
* Erarbeitung eines Vorschlags „Alkohol- und Rauchverbot am Arbeitsplatz"
* Erforschung eines ehem. KZ-Außenlagers (Lage, Belegung, Arbeitsalltag, Überwachung usw., Reaktion der Bevölkerung)
* Verkehrssicherheitsprojekt: Untersuchung des Verkehrsverhaltens vor einer Schule. (Beschreibung von Unfallursachen, Zusammenarbeit mit der Polizei, evtl. Podiumsdiskussion zur Unfallvermeidung)
* Formen und Methoden der politischen Propaganda
* Die programmatischen Aussagen politischer Parteien
* Die Stellung der Frau in der modernen Gesellschaft (Spannungsverhältnis zwischen Beruf und Familie)
* Baustile und ihre gesellschaftspolitische Bedeutung
* Stadtplanung als Ausdruck gesellschaftspolitischer Konzeptionen
  Einfachere Projektthemen sind:
* Wie arbeitet ein Kindergarten, Krankenhaus, Sozialstation, Altenheim?
* Wie wird die Wasser-/Gasversorgung unserer Gemeinde sichergestellt?
* Welche Aufgaben hat der Flughafen zu erfüllen?
* Welche Alltagsprobleme hat eine erwerbstätige Frau?
* Welche Einrichtungen unserer Gemeinde dienen der Freizeitgestaltung? (Finanzierung, Pflege, Benutzervorschriften usw.)?
* Wir beobachten eine Kommunalwahl.
* Aufbau und Inhalt zweier Tages- oder Wochenzeitungen. Fremde wollen Bürger in unserer Gemeinde werden. (Fragen der Integration von Ausländern)
* Wie ist unsere Gemeindeverwaltung aufgebaut und wie funktioniert sie? (Besuch und Beschreibung)
* Ist unsere Schule demokratisch organisiert?

Aus solchen Projekten können AGs, Arbeitskreise, Workshops, Wochenendseminare, Tagungen usw. hervorgehen. An einem Aktionstag einer Hauptschule (Kl. 8–10) gegen Ausländerfeindlichkeit wurden Zeitungsausschnitte, Karikaturen, Bilder, Liedtexte gesammelt, eigene Beiträge geschrieben und geklebt, internationale Folklore vorgeführt, Lieder gesungen u. dgl. In einer Grundschule fand an einem solchen Tag (altersbedingt) ein Kreisgespräch über das Zusammenleben deutscher und ausländischer Schüler/innen, Urlaubs- und Verwandtenbesuche statt, Bilder und Collagen wurden zusammengestellt, ausländische Tänze eingeübt u. dgl.

Die schematische Darstellung eines Projektverlaufs in der Schule sieht, verglichen mit dem Projektunterricht, wie folgt aus:

Elemente	Projekte im engeren Sinne	projektorientierter Unterricht	
		1. Reduktion	2. Reduktion
Thema/Inhalt	Schüler bestimmen das Thema und die Inhalte	Schüler und Lehrer legen gemeinsam nach Lehrplan Thema fest	Schüler wählen allein vorgegebene Themen
Materialien	Schüler beschaffen die Materialien	Schüler und Lehrer beschaffen zusammen Material	Schüler wählen aus vorgegebenem Material
Arbeitsziele	Schüler formulieren Probleme und Ziele selbstständig	Schüler und Lehrer legen gemeinsam Ziele fest	Schüler wählen aus Lernzielkatalog
Methoden	freie Lernwegwahl durch Schüler; Arbeit auch außerhalb der Schule	Auswahl aus angebotenem Lernweg	Lernwegempfehlung
Lerngruppe	freie Gruppenwahl nach Interessen und Neigung/heterogen	Gruppen homogen gebildet	Lehrer nimmt Einfluss auf Gruppenbildung
Fächer	mehrere Fächer übergreifend; mehrere Lehrer	zwei Fächer	ein Fach und Ausblicke
Beurteilung der Arbeit	durch die Schüler: Selbstkritik des Projektverlaufs	Schüler und Lehrer kritisieren gemeinsam	Bewertung durch den Lehrer wird diskutiert
„Produkt"	im voraus geplante Lernaktivitäten realisieren sich in einem „Produkt"	Planung erst während der Arbeit/ teilweise realisieren sich Lernaktivitäten	Produkt scheitert/ wird reflektiert
Schülerrolle	selbst- und mitbestimmend/ selbstständig/aktiv planend und durchführend	mitbestimmend/teilweise selbstständig/aktiv	mitbestimmend/auswählend/aktive und passive Arbeitsphasen
Lehrerrolle	integrativ; fast ganz zurücktretend/ beratend auf Wunsch; jedoch Aufsicht	zurückhaltend/koordinierend/ Vorschläge und Hinweise	stark strukturierend/ verbindliche Empfehlungen

(Aus: H.-U. Wolf 1992, S. 397)

Ein Projektplan sowie eine Übersicht über den Verlauf sollten gut sichtbar (im Klassenraum/Fachraum/Fachkabinett, an der Tafel oder einer Pinnwand) ausgehängt und die Unterlagen sollten zusammengestellt werden. Der Lehrende – als Projektleiter ist er Koordinator, Moderator, Mediator, Coach, Manager, Supervisor – wird mit seinen Kollegen kommunizieren, sie um fachliche Unterstützung bitten oder sie beteiligen, er wird Verbindungen zu Personen und Institutionen herstellen, bei der Materialbeschaffung helfen, Impulse geben, als Berater in Erscheinung treten. Er sollte die Fähigkeit zur Metakognition haben betreffs der Entwicklung einer geeigneten Idee/Fragestellung, der bewussten Auswahl und Nutzung von Informationen, des planvollen Handelns.

Sein Führungsstil sollte durch Zurückhaltung geprägt sein; bei minderjährigen Lernenden muss die Frage der Aufsichtspflicht geklärt werden. Das Projektergebnis sollte auf alle Fälle protokolliert und den Beteiligten ausgehändigt werden.

Offenheit, Brainstorming, Mindmapping, Kreisgespräch, Teamarbeit (mit Synergieeffekten), aktives Problemlösen u. dgl. stehen am Anfang. Sie werden ergänzt durch freies Assoziieren von Informationen aus verschiedenen Wissensbereichen und Erfahrungsfeldern, in einem mehrstufigen Verfahren werden Analogien und Metaphern aus unterschiedlichen Lebens- oder Wissenschaftsbereichen gefunden. Dies führt weiter zur

1) Stakeholderanalyse: Auflistung der von einem Projekt Betroffenen und ihrer Interessenlagen (Stakeholder = jeder vom Projekt Betroffene, z. B. Spielplatz: Kinder, Eltern, Anwohner usw.),

2) Kraftfeldanalyse:
   a) Welche Individuen, Gruppen oder Institutionen können bei der Umsetzung eines Projekts helfen?
   b) Welche Faktoren, Einflüsse können dem Projekt förderlich sein?
   c) Welche Individuen, Gruppen oder Institutionen können bei der Umsetzung des Projekts hinderlich sein?
   d) Welche Faktoren, Einflüsse können das Projekt hemmen? (Sliwka 1999)

Durch ein „Projektmarketing" kann möglicherweise Öffentlichkeit hergestellt werden (durch Präsentation z. B. in der Schülerzeitschrift, Tageszeitung, im Radio, im lokalen Fernsehen; Elternabend, Fachaufsätze, Ausstellungen) und schließlich zum Anlass weiterer Forschungen und Diskussionen werden.

Rückblickend können u. a. folgende Fragen an den Projektverlauf gestellt werden:
- Wie entstand das Problem/Thema?
- Welche Aussagen hat das Material im Hinblick auf Thema und Methode erlaubt?
- Welche Alternativen wären möglich (gewesen)?
- Wem nutzt/schadet das Ergebnis?

Die Projektarbeit erfolgt interdisziplinär. Sie ermöglicht gesellschaftliche Praxisrelevanz, Wirklichkeitsnähe, soziales Lernen, planvolles Handeln, Realitäts- und Handlungserfahrungen, Anschaulichkeit, ist produktorientiert, wird selbst verantwortet (Gudjons 1994). Sie ermöglicht und garantiert den Lernenden ein Optimum an Selbstständigkeit, die Freizügigkeit in der Themenwahl und -bearbeitung sowie in der Organisation. Die Projektmethode praktiziert enthierarchisiertes Lernen, öffnet die Bildungseinrichtungen, besonders die Schule, gegenüber der Gesellschaft, fördert Kritikfähigkeit, Kooperation und soziales Verhalten, zielt auf ein konkretes, verwertbares Ergebnis(z. B. Gründung einer Schülerfirma, eines Schülercafés, eines Schülerrundfunks, DLZ 51–52/1995, S. 5), erlaubt den Wechsel der Lernorte (Kost 1977). Die möglichst selbstständige Vorbereitung kann/muss durch Elemente des Lehrgangs, d. h. durch die Darstellung systematischer Zusammenhänge (Referate, Lehrervortrag, Hilfe schulfremder Personen wie Eltern und Experten) ergänzt werden.

Trotz der grundsätzlichen Planungsoffenheit, des offenen Zeit- und Schulrahmens dürfen Projekt und Gruppenarbeit als i. d. R. schulische Veranstaltungen nicht aus der (diskreten) Kontrolle des/der Lehrenden geraten. Er muss/sie müssen letztlich die Arbeit der Teilnehmer bewerten und sie in den allgemeinen Lernprozess der Gruppe (Fachunterricht) integrieren und evtl. weiterführen. In die Bewertung gehen arbeitsmethodische (z. B. Verlauf des Planungsprozesses, Methoden der Informationsbeschaffung [Befragungsinstrumente, Beobachtungsformen, Quellen- und Materialauswahl; Was hat der Einzelne zu Fragestellungen und Lösungen beigetragen? u. dgl.] Formen der Produktherstellung [Autopoiesis] und soziale (Vorzüge und Schwächen der Gruppenarbeit und der eigenen Stellung in der Gruppe) Aspekte mit ein.

Dies kann mithilfe eines Projekttagebuchs sowie in (protokollierten Phasen der Reflexion/ Metakommunikation festgehalten werden (Bastian 1996).

Projektlernen ist vor allem Methodenlernen, das sich in der Eigentätigkeit, in der Herrschaft über das Wie und Wozu des Lernens, einschließlich der Verantwortung, ausdrückt. In diesem Zusammenhang stehen

- organisatorische Fragen: Wie gehen die Arbeitsgruppen vor, welche Mittel stehen zur Verfügung?
- inhaltliche Fragen: Worum geht es, worauf kommt es an?
- technische Fragen: Welche Geräte, Materialien usw. sind erforderlich?

10.5.4 DAS VORHABEN

Umfassender als das Projekt ist ein *Vorhaben*. Es handelt sich um ein von den Reformpädagogen Kurt Hahn, Otto Haase, Adolf Reichwein u. a. praktiziertes Kontextmodell (Planspiele, Fallstudien usw.), d. h. ein im Kontext mit weiteren Materialien (Medienverbund) stehendes Modell. Dabei geht es wie beim Projekt um selbstständiges Erforschen, Befragen, Beobachten, Entdecken, Handeln, Entscheiden, um originale Begegnungen. Die Projektarbeit in Gruppen fördert die Kooperationsfähigkeit, Kreativität, ein rationales Problemlösungsverhalten, das praxisbezogene Denken, Methodenpluralismus, ermöglicht Erfahrungen gruppendynamischer Prozesse und individuellen wie kollektiven Lernverhaltens, das Organisieren selbststeuernder Lernprozesse u. dgl.

Das Resultat besteht in einem verwendbaren Arbeitsergebnis, z. B. in der Analyse eines Sachverhalts, einer Aktion usw. Das Vorhaben umfasst demnach neben seinem Kern, dem eigentlichen Projekt, auch die zu seiner Realisierung notwendigen Lehrgänge und Übungen.

An Charakteristika lassen sich nennen:

- Verbindung von Spontaneität und Planungsverhalten; Verantwortung liegt bei allen Beteiligten
- Bewältigung von Lerner-gemäßen, auf ein festes Ziel gerichteten Ernstsituationen
- gemeinsames Handeln in der Gruppe mittels Engagement, Lebensnähe (Ziel ist ein vollendetes Werk).

Beispiel Wahl(kampf)analyse

a) Theoretische Beschäftigung mit dem Thema (Materialien der Parteien, sonstige Broschüren, Flugblätter, Poster; moderne Parteiengeschichte, Wahlprogramme)

b) Kontakte zu Politikern (Parteibüros) herstellen

c) Beobachtung der öffentlichen Aktivitäten der Parteien (Fernsehspots, Webseiten, Zeitungsberichte, Wahlstände, Plakatwände)

d) Kandidatenhearing/-gespräch

e) Besuch von Wahlveranstaltungen

f) Aufstellen von Wahlprüfsteinen und Entwurf von eigenen Forderungen an die Parteien und Politiker

g) Wahlparty, Analyse der Wahlergebnisse (computerunterstützt). (Sander 1998; Lebert 1993).

Beispiel Europäische Einigung

a) Information über Perspektiven der wirtschaftlichen, rechtlichen, politischen usw. Integration
b) Die Zukunft der EU (Osterweiterung, Reform der Institutionen)
c) Wirtschafts- und Währungsunion (Europäisierung der Märkte und Währungen)
d) Einzelpolitiken (z. B. Kultur, Bildung, Außen-, Verteidigungs-, Innenpolitik)
e) Historische Perspektiven der europäischen Einigung
f) Demokratiedefizite im System der europäischen Institutionen
g) Kritische Würdigung.

Der schematische Verlauf eines Unterrichtsvorhabens stellt sich wie folgt dar:

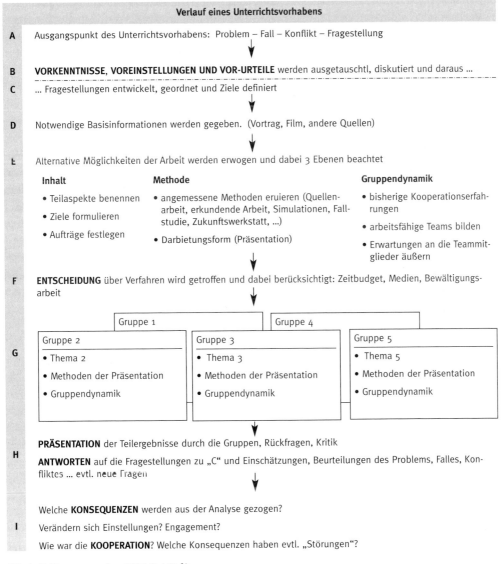

Verlauf eines Unterrichtsvorhabens

A — Ausgangspunkt des Unterrichtsvorhabens: Problem – Fall – Konflikt – Fragestellung

B — **VORKENNTNISSE, VOREINSTELLUNGEN UND VOR-URTEILE** werden ausgetauschtl, diskutiert und daraus ...

C — ... Fragestellungen entwickelt, geordnet und Ziele definiert

D — Notwendige Basisinformationen werden gegeben. (Vortrag, Film, andere Quellen)

E — Alternative Möglichkeiten der Arbeit werden erwogen und dabei 3 Ebenen beachtet

Inhalt	**Methode**	**Gruppendynamik**
• Teilaspekte benennen	• angemessene Methoden eruieren (Quellenarbeit, erkundende Arbeit, Simulationen, Fallstudie, Zukunftswerkstatt, …)	• bisherige Kooperationserfahrungen
• Ziele formulieren		• arbeitsfähige Teams bilden
• Aufträge festlegen	• Darbietungsform (Präsentation)	• Erwartungen an die Teammitglieder äußern

F — **ENTSCHEIDUNG** über Verfahren wird getroffen und dabei berücksichtigt: Zeitbudget, Medien, Bewältigungsarbeit

G —
Gruppe 1
Gruppe 4

Gruppe 2	Gruppe 3	Gruppe 5
• Thema 2	• Thema 3	• Thema 5
• Methoden der Präsentation	• Methoden der Präsentation	• Methoden der Präsentation
• Gruppendynamik	• Gruppendynamik	• Gruppendynamik

H — **PRÄSENTATION** der Teilergebnisse durch die Gruppen, Rückfragen, Kritik

ANTWORTEN auf die Fragestellungen zu „C" und Einschätzungen, Beurteilungen des Problems, Falles, Konfliktes … evtl. neue Fragen

I — Welche **KONSEQUENZEN** werden aus der Analyse gezogen?

Verändern sich Einstellungen? Engagement?

Wie war die **KOOPERATION**? Welche Konsequenzen haben evtl. „Störungen"?

(Nach: F. Nonnenmacher 1996, S. 190 f.)

10.5.5 Zusatz: Die Leittextmethode

Als ein zentrales Unterrichtsverfahren für eine komplexe Lernaufgabe (Projekt/Vorhaben) steht die aus der Technik-Didaktik stammende *Leittextmethode* zur Verfügung. Ihr Verfahren besteht darin, dass die Lernenden sich mithilfe von Medien in einer Arbeitsmappe (Texte, Tabellen, Bilder, Fachliteratur, Experten, Medienangebote usw.) und Leitfragen die zu vermittelnden Kenntnisse, Fertigkeiten und Fähigkeiten selbst aneignen. Sie erhalten z. B. schriftliche Aufträge, die sie mit Problemen konfrontieren. Daraufhin müssen sie Erkundungen, Recherchen usw., selbstständig initiieren und durchführen, Kontakte mit betrieblichen Fachabteilungen aufnehmen u. dgl. Oder die Lernenden (Auszubildenden) erhalten eine Arbeitsmappe mit Texten, Tabellen, Bildern, Zeichnungen usw., die dem (selbstständigen) Kenntniserwerb, den Fertigkeiten und Fähigkeiten zugute kommen sollen.

Nach einem Arbeitsabschnitt (Sequenzierung) folgt eine Kontrolle durch den Lehrenden. Der Vorteil liegt in der individuellen Arbeitsgeschwindigkeit und im selbstständigen Lernen.

Die Elemente des Leittext-Verfahrens sind:
- Informieren (Sachinformationen?)
- Planen (Wie gehe ich vor?)
- Entscheiden (für eine Alternative)
- Ausführen
- Kontrollieren
- Bewerten (Röckel 1996).

Die Leittextmethode wird in den selbst steuernden Lernprozess integriert und strukturiert ihn vor. Sie stellt eine Art Selbstunterweisung dar. Arbeitsblätter enthalten ausführliche Anweisungen, z. B. Leittext „Unternehmensgründung". Der Lehrende legt seinen Schwerpunkt auf das Vorbereiten, Einsetzen und Auswerten von Leitfragen, Leitsätzen und Lernerfolgskontrollbögen als Voraussetzung für die Selbsterarbeitung der notwendigen Fertigkeiten, Methoden und Kenntnisse. Das ganzheitliche Lernen wird gefördert, indem die Leittextmethode die folgenden Kompetenzen einübt:
- die fachliche Kompetenz
  durch zielgerichtetes Vorgehen und den Erwerb von Kenntnissen und Fertigkeiten
- die methodische Kompetenz
  durch das selbstständige Planen, Durchführen und Auswerten von Lern-, Arbeits- und Entwicklungsschritten
- die soziale Kompetenz
  durch verantwortungsvollen Umgang und Weitergabe von Ergebnissen usw. an andere.

10.6. Die Lernwerkstatt: Zukunfts- und Geschichtswerkstatt als Zugang zum konstruktiven Lernen (Szenario-Technik)

10.6.1 Begriff und Verfahren

Die Idee der Zukunftswerkstatt geht zurück bis zur Studentenbewegung gegen Ende der 1960er-Jahre und den vielfältigen Bürgerinitiativen, die sich mit Entwürfen einer neuen Gesellschaft befassten. Wissenschaftliche Zukunftsplanung ist relativ neu. Sie beruft sich als

Futurologie auf Arbeiten von Fucks (1967), Waterkamp (1970), Meadows (1973), Scholder (1973), Mesarovic/Pestel (1974), Flechtheim (1980), Global 2000 (1980), Pestel (1980), Peccei (1981), Ramphal (1992), Meadows/Randers (1993) u. v. a. Weite Verbreitung haben die Arbeiten von Robert Jungk gefunden. Die Notwendigkeit von Zukunftswissen für das Überleben der Menschheit ist selbstevident. Es wurde – zusammen mit der Szenariomethode – seit 1980 von Peter Weinbrenner als wesentlicher Bestandteil in die Didaktik und Methodik der politischen Bildung nachdrücklich eingeführt und findet sich bereits vorher unter den Optionen Hilligens. Zukunftswissen ist nach Häcker/Weinbrenner (Nr. 23, 37)

- „Überlebenswissen,
  d.h. es werden die Inhalte und Verfahren relevant, die einen Beitrag zur globalen und langfristigen Existenzsicherung von Mensch und Natur zu leisten vermögen.
- Holistisches Wissen,
  d.h. es werden die Inhalte und Verfahren relevant, die ganzheitliches, grenzüberschreitendes und perspektivisches, kurz ‚globales Denken‘ in komplexen Zusammenhängen ermöglichen.
- Normatives Wissen,
  d.h. es werden die Inhalte und Verfahren relevant, die einen ethischen Diskurs über human, umwelt- und sozialverträgliche Fortschrittsperspektiven der Gesellschaft und der Menschheit ermöglichen und eine rationale, demokratische Konsensbildung ermöglichen.
- Politisches Wissen,
  d.h. es werden die Inhalte und Verfahren relevant, die auf allen Ebenen des politischen Handelns (Individuum, Gruppen, Staat und internationale Völkergemeinschaft) einen Beitrag zur Zukunftssicherung und Zukunftsgestaltung und damit zum Überleben der Gattung Mensch und des Planeten Erde leisten können.“

Mit Zukunftswerkstatt – im Wortsinne eigentlich eine (Inter-)Aktions- bzw. Organisationsform – bezeichnet man eine Art sozialwissenschaftlicher Methode, die auf Innovation, Phantasie, Weiterdenken und -reflektieren der Teilnehmer beruht, längerfristige Perspektiven anvisiert, Ideen freisetzt, problem-, projekt- und produktorientiert ist, themenzentrierte Interaktion praktiziert. Sie macht (realutopische) Entwürfe und plant wünschbare Zukünfte, z.B. für die postindustrielle (Risiko-)Gesellschaft, für ökologische Lebensgrundlagen, für politische Alternativen in großen Maßstäben usw. Zukunftswerkstätten ermöglichen also globales, grenzüberschreitendes, übernationales, interdependentes und strukturelles, perspektivisches und politisches Denken (Weinbrenner 1995, 412 f.). Die zugrunde gelegte Lernwerkstatt stellt eine anregende Lernumgebung (z.B. einen Raum mit Regalen, Tischen, Schränken, Stühlen, technischer Ausrüstung, Büchern, Fachzeitschriften, Lernspielen, sonstigen Medien) vor allem für offenen Unterricht (s. S. 423) und Freiarbeit, für selbstständiges Arbeiten nach selbstgewählten Themen zur Verfügung.

Mit den Zukunftswerkstätten werden nach Weinbrenner (1992, 222 f.) neue Formen politischer Bildung intendiert – nicht zuletzt die Umsteuerung der ökonomisch orientierten Gesellschaft in eine ökologische und damit hin zu einer „neuen Kultur" (v. Weizsäcker 1992, 260 ff.) unter einem „neuen Wohlstandsmodell" (ebd. 258ff.) bei Aufrechterhaltung der freiheitlichen Ordnung (ebd. 264) –, und zwar

- „Von der partiellen zur Zukunftsorientierung
- von der nationalen zur globalen Orientierung

- von der Gegenwarts- zur Zukunftsorientierung
- von der Mikro- zur Makroorientierung
- von der Kurzzeit zur Langzeitorientierung
- von der Kausalität zur Interdependenz
- von der Rationalität zur Transzendenz."

(Die Formen des Zukunftswissens s. o.)

10.6.2 Themenbereiche von Zukunftswerkstätten

Zukunftswerkstätten haben nicht nur in der außerschulischen Erwachsenen- und Jugend-bildung ihren Platz, sondern können sich ebenso etwa als schulische Arbeitsgemeinschaft konstituieren; der Lehrer wird zum Lernberater. Sie tragen mit ihrer Thematik der wachsenden Bedeutung des lange Zeit als utopisch denunzierten Zukunftswissens Rechnung und praktizieren moderne Methoden wie etwa die Extrapolation von Trends (Zukunfts-kommission BW 2000), die (virtuelle) Voraussage, die präsumtiven Werte- und Gesell-schaftsveränderungen (z. B. in der Familie der Zukunft, im Arbeitsfeld, in der Politik, in den gruppendynamischen Beziehungen, in der demokratischen Organisation des öffentlichen und privaten Zusammenlebens u. dgl.), die Beschäftigung mit Fragen der Rüstungskontrolle und des (Welt-)Friedens, der angemessenen Korrespondenz von Ökonomie und Ökologie, den (vermuteten) Folgen des technisch-wissenschaftlichen Fortschritts (z. B. Atomenergie, High-Tech, Genforschung, Mikroelektronik, Moderne Medien, Eine-Welt-Probleme, Lokale Agenda 21, Gewalt in der Gesellschaft, Rassismus, Extremismus, Wie unser(e) Gemein-de/Stadtteil aussehen soll usw.), der Energien, des Bevölkerungswachstums, der Migration, des Datenschutzes, der Neuen Ethik, der Zivilgesellschaft, der Fundamentalismen, des Streites um Wasser, Luft und Öl, der Formen direkter Demokratie, der politischen Systeme, des Verhältnisses von Nationalstaat und Region, der gesellschaftlichen Modernisierungs-prozesse, der globalen Gefährdungen und Veränderungen schlechthin.

Solche und ähnliche Themen, die an gesellschaftliche und natürliche Krisensymptome der Gegenwart wie Wachstums-, Umwelt-, Arbeitsplatzkrisen, technische Katastrophen (z. B. Che-mie-, Reaktor-, Tankerunfälle) anknüpfen, provozieren alternatives Denken, machen sensibel für die Zukunftsdimension gegenwärtiger politischer, ökonomischer, technologischer Ent-scheidungen (vgl. den Begriff der „Nachhaltigkeit"), schaffen Betroffenheit und Verantwortung für gegenwärtiges und zukunftsgerichtetes Handeln, stellen die Frage nach Sinn und Qualität postmaterieller Werte in einer postindustriellen Umgebung, sollen neben den Gefahren der „Risikogesellschaft" (U. Beck 1986) die Chancen hervorheben („Chancengesellschaft", Zu-kunftskommission BW 2000). Neben den oben genannten Denkmöglichkeiten werden ak-tivierende Methoden wie Plan- und Rollenspiele, Projekte u. dgl. eingesetzt.

10.6.3 Methodisches Arrangement für die Themenbearbeitung

Die Zukunftswerkstatt setzt sich personell aus jeweils kleinen Gruppen zusammen. Der Ab-lauf einer Themenbearbeitung (Ähnlichkeit mit der Projektarbeit) stellt sich wie folgt dar:
1. Kritikphase (Kritiksammlung)
   Auswählen und Ordnen von Kritikpunkten
2. Phantasiephase (Zielbestimmung)

Einzelne Mitglieder entwickeln ihre Zukunftsvorstellungen (Utopien), wie sie ihnen gerade einfallen (Brainstorming, Mindmapping).

3. Die Utopien werden für andere Mitglieder so anschaulich und szenisch wie möglich dargestellt.
4. Verwirklichungsphase (Ideenauswahl)
   Produzieren von Lösungsvorschlägen
5. Aufstellen konkreter Ziele (Wo liegt der Wirklichkeitskern der Utopie?), Gliedern (Strukturieren nach Schwerpunkten)
6. Erarbeiten eines (begrenzten) Zukunftsprojekts
7. Prüfen von Projektskizzen, Entwickeln gemeinsamer Handlungsstrategien und -pläne
8. Werkstattschlussphase
9. Beurteilung und Kritik
10. Präsentation der Ergebnisse.

10.6.4 DIE SZENARIO-TECHNIK IN DER ZUKUNFTSWERKSTATT

Die Methode der Szenario-Technik (Delphi-Methode; Retzmann 2001; s. S. 418) wurde besonders von Reibnitz (1991) als zukunftsplanerisches Instrument der gesellschaftlichen Problemanalyse und -bearbeitung dargestellt. Sie verknüpft quantitative Daten und Informationen mit qualitativen Informationen, Einschätzungen, Meinungen usw. Sie stellt also keine Prognosen, entwirft keine Utopien oder Phantasien, sondern stellt antizipatorische Fragen, setzt auf langfristige Entwicklungen, extrapoliert Zukunftsbilder als logische Konstruktionen aus der Gegenwart usw.

Ihre Merkmale sind: ganzheitlich, kreativ-intuitiv, partizipativ und kommunikativ, transparent, kritisch, politisch, multidimensional und interdisziplinär, praktisch, normativ. Die Szenario-Methode entwickelt mittels ihrer sachlich-analytischen, rationalen Vorgehensweise wahrscheinliche Zukünfte am Ende einer Unterrichtsreihe. Die Zukunftswerkstatt entwirft in der Durchdringung von intuitiv-emotionalen und sachlich-analytischen Erkenntnisformen wünschbare Zukünfte als Einstieg in eine Unterrichts- oder Arbeitsreihe (Bartels/Weinbrenner 1995).

Dabei ergeben sich Schlüsselqualifikationen wie Kooperations- und Problemlösungsfähigkeit, Kreativität. Die Methode erstreckt sich auf eine
- Analyse-Phase (Ausgangssituation)
- Prognose-Phase (Annahme zukünftiger Entwicklungen)
- Synthese-Phase (alternative Szenarien, verschiedene Einflussfaktoren werden kombiniert, z. B. beim Thema Arbeitsmarkt).

Als Lerneffekte sollen aktiviert werden: vernetztes Denken, Entwurf von Alternativen, Verarbeiten und Kombinieren von Informationen, Problembewusstsein, Analysieren u. dgl.

Im Vergleich mit der an Intuition und Kreativität, optimistischen Utopien aus Wünschen und Träumen orientierten Geschichtswerkstatt (s. u.) ist die Szenario-Methode mehr analytisch-sachlich ausgerichtet, spielt das Systemdenken eine besondere Rolle, geht es um den systematischen Entwurf mehrerer alternativer, qualitativ dargestellter Vorstellungen (z. B. Computer-Simulation durch den Club of Rome)

Beispiel für ein Szenario (Schröder 1997, 3, verkürzt) nach dem konditionalen Muster „Was wäre, wenn …?“:

„Szenario 1: Die Leipziger Montagsdemonstration wird niedergeschlagen, die vorbereitete Verhaftungswelle rollt in die vorbereiteten Internierungslager.

Szenario 2: Der Volkszorn entlädt sich, es kommt zur Lynchjustiz. Aber auch ohne ein solches Eingreifen (der Roten Armee – W. M.) wäre es dann vermutlich nicht zu einer juristischen Aufarbeitung des SED-Unrechts gekommen, weil das schwer entwirrbare Knäuel von Gewalt auf beiden Seiten eine Generalamnestie nahe gelegt hätte, wie in Frankreich nach den blutigen Abrechnungen mit ‚Kollaborateuren‘ nach 1945.

Szenario 3: Die SED bietet eine Konföderation mit nachfolgender Einigung an und fordert als Bedingung keine Strafverfolgung von teilungs- und systembedingten Straftaten, in Analogie zum Saarvertrag.

Szenario 4: Die Sowjetunion fordert als Bedingung ihrer Zustimmung zur deutschen Einheit: keine Strafverfolgung für politische Funktionsträger der DDR.

Szenario 5: Die SED verlangt am Runden Tisch Straffreiheit für staatliche Funktionsträger als Bedingung für freie Wahlen. (…)

Anmerkung: Für die DDR-Zeit kommt nur damals geltendes Recht zur Anwendung mit Ausnahme schwerwiegender Menschenrechtsverletzungen (z. B. Mauerschützen). Im Konflikt gilt die so genannte Radbruchsche Formel von 1946, wonach das Rückwirkungsverbot eingeschränkt werden kann, wenn ein Staat unter schwerer Missachtung allgemeiner Menschenrechte schwerstes kriminelles Unrecht durch die Schaffung von Rechtfertigungsgründen begünstigte. Im Konflikt zwischen Gerechtigkeit und Rechtssicherheit sagt die Formel, dass „das positive, durch Satzung und Macht gesicherte Recht auch dann den Vorrang hat, wenn es inhaltlich ungerecht und unzweckmäßig ist, es sei denn, dass der Widerspruch des positiven Gesetzes ein so unerträgliches Maß erreicht, dass das Gesetz als ‚unrichtiges Recht‘ der Gerechtigkeit zu weichen hat“.

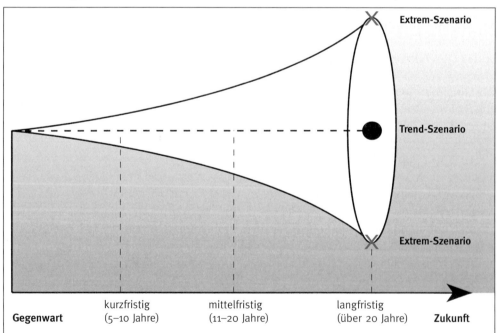

(Nach: P. Weinbrenner)

10.6.5 DIE GESCHICHTSWERKSTATT

In den Rahmen der Lernwerkstatt gehört auch die Geschichtswerkstatt mit ihrer Identitäts stiftenden Funktion durch Orientierungs-, Urteils- und Handlungskompetenz. Die Themen befassen sich mit der deutschen (Zeit-)Geschichte, dem NS, der DDR, der deutschen Teilung, dem Marxismus-Leninismus, dem Kapitalismus usw. Als methodisches Vorgehen kommt in Frage:

1. Das strukturierende und vergleichende Verfahren, z. B.
   * Der Wandel des Verständnisses der Nation in Deutschland
   * Der Wandel der Sozialstruktur in der BRD
   * Die Zwangsarbeiter in X
   * Globalisierung: Wirtschaft und Gesellschaft im Wandel
   * Entstehung und Arbeit politischer Parteien
   * Von der Wiederbewaffnung zur modernen Sicherheitspolitik
   * Die Gleichstellung der Frau
   * Vergleich DDR–BRD (alt) (in Einzelbereichen, z. B. Sozial-, Jugend-, Schul-, Kultur-, Umwelt-, Wirtschafts-, Frauenpolitik usw.)
   * Vergleich der Parteiprogramme.
2. Das fallanalytische Verfahren, z. B.
   * Die Gründung der Weimarer Republik
   * Die nationalsozialistische Machtübertragung
   * Die „Stunde Null" in der BRD
   * Der Zusammenbruch der DDR
   * Die Vereinigung Deutschlands
   * Die „Fischer-Kontroverse" zur Schuld Deutschlands am Ersten Weltkrieg
   * Der Historikerstreit zur Neubewertung des NS
   * Die Bubis-Walser-Kontroverse um das Gedenken an Auschwitz
   * Über die Beschuldigung Goldhagens: Alle Deutschen sind „Hitlers willige Vollstrecker" gewesen (Berlin 1996).

Dazu kommen Expertenvortrag und -befragung, Podiumsdiskussion, Museums- und Archivbesuch, Exkursion zu historischen Stätten, Zeitzeugenbefragung (oral history, s. S. 101) u. dgl. Eine aktivierende Methode besteht in dem aus Skandinavien übernommenen Verfahren des „Grabe, wo du stehst" (z. B. ob während des Krieges Zwangsarbeiter bei der Kommune, von örtlichen Betrieben, Kirchen usw. beschäftigt wurden).

10.7 Arten des Spiels: Planspiel, Simulationsspiel, Rollenspiel

10.7.1 SPIEL UND SPIELER: BEGRIFF UND METHODE

Seit Schillers Diktum: „Der Mensch spielt nur, wo er in voller Bedeutung des Wortes *Mensch* ist, und er ist nur da *ganz Mensch*, wo er spielt." Und Huizingas Beschreibung des homo ludens ([1938] 1956) hat man das Spiel als eine Grundbefindlichkeit des Menschen erkannt. Die praktische Pädagogik benutzt den Spieltrieb des Kindes und Jugendlichen seit den Reformpädagogen als methodisches Instrument zum Erwerb von Kompetenzerfahrungen nach Regeln. Sie unterscheidet zwischen zweckfreier Spielerei, natürlichen (Bewegungs-,

Brett-, Glücks-, Turn- und sonstigen) Spielen und „Ernstspielen" (William Stern; z. B. Schülerparlament, Gerichtsverhandlungen, Wahlveranstaltungen usw.). Besonders die letzteren sind von freier Verfügung über die Inhalte und Themen bestimmt, offen in ihrem Ausgang, spannungsvoll in der Durchführung, gegenwartsnah in der Thematik. Sie zeichnen sich durch subjektive Inszenierung aus (im Gegensatz zur institutionellen Inszenierung beim Tribunal oder Gericht, wo sie – qua Prozessordnung – zur Spruchfindung [Urteil] gehört). Vom Spieler werden Spontaneität und Phantasie sowie Entscheidungsfreudigkeit und selbstständige Urteilsbildung in einer konkreten Situation erwartet. Für die Lerntheorie bedeutet das Spiel ein Einüben durch Ausüben, ein erprobendes Anwenden, ein „learning by (thinking about) doing" (J. Dewey). Die schulischen und außerschulischen Spielmöglichkeiten sind erheblich. Darüber hinaus ist das Spiel ein Beispiel für die klinische Lehrmethode: die praktische Umsetzung eines Falles auf einen größeren Entscheidungszusammenhang. Die dafür erforderliche Simulation bedeutet Erzeugung einer virtuellen Realität. Im weiteren Sinne können zu den Simulationsspielen gezählt werden: das Rollen-, Plan- und Konferenzspiel, das Tribunal (s. S. 132), die Talkshow (s. S. 241), die Pro-Contra-Debatte (s. S. 240), das Streitgespräch, das Hearing, die Szenario-Methode (s. S. 377), die Zukunftswerkstatt (s. S. 376) als Formen des Erfahrungs- und Aktionslernens.

Die genannten Eigenschaften des Spiels empfehlen es als taktisches oder operatives Spiel bei Armee und Polizei (im Gelände, im Sandkasten, am Computer), als Unternehmensspiel mit Scheinfirmen in Handelsschulen, als Argumentspiel im erziehungswissenschaftlichen oder forensischen Seminar, als Kasuistik im juristischen Seminar, als Seelsorgegespräch und Predigt im theologischen Seminar, als Lagespiel in Polizeischulen; Spielcharakter haben die Übungen des Roten Kreuzes, der Feuerwehr, des Technischen Hilfswerks, die Veranstaltungen der Debattierclubs in Schulen und Hochschulen (panel discussion, Heuer 1967). Nicht zuletzt erscheint das Spiel als sportlicher Wettkampf, dem man bevorzugt an den angelsächsischen Schulen und Hochschulen einen besonderen charakterbildenden Wert zuschreibt. (Die Schlacht von Waterloo wurde auf den Spielfeldern von Eton gewonnen. Vgl. den Wahlspruch des englischen Jockey-Clubs um 1900: „Pro patria est, dum ludere videmur.") Im Planspiel werden kollektive Interessen von Gruppen, Gremien, Organisationen, Institutionen, Parteien usw. wahrgenommen, im Rollenspiel individuelle Problemsituationen durchgeprobt, im Simulationsspiel Auseinandersetzungen und Konflikte künstlich erzeugt.

Die Spieltheorie als ein geschlossenes Modell der Entscheidungs-, Handlungs- und Rollentheorie meint mit „Spiel" das Verhalten von Akteuren (actors), die auf der Basis bestehender Zwecksetzungen (rebus sic stantibus) Entscheidungen in einer Situation treffen, in der einerseits Orientierung an anerkannten Verhaltensregeln (Spielregeln) maßgeblich ist, andererseits das Verhalten eines Spielers Auswirkungen auf den/die anderen Spieler hat. Sie artikulieren sich als Erfolg oder Niederlage. In der praktischen Ausführung werden mit Mitteln der Theaterpädagogik (Kelbling/Praml 1997) – z. B. Verfremdung, Kontrastierung usw. – und anhand aktueller Brennpunkte typische Situationen aus der Politik zu inszenieren versucht.

Das Spiel sollte für politische oder soziale Konflikt- oder Entscheidungssituationen exemplarisch sein. Erfahrungen sollten gemacht werden können, die sonst nur in realen Handlungszusammenhängen möglich sind (d. h. de facto i. d. R. unmöglich sind). Spielerfahrungen sollen potenzielle Ergebnisse von bestimmten Handlungskonstellationen antizipieren, auf diese Weise den Überraschungseffekt einer künftigen Realsituation reduzieren, auch Bedingungsstrukturen erkennen helfen. Bundesweit bekannt geworden ist das so genannte

„Krisenexperiment" zur Erforschung des „Rassissmus an der Universität" in Münster. Dabei wurden die Studenten vor dem Betreten der Mensa aufgefordert, diese durch getrennte Eingänge zu betreten, und zwar „Deutsche" durch den einen, „Ausländer" durch den anderen Eingang. Aufsehen erregte die Tatsache, dass sich kaum ein Widerspruch gegen diese Trennung erhob (FR v. 21.4.1994, S. 12).

10.7.2 DAS PLANSPIEL

Die verschiedenen rational-technischen, agonal-dezisionistischen und psychologischen Möglichkeiten qualifizieren das (offene, geschlossene = starre, determinierte) Planspiel (ein Großgruppenspiel) zu einem wichtigen methodisch-didaktischen Instrument der politischen Bildung. Es ist auf die Lösung künftiger Konflikte gerichtet, erfolgt nach Regeln, stellt das alternative Entscheidungtraining in den Vordergrund, ermöglicht u.a. das Kennenlernen von Verwaltungs- und Entscheidungsstrukturen, kann auf den fortgeschrittenen Altersstufen (auch unter Computereinsatz) angewandt werden, wobei z.B. die Entscheidungstechniken (Abstimmungen, Verfahrensmodalitäten usw.) und Sachverhalte bekannt und mindestens eine Alternative vorhanden sein müssen (Beispiel: Abschluss eines Kaufvertrags über ein Fahrrad durch Minderjährige. Die Eltern widersprechen. Wie gestaltet sich die Situation?).

Nach Rehm (1964, 20 ff.) gibt es vier Methoden:

1. Die Konferenzmethode
   (mit Rollenkarten; Runder Tisch; Übung des Gruppengesprächs; Anwendungsfall der Gruppendynamik; Beispiel: Verkürzung der Wochenarbeitszeit, Vertreter der Gewerkschaften, der Arbeitgeber und der Bundesregierung).
2. Die Fall-Methode
   (Behandlung eines praktischen Falles durch eine [Spiel-]Gruppe, die die dafür notwendigen Unterlagen erhält).
3. Die Vorfall-Methode
   (eine Gruppe wird mit einem Vorfall konfrontiert und muss sich die Unterlagen zu seiner Behandlung und Schlichtung selbst beschaffen).
4. Die Projekt- oder Syndikat-Methode
   (eine praktische Aufgabe wird einer Gruppe zur Bearbeitung übertragen).

Die zweite und dritte Methode lassen sich kombinieren, indem man den Spielern einige Unterlagen zur Verfügung stellt, die sie ergänzen müssen. Die vierte Methode hat sich vor den andern durchgesetzt. Das Nachspielen einer Ernstsituation ist realitätsnäher, wogegen das Spielen eines artifiziellen Konflikts stärker didaktisch gesteuert ist.

Ausführliche Hinweise zu den Regeln des Planspiels, den Fragen zur Strategiediskussion, zur Auswertung, zum Gruppenprozess usw. finden sich bei Vagt (1978, 99 f., 103, 111 f.), ein Spielverlaufsbogen bei Gugel (1994, 250).

10.7.2.1 Beispiel: Modellartige Präsentation eines Planspiels

Thema: *Debatte über die Verlängerung der gesetzlichen Verjährungsfrist bei nationalsozialistischen Straftaten*

Quellen: Bundestagsdrucksachen (zu erhalten beim Verlag Dr. Hans Heger, Goethestraße 54, 53177 Bonn-Bad Godesberg)
Stenographische Sitzungsberichte des Rechtsausschusses und des Plenums des Deutschen Bundestages (zu erhalten beim Archiv des Dt. Bundestages)
Bericht des Bundesministers der Justiz über die Verfolgung nationalsozialistischer Straftaten in der (alten) BRD
Entwurf eines Achten Strafrechtsänderungsgesetzes
Schrift des Abg. E. Benda: Verjährung und Rechtsstaat. Verfassungsprobleme der Verlängerung strafrechtlicher Verjährungsfristen. Berlin 1965
Wochenzeitung „Das Parlament"

Vorbereitung: Einzelne Lernende bzw. Gruppen erhalten das Material zur Bearbeitung, getrennt nach Fraktionen. Von Bendas Schrift werden zehn Exemplare verteilt. Im arbeitsteiligen Verfahren werden relevante Beiträge aus den Texten herausgearbeitet und durch einen Berichterstatter dem Plenum vorgetragen. Jede(r) einzelne Lernende sollte eine Aufgabe übernehmen. Es kann eine Art vorbereitender Ausschussarbeit stattfinden. Der Lehrende begleitet die Arbeit beratend, hinweisend, anregend usw.

Vorbesprechung über den technischen Ablauf der Debatte und deren Durchführung:
a) Organisatorisches: Präsidium (Vorsitzender und Stellvertreter), Protokollant(en).
   Der Vorsitzende legt mit je einem Vertreter der Gruppen/Fraktionen den Verlauf fest und berücksichtigt die ihm genannten Redner in der Reihenfolge der Fraktionsstärken bzw. zuerst die Antragsteller und dann die Kontrahenten. Er übernimmt die Sitzungsgewalt.
b) Formeller Ablauf:
   Verhandlungsgegenstand: SPD-Antrag zur Änderung des Grundgesetzes
   1. Berichte der Fraktionen
   2. Bericht des Bundesjustizministers
   3. Bericht des Rechtsausschusses
   4. Debatte
   5. Anträge der Fraktionen
   6. Abstimmung.

Die didaktisch-methodische Umsetzung eines solchen Gesetzgebungsverfahrens erlaubt (den Lernenden zu erläuternde) Änderungen gegenüber einem strengen parlamentarischen Prozedere (z. B. können keine drei Lesungen veranstaltet werden).
   Den Teilnehmern müssen an geeigneten Stellen Sachfragen erlaubt sein. Das Ganze, das ohnehin im Zeitraffertempo von zwei bis drei Stunden abgewickelt wird, sollte diszipliniert, aber gelockert ablaufen können. Der Einfluss von Fernsehübertragungen und der Besuch von Parlamentsdebatten auf allen politischen Ebenen ist bei der i. d. R. unkomplizierten technischen Durchführung nicht zu übersehen. Nach dem Studium der Geschäftsordnung des Parlaments können die wichtigsten Formalien (einschließlich der korrekten Anredeformen)

wirklichkeitsnah praktiziert werden. Die Redner sollten soweit wie möglich frei sprechen und sich der parlamentarischen Sprech- und Verhaltensweise angleichen. Die Meinung des Abg. X, die vom Teilnehmer Y vertreten wird, sollte nicht mit der eigenen Auffassung vermischt werden. Das heißt der Spieler sollte sich – im Gegensatz zum mehr identifikatorischen Rollenspiel – im Planspiel an die vorgegebene Rolle halten. Die Meinungen der Teilnehmer können von den vorgegebenen Unterlagen abweichen.

Das Planspiel soll keine bloße Wiederholung von Fremdvorgaben darstellen.

Eine Einschränkung liegt in der spielbedingten Unterwerfung unter Systemzwänge (Gruppe, Spielleitung, Zeitbudget).

Anstelle einer Debatte als Plenarveranstaltung kann eine Ausschusssitzung abgehalten werden. Die im Viereck oder Hufeisen sitzenden Teilnehmer diskutieren oder debattieren ein Thema, der (vorher zu wählende) Vorsitzende verteilt die Wortmeldungen. Entweder wird ein Protokoll erstellt oder zwei Vertreter formulieren am Ende einen Ausschussbericht. Im Ausschuss entsteht ein Zwang zur Zusammenarbeit auch in sprachlicher Hinsicht (z. B. um Ambivalenzen ausschließende Klarheit und Eindeutigkeit zu erreichen), werden die gegensätzlichen Positionen evident, aber i. d. R. läuft die Zusammenkunft auf das Suchen von Verständigung und Kompromiss hinaus.

10.7.2.2 *Bewertung des Beispiels*

Die Vorteile dieser Beispiele liegen darin, dass die Teilnehmer in weitgehend selbstständiger und freier Arbeit in neue Sachbereiche einsteigen und strategische wie operative Entscheidungen zu treffen haben. Einem auf realen Quellen fundierten Planspiel wird man sicher den Vorzug geben, jedoch können auch fiktive, auf wirklichkeitsnahen Annahmen beruhende Themen sinnvoll sein (BpB 1996) und auf zeitgeschichtliche Probleme transferiert werden (das zweite Beispiel lässt sich mit der Not von – teilweise abgewiesenen – illegalen Auswandererschiffen während der NS-Zeit in Beziehung bringen). Der formal-methodische Gewinn der Spieler ist nicht zu übersehen. Sie üben u. a. die verschiedenen Verhandlungs- und Argumentationstechniken, erleben Aktion und Reaktion, gewinnen Einsichten u. dgl. Der/die Lehrende(n) sollte(n) in erster Linie an der Vorbereitung als Berater teilnehmen, sich dagegen vom Spiel distanziert halten (es sei denn als Mitglied der Spielleitung, was nicht zuletzt von Alter und Erfahrung der Lernenden abhängt). In einer Spielpause lassen sich mögliche gravierende Abweichungen korrigieren. Als Katalog der Fähigkeiten, die die Spielteilnehmer üben bzw. erwerben (sollen), wurde zusammengestellt:

- „• Austragen von Konflikten,
- Erkennen der eigenen Interessenlage,
- Situationsanalyse,
- Probleme zu definieren,
- eigene Ziele zu formulieren,
- Soll-Ist-Analyse,
- Wege und Mittel zur Durchsetzung von Zielen zu suchen,
- Fremdinteresse zu untersuchen,
- Interessengegensätze zu erkennen,
- Bündnispartner zu suchen,

- Machtmittel und Durchsetzungschancen der Kontrahenten abzuwägen,
- Entscheidungen zu fällen, welche Zielsetzungen realisierbar sind,
- Mittel auszuwählen, um Ziele durchzusetzen,
- Taktik in der Interaktion anzuwenden (Spielverlauf),
- Einsicht in soziale und politische Zusammenhänge,
- miteinander zu agieren, eigenes Verhalten mit der eigenen Gruppe abzustimmen,
- aufeinander einzugehen, auf das Verhalten der Fremdgruppen zu reagieren,
- Einsicht in Entscheidungsfindungsprozesse,
- Entscheidungen selbst zu treffen,
- die Konsequenzen der selbstgetroffenen Entscheidungen zu nennen."
(Silkenbeumer/Datta 1975, 45)

Beobachter von Planspielen sollten u. a. Folgendes beachten:

- Gelingt es der jeweiligen Gruppe, sich mit der ihr zugewiesenen Rolle zu identifizieren?
- Ist eine gemeinsame Taktik und Strategie erkennbar? Stimmen die Inter- und Intragruppenaktivitäten?
- Wird eine Aufgaben- und Rollenverteilung vorgenommen, bilden sich Rand- bzw. Schlüsselfiguren heraus?
- Ist die Gruppe eher aktiv/reaktiv auf die anderen Gruppen fixiert?
- Welche Bemerkungen werden bei den Kommunikationen, z. B. beim Überbringen der Briefe bei Spielleitung oder Empfängergruppe, gemacht?
- Wie ist der Interaktionsstil geprägt (aggressiv, verbindlich usw.)?
- Gehen die Gruppen zielgerichtet auf die an sie adressierten Kommunikationen ein?
- Wie wird die Spannung zwischen Kooperation und Wettbewerb bewältigt?

10.7.2.3 *Weitere Modelle: Debattierclub; virtuelle Planaufgaben*

Ein anderer Typ des Planspiels pflegt das forensische Genre, das freie Sprechen und die Kunst der Argumentation. Dies geschieht an provokanten, vorwiegend (noch) irrealen Themen wie: Sollen Kinder (oder deren Eltern für sie) das Wahlrecht erhalten? Wehrpflichtarmee oder Berufsarmee? Sollen alle alten Menschen eine einheitliche staatliche Grundsicherung erhalten? Zwölf oder dreizehn Schuljahre? Soll die EU erweitert werden? usw. Es stehen sich zwei oder mehr Kontrahenten gegenüber, die durchaus anderer Ansicht sein können als diejenigen, die sie gerade vertreten (müssen). Ein Vorbild hat dieses Spiel in den Veranstaltungen der mit großer Öffentlichkeit sich präsentierenden angelsächsischen *Debating Clubs* (Heuer 1967). Planspiele können die Wirklichkeit nicht ersetzen. Sie stellen ein vereinfachtes Modell von Realität dar, können die Hintergründe für vollzogene Entscheidungen nicht nachvollziehen, können jedoch (reduzierte oder virtuelle) Entscheidungssituationen nachempfinden und trainieren. Es empfiehlt sich der Einsatz von Computern u. a. für die Beschaffung von Informationen im Internet usw.

Als Vorbilder für einen an einem Gymnasium oder einer Hochschule zu etablierenden Debattierclub können die Oxford Union Society (gegr. 1813) und die Glasgow University Union gelten. Mitglied kann jeder Schüler bzw. Student werden. Der Club kann insbesondere für jene Lernenden attraktiv werden, die einmal im öffentlichen Leben tätig werden wollen (Politiker, Rechts- und Staatsanwälte usw.). Eine intelligente Rednerschulung, bei der es auf Schlagfertigkeit, Stringenz der Argumente, rationale und emotionale Überzeugungskraft usw. ankommt, sollte vorrangig sein. Es wird um des Debattierens willen debattiert, um des Abstimmens willen abgestimmt. Deshalb darf die zur Debatte und Abstimmung stehende Fragestellung ebenso realistisch wie irrational sein, z.B.

- „Dieses Haus glaubt, dass die Europäische Union für Deutschland von Nachteil ist."
- „Dieses Haus wird einer Beteiligung deutscher Soldaten an militärischen Kampfeinsätzen außerhalb des eigenen Landes keinesfalls zustimmen."
- „Dieses Haus tritt für die Abschaffung aller Feiertage ein."

Als Debattenredner können bekannte Persönlichkeiten eingeladen werden. Die Teams zweier oder mehrerer (Hoch-)Schulen können einen Wettbewerb veranstalten.

Eine Schulung des kombinatorischen Denkens wird bei fortgeschrittenen Lernenden erreicht durch imaginative Planaufgaben wie: Was geschähe, wenn …

- die Bundesrepublik völlig neutral wäre?
- die Bundesrepublik sich aus der EU zurückzöge?
- die Bundesrepublik ihre Armee abschaffte?
- die NATO aufgelöst würde?
- die USA sich auf ihren Kontinent zurückzögen?
- die Entwicklungsländer nicht mehr unterstützt würden?
  Oder: Was wäre geschehen, wenn …
- die Oberste Heeresleitung Lenin die Durchfahrt durch Deutschland nicht gestattet hätte? Hitler nicht an die Macht gekommen wäre?
- die Widerstandsbewegung erfolgreich gewesen wäre?
- der Ostblock nicht zusammengebrochen wäre?
- der Sozialismus gesiegt hätte?
  Solche Überlegungen sind legitim. Sie machen deutlich, dass die Geschichte auch einen anderen Verlauf hätte nehmen können, wenn … Im übrigen müssen vorausschauende und -planende Wenn-dann-Überlegungen permanent von Unternehmen bis zum kleinen Gewerbetreibenden ebenso wie von Generalstäben angestellt werden. Die eigenen Planungen und Entschlüsse sind mit den möglichen Reaktionen der Gegenseite zu konfrontieren und die Auswirkungen zu kalkulieren. Dieses Verfahren stellt eine Übung in der Urteils- und Entscheidungslehre dar.

10.7.2.4 Regeln und Argumente für/gegen das Planspiel

Rehm (1964, 40 f.) nennt acht Regeln, die beim Planspiel zu beachten sind:
1. Jedes Planspiel muss einen bestimmten Zweck haben. Dem entspricht die „Lage". Jede Lage ist eigenartig.
2. Man nehme sich nicht zuviel vor.
3. Die Teilnehmerzahl hängt vom Zweck ab.
4. Das Herbeiführen von Entscheidungen ist ein wesentlicher Spielzweck.
5. Der Übungszweck muss genau festgelegt werden, desto leichter ist die Vorbereitung, desto lehrreicher und überzeugender ist der Verlauf Für „Einlagen" muss gesorgt werden.
6. Der Spielleiter (Vorsitzender) muss das Spiel in der Hand behalten.
7. Die Schlussbesprechung entscheidet über falsch oder richtig.
8. Das spätere Lern-/Lehrprogramm muss an das Planspiel anknüpfen.

Argumente für das Planspiel:
- Gleichzeitigkeit von Lernen und simuliertem Handeln ermöglichen ein totales Engagement der Teilnehmer
- Identifikationsmöglichkeit mit der Thematik
- Ganzheitlichkeit von kognitiven und affektiven Lernzielen, Dominanz der Lernenden
- Organisationsfähigkeit und Konfliktorientierung werden provoziert
- Erwerb fächerübergreifender Qualifikationen wie vernetztes, planerisches Denken, Teamfähigkeit, Kreativität, Flexibilität, Kommunikationsfähigkeit, Zielstrebigkeit,
- Einübung arbeitsmethodischer Fertigkeiten (Abfassen von Notizen, Schriftstücken, Interpretation von Mitteilungen und Demarchen; Leiten von Sitzungen; diplomatisches Vorgehen u. dgl.)

Argumente gegen das Planspiel:
- die Ergebnisse bleiben – bei hohem Aufwand – meistens virtuell, ein Transfer ist nicht ohne weiteres gewährleistet
- der notwendige intellektuelle und sonstige Aufwand stößt an Grenzen und kann leicht die Verarbeitungskapazität der Teilnehmer übersteigen
- die Rollenkompetenz der Teilnehmer ist unterschiedlich ausgeprägt und kann zum Scheitern des Planspiels führen
- das Planspiel stellt eine virtuelle Situation dar und kann im Hinblick auf die zugrunde liegende Realsituation zu falschen Schlussfolgerungen betreffs der Entscheidungs- und Problemlösungskompetenz z. B. von diplomatischen Konferenzen, Wirtschaftsverhandlungen, militärstrategischen Entscheidungen usw. führen – die Methode ist durch die Rollen- und Regieanweisungen manipulierbar.

Das Planspiel simuliert demnach einen Konflikt oder ein Problem. Auf diese Weise sollen außerhalb des eigenen Erfahrungsbereichs liegende Themen aktiv nachgespielt und empfunden werden. Dies sollte möglichst realistisch geschehen, z. B. eine tarifpolitische Auseinandersetzung, kommunale Streitfragen, die Erstellung eines Lehrplans (Teilnehmer: Vertreter des Kultusministeriums, der Parteien, Verbände, der Eltern, Lehrer und Schüler).

10.7.3 Das Simulationsspiel

Eine weniger verbreitete Variante des Planspiels ist das im amerikanischen Erziehungswesen praktizierte *Simulationsspiel*. Es hat sich auf Konfliktsituationen jeder Art, z. B. strategische Entwürfe eines Generalstabs oder internationales Krisenmanagement durch Politiker usw., nachvollziehend oder vorausdenkend spezialisiert (z. B. Berlin-, Kuba-, Irak-, Jugoslawien-, Nahostkrise usw.). Durch gruppenweises Simulieren und Reflektieren von Entscheidungen und Konflikten erfolgt ein Probehandeln sowie eine Erweiterung des theoretischen Denk- (durch Freisetzen von Kreativität und das Entwerfen von Alternativen) und Handlungspotenzials.

Das Simulationsspiel wird mit einer Zielangabe eröffnet. Daraufhin sind die notwendigen Informationen zu beschaffen, zu analysieren und auszuwerten. Die unvermeidbare Unvollständigkeit der Informationen erfordert ein Arbeiten mit mehreren Variablen. Die miteinander konkurrierenden Entscheidungsträger (die teilnehmenden Gruppen oder Einzelpersonen) erhalten autonom von der Spielleitung vorgegebene Daten und Anweisungen.

Als Fragen stellen sich: Wie erkennt man das eigene Interesse und wie handelt man danach? Wie berücksichtigt man das wahrscheinliche Verhalten der Gegner oder der Verbündeten? Wieweit reicht eine Drohung, ein Ultimatum, eine Abschreckung durch den Gegner tatsächlich? Wird der Gegner sich rational verhalten, welche Züge wird er gegen uns machen? usw.

Das Simulationsspiel kann sich, wie das Planspiel, über Tage hinziehen. Es fördert das (politische usw.) Vorausdenken, ein praxisbezogenes Wissen, setzt gruppendynamische Prozesse in Gang, aktiviert das Gespür für Entscheidungen, verlangt Teamarbeit, delegiert Aufgaben und Verantwortung, koordiniert Teillösungen, versucht die Vorausplanung und -sicht von (politischen usw.) Ereignissen, entwickelt Zukunftsprojektionen (s. S. 376), führt zur Identifikationen mit der Rolle u. dgl. Beispiele:

- Möglichkeiten der Verhinderung eines Krieges
- Späte Folgen der Umweltverschmutzung
- Folgen industrieller Umstrukturierungen in einer Region
- Veränderung der deutschen Gesellschaft durch Einwanderung.

10.7.4 Das Rollenspiel

Das *Rollenspiel* erfährt seine Begründung durch die Tatsache, dass der Mensch in der funktionsteiligen Gruppe Rollen übernehmen muss. Er kann ihnen nur dann gerecht werden, wenn er sich von sich selbst distanzieren und alternative Anforderungen ausführen kann. Das heißt im Rollenspiel, das schon in Kindergarten und Grundschule einen Teil des sozialen Lernprozesses (z. B. als szenische Darstellung des Verhaltens in Konfliktsituationen) ausmachen sollte, geht es nicht um ein Dressat, auch nicht um Identifikation, sondern um kritische Distanz zur Rolle. Diese Relativierung kann durch Rollentausch verstärkt werden, der überdies den Rollenträger mit der Kontra-Rolle vertraut macht. Ziel des Wechsels ist das Aufzeigen der Perspektivität der Rolle und der sich daraus ergebenden Verhaltens- und Handlungsmöglichkeiten. Letztlich geht es um den Erwerb von Kompetenz in einem den Lernenden fremden Handlungskontext. Das Rollenspiel gehört zu den Kleingruppenspielen und zielt auf die Bewältigung tatsächlicher oder konstruierter (simulierter) Handlungsfelder (Konflikte bzw. Stresssituationen, z. B. Wie präsentiere ich mich in einem Aufnahme-/Vorstellungsgespräch? Worauf muss ich besonderen Wert legen bei der Darstellung meines Lebenslaufs? Wie reagiere ich in einer Examenssituation? Wie argumentiere ich in einem Konflikt mit Vater/Mutter/Vorgesetztem? Wie verhalte ich mich in einer bestimmten Lage? Ein Schulkonflikt mit einem Lehrer usw.). Es bietet sich demnach in mehreren Ausprägungen an: als Konfliktspiel, Sprachspiel (zur Verbesserung der sprachlichen Kompetenz), Sozialspiel (z. B. Bewusstmachen von Außenseiterpositionen), Sachspiel (zur Erweiterung des Wissens), als gruppendynamisches Spiel (zur Verbesserung der Interaktion und Kommunikation in der Gruppe, z. B. eine Person reagiert aggressiv in einem Konflikt, und die Gruppe ist darüber gespalten), ferner als Psychodrama (innerpsychische Konflikte als Anlass), Soziodrama (Intragruppenkonflikte betreffend die Situationsbewertung) und Politodrama (Intragruppenkonflikte betreffend die Situationserkenntnis) (Serafin 1997). Das Rollenspiel erweist sich als ein szenisches, wiederholbares (Stegreif- oder vorformuliertes) Spiel, das mehrere Varianten zulässt, z. B. Pantomime als körpersprachliches Ausdrucksverhalten, wo sprachliche Defizite (noch) eine erfolgreiche Kommunikation verhindern. Man kann auch die Reihenfolge wählen: 1) ikonisch (Standbild), 2) pantomimisch, 3) wortsprachlich und 4) symbolisch (schriftlich). Als darstellendes Spiel in der S I wird es als Imitationspiel (nach Textvorlage wie Dokumentarspiel), als Simulationsspiel (frei gestaltet aufgrund von Quellen und Dokumenten), als Stegreifspiel sowie als Stellen von Szenen praktiziert.

10.7.4.1 Vorklärungen zum Rollenspiel

Vor dem Rollenspiel sollten die folgenden Punkte mit den Lernenden geklärt werden:
* Soll das Spiel spontan oder anhand vorgefertigter Redetexte ablaufen?
* Wie sollen die Rollen besetzt werden (geschlechtsgleich oder gegengeschlechtlich)?
* Soll das Spiel wiederholt werden (Rollenwechsel, Tausch der Geschlechtsrollen)?
* Nach welchen Gesichtspunkten soll das Spiel beobachtet werden?
* Nach welchen Aspekten soll das Spiel diskutiert werden?
* Mit welchem Ergebnis (z. B. Übertragung des angeeigneten Rollenverhaltens auf eine bestimmte Situation) soll die Intention des Rollenspiels als erreicht gelten?
* Was wäre evtl. am Spiel zu ändern?

Je nach Alter und Erfahrung erhalten die Spieler (z. T. selbstgefertigte) Rollenblätter oder -kärtchen mit den Dialogtexten. Dabei ist die Wahl des Sprachniveaus (eines entsprechenden [elaborierten, restringierten, autonomen] Codes) nicht unwichtig.

Die Sprachübung gilt besonders für Teilnehmer aus sozialen Unterschichten, und für alle ist es von Vorteil, wenn sie zum besseren Verständnis eines potenziell künftigen

Gesprächspartners einige zentrale Termini aus dem einzuübenden Themenkreis kennen lernen (können).

10.7.4.2 Rollentheoretische Hinweise

Die Rollentheorie (s. S. 183) präsentiert zwei Konzepte:
1. Das konventionelle Rollenkonzept unterstellt eine weitgehende Übereinstimmung zwischen den Normen und ihrer Interpretation durch den Handelnden. Normen müssen eindeutig sein. Wenn Partner in ihrer Rollenbeziehung nicht übereinstimmen, wird dies als Risiko für den Ablauf der Interaktion angesehen. Abweichungen von der Rolle aufgrund persönlicher Motivation wird als Devianz bezeichnet. Das Individuum soll die Rollennorm verinnerlichen (internalisieren) und zugleich das Bewusstsein vom Handeln aus eigenem Antrieb haben.
2. Das Rollenkonzept des Interaktionismus geht davon aus, dass Rollen nicht fest definiert sind, sondern Raum für subjektive Interpretationen und individuelle Ausgestaltung der Rolle haben. In einer Rollenbeziehung kann daher nicht mehr als eine Art Kompromiss in der Interaktion erwartet werden. Die individuellen Bedürfnisse müssen nicht unbedingt mit den Wertvorstellungen übereinstimmen, die in den Rollennormen vorausgesetzt werden. Rollenpartner müssen in ihren Beziehungen und Bedürfnissen gewisse Beeinträchtigungen in Kauf nehmen. Als stabil gilt eine Rollenbeziehung, wenn die Partner einer Interaktion im Rahmen des jeweils vorgegebenen Spielraums individuelle Bedürfnisse und eigene Vorstellungen verwirklichen können (Dahrendorf 1959; Reinhardt 1997).

10.7.4.3 Methodisches Ablaufdiagramm eines Rollenspiels

1. Spielsituation beschreiben (Problem[e] stellen, Rahmen vorgeben)
   * Rollenanalyse (Rollen markieren, Verlauf fixieren, Sprache, Gestik, Mimik einüben, Kernsätze erarbeiten oder frei sprechen)
   * Rollenzuweisung (Spielrollen, Beobachter, Publikum).
2. Durchführung:
   * Rollenspiel und Beobachtung.
3. Reflexion:
   * Spielkritik (Wurde ein vertretbarer Kompromiss erreicht, bestanden Handlungs-alternativen?)
   * Rollendistanz (evtl. durch Wiederholung in anderer Besetzung)
   * Generalisierung und Transfer.

Phasenspezifisch handelt es sich dabei um eine Informations-, Motivations-, Aktions-, Diskussions- und Reflexionsphase.

Ein Beispiel: Die Landwirtschaft in Europa (drei Spielgruppen)
Vorschlag 1: Die EG setzt die bisherige (Über-)Finanzierung der Landwirtschaft fort.
Vorschlag 2: Die EG kürzt die Zahlungen an die Landwirtschaft.
Vorschlag 3: Die EG streicht die Gelder für die Landwirtschaft.
1. Schritt: Jeder Teilnehmer macht sich mit seinem Themenaspekt vertraut.
2. Schritt: Einzelne Teilnehmer suchen sich Verbündete; die Gruppe wird konstituiert.
3. Schritt: Tagung der Diskussionsrunde; Vortrag der einzelnen Lösungsvorschläge.
4. Schritt: Tagungsergebnisse (Wandzeitung). (Nach BpB [Hg.]: Zeitlupe Nr. 27)
Die einzelnen Positionen können in Workshops erarbeitet werden.

In einem größeren Rahmen könnte man z. B. die Potsdamer Konferenz über Deutschland 1945, die Konferenz von Versailles 1919, das Bündnis für Arbeit usw. in Gestalt eines Konferenzspiels nachspielen lassen.

Eine *Beobachtergruppe* protokolliert Ablauf und Inhalt des Spiels oder nimmt es mit dem Videorecorder auf. Danach findet eine kritische Beurteilung zusammen mit den Spielteilnehmern statt (Reflexionsphase). Auswertungsfragen für alle Spielarten können lauten: Welche Positionen wurden vertreten (argumentativ, un-/angemessen)? Welche Position konnte am ehesten den Konflikt lösen? Welche Auffassung/Lösung ist bei den Teilnehmern angekommen? Warum?
Wie plausibel/fair ist der Kompromiss? Warum ist kein Kompromiss erzielt worden?
Welche Handlungs-/Entscheidungsalternative ist geblieben?
Wie haben die Teilnehmer ihre Rollen gespielt, hat ihre Argumentation überzeugt?
Wie war das Verhältnis Rollen-/Personenanteil?
Welche Erkenntnisse u. dgl. haben die Gruppen gewonnen?
Welche Folgerungen für das Thema lassen sich ziehen?
Ist das Thema/Problem angemessen behandelt und das Ziel erreicht worden?
Welche Spannungen/Konflikte sind während der Spielphase aufgetreten?
Hatten die Spieler genug Gelegenheiten, ihre Beiträge zu leisten?
Erwartet wird die Entwicklung von Methoden-, sozialen und kommunikativen Kompetenzen, von Kooperations- und Interaktionsfähigkeit, Gruppenaktivität, Team- und Kritikfähigkeit, ein rasches Reagieren und Entscheiden, der Erwerb von Sachkenntnis, von Im-

provision, Kontroversität, Flexibilität, Kreativität, Spontaneität u. dgl., ferner die Vermittlung von Qualifikationen wie Planen, Disponieren, Organisieren, Zusammenarbeiten, Argumentieren, Verhandeln, Probleme analysieren und lösen u. dgl. (Scholz 1999)

Beispiel eines Soziogramms

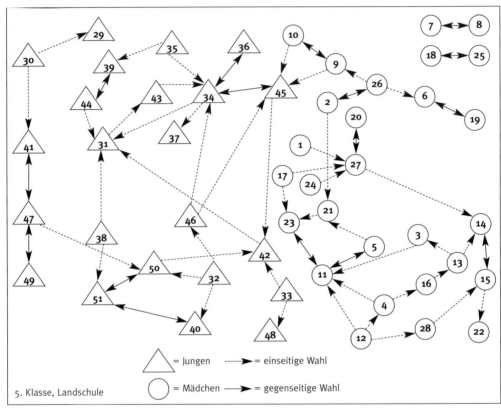

5. Klasse, Landschule

11 Untersuchungsmethoden aus dem Repertoire der Empirischen Sozialforschung

11.1 Grundlagen der sozialwissenschaftlichen Methodologie und Theoriebildung

11.1.1 Einführung

Methodenverständnis setzt (nach Bohnsack 1993) Vertrautheit mit der (Forschungs-)Praxis voraus bzw. fordert ihren permanenten Bezug. Zwischen Methoden und Praxis besteht daher eine reflexive Beziehung. In den Sozialwissenschaften als empirischen (Erfahrungs-)Wissenschaften ist das Methodenrepertoire besonders ausgeprägt, und es finden nur solche theoretischen Aussagen Anerkennung, die prinzipiell nachgeprüft werden können. Empirische Aussagen beruhen auf analytischen Definitionen und Begriffen, diese wiederum auf Übereinkünften unter den Wissenschaftlern und stellen die Voraussetzungen für wissenschaftliche Aussagen dar. Popper würde sie falsifizieren wollen. Nach seiner Ansicht kommt es auf All-Aussagen an: Ein Satz „Alle Schwäne sind weiß" lässt sich nicht verifizieren, weil, die Aussage sich auf alle Schwäne bezieht, die jemals gelebt haben und noch leben werden. Man kann sie nur falsifizieren etwa durch *einen* schwarzen Schwan. Bohnsack (1993, 103) führt den Begriff der „methodischen Kontrolle" ein und versteht darunter die Kontrolle über die sprachlichen, milieuspezifischen und kulturellen Unterschiede zwischen Forscher und Proband (im Verständnis rekonstruktiver Verfahren).

In den Sozialwissenschaften werden die folgenden Methoden und Verfahren angewandt:
- die analytische Methode (Zerlegung eines problematisierten Phänomens in seine Elemente)
- die synthetische Methode (Verknüpfung und gedankliche Verbindung einzelner, durch Analyse erklärter Elemente zu einer Ganzheit)
- die empirische Methode (Befragung, Soziometrie (s. S. 390), Inhaltsanalyse, Experiment, Beobachtung) besteht aus deskriptiven und verifizierenden Verfahren
- die hermeneutische (verstehende) Methode (Dilthey)
- die idealtypische Methode (z. B. rationale, traditionale, charismatische Herrschaft, Max Weber; innen- und außengeleiteter Typ).

Die übergeordnete Theoretische Methode führt in der Soziologie zur Erklärung und Prognose von sozialem Geschehen in allgemeinen Handlungsbezügen. Varianten liefern die Hauptströmungen der soziologischen Theorien, und zwar:
- Kritischer Rationalismus (Popper, Albert)
- Dialektisch-kritische Theorie (Adorno, Horkheimer)
- Strukturell-funktionale Theorie (Luhmann)
- Systemtheorie (Parsons)
- Symbolischer Interaktionismus (P. L. Berger, Th. Luckmann)
- Verhaltens- und Lerntheorie, Sozial-Behaviorismus (K. D. Opp)
- Handlungstheorie (M. Weber, H. Haferkamp)
- Strukturalismus (C. Lévi-Strauss).

Theorien unterscheiden sich nach dem Erkenntnisziel (= nomologisch bei dialektischen und analytischen Theorien, idiografisch bei normativ-ontologischen Theorien), Erkenntnisinteresse (= technisch [verwertbares Wissen], szientistisch [reine Forschung], praktisch [emanzipatorisch, Habermas]) und Erkenntnisgegenstand (= normativ-ontologisch [reflektiert über Sinn und Wesen von Gesellschaft]; historisch-genetisch, phänomenologisch und hermeneutisch vorgehend; empirisch-analytisch [setzt bei konkretem, beobachtbarem Verhalten und Tatsachen an]; kritisch-dialektisch [setzt bei gesellschaftlichen Defiziten an]). Besonders das empirisch-analytische Vorgehen benutzt das Instrumentarium und die Techniken der empirischen Sozialforschung.

Von ihnen werden Hypothesen und Thesen über soziale Wirkungszusammenhänge aufgestellt, die so beschaffen sein müssen, dass sie ein Überprüfungsverfahren ermöglichen, z. B. induktive und deduktive Verfahren als methodische Erfordernisse für den Weg einer Beweisführung. An eine Hypothese werden die folgenden logischen Anforderungen gestellt:

- logische Konsistenz (d. h. in sich nicht widersprüchlich)
- Allgemeinheit (allgemein anwendbar)
- Erklärungswert
- Informationsgehalt
- Realitätsbezug oder empirische Überprüfbarkeit.

In der Theoriebildung zeichnen sich vier Stufen ab:
1. Beobachtung von (empirischen) Regelmäßigkeiten
2. Entwicklung von ad-hoc-Theorien
3. Theorien mittlerer Reichweite (Merton)
4. Theorien höherer Komplexität.

11.1.2 Begründung der Forschungsansätze

Politische Bildung gründet sich in erster Linie auf die Inhalte, Ziele und vor allem auf die Anwendung sozialwissenschaftlicher Disziplinen auf die Praxis (Reinhardt 1987).

Der Gegenstand ist die Lebenswelt des Alltags, die mithilfe der zur Verfügung stehenden Methoden (theoriegeleitete Beobachtungen, Klassifikationen von Phänomenen, Schlussfolgerungen usw.) diagnostiziert, strukturiert und interpretiert werden muss. Diese wiederum sind – ebenso wie das Begriffsarsenal – nicht scharf nach ihrer Ableitung aus den Bezugswissenschaften zu trennen, sondern ergänzen sich mehr oder weniger. Die Forschungsphasen gliedern sich in

- Hypothesenbildung
- Informationen/Datenerhebung
- Systematisierung und Verarbeitung
- Ergebnis.

Die Forschungsansätze sind empirisch oder historisch-genetisch.

Dabei leisten Methoden aus der Soziologie eine wichtige Hilfe, vor allem

- die Sozialstrukturanalyse: soziale Schichtung, Milieus, Lebensstile, Ungleichheit, Mobilität
- die Beziehungen von Individuum und Gesellschaft: soziales Handeln, Rolle, Gruppe
- die Gesellschaftslehre/-theorie: Gesellschaftsformationen, Wertsysteme/-wandel, Abbau von Traditionen, Individualisierung von Verhaltensweisen, Pluralisierung von Verhalten(soptionen)

- der gesellschaftliche Status quo und die gesellschaftlichen Problemlagen: Extremismus, Sozialisation, Rechts-, Wirtschaftssystem, alle Subsysteme (Lamnek 1997; Claußen 1997; Fuchs/Luedtke 1997).

Es sind demnach die Methoden der empirischen Sozialforschung, die für Lernende im Feld der „sozialen Tatsachen" (Durkheim) das Instrumentarium für Erhebung, Analyse und Entscheidung bereitstellen und mittels Hypothesen die Wirklichkeit überprüfen. Es kommen in Frage

1. qualitative Methoden:

Datenprotokollierung und -interpretation, hermeneutisch-interpretative Verfahren („verstehende Soziologie", M. Weber; A. Schütz), Transkripte von Gruppendiskussionen, qualitative Auswertung dokumentarischen Materials, (offene und teilstandardisierte, auch narrative) Interviews (vor allem zur Exploration und Vorbereitung von Untersuchungen und standardisierten Fragebogen), Telefoninterviews, teilnehmende Beobachtungen, textanalytische Inhaltsanalysen (Hilfe durch Textcodierung), Datenanalyse (EDV), Expertengespräche, ferner auf theoretischer Ebene soziologische Handlungstheorien und -analysen, Symbolischer Interaktionismus (s. S. 251). In der für Lernende in Frage kommende Mikrosoziologie (Einzelfallanalysen) kann man auf die Beobachtung und Analyse natürlicher Interaktion, Analyse und Interpetation von Handlungsmotivationen und Deutungsmustern nicht verzichten;

2. quantitative Methoden:

Datenerhebung und -analyse, statistische Verfahren (z. B. Wahlforschung), schriftliche Befragungen, Euro- und Politbarometer, Datenreport des Statistischen Bundesamts (seit 1985), Laborexperiment, demografische Angaben (Hopf/Müller 1994). Am Ende des einzelnen Vorgangs erfolgt eine für die Aussagekraft der Daten wichtige methodische Selbstreflexion. Zusammenfassend wird auf folgende Verfahrensweisen der empirischen Sozialforschung verwiesen:

- Beobachtung
- Befragung (Interview)
- Gruppendiskussion
- Gruppenforschung
- Kontrolliertes Experiment
- Trend- und Paneluntersuchungen
- Erhebungsmethoden (Stichproben; Fragebogen)
- Qualitative und quantitative Auswertungen
- Konstruktion von Skalen
- Projektive Tests
- Inhaltsanalyse.

11.1.3 AUS DEM METHODENREPERTOIRE

11.1.3.1 *Die Ideologiekritik*

Ein mehrdeutiges methodisches Prinzip ist die Ideologiekritik. Der Ideologiebegriff ist umstritten. Er bewegt sich auf einer Skala von der Subsumtion subjektiver Äußerungen bis zu bewusst verschleiernden Aussagen (z. B. Parteiprogramme, Absichtserklärungen, allgemeine politische Statements usw.) und wird oft von den so genannten Weltanschauungen (z. B. christliche Konfessionen, philosophische Weltbilder usw.) abgegrenzt. Die Übergänge sind auch hier fließend. Ideologien, sofern sie bewusst eingesetzt werden, dienen der Propagierung und Durchsetzung von Interessen, dem Gewinnen und dem Sichern von Macht(positionen) und Herrschaft. Der positivistische Ideologiebegriff bezieht sich auf die außerwissenschaftlichen Faktoren, die notwendigerweise in das Denken eindringen und dieses ideologisch machen im Hinblick auf eine Verwässerung des Erkenntnisprozesses. Der wissenssoziologische Ideologiebegriff (K. Mannheim; Th. Geiger) bezeichnet als Ideologie das von gesellschaftlichen Grundlagen bestimmte Denken. Demgegenüber soll die soziale Realität möglichst wertneutral betrachtet werden. Bei Karl Marx bedeutet Ideologie das falsche Bewusstsein, das Bewusstsein der herrschenden (bürgerlichen) Klasse (und nicht der Gesellschaft). Schließlich wird Ideologie, frei von Erkenntnistheorie, im Sinne eines „gedanklichen Zukunftsentwurfs" (E. Spranger) verwendet (Neumann 1995).

Die praktische Verwendung im politischen Bereich wird nicht zuletzt evident durch die Begründung der Staatsräson durch eine Ideologie, z. B. die ehem. Ostblockstaaten (u. a. die DDR) auf den Marxismus-Kommunismus, das so genannte Dritte Reich auf den Nationalsozialismus; auch die westlichen Systeme von Freiheit, Demokratie und Menschenrechten, meist naturrechtlich, ontologisch und vorpositivistisch begründet, können sich einer ideologiekritischen Diskussion nicht entziehen. Ideologiekritik fragt nach der (ideologischen) Herkunft einer Aussage, nach ihren leitenden Interessen und nach ihren Adressaten. Sie will Irrtümer, Lügen, Halbwahrheiten, Vorurteile, Verschleierungen aufdecken (: Ideologie im Sinne von Erkenntniskritik), in Bezug auf die Funktionen verlangt Ideologiekritik das Offenlegen von Interessen, von Macht- und Herrschaftsverhältnissen sowie die Analyse von Orientierungsmaßstäben (Fisch 1988, 88). Sie bezieht sich u. a. auf die Analyse der Gesellschaft, z. B. auf die Bedeutung von Autorität, Konflikten, Schichten bzw. auf

- das Verhältnis zwischen Norm und Realität, Sein und Sollen, Aussage und Wirklichkeit (Widerspruchsfreiheit)
- die Begründung von Urteilen
- die interessengebundenen Implikate von Meinungen und Ansprüchen
- den syntaktischen und lexikalischen Gebrauch der Sprache (Korrektheit, Verschleierung, Auswahl usw.; s. S. 257)
- das Verhältnis von Anspruch und Verhalten
- den Unterschied von Tatsachenaussage, -urteil und Werturteil.

Eine Gefahr liegt darin, dass Ideologiekritik selbst zur Ideologie wird, indem sie ihre (diskussionsbedürftigen) Grundlagen aus der Hermeneutik nicht genügend reflektiert. Ihre prioritäre Ansiedlung im politisch-gesellschaftlichen Bereich macht sie zu einem wichtigen Gegenstand politischer Bildung.

Der Unterschied zwischen ideologischer Kritik und philosophischer Kritik liegt darin, dass es letzterer a priori um das Verlangen nach Wahrheit, um die Generierung von gesichertem Wissen nach einer stringenten, auf anerkannten methodischen Regeln beruhenden Prüfung von Aussagen (wenn … dann) geht. (George 1975 ; Helf 1989) Für die theoretische Grundlegung der Ideologie(kritik) stehen Namen wie K. Marx, Lukács, Kolakowski, H. Pleßner, Th. Geiger, Karl Mannheim (Lenk 1961; Salamun 1992).

Ein leicht zu dechiffrierender ideologiegeladener Text kann in das praktische Verständnis von Ideogiekritik einführen:

„Die rechtliche Regelung gesellschaftlicher Verhältnisse ist in hohem Maße ein ideologischer Vorgang. Weil dem so ist, hängt vom Zustand, von der Qualität und vom Niveau des Bewusstseins im Allgemeinen wie des Rechtsbewusstseins im Besonderen, zu einem nicht geringen Teil die Durchsetzung und Einhaltung des sozialistischen Rechts ab. Das Rechtsbewusstsein kann die Durchsetzung und Einhaltung des sozialistischen Rechts fördern, hemmen oder auch zu Verletzungen des Rechts führen. Das gilt zwar besonders für das Rechtsbewusstsein der Persönlichkeit, aber auch für das Rechtsbewusstsein der Kollektive sowie der gesamten Gesellschaft. Hier setzt die Rechtserziehung als eine Einflussgröße an, indem sie das Rechtsbewusstsein der Persönlichkeiten, Kollektive und der Gesellschaft so zu prägen versucht, dass es möglichst optimal die Durchsetzung und Einhaltung des sozialistischen Rechts fördert. Dabei ist zu beachten, dass das angestrebte Resultat der rechtlichen Regelung immer eine bestimmte Gestaltung gesellschaftlicher Verhältnisse mittels menschlichen Handelns ist." (Dettenborn 1986, 546)

Hier werden Recht und Gerechtigkeit ausschließlich vom (ideologischen) Klassenstandpunkt aus betrachtet. Die Konsequenzen sind im Einzelnen zu erörtern.

Fisch (1988, 95 nach Hofmann 1968, 64 ff.) möchte im Politikunterricht die Ideologien überprüfen „im Hinblick auf:
- das Verhältnis zwischen Aussage und Wirklichkeit (Erkenntniskritik),
- das Verhältnis zwischen Aussage und Widerspruchsfreiheit (Erkenntniskritik),
- die Sprache (Sprachkritik),
- die Beziehungen zwischen Aussagen und den dahinter stehenden Interessen bzw. Machtansprüchen (soziologische Kritik),
- Die Beziehungen zwischen Aussagen und dem Verhalten derjenigen, die die Aussagen machen (soziologische Kritik),
- die Beziehungen zwischen Aussagen und den darin enthaltenen Konsequenzen – Ideologien sind meist an Endzielen ausgerichtet, der Weg und die Mittel zu diesen Zielen bleiben oft verborgen (soziologische Kritik)."

In autoritären Systemen entstehen oft scheinbar monolithische (Groß-)Ideologien, mit deren Einsturz das gesamte System zusammenbricht.

11.1.3.2 Die Synopse als Methode des Vergleichs

Der methodisch reflektierte und empirisch fundierte *Vergleich* ermöglicht (Situations-, Teil-, Gesamt-)Analysen von unterschiedlichen politischen, wirtschaftlichen, gesellschaftlichen usw. Systemen und führt zu alternativen Lösungsansätzen (vgl. Comparative Politics). Entscheidend ist die Erarbeitung und Verwendung kompatibler, den Vergleich ermöglichender Bewertungskriterien (Vergleichsmaßstäbe, tertium comparationis), z. B. Macht, Herrschaft, Konflikt, Struktur, Freiheit, Gleichheit usw., die systemspezifisch zu entwickeln sind. Dabei sind Eigenschaften und Merkmale der zu vergleichenden Phänomene auszuwählen und zu begrifflichen Typen zusammenzufassen. Der Vergleich ist ein wichtiges methodisches Instrument, das zur Beantwortung der Frage nach Übereinstimmungen und Abweichungen etwa zwischen Staaten, Organisationen, Wirtschafts- und Gesellschaftssystemen, sozialen Situationen usw. eingesetzt wird. Auch die Unvergleichbarkeit kann konstatiert werden, z. B. zwischen amerikanischen High-School-Absolventen und deutschen Abiturienten.

Theoretische Vergleichsansätze können sein:

a) empirisch-analytisch: immanente Analyse, systemimmanentes Verfahren (bleibt in der Deskription stecken und konzentriert sich auf Systemrationalität)

b) normativ-klassifikatorisch

c) strukturell-funktional: systemtheoretisch (aufgrund des eigenen Wertsystems; Behr 1979; Lorig 1989).

Der präferierte wissenschaftstheoretische Ansatz präformiert das Ergebnis, z. B. ermöglicht das Totalitarismuskonzept (z. B. Alan Bullock, Ernst Nolte), die Herausstellung von Ähnlichkeiten zwischen den diktatorischen Systemen Stalins und Hitlers, der Faschismusbegriff zwischen faschistischen Bewegungen und Systemen (Deutschland – Italien) (Böger/Kremendahl 1986; Schmiechen-Ackermann: Diktaturen im Vergleich. Darmstadt 2002). Dabei ist das Umfeld zu beachten.

Vergleichsangaben machen oft nur eine vordergründige Aussage. Was bedeutet es, dass die DDR z. B. relativ mehr Kinos, öffentliche Bibliotheken, Jugendhäuser, Kindergärten, Orchester, Theaterensembles usw. hatte als die (alte) BRD? Für die Interpretation der Daten müsste u. a. berücksichtigt werden, ob diese Einrichtungen Ersatz für fehlende Fernsehgeräte, Buchproduktion, Vergnügungsstätten usw. waren oder inwieweit sie z. B. die Arbeitsmarktpolitik (Vollbeschäftigung für Männer und Frauen) flankierend unterstützen sollten (Wänke 1993).

Der Vergleich führt demnach nur zu Allgemein- oder Gattungsbegriffen und berücksichtigt nicht die Besonderheit. Er ist eine Methode des Denkens, die neben die kausale Methode tritt.

Eine aus der Politikwissenschaft (die gelegentlich als synoptische Wissenschaft bezeichnet wird; z. B. Vergleichende Regierungslehre, Systemvergleiche usw.) entnommene Erkenntnismethode ist die analytische *Synopse*. In der Ermittlung vergleichbarer Fakten und ihres funktionalen Zusammenhangs ist auf die Kompatibilität zu achten. Aus einer synoptisch erfassten gesellschaftspolitischen Situation sind die Wirkungschancen bestimmter Maßnahmen für die Zukunft zu extrapolieren.

Aus diesem Vorgehen können einige Denkschritte für die Analyse abgeleitet werden: Zielanalyse – Konstellationsanalyse oder Diagnose – Beurteilung und Entwurf – Prognose. Eine System- bzw. Problemanalyse ist in folgenden Schritten möglich:

1. Historisch-systematische Analyse der Strukturen und der hinter ihnen stehenden (Interessen-)Gruppen oder Personen.
2. Definition der Ziele und Aufgaben des Projekts.
3. Beschreibung des Ist-Zustandes (Vor- und Nachteile).
4. Lösungsvorschläge und deren Folgen. (Kosten-Nutzen-Relation).
5. Entwurf von Alternativen.
6. Untersuchung der Realisierungschancen.
7. Übersicht über die einzusetzenden Mittel (Mittel-Zweck-Relation).
8. Erforschung von Nebenwirkungen.

   Beispiele:
   - (Militärisches) Sicherheitsbedürfnis in mehreren europäischen (NATO-) Staaten als Voraussetzung für das Weiterbestehen des Bündnisses (in seiner je aktuellen Form).
   - Möglichkeiten der Osterweiterung der EU unter Berücksichtigung des finanziellen Beitrags einzelner Mitgliedstaaten und potenzieller Beitrittsländer.

- Beeinflussung der nationalen parlamentarischen Systeme durch Übertragung von Souveränitätsrechten auf die Brüsseler EU-Institutionen.
- Wie wirkt sich der Einfluss von höchsten Gerichten (z. B. BVerfG) in einzelnen Staaten auf die Gesetzgebung der Parlamente aus?
- Vergleichen Sie die Lebensweise vergleichbarer sozialer Schichten in ausgewählten Ländern.
- Welche Befugnisse haben Parlamentsabgeordnete in mehreren Staaten?

11.1.3.3 *Formen der Strukturanalyse als gliedernde Elemente*

Eine in den modernen Sozialwissenschaften häufig verwendete Methode ist die *Strukturanalyse*. Als Struktur bezeichnet man die Gesamtheit von Elementen, zwischen denen Beziehungen bestehen und wo jede Veränderung eine Veränderung des Systems bewirkt. Der Strukturalismus versteht Sprache, Gesellschaft oder Persönlichkeit als ein System von Beziehungen, deren Elemente unabhängig von den Wahrnehmungen und Intentionen der Individuen wirken und ohne Bezug auf die Ganzheit nicht analysiert werden können. Die Analyse spürt der Verflechtung wesentlicher Einzelbezüge in komplexen Systemen nach, z. B. dem Phänomen der sozialen Schichtung, der Funktion von gesellschaftlichen Gruppen und ihres Einflusses u. dgl. Eine Strukturanalyse liegt dann vor, wenn die (z. B. in einer Fallanalyse) aufgefundenen Einzelphänomene auf die ihnen zugrunde liegenden gesellschaftlichen Bedingungen und ihre Auswirkungen zurückgeführt werden, z. B. die Bedeutung des Wirtschaftssystems für das Erziehungssystem, autoritäre Maßnahmen in Schule und Betrieb auf demokratisches Verhalten der Betroffenen. So ermöglichen die Sozialwissenschaften ein Denken in Strukturen. Das Lernziel besteht in der Einsicht in die Beziehungsprobleme von Individuum und Gesellschaft, im Verständnis politisch-gesellschaftlicher Prozesse, in der Einsicht in Überordnung und Unterordnung und ihre Grundlagen, in das Verhältnis von Macht, Recht und Moral, Freiheit und Gesetz usw. Darin liegt ein Beitrag für das politische Bewusstsein, Denken und Handeln.

Der für die Strukturanalyse hauptsächlich in Anspruch genommenen (Politischen) Soziologie geht es um das Aufdecken und Beschreiben gesellschaftlicher Netzwerke, ihrer Gliederung, ihrer Widersprüche und Möglichkeiten, ihrer gestaltenden Veränderung.

Dazu benutzt sie empirische Methoden – die in jedem sozialwissenschaftlichen Unterricht praktiziert und erst mit zunehmender Übung durch Modellkonstrukte der theoretisch-kritischen Soziologie ergänzt werden sollten – etwa in Gestalt anspruchsvoller explorativer Techniken bzw. Minimethoden wie Gespräch, Interview, Experiment, Anamnese, Fragebogen, Beobachtung, soziometrischer Test, Inhalts-, Faktorenanalyse, Klassifizierung von Daten, Formulieren von Arbeitsplänen, Entwürfen und Ergebnissen, Beschreiben und Bestimmen von sozialen Tatsachen usw. Erhebungsdaten können auch gewonnen werden aus der Analyse von so genannten weichen Tatsachen wie Meinungen, Einstellungen, Motiven, Haltungen, Reaktionsformen, Ideologien usw., aber auch von so genannten harten Tatsachen wie Anzahl der Personen in einem bestimmten Beruf, Zahl der Arbeitslosen in einer Stadt/Gemeinde, der ausländischen Kinder in einer Schule usw. Im ersten Falle ist man aufgrund interessengeleiteter Zielvorstellungen auf entsprechende (geschlossene oder offene) Frage- oder Auskunftsformulierungen angewiesen, und für die Auswertung kommen interpretatorische Methoden in Frage, im zweiten Falle statistische Erhebungs- und Auswertungsverfahren. Die so erhobenen Daten dienen u. a. der empirischen Kontrolle und Überprüfung von Hypothesen sowie der Feststellung konstanter Beziehungen zwischen Variablen, die den (vorläufigen) Charakter allgemeiner Gesetze annehmen können.

Obwohl den vorwiegend aus der Politischen Soziologie – die in erster Linie geeignet ist, eine Brücke zwischen dem Individuum und der Lebenswelt zu schlagen – entnommenen empirischen Methoden bei der Analyse gesellschaftlicher Probleme eine besondere Bedeutung zukommt, sollte der alte Streit aus den 1960er-/1970er-Jahren um eine Monopolisierung der politischen Bildung durch die Soziologie (Horkheimer, Adorno, Bolte u. a.) bzw. durch die Politikwissenschaft (Bergstraesser, Eschenburg, Minssen u. a.) nicht wieder aufgenommen werden. Der Soziologismus würde die politische Bildung perspektivisch verengen und auf bloße Instrumentalität reduzieren. Die Folge bestünde in einer unpolitischen Deskription von sozialen Phänomenen, während die Politikwissenschaft Normen setzt (z. B. Demokratie, Gleichheit, Toleranz, Partizipation usw.) und Aktionen vorausdenkt.

11.1.3.4 *Die (teilnehmende) Beobachtung*

Im Folgenden werden einige Verfahren und Methoden der Sozialwissenschaften in ihrer Anwendung auf Unterricht vorgestellt.

Die (verdeckte oder offene, qualitative oder quantitative) *teilnehmende Beobachtung* ist immer selektiv und weist eine besondere Nähe zum Alltagshandeln auf. Sie ist das grundlegende Verfahren der empirischen Sozialwissenschaften. Ihre Gütekriterien sind Objektivität, Validität und Reliabilität. Die Methode ist seit dem 19. Jahrhundert. in der Ethnologie und Anthropologie in Form von Wahrnehmungs- und Verhaltensprotokollen gebräuchlich. Als wissenschaftliches Vorgehen beansprucht sie, sich von „naiver" Wahrnehmung zu unterscheiden, „den Beobachtungsvorgang in geplant-systematischer und intersubjektiv-kontrollierbarer Weise unter expliziter Definition von handlungsleitenden Regeln zu organisieren" (Seifert 1985, 45). Ihr Zweck besteht in der Datenerhebung. Die Standardisierung ist jedoch schwierig, da sie sich auf Interaktionen der Probanden richtet.

Das Problem liegt in der (immer selektiven) Art der Wahrnehmung, in der Objektivität und Gültigkeit der gewonnenen Daten, wobei vom subjektiven Eindruck des Beobachters viel abhängt. Es stellt sich aufgrund der Merkmalkomplexion und unterschiedlicher Wahrnehmung die Frage nach der Codierung. Generell erhebt sich das Inferenzproblem, die problematische Schlussfolgerung von äußeren Wahrnehmungsergebnissen (äußerem behavioristischen Verhalten) auf Inneres (Motive usw.). Die strukturierte Beobachtung ist präziser als die unstrukturierte. Beide können mit Video, Tonband, offenen und geschlossenen Interviews, Gruppendiskussion, Gedächtnis- bzw. Wortprotokollen, standardisierten Protokollbogen (deren Auswertung am einfachsten ist; flankierend: Beobachtertagebuch) (Glatzer 1984) vorgenommen werden.

Der Forschungs-(Erhebungs-)prozess gliedert sich in

1. eine Explorationsphase
   (Definition der Fragestellung, forschungsleitende Hypothesen, Bestimmung des Untersuchungsfeldes [Auswahl der Untersuchungseinheiten, z. B. Personen, Interaktionen, Verhaltenssequenzen, Situationen]; Stichprobenproblem taucht auf)
2. eine Operationalisierungsphase (Erstellung der Beobachtungsinstrumente)

3. die Datenerhebung

4. die Auswertung.

Dieser Prozess ermöglicht eine standardisierte, naturwissenschaftlich orientierte Forschungsstrategie oder eine explorativ-qualitative, die den Prämissen der interaktionistisch-phänomenologischen Programmatik verpflichtet ist. Dennoch ist die Beobachtung keine Quelle eindeutiger Entscheidung über theoretische Aussagen (wie der Empirismus annimmt). Diese spiegeln vielmehr das Vorverständnis der Beobachter und sind schon Interpretationen solcher Beobachtungen, die im Hinblick auf die Daten auch anders ausfallen könnten. Daher gilt: Quidquid recipitur, recipitur modo recipientis.

11.1.3.5 Zur Verwendung statistischen Materials

Bei der Verwendung und Analyse *statistischen Materials* sollten einige Fragen beantwortet werden können, z. B.

- Was wird dokumentiert? (Leitfragen)
- Wie hat wer die Daten erhoben (Totalerhebung, Stichproben, Befragung, Sekundäranalyse)? (Zuverlässigkeit)
- Wie sind die Daten miteinander in Beziehung gesetzt (Mittelwert, Basis-, Berichtsjahr bei Indexzahlen, Prozentwerte usw.)?
- Auf welchen Grundannahmen beruhen Datenerhebung und -zusammenstellung (Grundgesamtheit, Merkmalklassen, Korrelationen)?
- Welche Einzelinformationen (Schwerpunkte, Besonderheiten, Abweichungen usw.) ergeben sich aus den Daten?
- Welche Aussagen lassen sich mithilfe des Materials machen?

Die Daten werden unterschieden in akustische (z. B. Tonbandaufzeichnung), visuelle (z. B. Fotos), audiovisuelle (z. B. Videoaufzeichnung) und schriftliche (Transkripte, Niederschriften usw.) Daten, ferner ihrer Herkunft nach in

a) primäre Daten: selbst oder von anderen originär durch (teilnehmende, systematische) Beobachtung, Expertenbefragung, (offenes oder standardisiertes) Interview, Informationsgespräch, (offenen oder standardisierten) Fragebogen erhoben (als Totalerhebung, z. B. Volkszählung, oder Teilerhebung in Form einer repräsentativen Stichprobe);

b) sekundäre Daten: Rückgriff auf frühere Erhebungen und Datenbanken;

c) individuelle Daten;

d) Aggregatdaten: erstrecken sich auf eine Gesamtheit, z. B. von Individuen (etwa das Durchschnittsalter einer Gruppe). Daten sind materielle Spuren oder Objektivierungen von Ereignissen, nicht die Wirklichkeit selbst. Sie unterliegen deshalb der Deutung und werden im einzelnen relevant je nach der Fragestellung (Perspektive).

Originaldaten für Unterrichtszwecke können direkt am Ort erhoben werden. Für größere Einheiten bieten sich die statistischen Ämter der Städte, das Statistische Bundesamt (mit einem veröffentlichten Datenreport) oder die Statistischen Landesämter mit ihren ständig erhobenen Daten (Mikro-, Makrozensus) an (Datenschutz ist zu beachten). Sie werden i. d. R. nach Räumen (Länder, Gemeinden, Stadtteile) publiziert. Die Daten können benutzt werden

1. als illustratives Material,

2. zur beschreibenden Strukturanalyse

(z.B. Größe der sozialen Gruppen in der BRD, Bevölkerung, Lebensbedingungen, Bildung[ssystem], Gesundheitsversorgung, Berufe usw. …: Sie erlauben Hinweise auf den sozialen Wandel.);

3. zur Erklärung sozialer Sachverhalte
(Untersuchung von Alter, Religion, Familienstand usw. zur Erklärung von Suizid [Durkheim]). (Wilms 1984). Aufgabe: Untersuchung eines Neubauviertels nach … (Stichprobe).

Die Daten können für diverse Analysen verwendet werden, z.B. für

- die Aggregatdatenanalyse: Herstellung von Beziehungen z.B. zwischen der Stimmverteilung und den Verteilungen anderer Merkmale (z.B. Beruf, Konfession, Alter usw.) in abgrenzbaren Gebieten;
- die Individualdatenanalyse: Aussagen über beispielsweise politische Einstellung und Wahlverhalten, Parteipräferenzen des einzelnen Wählers;
- die Mehrebenen- oder Kontextanalysen: Persönliche Merkmale des Wählers und solche seiner sozialen Umwelt werden dazu benutzt, um dem individuellen Wahlverhalten näher zu kommen. Es handelt sich um eine Verknüpfung von Aggregat- und Individualdatenanalyse, um den Versuch, Zusammenhänge zwischen Individuen, Gruppen, politischen und sozialen Organisationen sowie ihren Interaktionen zu ermitteln (z.B. Wählerwanderungsbilanzen, Wahlbeteiligung) (Westle 1983);
- die Sozialraumanalyse: Sie erforscht die Merkmale von Bewohnern etwa in städtischen Teilgebieten (vgl. Stadtsoziologie und -geografie), z.B. nach Berufen, ökonomischem Status, Ausländeranteil, Wohnversorgung, Haushalte, Einkommen, Bildung(sstand und -angebot), Anzahl der Kinder usw. (Hamm 1984). Für die Auswertung gilt allgemein: Die qualitative Sozialforschung strebt nach Erkenntnisgewinn über die Interpretation von Problemzusammenhängen, die quantitative Forschung zielt auf das Gewinnen repräsentativer Aussagen (Informationen).

Für die Messung von Einstellungen u. dgl. stehen verschiedene Skalen zur Verfügung:

1. Die Nominale Skala zerlegt eine Menge in Teilmengen (z.B. die Gesamtmenge einer Wählerschaft in die Anhänger bestimmter Parteien).
2. Die Ordinale Skala ordnet die klassifizierten Teilmengen nach dem Grad, zu dem sie eine bestimmte Eigenschaft besitzen.
3. Die Intervall-(Kardinale) Skala misst die Unterschiede zwischen den Kategorien.

Außerdem kommt es a) auf die Zuverlässigkeit (Reliabilität) von Interpretationsverfahren an, auf die Frage nach der formalen Genauigkeit, nach formalen Regeln, die unabhängig vom Interpreten sind; b) auf die Gültigkeit (Validität), d. h. auf die Frage, ob ein Interpretationsverfahren dem Gegenstand angemessen ist, ob es die unterschiedlichen Ebenen und Modi erfassen kann.

Die Lernenden werden veranlasst, sich in die Rolle eines Sachbearbeiters beim Statistischen Landesamt, einer Stadtverwaltung, beim Arbeitsamt usw. zu versetzen und anhand des vorgegebenen Materials statistische Eingruppierungen zu üben. Bei der Einordnung der Daten werden sie mit dem Problemen und ihrer Interpretation vertraut.

Die Daten/Informationen werden auf Karteikarten oder im Internet verwaltet.

11.1.3.6 Das Interview/die Befragung

Das *Interview (die Befragung, das Gespräch)* ist ein beliebtes Mittel der Meinungsforschung (Porst 2000) im Rahmen der Demoskopie, der Meinungs-, Markt- und Wahlforschung, der Einstellung der Bevölkerung zu bestimmten Fragen. In der Unterrichtspraxis wird es ebenso zur Eruierung von Meinungen wie zur Einübung in sozialwissenschaftliche Arbeitsweisen verwendet. Es kann strukturiert, teil- und unstrukturiert sein. Daraufhin kann das Interview den folgenden Verlauf nehmen:

- Problemstellung
- Fragebogenkonstruktion
- Pretest und endgültige Formulierung des Fragebogens (s. u.)
- Personenkreis/Stichprobe festlegen
- Durchführung
- Aufbereitung und Auswertung des Datenmaterials ((De-)Codierung, Interpretation).

Die Fragen sollten inhalts-/problemangemessen gestellt und es sollten sprachliche Schichtunterschiede berücksichtigt werden. Dennoch leidet das Vorgehen an der Einseitigkeit des kommunikativen Prozesses und enthält Fehlerquellen (z. B. suggestive Fragen: Wären Sie für ein Gesetz, die Renten den gestiegenen Preisen anzupassen? Finden Sie nicht auch, dass eine Tracht Prügel noch niemandem geschadet hat?) (Lankenau 1983) Die Antworten sind nicht kausal, sondern reagieren auf die Fragen bzw. auf das, was der Interviewer (vermeintlich) hören will.

Sehr wichtig für das Ergebnis ist die – in einer Voruntersuchung (Pretest) festgelegte – Fragetechnik und -form. Man unterscheidet zwischen offenen und geschlossenen Fragen, entsprechend zwischen einem offenen und standardisierten (mündlichen, schriftlichen) Interview. Das standardisierte Interview wird auch als „Königsweg der empirischen Sozialforschung" bezeichnet. Offene Fragen werden direkt angesprochen und geben ein Stimmungsbild wider. Ebenso ist es mit dem narrativen Interview und dem Leitfadengespräch (mit Einzelpersonen, Gruppen, Experten). Ihr Vorteil liegt darin, dass sie mehr Informationen zur Exploration eines Problemfeldes erheben (Lankenau 1983).

Die Wissenschaftlichkeit (Verlässlichkeit) wird durch Kontrolle der einzelnen Schritte und durch ein theoriegeleitetes, systematisches Vorgehen (mehr oder weniger) gewährleistet (Atteslander 1985).

Lernende sprechen unter Zuhilfenahme eines Tonbandgeräts Probanden an, wo immer sie angetroffen werden. Dagegen werden geschlossene Fragen anhand eines vorformulierten Fragerasters bzw. Fragebogens, deren Kategorien entweder deduktiv (anhand des theoretischen Vorverständnisses des Fragenden/Forschers) oder induktiv (nach und während der Durchsicht des Datenmaterials) erhoben werden, gezielt gestellt. Nur sie können quantifiziert und innerhalb des vorgegebenen Rahmens qualitativ verlässlich interpretiert werden.

Die qualitative Forschung geht davon aus (=Prämisse), dass die soziale Welt durch interaktives Handeln sinnhaft strukturiert ist. Deshalb müsse sie aus der Perspektive der handelnden Menschen selbst gesehen werden, d.h. es sind subjektive Sinnstrukturen aufzufinden und nachzuzeichnen (also ohne vorab konzipierte Theoriekonzepte und Hypothesen des Forschers). Ausgehend von der unmittelbaren Erfahrung werden Beschreibungen, Rekonstruktionen oder Strukturgeneralisierungen vorgenommen, Abstraktionen werden aus Erfahrung generiert und dabei wird ein Rückbezug auf diese Erfahrungen kontinuierlich aufrecht erhalten. Impulse für die methodologischen Begründungsversuche der qualitativen

Forschung kamen von der Psychoanalyse, der Phänomenologie (s. S. 156), der verstehenden Soziologie, dem Symbolischen Interaktionismus, und der Ethnomethodologie (s. S. 47).

Die quantitative Forschung orientiert sich dagegen am deduktiv-nomologischen Modell. Die Auswertung erfolgt mithilfe statistischer Verfahren und garantiert die Gütekriterien Objektivität, Reliabilität und Validität. Als solche Verfahren gelten das Experiment, die quantitative Inhaltsanalyse (einschließlich der Sekundäranalyse), die (Zufalls-)Stichprobe, die Quotenauswahl (z.B. 50% Männer, 50% Frauen), das (mündliche und schriftliche) Interview, der Fragebogen, die Beobachtung, Tests.

Die (mündliche oder schriftliche) *Befragung* geschieht i. d. R. zur Feststellung von Fakten, Meinungen usw.

Ein *Fragebogen* zu einer Vorbefragung zum Thema „Soziale Schichtung in der BRD" kann im 9. Schuljahr wie folgt strukturiert sein:

1. Wie möchtest du die Gesellschaft der BRD einteilen? (Soziale Schichten, Unterschiede zwischen Ost- und Westdeutschland)
2. Bestimme die Rangordnung der folgenden Berufe und gib an, nach welchen Merkmalen du sie aufgestellt hast: Schlosser, Lehrer, Bundeswehroffizier, Pfarrer, Bauer (mittlerer Betrieb), Amtsrichter, Arzt, Fabrikant, selbstständiger Kaufmann, Verkäuferin, Friseuse, mittlerer Angestellter, Maurer, ungelernter Arbeiter, Ingenieur, Universitätsprofessor, Prokurist, Informatiker, …
3. Etwa 35% der Bevölkerung der BRD sind gewerbliche Arbeitnehmer. Auf unseren Gymnasien sind etwa 18% Arbeiterkinder. Wie erklärst du diesen Unterschied?
4. Schätze den Netto-Monatsverdienst: a) eines Facharbeiters, b) eines Hauptschullehrers, c) eines Arztes, d) eines (ausgewählten) Unternehmers ...
5. Wie ist deiner Meinung nach der gesellschaftliche Reichtum (Einkommen, Aktien, Häuser usw.) in unserm Lande verteilt? Man spricht häufig von einer so genannten „Gerechtigkeitslücke". Was meint man damit?
6. Was würde dich an diesem Thema noch interessieren?

Die *Datenanalyse* verfährt als Faktoren- oder Clusteranalyse (aus der Gesamtzahl einer Untersuchungsgruppe werden Teilgruppen herausgefiltert, die im Hinblick auf eine ausgewählte Zielvariable ein homogenes Muster zeigen). Üblich ist auch die Triangulation, die Verbindung von qualitativen und quantitativen Methoden mit der Sekundäranalyse, ebenso die Kombination von Survey- und Fallstudien (vgl. Shell Jugendstudien).

Der praktische Forschungsprozess wird durch Fragen (Interviews, Diskussionen) eingeleitet und ständig modifiziert und erweitert. Erst danach kommt es zu einer Theoriebildung (Strauss 1994; Lamnek 1988).

Man unterscheidet zwischen Experten-, Einzel- und Gruppeninterviews und einer explorativen (z.B. Erkundungsdialoge betreffend Sachverhalten, Tatsachen, Meinungen) und einer examinalen Befragung. Die Fragen sollten klar und verständlich, auf subjektive oder objektive Sachverhalte bezogen und nicht suggestiv sein. Zur Einübung der Fragemethode können Lernende kleinere Stichproben nach der Zufallsmethode erheben. Die Auswertung nach Variablenkategorien kann schwierig sein. Sie wird in Kleingruppen vorgenommen, die Einzelergebnisse werden zu einem Gesamtergebnis korreliert. Je nach den örtlichen Möglichkeiten kann mit einem außerschulischen Experten eine Gruppendiskussion veranstaltet werden, begleitet von teilnehmender Beobachtung durch Lernende. Des Weiteren kann – bei Vorhandensein genügender Unterlagen – eine Dokumentenanalyse vorgenommen werden.

11.1.3.7 Die häufigste Methode: die Inhaltsanalyse

Die *Inhaltsanalyse* geht im Allgemeinen jeder anderen Analyse voraus. Sie untersucht die Symbole, die einem Text unterliegen, nach Inhalt und Bedeutung. Damit tritt sie in die Nähe zur Hermeneutik, bei der das erkennende Subjekt sich in das zu erkennende Objekt hineinversetzen muss, während die sozialwissenschaftliche Inhaltsanalyse Symbole als isolierte und distanziert zu analysierende Daten auffasst, deren Analyse drei Forderungen entsprechen sollte. Sie sollte

- intersubjektiv sein (die verwendeten Kategorien müssen von jedem anwendbar sein)
- systematisch sein (d.h. die Auswahl muss statistisch repräsentativ sein)
- sich auf Syntax und Semantik beschränken und nicht latenten Intentionen nachgehen.

Die Inhaltsanalyse *(content analysis)* als eine Sozialforschungsmethode macht sich die aus den Geisteswissenschaften bekannten Interpretationsmethoden (s. Hermeneutik ; [Hitzler/ Honer 1997], Phänomenologie, Konstruktivismus, s. S. 157) zunutze. Sie wird als Bedeutungs-, Aussagen- und Dokumentenanalyse praktiziert (Eckert/Mathes 1995).

Lernende können u.a. Schulbücher, Zeitungsartikel, politische Propaganda, im Grunde jeden Text analysieren (z.B. nach der sog. Lasswell-Formel: WER [=Kommunikator, Sender] sagt WAS [=Text] zu WEM [=Rezipient, Empfänger] mit welchem EFFEKT, Müller 1984, 459). Als Grundsätze der qualitativen Inhaltsanalyse sind nach Mayring (1994) zu nennen: Sie muss

a) anknüpfen an alltägliche Prozesse des Verstehens und Interpretierens sprachlichen Materials
b) die Perspektive des Textproduzenten übernehmen
c) die Interpretation für prinzipiell unabgeschlossen und die Möglichkeit der Reinterpretation offen halten.

Die strukturierende Inhaltsanalyse sucht nach Typen, formalen, inhaltlichen, skalierenden Strukturen im Material (meist Texte/Printmedien, auch Rundfunk und Fernsehen), die explizierende Inhaltsanalyse versucht diffuse Stellen durch Kontextmaterial aufzuhellen. Im Schulbereich wenden sie sich sinnhaltigen Dokumenten zu wie Schüleraufsätzen, Jugend- und Schülerzeitschriften, Fotos, Filmsequenzen u. dgl. Es kommen vor allem Häufigkeitsanalysen (computergestützt, Herausfiltern bestimmter Textbestandteile – z.B. Schlüsselbegriffe zur Rolle der Frau, des Mannes, des Kindes usw., d.h. was ist thematisiert und in welchem Umfang – mittels eines Kategoriensystems und Aussagen über das relative Gewicht derselben), Klassifizierungen (Strukturierung des Materials nach bestimmten Ordnungsgesichtspunkten), allgemeine hermeneutische Verfahren (textimmanente und koordinierende Interpretation durch Analyse einzelner Bestandteile, Strukturierungen und Einschätzungen) sowie Verfahren der objektiven Hermeneutik (Verallgemeinerung) in Frage. Gebräuchliche Formen einer empirischen Inhaltsanalyse sind die Frequenz-, Valenz-, Intensitäts- und Kontingenzanalyse.

Andere Verfahren der Inhaltsanalyse sind: die Stilanalyse von Autoren, die Themenanalyse, die Wertanalyse (Wertungen im Text werden kategorisiert). Die methodischen Schritte einer Inhaltsanalyse lassen sich wie folgt aufgliedern
1. Schritt: Auswahl des Textmaterials
2. Schritt: Bestimmung der Untersuchungseinheiten
3. Schritt: Entwicklung eines inhaltsanalytischen Kategorienschemas (Raster)
4. Schritt: Zuordnung der Untersuchungseinheiten zu den Kategorien

5. Schritt: Auswertung.

Die Inhaltsanalyse ist eine nicht unproblematische Tendenzanalyse, die Subsumierung von Aussagen unter Kategorien; die Interpretation schlechthin führt zu vorläufigen Aussagen.

11.1.3.8 Praktische Methoden: Reportage, Hearing, Recherche, Brainstorming

Weitere Formen sozialwissenschaftlicher Kleinmethoden und Techniken sind:
- die *Reportage* (die Elemente des Interviews, der Expertenbefragung, der Erkundung, der Informationssammlung und -aufbereitung usw. enthält):
  z. B. anhand von Informationen (etwa über den Arbeitsmarkt, einen Betrieb, eine Behörde, ein Dienstleistungsunternehmen usw. in einer Stadt/Region) eine Arbeitsmappe oder einen Bericht für Rundfunk oder Fernsehen erstellen;
- das *Hearing*: Sachverständige (Experten) geben Analysen zum Thema bzw. antworten auf Fragen; Interessenvertreter geben die Ansicht ihres Verbandes wieder (maximale Sprechzeiten vereinbaren);
- die *Recherche* besteht aus systematischen Nachforschungen zur Klärung einer Sachlage oder Information auf ihre Relevanz oder Zuverlässigkeit in Bezug auf das Vorhandensein von Zwangsarbeitern, Kriegsgefangenen, KZ-Außenlagern usw. in einer Gemeinde/Stadt/Kreis) (z. B. über das Internet oder eine örtliche Bibliothek);
- das *Brainstorming* veranlasst die Lernenden, sich spontan schriftlich oder mündlich zu Ideen, Begriffen, Ansichten, Fragen usw. zu äußern. Die Antworten, angeregt durch Impulse (z. B. Fotos, Karikaturen, kurze Texte), werden an der Tafel oder auf einem Papierbogen festgehalten, sortiert, geordnet, strukturiert.

Bevor eine Idee weiter verfolgt wird, muss die Klasse/Gruppe eine Auswahl treffen, eine Hierarchie herstellen und danach entscheiden, wie vorgegangen werden soll. Das Brainstorming ist als Initialzündung für phantasievolle, schöpferische Ideen bzw. Lösungswege gedacht. Sie können im Verlaufe der Arbeit verworfen bzw. durch andere ersetzt werden. Ein Brainstorming ist auch dann angebracht, wenn der Arbeitsverlauf zu stagnieren droht. Es handelt sich um ein assoziatives Verfahren und Kreativitätstraining (vgl. Mind-mapping). Die Kartentechnik ist eine verschriftlichte Form des Brainstorming, ein Brainwriting: Jeder Einfall wird auf eine Karte geschrieben und an eine Pinnwand geheftet. Dann werden die Karten geordnet und gruppiert (Clusterbildung).

11.1.3.9 Das Protokoll

Das *Protokoll* dominiert die durch Tonband- oder Kassettenaufnahmen und Videoaufzeichnungen unterstützte, ausführliche und genaue Protokollierung von beobachteten Interaktionen, Geprächen oder Interviews. Eine sorgfältige Transkription ist erforderlich. Es ist eine Berichtsform, die die wichtigsten Punkte des Verlaufs, eines Vortrags, einer Diskussion, Debatte, Vereinbarung oder sonstigen Veranstaltung/Vorgang in knapper, klarer Sprache, auf das Wesentliche beschränkt – ohne zu verkürzen oder zu verfälschen – schriftlich festhält. i. d. R. wird es als Verlaufs-, Ergebnis-, Inhalts-, Verhandlungs- oder Sachprotokoll stichwortartig oder wörtlich angefertigt. Der Protokollant vermeidet persönliche Bewertungen. Die Endfassung wird vom Diskussionsleiter und Protokollanten unterzeichnet und vom zuständigen Gremium genehmigt. Änderungswünsche von Teilnehmern können berücksichtigt werden (als Korrektur oder Zusatz).

Als schematisierte Merkpunkte für die Anfertigung eines Protokolls bieten sich an:

Themen- und Problemstellung, Ausgangs- und Ansatzpunkte (Unterlagen), Gang der Erörterung, Gliederung und Reihenfolge der Aussagen, erweiternde Fragen, Anregungen und Hinweise, Zusammenfassung, Resultat.

Das umfängliche Protokoll kann auch etwas beisteuern zu den eingesetzten Methoden, Sozialformen und Medien:

- Denk- und Arbeitsmethoden (-techniken) (z. B. Textanalyse, Fallbeispiel, Befragung, Interview, Projekt usw.)
- Diskussion, Kreisgespräch, Panel usw.
- Filme, Texte, Wandzeitung usw.
- weiterführende Anregungen (Hinweise, Probleme).

11.1.3.10 Das Experiment

Das *Experiment* in den Sozialwissenschaften ist nicht mit dem auf Kausalität beruhenden Experiment in den Naturwissenschaften zu vergleichen. Die Frage der Kontrollier-, Überprüfbar- und Wiederholbarkeit stellt sich anders. Ein Beispiel dafür ist das *Milgram*-Experiment.

„Die Aufgabe der Versuchsperson bestand darin, den Lernprozess einer anderen angeblichen Versuchsperson durch Strafen zu motivieren. Die lernende Person, die in Wirklichkeit ein Mitarbeiter des Versuchsleiters war, wurde in einem Nebenraum auf einen Stuhl geschnallt. Die eigentliche Versuchsperson wurde vor eine Apparatur gesetzt, durch die bei entsprechender Bedienung der lernenden Person angeblich Stromschläge als Strafe bei Fehlern erteilt werden konnten. Die Apparatur hatte 30 Schalter, die mit unterschiedlichen Stromstärken von 15 bis 450 Volt und Hinweisen von ‚leicht‘ bis ‚‚Gefahr‘ gekennzeichnet waren. Um der Versuchsperson einen Eindruck von den von ihr möglicherweise ausgelösten Schmerzen zu geben, wurde ihr ein schwacher Stromschlag von 45 Volt versetzt. Im Verlaufe des nun simulierten Lernprozesses forderte der Versuchsleiter die Versuchsperson bei angeblichen Fehlern der lernenden Person auf, diese durch elektrische Stromschläge zu bestrafen und die Stärke der Bestrafungen ständig zu steigern. Die angeblich die Stromschläge empfangende lernende Person hatte darauf mit Schmerzenslauten und wildem Klopfen an Wand und Boden zu reagieren. Weit über die Hälfte (65 %) der Versuchspersonen folgten den Aufforderungen des Versuchsleiters und gingen teilweise sogar soweit, dass sie im Mittel Stromschläge von über 375 Volt erteilten. Das Experiment wurde variiert, indem es in Anwesenheit von zwei weiteren Versuchspersonen, die in Wirklichkeit ebenfalls Mitarbeiter des Versuchsleiters waren, durchgeführt wurde. Wenn diese sich bereit erklärten, noch stärkere Stromschläge zu verabreichen, stieg der Anteil der Versuchspersonen, die den Aufforderungen des Versuchsleiters Folge leisteten, auf 72 %; die durchschnittliche Stärke der Stromschläge stieg nur unwesentlich. Beim entgegengesetzten Verhalten, d. h. bei der Weigerung der beiden anwesenden weiteren angeblichen Versuchspersonen, starke Schläge zu geben, folgten nur 10 % der eigentlichen Versuchspersonen den Aufforderungen des Versuchsleiters, und die mittlere Stromstärke lag bei 240 Volt. (…)"
(Lankenau 1985, 178, gekürzt)

Man unterscheidet zwischen

- dem Labor-Experiment
  (kleine Gruppen, künstlich, sichert die Variablenkontrolle, ist gegenüber der komplexen Realität eingeschränkt, reduziert die Übertragbarkeit),
- dem Feldexperiment
  (keine Kontrollgruppen möglich, Schwierigkeiten bei der Kontrolle intervenierender Variablen),
- dem Ex-post-facto-Experiment
  (z. B. Zusammenhang zwischen Schulerfolg und Berufserfolg, d. h. es werden retrospektiv von den gegenwärtig feststellbaren Effekten her die potenziell wirkungsverursachenden Faktoren analysiert),
- dem explorativen Experiment
  (Analyse von Variablen und deren Zusammenhänge in kleinen Stichproben) und
- der Simulation.
  (aufgrund vorhandener Daten werden soziale Prozesse mit dem Computer reproduziert).

11.1.3.11 Diverse „Studien" (Feld-, Problem-, Fallstudien)

Als empirisch-praktische Methoden der Sozialwissenschaften bieten sich die so genannten „Studien" an. Zur Sozialstudie (s. S. 363) und Regionalstudie (Knoch 1988) kommen

1. die *Feldstudie*. Sie betrifft ein direkt zugängliches Gebiet und beschäftigt sich mit fest umrissenen Themen, z. B. der Physischen Geografie, Wirtschaft, Ökologie, Bevölkerung, Geschichte, den politischen Zuständen (Parteien, Verbänden, Verfassung), der inneren und äußeren Verwaltung und Repräsentanz, der Religion, dem Erziehungswesen usw. einer Region. Die Feldforschung geht auf Kurt Lewin (1963) zurück. Als zentrale Methoden werden angeboten: die teilnehmende Beobachtung, dazu die Dokumentenanalyse (z. B. Biografien, Zeitungen, Protokolle usw.) und das offene, qualitative (Experten-)Interview;

2. die *Problemstudie*. Sie kümmert sich um die Ursachen und Folgen einer Entwicklung als spezifiziertes Problem. Sachlich ist sie von der Feldstudie kaum zu trennen, geht jedoch mehr auf das Grundsätzliche, auf die ungelösten Fragen zu;

3. die *Einzelstudie*. Sie bemüht sich um die Herausarbeitung einer Typologie (auch Typenstudie genannt),

4. Die *Fallstudie* (case study) ist die herausragende Arbeitsform in den Sozialwissenschaften und eignet sich als (didaktisches) Fallprinzip und als Fallmethode für den Unterricht. Jede mit dem Fallbegriff verbundene Kasuistik bezieht sich auf die (Theorie einer) Praxis. Besonders in der politischen Bildung können verallgemeinernde Aussagen nur auf quantitativ-kasuistischer Basis und ihrer qualitativen Interpretation gewonnen werden.

Die (Einzel-)Fallstudie ist eine lernaktive Methode im Rahmen qualitativer sozialwissenschaftlicher Forschung. Interessante Fälle werden beobachtet, beschrieben und analysiert. Dabei werden alle für den Untersuchungsgegenstand relevanten Faktoren (multimethodisch) einbezogen (Methodentriangulation) (ausführliches Beispiel in Harth 2000, 200–259). Die Fallstudie soll die Entscheidungskompetenz und das Suchen nach alternativen Lösungsmöglichkeiten fördern. Vorschnelles Generalisieren der Ergebnisse sollte jedoch vermieden werden.

Der Fall selbst ist erst vor dem Hintergrund eines übergeordneten Bezugssystems erkennbar, nämlich als „Fall von". Der Bezugsrahmen andererseits konkretisiert sich oft erst durch den Fall. Für idiografische (Geistes-, Kultur-)Wissenschaften kommen (qualitativ-interpretative) Einzelfallstudien, für nomothetische (Natur-)Wissenschaften mehrere, eine Aggregation von Daten liefernde Fälle in Frage.

Was ist ein Fall? Er „wird nur deutlich im Blick bzw. Vorgriff auf dasjenige Allgemeine, wofür es als Fall steht – wie umgekehrt dieses Allgemeine nur am Fall exemplifiziert zu werden vermag" (Terhart 1985, 287). Wofür ein Fall (pars pro toto) stehen soll, hängt von der übergeordneten Blickperspektive ab (z.B. Sozialhilfeempfänger für Armut, ein Motorrallye-Sieg für schnelle und sichere Autos, Nobelpreisträger für die Forschungsleistungen eines Landes, erfolgreiche Alumni für die Qualität einer Schule u. dgl.). Der Fall ist also nicht mit dem „Teil" identisch, sondern das Beispielhafte und das Besondere weisen ihn als eine Form des Allgemeinen aus. Das heißt der Fall transzendiert immer den Zusammenhang, aus dem er entnommen wurde. Allerdings ist er oft inhaltlich veraltet, bis er behandelt werden kann. Deshalb ist auf seine Aktualität und Exemplarität zu achten.

Der Gegenstand einer Fallstudie ist i. d. R. ein Problem, ein Konflikt, ein Ereignis von allgemeinem Interesse, z.B. die Willensbildungsprozesse in einer Partei, einem Verband, die sozialen (Kontroll-)Verhältnisse in einer Gemeinde, das politische System, eine Institution oder Organisation usw. Sie dient der Urteilsbildung, der Erarbeitung fundamentaler Kategorien, dem Umgang mit Methoden, dem aktiven Lernen u. dgl. Die seriöse Einzelfallstudie ist nicht mit Kasuistik zu verwechseln, wie sie in der beruflichen Ausbildung vieler Branchen sowie an Universitäten geübt wird. Forschungs-/arbeitsmethodisch muss zuerst festgelegt werden, „was der Fall (= N) sein soll", also eine Ganzheit (z.B. können die Personen in einer Schule N sein). Die entstehenden methodologischen Probleme der Fallbeobachtung, -darstellung und -analyse lassen sich tabellarisch darstellen:

Entstehungsschritte einer Einzelfallstudie

Tätigkeit	Produkt
1. Feldforschung (Einsatz von Erhebungstechniken	Fallmaterial (vollständiger Satz aller gesammelten Daten)
2. Aufbereiten der Informationen (Auswählen und Verdichten)	Fallbericht (als handhabbare Arbeitsgrundlage, aber noch ohne Interpretation; Kommentare gesondert)
3. Analysieren, interpretieren, erörtern, Fallanalyse (auf der Grundlage des Fallberichts)	(in engem Bezug auf den Fallbericht als Beleg)
4. Evtl. vergleichen mit anderen Fällen (Sekundärvergleichsstudie)	

(Nach Heiligenmann 1989, S. 180)

Korrespondierendes Ablaufdiagramm

1. *Konfrontation* mit dem Fall	Ziel: Erfassen der Problem- und Entscheidungssituation
2. *Information* über das bereitgestellte Fallmaterial und durch selbstständiges Erschließen von Informationen	Ziel: Lernen, sich die für die Entscheidungsfindung erforderlichen Informationen zu beschaffen und zu bewerten Informationen
3. *Exploration:* Diskussion alternativer Lösungsmöglichkeiten	Ziel: Denken in Alternativen möglichkeiten
4. *Resolution:* Treffen der Entscheidung in Gruppen	Ziel: Gegenüberstellen und Bewerten der Lösungsvarianten
5. *Disputation:* Die einzelnen Gruppen verteidigen ihre Entscheidung	Ziel: Verteidigen einer Entscheidung mit Argumenten ihre Entscheidung
6. *Kollation:* Vergleich der Gruppenlösungen mit der in der Wirklichkeit getroffenen Entscheidung	Ziel: Abwägen der Interessenzusammenhänge, in denen die Einzellösungen stehen

(Aus: F.-J. Kaiser 1983, S. 26)

Welche Aspekte eines Falles im Einzelnen behandelt werden (sollen), ist eine forschungspraktische bzw. methodisch-didaktische Entscheidung.

Die Fallanalyse gestattet das Einüben folgender Techniken: Informationen beschaffen und aufnehmen, überprüfen, weitergeben, in einen Kontext bringen, ihren Stellenwert bestimmen, Lexika, Tabellen, Statistiken, Karten, Diagramme usw. benutzen und auswerten, Teilergebnisse formulieren und Einzelergebnisse zusammenfassen, Meinungen von Tatsachen unterscheiden, Interview- und Fragetechniken anwenden, Notizen zum Diskussionsstand und -verlauf machen, Aussagen auf Rückfragen hin präzisieren und selbst Rückfragen stellen, seinen Standpunkt vertreten usw.

Die Techniken zur Fallanalyse können spezifiziert werden in

a) Erhebungstechniken: die (teilnehmende) Beobachtung (mit schriftlichen Notizen, Tonbandprotokollen, Fotografien), das (Feld-)Experiment, die Befragung (u. a. Gruppendiskussion), die Dokumentenanalyse (texthermeneutische Interpretation von im Untersuchungsfeld vorfindlichen Dokumenten, z. B. Protokolle, Briefe, Tagebuchaufzeichnungen);

b) Auswertungstechniken: die Interpretation, die Erörterung, die Bedeutung des Falles, der Vergleich mit ähnlichen Fällen.

Bei einem (evtl. erforderlichen) Test unterscheidet man das Kriterium

- der Objektivität (Durchführungs-, Auswertungs-, Interpretationsobjektivität)
- Validität (Gültigkeit, Inhalts-, Konstrukt-, Kriteriumsvalidität).

11.1.3.12 *Die Modellbildung*

Die in den Sozialwissenschaften gebräuchliche *Modell*bildung eignet sich auch für den Unterricht. Ein Modell stellt die Konstruktion eines (Gedanken-) Experiments dar, in dem eine oder mehrere Untersuchungsgrößen isoliert betrachtet werden. Man unterscheidet zwischen Denk- und Lösungsmodellen. Denkmodelle sind Problemmodelle, während Lösungsmodelle auf Veränderung abzielen. Ihr Vorzug liegt im kreativen Umgang mit den Materialien, auf der Abstraktion und Vereinfachung, auf der Konzentration auf Wesentliches. Modelle haben heuristische Funktion, insofern sie zur Grundlage einer Theorie werden und die Wirklichkeit mit der Theorie eines Wirklichen verbinden können. In Gestalt von Unterrichtsmodellen werden sie in den Fachzeitschriften publiziert.

Ein Modell, als selektierendes und approximierendes Schema verstanden, zeichnet sich durch fünf Charakteristika aus (Popp 1970):
1. die Reduktion (auf bedeutsame Merkmale)
2. die Akzentuierung (eines besonderen Aspekts)
3. die Transparenz (ergibt sich aus 1. und 2.)
4. die Perspektivität (betont bestimmte Strukturmerkmale; vgl. 2.)
5. die Produktivität (als Folge von 1.–4. entwickeln sich produktive Denkprozesse)
6. Welche Gegenstände/Merkmale werden vom Modell nicht erfasst?

11.1.3.13 *Zusammenfassende Hinweise und Verfahrensvorschläge*

Zusammenfassend wird auf folgende Verfahrensweisen der Empirischen Sozialwissenschaften verwiesen:
- Beobachtung (teilnehmende und systematische)
- Befragung (mündlich, schriftlich; Interview, Fragebogen)
- Gruppendiskussion
- Kontrolliertes Experiment
- Trend- und Paneluntersuchungen (Die Panelanalyse ist eine Analyse von Daten, die aus einem genau definierten Kreis von Merkmalen, z.B. Einzelpersonen, Haushalte, Organisationen, gewonnen werden. Sie eignet sich besonders für Langsschnittuntersuchungen)
- Erhebungsmethoden (Stichproben, Zufall, repräsentative Auswahl, Demoskopie)
- Konstruktion von Skalen
- (Projektive) Tests
- Faktoren- und Inhaltsanalysen (quantitative und qualitative).

Dazu gehört die kritische Aneignung und Verwendung eines angemessenen Begriffsinstrumentariums. Es ist in seiner aufschließenden Funktion semantisch zu erläutern und auf mögliche ideologische Implikationen abzutasten. Solche sozialwissenschaftlichen Schlüsselbegriffe sind z.B. soziale Werte, Normen, Integration, Gesellschaft, Gemeinschaft, (Dys-) Funktion, Klasse, Schicht, Macht, Herrschaft, Individuum, Kollektiv, Struktur, System, sozialer Wandel, Rolle, Status, Organisation, Institution, Konflikt usw.

In ihrer Bedeutungsvariation spiegeln diese Grundbegriffe den Stand der Auseinandersetzung zwischen den verschiedenen theoretischen Positionen innerhalb der Sozialwissenschaften wider. Der fachtheoretische Streit kann im Unterricht kaum behandelt werden. Es ist daher angebracht, sozialwissenschaftliche Fragen von einer bestimmten, den Lernenden offen zu legenden (z.B. soziologischen) Perspektive der Gesellschaft zu vermitteln. Konkret heißt dies, nach einem (z.B. antagonistischen, affirmativen, kritischen, transzendierenden) methodischen Ansatz die gesellschaftliche Wirklichkeit – z.B. die sozialen Beziehungen von Gruppen und Einzelnen – zu analysieren, ebenso scheinbar banale und triviale Erscheinungen des Alltags.

Einstiege in die Fragestellungen können über den mikrosoziologischen Erfahrungsbereich der Lernenden erfolgen, z.B. über eine Diskussion der eigenen Gruppe(nsituation), der Funktion der Schulstruktur für die demokratische Entwicklung der Schüler wie für die Gesellschaft, die Möglichkeiten von Emanzipation (z.B. Enthierarchisierung im Betrieb), die Bedeutung von Schlagwörtern wie „nivellierte Mittelstandsgesellschaft" (Schelsky), „Risikogesellschaft" (U. Beck), „Spaßgesellschaft" (Schulze), Vollkaskogesellschaft usw.

Projekt- oder Referatsgruppen können sich zu folgenden Arbeitsbereichen bilden:
1. Methodenkritik:

   Durch die Lektüre konträrer Auffassungen über Aufgaben und Ziele sozialwissen-schaftlicher Arbeit sollen die unterschiedlichen Methoden und Fragestellungen gesell-schaftlicher Sachverhalte aufgezeigt werden.
2. Gesellschaftsmodelle:

   Durch die Beschäftigung mit Arbeiten von Schelsky, Dahrendorf, Abendroth, Geiger, Mills, Giddens, Rorty, Hobbes, Locke, Montesquieu, Sieyès, Plato, Aristoteles usw. sollen verschiedene Gesellschaftsentwürfe diskutiert und auf ihren Aussagewert für die heutige Gesellschaft geprüft werden.
3. Herrschaftsverhältnisse:

   Ihre Untersuchung kann das Ziel verfolgen festzustellen, welche Gruppen einen maßge-benden Einfluss auf Wirtschaft und Gesellschaft haben.
4. Organisationsmodelle einer modernen Gesellschaft:

   Es wird die Frage verfolgt, welche Modelle aufgrund der völlig veränderten Rahmenbedin-gungen (z. B. Globalisierung, Entmachtung der Parlamente, Übertragung von Souveräni-tät auf die EU usw.) für eine nationale /übernationale Gesellschaft des 21. Jhs. angemessen sein können.

11.2 Kleinmethoden und Arbeitstechniken

11.2.1 ERWERB UND BENUTZUNG VON MINIMETHODEN

11.2.1.1 Einführung und Übersicht

Arbeitstechniken dienen der situativen Umsetzung einzelner Schritte und der Strukturierung des Vorgehens mithilfe bewährter Instrumentarien. Sie sind Instrumente, die Analyse von Fragestellungen und die Kommunikation der Ergebnisse zu erleichtern und zu systema-tisieren. Die Terminologie ist nicht einheitlich. Klippert (1991, 85) nennt sie „instrumentelle Mikromethoden", Giesecke (1973, 42) schlägt den Begriff „Mikrostruktur" für die Arbeits-weisen vor.

Arbeitstechniken werden als Erkenntnis-, Urteils- und Handlungsinstrumente, verwendet und unterstützen den Erwerb von typischen praktischen Herangehensweisen an politisch-gesellschaftliche Fragen. Das politische Lernen ist infolge seines ausgeprägten Prinzips der Selbsttätigkeit auf den Erwerb von Arbeitstechniken als Minimethoden der selbstständigen (propädeutischen) Problembearbeitung angewiesen.

Sie gelten für alle Lernenden und beziehen sich – mutatis mutandis – auf alle Altersstufen und Lernerfahrungen.

Es geht um die Aneignung instrumenteller Fertigkeiten wie
- Recherchieren (z. B. Benutzen eines Katalogs, Nachforschen in Archiven usw.)
- (politische) Verhaltensrituale üben (z. B. Simulation von Wahlen, Sitzungen usw.)
- Texte (Kommentare, Protokolle, Berichte) schreiben
- Befragungen/Interviews/Beobachtungen durchführen
- Dokumentationen zusammenstellen

- mit einem Computerprogramm arbeiten
- Beschaffen und sinnvolles Ordnen von Materialien und Informationen
- Exzerpte (Selektion unter einer bestimmten Fragestellung; s. u. Konspekt) machen
- den Umgang mit dem Benutzungs- und Klassifizierungssystem der örtlichen und Schulbibliothek
- Nachschlagen im Lexikon, Atlas, Wörterbuch, Schul- und Fachbuch
- Unterscheiden der Quellenarten
- Einüben von Gesprächsregeln, von Formen der Gruppenarbeit
- Verwenden von adäquaten Begriffen in Erklärungszusammenhängen
- Entwerfen und Erläutern von Karten, Skizzen, (Kreis-, Säulen, Kurven-, Streifen-; Fluss-, Flächen-), Diagramme (Kuhn 2000), Organigrammen, Tabellen, statistischen und dynamischen Schemata,
- Umgang mit Lexika, Handbüchern, Dokumentationen, Darstellungen
- Auswerten von Zeitschriften
- Benutzen der bibliografischen Hilfsmittel u. dgl.
- Anlegen von Karteikarten, eines Zettelkastens
- Archivieren von Zeitungsausschnitten oder sonstigen Materialien
- Niederschreiben von Stichwörtern und Notizen
- Anfertigen von Exzerpten , Statistiken, Tabellen, (Arbeits-, Diskussions-)Papieren
- Benutzen von Personen- und Sachregister, Inhaltsverzeichnis
- Markieren wichtiger Textstellen
- korrektes Zitieren, Auslassen, Einfügen
- Erkennen von Foto- und Tonmontagen
- Disposition (Arbeitsschema, Gliederung) eines Themas
- Vortrag/Referat halten
- Bibliografie anlegen
- einen Gedanken folgerichtig und in gutem Deutsch ausführen
- (Kapitel-)Überschriften formulieren usw.
- Bedienen von Video- und Filmgeräten, Computern , Fotoapparaten usw.
- das alphanumerische System kennen lernen:
  1. …
  a)
  b)
  2)
- das Dezimalsystem kennen lernen:
  1.
  1.1
  1.1.1 usw.
- den Umgang mit Ellipsen (Auslassungen aus einem Zitat, Abweichungen möglich) lernen:
  (…) 1 Wort ausgelassen
  (…) 2 oder mehrere Wörter ausgelassen
  … Auslassungen mehrerer Wörter am Anfang oder Ende eines Satzes/Abschnitts
- den Umgang mit Interpolationen (Einfügungen [häufig mit den Initialen des Interpolenten])
- Zitierweisen; Beispiele: a) Buchtitel: Gadamer, Hans-Georg: Wahrheit und Methode.

[Untertitel:] Grundzüge einer philosophischen Hermeneutik. Tübingen 1990 oder: Hans-Georg Gadamer: Titel und Ort/Jahr oder: Hans-Georg Gadamer 1990, Titel und Ort.

Oft genügt der Haupttitel. Englischsprachige Bibliografien nennen gewöhnlich den Verlagsnamen vor der Ortsangabe.

b) Zeitschriftentitel: Heiner Adamski: Wehrpflicht und Wehrgerechtigkeit. In: Gesellschaft-Wirtschaft-Politik 51 [= Jahrgang] (2002) [= Erscheinungsjahr], 213–219 [= Seitenzahl] oder: 2 [= 2. Heft]/2002, S. 213–219

• Zitierweisen im Internet: Nachname, Vorname (Jahr). Titel. Untertitel. URL. Standardnummer. Revisionsdatum/Version/Zitationsdatum.

Beispiel: Runkehl, Jens, Peter Schlobinski & Torsten Siever (2000). Sprache und Kommunikation im Internet.

http://www.websprache.unihannover.de/zitat/muster/pdf/pdf.pdf>ISSN:0027–514X.Rev. 2000-01-07

Die Exzerpte werden eingeteilt in
• Gliederungs-Exzerpte (z. B. Inhaltsverzeichnis)
• Stichwort-Exzerpte (Stichwörter, Hauptpunkte vermerken)
• Inhalts-Exzerpte (wörtliche oder sinngemäße Textstellen notieren)
• Standpunkt-Exzerpte (Textstellen, die einen Standpunkt beinhalten, feststellen)
• Beziehungs-Exzerpte (Texte gleicher Thematik in Beziehung zueinander setzen).

Eine in der DDR geläufige Technik war der *Konspekt*, eine sorgfältig gegliederte Übersicht über den Inhalt eines wissenschaftlichen Werkes. Der Inhalt einer wissenschaftlichen Abhandlung soll in seiner Gesamtheit, in seinem Aufbau und in seinen Problemstellungen mit eigenen Worten wiedergegeben werden. Die Schwierigkeit besteht darin, den Hauptgedanken einer Arbeit systematisch und straff zusammenzufassen. Das Konspektieren wurde nur dann benutzt, wenn das vorhandene Material nur schwach gegliedert und die Leitgedanken des Autors nicht ohne weiteres erkennbar waren, d. h. Inhalt, Problemstellung und Gedankenführung einer Abhandlung erst erschlossen werden mussten. Das Konspektieren wurde als eine selbstständige wissenschaftliche Leistung betrachtet. Ähnlichkeiten mit dem Exzerpt (s. o.) sind evident.

11.2.1.2 *Einteilung, Erwerb und praktische Einsatzmöglichkeiten von Arbeitstechniken*

Diese und andere Arbeitstechniken können empirisch-induktiv oder deduktiv gewonnen werden. Sie lassen sich zusammenfassend (Theisen 2002) unterscheiden in

a) Techniken zur Beschaffung oder Bereitstellung des Tatsachenmaterials (Beobachtungen, Sammlung von Unterlagen usw.)

b) Erfassung von Objektivationen (Schrifttum, Bilder, technische Produkte, Quellen usw.)

c) Techniken der Bearbeitung (z. B. Beschreiben, Erklären, Deuten, Vergleichen des Materials u. dgl.) und des Umgangs mit Materialien wie Flipcharts, Papier(bogen), Locher, Pinnwand, Klebeband, Tonbandgerät mit Kassetten, Videokassetten, Hefter, OH-Projektor, Diaprojektor, Folien, Wandtafel/-zeitung usw. (Langner-Geißler/Lipp 1991).

Zu geeigneten Punkten können Lernende als Tutoren eingesetzt werden.

Das Lehren und Erwerben von Fertigkeiten/Techniken (wobei der Übergang zu Mikromethoden fließend sein kann) soll die Lernenden u. a. zur Beantwortung folgender Fragen befähigen:

- Wie sammelt und ordnet man Material? (Welche Informationsquellen stehen zur Verfügung? Zuverlässigkeit?)
- Wie beschreibt, analysiert, deutet, wertet man?
- Wie gelangt man zu begründeten Urteilen und Entscheidungen?
- Wie stellt man einen Vergleich an?
- Woran erkennt man politisch-gesellschaftliche Phänomene, was macht sie zu einem Problem?
- Wie unterscheidet man Vermutetes von Gesichertem, Tatsachen von Meinungen u. dgl.?

11.2.1.2.1 Methodische Anwendung

Arbeitstechnisches Verfahren am Beispiel Rundfunk und Fernsehen anlässlich der Wahlspots einzelner Parteien.

1. Mithören und evtl. Mitschneiden bzw. Aufnehmen der Sendungen (Unterscheiden der Informationsarten/-qualitäten, z. B. Nachrichten, Berichte, Kommentare)
2. Beachten der Redeweise (Intonation, Wortwahl) und der Gestik der Personen
3. Mitschreiben von Stichwörtern
4. Ausarbeiten der Notizen (als Protokoll, Bericht)
5. Diskussion der Aussagen
6. Feststellen des Ergebnisses (medienwirksam, aussagekräftig, nichtssagend, formelhaft u. dgl.)
   Unklarheiten sind mithilfe eines Wörterbuchs, Befragen von Experten usw. zu beseitigen.
   Die Aufbereitungsformen des Materials können

exemplarisch, genetisch, empirisch, induktiv, deduktiv, holistisch, analytisch, synthetisch, problem- oder faktenorientiert, deskriptiv, abstrakt, abbildend, strukturierend u. dgl. sein.

Arbeitsmittel: Der Overhead-Projektor (Tageslichtprojektor) ist zu einem beliebten Demonstrationsinstrument geworden. Die Folien können vom Lehrenden/Lernenden mit einem Stift beschrieben, Ergänzungen können jederzeit angebracht, Texte, Zeichnungen u. ä. können mithilfe von Kopiergeräten übertragen werden. In der Verwendung ähnelt der Projektor dem Tafelanschrieb, ist jedoch flexibler und vielfältiger einsetzbar. Die Transparentfolien können beliebig oft wiederverwendet werden. Der Diaprojektor eignet sich mehr für einen Vortrag in einem größeren Saal.

11.2.1.2.2 Voraussetzungen für formale Begriffsbildungen

Die sprachliche Fixierung bezieht sich auf die Bildung von Begriffen. Diese wiederum beruhen ursprünglich auf Hypothesen und auf aus dem Kontext gewonnenen Definitionen. Allgemein ist zu fragen: Wie werden Begriffe konnotiert, benutzt und verstanden?

Die Hypothesen werden eingeteilt in:
- Existenzhypothesen (behaupten die Existenz von eindeutig bestimmbaren Sachverhalten).
- Korrelationshypothesen (behaupten die Existenz von Beziehungen zwischen Gegenständen und Sachverhalten).
- Spezialfälle der Korrelationshypothesen:
  Kausalhypothesen (A verursacht, bedingt B).

Nullhypothesen (A und B sind von einander unabhängig).

Die klassische Regel für die *Definition* lautet: Definitio fit per genus proximum et differentiam specificam. Sie beruht auf der aristotelischen Unterscheidung von

- genus (Gattungsbegriff, übergeordneter bzw. allgemeiner Begriff)
- species (Artbegriff, untergeordneter bzw. spezieller Begriff)
- proprium (Eigentümlichkeit einer Sache)
- differentia (Unterschied)
- accidens (zufällige Beschaffenheit einer Sache, die auch anders oder gar nicht sein könnte)

Es werden mehrere Arten von Definitionen unterschieden:

1. die *Nominaldefinition*: Sie legt fest, welche Bedeutung einem bestimmten Begriff (das definiendum) von jetzt an gegeben werden soll (z. B. ein Lift ist ein Personenaufzug oder Fahrstuhl);

2. die *Realdefinition*: Sie macht Aussagen über die für wesentlich gehaltenen Eigenschaften eines Begriffs/Phänomens in der Realität (z. B. ein Quadrat ist ein Viereck mit gleichen Seiten und rechten Winkeln) und beansprucht empirische Gültigkeit (d. h. kann falsch sein);

3. die *Zweck- oder operationale Definition*: Sie gibt Art und Weise von Operationen an, mit denen ein empirischer Begriff gemessen werden kann, z. B. ein Ortsverein einer Partei wird als aktiv verstanden, wenn eine bestimmte Anzahl von Mitgliedern an den Veranstaltungen teilnimmt;

4. die *deskriptive Definition*: Sie betrifft Seins-Aussagen;

5. die präskriptive Definition: Sie betrifft Sollens-Aussagen;

6. Die Verbaldefinition: Sie erklärt einen Begriff aus seiner sprachlich-etymologischen Herkunft.

Schließlich gehört die Definition neben der Distinktion und Division (Einteilung) sowie der Lehre von der Begründung zu den wissenschaftlichen Denkmethoden (den drei klassischen D) (Menne 1992, VIII). Danach soll

a) eine Definition von der Cicero meinte: „Jede mit Verstand vorgenommene Unterweisung über einen Gegenstand muss von dessen Definition ausgehen, damit klar wird, worüber eigentlich gesprochen wird." nicht zu eng und nicht zu weit sein. Im definiendum vorkommende Merkmale dürfen nicht im definiens wieder benutzt werden (dann läge eine Zirkeldefinition oder Tautologie vor: idem wird per idem definiert). Die Definition soll keine überflüssigen Merkmale enthalten (nicht abundant sein), sondern nur wesenskonstitutive Merkmale;

b) eine Distinktion

ein Urteilen bezeichnen, das Unterscheiden voraussetzt. „Die Fähigkeit aber, unterscheiden zu können, nennt man das Vermögen zur Kritik. Echte Wissenschaft ist ihrem Wesen nach kritisch, d. h., sie unterscheidet, differenziert, distinguiert." (Ebd. 39) In der Scholastik hieß es: Bene loquitur, qui bene distinguit.

Die Arten der Mehrdeutigkeit sind

- univok: Beziehung zwischen Zeichen (Wort) und Bezeichnetem ist eindeutig (Univozität)
- äquivok: Beziehung zwischen Zeichen (Wort) und Bezeichnetem ist nicht eindeutig (Äquivozität)
- synonym: z. B. Schlips – Krawatte
- homonym: z. B. Reis = Zweig oder Nährmittel, Bank = Sitzmöbel oder Geldinstitut (ebd. 52 f.).

c) eine Supposition

die Eindeutigkeit des Wortgebrauchs stören, z. B.

Mensch ist einsilbig

Mensch ist ein Artbegriff

Mensch ist sterblich usw.

d) eine Divisio

als Worteinteilung (divisio nominis) oder Sacheinteilung (divisio realis) aufgefasst werden: Ein Ganzes wird aufgrund eines bestimmten Gesichtspunktes in Teile zerlegt. Die Einteilung des Umfanges eines Begriffes (= seiner Extension) nennt man Klassifikation. Die Teile wiederum können eingeteilt werden in

- essenzielle (ohne Motor kein Auto)
- integrale (ohne Hand bleibt der Mensch)
- irrelevante (Verlust des Haupthaares ist unwesentlich für den Menschen).

Klippert (1991, 108; 1996) bietet eine Reihe systematisch aufbereiteter praktischer Übungsfelder an, Engelhart (1995, 188 ff.) eine methodisch durchgearbeitete Fallstudie.

11.2.2 UNTERRICHTSINSTRUMENTE UND -TECHNIKEN

11.2.2.1 Das Tafelbild

Das Tafelbild (der Tafelanschrieb) dient der Visualisierung, insbesondere von für die Lerngruppe komplexen Strukturen. Es besteht aus Schriftzeichen, Bildern, Zeichnungen, Tabellen, Diagrammen usw. Es entsteht spontan oder ist methodisch geplant und dient der Strukturierung oder Zusammenfassung, der Übersicht, der Veranschaulichung, der Reduktion, der Komprimierung von Gedanken und Aussagen. Es soll den Lernvorgang nicht präformieren oder reglementieren, sondern als Denkhilfe und -anstoß oder als Gedächtnisstütze zur Weiterarbeit anregen, Erkenntnisprozesse initiieren u. dgl. Meistens wird es in der Erarbeitungsphase entwickelt und später zur Ergebnissicherung verwandt (Maras 1979; Weißeno 1992). Das heißt der Tafelanschrieb/das Tafelbild abstrahiert, reduziert, elementarisiert, ordnet und gewichtet, strukturiert und kategorisiert, generalisiert, visualisiert und dynamisiert. Anstelle einer marktüblichen Tafel kommen Magnet-, Flanell-, Plastikhaft-, Steck- (für Zeitungsausschnitte, Bilder, Informationen, Wahlzettel, Flugblätter usw.), Marker- und Korktafeln bzw. Styroporflächen (wie Stecktafeln zu benutzen) in Frage. Insgesamt wird die herkömmliche Tafel durch digitale Tafeln (die sog. weiße Tafel, white board), auf die man das einmal Geschriebene immer wieder projizieren (wie PC) und ändern, das Geschriebene ausdrucken kann, revolutioniert werden. Die Tafelnotizen können gespeichert und beliebig abgerufen sowie „umgeblättert" werden. Dadurch ist das Platzangebot unendlich. Markieren, Verschieben und Einfügen von Texten und anderen PC-Fähigkeiten sind möglich. Tafelbilder können gemeinsam (interaktiv) entworfen und z. B. in der nächsten Stunde überarbeitet werden. Die Schulsoftware kann je nach Fach aus der „digitalen Bibliothek" abgerufen werden (z. B. ein Gesetzestext, Schaubilder usw.). Durch den Anschluss an den Informatik-Server der Schule ist auch die gezielte Integration des Internet in den Unterricht gewährleistet. So kann über weltweite Informationen verfügt werden.

Als Substitution der Tafel dienen die *Pinnwand*, eine leicht transportable Stellwand von ca. 120 cm × 140 cm aus beschichtetem Schaumstoff (dazu kleine Kärtchen von 20 cm × 10 cm;

Stecknadeln und Schreibstifte) und die Flipchart, eine transportabler Blattständer für Papier-
bögen DIN-A-1 (Umblättertafel wie ein Zeichenblock; breite Filzstifte), ferner kommen
Diaprojektor, Overheadprojektor, Episkop usw. zum Einsatz.

11.2.2.2 Das Arbeitsblatt

Für das (anfängliche) Lernen von Kindern und Jugendlichen eignet sich die Aushändigung eines
Arbeitsblattes (später eines Hand-out) in Gestalt eines Informations-, Merk-, Aufgaben-, Text-
oder Lernhilfeblattes. Ein Blatt mit Arbeitsanweisungen ist hilfreich für ein gezieltes methodisches Vorgehen, z. B. (aus einer Unterrichtseinheit über die Gewerkschaften):

Du bist Unternehmer um 1860
Situation: Das Angebot an Arbeitskräften ist größer als der Bedarf
Fragen:
1. Welche Interessen hast du?
2. Wie kannst du deine Interessen durchsetzen?
3. Was machst du mit Arbeitern, die in deinem Betrieb aufmucken?
4. Was beachtest du, wenn du neue Arbeiter einstellst? (Berücksichtige die obige „Situation"
   und dass du die Löhne niedrig halten willst.)

Du bist Arbeiter um 1860
Situation: Mehr Arbeitslose als der Bedarf an Arbeitskräften?
Fragen:
1. Welche Interessen hast du im Betrieb?
2. Was geschieht mit dir bei einem Arbeitsunfall?
3. Was kannst du und deine Kollegen tun, wenn der Lohn zum Leben nicht ausreicht?
Aufgabe: Übertrage die Situation von 1860 auf die heutige Zeit. Wie würden Unternehmer
und Arbeitnehmer reagieren? (Tarifverträge, Mitbestimmung, Streik, Gewerkschaften). Ist
ein solcher Situations-Zeitvergleich aussagekräftig?

11.2.2.3 Techniken solidarischen Lernens (Mindmapping, Jigsaw, Graffiti)

Das Lernen im Team, in der Kleingruppe baut die Konkurrenzsituation ab, führt zu Solidarität und Zusammenarbeit, zu alternativen Erfahrungen, zur Bewältigung von Konflikten
u. dgl. Es ermöglicht gegenseitige Hilfe und die Integrierung eigener Interessen in die
Gruppe. Dabei werden die Techniken kooperativer Arbeit aktiviert und praktiziert. Im
Folgenden werden drei solcher Methoden aufgezeigt (Sliwka 1999):
1. Die Mindmapping-Methode
   Drei bis vier Lernende finden sich an einem Tisch mit einem Bogen Papier als Team zusammen. Im Prozess der Visualisierung entwickelt und strukturiert die Lerngruppe
   ein Ideen- oder Problemfeld. In das Zentrum wird das Konzept, die Idee, der Schlüsselbe-
   griff o. dgl. geschrieben. Drumherum werden die einzelnen Ideenschritte im Uhrzeiger-
   sinn (vgl. Brainstorming) strukturell angeordnet. Persönliche Voraussetzung der Lernenden ist ein ausgeprägter visueller Lernzugang (im Gegensatz zum verballinguisti-
   schen). Es handelt sich demnach um eine Kreativitätstechnik zur Visualisierung komplexer Denkprozesse und Strukturen. (Ähnlich ist das Spinweb-Verfahren.) (Kirckhoff
   1985)

2. Die Jigsaw-Methode

Die Lernenden finden sich in Kleingruppen an so genannten Expertentischen zusammen und erarbeiten einen je anderen Aspekt, eine andere Facette eines gemeinsamen Themas, z. B. die Idee des Parlamentarismus in verschiedenen Ländern. Je ein Tisch beschäftigt sich z. B. mit dem deutschen, englischen, französischen, polnischen, italienischen usw. Parlament. Zu diesem Zwecke erhalten die Lernenden an ihrem Tisch je einen Text (evtl. eigene Re-cherchen im Internet zuzüglich).

Jeder Lernende erarbeitet sich selbstständig den Text, markiert Schlüsselbegriffe, notiert die wichtigsten Aussagen und offenen Fragen.

Die Lernenden diskutieren ihre Ergebnisse zunächst in der Tischgruppe. Sie erarbeiten ein Stichwortskript, mit dessen Hilfe sie ihr Wissen an andere weitervermitteln können.

Nach Abschluss der Arbeit am Expertentisch geht jeder Experte an einen anderen Tisch, sodass an jedem Tisch ein Experte der jeweils anderen Gruppe sitzt.

Merkmale/Elemente des Rechtsextremismus

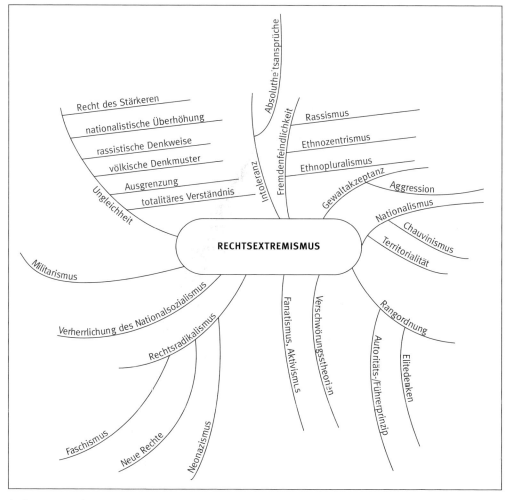

(Lothar-A. Ungerer)

An jedem Tisch wird dann ein gemeinsames Gruppenpapier in wenigen Kernaussagen zusammengefasst. Im obigen Falle würde die Gruppe ein Thesenpapier erarbeiten, in dem sie die Funktionsweise der einzelnen Parlamente vergleicht. (Sliwka 1999)

3. Die Graffiti-Methode

Die Lernenden schreiben – wie beim Brainstorming – ihre Gedanken zu einem bestimmten Thema (z.B. „Umweltschutz in der Schule", „…im privaten Haushalt", „…im Land") auf ein Blatt. Nach fünf Minuten geht jede Gruppe einen Tisch weiter und schreibt wiederum fünf Minuten lang ihre Ideen auf das ausliegende Blatt. Nachdem alle Gruppen einmal für fünf Minuten an jedem Tisch waren, kehren sie zu ihrem Ausgangstisch zurück. Hier lesen sie alle auf dem Blatt vermerkten Kommentare, Ideen usw., sprechen über sie und versuchen sie zu Aussagen (Gruppen, Clustern) zusammenzufassen. Daraus entwickelt jede Gruppe eine Folie oder ein Poster. (Sliwka 1999)

11.2.2.4 Methode „Lernstationen" und Delphi-Methode

Für die Praktizierung der Methode „Lernstationen" werden in einem geeigneten Raum einzelne Arbeits-/Lernsituationen (Stationen) aufgebaut, mit Material- und Arbeitsanweisungen zu einem bestimmten Thema versehen. Es werden Zweier- bis Vierergruppen gebildet, von denen sich jeweils eine Gruppe an einer Station befindet, wo sie ca. 15 Minuten bleibt und auf ein Signal zur nächsten Station wechselt. Die Lernenden können bei dieser Form interaktiven Lernens für die Lösung ihrer Aufgaben ihr eigenes Arbeitstempo und ihren Schwerpunkt selbst bestimmen. Wahl- und Zusatzaufgaben liegen nach Interesse und Leistungsniveau bereit. Die Themen – z.B. Flüchtlinge, Ausländer in Deutschland, Jugend im NS, Widerstand usw. – eignen sich u.a. für das Üben von Arbeitstechniken und -methoden, für das Bearbeiten, Bewerten und Urteilen (van d. Linden/Hembise 2000).

Ähnlich verfährt die so enannte. Delphi-Methode. In einem

1. *Schritt* werden zu einem Problemkreis entweder drei Fragen gestellt. Diese dürfen nicht aufeinander aufbauen, sondern sollen geeignet sein, Assoziationen zu provozieren und Gesprächsanlässe zu bieten;

2. *Schritt* bilden sich drei Untergruppen, von denen jede eine der drei Fragen erhält (sowie ein Flipchart, Plakat o.Ä.). Die Aufgabe besteht nun darin, Assoziationen und Diskussionen zu der Frage und stichwortartige Antworten innerhalb eines Zeitlimits zu entwickeln. Dabei gibt es keinen Konsenszwang für die Gruppe;

3. *Schritt* rotieren die Gruppen zu den anderen Fragen und den beschriebenen Flipcharts/Plakaten. Sie setzen sich mit den geschriebenen Antworten auseinander und ergänzen die Stichworte;

4. *Schritt* kommen die Gruppen wieder bei ihrem Anfang an. Die gesammelten Aussagen werden gepunktet. Jeder Teilnehmer hat drei Punkte. Die Fragestellungen können sein: Was muss weiter diskutiert werden? Was ist besonders wichtig? usw. Darüber sollen die Gruppen diskutieren. Für politische Bildung entsteht die Frage: Welche Punkte könnte ich in meinen Unterricht integrieren;

5. *Schritt* werden die Gruppenergebnisse im Plenum präsentiert und das weitere Vorgehen diskutiert.

(Häder/Häder 2000)

12 Transformation des Fachprinzips

12.1 Fachliche Interdependenz und überfachliches Prinzip in der politischen Bildung

12.1.1 ZUR INTERDISZIPLINARITÄT DER SOZIALWISSENSCHAFTLICHEN FÄCHER UND BEZUGSWISSENSCHAFTEN

Politische Bildung wird integrativ mithilfe und durch Vermittlung der Sozialwissenschaften erworben. Sie umfasst das gesamte Spektrum der umgebenden Welt, das seinerseits von den methodischen Ansätzen besonders der empirischen und historischen Wissenschaften aufzuhellen versucht wird. Dies wird im engeren Sinne dadurch erleichtert, dass die Sozialwissenschaften die gleichen Wurzeln haben wie die leitwissenschaftliche Politik, interdisziplinär miteinander verbunden sind und Kooperationsbezüge zueinander herstellen. Diese Entwicklung setzt sich rasant in Gestalt der arbeitsteiligen Ausdifferenzierung und Neukonstituierung von Teil- und Spezialdisziplinen fort.

Daraus folgt, dass die Unterrichtsfächer sowohl in ihrer je von ihren Bezugswissenschaften abgeleiteten Eigenständigkeit wie in ihrer fächerübergreifenden und -integrierenden Funktion begriffen werden müssen. Der Deutsche Ausschuss für das Erziehungs- und Bildungswesen hat schon in seinem „Gutachten zur Politischen Bildung und Erziehung" vom 22. 1. 1955 auf gemeinsame Topoi wie Volk, Staat, Kultur, Nation und speziell im Erdkundeunterricht auf Heimat- und Vaterlandsliebe verwiesen (IV, 4).

Das Merkmal ist die Interdisziplinarität der Probleme und Methoden, der Konzeptionen und Begriffe (Kocka 1987). Sie kann im Einzelnen hier nicht demonstriert werden. Es ist lediglich auf das (hessische) Integrationsfach „Gesellschaftslehre" (aus Geschichte, Erdkunde und Sozialkunde; Stein 1982; Perspektiven 1988), die „Gemeinschaftskunde" (Saarbrückener Rahmenvereinbarung von 1960, lernzielmäßig festgelegt in den „Rahmenrichtlinien für die Gemeinschaftskunde" von 1962, wonach der junge Mensch lernen soll, „unsere gegenwärtige Welt in ihrer historischen Verwurzelung, mit ihren sozialen, wirtschaftlichen und geografischen Bedingungen, ihren politischen Ordnungen und Tendenzen" zu verstehen und kritisch zu beurteilen) und die (nordrhein-westfälischen) „Sozialwissenschaften", beide auf der gymnasialen Oberstufe, zu verweisen. Es hat sich herausgestellt, dass weder im Rahmen der Lehrerausbildung (ehem. Projektstudium in Bremen, einphasige Ausbildung in Oldenburg) noch in der unterrichtlichen Praxis der durchaus plausible, allgemein- und schuldidaktisch einleuchtende Problemzugang aus verschiedenen Richtungen zu leisten ist (vgl. Laborschule Bielefeld). Die Versuche (nur wenige Lehrende kennen die verschiedenen fachspezifischen Methoden und ihre Anwendung auf eine komplexe Fragestellung) haben gezeigt, dass ohne einen entsprechenden, zusammenhängenden Wissensfundus sowohl die realen Grundlagen einer Problembearbeitung wie das aus der Bezugswissenschaft abgeleitete fachliche Fundamentum fehlt. Dies führt bei den Lernenden zu einem Diffusum ohne „das geistige Band" (Goethe), letztlich zur Orientierungsunsicherheit und Diskontinuität. Der gestaltpsychologisch-holistische Ansatz (Fitzek/Salber 1996) ist besonders aus didaktischen Gründen plausibel, weil ganzheitliche Zugänge und Problemstellungen den (oft) unverbundenen Spezialdisziplinen gegenüberstehen und systemisches Denken fördern. Dennoch scheint eine abgestimmte Fächer-/Problemkooperation praktikabler. Sie verbindet Momente der Fachspezifik mit denen der gemeinsam anzugehenden Problematik. Moegling (1998, 34) bringt die beiden Perspektiven zusammen:

„Eine ganzheitliche Unterrichtsweise muss u. a. sowohl das Fachprinzip berücksichtigen, wo es zur sinnvollen Strukturierung und zur notwendigerweise differenzierenden Klärung sachlich-fachlicher Fragestellungen erforderlich ist. Die fächerübergreifende Perspektive gibt des Weiteren den Blick auf komplexere Strukturen frei, wo das Fachliche zu eng geraten ist. Hier werden Vernetzungen, Strukturen und Funktionen deutlich, die auch weiter im Fachlichen verfolgt werden bzw. auch aus dem Fachlichen heraus entspringen können."

12.1.1.1 Keine Alternative zur Interdisziplinarität

Die Alternative besteht also in der Beibehaltung und Vermittlung der unerlässlichen fachlichen Essentials und im geplanten Miteinander sowie in der Überwindung der fachlichen Isolierung. So ist bereits die Kontrollratsanweisung Nr. 54 von 1947 über die „Grundsätze zur Demokratisierung der Erziehung in Deutschland" zu verstehen:

„Es sollen alle Schulen größtes Gewicht auf die Erziehung zu staatsbürgerlicher Verantwortung und demokratischer Lebensweise legen und Lehrpläne, Schulbücher, Lehr-und Lernmittel und die Organisation der Schule selbst auf diesen Zweck ausrichten."

Schließlich hat die Deutsche Vereinigung für Politische Bildung in ihrer Würzburger Erklärung vom 21.10.1995 (s. S. 29) auf die Unverzichtbarkeit des Fachprinzips hingewiesen:

„Das Fachprinzip ist im Falle der Fächer Geschichte, Erdkunde/Geografie, Sozialkunde/Gemeinschaftskunde/Politik notwendig, weil jedes der Fächer eine notwendige Perspektive auf menschliche Wirklichkeit hat und über ein dafür geeignetes methodologisches Konzept verfügt. Es ist aber zugleich nicht hinreichend, weil die Komplexität der zu vermittelnden Fähigkeiten und Kenntnisse einen differenzierten und zugleich integrierenden Zugriff auf die Wirklichkeit verlangt." (DVPB 1995) Damit wird auch der Integration der drei sozialwissenschaftlichen Fächer zu einem „Lernbereich" eine Absage erteilt, sofern damit eine unbestimmte Zusammenlegung gemeint sein sollte.

Die methodischen Ansätze und Inhalte bleiben je fachspezifisch. Sie lassen sich nicht ohne weiteres multiperspektivisch-kollektiv erlernen. Erst nach langer Übung (z. B. im Projekt- oder offenen Unterricht) ist dies möglich.

12.1.1.2 Die Kooperationsanteile der Nachbardisziplinen der Politik

In Folge der erheblichen Differenzen im Fachverständnis von „Politik" und ihrer Interdependenz mit den Nachbardisziplinen ist neben den Inhalten und Methoden der Politischen Wissenschaft Verständnis zu wecken für deren Frageweisen und Methoden, z. B. angesichts der Kooperation

- mit der Politischen Philosophie die (Wert-)Frage nach dem Zumutbaren und dem Sinn einer politischen Ordnung zu stellen. Zur Beantwortung sind (politische) Begriffe wie Menschenwürde, Freiheit, Demokratie, Gemeinwesen, Solidarität, Gerechtigkeit u. dgl. geeignet. Indem mit ihrer Hilfe eine Wertskala – Taxonomien oder Lernziele – aufgestellt wird, erhält politische Bildung einen normativen Charakter, der im Grundsätzlichen, d. h.

dort, wo es um die fundamentalen Signaturen unserer Zeit geht, für die Existenz und Konsistenz einer Gesellschaft unverzichtbar ist;

- mit der Soziologie die Einsicht in gesellschaftliche Strukturen und soziale (Wandlungs-) Prozesse, methodologisch u. a. in die explorativen Befragungs- und quantifizierenden statistischen Methoden;
- mit der Ökonomie die Einsicht in die verschiedenen Wirtschaftsmodelle und materiellen Voraussetzungen politischen Handelns sowie vice versa in die politischen Rahmenbedingungen des Wirtschaftens (vgl. die Auseinandersetzung über die Einführung eines selbstständigen Schulfaches „Wirtschaft": v. Rosen 2000; Hartwich 2000);
- mit der Rechtswissenschaft die Einsicht in Fragen von Recht, Gesetz und Gerechtigkeit, deren kulturelle, gesellschaftliche oder historische Begründung, in ihre Ordnungs- und Schutzfunktion sowie in die justizielle Ordnung des humanen Zusammenlebens usw.;
- mit der Geschichte die Einsicht in die Notwendigkeit historischer Perspektivität, weil Ahistorität die Manipulation des Menschen begünstigen würde, weil nur die geschichtliche Perspektive, die anamnetische Reflexion auf vergangene Erfahrung die Einzigartigkeit der Vergangenheit, ihrer Strukturen und Herausforderungen, ihrer unterschiedlichen Problemlösungen in verschiedenen Epochen und Räumen sowie ihre relativierende Bedeutung für die Gegenwart aufzeigt;
- mit der Geografie die Erkenntnis, dass sie als Wissenschaft von Raum und Mensch die sozial-, wirtschafts- und anthropogeographischen, die ökologischen sowie die geopolitischen Faktoren aufarbeitet;
- mit der Sozialphilosophie das kritische Nachdenken über den Menschen als animal sociale im Kontext von Gesellschaft, Kultur und Staat, alles im Zusammenhang mit dem Entwurf einer aufgeklärten humanen Ordnung;
- mit der Pädagogik die Einsicht, dass sie den Referenzrahmen für (politische) Bildung schlechthin herstellt;
- mit der Psychologie die Erforschung und Vermeidung von (Fehl-, Vor-)Urteilen über Gruppen (z. B. Ethnien) und Völker, über die psychologischen Ursachen des Entstehens von Ideologien (z. B. Nationalsozialismus, Populismus, Marxismus usw.) sowie von Rassismus (Xenophobie), Extremismus, Totalitarismus usw.

Die Bezugswissenschaften stehen in einem komplementären Verhältnis zu einander. Der Vorrang einer bestimmten Wissenschaft ergibt sich aus ihrem Anteil an dem zu behandelnden Problem. Generell sollte als Leitwissenschaft für politische Bildung – sofern diese sich eindeutig zur Einübung demokratischer Urteils- und Verhaltensformen bekennt – die Politikwissenschaft gelten (Mickel 1999). Diese übernimmt in erster Linie die Aufgabe der fachlichen Integration, Kooperation und Koordination angesichts der Interdisziplinarität der Sozialwissenschaften und angesichts der Komplexität der Untersuchungsgegenstände aus Staat und Gesellschaft. Daraus folgt die Notwendigkeit einer Verständigung zwischen den beteiligten Disziplinen. (Zu den Bezugswissenschaften s. Teil I von BpB (Hg.): Lernfeld Politik. Bonn 1992; Teil IX in W. Mickel (Hg.): Handbuch zur politischen Bildung. Bonn/Schwalbach/Ts. 1999)

12.1.1.3 Zur Vielfalt fächerübergreifenden Unterrichts

Der mithilfe der vorgenannten Bezugswissenschaften praktizierte „*fächerübergreifende Unterricht*" (Deichmann 2001) ermöglicht eine ganzheitliche Sicht und ist in folgenden Varianten als

- fächerüberschreitender Unterricht (z. B. Verweis auf die heranzuziehende Beteiligung anderer Fächer)
- fächerverknüpfender Unterricht (z. B. Absprachen zwischen verschiedenen Fächern zum gleichen Thema/Problem)
- fächerkoordinierender Unterricht (z. B. Themenparallelisierung verschiedener Fächer)
- fächerergänzender Unterricht (z. B. aus dem Wahl- oder Wahlpflichtbereich)
- fächeraussetzender Unterricht (z. B. Projektwoche ohne Fächergliederung)
- fächerintegrierender Unterricht (z. B. Lernbereich Gesellschaftslehre: aus Sozialkunde, Erdkunde, Geschichte).

Zu den Fächern kommen Foto-, Film-, Theater- Politik- usw. Arbeitsgemeinschaften.

Die Frage entsteht, wie man die jeweiligen methodischen Ansätze bei einem komplexen Thema zusammenbringen kann, wenn ihr Proprium genutzt werden und erkennbar bleiben soll. Dies verweist auf ihre kooperative Zusammenarbeit bei Themen wie Menschenrechte, Friedenssicherung, Parteien, Internationalisierung, Globalisierung, sozialer Wandel, Ökologie, Gentechnik, Gesundheit usw.

Als Beispiel für die Koordination eines fächerübergreifenden Themas wird angeführt:
„Die Gemeinde: Vergangenheit, Gegenwart und Zukunft
- Die Entwicklung der kommunalen Selbstverwaltung in Deutschland (Geschichte, Politik)
- Die naturräumliche Situation der Gemeinde (Geografie)
- Sozial-, wirtschafts- und verkehrsgeografische Vorgaben (Geografie)
- Kulturgeografische Komponenten (Deutsch, Kunst Geografie)
- Verhältnis von Stadt und Land (Politik, Wirtschaft)
- Die rechtlichen Grundlagen der kommunalen Selbstverwaltung (Politik, Kommunalrecht)
- Abhängigkeit der Gemeinden von Land und Bund (Politik)
- Die Hessische Gemeindeordnung (Politik, Kommunalverfassungsrecht)
- Organisation und Zuständigkeit der Gemeinden (Politik, Verwaltung)
- Die verschiedenen Arten der gemeindlichen Entscheidungsprozesse (Gemeindeverwaltung, Politik)
- Die soziale Schichtung in den Gemeinden (Soziologie)
- Die Bedeutung der Gemeindereform (Geschichte, Politik, Kommunalverfassungsrecht)
- Die künftige Entwicklung der Gemeinden (Politik, Soziologie, Recht, Wirtschaft)
- Ausblick: Andere Selbstverwaltungen (Wirtschaft, Schulen, Universitäten, Sozialversicherung)." (Stein 1982, 29 f.; Klammern vom Verf.)

Der fächerübergreifende Unterricht lebt aus der Spannung zwischen der fachlichen Ausdifferenzierung und der Frage nach dem Gemeinsamen.

Politische Bildung wird als ein zentrales Element der Allgemeinbildung verstanden (Klafki 1985; Sander 1989), politische Mündigkeit als Leitidee. Konsequenterweise sollte dann politische Bildung als *Unterrichtsprinzip* in allen Fächern vertreten sein (vgl. KMK „Grundsätze zur politischen Bildung" vom 15. 6. 1950; Mickel 1979). Jedoch hat dieses Prinzip nicht die erwartete und erwünschte Resonanz gefunden. Seine intentionale Verwirklichung hängt fast ausschließlich vom Lehrenden ab.

12.1.2 Offener Unterricht als didaktisch-methodisches Arbeits- und Entscheidungsfeld

Der „offene Unterricht" ist ursprünglich ein reformpädagogisches Konzept. Er hat sich terminologisch erstmals Ende der 1960er- und in den 1970er-Jahren etabliert (Schüler- und Studentenbewegung) und kam aus dem angelsächsischen Raum.

Er stellt(e) eine Gegenbewegung bzw. Alternative zu den zentralistisch entwickelten und detailliert festgelegten Curricula/Lehrplänen sowie zu deren fixierten Lernzielbestimmungen dar. Man unterscheidet drei Dimensionen der Offenheit:
a) die inhaltliche (die Themen brauchen sich nicht schulisch zu legitimieren, sondern können auch lebensweltlich und außerschulisch begründet sein)
b) die methodische
c) die institutionelle Offenheit.

Der offene Unterricht – die „Freiarbeit" der Reformpädagogik – korrespondiert in seinen Zielen nach Informationsbeschaffung, Materialbearbeitung, Förderung von Eigeninteresse und -verantwortung, Methodenpluralismus, Toleranz, Rücksichtnahme, Selbstkontrolle, Kreativität, Umgang mit einem Zeitbudget, Angstfreiheit, Erlernen von Planungs- und Erarbeitungsstrategien, Darstellungstechniken u. dgl. den Anliegen der politischen Bildung. Es dominiert eine Orientierung an interaktions- und kommunikationstheoretischen sowie an handlungs- und kognitionstheoretischen Konzepten.

Er verändert die Rolle der an der Schule Beteiligten in emanzipatorischer Richtung. Für die unteren und mittleren Altersstufen macht er sich – nach Freinet, Montessori, Peter Petersen, Pestalozzi in einem wöchentlich festgelegten Zeitdeputat (Wochenplanarbeit) die Ergebnisse eines ganzheitlichen, entdeckenden, forschenden, erkundenden, adressaten- und projektorientierten, fächerübergreifenden, partnerschaftlichen usw. Lernens zunutze. Sein grundlegendes Prinzip ist die Selbstständigkeit in Planung und Ausführung, die innere Differenzierung. Er nimmt Rücksicht auf die Vielfalt der Lernvoraussetzungen und Lernziele, das eigene Arbeitstempo und auf die individuelle Förderung der Lernenden.

Die von diesen selbst auszuwählenden Themen entsprechen inhaltlich ihren Interessen und Präferenzen (z. B. aktuelle politische und gesellschaftliche Ereignisse) und formal den gewünschten Methoden, Unterrichts- und Sozialformen. Die Frage entsteht, ob es sich dabei überhaupt um ein Lernarrangement handelt. Sie macht den Lehrenden nicht entbehrlich, lässt ihn nur zurücktreten, befreit den Lernenden von einigen institutionellen Rahmenbedingungen (Lehrplanbindung, Stundentakt), macht Schule partiell zu einer Lernwerkstatt (s. S. 374), reduziert entfremdetes Lernen, knüpft an persönliche Erfahrungen und Biografien an, stärkt die Subjektrolle im Unterricht und eröffnet Möglichkeiten zu seiner freieren Gestaltung (auch an außerschulischen Lernorten). Diese Art von selbstbestimmter, kreativer, teilweise eigenverantworteter und zweckfreier Arbeit entzieht sich den üblichen Beurteilungsmaßstäben (Frenz 1999, 288).

Die Einführung eines offenen Unterrichts ist im Rahmen einer sich verändernden Schule zu sehen.

Diese soll nicht länger ein eindimensionales, komplexes Handlungssystem mit dem Lehrplan und den Richtlinien/Erlassen als allumfassende Gestaltungsmittel darstellen (Regulierungsfunktion), sondern lernerbestimmte Freiräume eröffnen. Die grundlegenden Qualifikationen und Inhalte sollten über ein Kerncurriculum (Rahmenplan) festgeschrieben und wegen der Vergleichbarkeit der (Schul-)Abschlüsse durch übergeordnete (staatliche) Qualitätskontrolle gesichert sein. Der offene Unterricht wird immer nur eine Ergänzung zu anderen methodischen Gestaltungsformen bleiben können. Seine Nähe zum Projektlernen (s. S. 367) ist evident. Die Freiarbeit ermöglicht Methodenvielfalt (Methoden testen), Selbststeuerung und -aktivierung sowie die Übernahme eines Teils der Verantwortung für den eigenen Lernprozess. Eine wichtige Voraussetzung für das Gelingen ist das Vorhandensein geeigneter Materialien und eines ausreichenden, vor allem in der Ganztagsschule (Appel 1998) zu realisierenden Zeitbudgets.

Kritische Einwände erheben sich gegen die inhaltliche und methodische Vernachlässigung wissenschaftsorientierten Lernens, gegen die Gefahr allgemein mangelnder Strukturiertheit, gegen übertriebene Individualisierung und Subjektivismus, gegen kaum voraussehbare Lernergebnisse (Frenz 1999, 292).

Offener Unterricht

Ausgang: geschlossener Unterricht	Die Alternative: offener Unterricht			
aus Lehrersicht: • lernzielorientierter Unterricht • lehrerorientierter Unterricht • vorgegebenes Curriculum *aus Schülersicht:* • Vorgaben sind komplett • Inhalte sind vorgeschrieben • Rezeptionscharakter hat Vorrang • das Lernen ist aufgabenorientiert • Input-Output-Orientierung • Leistungsorientierung herrscht vor (abfragbares Wissen)	Institutionelle Offenheit	Organisatorisch-methodische Offenheit	Inhaltliche Offenheit	Schülerorientierung
	• Aufhebung schulartspezifischer Unterrichtung • Integrierte Gesamtschule als Ideal • Kooperation zwischen den Schularten (z.B. Haupt- und Realschule) • Integrationsmodelle (Behinderte – Nichtbehinderte)	• Aufhebung des reinen Fachunterrichts • Epochenunterricht • Wochenplanarbeit • freie Arbeit • Projektarbeit/-tage/-wochen • Exkursionen, Erkundungen • Wahldifferenzierter Unterricht • Lernecken, Ateliers, Bibliothek	• Fächerübergreifendes Lernen • Problemorientiertes Lernen • Forschendes Lernen • Richtlinienorientiertes und lebensweltorientiertes Lernen • Das Lernen lernen: Lernstrategien/Lerntechniken • Experimentelles Lernen	• Interessen und Bedürfnisse der Schüler • Soziales Lernen (Gruppen- und Partnerarbeit) • Selbstständiges Lernen • Handlungsorientierter Unterricht • Individuelle Arbeitspläne • Verfügung über Zeit-, Material- und Raumstrukturen • Schulsozialarbeit

(Aus: M. Bönsch 1996, 12)

12.2 Interkulturelles Lernen: Revision des Fachkanons

12.2.1 ÜBER DIE NOTWENDIGKEIT INTERKULTURELLER ERZIEHUNG

Als Folge der Migrantenströme und der allgemeinen Mobilität durch fortschreitende Globalisierung wurde die interkulturelle Erziehung (cross-cultural education) zu einem interdisziplinären Erfordernis der Erziehungspolitik der europäischen Staaten. Sie wird in den verschiedenen Ländern unterschiedlich gehandhabt und beruht auf differenten Formen der Wahrnehmungen, Erfahrungen, Begegnungen, Konflikte usw. mit Fremden. „Kultur" wird definiert als „die Gesamtheit der kollektiven Deutungsmuster einer Lebenswelt (= Teilkultur, W. M.) (einschließlich materieller Manifestationen" (Nieke 1995, 49). „Inter-kulturalität" wird als dynamischer Handlungsbegriff gebraucht, der auf Interaktion, Aus-tausch, Aufbrechen nationaler Sozialisationtoleranz, Kooperation, europäische Wert-orientierung, Abbau von Vorurteilen, nationaler Stereotypen, kultureller Dominanz u. dgl. hinstrebt und dadurch sowie durch ein spezielles Wahrnehmen, Denken, Urteilen, Ent-scheiden und Handeln insgesamt durch die Anerkennung von Differenz – kulturelle Ge-meinsamkeiten und Offenheit fördern möchte. Ausgangspunkt ist das Bewusstmachen des eigenen kulturellen Selbstverständnisses, der kulturellen Identität.

In der Art der Aufarbeitung – z.B. Wie wird Fremdes in Frage gestellt, wo hat es mich bereichert, wo habe ich mich abgegrenzt usw.? – liegt ein notwendiger Beitrag zur Über-windung eines nationalistischen Ethnozentrismus und zur antirassistischen Erziehung, indem das Bewusstsein für fremde Orientierungssysteme geweckt wird. Es sollen Versuche unternommen werden, die kulturellen Unterschiede im Vergleich zur eigenen Kultur herauszuarbeiten und sowohl die historischen Bedingungen wie die aktuellen Verhaltens-muster offen zu legen und für Verständnis zu werben. Im größeren Zusammenhang kann eine Auseinandersetzung mit Arbeiten wie die von Huntington (1996) oder (mehr his-torisch) von Spengler (1923) stattfinden. Die genannten Zentralbegriffe sind zu unter-scheiden von der „Multikulturalität" (dem Nebeneinander mehrerer Kulturen in einem Raum, einer Region) und ihrem unterschiedlichen Streben nach Assimilation, Integration oder Enkulturation. Daraus resultieren verschiedene typologische Merkmale: der Assimi-lationstyp, der Kontrasttyp, der Grenztyp (Grenzgänger zwischen zwei Kulturen) und der Synthesetyp (Thomas 1994, 43f.). Ein multikultureller Persönlichkeitstyp wäre ein zweifelhaftes Konstrukt.

Die interkulturelle Erziehung basiert auf den Herausforderungen einer sich multikultura-lisierenden Gesellschaft. Sie unterstellt ein Konzept des kulturellen Pluralismus, wobei das Problem der Gleichheit bzw. Gleichwertigkeit der Kulturen leicht ignoriert wird. Letztere sind unterschiedlich integrations- bzw. konsenswillig und werden zahlenmäßig hauptsächlich von Angehörigen der sozialen Unterschichten repräsentiert. Auf dieser Basis ist die Bildung einer allgemeinen kulturellen Identität schwierig und führt auf Dauer zu Kulturkonflikten im eigenen Land (eine fundamentale Problemstellung, die offensichtlich auch bei der Dis-kussion um die Osterweiterung der EU übersehen wird). Möchte man die Multikulturalität einer Gesellschaft als Chance begreifen, darf man keine Einwandererkolonien zulassen (Schulte 1989).

Eine zutreffende Definition interkulturellen Lernens findet sich bei Thomas (1994, 48): Es „findet immer dann statt, wenn eine Person bestrebt ist, im Umgang mit Menschen einer anderen Kultur deren spezifisches Orientierungssystem der Wahrnehmung, des Denkens, Wertens und Handelns zu verstehen, in das eigenkulturelle Orientierungssystem zu integrieren und auch sein Denken und Handeln im fremdkulturellen Handlungsfeld anzuwenden. Interkulturelles Lernen beinhaltet neben dem Verstehen fremdkultureller Orientierungssysteme eine Reflexion des eigenkulturellen Orientierungssystems. Interkulturelles Lernen ist erfolgreich, wenn eine handlungswirksame Synthese zwischen kulturdivergenten Orientierungssystemen erreicht ist, die erfolgreiches Handeln in der eigenen und in der fremden Kultur erlaubt."

Die Annäherung vollzieht sich über die (methodisch inszenierte) Begegnung, den Konflikt, die Lebenswelt, die Wahrnehmung u. dgl. Voraussetzung ist die Anerkennung der kulturellen Persistenz der Gastgesellschaft, d. h. der Nachhaltigkeit und Stabilität einer vorhandenen kulturellen Prägung. Dies verbietet zugleich eine interkulturelle Interferenz, d. h. die voreilige und fälschliche Übertragung eigener Kulturmuster auf eine fremde Kultur.

Die KMK hat in ihrer Empfehlung „Interkulturelle Bildung und Erziehung in der Schule" (vom 25.10.1996; vgl. KMK-Beschluss „Europa im Unterricht", 1990) als Ziele festgelegt:

Die Schüler sollen zum Aufbau „interkultureller Kompetenz"
- „• sich ihrer jeweiligen kulturellen Sozialisation und Lebenszusammenhänge bewusst werden;
- über andere Kulturen Kenntnisse erwerben;
- Neugier, Offenheit und Verständnis für andere kulturelle Prägungen entwickeln;
- anderen kulturellen Lebensformen und -orientierungen begegnen und sich mit ihnen auseinandersetzen und dabei Ängste eingestehen und Spannungen aushalten;
- Vorurteile gegenüber Fremden und Fremdem wahr- und ernst nehmen;
- das Anderssein der anderen respektieren;
- den eigenen Standpunkt reflektieren, kritisch prüfen und Verständnis für andere Standpunkte entwickeln;
- Konsens über gemeinsame Grundlagen für das Zusammenleben in einer Gesellschaft bzw. in einem Staat finden;
- Konflikte, die aufgrund unterschiedlicher ethnischer, kultureller und religiöser Zugehörigkeit entstehen, friedlich austragen und durch gemeinsam vereinbarte Regeln beilegen können."

Dieser KMK-Beschluss soll zur interkulturellen Handlungskompetenz, zum Abbau von Vorurteilen und engem nationalen Denken, zur Erziehung zur Solidarität, zur grenzüberschreitenden Beweglichkeit, zur Chancengleichheit beitragen. Er hebt jedoch zu stark auf das Verständnis für die „Differenz" der Kulturen im eigenen Land ab und ignoriert zu sehr die zur Identitätsbildung der Bürger notwendige Voraussetzung einer nationalen Mehrheitskultur und damit die allgemeine Anerkennung der Regelungen des Rechts des (Gast-)Staates sowie der überethnischen Werte wie parlamentarische Demokratie, Marktwirtschaft, Freiheit des Individuums, einheitliche Verkehrssprache usw.

Diese Ziele können durch erfahrungs- und handlungsorientierte Methoden erreicht werden, und zwar durch

a) Realbegegnungen (Erkundung, Exkursion, Befragung, Interview, Expertengespräch, Schüler- und Nachbarschaftshilfe und, last not least, den täglichen Umgang mit Ausländern in Schule und Öffentlichkeit),
b) Realitätssimulation (Rollen- und Planspiele) sowie
c) produktorientiertes Lernen (Zusammenstellen einer Schülerzeitschrift, Erstellen eines Videofilms usw.).

12.2.3 WISSENSCHAFTSTHEORETISCHE ANSÄTZE INTERKULTURELLEN LERNENS

Nieke (1995) unterscheidet mehrere Ansätze interkulturellen Lernens:

1. Der *Begegnungsansatz*

soll (im Gegensatz zum Konfliktansatz) konstitutiver Bestandteil interkultureller Bildung in einer multikulturellen Gesellschaft sein. Die ethnischen Herkunftsgruppen unterscheiden sich durch Sprache, Rasse, Religion, Kultur, kollektive Selbstdefinition, gemeinsamen Siedlungsraum usw. (ebd. 38). Bei der Begegnung mit Personen und Kulturen stellt sich die Frage: Wem bzw. wie begegne ich? Die Begegnung selbst erfolgt über Interaktionen, kommunikative Arrangements/Inszenierungen, Schüleraustausch und Schulpartnerschaft, Praktika usw. Eine zu agnostischem Kultur- und Wertrelativismus (ebd. 8) führende, gleichwertige Behandlung aller Kulturen und Migranten ist auf Dauer nicht durchhaltbar (ebd. 156). Ein kultureller Pluralismus ist für eine Gesellschaft nur bis zu einem bestimmten Grade tolerabel. Das Problem stellt sich im Umgang der Majorität mit der ethnisch-kulturellen Minorität.

Angesichts der Europäisierung und Universalisierung der Staaten ist zu fragen, ob und inwieweit Nationalkulturen noch zeitgemäß sind. Andererseits benötigen Staatsbevölkerungen (noch) eine kollektive Identität, die u. a. durch einheitliche Deutungsmuster – als Oberbegriff für alle anderen Formen des Wahrnehmens, Orientierens, Denkens, Fühlens, Wertens, Handelns, d. h. der kognitiven und konativen Struktur einer Ethnie – charakterisiert werden (ebd. 59). Für die Bearbeitung kulturbedingter Konflikte mit dem Ziel der Integration von Fremden ist eine „Ethik der Kommunikation" (ebd. 8 f.) desiderat. Interkulturelles Verhalten und Handeln beruht demnach auf einem methodischen Arrangement, das zwischen (einheimischen) Majoritäten und zugewanderten Minoritäten vermitteln kann (ebd. 17).

2. Der *Konfliktansatz*

beschäftigt sich mit den aus den (fremdartigen) Begrifflichkeiten der Sprachen und Kulturen entstehenden Problemen, z. B. mit dem unterschiedlichen Verständnis von zentralen politischen Begriffen wie Parlament, Demokratie, Union, Föderalismus, Meinungsfreiheit, Pluralismus, Emanzipation, Partizipation, Freiheit, Solidarität, Gerechtigkeit usw.

3. Der *Lebenswelt- oder biografische Ansatz*

ist nahezu identisch mit Kultur oder Teilkultur und knüpft an die erzählte Geschichte/Berichterstattung (oral history; s. S. 101) an. Er bedeutet das Einbeziehen von fremdländischen Erfahrungen durch Mitteilungen/Erzählungen von Migrantenkindern usw.

4. Der *Wahrnehmungsansatz*

befasst sich mit der Frage: Wie nehme ich den Anderen, mein Gegenüber wahr, welche Voreinstellung habe ich usw.? Daraus resultiert, dass Wahrnehmung immer schon Deutung ist und damit „Wirklichkeit" ein Konstrukt und Ergebnis von Bedeutungszuschreibung. Deshalb sollte sie reflektiert werden.

Die interkulturellen Lernsituationen sind – entsprechende Sprachbeherrschung vorausgesetzt –

a) personenbezogen (Gefühle, Partnerschaften; Lebensbereiche: Familie, Schule, Betrieb, Freundschaft, Freizeit, Vereine usw.)

b) sachbezogen (Politik, Wirtschaft, Kultur usw.).

Für politisch-interkulturelles Lernen können – besonders für die Ausländer oder Fremdstämmigen – im Anschluss an Gebauer (1983, 256f.) folgende Lernziele anvisiert werden: Fähigkeit und Bereitschaft,

- die eigene Lebenssituation im fremden Umfeld zu verifizieren und die eigene Lage politisch-gesellschaftlich aufzuarbeiten
- die eigenen Interessen und die der ethnischen Gruppen zu definieren, zu organisieren
- die Interessenlage der einheimischen Bevölkerung zu analysieren und zu verstehen
- die eigene Interessenlage der deutschen Bevölkerung zu vermitteln
- Methoden und Strategien zur Durchsetzung der eigenen Interessen nach demokratischen Grundsätzen und Spielregeln zu suchen
- die Ursachen für Konflikte mit der deutschen Bevölkerung zu erkennen und sie mithilfe demokratischer Formen der Konfliktlösung zu regeln
- die Lebenswelt der Einheimischen zu respektieren und Kompromisse mit ihnen einzugehen auf der Grundlage eines interkulturellen gesellschaftlichen (Minimal-)Konsenses und gemeinsamer Grundwerte
- die Herkunftskultur produktiv mit der neuen Kultur in Beziehung zu bringen und sich mit ihr auseinander zu setzen
- sich zur Sprache, Kultur, Brauchtum, Politik, Gesellschaft, Wirtschaft, Recht usw. des Aufenthaltsstaates in ein positives Verhältnis zu setzen.

Konkret stellt sich u. a. das Problem, wie z. B. deutsche Lernende ausländischer Herkunft mit Themen wie (sog.) Drittes Reich und Genozid usw., wie mit den Verfehlungen in den Herkunftsländern umgehen werden.

12.3 Der Fachraum/das Fachkabinett als organisatorische Einheit

Der politische Unterricht benötigt einen Fachraum/ein Fachkabinett für die personelle und sächliche Konzentration des Faches, z. B. als Treffpunkt für die Fachlehrer/-innen, als Aufbewahrungsort von fachspezifischen Unterrichtsmaterialien, zum Deponieren erprobter Unterrichtsentwürfe mit Anlagen, Globen, Atlanten, politische, wirtschaftliche, sozialgeschichtliche usw. Karten, grafische und statistische Übersichten und Tabellen, Dia-Reihen, (Schau-)Bilder, Plakate, Reliefs, Film- und Tonbandgeräte, Tonbänder, CDs, Videos, Modelle, Wahlurnen usw. sowie eine Handbibliothek, ein wissenschaftlicher Apparat zu wichtigen Themenkreisen. Mit Unterstützung von politischen und gesellschaftlichen Organisationen, Firmen usw. lässt sich eine umfangreiche Sammlung von Anschauungsmaterial erstellen, wo auf Einzelteilen durchaus das Logo der Spender (Sponsoring) erscheinen dürfte.

Entsprechend seiner Ausstattung kann ein Fachraum/-kabinett zur Erleichterung und Verbesserung des Unterrichts beitragen. Alle Unterlagen – die in Schränken, offenen Regalen,

Aufhängevorrichtungen usw. verwahrt und nach Altersstufen unterschieden sowie nach didaktischen Prinzipien strukturiert werden sollten – sollten in einem Katalog oder Register verzeichnet werden.

Zuzüglich sollte ein politisch-gesellschaftliches Archiv aufgebaut werden. Es könnte sich auf die Sammlung von Zeitungsausschnitten zu herausragenden Themen und Problemen stützen, darüber hinaus eine Fülle von aktuellen, übersichtlich geordneten Informationen anbieten, z. B. über die jeweilige Größe, Sitzverteilung, Zusammensetzung, Stimmenzahl usw. von Parlamentsfraktionen, Adressen von Parteien und Verbänden, gesellschaftlich relevanten Gruppen und Persönlichkeiten, besichtigenswerte Betriebe und sonstige Einrichtungen, Berichte von Wander- und Studienfahrten, Duplikate von besonderen (Schüler-) Facharbeiten u. dgl. Ein Schwarzes Brett kann auf geeignete Veranstaltungen in der Stadt/ Gemeinde/Umgebung aufmerksam machen. Über einen Internetanschluss sollten weitere Informationen beschafft werden können.

Eine Fachbibliothek sollte mit grundlegenden Nachschlagewerken aus den Bereichen der Politischen Wissenschaft, des Rechts, der Ökonomie, der Soziologie usw., ferner mit Primärtexten (z. B. internationale Verträge, Verfassungen, Deklarationen, Klassikerausgaben, amtliche Unterlagen, Gesetze usw.) und einschlägigen Kommentaren, Sachbüchern, Biografien, Bibliografien, usw. versehen sein. Taschenbuchausgaben erleichtern die Anschaffung, auf die (Gratis-)Angebote der Bundeszentrale und der Landeszentralen für politische Bildung ist regelmäßig zurückzugreifen. Evtl. kann auch eine überregionale Tageszeitung abonniert werden, die Wochenzeitung Das Parlament wird umsonst geliefert; Elternspenden können mobilisiert werden. Die Fachbücherei sollte Lehrenden und Lernenden zur Verfügung stehen. Listen empfehlenswerter Bücher können Anregungen liefern. Ein geeignetes Mobiliar sollte in den auch als Gruppenraum verwendbaren Fachraum einladen.

13 Extracurriculare unterrichtsakzessorische (Lern-)Veranstaltungen

13.1 Die Schülervertretung als demokratisches Übungsfeld

13.1.1 SCHÜLERRECHTE – EINE FOLGE DER DEMOKRATISIERUNG DER SCHULE

Die Schülervertretung (SV) ist – neben Eltern- und Lehrervertretung – ein repräsentatives, demokratisches Organ im Rahmen der ansonsten weitgehend hierarchischen Schulstruktur. Sie beruht auf der Prämisse, dass Schule eine gesellschaftliche Veranstaltung ist, in der sich Interessengegensätze artikulieren. Politische Bildung sieht in der SV ein Instrument und Handlungsfeld für eine Interessenvertretung, die innerschulisch durch Unterrichtungs- und Vorschlagsrechte sowie durch repräsentative Mitsprache-, Mitwirkungs-, Mitbeteiligungs-, Mitbestimmungs- und Mitverantwortungsrechte in den Schulgremien (Konferenzen usw.) gekennzeichnet ist, aber auch die außerschulische Austragung eines Konflikts (z. B. Schüler-proteste gegen defizitäre Unterrichts- und Erziehungsbedingungen, Lehrermangel, fehlende Schulbücher, ausfallende Unterrichtsstunden und Kurse, d. h. gegen personelle Unterausstat-tung und finanzielle Unterversorgung, gegen die Behandlung ausländischer Mitschüler u. dgl.) praktiziert.

Die Wahrnehmung der Schülerrechte ist erst durch die Studentenprotestbewegung gegen Ende der 1960er-Jahre aktiviert worden (Liebel/Wellendorf 1969, Haug/Maessen 1969; s. u.). Vorher hatte die Schülermitverantwortung oder Schülermitverwaltung (SMV), wie sie da-mals hieß, im Zuge der partner- und gemeinschaftsbetonten Nachkriegspädagogik eine affir-mative Funktion im gesellschaftlichen Subsystem Schule (Scheibe 1966; Holtmann/Rein-hardt 1971).

Die SV verdient die Aufmerksamkeit des Politiklehrers, der sich z. B. als Verbindungslehrer engagieren kann. Allerdings gerät er dadurch u. U. in ein Dilemma zwischen seiner Zuge-hörigkeit zum Schulkollegium einerseits und den Forderungen der Schüler/innen anderer-seits. Eine gewisse Unparteilichkeit und Nüchternheit sollten seine Mittlerposition aus-zeichnen. Er kann u. a. bei technischen Fragen behilflich sein und Einsichten in demokra-tisches Verhalten fördern, z. B. für eine verbesserungsbedürftige Diskusssions- und Ab-stimmungstechnik eintreten, für die Respektierung von (Mehrheits-)Beschlüssen und Kom-promissen werben, die (evtl.) Langwierigkeit von Verfahren erläutern, die Schüler/innen zur Mitarbeit ermuntern, auf die Beachtung der amtlichen Vorschriften hinweisen, sich selbst beispielhaft an die (selbst- und fremdgegebenen) Regeln halten u. dgl. Er kann die SV-Mit-glieder mit den parlamentarischen Bräuchen vertraut machen, z. B. mit den Formen der Aus-sprache, der Debatte, der Diskussion, der Beschlussfassung und -durchsetzung, der Argumentation, des Wahlverfahrens, des Majoritätsprinzips, des Minderheitenschutzes usw. Das Wichtigste für ihn ist der Erwerb von Vertrauen, Fairness im Umgang miteinander. Er sollte auch die berechtigten Interessen der Schüler in seinem Kollegium offensiv vertreten und – dank seiner erforderlichen Kenntnis des Schul(verwaltungs)rechts (s. S. 63) – keine Auseinandersetzung scheuen.

Die Arbeit in der SV sollte vom Unterricht flankiert und für ihn paradigmatisch nutzbar gemacht werden. Sie soll nicht nur inhaltlich, sondern auch formal für die Mitschüler/-innen Aufforderungscharakter erhalten und Möglichkeiten des Engagements aufzeigen.

Dabei kann das Reservoir an Erfahrungen von Jugendlichen in Jugendverbänden von Parteien, Kirchen und Vereinen nützlich sein.

13.1.2 Die S(M)V und ihre Aufgaben

Durch die Protestbewegung der Schüler und Studenten seit 1967 (Heider 1984) ist für die ursprüngliche Schülermitverantwortung (SMW) eine neue, von der KMK mit Beschluss vom 25.5.1973 („Zur Stellung des Schülers in der Schule") anerkannte Situation eingetreten, die SMV mutierte zu einer SV (Mickel 1972). Mit dem Vertretungscharakter war ihre Politisierung verbunden, jedoch wurde ihr kein politisches Mandat übertragen. Während sich vorher die Bemühungen der SMV unterhalb der Ebene einer formalen Interessenvertretung auf das Funktionieren des Lehrbetriebs und kleinere Wünsche der Schüler/-innen (z.B. Cafeteria, Verkauf von Pausenbrot und Getränken, Süßigkeiten, Raucherzimmer, Anhörung in Konferenzen, Aufenthaltsraum usw.) richteten, wendete die SV sich der aktuellen und grundsätzlichen Kritik der Institution Schule zu und entwickelte neue Formen der Problem- und Konfliktbewältigung in Vollversammlungen, Foren, Ausschüssen, Diskussions-, Neigungs- und Mediationsgruppen (Organisation, Fächerkanon, Lernprozesse, Notengebung, Mitbestimmung in Gremien usw.), Schülerzeitschrift, Projekten (z.B. Schule ohne Rassismus; deutsch-türkische Theatergruppe, Arbeit mit Asylbewerbern, Aufbau eines Schulfunks; Schulfest) usw. Die Kultusministerien haben im Allgemeinen rasch auf die sich verändernden Verhältnisse reagiert und Zugeständnisse gemacht: Mitwirkung bei der Erstellung von Lehrplänen, Kenntnisgabe aller Erlasse, Teilnahme an (Schul-, Fach-)Konferenzen, schulinterne Bekanntgabe der Maßstäbe für Zensuren, Mitbestimmung bei der Stoffauswahl in den Klassen/Gruppen, freie Wahl von Kursen, Einrichtung von Beschwerde- und Schlichtungsausschüssen usw. Mit alledem sollte die obrigkeitliche Struktur der Schule, die nach Art. 7 (1) GG „unter der Aufsicht des Staates" steht, teilweise demokratisiert werden (Wilmers 1990).

Die Aufgaben der SMV/SV sind demnach nicht allein aus kooperativ-sozialpädagogischer Sicht (z.B. soziale Hilfsaktionen, Tutoriate älterer Schüler/-innen, Hilfsdienste in schulischen Einrichtungen, Vorbereitung von Feiern und Festen, öffentlichen Schulveranstaltungen, Pflege internationaler Kontakte, Diskussion von weltanschaulichen und lebensweltlichen Fragen, Schulpartnerschaften usw.) zu verstehen, sondern aus politischer Perspektive zu erweitern (kommunitarisches Denken). Die Schule wird danach als ein pluriform strukturiertes soziales (Sub-)System verstanden, worin die verschiedenen gesellschaftlichen Gruppen durchaus eigene Interessen vertreten und wahrnehmen wollen, die zu Konflikten führen können. Zwar verbietet sich angesichts der Altersunterschiede und des Schulzweckes ein egalitäres Modell, aber die Richtung verläuft in mehr Mitbeteiligung, Kontrolle, Transparenz der Entscheidungsprozesse, Öffentlichkeit und Mündigkeit der einzelnen Gruppen. Die auch auf Stadt-, Kreis- und Landesebene organisierte SV hat z.B. das Recht zu Presseerklärungen über allgemeine Schulfragen. Ein politisches Mandat steht ihr nicht zu (Art. 2 Abs. 1 GG). Die Bewerber um ein Amt in der SV versuchen teilweise ihre Kandidatur im Stil öffentlicher Wahlkämpfe durchzusetzen. Auf der unteren Ebene, in den

Schulen, sind die Klassensprecher/-innen i. d. R. Mitglieder der SV. Sie wählen die städtische Schülervertretung (Stadtschülerrat), diese den Kreisschülerrat und dieser wiederum den Landesschülerrat (mit je abweichenden Bezeichnungen und Kompetenzen in den einzelnen Bundesländern).

Um die Attraktivität der SV an der einzelnen Schule zu erhöhen, sollte der Vorstand regelmäßige Sprechstunden abhalten, Protokolle seiner Sitzungen veröffentlichen, die Schulordnung in Theorie und Praxis mitgestalten, sich um die Unterrichtsgestaltung und die Leistungsanforderungen kümmern, die Schülerschaft fragen, was die SV-Vertreter in die Konferenzen einbringen sollen, für zusätzliche Angebote eintreten (AGs; außerschulische Veranstaltungen) usw. Die Veranstaltungen der SV gelten versicherungsrechtlich als Schulveranstaltungen, auch außerhalb des Schulgeländes, wenn der Schulleiter vorher zugestimmt hat.

13.1.3 DAS KONZEPT DER JUST COMMUNITY

Schließlich ist das Konzept einer *Gerechten Schulgemeinschaft* (Just Community) zu nennen, das – Kohlbergs Moralerziehung mit der Gerechtigkeit als Handlungsprinzip verbindend – eine Form partnerschaftlichen Umgangs miteinander sein kann und im Zusammenhang mit der Entwicklung des moralischen Urteils zu sehen ist (Reinhardt 1999). Die Schüler der jeweiligen Jahrgangsstufe regeln ihre Angelegenheiten in so genannten demokratischen Gemeinschaftssitzungen – basisdemokratisch, partizipatorisch und repräsentativ – selbst und tauschen sich mit den SV-Vertretern aus. Dies führt nach Müller (1998, 133) zur aktiven Rekonstruktion der Wirklichkeit durch die Schüler, zur größeren Identifikation mit der Schule/dem Internat, zum verantwortlichen Handeln und zur Übernahme von Verantwortung, zur Demokratisierung der Lebenswelt, zur Rollenübernahme und Empathie u. dgl. Dazu gehört auch die Form der Lehrer-Schüler-Konferenz nach Gordon (1977) zum Abbau von gegenseitigen Spannungen und Irritationen.

13.2 Die Schülerzeitschrift als Übungsfeld der Meinungsfreiheit

Die Kultusministerkonferenz hat in ihrer Erklärung vom 25. 5. 1973 „Zur Stellung des Schülers" in der Schule die Aufgabe der Schülerzeitschrift so formuliert:

„Die Schülerzeitschrift soll durch Gedankenaustausch, Bericht und Kritik das Schulleben bereichern, alle Beteiligten zur Mitarbeit anregen und damit zur Erfüllung der in der Schule gestellten Aufgaben beitragen. Das ist der Fall, wenn sie sich bemüht, wahr zu berichten, sachlich zu argumentieren und in der Form nicht verletzend zu kritisieren."

In der ständigen tätigen Ausübung der Meinungs- und Pressefreiheit (Art. 5 Abs. 2 Satz 1 GG: „Die Pressefreiheit und die Freiheit der Berichterstattung durch Rundfunk und Film werden gewährleistet.") mit den auch für Schüler/-innen gültigen Ausnahmen nach Art. 5 (Meinungsfreiheit hat gesetzliche Schranken) und 18 GG (Grundrechte dürfen nicht gegen die freiheitlich demokratische Grundordnung der Bundesrepublik Deutschland missbraucht werden) – nimmt der Schülerredakteur ein politisches Grundrecht wahr. Es bedeutet Macht und Einfluss, Erleben der durchgängigen Diskrepanz zwischen Anspruch und Wirklichkeit. Der jugendliche Schriftleiter fördert das kritische Bewusstsein und die gesellschaftliche

Aufgeschlossenheit seiner Mitschüler/innen. Von ihm selbst wird ein hohes Maß an Verantwortung und intellkektueller Redlichkeit in der Behandlung von Themen aus Schule, Gesellschaft, Wirtschaft, Kultur, Politik, Staat usw. erwartet.

Das Bundesverfassungsgericht (Az: 1 BvR 126/85) hat einem Maschinenschlosser von Daimler-Benz Recht gegeben, der es nach einem Artikel in der Schülerzeitschrift seiner Berufsschule 1981 abgelehnt hatte, sich von gewalttätigen Demonstranten der Anti-Atom-Demonstration in Brokdorf zu distanzieren. Er schrieb ausdrücklich, dass damit kein Aufruf zur Gewalt gemeint sei. Die Firma weigerte sich, den Auszubildenden nach seiner Lehre einzustellen.

Nach Ansicht des BVerfG, war in dem Artikel keineswegs eindeutig ein Aufruf zur Gewalt enthalten. Selbst wenn dem so wäre, stünde keineswegs fest, dass der Auszubildende auch die gewaltsame Lösung von betrieblichen Konflikten befürworten würde. Schülerzeitschriften seien ein wichtiges Übungsfeld für die Teilnahme an der öffentlichen Meinungsbildung. Diese Aufgabe könne sie nicht erfüllen, wenn die Schüler durch Mitarbeit ihren späteren Berufsweg gefährdeten. (FR v. 10.7. 1992)

Die presserechtliche (z.B. Gegendarstellungsanspruch), rechtsgeschäftliche und strafrechtliche Verantwortung für Form und Inhalt einer Schülerzeitschrift tragen die im Impressum genannten (Schüler-)Redakteure. Bei zivilrechtlichen (nicht bei strafrechtlichen wie beispielsweise bei persönlichen Beleidigungen, Verunglimpfungen u. dgl.) Vorfällen haften i. d. R. die Eltern. Deshalb sollte der von den Schülern zu wählende Vertrauenslehrer die Eltern minderjähriger Redakteure auf diese Situation hinweisen.

Der Vertrauenslehrer als Berater einer Schülerzeitschrift wird u. a. stellvertretend für die teilweise (noch) nicht voll rechtsfähigen Schüler tätig. Er berät sie in den Fragen des Presserechts sowie in der Gestaltung, Auswahl und Thematik der Beiträge. Eine (Art von) Zensur ist weder ihm noch der Schulleitung gestattet. Der Beratungslehrer kann in Konfliktfällen in eine prekäre Stellung zwischen den Schülerredakteuren, dem Lehrerkollegium, der Schulleitung und der Öffentlichkeit geraten. Generell sollte man aus pädagogischen Erwägungen den Jugendlichen in ihrer Experimentierphase einiges nachsehen.

Die Schülerzeitschriften sind besonders geeignete Instrumente der Meinungsäußerung von der Grundschule (z.B. Klassenzeitschrift bei besonderen Gelegenheiten) an. Für Herausgeber und Redakteure gelten die Grundrechte der freien Meinungsäußerung und der Pressefreiheit (siehe Landespressegesetze). Eine vorbeugende Kontrolle ist nach Art. 5 Abs. 1 Satz 3 GG („Eine Zensur findet nicht statt.") untersagt. Schülerzeitschriften sind keine amtlichen (schulischen) Veröffentlichungen. Sie werden von Schülern außerhalb der Verantwortung der Schule gemacht und herausgegeben. Sie dürfen ohne Genehmigung der Schulleitung auf dem Schulgelände verkauft werden. Ein Vertriebsverbot (z. B. bei Verstößen gegen die freiheitlich demokratische Grundordnung der BRD, gegen die guten Sitten, gegen geltendes Recht, bei schwerwiegender Gefährdung des Unterrichts- und Erziehungsauftrags der Schule u. dgl.), an dem Schulleiter, Schulkonferenz, Schulaufsicht sowie die für Herstellung und/oder Vertrieb zuständigen Schüler/innen zu beteiligen sind, kann nur bei erheblicher Störung des Schulfriedens eingeleitet werden und ist ein äußerstes Mittel.

Die Schülerzeitschrift – terminologisch zu trennen von einer Schülerzeitung, d. h. einer für Schüler/innen von der Schulleitung oder anderen gemachte Zeitung (Schulzeitung) – wird wie die Schülervertretung als ein Politikum und ein emanzipatorisches Element verstanden im Bemühen um politische Mündigkeit der Schüler/innen. Sie sollte als

Sprachrohr der Schülerschaft im Hinblick auf Schul- und sonstige politische Reformen gelten. Sie wird auf Veränderungen im Umfeld drängen, aber auch die Leistungen der eigenen Schule hervorheben, sie wird u. a. über Arbeitsgemeinschaften berichten, die Schulordnung kommentieren, die Schul- und Bildungspolitik der Landesregierung kritisieren, die Kursangebote veröffentlichen, Kandidaten bei Wahlen vorstellen, Interviews mit Personen des öffentlichen Lebens, mit Lehrern usw. bringen.

Indem die Schülerzeitschrift u. a. die kritische Auseinandersetzung pflegt, auch Tabus bricht, überkommene Meinungen und Praktiken in Frage stellt, Transparenz öffentlicher Entscheidungen und Maßnahmen anmahnt, eigene Interessen vertritt, einen teilweise aggressiven journalistischen Sprachstil pflegt u. dgl., wird sie zu einem geeigneten Instrument politischer Bildung. Sie stellt ein präsentables Produkt dar, das in idealer Weise die intellektuelle (schul-)öffentliche Diskussion voraussetzt und fördert sowie den Umgang mit geschäftlichen, verwaltungstechnischen, rechtlichen usw. Problemen erfordert. Der beratende Lehrer kann eine Arbeitsgemeinschaft für Schülerredakteure und solche, die es werden wollen, einrichten (Mickel 1963).

Die Anlage eines Archivs ist zu empfehlen, ebenso die Benutzung des Archivs der örtlichen Zeitung(en) sowie des kommunalen Archivs. Zur Einarbeitung in journalistische Recherchemethoden usw. sollte ein Schülerredakteur einen Kollegen von der Heimatzeitung einen oder mehrere Tage hindurch begleiten und ihn bei der Suche nach örtlichen Nachrichten und Berichten beobachten. Wichtige Vorgänge sollten notiert bzw. protokolliert werden.

Neben den üblichen Druckverfahren ist die Herstellung einer elektronischen Zeitung für Schüler möglich. Sie wird in einem im Schulgebäude zugänglichen PC installiert und kann rasch auf neue Ereignisse und Nachrichten reagieren.

Die Frage der Finanzierung ist durch Anzeigen, Sponsoren, Verkaufseinnahmen u. dgl. zu lösen.

13.3 Die Politische Arbeitsgemeinschaft als freie Arbeitsform

Die Politische Arbeitsgemeinschaft kann besonders in Bundesländern mit geringem Stundendeputat für den Politikunterricht eine Lücke ausfüllen und dient darüber hinaus den interessierten Lernenden zur Weiterbildung und Vertiefung. Sie ist eine freiwillige Veranstaltung und wird i. d. R. am Nachmittag oder frühen Abend stattfinden. Sie kann ihre Themen frei wählen, auch solche, die im Lehrplan gar nicht oder zu wenig berücksichtigt werden (z. B. aus den Bereichen Wirtschaft, Recht, Medizin[ethik], Informatik usw.). Ebenso kann sie aktuelle öffentliche Schwerpunktthemen behandeln (z. B. Krankenkassen- und Rentenreform, Arbeitslosigkeit, Holocaust, NS, DDR, Historikerstreit, „Leitkultur", Atomausstieg, Neue Ethik usw.). Solche AGs sollten etwa vom 10. Schuljahr an angeboten werden. Für die Durchführung kommt der Fachraum/das Fachkabinett in Frage, wo eine kommunikative Sitzanordnung möglich ist und eine mehr private Atmosphäre entstehen kann. Die günstigste Teilnehmerzahl bewegt sich um ein Dutzend.

Der Lehrende als Leiter integriert sich in die Gruppe und hält sich während der Diskussionen zurück. Er gibt vor allem Denkanstöße, Hinweise auf ähnliche Fälle, Problemstellungen, Unterlagen u. dgl. Die AG verfolgt zwar ein bestimmtes Thema, ein Ziel, aber sie ist offen, verläuft ohne zeitlichen Druck, kommt ohne Leistungskontrollen aus, folgt den Interessenrichtungen der Beteiligten. Die im Vordergrund stehende dialogische Form des Gespräches und die Interaktionen müssen symmetrisch sein, d.h. jedem einzelnen Teilnehmer die gleichen Rechte zubilligen, sich zu artikulieren unter Anerkennung der üblichen Gesprächs- und Diskussionsregeln Er/sie muss Argumente vortragen, Fragen stellen, Einwände machen, Kritik äußern, Erläuterungen anfordern können, Schlüsse ziehen, Ergebnisse festhalten, auf Weiterführung einer Thematik drängen, Vorschläge usw. machen dürfen. Jede(r) muss zuhören.

Die AG beginnt mit der Fixierung des Themas. Jedes Thema/Problem aus dem politisch-gesellschaftlichen Feld, das auf genügend Interesse stößt und mit den erreichbaren Unterlagen behandelt werden kann, ist geeignet, nicht zuletzt diejenigen Themen, die unmittelbar aktuell und in den (obligatorischen) unterrichtlichen Lehr-/Lernprogrammen (Lehrpläne, Richtlinien) nicht oder nur marginal vorgesehen sind.

Danach wird eine Grobgliederung entwickelt und ein Arbeitsplan erstellt, Aufgaben werden verteilt. Für alle Teilnehmer gilt, dass sie sich unaufgefordert mit der Materie – etwa mit der Sammlung und Auswertung von Quellen, mit Lese- und (sozialwissenschaftlicher) Untersuchungsarbeit (z.B. Kurzbefragungen, Interviews usw.) – schlechthin beschäftigen. Je nach den thematischen Erfordernissen und praktischen Möglichkeiten werden Referate vorbereitet, Thesen und Gegenthesen formuliert, diskutiert. Ebenso wie in manchen Kursen der S II werden Methoden proseminaristischer, wissenschaftspropädeutischer Arbeit erprobt. Über die einzelnen Sitzung kann ein Protokoll angefertigt werden. Ansonsten obliegt es den Teilnehmern, sich Notizen zu machen.

In Folge ihrer geringen Mitgliederzahl und ihres unkonventionellen Zusammenschlusses und legeren Arbeitsstils ist die AG sehr flexibel. Sie kann Methoden, Arbeitsweisen und -ort schnell wechseln, unergiebige Themen abbrechen, neue Wege einschlagen, Exkursionen und Besichtigungen durchführen u. dgl.

Die Politische AG kann die Teilnehmer mit Arbeitsmethoden und sozialen Verhaltensweisen ausführlich und gründlich bekannt machen, wie dies in den üblichen Unterrichtsveranstaltungen kaum geleistet werden kann. Meinungsfreiheit und Toleranz können voll ausagiert werden. Darin liegt ein beachtlicher interaktionaler Beitrag der AG zur politischen Bildung.

13.4 Der (Schul-)Landheimaufenthalt

Die Kultusministerkonferenz hat in ihrem Beschluss vom 30.9.1983 „Zur pädagogischen Bedeutung und Durchführung von Schullandheimaufenthalten" diese Art der *außerschulischen Begegnungsstätten* und *Lernorte* hervorgehoben. Das nahe Zusammenleben einer Klasse/Gruppe im Landheim bietet Gelegenheit zu engeren sozialen Kontakten (zwanglose Gespräche, gemeinsames Arbeiten, Planen, Mitwirken, Verantworten u. dgl.) zwischen den Schülern sowie zwischen ihnen und den Lehrern, ferner ideale Voraussetzungen für einen offenen, fächerübergreifenden Unterricht, für situations- und handlungsbezogene, selbstgesteuerte Erfahrungs- und Lernprozesse. Das Bewegen im Gelände, das Training des Körpers (Sport und Spiel, Wanderungen usw.) sowie die aufgelockerte geistige Betätigung wechseln sich ab. Erkundungen (s. S. 359), Besichtigungen, Exkursionen liefern ein außergewöhnliches Anschauungsmaterial. Die (Schul-)Landheime liegen meist etwas abgelegen, am Rande von oder in (abgeschlossenen) kleineren sozialen Einheiten (Dörfern, Ortschaften). Ihre relative Überschaubarkeit macht sie zu geeigneten Objekten z. B. für Sozialstudien (s. S. 363) und Projekte, ökologische Beobachtungen im ländlichen Raum usw.

Das Schullandheim bietet einen einmaligen pädagogischen Freiraum, ein unmittelbares Erfahren und Erkunden von Lebenswirklichkeit. Es ermöglicht den Rückzug auf die eigene Person durch Meditation, Eigeninitiative, Selbsterfahrung, schöpferisches Gestalten u. dgl. ebenso wie Kooperation in der Gruppe. Es handelt sich um soziale Erfahrungen und demokratisches Verhalten, wie sie nur in dieser Umgebung praktiziert werden können. Methodisierte Beispiele:

1. Erkundung der Umgebung

Eine Erkundung der unmittelbaren Umgebung schließt die vielfältigen Möglichkeiten originaler Begegnung ein: die Befragung von Personen, die Anfertigung von Karten, Plänen und Skizzen; das Beobachten und Auswerten volkskundlicher, geografischer Ereignisse und Phänomene, z. B. mithilfe von

- Orientierungs- und Geländespielen
- Ortsprospekten, Fotokarten
- Straßen- und Flurnamen
- Heimatsagen und Informationsbroschüren
- (selbst entworfener) Fragebogen zum Dorf und seiner Umgebung
- Ortsbeschreibungen (Heimatchronik, -buch) usw.

2. Engeres ortsbezogenes Projekt

- (Soziale usw.) Struktur des Dorfes
- Erschließung der Lebensgemeinschaften Wald, Wiese und Bach
- Wetterkunde
- Volkskunde (z. B. Flur-, Ortsnamen, Mundart)
- (Landwirtschaftliche, gewerbliche, industrielle) Betriebserkundungen
- Religiöses Brauchtum

3. Heimatkundliche Wanderungen, Fahrten

- Beschaffen von Fahrtrouten, Wanderkarten, Wegskizzen, Prospekten
- Geschichtliche Orientierung (Heimat-, Technik-, Siedlungs-, Frühgeschichte)
- Regionales Brauchtum, Sagen und Geschichten
- Geografische Exkursionen (Naherholungsgebiete, Natur- und Kulturraum, Oberflächengestaltung usw.)
- Sportliche (Freizeit-)Möglichkeiten (Tennisplätze, Schwimmbäder, Spielplätz).

Die aufgeführten produktorientierten Beispiele sollen einen Beitrag leisten u. a. zur Erziehung zu einer sinnvollen (Frei-)Zeitgestaltung, zu Gemeinschaftsbewusstsein, zu gemeinsamen Erleben und Lernen, Planen und Vorbereiten, Durchführen und Gestalten, zu Mitbestimmung und Mitverantwortung, nicht zuletzt zum Respektieren ethnischer Eigenheiten ausländischer Mitschüler/Teilnehmer oder von Gastschülern.

Das *Gemeinschaftsleben* spielt im Landheim eine herausragende Rolle. Es ermöglicht z. B. über die Verteilung von Ämtern die Integration auch zurückhaltender Personen in die Gruppe. Ein Soziogramm (s. S. 390) kann über die Stellung des Einzelnen Aufschluss geben. Die Art der jeweiligen Zugesellung ermöglicht dem Lehrer eine genauere Beurteilung einzelner Teilnehmer in sozialer wie in intellektueller Hinsicht (seine Fremdeinschätzung, Neigungen, Fähigkeiten usw.). An Wochenenden oder in den Schulferien können Jugendgruppen und Erwachsene zu Studientagen/-wochen im Landheim zusammenkommen. Ebenso können hier die Begegnungen mit Schülern aus dem Programm der (ausländischen) Schulpartnerschaften (s. S. 440) stattfinden. Ähnliches gilt für Tagungen politischer Akademien.

Leitung und *Aufsicht* richten sich nach der Altersstufe. Die Hausordnung ist zu beachten, Ämter sind zu übernehmen. Bei unteren und mittleren Schulklassen sollten es zwei Personen sein, ein verantwortlicher Lehrer und eine weitere Person des anderen Geschlechts (Referendar/-in, sonstige Begleitperson), auf die eine Aufsichtsbefugnis von Amts wegen durch schriftliche Bestätigung des Schulleiters übertragen werden kann. Alle Schüler/-innen einer Klasse/Gruppe sollten an dem Landheimaufenthalt teilnehmen. Besondere Rücksichten sind auf Kinder/Jugendliche aus anderen Kulturkreisen zu nehmen, die oft ein so freies intergeschlechtliches Zusammensein infolge der Vorbehalte ihrer Eltern nicht kennen. Deshalb gehört zur Vorbereitung eine Zusammenstellung der kulturbedingten Einschränkungen für einzelne Teilnehmer/-innen, z. B. Sport-, Schwimm- und Freizeitkleidung türkischer Mädchen, Ermöglichung religiöser Übungen, Trennung von Jungen und Mädchen in Schlafräumen, Rücksichtnahme auf fremdkulturelle Gefühle u. dgl. Eine Befreiung von koedukativem Sportunterricht ist möglich wegen der Bekleidungsvorschriften des Koran (Gewissenskonflikt, Art. 4 (1) u. (2) GG), solange er nicht nach Geschlechtern getrennt angeboten wird (Fall einer dreizehnjährigen Schülerin; BVerwG, Urteil v. 25. 8. 1993 – 6 C 30.92; veröff. in SPE 1995, 34, S. 50 f.). Dagegen ist eine Befreiung vom Schwimmunterricht (Grundschule) nicht erlaubt, weil die Mutter das Tragen von Badekleidung an der Öffentlichkeit aus unmittelbarer biblischer Glaubensüberzeugung ablehnt (VGH Bayern, München, Urteil v. 8. 4. 1992 7 B 92.70; veröff. in SPE 1995, 34, S. 34 f.; vgl. entsprechende Fälle in RdJB 4/1994 und 1/1995).

13.5 Internationaler Austausch als Erweiterung des politischen Erfahrungs- und Arbeitsfeldes

13.5.1 Begriff und Zielsetzungen

Der *Schüleraustausch* – privat oder über Schulpartnerschaft(en) – betrifft den einzelnen Schüler bzw. die Gruppe/Klasse und erfolgt i. d. R. bilateral. Er dient der wechselseitigen Beschäftigung mit der andersartigen nationalen Dimension (cross-cultural), der Einsicht in fremde Lebens-, Denk- und Verhaltensweisen durch Information, Abbau von Stereotypen und Vorurteilen, persönliche Erfahrungen u. dgl. Er erfolgt durch zeitweise Integrierung der ausländischen Schüler (Lehrlinge) in nationale (Schul-, Familien-, Betriebs- usw.) Verhältnisse und stellt eine Form interkulturellen Lernens dar. Die europäische Austauscharbeit gehört in den Rahmen der didaktischen Konzeption „internationale Dimension im Unterricht", einschließlich der Patenschaften für Schulen in Entwicklungsländern. Das allgemeine Ziel besteht in der Herausbildung einer „europäischen Identität" (Amsterdamer Vertrag, 1997, Art. 2 EUV), wozu eine nationale, multi- und internationale, möglichst an Fällen und Projekten orientierte, multi- und interkulturelle, d. h. polyvalente Perspektive erforderlich ist, ein Übergang von der eindimensionalen zur multiperspektivischen Analyse und Beurteilung von Tatsachen und Erscheinungen. Den Wertbezug bilden die Menschenrechte, Freiheit, Demokratie, Frieden, Gerechtigkeit, Pluralismus, Toleranz u. dgl.

Schüleraustauschprogramme und Schulpartnerschaften – gefördert durch die EU (SOCRATES-Programm; Informationen durch den Pädagogischen Austauschdienst [PAD] im Sekretariat der Kultusministerkonferenz, Bonn, und bei den Kultusministerien der Bundesländer) – bieten Möglichkeiten zum Erwerb von Erfahrungen, z. B. mit

- dem Europa der offenen Grenzen
- der Kenntnis von unterschiedlichen Kulturen und Traditionen
- der Nützlichkeit des Erlernens von fremden Sprachen
- den Auswirkungen von Auslandskontakten für die persönliche und berufliche Entwicklung
- den durch Auslandsaufenthalt bewirkten Profilierungen des eigenen (Schul-)Systems in den Gemeinden und Städten (Gemeinde- und Städtepartnerschaften)
- der Notwendigkeit von internationaler Solidarität.

13.5.2 Methodische Phasierung eines Austauschprogramms

Für Austauschprogramme mit älteren Lernenden ist die Bearbeitung von Projekten (Feldstudien) am Ort eine unerlässliche Bedingung. Dies sollen gemeinsame Unternehmungen, extra-curriculare Aktivitäten mit intellektuellem Anspruch sein. Zur Förderung der Binnenkooperation zwischen den Schulen können Austauschkomitees gebildet werden (E-Mail, Fax, Internet). Sie eruieren auch die kulturellen, politischen, wirtschaftlichen, gesellschaftlichen, finanziellen usw. Rahmenbedingungen. Ein Verlaufsschema kann wie folgt aussehen:

I. Vorlaufphase:
Ein verantwortlicher Koordinator wird gewählt.
Diskussion und Festlegung des Projekts Schul-/Schüleraustausch.
Gewinnen von Mitarbeitern (Lehrer, Eltern, Schüler, Sonstige) und Aufteilung der Verantwortungsbereiche (z. B. Finanzen, Kontakte zur Kommune, Schulaufsicht, Massenmedien.

II. Anlaufphase:
Suche geeigneter Partner.
Austausch von Informationen, direkte Kontakte.
Erstellen einer Dokumentation für den Partner.
Festlegen der Modalitäten und Inhalte (Austausch-/Partnerschaftsvertrag).
Absprechen vorbereitender, fächerübergreifender Unterrichtsprojekte oder Themen von Arbeitsgemeinschaften.

III. Vorbereitungsphase:
Spezielle Vorbereitung der Teilnehmer in den (besonders fremdsprachlichen) Unterrichtsveranstaltungen und speziellen Arbeitsgemeinschaften. Abstimmung mit dem Partner (offizielle und Einzelkorrespondenz).

IV. Austauschphase:
Durchführen des Programms.
Anfertigen von Erfahrungsberichten (Notizen, Tagebuch).

V. Auswertungsphase:
Herstellen eines Berichts (als Film, Photoausstellung, schriftliche Darstellung u. dgl.).
Schulöffentliche Präsentation (Elternabend, Ausstellung, Presse). Bestimmen der Weiterverwendung (z. B. Integration in den Unterricht usw.).

13.5.3 Einsichten und Lernziele

Für die vornehmlich europäischen Austauschprogramme ist die Vermittlung von Kenntnissen und Einsichten (auch qua Videos, Tonbänder, Prospekte, Briefe, Amateurfilme usw.) als Voraussetzung erforderlich, und zwar

- über die geografische Lage des Partnerlandes, seine naturräumlichen, sozialen, wirtschaftlichen, politischen und gesellschaftlichen Strukturen
- seine prägenden geschichtlichen und kulturellen Kräfte
- seine staatlichen und gesellschaftlichen Institutionen (einschließlich Schul-/Bildungssystem)
- seine Beziehungen zum eigenen Land
- seine Sprache u. dgl. (Landeskunde).

Austausch kann also nicht als bloßes Kennenlernen von Oberflächenphänomenen eines anderen Landes verstanden werden, sondern muss als Investigation, als Auseinandersetzung mit den Problemen am Ort auf der Grundlage fremder Kultur- und Denkgewohnheiten konzipiert werden. Maßgebend ist also ein bewusster Perspektivenwechsel, der die (national begrenzte) eigene Position relativieren und in ein übernationales Verständnis überführen kann.

Daraus können die folgenden Lernziele abgeleitet werden:

- „ die Bereitschaft zur Verständigung, zum Abbau von Vorurteilen und zur Anerkennung des Gemeinsamen unter gleichzeitiger Bejahung der europäischen Vielfalt,
- eine kulturübergreifende Aufgeschlossenheit, die die eigene Identität wahrt,
- die Achtung des Wertes europäischer Rechtsbindungen und Rechtsprechung im Rahmen der in Europa anerkannten Menschenrechte,
- die Fähigkeit zum nachbarschaftlichen Miteinander und die Bereitschaft, Kompromisse bei Verwirklichung der unterschiedlichen Interessen in Europa einzugehen, auch wenn sie Opfer zugunsten anderer einschließen,
- das Eintreten für Freiheit, Demokratie, Menschenrechte, Gerechtigkeit und wirtschaftliche Sicherheit,
- den Willen zur Wahrung des Friedens in Europa und in der Welt.“

(KMK-Beschluss „Europa im Unterricht“ vom 7. 12. 1990; vgl. die Entschließung der EU-Bildungsminister „Zur europäischen Dimension im Bildungswesen“, 1988).

13.5.4 Methodisch-didaktische Hinweise für den Austausch

Über die fachunterrichtlichen Beiträge hinaus wird auf die methodischen Möglichkeiten von (internationalen) Projektveranstaltungen, das UNESCO-Schulnetz, den Europäischen Wettbewerb, Besuche bei europäischen Institutionen usw. aufmerksam gemacht. Der damit verbundene Schüler- und Jugendaustausch akzentuiert das interkulturelle Lernen und geht über ein touristisches Interesse an einem fremden Land weit hinaus. Er sollte im Hinblick auf die Optimierung von Erfahrungen, Kenntnissen u. dgl. und unter Berücksichtigung der zur Verfügung stehenden Zeit und der äußeren Bedingungen (Unterkunft in einer Gastfamilie, was als desiderat bezeichnet wird, Jugendherberge, Schülerheim, Schullandheim, Jugendlager usw.; örtliche Voraussetzungen: kulturelle, politische, sportliche, schulische usw. Angebote) sowie unter Beteiligung der Schüler- und Elternvertretung sorgfältig vorbereitet werden. Dazu gehören einige persönliche Daten über die Auszutauschenden wie Alter, Geschlecht, Interessengebiete, Geschwister, eigenes Zimmer, bevorzugte Freizeitgestaltung, eventuell Beruf (eigener bzw. der Eltern), Ausbildung, Sprachkenntnisse, gesundheitliche Rücksichten, Kranken-, Unfall- und Haftpflichtversicherung mit Auslandsdeckung u. dgl. Wirtschaftliche (z. B. geringes Taschengeld) und Wohnunterschiede zwischen deutschen und fremdstaatlichen Teilnehmern sind seitens der Bessergestellten zu akzeptieren.

Schüleraustausch und Schulpartnerschaften benötigen konkrete, in gemischten Gruppen zu bearbeitende und im voraus zu verabredende Aufgaben und Projekte, z. B. der Vergleich von Berufsfeldern und -tätigkeiten, kommunale Probleme, gemeinsame Wettkämpfe (Musik, Sport usw.), dazu Veranstaltungen im Sinne von offenen Programmen und unter Anknüpfung an Alltagserfahrungen, Erforschen der lokalen Umwelt (Fahrradtouren, Theater-, Museums-, Disco-Besuche, Ausflüge, Betriebsbesichtigungen, Empfänge, Feste, Parties, Einladungen, Besuch des Stadt-/Gemeindeparlaments und anderer kommunaler Einrichtungen u. dgl.). Daraus können sich interdisziplinäre Feldstudien als Einzel- oder Gruppenprojekte ergeben, z. B.

„Das Familienleben in X"; „Beobachtungen zur Gemeindepolitik". –

Bei einem Schüleraustausch mit Israel – mit dem Ziel der Versöhnung der Nachkommen von Opfern und Tätern (vgl. Gesellschaft für Christlich-Jüdische Zusammenarbeit, GCJZ) – ergaben sich die folgenden Themen:

- Israel und die arabische Welt.
- Die Sicherheit des Staates (finanziell, politisch, militärisch),
- Religion und Kultur,
- Die jüdisch-palästinensische Kohabitation,
- Die Kibbuzbewegung,
- Yad Vashem,
- Der Holocaust

(Zuckermann 1998).

Die Schüler sollten über eine orientierende Sprach- und Verständnisfähigkeit (evtl. in einer gemeinsamen Fremdsprache wie Englisch) verfügen; auch ein non-verbaler Umgang mit anderssprachigen Menschen ist möglich, wenn sichergestellt ist, dass er nicht isolierend wirkt (Dolmetscher).

Die Eindrücke, Erfahrungen, Forschungsergebnisse usw. können in einem persönlichen oder Gruppen-Tagebuch (journal d'échange) festgehalten oder mittels Notizen gesammelt und später ausgewertet werden. Ergänzt durch sonstige Materialien (z. B. Texte, Photos, Dokumente usw.) können sie in einer bilingualen, multimedialen Ausstellung am Ende des Aufenthalts (Abschlussabend) oder in der heimatlichen Schule (z. B. Semaine allemande) der Öffentlichkeit präsentiert werden. Die Einrichtung eines Austausch-Klubs kann motivierend wirken, ebenso Veröffentlichungen in der örtlichen und der Schülerpresse.

Auf Seiten der verantwortlichen Begleitpersonen (Lehrer, Jugendleiter usw.) sind erhebliche sprachlich-kulturelle und landeskundlich-politökonomische Kenntnisse eine zentrale Voraussetzung für das Gelingen des Austauschs. Ihnen obliegt auch die Weiterverwendung des gewonnenen Erkenntniszuwachses und dessen Vertiefung (in sog. extracurricularen follow-up-Veranstaltungen).

13.6 Außerschulische Lernorte als reale Begegnungsstätten

13.6.1 LERNTHEORETISCHE VORTEILE UND VERLAUFSSTRUKTUR

Außerschulische (außerinstitutionelle) Lernorte ermöglichen einen Zuwachs an unmittelbarer Erkenntnis durch Anschauung. In Gestalt von Besuchen, Klassen-, Studienfahrten, Exkursionen, Landheimaufenthalten, Betriebserkundungen, -praktika, Gerichts-, Museums-, Parlaments-, Ämter-, Gedenkstättenbesuche, Flüchtlingslager usw. stellen sie ein unverzichtbares Erfahrungsfeld politischer Bildung durch aktives, entdeckendes, fächerübergreifendes Lernen dar. Sie haben nichts mit banaler Betroffenheitspädagogik gemein.

Sie brechen vielmehr die intellektualisierte methodische Monostruktur des Fachunterrichts auf und ermöglichen eine Problem-, Fall-, Handlungs- und Erlebnisorientierung. Dabei sind die (oft unflexiblen) Organisationsstrukturen der Institutionen zu beachten. An Realsituationen können Interessen, Konflikt- und Herrschaftsstrukturen transparent gemacht werden, indem sie die Lernenden mit sinnlich erfahrbarer Wirklichkeit konfrontieren. Die „originale Begegnung" (H. Roth) ist mehrdimensional. Sie erlaubt, möglichst mithilfe kontrastiver Angebote, die Auseinandersetzung mit eigenen Vorurteilen, Vorerfahrungen, Wertungen, Deutungen, verbindet abstraktes Vorlernen mit konkreten Gegenständen/Unterlagen, eröffnet einen direkten Zugang zu wichtigen Lebensbereichen, bietet Einblick in die Komplexität von bestimmten Sachverhalten.

Als methodische Verfahren gelten Feldstudien, Erkundungen, Befragungen, Beobachtungen, Analysen von (gedruckten) Quellen und sonstigen Materialien. Sie sollten in den methodischen Gesamtablauf eingebunden sein, der folgende Verlaufsstruktur einnehmen kann:

- Einstiegsphase (themenorientierte Vorbereitung)
- Instruktionsphase (Materialsammlung)
- Interaktionsphase (Bildung von Arbeitsgruppen, Vorbereitung auf die o. g. Methoden)
- Reflexions-(Auswertungs-)phase
- Produktionsphase (Herstellung von Berichten, Gegenständen, Photos usw.)
- Präsentationsphase (z. B. Ausstellung, Bericht).

Der didaktische Bezugsrahmen besteht in der Realitätsbegnung/Erfahrungsorientierung, Subjekt- und Prozessorientierung, im forschenden, sozialen Lernen, in der Verbindung von Konkretem und Abstraktem.

13.6.2 BEISPIELE

13.6.2.1 *Museum als Stätte visualisierten und manualisierten Lernens*

Für die Erarbeitung und Vermittlung zeitkritischer und historischer Inhalte kommt u. a. der Museumsbesuch in Frage (vgl. die KMK-„Empfehlung zum Bildungsauftrag der Museen", 1969, und die „Gemeinsamen Empfehlungen der Kultusministerkonferenz und des Deutschen Städtetages über Öffentlichkeitsarbeit der Museen" vom 3. 12. 1976/24. 2. 1977) zum Einstieg, zur Korrektur, Vertiefung, Veranschaulichung, Aspektivierung oder Wiederholung von Buchwissen, inhaltlich und begrifflich sowie durch Beobachtungsanweisungen vorbereitet. Entsprechende Fragen lauten: Was weiß ich? Worauf muss/soll ich achten? Wie ist … zu erklären?

Museen präsentieren i. d. R. ihre Exponate nach thematischen und chronologischen Gesichtspunkten und sind dadurch „sichtbar". Erst mit ihrer Interpretation werden sie „anschaulich"/aussagekräftig, gestatten, wo möglich, einen haptischen, d. h. be- und angreifbaren, experimentellen Umgang mit ihnen oder den Replikaten. Dabei wird ein kritisches Verständnis der Ausstellungsgegenstände zu berücksichtigen sein, wonach sie nicht als „Objektivationen gesellschaftlichen Seins", sondern vielmehr als Vergegenständlichung herrschenden Bewusstseins begriffen werden sollten. Die unterrichtliche Aufarbeitung erfolgt im kritischen Nachvollzug etwa mittels Simulations- und Rollenspielen, gestalterischer Nachahmung (Zeichnungen, Nachbauten, Interpretationen von Texten und Gegenständen), inhaltlichen Beschreibungen von Zeitereignissen usw. Das heißt es ist eine interaktive Beschäftigung besonders in solchen Ausstellungsräumen möglich, die als Aktionsräume gestaltet sind.

Die Absicht eines (z. B. durch Katalog, persönliche Augenscheinnahme, Internet vorbereiteten) Museumsbesuchs kann in der Vergegenständlichung, im sinnlichen Begreifen des (oft originalen, authentischen) Objekts (Exponats), im didaktisch-methodisch aufbereiteten Veranschaulichen von Geschichte zwecks Wiederherstellung von (verlorener) Erinnerung (Kuhn/Schneider 1978) und Anregung der Phantasie für Vergangenes bestehen und der Bearbeitung gesellschaftlicher Fragestellungen (in Einzel-, Partner- oder Gruppenarbeit) dienen. Die Aufgabe muss dem Lernenden Freiräume lassen und das Entdecken fördern, neue Informationen ermöglichen (Grabka 1992).

Neben großen, überregionalen Museen einschließlich (Freiland-)Museumsdörfern, kommen Heimat-, Dorf-/Stadt-, (offene) Industrie-/Bergbau-/Technikmuseen sowie (städtische) Archive, Kreis- und Landesbildstellen, museale Überreste von Stadtmauern usw. für ergänzende (Nach-)Forschungen in Betracht.

Am Beispiel der Rastätter „Erinnerungsstätte für Freiheitsbewegungen in der deutschen Geschichte" (= historisches Museum) schildert Hug (1986, 323 ff.) den methodischen Ablauf:

1. Einführung in die Thematik (gelenktes Gespräch im Plenum, Tonbildschau)
2. Betrachtung der Exponate und Texte (selbstständiges Vorgehen in Kleingruppen)
3. Auseinandersetzung mit der Thematik eines Ausstellungsraumes
4. Erarbeitung einer Thematik der Ausstellung (Arbeitsblätter, Gruppen-, Partnerarbeit, arbeitsteilig)
5. Auswertung der Teilergebnisse im Plenum
6. Freies Suchen und Sammeln (nach Interessengruppen)
7. (Schluss-)Besprechung der Eindrücke und Ergebnisse.

An Arbeitstechniken und Methoden wurden aktiviert: das Suchen und Sammeln, das Erklären und Interpretieren, das Beschreiben und Dokumentieren, Zusammenhänge feststellen, analysieren, Urteile formulieren und begründen.

(Vgl. Das „Haus der Geschichte der Bundesrepublik Deutschland" in Bonn und das „Deutsche Historische Museum" in Berlin.)

13.6.2.2 Gedenk-/Erinnerungsstätten

Der Besuch von Gedenk-/Erinnerungsstätten im In- und Ausland – z. B. Kriegerdenkmäler, Soldatenfriedhöfe, jüdische Friedhöfe, KZ-Lager (z. B. Bergen-Belsen, Auschwitz, Mauthausen, Sachsenhausen, Dachau, alle bis 1945), Euthanasie-Lager Hadamar, Speziallager des sowjetischen NKWD und der DDR 1945–1950 – ist geeignet, die Empathie für die Opfer zu wecken und eine rationale Beschäftigung mit den Vorgängen anzuregen. Er soll ein zu historischer Orientierungslosigkeit führendes Vergessen und Verdrängen von Ereignissen verhindern helfen. Diese Stätten sollten nicht zu sehr didaktisiert, d. h. fast klinisch gesäubert, aufgeräumt, präsentiert und aus der zeitlichen Distanz heraus betrachtet werden, wie das gelegentlich durch „Entsorgung" geschehen ist, als man die Originale durch sekundäres Anschauungsmaterial ersetzte und dadurch den Eindruck des „Es kann doch gar nicht so schlimm gewesen sein" erweckt hat. Gegenüber dieser Ästhetisierung des Schreckens geht es um ganzheitliche (politische)Bildungsarbeit, um die getreue „Inszenierung" von Ereignisgeschichte mithilfe gegenständlicher Konkretionen (z. B. Baracken, Keller, Krematorien, Gaskammern, Experimentierraume), um ein Ensemble des Grauens. Die Authentizität des Ortes und Geländes soll Gefühl und Verstand „anrühren", erschüttern, weil anders als in dieser doppelten Weise ein Umgang mit dem im Grunde Undenkbaren, jede Darstellung Übersteigenden gar nicht möglich ist (vgl. das Haus der Wannsee-Konferenz in Berlin und die „Endlösung" der Judenfrage, Justizgebäude Hammelsgasse in Frankfurt/M. [Gefängnis für NS Verfolgte], Hinrichtungsstätte Plötzensee, Bendler Block in Berlin [Widerstand 20. Juli 1944]; Lutz 1995). Wenn bestimmte authentische Minima der Darstellung von Gedenkorten unterschritten werden, dann werden diese zu Plätzen der (allmählich verblassenden) gesellschaftlichen Konstruktion von Erinnerung (dazu gehört auch das Hinterfragen von Denkmälern für begangene Verbrechen in anderen Ländern aus Geschichte und Gegenwart, z. B. Bomber-Harris in London, die GULAGs in der UdSSR usw.). Die Problematik wurde angesprochen und verdeutlicht durch den Schriftsteller Martin Walser in seiner Rede anlässlich der Verleihung des Frankfurter Friedenspreises am 9. November 1998 in der Paulskirche und dabei in offenbar missverständlichen Worten u. a. eine neue Sprache über den Auschwitz-Komplex angemahnt, dessen weitere „Instrumentalisierung" zum angeblichen Missbrauch des Gewissens der Nachgeborenen abgelehnt. Daraufhin hat der Vorsitzende des Zentralrats der Juden in Deutschland, Ignatz Bubis, sinngemäß geantwortet, Walser wolle die Verantwortung der Deutschen für das ungeheuerliche Geschehen abschieben (vgl. die Diskussion in den überregionalen Zeitungen Ende 1998; vgl. die Goldhagen-Debatte um die Gesamtschuld der Deutschen 1997/98, ferner den so genannten Historikerstreit in der zweiten Hälfte der 1980er-Jahre).

Ein solcher Besuch setzt eine rationale, vorbereitende Aufarbeitung der Geschehnisse voraus, z. B. thematisch die Behandlung und den Tagesablauf der Inhaftierten, die wirtschaftliche Ausbeutung der Häftlinge bis zu ihrer gewollten physischen Vernichtung, die Eliminierung von Regimegegnern (wozu man rasch erklärt werden konnte), die Verwendung des lebenden menschlichen Körpers zu (grausamen) „Forschungs"experimenten usw. Am Ort können Informationen zu Einzelthemen gewonnen werden, z. B. Entstehung eines Lagers, Lageplan; Lebens- und Arbeitsbedingungen; Unterbringung und Verpflegung, innere Herrschaftsverhältnisse unter den Häftlingen (Kapo-System, Dominanz der „Politischen"), Unterdrückungs- und Terrormaßnahmen (vgl. Kogons „SS-Staat"); die Befreiung und Auflösung des Lagers u. dgl. Die Vorbereitung sollte folgende Fragen stellen:

- Um welche Art von Gedenkstätten handelt es sich (KZ usw.)?
- Wie ist die Gedenkstätte historisch, politisch usw. einzuordnen?
- Welche Erwartungen haben die Teilnehmer? (Vorbefragung)
- Welches Vorwissen, welche Kenntnisse sind vorhanden?
- Welche Vorarbeiten (Referate usw.) können vorgenommen werden?
- Können Zeitzeugen befragt werden?
- Welches Verhalten am Ort ist angemessen?

13.6.2.3 Beispiele aus dem Nahbereich

Ähnliche Projekte können im kleineren Maßstab am Wohnort der Lernenden durchgeführt, die lokalgeschichtlichen Ergebnisse zu so genannten alternativen Stadt-/Ortsbegehungen oder Rundfahrten verwendet werden. Zeitgeschichtliche Daten können den Anlass geben, z. B. die so genannte Reichskristallnacht (9. November 1938), der Bau der Berliner Mauer (13. Juni 1961), das Holocaust-Gedenken (27. Januar 1945 Befreiung von Auschwitz), lokale und nationale Gedenktage (die deutsche Einigung, 3. Oktober 1990), und – solange noch möglich – Berichte von Zeitzeugen an Jahrestagen usw. Danach wird notgedrungen eine Historisierung, Verwissenschaftlichung und Distanzierung einsetzen. Insofern sind Gedenkstätten Mahnmale gegen das Vergessen. Die (Klein-)Gruppe ermöglicht dabei ein solidarisches (soziales) Lernen durch Auseinandersetzung und Konfrontation mit „anrührenden" Themen, Gegenständen und Ereignissen, z. B. über den antistalinistischen Widerstand oder über freiheitliche Gruppen in der DDR, über die Situation der Kirchen unter der kommunistischen Diktatur u. dgl. Es kommt auf die „Gesamtheit der Leidensgeschichten" (P. Steinbach) an, d.h. auf die Respektierung aller Betroffenen, der Juden, Heimatvertriebenen, Gefallenen, Menschen aller Rassen und Religionen usw.

Ausstellungen der genannten Art, die es mit der unabgeschlossenen, emotional beladenen Auseinandersetzung (Opfer - Täter, Schuld – Sühne, Belastung – Entlastung u. dgl.) mit Zeitereignissen zu tun haben, können nicht wertfrei sein. Sie müssen notwendigerweise zwischen die Fronten der Befürworter und der Kritiker geraten, insbesondere solange das Moment der persönlichen Betroffenheit von Beteiligten noch eine Rolle spielt. Dies wurde besonders an der 1997/99 und 2001/03 in mehreren deutschen Städten gezeigten, (revidierten) Wehrmachts-Fotoausstellung sichtbar. Es sollte die kollektive Beteiligung der deutschen Wehrmacht an den Verbrechen an Zivilpersonen im Gebiet hinter der (vor allem Ost-)Front demonstriert werden, bis ein polnischer Historiker (Bogdan Musial) Fehler bei der Bildauswahl und ihrer Kommentierung nachweisen konnte. Daraufhin wurde die Ausstellung, die erhebliche publizistische und ideologische Wellen an der Öffentlichkeit schlug, zur Überarbeitung und Korrektur ausgesetzt. Sie hatte zweifellos viele Menschen mobilisiert und sensibilisiert, blieb jedoch in ihrer einseitigen Schuldzuweisung an alle Wehrmachtseinheiten (ca. 18 Mio. Soldaten) heftig umstritten (Thiele 1997).

Realbegegnungen am Ort haben nicht eo ipso eine kathartische Wirkung. Je nach den psychischen und moralischen Dispositionen des Einzelnen und nach seinen Kenntnissen wirken sie unterschiedlich auf Einstellungen, Ansichten, Meinungen usw. Sie können, müssen aber nicht die Beschäftigung mit autoritären Herrschaftssystemen fördern und Jugendliche etwa zur Teilnahme an den Aktivitäten der „Aktion Sühnezeichen", an Einsätzen der Deutschen Kriegsgräberfürsorge oder an Tagungen der deutsch-polnischen Internationalen Jugendbegegnungsstätte Kreisau anregen usw.

Das bedeutet, Gedenkstätten sollen nach Pellens (1992) nicht nur dem historischen Erinnern und Vergegenwärtigen dienen, sondern auch politischen Zielen (z.B. Nie wieder Krieg/Diktatur! Kampf der Verletzung von Menschenrechten usw.) als Identifikationsgrundlage.

13.7 Der Parlamentsbesuch – Politik erleben am Ort

13.7.1 DAS PARLAMENT ALS ÖFFENTLICHE VERANSTALTUNG

Das Parlament ist die herausragende Stätte inszenierter, agonaler Politik. In den Parlamenten werden existenzielle Entscheidungen für die Bevölkerung kontrovers debattiert und getroffen. Die damit verbundene öffentliche Präsentation erfüllt allgemeine didaktische Kriterien wie Anschaulichkeit, Unmittelbarkeit und Bedeutsamkeit und damit einige Voraussetzungen für organisiertes, effektives Lernen. Nach den Ergebnissen der Kognitionspsychologie ermöglicht die Verbindung von Praxis und Theorie, von Anschauung und Abstraktion – darin in der erkenntnistheoretischen Tradition der Verknüpfung von sinnlicher Wahrnehmung und Verstand stehend (Kant) – die günstigsten Bedingungen für das Gewinnen von Einsichten und begründeten Urteilen. Sie können von den Lernenden durch direkte oder virtuelle Präsenz erfahren und verstärkt werden. Der außerschulische Lernort Parlament – eine Art Treffpunkt und Begegnungsstätte mit dem Flair parlamentarischer und staatlicher Repräsentanz – wirkt attraktiv (und manchmal auch ernüchternd) für den politischen Lernvorgang. Dagegen sind die Fernseh- oder Rundfunkübertragungen von Parlamentsdebatten infolge der manipulativen Möglichkeiten dieser Medien kritisch zu betrachten (z.B. Auswahl der Redebeiträge, Einstellung der Kameras, Aperçus des politischen Streits usw.).

Die Anwesenheit der Bürger im Parlament korrigiert die oft idealisierenden Beschreibungen in Büchern usw.

Trotz einigen Vorbehalten ist ein Parlamentsbesuch desiderat (im Gegensatz zu Sarcinelli 1993). Er ermöglicht die Diskussion mit Abgeordneten, die Teilnahme an einer Ausschusssitzung, das Gespräch mit der Parlamentsverwaltung, vermittelt etwas von der Atmosphäre des politischen Betriebs auf höchster Ebene, verhilft der Vergegenwärtigung von realistischen Politiksituationen, regt an zum Nachdenken, sofern die an einen solchen Besuch zu stellenden Voraussetzungen erfüllt werden. Dazu gehören die systematische Vorbereitung (z.B. durch den Einsatz von audio-visuellen Medien, Filmen, Tonbildschau; Rollenspiel) und die konsequente Durchführung. Erläuterungsbedürftig ist z.B. die oft geringe Zahl der anwesenden Mitglieder in einer Plenardebatte mit Abstimmung, mit Ausnahme spektakulärer Themen. Etwa 80% der Gesetzesentwürfe werden einvernehmlich zwischen Regierungs- und Oppositionsfraktionen verabschiedet. Warum sollen deswegen Hunderte von Abgeordneten untätig im Plenarsaal sitzen? Große Themen, die die Nation bewegen, wie Sozialreformen (Renten, Gesundheit, Sozialleistungen), Atomausstieg, Auslandseinsätze der Bundeswehr, Subventionsabbau, Sparhaushalte, Steuererhöhungen und – reduzierungen, Arbeitslosigkeit, ökologischer Umbau der Wirtschaft, sozialer Wandel usw. erfordern die

Totalpräsenz der Abgeordneten, ohne dass zu vermeiden wäre, dass sie sich währenddessen mit den Unterlagen aus ihren Fachgebieten beschäftigen. Dadurch – und insbesondere durch Zeitung lesende Parlamentarier – kann die Optik beschädigt werden. Ein solches Erscheinungsbild der Kreistage, der Landtage, des Bundestags oder des Europäischen Parlaments ist für den Zuschauer irritierend. Andererseits kommt es auf das Verstehen der Realsituationen an, indem Parlamentsbesuche in einem situativ-kontextuellen Zusammenhang erklärt werden.

13.7.2 METHODISCHE HINWEISE FÜR EINEN PARLAMENTSBESUCH

Erläuterungen der parlamentarischen Verhaltens- und Verfahrensmethode sollten mit Beobachtungsaufgaben verbunden, in die gerade verhandelte Materie sollte (möglichst durch einen heimischen Abgeordneten) eingeführt, wichtige parlamentarische Regeln (z. B. über die Festsetzung der Reihenfolge der Redner, die Verweisung einer Vorlage in den Ausschuss, das Vorgehen bei der Endabstimmung, Prozeduren wie erste, zweite und dritte Lesung usw.) sollten zur Kenntnis gebracht werden. Eine Diskussion mit den Abgeordneten (die ihrerseits vorher über die Voraussetzungen und Absichten der Gruppe zu informieren sind) – in erweiterter Form mit mehreren, hier nicht polemisch konkurrierenden Abgeordneten verschiedener Fraktionen – in möglichst politisch anspruchsvoller Umgebung kann den Besuch abrunden.

Von den Teilnehmern werden Aufgeschlossenheit und sachliche Vorbereitung (Fragen) erwartet, von den Abgeordneten eine parteipolitisch gekennzeichnete Darstellung und Lösungsansätze zu den angesprochenen Themen. Die Einladungen erfolgen über die Besucherdienste der Parlamente, in manchen Fällen sind finanzielle Zuschüsse möglich. In Frage kommt auch eine Gesprächsrunde oder ein Seminar mit (Parlaments-)Journalisten. Dabei können (gemeinsam oder in Arbeitsgruppen mit anschließendem Plenum) Themenkomplexe behandelt werden wie

- Der Landtag als politische Institution (Fraktionsgeschäftsstellen)
- Der Landtag aus der Sicht von Presse und Fernsehen (Pressesaal)
- Der Landtag aus der Sicht der Abgeordneten (Informationsrunde mit Abgeordneten)
- Der Landtag aus der Sicht von Besuchern (Direktbefragungen am Ort)
- Das Informationssystem des Landtags (Computerzentrale, Sekretariate).

Parlamentsbesuche sollen neben einer aufklärerischen Funktion (das Verstehen von Politik) auch eine identitätsstiftende Aufgabe erfüllen: der Bürger und sein Parlament. Durch konkrete Inaugenscheinnahme des politischen Ambientes und den Umgang mit den Akteuren erfahren die Besucher eher Politik live, hautnah.

13.7.3 DAS PARLAMENTSSPIEL ALS VOR- UND NACHBEREITUNG

Gegenüber der Aktualität des Parlamentsbesuchs hat die Virtualität des simulierten Parlamentsspiels, die oft die Komplexität auf unreflektierte eigene Erlebnisse reduziert und dadurch Politik simplifiziert und verfälscht, trotz ihrer vorgeblichen Handlungsorientierung nur einen eingeschränkten Erfahrungs- und Aussagewert. Dennoch sollte man auf sie nicht verzichten, wenn einige Minima gesichert sind, z. B. ein ausreichendes Zeitbudget, ein großer Raum, die Besetzung aller wichtigen Positionen, ernst zu nehmende Unterlagen mit Beschlussvorschlägen, die Einhaltung des üblichen Prozederes (Geschäfts- und Tagesordnung). Es besteht die Möglichkeit, dass vier Klassen/Gruppen aus verschiedenen Schulen vier Fraktionen bilden und die vorher formulierten Anträge parlamentarisch debattieren. Eine Zusammenstellung listet die folgenden Punkte als unerlässlich auf:

Ablauf des Spiels „Schüler spielen Kreistag"

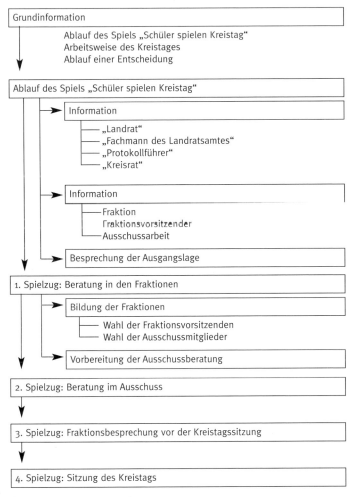

(Aus: H.-U. Wolf 1994, S. 263)

Entsprechende Simulationsspiele können von älteren Lernenden durchgeführt werden, z. B. eine Sitzung im Europäischen Parlament (mit Originalunterlagen), in den Vereinten Nationen (National Model United Nations, NMUN) u. a. Beispielhaft sind die Sitzungen des aus Jugendlichen aus über zwanzig europäischen Ländern bestehenden, zweimal jährlich in einem anderen Land tagenden Europäischen Jugendparlaments (in Deutschland mit Sitz in Berlin; European Youth Parliament, EYP). Im örtlichen Bereich gibt es Schüler-, Kinder- und Jugendparlamente (KJP), Foren, Runde Tische und andere projektbezogene Beteiligungsmodelle mit Mitwirkungsrechten. In der Hess. Gemeindeordnung (HGO) von 1998 hat der

Gesetzgeber dem Wunsch der Jugendlichen nach Beteiligung entsprochen: „Die Gemeinde soll bei Planung und Vorhaben, die Interessen von Kindern und Jugendlichen berühren, diese in angemessener Weise beteiligen." Vertretern von Jugendinitiativen kann in den Organen und Ausschüssen der Gemeinde ein Anhörungs-, Vorschlags- und Rederecht eingeräumt werden. (Ebenso Gemeindeordnung Baden-Württemberg. Berger 2000) Dies setzt bestimmte Formalien voraus wie eine Satzung, Geschäftsordnung, ein Informationsrecht, evtl. ein Rederecht in den zuständigen Ausschüssen des Stadtrats/der Stadtverordnetenversammlung für je einen vom Jugendparlament gewählten Vertreter (z.B. in den kommunalen Ausschüssen für Umwelt, Jugend und Kultur, Verkehr usw.), die Gewähr, dass Anregungen und Anliegen aus den genannten Gremien weitergeleitet und behandelt werden. Ein Problem stellt die (kontinuierliche) Beteiligung dar. Nicht allein dadurch, dass die jungen Menschen rasch in neue Entwicklungsphasen und Institutionen wechseln, lässt das Interesse an den verschiedenen Gremien schnell nach, nicht zuletzt wegen der oft langwierigen Umsetzungsprozesse. Deshalb wäre eine dauernde Mobilisierung der Betroffenen über den Stadtjugendring, die Schülervertretungen, die politischen Jugendorganisationen, die Jugendzentren und -clubs erforderlich. Eine Etablierung formeller Einrichtungen in Gestalt eines Parlaments durch aufwendige, alle Jugendlichen (von ... bis ... Jahren) berücksichtigenden Wahlen verstärken die Zuschauerperspektive der Mehrheit und lassen die Attraktivität rasch erlahmen. Für ältere Lernende sollte die Möglichkeit eingeräumt werden, einen Abgeordneten z.B. während einer ganzen Woche zu begleiten (Praktikum).

Methodenskizze: Der Landtag, eine parlamentarische Institution

Voraussetzungen:	Welches Wissen ist vorhanden?
	Wer hat spezifische Erfahrungen mit Parlamenten?
	Welche Bedeutung hat ein Parlament?
Ziele:	Kritische Auseinandersetzung mit parlamentarischer Realität (Probleme, Handeln der Akteure, Urteil bilden); Parteien, Fraktionen, Funktionieren einer parlamentarischen Einrichtung
Verlauf:	Motivation/Einstieg (Struktur des Landtags; Referat, Vortrag) Informationssammlung (Einzel-, Gruppenarbeit: Aufgaben der Legislative, Sitzverteilung und Funktionen der Parteien/Fraktionen, Berufe der Abgeordneten, Tätigkeiten, Aufgaben; Debatte, Regierungserklärung) Informationsverarbeitung (Regierung, Koalition, Opposition, Exekutive)
Unterrichtsgespräch:	Aufzeigen von Erfolgen, Problemen, Widersprüchen, Unstimmigkeiten.

13.8 Die Studienfahrt/Exkursion, Klassenfahrt

13.8.1 BEGRIFF UND PLANUNG

Eine (meist mehrtägige) Studienfahrt steht i.d.R. im methodischen und inhaltlichen Zusammenhang mit der Jahresplanung für eine Klasse/Gruppe und sollte ihren festen Platz im Bildungsplan einnehmen. Sie ermöglicht eine freie, individuell-interessengeleitete Entfaltung in Gestalt nachhaltiger Bildungsangebote, z.B. bei Besichtigung eines KZ ebenso wie angesichts der Akropolis in Athen oder des Forum Romanum in Rom. Der politisch-gesellschaftliche Ansatz, von dem hier ausgegangen wird, konfrontiert mit der Authentizität und vermittelt Unmittelbarkeit durch „originale Begegnung" (H. Roth). Er sollte zu einer Auseinandersetzung z.B. mit den Gedenkstätten führen durch Fragen nach den Grundproblemen historischer; politischer, wirtschaftlicher, rechtlicher, kultureller, psychologischer usw. Art (anamnetische Situation), je nach Erkenntnisinteresse und aufgrund des (primavista-)Betroffenseins, der Wahrnehmungen und Beobachtungen, der Entwicklung von inneren Vorstellungen über Vergangenes (und doch Gegenwärtigem). Danach kann eine rationale Auseinandersetzung stattfinden (kleine Forschungsarbeiten und Referate, z.B. über das politische und gesellschaftliche System in Rom und Athen/Sparta, das Unterdrückungssystem in einem KZ usw., Zusammenstellung einer Bilddokumentation usw.). Methodische Zugänge ergeben sich durch die Aufgaben-/Problemstellung. Die Koordination der Vorkenntnisse kann nachmittags (auch im Rahmen einer AG) in Gestalt von Plenarberichten, Referaten, eines Kolloquiums u. dgl. erfolgen.

Ältere Lernende (etwa ab 10. Schj.) planen die Fahrt gemeinsam mit den Lehrenden unter Mithilfe der Eltern. Volljährige können Planung und Verantwortung für Einzelbereiche übernehmen (z.B. Vorbereitung auf die Erklärung von Geschichte, Kultur, Lebensstile usw., Festlegen von Besichtungen, Engagieren von Referenten und Führern am Ort; Bestellen von Tickets, Unterkünften, Transfers; Einwerben finanzieller Zuschüsse von der Gemeinde, dem Elternverein usw.). Der Lehrende ist und bleibt jedoch der Hauptverantwortliche.

Er sollte sich bei allen geschäftlichen Vorgängen beim Schulleiter oder Schulamt rückversichern und nur im Auftrag handeln. Rechtlich ist zu beachten: Bei Vertragsabschlüssen (z.B. für den Reisebus, die Unterkunft usw.) kann seitens der Lehrer von einer Duldungsvollmacht (= ein wissentliches Geschehenlassen durch den Schulträger oder eine andere Trägerinstitution, in deren/dessen Auftrag der Lehrende tätig ist) ausgegangen werden. Um ganz sicher zu gehen, lässt der Lehrende sich eine schriftliche Beauftragung für eine Stu-dienreise geben. Er sollte nicht als (privatrechtlicher) Vertragspartner eines Unternehmers auftreten, sondern den Träger in die Pflicht nehmen (vgl. VG HE, Az.: 5 E 1323/97(1), auf den sich dann die Rechtsfolgen richten (müssen). Für dienstliche Handlungen des Lehren-den ist allgemein der Dienstherr zuständig. Nur bei schweren, absichtlichen, vorsätzlichen, fahrlässigen Vergehen ist ein Rückgriff seitens der Institution auf den Lehrenden möglich.

13.8.2 TEILNAHMEPFLICHT DES LEHRERS UND VERANTWORTUNG

Für Lehrer/innen gilt eine (strittige) Teilnahmepflicht, die mit dem herkömmlichen Berufsbild (auch für angestellte Lehrer) begründet wird (vgl. BAG, Urteil v. 26.4. 1985 – 7 AZR 432/82; veröff. in: SPE n. F. 770 Schulwanderungen Nr.12). Die Teilnahme an Klassenreisen von Teilzeitlehrern richtet sich nach „billigem Ermessen", einem unbestimmten Rechtsbegriff.

Generell werden von jedem Lehrer „außerhalb der Unterrichtserteilung" „Arbeitsleistungen" geschuldet (BAG, U. v. 20.11. 1996 – 5 AZR 414/95; veröff. in: ZTR 1997, 8, S. 374 ff.). Andererseits ist für renitente, gemeinschaftsunfähige Lernende ein Ausschluss von einer Klassenfahrt möglich (OVG MV, Greifswald, B. v. 21.9.96 – 2 M 94/96, veröff. in: SPE/770 Nr. 26, S. 58; vgl. RdJB 3/1997, S. 301).

Die Klassenfahrt im engeren Sinne findet statt als
- erweiterte Lernform
- besondere Veranstaltung zum sozialen Lernen
- alternativer Unterricht.

Sie stellt eine Ausnahmesituation dar mit erlebnispädagogischem Ansatz (PZV-Ratgeber 1998). Seit dem 30. 11. 1994 gibt es eine EU-Richtlinie „Gemeinsame Maßnahmen über Reiseerleichterungen für Schüler von Drittstaaten mit Wohnsitz in einem Mitgliedsstaat". Vor Exkursionen in Mitgliedsstaaten der Union sollen die Namen der Schüler aus Nicht-EU-Ländern bei der zuständigen Ausländerbehörde eingereicht werden, worauf eine „Reisen-denliste" ausgestellt wird. Die ausländischen Schüler müssen im Klassenverband reisen. Bei Klassenfahrten in Nicht-EU-Staaten müssen sich die ausländischen Schüler selbst um ihre Einreisepapiere kümmern.

An einer Studien- oder Klassenfahrt sollten grundsätzlich alle Klassen-/Gruppen-mitglieder teilnehmen (können). Dies gilt auch für Andersgläubige und für anderskulturelle Mädchen. Die Kosten dürfen einen bestimmten, vom Kultusministerium des Bundeslandes festgelegten Höchstsatz nicht überschreiten (siehe Amtsblatt bzw. Schulrechtssammlung des jeweiligen Bundeslandes). Die örtlichen Möglichkeiten (der Eltern, des Sponsoring, der gemeindlichen Zuschüsse usw.) sind zu berücksichtigen. Die Ausgaben für Sozialhilfe-empfänger können im Sinne von § 12 (1) des Bundessozialhilfegesetzes (BSHG) zum not-wendigen Lebensunterhalt gehören (BVerwG, Urteil v. 9. 2. 1995 – 5 C 2/93 – veröff. in: NJW 1995, 36, S. 2369 ff. und VGH Kassel, U. v. 20. 10. 1992 – 9 UE 4298/88; veröff in: SPE n. F. 770 Schulwanderungen Nr. 23). Das gleiche gilt für Schulfahrten bei einem hilfsbedürf-tigen Kind (ohne besondere Einzelfallprüfung; OVG NI/SH Lüneburg, Urteil v. 6. 7. 1990 – 4 L 99/89; veröff. in: SPE 1995, 36, S. 54 ff.; GMBl. Saarland 1996, 10, S. 157 ff.). Kosten für eine Klassenfahrt sind Sonderbedarf, der nicht aus dem laufenden Unterhalt angespart werden kann (OLG Köln, B. v. 29. 10. 1998 – WF 157/98; veröff. in: NJW 1999, 4, S. 295 f.), jedoch sind teure (Flug-)Reisen ins Ausland unangemessen und sozial kaum zu vertreten (VG Braunschweig, Az.: 4 A 4189/94).

Dem Lehrenden (und einer Begleitperson) steht Kostenersatz zu, der in seiner Höhe durchweg unbefriedigend geregelt ist. Die Aufsichtspflicht (s. S. 71) des Lehrers gegenüber minderjährigen Schülern richtet sich nach den vernünftigen Überlegungen der Gefahren-prävention und -abwehr sowie nach der allgemeinen Lebenserfahrung mit Schülern einer bestimmten Altersstufe. Danach richtet sich auch der Grad der ihnen zuzugestehenden Selbstständigkeit. An Vorgaben der Eltern, z. B. im Hinblick auf späten Ausgang, evtl. Besuch von Bekannten usw., ist der verantwortliche Lehrer nicht gebunden. Volljährigen Schülern gilt seine Fürsorge. In Fällen von Haftung tritt das Bundesland als Dienstherr für den Lehrer ein (Amtshaftung nach § 839 BGB; Art. 34 GG). Nur bei grober Fahrlässigkeit oder Vorsatz kann ein Lehrer in Regress genommen werden. Seit 1971 besteht eine gesetzliche Unfall-versicherung. (Zu den rechtlichen Aspekten vgl. Jülich 1986.)

13.8.3 Methodenskizze

Je nachdem, welche Bedeutung man einer Studienfahrt zugesteht, kann sie mit dem voraus-gehenden und nachfolgenden Unterricht koordiniert werden. Der Leiter der Fahrt wird mit seinen Kollegen einige Schwerpunkte festlegen. Die inhaltliche Vorbereitung sollte nicht den

Lernenden allein überlassen werden. Sie können sich im arbeitsteiligen Verfahren in Interessengruppen zusammentun und Projekte erarbeiten. Jeder sollte eine Teilaufgabe übernehmen, für die er später als Spezialist in Anspruch genommen werden kann. Darüber hinaus sollten alle Teilnehmer nicht nur am Gesamtprojekt Studienfahrt beteiligt sein, sondern auch – vom Lehrenden oder einem Mitschüler – über Geschichte, Lage, Probleme usw. der zu besuchenden Örtlichkeiten vorab und am Ort informiert werden. Die Koordination der Vorkenntnisse kann nachmittags (auch im Rahmen einer AG) in Gestalt von Plenarberichten, Referaten, eines Kolloquiums u. dgl. erfolgen.

Skizze einer Studienfahrt nach Kreisau (o. a. in Ostmitteleuropa, Ciupke 2002) (deutsch-polnische Jugendbegegnungsstätte, ehem. Gutshaus des Grafen Moltke und Treffpunkt der Widerständler des sog. Kreisauer Kreises):

Lernziel: Begegnung im Sinne der Völkerversöhnung; Erinnerung an eine dunkle Zeit deutscher Geschichte durch (reflektierte) Anschauung (genius loci)

1. Geistige Vorbereitung: Auseinandersetzung mit dem Widerstand gegen den NS.
2. Technische Vorbereitung: Kontaktaufnahme mit der Begegnungsstätte (auch über Deutsch-Polnisches Jugendwerk in Potsdam), Terminfestlegung, Unterkunft, Treffen mit polnischen Jugendlichen bzw. Erwachsenen; Erfragen der Beförderungsmöglichkeiten und -bedingungen, Erstellen eines Kostenrahmens.
3. Festlegung von Gesprächs- bzw. Untersuchungsthemen am Ort.
4. Arbeit bzw. Begegnungen am Ort.
5. Feststellung der Ergebnisse (Protokolle, Berichte u. dgl.).
6. Auswertung (z. B. Zusammenstellen einer Reise-/Aufenthaltsdokumentation mit Bildern, Karten, Skizzen usw.).
7. Präsentation vor der (Schul-)Öffentlichkeit (auch örtliche Presse, Schülerzeitschrift, Schuljahresbericht).

Die Ergebnisse der Fahrt sollten bei passenden Gelegenheiten in den Unterricht einbezogen werden.

Methodische Schritte zur Durchführung einer Klassenfahrt:

* Aufenthalt
* Freizeitgestaltung
* Besichtigungen/Unterricht
* Freiraum/Aufgaben.

Wichtige Voraussetzungen sind die Terminierung, die Zielbestimmung, die Kostenberechnung, die Wahl der Transportmittel, die Genehmigung durch den Schulleiter bzw. die Schulaufsichtsbehörde, das schriftliche Einverständnis der Eltern, das Auswerten von Materialien, das Planen von Projekten, das Abschließen einer Versicherung, das Ausarbeiten eines Programms, das Aufstellen von verbindlichen Verhaltensregeln, die Kontrolle der Ausweise usw. (Gampe/Rieger 1989).

Literatur

Heike Ackermann: „Zwischen allen Stühlen". Ergebnisse einer Befragung des hauptamtlichen Lehrpersonals in Politikdidaktik an Universitäten und Päd. Hochschulen. In: PoBi 34 (2001) S. 120–139

Dies. u. a. (Hg.): Technikentwicklung und politische Bildung. Opladen 1988

Paul Ackermann: Die Bürgerrolle in der Demokratie als Bezugsrahmen für die politische Bildung. In: G. Breit/S. Schiele (Hg.): Handlungsorientierung im Politikunterricht. Schwalbach/Ts. 1998, S. 13–34

Ders.: Bürgerhandbuch. Basisinformationen und 57 Tipps zum Tun. Schwalbach/Ts. 1998

Ders.: Außerschulische Lernorte (Erkundung). Ein Beitrag zu einem ganzheitlichen bzw. mehrdimensionalen politischen Lernen. In: BpB (Hg.): Zur Theorie und Praxis der politischen Bildung. Bonn 1990, S. 247–257

Ders.: (Hg.): Politisches Lernen vor Ort. Außerschuliche Lernorte im Politikunterricht. Stuttgart 1988

Heiner Adamski (Hg.): Politische Bildung – Recht und Erziehung. Quellentexte zur Rechtskunde und Rechtserziehung von der Weimarer Republik bis zur Gegenwart. 2 Bde., Weinheim/München 1986

Theodor W Adorno u. a.: Der Positivismusstreit in der deutschen Soziologie. Neuwied/Rh. 1969 u. Darmstadt 1972

Hans Aebli: Grundformen des Lehrens. Eine allgemeine Didaktik auf kognitionspsychologischer Grundlage. 12. Aufl., Stuttgart 1981

Ders.: Denken als Ordnen des Tuns. Bd. 1: Kognitive Aspekte der Handlungstheorie. Stuttgart 1980

Ders.: Zwölf Grundformen des Lehrens, Stuttgart 1983

Ders.: Grundlagen des Lehrens. Stuttgart 1987

R. Ahrens: Schulautonomie – Zwischenbilanz und Ausblick. In: DdSch 88 (1969) H. 1, S. 10–21

Olaf Albers/Arno Broux: Zukunftswerkstatt und Szenariotechnik. Ein Methodenbuch für Schule und Hochschule. Weinheim 1999

Hans Albert/Ernst Topitsch (Hg.): Werturteilsstreit. 2. Aufl., Darmstadt 1979

Gabriele Althoff: Technikdistanz von Frauen auf dem Hintergrund traditioneller Deutungsmuster von Weiblichkeit. In: H. Ackermann u. a. (Hg.): 1988, S. 37–52

Sönke Anders: Die Schulgesetzgebung der neuen Bundesländer. Eine verfassungsrechtliche Untersuchung über die vorläufige Schulgesetzgebung nach Maßgabe des Einigungsvertrages. Weinheim/München 1995

Karl-Otto Apel: Diskurs und Verantwortung. Das Problem des Übergangs zur Postkonventionellen Moral. Frankfurt/M. 1988

Stefan Appel/Georg Rutz: Handbuch Ganztagsschule. Konzeption. Einrichtung und Organisation. 2. Aufl., Schwalbach/Ts. 2002

Arbeitsgruppe Bildungsbericht am Max-Planck-Institut für Bildungsforschung. Das Bildungswesen in der BRD. Strukturen und Entwicklungen im Überblick. Reinbek 1994

Mark Arenhövel: Auf der Suche nach Gerechtigkeit. In: DVPB aktuell 2/1999, S. 13–19

Karl-Heinz Arnold: Der Situationsbegriff in den Sozialwissenschaften. Zur Definition eines erziehungswissenschaftlichen Situationsbegriffs. Weinheim 1981

Herbert Altrichter/Peter Posch: Lehrer erforschen ihren Unterricht. Eine Einführung in die Methoden der Aktionsforschung. 2. Aufl., Bad Heilbrunn/Obb. 1994

Peter Atteslander: Methoden der empirischen Sozialforschung. 5. Aufl., Berlin 1985 (7. Aufl. 1992)

Renate Augstein: Politische Bildung und die Frauen. In: liberal 32 (1990) 72–76

Stefan Aufenanger: Internet und Cyberspace: Wie sieht die Didaktik der Zukunft aus? In: BpB (Hg.): Wege in die Zukunft – Politische Bildung vor neuen Aufgaben. Dokumentation. Bonn 1999, S. 95–98

Außerschulische Lernorte. Praktische Beispiele für Projekte. Themenheft von „Politik und Unterricht" 2/1998

Auswahlbibliographie „Erkundung". In: BPB (Hg.): Erfahrungsorientierte Methoden der politischen Bildung. Bonn 1988, S. 233–235

Hermann Avenarius: Einführung in das Schulrecht. Darmstadt 2001

Ders./Hans Heckel: Schulrechtskunde. 7. Aufl., Neuwied/Rh. 2000

Ders.: Die Rechtsordnung der Bundesrepublik Deutschland. Abschn. 6.5: Datenschutzrecht. 3. Aufl., Bonn 2001, S. 131–133

Ders.: Kleines Rechtswörterbuch. Bonn 1987

Ders.: Schulische Selbstverwaltung – Grenzen und Möglichkeiten. In: RdJB 2/1994, S. 256–269

Ders. (Hg.): Schule in erweiterter Verantwortung. Positionsbestimmungen aus erziehungswiss., bildungspolit. und verfassungsrechtl. Sicht. Neuwied/Rh. 1988

Ders.: Bildungspolitische Steuerung – Oder: Die Kunst, das Unmögliche möglich zu machen. In: Zs. f. internat. erziehungs- und sozialwissenschaftliche Forschung 14 (1997) S. 227–260

Frank Bärenbrinker/Christoph Jakubowski: Auf dem Weg zu einer internationalen Gerichtsbarkeit? Planung und Umsetzung einer Unterrichtsreihe zu den Nürnberger Prozessen. In: GEP 9 (1998) S. 82–86

Andreas Balser/Frank Nonnenmacher (Hg.): Die Lehrpläne zur politischen Bildung. Analyse und Kritik neuerer Rahmenpläne und Richtlinien der Bundesländer für die S I. Schwalbach/Ts. 1997

Thomas Bartels/Peter Weinbrenner: Erwünschte und wahrscheinliche Zukünfte – Politisches Lernen mit der Zukunftswerkstatt und der Szenariomethode am Beispiel des Themas Auto 2010. In: T. Grammes (Hg.): Fachtagung Politik/Wirtschafts- und Sozialkunde. Neusaß 1995, S. 113–149

Johannes Bastian: Leistung im Projektunterricht. In: Prüfen und Beurteilen. Friedrich Jahresheft 1996. Seelzen 1996, S. 26–30

Ders./Herbert Gudjons (Hg.): Das Projektbuch. Hamburg 1997

Hans-Dieter Bunk: Zehn Projekte zum Sachunterricht. Frankfurt/M. 1992

Ekkehard Beck: Aufsicht und Haftung in der Schule. Schulrechtlicher Leitfaden. 2. Aufl., Neuwied/Rh. 2002

Ders.: Grundriss des Schulrechts in Deutschland. Neuwied /Rh. 1995

Ulrich Beck: Risikogesellschaft. Auf dem Weg in eine andere Moderne. Frankfurt/M. 1986

Franz Josef E. Becker: Selbstevaluation in der politischen Bildung. Zustimmungsentwicklung und Wissenserwerb in Lernprozessen. In: BpB (Hg.): Methoden in der politischen Bildung – Handlungsorientierung. Bonn 1991, S. 274–302

Ders.: Erkundung und Befragung als Methode der politischen Bildung. In: BpB (Hg.): Erfahrungsorientierte Methoden der politischen Bildung. Bonn 1988, S. 97–131

Ders.: Politisches Lernen durch Realbegegnung. Zur Methode von Erkundung und Befragung. In: BpB (Hg.): 1991, S. 174–212

Ders.: Erkundung des historisch-politischen Bewußtseins. In: BpB (Hg.): Bundesrepublik Deutschland. Geschichte – Bewußtsein. Bonn 1989, S. 232–264 (ausführl. Literaturangaben)

Georg E. Becker: Planung von Unterricht. Handlungsorientierte Didaktik, Teil 1., 7. Aufl., Weinheim 1995

Hellmuth Becker: Die verwaltete Schule. 1954

Wolfgang Beer: Politische Bildung im Epochenwechsel. Grundlagen und Perspektiven. Weinheim/München 1998 und in kursiv 2/2000, S. 19 (Epochenwechsel in der politischen Bildung, S. 17–19)

Wolfgang Behr: Politikwissenschaft und Politische Didaktik. In: GWK 27 (1978) S. 373 bis S. 393

Ders.: Konflikte und Konfliktbewältigung in der politischen Bildung. In: APuZ B 15/80, S. 15–23

Ders.: Vermittlungsprobleme der Politikwissenschaft. Dimensionale Strukturierung politikwissenschaftlicher Inhalte in der politischen Pädagogik. In: MzPB 3/1974, S. 33–50

Ders.: Bundesrepublik Deutschland – Deutsche Demokratische Republik. Systemvergleich Politik – Wirtschaft – Gesellschaft. Stuttgart 1979

Heidi Behrens-Cobet (Hg.): Bilden und Gedenken. Erwachsenenbildung in Gedenkstätten und Gedächtnisorten. Essen 1999

Günter C. Behrmann: Politische Sozialisation in den USA und Politische Bildung in der Bundesrepublik. In: GSE 14 (1969) S. 145–160

Ders./Siegfried Schiele (Hg.): Verfassungspatriotismus als Ziel politischer Bildung? Schwalbach/Ts. 1993

Ders. u.a.: Geschichte und Politik. Didaktische Grundlegung eines kooperativen Unterrichts. Paderborn 1978

Lothar Beinke: Erweiterung der Lehrerbildung durch Praxisbezug. In: RdJB 4/1987, S. 457–465

Mary Field Belenky u.a.: „Das andere Denken." Persönlichkeit, Moral und Intellekt der Frau. Frankfurt/M. – New York 1989

Dirk Berg-Schlosser/Ferdinand Müller-Rommel (Hg.): Vergleichende Politikwissenschaft. Ein einführendes Studienbuch. 3. Aufl., Opladen 1997 (UTB)

Peter L. Berger/Thomas Luckmann: Die gesellschaftliche Konstruktion der Wirklichkeit. Frankfurt/M. 1980

Wolfgang Berger: Wenn die Jugend ihren Gemeinderat wählt. Jugendgemeinderäte (in Baden-Württemberg) als Modell politischer Partizipation. In: G. Breit/S. Schiele (Hg.): Handlungsorientierung im Politikunterricht. Schwalbach/Ts. 1998, S. 302 bis S. 324

Wolfgang Bergsdorf (Hg.): Politische Terminologie – Historischer Wandel und Politikvermittlung. In: U. Sarcinelli (Hg.): Politikvermittlung. Bonn 1987, S. 275–289

Yvonne Bernart: Verlängerte Jugendphase auch bei Berufstätigen. Postadoleszente Identitätsmuster bei jungen Facharbeitern und Facharbeiterinnen. In: GWK 45 (1996) S. 195–207

Basil Bernstein: Sozio-kulturelle Determinanten des Lernens. Mit besonderer Berücksichtigung der Sprache. In: P. Heintz (Hg.): Soziologie der Schule. 8. Aufl., Köln/Opladen 1970, S. 52–79 (SH 4 Kölner Zs. f. Soz. u. Soz. psychol.)

Christoph Besemer. Mediation. Vermittlung in Konflikten. 4. Aufl., Baden-Baden 1997

Walter Besson/ Gotthard Jasper: Das Leitbild der modernen Demokratie. Bauelemente einer freiheitlichen Staatsordnung. Bonn 1990

Wolfgang Beutel: Schule als Ort politischer Bildung. Diss. Jena 1996

Ders./Peter Fauser (Hg.): Erfahrene Demokratie. Wie Politik praktisch gelehrt werden kann. Opladen 2002

Bildungskommission NRW: Zukunft der Bildung. Schule der Zukunft. Denkschrift. Neuwied/Rh. 1995

Heinrich Biermann/Bernd Schurf (Hg.): Texte, Themen und Strukturen. Grundband Deutsch für die Oberstufe. (Cornelsen) Düsseldorf 1991

Dieter Birnbacher/Norbert Hoerster (Hg.): Texte zur Ethik. 9. Aufl., München 1993

Sigrid Biskupek: Transformationsprozesse in der politischen Bildung. Von der Staatsbürgerkunde in der DDR zum Politikunterricht in den neuen Ländern. Schwalbach/Ts. 2002

Hugo Blank: Gegen die Sprachverhunzer – einer Glosse Echo. In: kpb 20/1989, S. 118 bis S. 123

Herwig Blankertz: Theorien und Modelle der Didaktik. 12. Aufl., München 1986

Ders. (Hg.): Curriculumforschung – Strategien, Strukturierung, Konstruktion. Essen 1971

Wilhelm Bleek/Hans J. Lietzmann (Hg.): Schulen der deutschen Politikwissenschaft. Opladen 1999

Benjamin S. Bloom u.a.: Taxonomie von Lernzielen im kognitiven Bereich. 2. Aufl., Weinheim 1973

Ralf Bohnsack: Rekonstruktive Sozialforschung. Einführung in Methodologie und Praxis qualitativer Forschung. 3. Aufl., Opladen 1999

I. M. Bochenski: Die zeitgenössischen Denkmethoden. 4. Aufl., Berlin/München 1969

Wolfgang Böge: Internationale Praktikumserfahrung. Deutsch-englischer Schüleraustausch. Hamburg 1988 (Hansa-Gymnasium, Hamburg)

Ders.: Art. „Sozialwissenschaftliches Praktikum". In: W. Mickel (Hg.): Handbuch zur politischen Bildung. Bonn u. Schwalbach/Ts. 1999, S. 543–538

Klaus Böger/Hans Kremendahl: Art. „Politischer Systemvergleich". In: W. Mickel (Hg.): Handlexikon zur Politikwissenschaft. Bonn 1986, S. 420–424

Thomas Böhm: Aufsicht und Haftung in der Schule. 2. Aufl., Neuwied/Rh. 2002

Manfred Bönsch: Variable Lernwege. Ein Lehrbuch der Unterrichtsmethoden. 2. Aufl., Paderborn 1995 (UTB)

Ders.: Methodik der Evaluation. In: Lernwelten 4/2002, S. 213–218

Winfried Böttcher: Versuch einer Beschreibung des Alltags politischer Bildung an Berufsschulen. In: BpB (Hg.): 1987, S. 68–80

Gerd Bohlen: Didaktische Theorie und Unterrichtspraxis: Was bleibt von einem fachdidaktischen Studium? In: B. Claußen u. a. (Hg.): Herausforderungen – Antworten. Politische Bildung in den neunziger Jahren. Opladen 1991, S. 353–368

Ders.: Didaktik – eine Fundamentalwissenschaft? Über geschichtstheoretische Voraussetzungen von Konzeptionen politischer Bildung und Beispiele ihrer Trivialisierung. Frankfurt/M. 1980

Ders.: Konzeptionen politischer Bildung – Erziehung zur Demokratie. In: F. Neumann (Hg.): Handbuch Politische Theorien und Ideologien. Bd. 1, Opladen 1995, S. 445 bis S. 479

Bodo v. Borries: Art. „Methodisches und mediales Handeln im Lernbereich Politik-Geschichte-Erdkunde". In: D. Lenzen (Hg.): Enzyklopädie Erziehungswissenschaft. Bd. 4, Stuttgart 1985, S. 328–366

Karl Dietrich Bracher: Zeit der Ideologien. Eine Geschichte politischen Denkens im 20. Jh. Stuttgart 1982

Gotthard Breit: Zur Situation des Unterrichtsfaches Sozialkunde/Politik und der Didaktik des politischen Unterrichts aus der Sicht von Sozialkundelehrerinnen und Sozialkundelehrern. In: BpB (Hg.): Zur Theorie und Praxis der politischen Bildung. Bonn 1990, S. 13–187

Ders.: Verfassungspatriotismus – eine ausreichende Zielsetzung des Politikunterrichts? In: G. C. Behrmann/S. Schiele (Hg.): 1993, S. 181–207

Ders.: Politisches Lernen und/oder Weltproblemkunde? In: GEP 4 (1993) S. 100–107

Ders./Peter Massing (Hg.): Grundfragen und Praxisprobleme der politischen Bildung. Kap. 1: Zur Geschichte und zur Lage der politischen Bildung in den alten und in den neuen Bundesländern. Ein Studienbuch Bonn 1992

Ders./Siegfried Schiele (Hg.): Demokratie – Lernen als Aufgabe der politischen Bildung. Bonn 2002

Ders./Siegfried Schiele (Hg.): Werte in der politischen Bildung, Bonn 2000

Ders.: Das politisch-moralische Urteil: am Unterrichtsbeispiel für politisch Verfolgte? In: GWK 35 (1986) S. 481–492

Ders./Siegfried Schiele (Hg.): Handlungsorientierung im Politikunterricht. Schwalbach/Ts. 1998

Ders.: Die Kurzvorbereitung im politischen Unterricht. In: GWK 33 (1984) 489–498

Ders./Weißeno: Planung des Politikunterrichts. Schwalbach/Ts. 2003

Gerd Brenner/Franz Grubauer: Typisch Mädchen? Typisch Junge? Persönlichkeitsentwicklung und Wandel der Geschlechtsrollen. Weinheim 1991

Georg Breuer: Mediation – eine neue Unterrichtsmethode, dargestellt am Beispiel der Müllentsorgung. In: T. Grammes (Hg.): Fachtagung Politik/Wirtschafts- und Sozialkunde. Neusäß 1995, S. 93–111

Martin Buber: Das dialogische Prinzip. 5. Aufl., Heidelberg 1984

Wilfried Buddensiek: Pädagogische Simulationsspiele im sozio-ökonomischen Unterricht der S I. Bad Heilbrunn/Obb. 1979

Tobias Brocher: Gruppendynamik und Erwachsenenbildung. 8. Aufl., Braunschweig 1971

Herbert Brühwiler: Situationserklärungen. 2. Aufl., Opladen 2001

Jerome S. Bruner: Der Prozess der Erziehung. (1960) Düsseldorf 1970

Ders.: Entwurf einer Unterrichtstheorie. Düsseldorf 1974

Otto Brunner/Werner Conze/Reinhart Koselleck (Hg.): Geschichtliche Grundbegriffe. Historisches Lexikon zur politisch-sozialen Sprache in Deutschland. Stuttgart 1972 ff.

Günter Buchstab (Hg.): Geschichte der DDR und deutsche Einheit. Analyse von Lehrplänen und Unterrichtswerken für Geschichte und Sozialkunde. Schwalbach/Ts. 1999

Jörg Bürmann: Gestaltpädagogik und Persönlichkeitsentwicklung. Bad Heilbrunn/Obb. 1992

Ralf Büttner: Rhetorik in der Schule. In: Mitteilungen des Deutschen Germanistenverbandes 3/1999, S. 350–373

Udo Bullmann: Politische Partizipation – soziale Teilhabe: Die Entfaltung der demokratischen Idee. In: F. Neumann (Hg.): Handbuch politische Theorien und Ideologien. Bd. 1, Opladen 1995, S. 71–105

Armin Burkhardt u. a. (Hg.): Sprache zwischen Militär und Frieden. Aufrüstung der Begriffe? Tübingen 1989

Bundesarbeitsgemeinschaft Schule – Wirtschaft (Hg.): Grenzen überwinden. Beispiele und Informationen zu grenzüberschreitendem Schüler- und Lehreraustausch. Köln 1994

Bund-Länder-Kommission für Bildungsplanung und Forschungsförderung: Rahmenkonzept für die Informationstechnische Bildung in Schule und Ausbildung. Bonn 1984

BpB (Hg.): Politische Bildung an Berufsschulen. Bonn 1987

Dies. (Hg.): Curriculumentwicklung zum Lernfeld Politik. Bonn 1974

Dies. (Hg.): Politische Bildung in den Vereinigten Staaten. Verfahren der Curriculumentwicklung. Bonn 1977

Dies. (Hg.): Lernziele und Stoffauswahl im politischen Unterricht. Bonn 1972

Dies. (Hg.): Gesellschaftliche Funktionen des Sports. Bonn 1984

Dies. (Hg.); Lernen für Europa. Kap. IV: Schüleraustausch. Bonn 1994, S. 221–253

Dies. (Hg.): Politikdidaktik kurzgefasst. Planungsfragen für den Politikunterricht. Bonn 1994

Dies. (Hg.): Zur Theorie und Praxis der politischen Bildung. Bonn 1990

Dies. (Hg.): Politische Partizipation. Bonn 1985

Dies. (Hg.): Frauenbilder im Fernsehen. Bonn 1992

Dies. (Hg.): Politische Urteilsbildung. Bonn 1997

Dies. (Hg.): Methoden in der politischen Bildung – Handlungsorientierung. Bonn 1991

Dies. (Hg.): Erfahrungsorientierte Methoden der politischen Bildung. Bonn 1988

Dies. (Hg.): Sprache und Politik. Bonn 1971

Dies. (Hg.): Handbuch Medienarbeit. Medienanalyse, Medieneinordnung, Medienwirkung. 3. Aufl., Opladen 1991

Dies. (Hg.): Lernfeld Politik. Bonn 1992

Dies. (Hg.): Grundwissen Politik. 2. Aufl., Bonn 1992

Dies. (Hg.): Israel Projektwoche. Arbeitseinheiten. Israel als Thema fächerübergreifenden Projektunterrichts. Bonn 1999

Dies. (Hg.): Kommstedt Demokratie. Bonn 1996

Thomas Burmeister: Die „pädagogische Freiheit" – ein klagloses Recht? In: RdJB 4/1989, S. 415–429

Michael Buse: Harmoniestreben oder differenzierender Pluralismus? Die Grundwertediskussion in Politik und Politischer Bildung. In: MzPB 3/1981, S. 34–39

Noam Chomsky: Haben und Nichthaben. Bodenheim 1998

Ders.: Profit over People. Neoliberale und globale Weltordnung. Hamburg/Wien 2000

Wolfgang Christian: Die dialektische Methode im politischen Unterricht. 2. Aufl. Köln 1978 (1974 unter dem Titel „Probleme des Erkenntnisprozesses im politischen Unterricht")

Paul Ciupke: „Zeitstrände" erkunden – zur hisotirsch-politischen Didaktik von Studienreisen nach Mittelosteuropa. In: kursiv 2/2002, S. 26–32

Bernhard Claußen: Methodik der politischen Bildung. Von der pragmatischen Vermittlungstechnologie zur Praxis orientierten Theorie der Kultivierung emanzipatorischen politischen Lernens. Opladen 1981

Ders.: Menschenbilder und Demokratie. Zur politischen Kritik anthropologischer Aussagen. In: Akademie der politischen Bildung(Friedrich-Ebert-Stiftung) (Hg.) 29/92, S. 39–54

Ders. (Hg.): Vernachlässigte Themen der Politischen Wissenschaft und der Politischen Bildung. Hamburg 1994

Ders.: Didaktik und Sozialwissenschaften. Beiträge zur Politischen Bildung. Aachen-Hahn 1987

Ders.: Kritische Politikdidaktik. Opladen 1981

Ders./Adolf Noll (Hg.): Politische Wissenschaft und Politische Bildung. Hamburg 1989

Ders.: Politisches Lernen am beruflichen Arbeitsplatz zwischen Broterwerb und kollegialer Solidargemeinschaft. In: Ders./R. Geißler (Hg.): Die Politisierung des Menschen. Opladen 1996, S. 113–147

Ders.: Neue Technologien, politisch-gesellschaftliche Entwicklung und die Aufgaben der politischen Bildung. Eine sozialwissenschaftlich-fachdidaktische Skizze ihres Verhältnisses. In: H. Ackermann (Hg.): 1988, S. 171–265

Ders.: Politische Bildung und Kritische Theorie. Fachdidaktisch-methodische Dimensionen emanzipatorischer Sozialwissenschaft. Opladen 1984

Ders.: Affekte und politische Bildung. In: Die Schulwarte 27 (1974) H. 7, S. 1–25

Ders.: Zum Stellenwert der Soziologie in Theorie und Praxis der politischen Bildung. In: S. Lamnek (Hg.): 1997, S. 27–80

Ders.: Studienorganisatorische, fachliche und didaktische Grundlagen der Politischen Bildung. Eine annotierte Auswahlbibliographie. In: BpB (Hg.): Lernfeld Politik. Eine Handreichung zur Aus- und Weiterbildung. Bonn 1992, S. 643–676

Ders.: Politische Wissenschaft und Politische Bildung: eine Bibliographie. In: Ders./ A. Noll (Hg.): 1989, S. 147–171

Ders.: Bibliographie: Politische Sozialisation. In: Ders./R. Geißler (Hg.): Die Politisierung des Menschen. Opladen 1996, S. 553–663

Friedrich Copei: Der fruchtbare Moment im Bildungsprozess. (1930) 3. Aufl., Heidelberg 1969

Werner Correll: Lernpsychologie. Grundfragen und pädagogische Konsequenzen der neueren Lernpsychologie. Donauwörth 1971

Ders.: Einführung in die Pädagogische Psychologie. 4. Aufl., Donauwörth 1970

Lewis A. Coser: Theorie sozialer Konflikte. Neuwied/Berlin 1972

Will Cremer: Das Fach Sozialkunde/Politische Bildung in den neuen Bundesländern – Eine Inhaltsanalyse der Lehrpläne. In: BpB (Hg.): Lernfeld Politik. Bonn 1992, S. 545–632

Ders./Ansgar Klein (Hg.): Umbrüche in der Industriegesellschaft. Herausforderungen für die politische Bildung. Opladen 1990

Ders. u. a.: Das Sokratische Gespräch – eine Methode der demokratischen Diskussion und Entscheidungsfindung. In: BpB (Hg.): Methoden in der politischen Bildung – Handlungsorientierung. Bonn 1991, S. 31–53

Felix v. Cube: Rechtsunterricht in der Schule. In: W. Mickel (Hg.): Politikunterricht im Zusammenhang mit seinen Nachbarfächern. München 1979, S. 114–138

Ralf Dahrendorf: Pfade aus Utopia. Zur Theorie und Methode der Soziologie. 4. Aufl., München/Zürich 1986.

Ders.: Art. „Sozialer Konflikt". In: W. Bernsdorf: Wörterbuch der Soziologie. 2. Aufl., Stuttgart 1969

Ders.: Homo sociologicus. 5. Aufl., Köln/Opladen 1965

Peter Daschner (Hg.): Schulautonomien Chancen und Grenzen. Weinheim 1995

Datenschutz: In: Kultus und Unterricht. Baden-Württemberg 43 (1994) H. 2, S. 15 ff.

Erich Dauenhauer: Kategoriale Wirtschaftsdidaktik. Münchweiler 1997

Heinz Dedering (Hg.): Konflikt als paedagogicum. Bestandsaufnahme und Weiterentwicklung konfliktorientierter Didaktik. Frankfurt/M. 1981

Carl Deichmann: Grundkurs Politikdidaktik. Einführung in Theorie und Praxis der politischen Bildung. Bad Berka 2000 (Thillm)

Ders.: Das Konzept der politisch-sozialen Realität als didaktisches Problem der politischen Bildung. Diss. Augsburg 1981

Ders.: Mehrdimensionale Institutionenkunde in der politischen Bildung. Schwalbach/Ts 1996

Ders.: Die „Input"-Funktion politischer Parteien. Unterrichtsbeispiel zur Systemtheorie (S II). In: GWK 24 (1975) 177–192

Ders.: Leistungsbeurteilung in der politischen Bildung. Schwalbach/Ts. 2001

Ders.: Fächerübergreifender Unterricht in der politischen Bildung. Schwalbach/Ts. 2001

Ders.: Elemente einer Didaktik des fächerübergreifenden Unterrichts in der politischen Bildung. In: Thillm (Hg.): Fächerübergreifendes Lernen: Gewalt und Extremismus. Bad Berka 2001, S. 9–22

Sabine Denkewitz: Identität und Befindlichkeit der Politiklehrerinnen und Politiklehrer in den neuen Bundesländern. In: BpB (Hg.), Lernfeld Politik. Bonn 1992, S. 346–354

Der Modellversuch „Das Schullandheim als Lern- und Begegnungsort für Europa (EFEU)". Themenheft SchLH 2/1996, S. 4–55

Joachim Detjen: Schüler erkunden die Stadtverwaltung. In: PoBi 28 (1995) H. 4, S. 128–138

Ders.: Schule als Staat. In: GWK 43 (1994), S. 359–369

Ders.: Bedarf die Wissenschaft von der Politischen Bildung einer normativen Grundlegung? Versuch einer Antwort auf die vom Radikalen Konstruktivismus ausgehenden Herausforderungen für die Politische Bildung. In: GPJE (Hg.) 2002, S. 112–126

Ders.: Das Schulbuch. Klassisches Medium für den Politikunterricht. In: G. Weißeno (Hg.): 2002, S. 183–197

Harry Dettenborn/Karl A. Mollnau: Rechtsbewußtsein und Rechtserziehung. Berlin (O) 1976, S. 13–52 (abgedruckt in H. Adamski [Hg.]: 1986, S. 544–567)

Karl W. Deutsch: Die Spieltheorie. In: Ders.: Politische Kybernetik. Freiburg 1969, S. 6–121

Deutsche Shell (Hg.): Jugend 2002. Hamburg 2002

DVPB: Würzburger Erklärung. In: Forum Politikunterricht 3/1995, S. 66–70

Deutscher Bildungsrat: Strukturplan für das Bildungswesen. Stuttgart 1970

Ders./Empfehlungen der Bildungskommission: Zur Förderung praxisnaher Curriculumentwicklung. Stuttgart 1974

Deutscher Juristentag e.V.: Schulrecht in erziehungswissenschaftlicher Sicht. Die Diskussion des Entwurfs für ein Landesschulgesetz der Kommission Schulrecht des Deutschen Juristentages in der pädagogischen Literatur. Eine Dokumentation. Bonn 1987

Deutscher Bundestag (Hg.): Zukünftige Bildungspolitik – Bildung 2000. Schlußbericht der Enquete-Kommission des DB. Bonn 1990 (Zur Sache 20/90)

Horst Dichanz: Wirklichkeit, Medien und Pädagogik. In: BpB (Hg.): Medien und Kommunikation als Lernfeld. Bonn 1986, S. 39–54

Ders.: Medienkompetenz: Neue Aufgabe politischer Bildung. In: APuZ B 47/95, S. 27–39

Lutz Dietze: Art. „Bildungsrecht, Elternrecht, Bildungsverwaltung, Lehrplanrecht". In: L. Roth (Hg.): Pädagogik. Handbuch für Studium und Praxis. München 1991, S. 543–551

Ders./Empfehlungen der Bildungskommission: Zur Förderung praxisnaher Curriculumentwicklung. Stuttgart 1974

Ders.: Rechtskenntnisse als didaktisches Problem politischer Bildung. In: MzPB 4/1983, S. 11–15

Wilhelm Dilthey: Einleitung in die Geisteswissenschaften. 1883

Ders.: Gesammelte Schriften. Bd. V, 3. Aufl., Göttingen 1961

Peter Döbrich/Eberhard Jeuthe: „Aus der Distanz gibt es Einvernehmen und Harmonie." Zur Umsetzung der EG-Richtlinie zur gegenseitigen Anerkennung von Lehrämtern in innerstaatliches Recht in Deutschland. In: RdJB 4/1992, S. 537–547

Andreas Dörner: Politische Sprache – Instrument und Institution der Politik. In: APuZ B 17/91, S. 3–11

Michael Dorn/Herbert Knepper: Wider das allmähliche Entgleiten der Schüler und der Wirklichkeit. Plädoyer für eine Kurskorrektur in der Praxis sozialwissenschaftlich-politischer Unterrichtsfächer. In: GWK 36 (1997) S. 149–158

Roland Dosch: Lernzielorientierter Politikunterricht an berufsbildenden Schulen. Rinteln 1983

Hanno Drechsler/Wolfgang Hilligen/Franz Neumann (Hg.): Gesellschaft und Staat. Lexikon der Politik. 9. Aufl., München 1995

Ursula Drews (Autorenkollektiv): Didaktische Prinzipien. Standpunkte, Diskussionsprobleme, Lösungsvorschläge. 2. Aufl., Berlin (Ost) 1981

U. Druwe/Volker Kunz (Hg.): Handlungsentscheidungstheorie in der Politikwissenschaft. Opladen 1996

Helmut Dubiel: Kritische Theorie der Gesellschaft. Weinheim 1988

Ludwig Duncker/Walter Popp (Hg.): Fächerübergreifender Unterricht in der Sekundarstufe I und II. Bad Heilbrunn 1998

Günther Ebersold: Mündigkeit. Zur Geschichte eines Begriffs. Frankfurt/M. 1980

Roland Eckert/Helmut Willems: Konfliktintervention. Perspektivenübernahme in gesellschaftlichen Auseinandersetzungen. Opladen 1992

Thomas Eckert/Rainer Mathes: Die Analyse von Leitfadengesprächen mit Lehrern über Erziehungsauffassungen. Ein Beispiel für die Anwendung der hermeneutisch-klassifikatorischen Inhaltsanalyse. In: ZUMA-Nachrichten 36 (1995) S. 106–121

Uwe-Carsten Edeler/Holger Ritter: Offene Evaluation. Ansätze kooperativer Bewertung. In: Lernwelten 4/2000, S. 218–222

Annegret Ehmann u. a.: Praxis der Gedenkstättenpädagogik. Erfahrungen und Perspektiven. 2. Aufl., Opladen 1996

Edgar Einemann/Edo Lübbing: Politisches Lernen und Handeln im Betrieb. Marburg 1988

Dieter Eißel: Theorien sozialer Konflikte. In: H. Dedering 1981, S. 25–62

Michael Emmrich: Gähn-Technik. Es würde nicht schaden, wenn mal jemand eine Biomedizin-Talkshow moderierte, der was von der Sache versteht. In: FR vom 2. 6. 2001

Klaus Engelhart: Fallstudie – politisches Entscheiden am Beispiel der Reform des § 218 StGB. In: W. Mickel/D. Zitzlaff (Hg.): Methodenvielfalt im politischen Unterricht. 3. Aufl., Schwalbach/Ts., S. 188–210

Otto Engelmayer: Das Soziogramm in der modernen Schule. 8. Aufl., München 1978

Eugen Ernst: Geographieunterricht für die Staatsbürger von morgen. In: W. Mickel (Hg.): 1979, S. 158–179

Wolfgang Fabig: Aus- und Weiterbildung von Politiklehrern in den neuen Bundesländern. In: Forum PU 3/1995, S. 52-64

Peter Fauser: Pädagogische Freiheit in Schule und Recht. Weinheim 1986

Ders. u. a.: Schule und Recht; Schulverfassung, Wege und Umwege zum demokratischen Zusammenwirken in der Schule. In: RdJB 3/1987, S. 377–386

Ders.: Schule als Sozialisationsfaktor in der politischen Bildung. In: BpB (Hg.): Verantwortung in einer unübersichtlichen Welt. Bonn 1995, S. 229–248

Ulrich Fastenrath: Die Pflicht der Verfassungstreue. Zu einem Urteil des Europäischen Gerichtshofs für Menschenrechte. In: FAZ vom 8. 2. 1996

Wolfgang Feige (Autorenkollektiv): Beiträge zur Methodik des Staatsbürgerkundeunterrichts. Berlin (Ost) 1975

Helmut Fend: Entwicklungspsychologie des Jugendalters. Opladen 2000

Leon Festinger: Theorie der kognitiven Dissonanz. (1957) Stuttgart 1978

Paul Feyerabend: Wider den Methodenzwang. (1976) 3. Aufl., Frankfurt/M. 1991

Wolfgang Fichten: Unterricht aus Schülersicht. Frankfurt/M. 1993

HA. Fietkau/K. Pfingsten: Mediationsverfahren. Berlin 1992

Karlheinz Filipp: Geographie im historisch-politischen Zusammenhang. Neuwied/ Rh. 1975

Theodor Filthaut: Politische Erziehung aus dem Glauben. Mainz 1965

Kurt Gerhard Fischer: Einführung in die Politische Bildung. Stuttgart 1970

Ders.: Das Exemplarische im Politikunterricht. Beiträge zu einer Theorie politischer Bildung. Schwalbach/Ts. 1993

Herbert Fitzek/Wilhelm Salber: Gestaltpsychologie. Darmstadt 1996

Berthold Bodo Flaig u.a.: Alltagsästhetik und politische Kultur. Zur ästhetischen Dimension politischer Bildung und politischer Kommunikation. 2. Aufl., Bonn 1994

Flensburger Arbeitskreis für Stadt- und Regionalforschung: Die Region im Unterricht, dargestellt am Beispiel Flensburgs. In: O. Klose (Hg.): Zeitschrift der Gesellschaft für Schleswig-Holsteinische Geschichte, Bd. 98, Neumünster 1973, S. 215–234

Wilhelm Flitner: Theorie des pädagogischen Weges und der Methode. 2. Aufl., Weinheim 1953

Ders.: Der Kampf gegen die Stofffülle: Exemplarisches Lernen, Verdichtung und Auswahl. In: Die Sammlung 11 (1955) S. 556–561

Ders.: Grund- und Zeitfragen der Erziehung und Bildung. Stuttgart 1954

Erhard Forndran: Demokratie in der Krise? In: GWK 42 (1993) S. 495–525

Wilhelm Frenz: Art. „Offenes Lernen". In: W. Mickel (Hg.): Handbuch zur politischen Bildung. Bonn u. Schwalbach/Ts. 1999, S. 287–292

Karl Frey: Theorien des Curriculums. Weinheim 1971

Ders.: Die Projektmethode. 8. Aufl., Weinheim 1998

Jürgen Fritz: Methoden des sozialen Lernens. München 1977

Herbert Fritzsche (Hg.): Taschenlexikon schul- und hochschulrechtlicher Entscheidungen (TSHE). Berlin 1996

Ernst Fromm: Haben oder Sein. Die seelischen Grundlagen einer neuen Gesellschaft. Stuttgart 1976

Marek Fuchs/Jens Luedtke: Gesellschaftsbilder statt Politikmodelle. Strukturanalyse in der politischen Bildung. In: S. Lamnek (Hg.): 1997, S. 199–227

Hans-Werner Fuchs/Lutz R. Reuter (Hg.): Bildungspolitik seit der Wende. Dolumente zum Umbau des ostdeutschen Bildungssystems (1989–1994). Opladen 1995

Francis Fukuyama: Das Ende der Geschichte. Wo stehen wir? München 1992

Wolfgang Gabler: Zum Verhältnis zwischen Verrechtlichung und pädagogischer Freiheit. In: RdJB 3/1982, S. 216–227

Hans-Georg Gadamer: Wahrheit und Methode. Grundzüge einer philosophischen Hermeneutik. (1960) 6. Aufl., Tübingen 1990

Walter Gagel: Politische Didaktik: Selbstaufgabe oder Neubesinnung? In: GWK 35 (1986) S. 289–295

Ders.: Unterrichtsplanung: Politik/Sozialkunde. Opladen 1986

Ders.: Sicherung vor Anpassungsdidaktik? Curriculare Alternativen des politischen Unterrichts: Robinsohn oder Blankertz? In: GWK 22 (1973) S. 241-268

Ders.: Geschichte der politischen Bildung in der Bundesrepublik Deutschland 1945 bis 1989. 2. Aufl., Opladen 1995

Ders.: Art. „Theorien und Konzepte". In: W. Mickel (Hg.): Handbuch zur politischen Bildung. Bonn u. Schwalbach/Ts. 1999, S. 82–95

Ders.: Politik – Didaktik – Unterricht. Eine Einführung in didaktische Konzeptionen. Stuttgart 1979 (2. Aufl. 1981)

Ders.: Renaissance der Institutionenkunde? Didaktische Ansätze zur Integration von Institutionenkundlichem in den politischen Unterricht. Kritik am Subjektivismus in der politischen Didaktik. In: GWK 38 (1989) 387–418

Ders.: Fall, Problem, Situation – Zugänge zum systematischen Wissen. In: GWK 30 (1981) S. 55–67

Ders.: Zur Bedeutung der kognitiven Lerntheorie für den politischen Unterricht. In: GWK 32 (1983) S. 45–56

Ders.: Betroffenheitspädagogik oder politischer Unterricht? Kritik am Subjektivismus in der politischen Didaktik. In: GWK 34 (1985) S. 403–414

Ders.: Von der Betroffenheit zur Bedeutsamkeit. Der Zusammenang zwischen subjektiver und objektiver Betroffenheit im Erkenntnisprozess. In: GWK 35 (1986) S. 31–44

Ders.: Einführung in die Didaktik des politischen Unterrichts. 2. Aufl., Opladen 2000

Ders. u. a.: Politikdidaktik praktisch. Mehrperspektivische Unterrichtsanalyse. Ein Videobuch. Schwalbach/Ts. 1992

Ders.: Unterrichtsplanung: Politik/Sozialkunde. Opladen 1986

Ders.: Lernziele und politischer Unterricht. In: GWK 23 (1974) S. 435–444

Ders.: Gestalt und Funktion von Unterrichtsmodellen zur politischen Bildung. In: PoBi 1 (1967) H. 4, S. 42–72

Ders.: Lebenswelt und Großtechnologie: Das Beispiel Kernenergie. Didaktische Skizze eines Projekts. In: GWK 40 (1991), S. 207–218

Wolfgang Gaiser: Kindheit und Jugend heute – veränderte Ausgangsbedingungen für politisches Lernen? In: Vorstand des Hess. Jugendrings (Hg.): Politische Bildung in den 90er Jahren. Sündenbock oder Feuerwehr? Dokumentation. Wiesbaden 1993, S. 37–53

Harald Gampe/Gerald Rieger: Schulwanderungen und Schulfahrten. Hinweise zur Planung, Organisation und Durchführung. In: Schulmanagement 20 (1989) H. 6, S. 29–38

Ortega y Gasset: Der Aufstand der Massen. (1930) Hamburg 1956

Heinz Gattermann(Hg.): Bd. 2: Betriebspraktikum. Arbeitslehre im Sekundarbereich. Hannover 1974

Klaus Gebauer: Vom Ausländer zum Staatsbürger durch politisches Lernen. In: DVPB (Hg.): Politische Bildung in den Achtzigerjahren. Stuttgart 1983, S. 251–257

Rainer Geißler: Die Sozialstruktur Deutschlands. 3. Aufl., Bonn 2002

Wolfgang Geiger: Lernziele und politischer Unterricht. – Über die Grenzen der Lernzielorientierung. In: GWK 23 (1974), S. 17–34

Ders.: Erstellung und Revision von Lehrplänen: Zur Frage des Verfahrens. In: GEP 2 (1991), S. 177–185

Karlheinz Geißler/Karlwilhelm Stratmann u. a.: Von der staatsbürgerlichen Erziehung zur politischen Bildung. Berlin 1992 (Bundesinstitut für Berufsbildung)

Siegfried George: Was bedeutet Operationalisierung von Lernzielen für die Politische Bildung? In: DdBFSch 66 (1970), S. 763–775

Ders.: Kreativität und politische Bildung. In: BpB (Hg.): Methoden in der politischen Bildung – Handlungsorientierung. Bonn 1991, S. 54–73

Ders. u. a.: Theorie der Politischen Bildung und ihre Bezugswissenschaften. In: DVPB (Hg.): Politische Bildung in den Achtzigerjahren. Stuttgart 1983, S. 48–99

Ders.: Neue Technologien und politischer Unterricht. In: PL 6 (1986) H. 1, S. 4–26

Ders.: Curriculare Aspekte der Neuen Technologien im politischen Unterricht. In: BpB (Hg.) 1987, S. 125–142

Ders.: Erschließendes Denken. Selbstreflexion, Meditation, Intuition, Kreativität als Methoden des politischen Unterrichts. Schwalbach/Ts. 1993

Ders.: Ideologiekritik im politischen Unterricht. In: PolDi Nullheft 1975, S. 53–64

C. T. A. Geppert: Forschungstechnik oder historische Disziplin? Methodische Probleme der Oral History. In: GWU 45 (1994), S. 303–323

Dieter Geulen (Hg.): Perspektivenübernahme und soziales Handeln. Texte zur sozial-kognitiven Entwicklung. Frankfurt/M. 1982

Manfred Geuting: Planspiel und soziale Simulation im Bildungsbereich. Frankfurt/M. 1992

Anthony Giddens: Jenseits von Links und Rechts. Die Zukunft radikaler Demokratie. Frankfurt/M. 1997

U. Gierth: Datenschutz im Unterricht. Grundgedanken, Quellentexte, Fallbeispiele. Bonn 1988 (Bausteine Informatik)

Hermann Giesecke: Methodik des politischen Unterrichts. München 1973 (3. Aufl. 1975)

Ders.: Art. „Parteinahme. Parteilichkeit und Toleranzgebot. In: W. Mickel (Hg.): Handbuch zur politischen Bildung. Bonn u. Schwalbach/Ts. 1999, S. 503–506

Ders.: Politische Bildung. Didaktik und Methodik für Schule und Jugendarbeit. 2. Aufl., München 2000

Ders.: Didaktik der politischen Bildung. 7. Aufl., München 1972

Ders. u. a.: Politische Aktion und politisches Lernen. 3. Aufl., München 1973

Ingrid Glass: Schüler üben sich in einer Rolle. Beispiele für methodenbewußten Unterricht. In: GWK 36 (1987), S. 503–513

Wolfgang Glatzer: Sozialindikatoren und gesellschaftliche Berichterstattung (Methoden der empirischen Sozialforschung V). In: GWK 33 (1984), S. 313–322

K. Gössler: Erkennen als sozialer Prozeß. In: J. J. Sandkühler (Hg.): Marxistische Erkenntnistheorie. Stuttgart 1971, S. 59–98

Friedrich Gollwitzer: Das Simulationsspiel Ökolopoly: vernetztes Denken im Unterricht. In: Forum PB 2/1995, S. 19–17

Stephan Gora: Grundkurs Rhetorik. Eine Hinführung zum freien Sprechen. Düsseldorf /Leipzig 1998

Thomas Gordon: Lehrer-Schüler-Konferenz. Hamburg 1977

Wilfried Gottschalch: Soziales Lernen und politische Bildung. Frankfurt/M. 1969

GPJE (Hg.): Politische Bildung als Wissenschaft. Bilanz und Perspektiven. Schwalbach/Ts. 2002

Hans-Jörg Grabka u. a.: Schule und Museum. In: GEP 3 (1992), S. 116–120

Tilman Grammes: Was heißt grundlagenorientierte Forschung in der Fachdidaktik? In: B. Claußen/A. Noll (Hg.): 1989, S. 87–106

Ders.: Kommunikative Fachdidaktik. Politik-Geschichte-Recht-Wirtschaft. Opladen 1998

Ders./Georg Weißeno (Hg.): Sozialkundestunden. Politikdidaktische Auswertungen von Unterrichtsprotokollen. Opladen 1993

Ders.: Unpolitischer Gesellschaftskundeunterricht? Anregungen zur Verknüpfung von Lebenskundeunterricht und Politik. Schwalbach/Ts. 1991

Ders.: Methodische Vorschläge für eine fachdidaktische Unterrichtsanalyse. In: H.-W. Kuhn/P. Massing (Hg.): Politikunterricht kategorial + handlungsorientiert. Schwalbach/Ts. 1999, S. 182–215

Ders.: Kommunikative Fachdidaktik. Kap. 4, R 1: Kommunikative Rechtsdidaktik. 1998, S. 443–539

Ders. (Hg.): Fachtagung Politik/Wirtschafts- und Sozialkunde. Handlungsorientierung – Ein didaktisches Prinzip politischer Bildung an den Berufsschulen auf dem Prüfstand. Eine Zwischenbilanz. Neusäß 1995

Ders.: Parlament und Regierung im Schulunterricht. – Zur Didaktik der Institutionen. In: Forum PU 3/1995, S. 23–33

Ders./Dagmar Richter: Politikunterricht: weiblich – männlich? Wahrnehmung und Deutung geschlechtstypischer Interaktionen und Kommunikation im Politikunterricht. In: GWK 42 (1993), S. 353–366

Ders.: Bestandsaufnahme und Dokumentation (der Theorien politischer Urteilsbildung). In: BpB (Hg.): 1997, S. 19–70

Ders.: Kommunikative Fachdidaktik. Kap. 4 P3: Politisches Bewußtsein und Kognitionen. Opladen 1998, S. 269–298

Ders.: Handlungsorientierter Politikunterricht am Lernort Berufsschule. In: Ders. (Hg.): Fachtagung Politik/Wirtschafts und Sozialkunde. Neusäß 1995, S. 75–92

Ders./Thomas H. Kaspar: Interesse – eine fachdidaktische Kategorie? In: PoBi 26 (1993), S. 57–75

Franz Greß: Politikwissenschaft, Soziologie und politischer Unterricht. In: V. Nitzschke/F. Sandmann (Hg.): Neue Ansätze zur Methodik des Politischen Unterrichts. Stuttgart 1982, S. 65–88

Martin Greiffenhagen (Hg.): Kampf um Wörter. Politische Begriffe im Meinungsstreit. München/Wien 1980

Ders. u. Sylvia Greiffenhagen: Ein schwieriges Vaterland. Zur politischen Kultur im vereinigten Deutschland. München 1993

Dies. (Hg.): Handwörterbuch zur politischen Kultur der BRD. 2. Aufl. Wiesbaden 2002

Wolf-Dietrich Greinert: Das Verhältnis von beruflicher und politischer Bildung. Drei Beziehungsmodelle als Ansatzpunkte für didaktische Überlegungen. In: W. Cremer/ A. Klein (Hg.): 1990, S. 401–413

Michael T. Greven: Systemtheorie und Gesellschaftsanalyse. Kritik der Werte und Erkenntnismöglichkeiten in Gesellschaftsmodellen der kybernetischen Systemtheorie. Darmstadt 1974

Johannes Greving/Liane Paradies: Unterrichts-Einstiege. Ein Studien- und Praxisbuch. Berlin 1996

Hartmut Griese: Zum aktuellen Stand der Jugendforschung. In: BpB (Hg.): Politische Bildung mit Jugendlichen. Bonn 1983, S. 91–116

Dieter Grimm: Recht und Staat der bürgerlichen Gesellschaft. Kap. IV, 13: Methode als Machtfaktor. Frankfurt/M. 1987

Marianne Gronemeyer: Motivation und politisches Handeln. Grundkategorien politischer Psychologie. Hamburg 1976

Dieter Grosser: Kompendium Didaktik Politische Bildung. München 1977 (2. Aufl. 1982)

Ders./Manfred Hättich/Heinrich Oberreuter/Bernhard Sutor: Politische Bildung. Grundlagen und Zielprojektionen für den Unterricht an Schulen. Stuttgart 1976

Heike Grüner: Lernziel: Politisches Handeln im Jugendalter. Schwalbach/Ts. 1988

Dietrich Grünewald: Bild und Karikatur. In: W. Mickel (Hg.): 1999, S. 451–457

Dorothea Gudenreich: Gruppendynamik und Schule. Darmstadt 1986

Herbert Gudjons (Hg.): Handbuch Gruppenunterricht. Weinheim 1993

Ders. (Hg.): Die Moderationsmethode in Schule und Unterricht. Bielefeld 2000

Ders.: Projektunterricht – ein umfassendes Konzept handlungsorientierten Lehrens und Lernens. In: Ders.: Handlungsorientiertes Lehren und Lernen. 4. Aufl., Bad Heilbrunn/Obb. 1994, S. 61–92

Günther Gugel: Praxis politischer Bildungsarbeit. Methoden und Arbeitshilfen. 2. Aufl., Tübingen 1994 (Verein für Friedenspädagogik)

Erhard Guhl/Ernst H. Ott: Unterrichtsmethodisches Denken und Handeln. Darmstadt 1985

Jürgen Habermas: Die neue Unübersichtlichkeit. In: Merkur 39 (1985) S. 1–14

Ders. (Hg.): Stichworte zur ‚Geistigen Situation der Zeit‘. 2 Bde., Frankfurt/M. 1979

Ders.: Theorie des kommunikativen Handelns. 2 Bde., Frankfurt/M. 1981

Ders.: Der philosophische Diskurs der Moderne. Frankfurt/M. 1985

Ders.: Technik und Wissenschaft als Ideologie. Frankfurt/M. 1968

David A. Hackett: Der Buchenwald-Report. Bericht über das Konzentrationslager Buchenwald bei Weimar. München 1996

Michael u. Sabine Häder: Die Delphi-Technik in den Sozialwissenschaften. Wiesbaden 2000

Dagmar Hänsel (Hg.): Handbuch Projektunterricht. Weinheim 1997

Manfred Hättich: Rationalität als Ziel politischer Bildung. München 1977

Ders.: Der Polisgedanke und seine Anwendung auf die Schule. In: G. Hepp/H. Schneider (Hg.): 1999, S. 178–183

Helga Haftendorn: Über Leistungsfähigkeit und Versagen der Theorie der internationalen Politik. In: IP 51 (1996) Nr. 8, 3–7

Klaus Hage: Das Methoden-Repertoire von Lehrern (S I). Opladen 1985

Wilhelm Hagemann/Horst Heidbrink: Politisches Lernen und moralische Entwicklung. In: W. Hagemann/G. Tulodziecki (Hg.): 1985, S. 57–101

Ders. u. a. (Hg.): Kognition und Moralität in politischen Lernprozessen. Opladen 1982

Ders./Gerhard Tulodziecki (Hg.): Lehren und Lernen im Politikunterricht. Entwicklungs- und lerntheoretische Ansätze. Bad Heilbrunn/Obb. 1985

Ingrid Haller/Hartmut Wolf: Alltagsbewusstsein und politisches Lernen in der Schule. In: PolDi 1/1979, S. 12–25

Dies.: Selbstreflexion der Lerngruppe auf ihr eigenes Verhalten als didaktische Kategorie der politischen Bildung. In: K. Fackiner (Hg.): Handbuch des politischen Unterrichts. Frankfurt/M. 1972, S. 239–298

Uwe Hameyer: Interventive Erziehungsforschung. In: D. Lenzen (Hg.) Enzyklopädie Erziehungswissenschaft. Bd. 2., Stuttgart 1984, S. 145–181

Bernd Hamm: Sozialraumanalyse – Methode und Anwendungsbeispiele (Methoden der empirischen Sozialforschung 11). In: GWK 33 (1984), S. 49–60

Hans-Alfred Hansch: Der Lehrer und das Schulrecht. Hamburg 1988

Steffen Harbordt: Politische Bildung und politisches Bewusstsein von Berufsschülern. In: DVPB (Hg.): Politische Bildung in den Achtzigerjahren. Stuttgart 1983, S. 173-189

Hans-Christian Harten: Kognitive Sozialisation und politische Erkenntnis. Piagets Entwicklungspsychologie als Grundlage einer Theorie der politischen Bildung. Weinheim/Basel 1977

Thilo Harth: Das Internet als Herausforderung politischer Bildung. Schwalbach/Ts. 2000

Hans-Hermann Hartwich: Kein neues Fach Ökonomie, aber eine moderne Wirtschaftslehre in der schulischen politischen Bildung. In: GWK 49 (2000), S. 23–36

Ders.: Bewährung und Wandel der Demokratie in Deutschland. Fragen der Forschung – Anregungen für die Demokratielehre. In: GWK 48 (1999), S. 141–151

Wolfgang Hasberg: Begriffslernen im Geschichtsunterricht oder Dialog konkret (II). In: GEP 6 (1995), S. 217–227

F. Hase/K.-H. Ladeur: Zum Verhältnis von S(M)V und politischer Bildung als Schulfach. In: RdJB 4/1975, S. 295–300

Julia Hasselbring: Der urheberrechtliche Schutz im Bildungswesen. In: RdJB 1/1996, S. 84–98

Hans-Jürgen Haug/Hubert Maessen: Was wollen die Schüler? Politik im Klassenzimmer Frankfurt/M. 1969

Hans Heckel/Hermann Avenarius: Schulrechtskunde. 6. Aufl., Neuwied/Rh. 1986 (= das auch für Nichtjuristen gut lesbare Standardwerk des Schulrechts; siehe Hermann Avenarius/Hans Heckel: 7. Aufl. 2000)

Ulrike Heider: Schülerprotest in der Bundesrepublik Deutschland. Frankfurt/M. 1984

Ursula Heiligenmann: Einzelfallstudien in der erziehungswissenschaftlichen Forschung. In: Zeitschrift für internat. erziehungs.- u. sozialwiss. Forschung 6 (1989), S. 175–192

Herbert Heinecke: Spielfilme im Politikunterricht. In: G. Weißeno (Hg.): 2002, S. 23 bis S. 235

Volker Heins: Asiatische Werte. Über die neuen moralischen Weltkarten. In: FR vom 28. 12. 1996

T. Heinze: Qualitative Sozialforschung. 3. Aufl., Opladen 1995

Wilhelm Heitmeyer (Hg.): Bundesrepublik Deutschland: Auf dem Weg von der Konsens- zur Konfliktgesellschaft. 2 Bde., Frankfurt/M. 1997

Ders. u. a.: Evaluation eines Arbeitsprozesses. Methodische Ansätze und Ergebnisse. In: R. Klauser (Bearb.): Lehrerfortbildung zum Curriculum Politik. Opladen 1979, S. 156–206

Ders./Juliane Jacobi (Hg.): Politische Sozialisation und Individualisierung. Perspektiven und Chancen politischer Bildung. Weinheim/München 1991

Ludwig Helbig: Politischer Unterricht und die Entwicklung des moralischen Bewusstseins. In: K. G. Fischer (Hg.): Zum aktuellen Stand der Theorie und Didaktik der Politischen Bildung. 5. Aufl., Stuttgart 1986, S. 106–118

Klaus Helf: Erziehung zum Widerspruch. Politische Bildung als Aufklärung und Ideologiekritik. In: B. Claußen (Hg.): Texte zur politischen Bildung. Bd. 3, Frankfurt/M. 1989, S. 173–218

Ludwig Henkel: Zur pädagogischen Transformation in der politischen Bildung. Ein integrativer Ansatz für die Praxis in der Berufsschule. Frankfurt/M. 1991

Ders.: Politikunterricht in der Berufsschule. Unterrichtsplanung im Sinne der pädagogischen Transformation. In: ZfBW 89 (1993), S. 510–530

Ders.: Ausbildung von Politiklehrern an beruflichen Schulen. Schwalbach/Ts. 1997

Peter Henkenborg: Politische Bildung neu denken: Skizzen zu einer Umbruchsitu-ation. In: D. Weidinger (Hg.): Politische Bildung in der Bundesrepublik. Opladen 1996, S. 160–167

Ders.: Wie kann man die politische Bildung neu denken? Ambivalenzen gestalten. In: GWK 44 (1995), S. 167–181

Ders.: Gesellschaftstheorien und Kategorien der Politikdidaktik: Zu den Grundlagen einer fachspezifischen Kommunikation in der politischen Bildung. In: PoBi 30 (1997) H. 2, S. 95–121

Ders.: Politische Bildung als Kultur der Anerkennung: Zum Professionswissen von Lehrerinnen und Lehrern. In: E. Jung: Schlüsselqualifikation Partizipationsfähigkeit. In: P. Weinbrenner (Hg.): 1991, S. 83–129

Ders.: Die Unvermeidlichkeit der Moral. Ethische Herausforderungen für die poli-tische Bildung in der Risikogesellschaft. Schwalbach/Ts. 1992

Ders./Hans-Werner Kuhn (Hg.): Der alltägliche Politikunterricht. Beispiele quali-tativer Unterrichtsforschung zur politischen Bildung in der Schule. Opladen 1998

Ders.: Fremde Deutsche in deutscher Fremde. Plädoyer für ein interkulturelles Bil-dungsprogramm. Schwalbach/Ts. 1992

Ders.: Politische Bildung durch Demokratie-Lernen im Schulalltag. In: W. Sander (Hg.): Handbuch politische Bildung. Schwalbach/Ts. 1997, S. 241–257

Frank Hennecke: Versuche einer juristischen Begründung von pädagogischer Frei-heit. In: RdJB 3/1986, S. 233–247

Ders.: Grundrechte für Lehrer. In: Zs. f. erziehungs- u. sozialwiss. Forschung 2/1985, S. 227–257

Bernd Henning u.a.: Inhaltliche Schwerpunkte politischer Bildung in den Lehrplä-nen der Bundesländer – S II. In: BpB (Hg.): Zur Situation der politischen Bildung in der Schule. Bonn 1982, S. 113–317

Ders.: Politische Bildung im Lernfeld Wirtschaft an Berufsschulen. In: BpB (Hg.) 1987, S. 262–302

Ders.: Didaktik der Wirtschaftslehre. Politische Bildung im Lernfeld Ökonomie. Bad Heilbrunn/Obb. 1985

Ders.: Sozioökonomische Perspektiven der Neuen Technologien (Rollenspiel). In: BpB (Hg.): Grundfragen der Ökonomie. Bonn 1989, S. 381–449

Gerd Hepp/Herbert Schneider (Hg.): Schule in der Bürgergesellschaft. Demokra-tisches Lernen im Lebens- und Erfahrungsraum der Schule. Schwalbach/Ts. 1999

Ders./Siegfried Schiele/Uwe Uffelmann (Hg.): Die schwierigen Bürger. Schwalbach/Ts. 1994

Hartmut v. Hentig: Die Schule neu denken. München/Wien 1993

Dieter Hesselberger: Das Grundgesetz. Kommentar für die politische Bildung. 12. Aufl., Bonn 2001

Helmut Heuer: Die angelsächsische ‚Formal Debate‘ als unterrichtsmethodischer Aspekt der politischen Bildung. In: GSE 12 (1967), S. 40–47

Wolfgang Hilligen: Aktuelle Probleme beim Verhältnis von Praxis und Theorie im Politikunterricht. In: M. Mols u.a. (Hg.): Normative und institutionelle Ordnungs-probleme des modernen Staates. (Fs. Hättich) Paderborn 1991, S. 80–95 (für Me-thode bes. S. 89 ff.)

Ders.: Zur Didaktik des politischen Unterrichts. (1975) 4. Aufl., Opladen 1985

Ders.: Methodenlernen – ein Vehikel zu selbsttätiger Politischer Bildung. In: K.-P. Hufer/B. Wellie (Hg.): Sozialwissenschaftliche und bildungstheoretische Reflexi-onen: fachliche und didaktische Perspektiven zur politisch-gesellschaftlichen Auf-klärung. (Fs. Claußen) Glienicke/Berlin 1998, S. 169–187

Ders.: Optionen zur politischen Bildung, neu durchdacht angesichts der Vereinigung Deutschlands. In: GWK 41 (1992) 117–133

Ders.: Demokratie – Lernen versus Werteerziehung? In: Forum PB 1/1989, S. 8–19

Ders.: Politisches Lernen – politische Aktion in der Schule. Anmerkungen und Thesen. In: MzPB 1/1985, S. 20–27

Ders.: Zwischen Emotionalität und Vernüftigkeit. In: B. Claußen/G. Koch (Hg.): Lebensraum Schule und historisch-politische Erfahrungswelt. Frankfurt/M. 1984

Ders.: Das Schulbuch als Pädagogikum und Politikum. In: S. George/W. Sander (Hg.): Demokratie-Lernen als politische und pädagogische Aufgabe. Stuttgart 1988, S. 85 bis S. 112

Ders.: Literturbericht zur Unterrichtsforschung im Politikunterricht. In: Sowi 22 (1993) 125–134

Karl-Heinz Hillmann: Wertwandel. 2. Aufl., Darmstadt 1989

Gerhard Himmelmann: Demokratie Lernen als Lebens-, Gesellschafts- und Herrschaftsform. Ein Lehr- und Studienbuch. Schwalbach/Ts. 2001

Dietrich Hinrichs/Sibylle Reinhardt: Schülermitverantwortung (SMW). Geschichte und Ende einer Ideologie. Weinheim 1971

Ronald Hitzler/Anne Honer (Hg.): Sozialwissenschaftliche Hermeneutik. Eine Einführung. Opladen 1997

Beate Hoecker: Politische Partizipation von Frauen. Kontinuität und Wandel des Geschlechterverhältnisses in der Politik. Ein einführendes Studienbuch. Opladen 1995

Hans-Joachim Höhn: Jenseits von Klasse und Schicht. Individualisierung und Zwangssolidaritäten. In: Friedrich-Ebert-Stiftung (Hg.): Individualisierung und Solidarität. Über die Gefährdung eines Grundwertes. Bonn 1993, S. 25–39

Ingo Hoffer: Pilotprojekt: Schülerbetriebspraktika im Ostseeraum – Auswertungsbericht. In: Bundesarbeitsgemeinschaft Schule – Wirtschaft (Hg.): Schule und Wirtschaft in Europa. Köln 1995, S. 44–69

D. Hoffmann: Politische Bildungsziele im Wandel der gesellschaftlichen Bedingungen. Bemerkungen zur Geschichte der politischen Bildung und ihrer Tendenzen. In: MzPB 1/1979, S. 74–80

Klaus Hofmann: Einführung in das wissenschaftliche Arbeiten für Pädagogen. Düsseldorf 1983

Peter R. Hofstätter: Gruppendynamik. Hamburg 1968

Antonius Holtmann: Art. „Wissenschaftstheorien". In: W. Mickel (Hg.): Handlexikon zur Politikwissenschaft. München u. Bonn 1986, S. 570–575

Ders.: Lawrence Kohlbergs „Stufen des moralischen Urteilens": ihre Berücksichtigung in der Didaktik der politischen Bildung. In: W. Hagemann u. a. (Hg.): Kognition und Moralität in politischen Lernprozessen. Opladen 1982, S. 34–58

Ders.: Politische Bildung: Ausdifferenzierung und Qualifizierung gesellschaftspolitischen Wahrnehmens und Handelns. Vom Alltagsbewusstsein zur politischen Theorie. In: K. G. Fischer (Hg.): Zum aktuellen Stand der Theorie und Didaktik der Politischen Bildung. 4. Aufl., Stuttgart 1980, S. 67–91

Everhard Holtmann: Das Demokratieverständnis in seinen unterschiedlichen Dimensionen. Eine vergleichende Betrachtung ostdeutscher und westdeutscher Einstellungen. In: GWK 49 (2000), S. 61–70

B. Holznagel: Konfliktlösungen durch Verhandlungen. Baden-Baden 1990

Christel Hopf/Walter Müller: Entwicklung empirischer Sozialforschung in der Bundesrepublik Deutschland. In: ZUMA-Nachrichten 35, 18 (Nov. 1994), S. 28–53

Heidrun Hoppe: Subjektorientierte politische Bildung. Begründung einer biographiezentrierten Didaktik der Gesellschaftswissenschaften. Opladen 1996

Dies.: Brauchen wir eine frauenspezifische politische Bildung? In: BpB (Hg.): Verantwortung in einer unübersichtlichen Welt. Bonn 1995, S. 300–316

Max Horkheimer: Traditionelle und kritische Theorie. (1937) Frankfurt/M. 1973

Ders./Theodor W. Adorno: Dialektik der Aufklärung. Frankfurt/M. 1973

Walter Hornstein: Der Gestaltwandel des Politischen und die Aufgaben der politischen Bildung. In: W. Heitmeyer/J. Jacobi (Hg.): 1991, S. 199–228

D. Horster: Das Sokratische Gespräch in Theorie und Praxis. Opladen 1994

Stefan Hradil: Soziale Ungleichheit in Deutschland. 7. Aufl., Opladen 1999

Manuela E. Hrdlicka: Alltag im KZ. Das Lager Sachsenhausen bei Berlin. Opladen 1992

Klaus Peter Hufer: Der Politikbegriff in der außerschulischen politischen Bildung. In: kursiv 2/2001, S. 20–24

Ders.: Schülerorientierung – Teilnehmerorientierung. In: W. Sander (Hg.): Handbuch politische Bildung. Schwalbach/Ts. 1997, S. 95–104

Ders.: Die neue Subjektivität – ihre Bedeutung für politische Bildung. In: U. Sarcinelli u. a.: Politikvermittlung und Politische Bildung. Bad Heilbrunn/Obb. 1990, S. 123 bis S. 142

Wolfgang Hug: Die „Erinnerungsstätte für die Freiheitsbewegungen in der deutschen Geschichte" in Rastatt: Modell für ein Deutsches Historisches Museum? In: U. Uffelmann (Hg.): Didaktik der Geschichte, Villingen-Schwenningen 1986, S. 317 bis S. 328

Jan Huizinga: Homo ludens. Vom Ursprung der Kultur im Spiel. (1938) Hamburg 1956

Wilhelm v. Humboldt: Königsberger Schulplan (1809). In: Ders.: Schriften zur Politik und zum Bildungswesen. Darmstadt 1964, S. 168-187 (hg. v. A. Flitner/K. Giel, Bd. V der Werke in fünf Bänden)

Samuel P. Huntington: Kampf der Kulturen. Die Neugestaltung der Weltpolitik im 21. Jh., München 1996

Friedrich Husch/Karl Niederau: Klausurentraining Geschichte. Eine Arbeitsanleitung. Berlin 1997 (Cornelsen)

Edmund Husserl: Ideen zu einer reinen Phänomenologie. 1913

Karlheinz Ingenkamp: Die Fragwürdigkeit der Zensurengebung. 9. Aufl., Weinheim 1995

Roland Inglehart: Kultureller Umbruch. Wertewandel in der westlichen Welt. Frankfurt/M. 1990

Juliane Jacobi: Sind Mädchen unpolitischer als Jungen? In: W. Heitmeyer/J. Jacobi (Hg.): Politische Sozialisation und Individualisierung. Perspektiven und Chancen politischer Bildung. Weinheim/München 1991

Werner Jank/Hilbert Meyer: Didaktische Modelle. 3. Aufl., Berlin 1994

Bernd Janssen: Konzepte zur Sachanalyse und Unterrichtsplanung. Schwalbach/Ts. 1997

Otfried Jarren: Internet – neue Chancen für die politische Kommunikation? In: APuZ B 40/98, S. 13–21

Karl Jaspers: Die geistige Situation der Zeit. (1931) Berlin 1953

Siegfried Jenkner: Auf dem Weg zu einer freiheitlichen Schulverfassung. In: Erziehungskunst 60 (1996) 514–525

Ders./Gerd Stein (Hg.): Zur Legitimationsproblematik bildungspolitischer Entscheidungen. Saarbrücken 1976

Hans Joas: Ist der soziale Zusammenhalt nur auf Sand gebaut? (…) In: FR vom 26. 8. 1996

Ders.: Die Kreativität des Handelns. Frankfurt/M. 1996

Christian Jülich: Rechtsprobleme bei Schulfahrten. In: RdJB 1/1986, S. 76–88

Jugend und Politik, Themenheft von PoBi 4/2001

Eberhard Jung (Hg.): Neue Akzente in der Lehrerbildung. Herausforderungen – Ideen – Konzepte für das Fach Politik. Schwalbach/Ts. 2001

Ders.: Politische Bildung als Fach und Prinzip an beruflichen Schulen. In: F. Nonnenmacher (Hg.): Das Ganze sehen. Schule als Ort politischen und sozialen Lernens. Schwalbach/Ts. 1996, S. 236–255

Ders.: Projekt – Projektorientierung: mehr als eine Methode. Schwalbach/Ts. 1997

Ernst Jung: Politische Bildung in Arbeit und Beruf – Die Gestaltung von Arbeits- und Lebenssituationen. Frankfurt/M. 1993

Franz-Josef Kaiser (Hg.): Die Fallstudie. Theorie und Praxis der Fallstudiendidaktik. Bad Heilbrunn/Obb. 1983

Hansjörg Kaiser: Handlungsorientierung als didaktisch-methodiches Element im Gemeinschaftskundeunterricht und in der politischen Erwachsenenbildung am Beispiel der Museumsmethode. Frankfurt/M. 1996

Annette Kammertöns: Das handlungsanleitende Rollenspiel als Erziehung zum bewußten sozialen Handeln. In: GWK 35 (1986), S. 361–369

Imanuel Kant: Kritik der reinen Vernunft. Reclam-Ausgabe, Leipzig 1944

Reinhard Karasek: Die Erfolgsaussichten von Klagen gegen Prüfungsentscheidungen. In: RdJB 4/1995, S. 409–415

Hermann Karsten/Norbert Ingler: Politikdidaktik und Problemfelder der Entwicklungspolitik. In: PoBi 24 (1991), S. 72–82

Hans Kastendiek: Die Entwicklung der westdeutschen Politikwissenschaft. Frankfurt/M. 1977

Rudolf W. Keck u. a. (Hg.): Fachdidaktik zwischen Allgemeiner Didaktik und Fachwissenschaft. Bad Heilbrunn/Obb. 1990

Klaus Keil: Lernziel: Kontroverses Denken – Ein didaktisches Modell für den Politikunterricht. (Der Jugendvertreter Detlef K. wird entlassen.) Essen 1976

Helmut Keim (Hg.): Planspiel - Rollenspiel – Fallstudie. Zur Praxis und Theorie lernaktiver Methoden. Köln 1992

Michael Kelbling/Willy Praml: Politische Bildung und Theaterarbeit. In: B. Hafeneger (Hg.): Handbuch politische Jugendbildung. Schwalbach/Ts. 1997, S. 258–279

Reiner Keller: Diskursanalyse. In: R. Hitzler/A. Honer (Hg.): 1997, S. 309–333

Paul Kennedy: In Vorbereitung auf das 21. Jh., Frankfurt/M. 1993

Alexander King/Bertrand Schneider (Hg.): Die Globale Revolution. Ein Bericht des Rates des Club of Rome. Hamburg 1991 (SPIEGEL SPEZIAL 2/91)

Mogens Kirckhoff: Mind Mapping: Einführung in eine kreative Arbeitsmethode. 8. Aufl., Offenbach 1995

Monika Kirfel: Kleinstadt gleich Langeweile? Werkstattbericht über ein Projekt im Fach Sozialwissenschaften der Jahrgangsstufe 9 des Gymnasiums (NRW). In: GWK 41 (1992), S. 219–230

Wolfgang Klafki: Allgemeinbildung für eine humane, fundamental-demokratisch gestaltete Gesellschaft. In: W. Cremer/A. Klein (Hg.): 1990, S. 297–310

Ders. in: H.-H. Krüger/Th. Rauschenbach (Hg.): Einführung in die Arbeitsfelder der Erziehungswissenschaft. Opladen 1995

Ders.: Zum Verhältnis von Didaktik und Methodik. In: ZfP 22 (1976), S. 77–94

Ders.: Das pädagogische Problem des Elementaren und die Theorie der kategorialen Bildung. Weinheim 1959

Ders.: Neue Studien zur Bildungstheorie und Didaktik. (1985) 5. Aufl., Weinheim 1996

Helmut Klages: Wertedynamik. Über die Wandelbarkeit des Selbstverständlichen. Zürich 1988

Raimund Klauser (Bearb.): Lehrerfortbildung zum Curriculum Politik. Opladen 1979

Josef Klein (Hg.): Politische Semantik. Bedeutungsanalytische und sprachkritische Beiträge zur politischen Sprachverwendung. Wiesbaden 1989

Victor Klemperer: LTI (Lingua Tertii Imperii). Die unbewältigte Sprache. (1946) Leipzig 1996

Udo Kliebisch/Peter Schmitz: Methodentrainer. Arbeitsbuch für die Sekundarstufe I Gesellschaftswissenschaften. Berlin 2001 (Cornelsen)

Horst Kliemann: Anleitungen zum wissenschaftlichen Arbeiten. 8. Aufl., Freiburg 1973

Lothar Klingberg: Einführung in die Allgemeine Didaktik. 5. Aufl., Berlin-Ost 1982

Ders.: Methodologische Fragen der Klassifizierung von Unterrichtsmethoden. In: Potsdamer Forschungen. Erziehungswiss. Reihe, H. 53. Päd. Hochschule Potsdam 1983, S. 109–143

Heinz Klippert: Durch Erfahrung lernen. Ein Prinzip (auch) für die politische Bildung. In: BpB (Hg.): Erfahrungsorientierte Methoden politischer Bildung. Bonn 1988, S. 75–93

Ders.: Handlungsorientierter Politikunterricht. Anregungen für ein verändertes Lehr-/Lernverständnis. In: BpB (Hg.): 1991, S. 9–30

Ders.: Handlungsorientierte Politische Bildung. Ein Ansatz zur Förderung demokratischer Handlungskompetenz. In: D. Weidinger (Hg.): Politische Bildung in der Bundesrepublik. Opladen 1996, S. 277–286

Ders.: Planspiele zum Lernbereich Wirtschaft/Politik. Eine Methode (auch) für das berufsbildende Schulwesen. In: BpB (Hg.) 1987, S. 303–357

Ders.: Planspiele. Spielvorlagen zum sozialen, politischen und methodischen Lernen in Gruppen. 2. Aufl., Weinheim/Basel 1999

Ders.: Planspiele in der politischen Bildung. Anregungen für die schulische und außerschulische Bildungsarbeit. In: BpB (Hg.): Erfahrungsorientierte Methoden der politischen Bildung. Bonn 1988, S. 132–168

Ders.: Methodentraining mit Schülern. Strategisches Lernen im Politikunterricht. In: BpB (Hg.): Methoden in der politischen Bildung – Handlungsorientierung. Bonn 1991, S. 85–114

Ders.: Methoden-Training. Übungsbausteine für den Unterricht. 6. Aufl., Weinheim 1996

Hans-Helmuth Knütter: Schulbuchanalyse – Intention und Kriterien eines fachspezifischen Fragenkatalogs. In: G. Stein 1979, S. 165–172

Wilfried Klute: Gemeinschaftskunde in der Reifeprüfung. In: GSE 13 (1968) 92–104 (mit neun Beispielen)

Herbert Knepper: Handlungsorientierung des Politikunterrichts. Möglichkeiten und Grenzen. In: W. Gagel/D. Menne (Hg.): Politikunterricht. Handbuch zu den Richtlinien NRW. Opladen 1988, S. 75–86

Peter Knoch: Art. „Regionalstudien". In: W. Mickel/D. Zitzlaff (Hg.): Handbuch zur politischen Bildung. Bonn 1988, S. 287–291

Michael Knoll: Lernen durch praktisches Problemlösen. – Die Projektmethode in den USA, 1860–1915. In: Zs. f internat. erziehungs- und sozialwiss. Forschung 8 (1991), S. 103–122

Holger Knudsen (Bearb.): Schulrecht in Deutschland. Neuwied/Rh. 1997 (Loseblattausgabe)

Hartmut Koch/Hartmut Neckel: Unterrichten mit Internet & Co. Methodenhandbuch für die S I und II. Berlin 2001 (Cornelsen)

Jürgen Kocka (Hg.): Interdisziplinarität. Frankfurt/M. 1987

Gisela Köhler: Einführung in die Moderationsmethode. In: Lernwege 1/2000, S. 23–27

René König/H. Maus (Hg.): Handbuch der empirischen Sozialforschung. Stuttgart 1958

Lawrence Kohlberg: Zur kognitiven Entwicklung des Kindes. Frankfurt/M. 1974

Bernd Kolossa: Methodentrainer. Arbeitsbuch für die S II. Berlin 2000

Klaus Koopmann/Burkhard Sachse: Projektwerkstatt in der Schule – ein Weg zu mehr und besserem Projektunterricht? In: GEP 6 (1995) 698-707 u. 772–782

Ferdinand Kopp: Didaktik der Sozialkunde. Zur politischen Bildung in der Volksschule. Donauwörth (1963)

Hagen Kordes: Art. „Pädagogische Aktionsforschung". In: D. Lenzen (Hg.): Enzyklopädie Erziehungswissenschaft. Bd. 2, Stuttgart 1984, S. 185–219

Franz Kost: Projektunterricht und „Kritische Didaktik". In: H. Moser (Hg.): Probleme der Unterrichtsmethodik. Kronberg/Ts. 1977, S. 133–162

Jürgen Kriz u. a. (Hg.): Politikwissenschaftliche Methoden. Bd. 2 von D. Nohlen (Hg.): Lexikon der Politik. München 1994

Ders. u. a.: Wissenschafts- und Erkenntnistheorie. Eine Einführung für Psychologen und Humanwissenschaftler. 3. Aufl., Opladen 1996

Christian Graf von Krockow: Der Konflikt um den Konflikt. In: F. Neumann/K. G. Fischer (Hg.): Option für Freiheit und Menschenwürde. Frankfurt/M. 1976, S. 73–82

Albert Krölls: Die Verfassungstreue von Lehrern. In: RdJB 2/1984, S. 115–125

Karsten Krügler/Franz-Josef Röll: Politische Bildung und Medien. In: B. Hafeneger (Hg.): Handbuch politische Jugendbildung. Schwalbach/Ts. 1997, S. 225–242

Götz Krummheuer/Natalie Naujok: Grundlagen und Beispiele Interpretativer Unterrichtsforschung. Opladen 1999

Hans Jürgen Krysmanski: Soziologie des Konflikts. Reinbek 1971

Herbert Kühr: Politische Didaktik. Königstein/Ts. 1980

Annette Kuhn/Gerhard Schneider: Geschichte lernen im Museum. 1978

Hans-Werner Kuhn: Politischer oder unpolitischer Unterricht? Rekonstruktion einer Talkshow im Politikunterricht. In: P. Massing/G. Weißeno (Hg.): Politik als Kern der politischen Bildung. Opladen 1995, S. 161–203

Ders./Peter Massing (Hg.): Politikunterricht. Kategorial und Handlungsorientiert. Schwalbach/Ts. 1999

Ders.: Beginnen – Beispiele für Einstiegssituationen im Politikunterricht. In: kursiv 2/1999, S. 18–23

Ders.: Art. „Diagramm/Graphik". In: G. Weißeno (Hg.): Lexikon der politischen Bildung. Bd. 3. Schwalbach/Ts. 2000, S. 20–23

Ders. u. a.: Fachdidaktische Grundfragen. In: BpB (Hg.): Lernfeld Politik. Bonn 1992, S. 304–333

Ders./Peter Massing/Werner Skuhr (Hg.): Politische Bildung in Deutschland. Entwicklung – Stand – Perspektiven. 2. Aufl., Opladen 1993

Werner Künzel: Politische Bildung im Übergang zur Demokratie. Die Entwicklung der politischen Bildung in den neuen Bundesländern seit der deutschen Vereinigung. In: W. Sander (Hg.): Handbuch politische Bildung. Schwalbach/Ts. 1997, S. 528–542

Thomas S. Kuhn: Die Struktur wissenschaftlicher Revolutionen. 2. Aufl., Frankfurt/M. 1976

Jürgen Kummetat: Politische Bildung durch Schulaustausch. In: W. Mickel/D. Zitzlaff (Hg.): Methodenvielfalt im politischen Unterricht. 3. Aufl., Schwalbach/Ts. 1995, S. 22–235

Peter J. Kurtenbach: Planung von Lehrgängen im Politikunterricht. in: W. Gagel/D. Menne (Hg.): Politikunterricht. Handbuch zu den Richtlinien NRW. Opladen 1988, S. 165–174

Helga Kutz-Bauer: Was heißt frauenspezifisches Lernen und Handeln? In: APuZ B 25–26/92, S. 19–31

Dirk Laabs: „Natürlich muss auch ein Nazi Abitur machen dürfen." Ein Prüfungsboykott an einer Hamburger Gesamtschule löst Grundsatzdebatte aus. In: FR vom 8. 8. 1996

Kurt Lach: Möglichkeiten und Grenzen kategorialen Politikunterrichts. In: H.-W. Kuhn/P. Massing (Hg.): 1999, S. 124–136

Siegfried Lamnek (Hg.): Soziologie und politische Bildung. Opladen 1997

Landesinstitut für Schule und Weiterbildung (Hg.): Schule und Werterziehung. Förderung moralisch-demokratischer Urteilsfähigkeit. Soest 1991

Traute Langner-Geißler/Ulrich Lipp: Pinwand, Flipchart und Tafel. Mit den Augen lernen. Weinheim/Basel 1991

Klaus Lankenau: Interview und Fragebogen: Bedeutung und Problematik für die Untersuchung sozialer Tatsachen. In: GWK 32 (1983), S. 305–317

Peter Lautzas: Facharbeit, Referat, Protokoll in der Oberstufe des Gymnasiums. Worms 1982

Ders.: Die Facharbeit in der neugestalteten gymnasialen Oberstufe. In: GWU 39 (1988), S. 674–690

Johanna Lehmacher: Feministische Bildungsarbeit mit Mädchen und jungen Frauen. In: W. Lenz (Hg.): Politische Bildung und politische Kultur. Bad Boll 1988, S. 214–231

Helmut Lehner: Einführung in die empirisch-analytische Erziehungswissenschaft. Wissenschaftsbegriff, Aufgaben und Werturteilsproblematik. Bad Heilbrunn/Obb. 1994

Hans Lenk (Karlsruhe): Philosophie und Interpretation. Frankfurt/M. 1993

Hans Lenk (Aachen) (Hg.): Ideologiekritik und Wissenssoziologie. Neuwied/Rh. 1961

Kurt Lewin: Feldtheorie in den Sozialwissenschaften. Bern 1963

Ders.: Experimente über den sozialen Raum. In: Ders.: Die Lösung sozialer Konflikte. Bad Nauheim 1953, S. 112–127

Ders.: Feldtheorie in den Sozialwissenschaften. Bern 1963

Reinhard u. Anne-Marie Tausch: Erziehungspsychologie. 10. Aufl., Göttingen 1991

Peter Liebl: Integration beruflicher und politischer Bildung. Themenorientierte Literaturdokumentation. Päd. Arbeitsstelle des Deutschen Volkshochschulverbandes, Frankfurt/M. 1984

Eva Liedtke: Hausaufgaben im Fach Sozialkunde – ein Randproblem? In: EB 29 (1981), S. 9–20

Karl Christoph Lingelbach: Der Konflikt als Grundbegriff der politischen Bildung. In: PR 21 (1967), S. 48–55 u. S. 125–138

Klaus-Michael Literski: Historische Quellenanalyse auf kommunikationstheoretischer Basis. In: GEP 2 (1991), S. 1074–1082

Ders.: Beurteilungskriterien für die mündliche Abiturprüfung im Fach Geschichte. In: GEP 3 (1992), S. 341–344

Paul Lorenzen: Methodisches Denken. Frankfurt/M. 1974 (3. Aufl. 1988)

Wolfgang H. Lorig: Möglichkeiten und Grenzen zwischendeutscher Vergleiche. Zum Systemvergleich in der Deutschlandforschung und in der politischen Bildung. In: PoBi 22 (1989) H. 3, S. 87–105

Rainer Loska: Sokratisches Gespräch. Bad Heilbrunn/Obb. 1995

Peter Christian Ludz: Die Zukunft der DDR-Forschung. In: Deutschland Archiv 6 (1973), S. 488–539

Karin Lück: Gibt es weibliche Zugänge zur Politik? In: P. Massing/G. Weißeno (Hg.): Politik als Kein der politischen Bildung. Opladen 1995, S. 253–281

Otto Lüdemann: Gruppendynamik und Politische Bildung im Regelkreis der gesellschaftlichen Prozesse. In: PoBi 6 (1973) H. 2, S. 36–45

Thomas Lutz: Historische Orte sichtbar machen. Gedenkstätten für NS-Opfer in Deutschland. In: APuZ B 1-2/95, S. 18–26

Günter Madsack: Internet und Sozialkundeunterricht. In: Forum PB 3/1996, S. 51–55

Christoph Maeder/Achim Broszewski: Ethnographische Semantik. In: R. Hitzler/A. Honer (Hg.): 1997, S. 335–362

Robert F. Mager: Motivation und Lernerfolg. Weinheim 1970

Ders.: Lernziele und programmierter Unterricht. Weinheim 1965

Hans Mahrenholz: Fragen des politischen Unterrichts an berufsbildenden Schulen. In: DdBFSch 59 (1963), S. 688–692

Hendrik de Man: Vermassung und Kulturverfall. Bern 1951

Günter Mann: Politikerbesuche in der Schule. Regelungen der Länder zur Unterrichtsteilnahme und zu Informationsbesuchen von Politikern. In: GWK 28 (1979), S. 39–51

Rainer Maras: Das Tafelbild im Unterricht. Grundlegung, Gestaltung und Anwendung. München 1979

Dieter Margils/Gerald Rieger: Aufsicht und Haftung in der Schule. In: RdJB 3/2000, S. 280–303

N. Maritzen: Im Spagat zwischen Hierarchie und Autonomie. Steuerungsprobleme der Bildungsplanung. In: DdSch 88 (1996) H. 1, S. 22–36

Hartmut Markert: Didaktische Konstruktion der gesellschaftlichen Wirklichkeit. Studien zu einer handlungsorientierten politischen Didaktik und Friedenserziehung. Waldkirch 1980

Fritz Marz u. a.: Bedingungen politischen und sozialen Lernens in der Grundschule. Stuttgart 1978

Abraham H. Maslow: Motivation und Persönlichkeit. Reinbek 1981

Peter Massing: Wege zum Politischen. In: Ders./G. Weißeno (Hg.): 1995, S. 61–98

Ders./Georg Weißeno (Hg.): Politik als Kern der politischen Bildung. Wege zur Überwindung des unpolitischen Politikunterrichts. Opladen 1995

Ders./Werner Skuhr: Die Sachanalyse – Schlüssel zur Planung für den Politikunterricht. In: GWK 42 (1993), S. 241–275

Ders.: Institutionenkundliches Lernen. In: W. Sander (Hg.): 1997, S. 287–300

Ders.: Reden – Formen des Gesprächs. In: kursiv 2/1999, S. 31–35

Ders.: Handlungsorientierter Politikunterricht. Ausgewählte Methoden (Rollen-, Planspiel, Talkshow, Pro-Contra-Debatte). Schwalbach/Ts. 1998

Philipp Mayring: Qualitative Inhaltsanalyse. 6. Aufl., Weinheim 1997

Carola Meler-Seethaler: Gefühl und Urteilskraft. 2. Aufl., München 1998

Hermann Meier/Jörg Voigt (Hg.): Interpretative Unterrichtsforschung. Köln 1991

Johanna Meixner: Konstruktivismus und die Vermittlung produktiven Wissens. Neuwied/Rh. 1997

Wolfgang Melzer: Jugend und Politik in Deutschland. Opladen 1992

Memorandum „Innere Einheit – wozu?" der Forschungsgruppe Deutschland des Centrums für angewandte Politikforschung (C.A.P.) an der Universität München. In: FR vom 8.11.1999, S.8

Karin Meendermann u.a.(Hg.): Neue Medien in der politischen Bildung – Grenzen und Möglichkeiten. Münster 2002

Albert Menne: Einführung in die Methodologie. 3. Aufl., Darmstadt 1992

Dieter Mertens: Schlüsselqualifikationen. Thesen zur Schulung für eine moderne Gesellschaft. In: MittAB 1974, H. 4, S. 36–45

Michael Meuser: Auf dem Weg zur marginalen Soziologie? In: S. Lamnek (Hg.): Soziologie und politische Bildung. Opladen 1997, S. 241–260

Birgit Meyer: Die „unpolitische" Frau. Politische Partizipation von Frauen oder: Haben Frauen ein anderes Verständnis von Politik? In: APuZ B 25–26/92, S. 3–18 (mit ausführl. Bibliografie)

Gerd Meyer: Hinweise zur Gesprächsleitung in Gruppen. In: BpB (Hg.): Sozialisation an Hochschulen. Bonn 1985, S. 249–255

Hilbert Meyer: Leitfaden zur Unterrichtsvorbereitung. 12. Aufl., Berlin 1999

Ders.: Unterrichtsmethoden. Bd. 1: Theorieband. 6. Aufl., Frankfurt/M. 1994; 11. Aufl., Berlin 2000

Ders.: Didaktische Modelle. 3. Aufl., Berlin 1994

Peter Meyers: Methoden zur Analyse historisch-politischer Schulbücher. In: E. Horst Schallenberger (Hg.): Studien zur Methodenproblematik wissenschaftlicher Schulbucharbeit. Kastellaun 1976, S. 47–73

Wolfgang W. Mickel (Hg.): Politikunterricht im Zusammenhang mit seinen Nachbarfächern. München 1979

Ders.: Die ordnungspolitische Bedeutung des Schulrechts. In: Lernwelten 3/1999, S. 114–118

Ders.: Pädagogik und Recht – ein Widerspruch? In: GEP 6 (1995), S. 601–609

Ders.: Das Schulrecht – ein Desiderat der Lehrerausbildung. In: GEP 6 (1995) 685–691

Ders.: Lehrpläne und politische Bildung. Ein Beitrag zur Curriculumforschung und Didaktik. Berlin/Neuwied 1971

Ders.: Curriculumforschung und politische Bildung. In: APuZ B 19/71, S. 3–40

Ders.: Entwicklung der didaktischen Theorie und unterrichtlichen Praxis politischer Bildung in der Bundesrepublik. In: Wo Okt. 1989, SA S II, S. 11–15

Ders.: Rechtserziehung als Teil der politischen Bildung. In: GEP 6 (1995), S. 763–772

Ders.: Didaktische Kernprobleme des politischen Unterrichts an berufsbildenden Schulen. In: DbSch 42 (1990), S. 216-235

Ders.: Methodische und sachliche Probleme des Kolloquiums. In: PP 19 (1965), S. 388–404

Ders.: Schulbücher als Versuche einer praxisbezogenen und theoriegeleiteten Umsetzung politikdidaktischer Überlegungen. In: G. Stein 1981, S. 125–147

Ders.: Rezension von W. Gagel/T. Grammes/A. Unger: Politikdidaktik praktisch. Mehrperspektivische Unterrichtsanalysen. Schwalbach 1992. In: GWK 42 (1993), S. 368

Ders.: Methodik des politischen Unterrichts. 3. Aufl., Frankfurt/M. 1974, S. 246–325 (1. Aufl. 1967, 4. Aufl. 1980, Neudruck 1990)

Ders.(Hg.): Handbuch zur politischen Bildung. Bonn/Schwalbach/Ts. 1999

Ders.: Instrumente zur Emanzipation der Schüler. Schülervertretung und Schülerpresse. In: APuZ 29/72, S. 3–27

Ders.: Schülerzeitschrift und zeitungskundliche Arbeitsgemeinschaft. In: GSE 8 (1963), S. 38–44

Ders.: Art. „Parlamentsdidaktik". In: G. Sommer/R. Graf von Westphalen (Hg.): Staatsbürgerlexikon. München 1999, S. 658–660

Ders.: Art. „Leitwissenschaft und Bezugswissenschaften der politischen Bildung". In: Ders. (Hg.): 1999, S. 566–569

Klaus Moegling: Fächerübergreifender Unterricht. Wege ganzheitlichen Lernens in der Schule. (Mit zehn Unterrichtsmodellen) Bad Heilbrunn/Obb. 1998

Christine Möller: Technik der Lernplanung. Methoden und Probleme der Lernziel-
erstellung. (1969) 4. Aufl., Weinheim 1973

Anne Moir/David Jessel: Brainsex. Der wahre Unterschied zwischen Mann und Frau.
Düsseldorf 1990

Klaus Mollenhauer: Theorien zum Erziehungsprozess. München 1972

Otto Monsheimer: Drei Generationen Berufsschularbeit. Weinheim 1955

E. I. Monosson: Marxistisch-leninistische Erkenntnistheorie und Probleme des Unterrichts. In: Pädagogik 25 (1970), S. 341–356

Jakob L. Moreno: Soziometrie als experimentelle Methode. Paderborn 1981

Heinz Moser: Aktionsforschung als kritische Theorie der Sozialwissenschaften. München 1975

Ders.: Grundlagen der Praxisforschung. Freiburg 1995

Stefan Muckel: Die Kontrolle von Prüfungsentscheidungen in der Rechtsprechung
des Bundesverwaltungsgerichts. In: RdJB 4/1995, S. 398–408

Gabriele Müller: Die Inhaltsanalyse. In: GWK 33 (1984), S. 457–469

Valentina Müller: Konflikte produktiv lösen und konstruktiv nutzen. In: Lernwelten
4/2002, S. 225–228

Jürgen Müller: Moralentwicklung und politische Bildung. Idstein 1998

Stefan Müller-Doohm: Bildinterpretation als struktural-hermeneutische Symbol-
analyse. In: R. Hitzler/A. Honer (Hg.): 1997, S. 81–108

Herfried Münkler: Art. „Politikwissenschaft". In: 1. Fetscher/H. Münkler (Hg.): Politikwissenschaftliche Begriffe – Analysen – Theorien. Ein Grundkurs. Reinbek 1990,
S. 14–24

Museen und Gedenkstätten. Themenheft von „Museumskunde" 64 (1999) 4–63

Friedrich Muth/Udo Franz Zieroff: Schule außerhalb der Schule. Handreichungen
für die „Sonstigen Schulveranstaltungen". Teil 1: Schulwanderungen, Schulfahrten,
Schulskikurse, Schullandheimaufenthalte. Donauwörth (1980)

Wolf D. Narr: Theoriebegriffe und Systemtheorie. Stuttgart 1971

Oskar Negt: Soziologische Phantasie und exemplarisches Lernen. Zur Theorie der Ar-
beiterbildung. 3. Aufl., Frankfurt/M. 1972

Franz Neumann (Hg.): Handbuch Politische Theorien und Ideologien. Bd. 1, 2. Aufl.,
Opladen 1998, Bd. 2, 2. Aufl. 2000

Norbert Niehues: Schul- und Prüfungsrecht. Bd. 1: Schulrecht. 3. Aufl., München 2000

Wolfgang Nieke: Interkulturelle Erziehung und Bildung. Wertorientierungen im
Alltag. Opladen 1995 (2. Aufl. 1999)

Lutz Niethammer (Hg.): Lebenserfahrung und kollektives Gedächtnis. Die Praxis der
„Oral History". Frankfurt/M. 1980

Volker Nitzschke: Zum methodischen Handeln im politischen Unterricht. In: BpB
(Hg.): Erfahrungsorientierte Methoden der politischen Bildung. Bonn 1988, S. 47 bis
S. 61

Ders./Frank Nonnenmacher: Zur Dimension des Politischen im methoden- und
handlungsorientierten Unterricht. In: P. Massing/G. Weißeno (Hg.): Politik als
Kern der politischen Bildung. Opladen 1995, S. 225–237

Ders.: Hinweise und Anregungen zum Umgang mit Schulbüchern aus politikdidaktischer Sicht. In: G. Stein (Hg.): 1981, S. 93–107

Ders.: Zur Wirksamkeit politischer Bildung. Teil 11: Schulbuchanalyse. Frankfurt/M.
1966 (Max-Traeger-Stiftung, Forschungsbericht 4)

Ders./Fritz Sandmann (Hg.): Metzler Handbuch für den politischen Unterricht. Stuttgart 1987

B. Nölleke: In alle Richtungen zugleich. Denkstrukturen von Frauen. München 1985

Adolf H. Noll: Worin Chancen Politischer Bildung zwischen Schule und Lebenswelt
bestehen. In: S. Reinhardt u. a.: Politik und Biographie. Schwalbach/Ts. 1996

Frank Nonnenmacher: Politisches Handeln von Schülern. Weinheim/Basel 1984

Ders.: Sozialkunde – vom Schulfach zum Lernbereich. In: Ders. (Hg.): Das Ganze
sehen. Schule als Ort politischen und sozialen Lernens. Schwalbach/Ts. 1996, S. 182
bis S. 197

Jürgen Oelkers: Unterrichtsvorbereitung als pädagogisches Problem. In: der ev. erzieher 40 (1988), S. 516–531

Klaus Oesterle/Siegfried Schiele (Hg.): Historikerstreit und politische Bildung. Stuttgart 1989

Ulrich Oevermann: Konzeptionen einer „Objektiven Hermeneutik. In: Th. Heinze (Hg.): Interpretationen einer Bildungsgeschichte. Bensheim 1980, S. 15–69

Ders.: Die Objektive Hermeneutik als unverzichtbare methodologische Grundlage für die Analyse von Subjektivität. (…) In: Th. Jung/St. Müller-Doohm (Hg.): „Wirklichkeit" im Deutungsprozess. Frankfurt/M. 1993, S. 106-189

Ders.: Sprache und soziale Herkunft. Frankfurt/M. 1972

Claus Offe: Selbstbeschränkung als Methode und als Resultat. (1989) In: U. Beck (Hg.): Politik in der Risikogesellschaft. Frankfurt/M. 1991, S. 225–231

Joachim v. Olberg: „Berufsbezogenheit" politischer Bildung. Zur Notwendigkeit, eine didaktische Kategorie neu zu bestimmen. In: PoBi 19 (1986) H. 3, S. 59–69

Georg-Berndt Oschatz: Die politische Überzeugung des Lehrers. Was darf der Lehrer in den Unterricht einbringen, was verbietet sich? In: Schulverwaltungsblatt für Niedersachsen 9/1985, S. 274–279

Ernst H. Ott: Recht als neue Dimension schulischen Lernens. Stuttgart 1975

Hendrik Otten: Zur politischen Didaktik interkulturellen Lernens. Ein Planungskonzept für internationale Jugendarbeit. Opladen 1986

Pädagogische Arbeitsstelle (Hg.): „Gemeinsam Grenzen überwinden." Das Schullandheim als Lern- und Begegnungsort für Europa. Hamburg 1996

Christian Pallentin/Klaus Hurrelmann (Hg.).: Schülerdemokratie. Mitbestimmung in der Schule. Neuwied/Rh. 2002

Hans-Jürgen Pandel: Quelleninterpretation. Die schriftliche Quelle im Geschichtsunterricht. Schwalbach/Ts. 2000

Talcott Parsons: Soziologische Theorie. 3. Aufl., Darmstadt/Neuwied 1973

Karl Pellens (Hg.): Historische Gedenkjahre im politischen Bewusstsein. Stuttgart 1992

Ders.: Internationale Begegnungen und politische Bildung. In: S. Schiele (Hg.): Politische Bildung als Begegnung. Stuttgart 1988, S. 29–41

Ulf Peltzer: Art. „Methodologie und Methoden". In: E. Lippert/R. Wakenhut (Hg.): Handwörterbuch der politischen Psychologie. Opladen 1983, S. 178-189

Perspektiven der Gesellschaftslehre. Themenheft Forum Politische Bildung 2/1988

Karl-Heinz Peters: Lernort – auch ein Ort für politische Bildung? In: T. Grammes (Hg.): Fachtagung Politik/Wirtschafts- und Sozialkunde. Neusäß 1995, S. 35–42

Peter Petersen: Führungslehre des Unterrichts. 1937. 2. Aufl., Braunschweig 1950

Günter Petersen-Falshöft: Wissenschaftstheorie und Didaktik. Kastellaun 1979

Jean Piaget: Das moralische Urteil beim Kinde. Frankfurt/M. 1976

Ders.: Effizienz und Emanzipation. Prinzipien verantwortlichen Urteilens und Handelns. Eine Grundlegung zur Didaktik der politischen Bildung. Opladen 1984

Politik und Unterricht 3/2002, Themenheft „Der Seminarkurs. Ein Weg zur Methodenkompetenz"; Themenheft „Medien" von PuU 1/2002

Armin Pongs: In welcher Gesellschaft leben wir eigentlich? Gesellschaftskonzepte im Vergleich. 2 Bde., München 1999 f.

Karl R. Popper: Logik der Forschung. (1934) Tübingen 1976

Ders.: Die offene Gesellschaft und ihre Feinde.(1945) 2 Bde. (1957). 6. Aufl., Tübingen 1980

R. Porst: Praxis der Umfrageforschung. 2. Aufl., Wiesbaden 2000

Christof Prechtl: Das Internet. Kritische Reflexion und Nutzung des Mediums im Politikunterricht. Von der wissenschaftlichen Diskussion zur praktischen Umsetzung. Schwalbach/Ts. 1998

Siegfried Preiser: Sozialpsychologische, entwicklungspsychologische und lernpsychologische Voraussetzungen politischen Unterrichts. In.: V. Nitzschke/F. Sandmann (Hg.): Neue Ansätze zur Methodik des Politischen Unterrichts. Stuttgart 1982, S. 89–128

Wolfgang Preuß/Gerhard Hard: Bürgerinitiativen in der Stadt. Das Testen einer Hypothese im Unterricht. In: GWK 31 (1982) 233–247

Karin Priester: „Struktur" und „Konflikt" – Bemerkungen zu zwei didaktischen Grundkategorien in der politischen Bildung. In: DE 1/1975, H. 4, S. 18–30

Ulrike Puvogel: Gedenkstätten für die Opfer des Nationalsozialismus. Eine Dokumentation. Bonn 1987 (2. Aufl., 1995, zus. mit Martin Stankowski)

PZV-Ratgeber 98 „Klassenfahrten" (Päd. Zeitschriftenverlag, Berlin 1998 (darin u. a. gesetzliche Bestimmungen, Haftung, Aufsicht, Checkliste)

W. Radke/H. Weck: Standpunkte und Probleme zur erkenntnisprozeßgerechten Gestaltung des Unterrichts in der sozialistischen Schule. In: Pädagogik 30 (1975), S. 608–625

Josef Radlegger/Horst Schön (Hg.): Motivation und Engagement. Politische Bildung in der Berufsschule. Wien/München 1972

John Rawls: Eine Theorie der Gerechtigkeit. Frankfurt/M. 1979

Walter Reese-Schäfer: Kommunitärer Gemeinsinn und liberale Demokratie. In: GWK 42 (1993), S. 305–317

Ders.: Was Ist Kommunitarismus? Frankfurt/M. 1994

Ders.: Politische Theorie heute. Neuere Entwicklungen und Tendenzen. München 2000

Max Rehm: Das Planspiel als Bildungsmittel in Verwaltung und Wirtschaft, in Politik und Wehrwesen, in Erziehung und Unterricht. Heidelberg 1964

Ulrike von Reibnitz: Szenario-Technik: Instrumente für die unternehmerische und persönliche Erfolgsplanung. Wiesbaden 1991

Sibylle Reinhardt: Didaktik der Sozialwissenschaften. Gymnasiale Oberstufe. Sinn, Struktur, Lernprozesse. Opladen 1997

Dies.: Männlicher oder weiblicher Politikunterricht? Fachdidaktische Konsequenzen einer sozialen Differenz. In: PoBi 29 (1996) H. 1, S. 59–75

Dies.: Sozialisationsbedingungen als Faktoren für politisches Lernen in allgemeinbildenden Schulen. In: W. Gagel/D. Menne (Hg.): Handbuch zu den Richtlinien NRW. Opladen 1988, S. 113–122

Dies.: Werte-Bildung und politische Bildung. Zur Reflexivität von Lernprozessen. Opladen 1999

Dies.: Moralisches Urteil im politischen Unterricht. In: GWK 29 (1980), S. 449–460

Dies.: „Handlungsorientierung" als Prinzip im Politikunterricht. (Sinn, Begriff, Unterrichtspraxis) In: Politik lernen 1-2/1995, S. 42–52

Dies.: Didaktik der Sozialwissenschaften. Kap. III: Beispiel: „Rollentheorie" im Unterricht. Opladen 1997, S. 109–138

Dies.: Was heißt „Anwendung" von Sozialwissenschaften in der schulischen Praxis? In: ZfP (1987), S. 207–222

Dies.: Schulleben und Partizipation: die demokratische Schulgemeinde (Just Community). In: Dies.: Werte-Bildung und politische Bildung, Opladen 1999, S. 123–128

Roman Reisch: Projektausbildung und Leittextmethode. Heidelberg 1990

Fritjof Rendtel: Politische Bildung durch die Schülerpresse. München 1979

Thomas Retzmann: Die Szenariotechnik – ein komplexes Lehr-/Lern Arrangement für die interdisziplinäre politische Bildung im Fach Sozialwissenschaften. In: GWK 50 (2001), S. 363–374

Lutz-Rainer Reuter: Rechtsunterricht als Teil der Gesellschaftslehre. Saarbrücken 1975

Morton Rhues: Die Welle. Ravensburg 1984

Dagmar Richter: Zwei Geschlechter – eine politische Bildung! Zu geschlechtsspezifischen Differenzen des Bewusstseins und emanzipatorischer Möglichkeiten im Kontext Kritischer Politikdidaktik. In: B. Claußen (Hg.): Texte zur politischen Bildung. Bd. 3, Frankfurt/M. 1989, S. 341–363

Dies.: Herausforderungen und Lebenswelt. Probleme der Vermittlung von wissenschaftlichen und lebensweltlichen Erkenntnisweisen. In: B. Claußen u. a. (Hg.): Herausforderungen – Antworten. Politische Bildung in den neunziger Jahren. Opladen 1991, S. 251–264

Dies. (Hg.): Methoden der Unterrichtsinterpretation. Qualitative Analysen einer Sachunterrichtsstunde im Vergleich. Weinheim/München 2000

Ingo Richter: Die Steuerung des Schulwesens durch Autonomie. Juristische und pädagogische Fragen im Zusammenhang einer betriebswirtschaftlichen Orientierung der Bildungspolitik. In: NS 39 (1999) H.1, S. 81–95

Ders.: Theorien der Schulautonomie. In: RdB 1/1994, S. 5–16

Christian Rittelmeyer/Michael Parmentier: Einführung in die pädagogische Hermeneutik. Darmstadt 2001

Saul B. Robinsohn: Bildungsreform als Reform des Curriculum. Neuwied/Rh. 1967

Wilfried Roeder: Die „Methodenapotheke". In: Lernwelten 3/2002, S. 156–162

Karl Rohe: Politik. Begriffe und Wirklichkeiten. 2. Aufl., Stuttgart 1994

Gerd Rohlfing: Geschichte in beruflichen Schulen. Plädoyer für eine historisch-politische Bildung an beruflichen Schulen. In: ZfBW 82 (1986), S. 438–450

Hans-Günter Rolff: Autonomie der Bildungseinrichtungen – Wege aus der oder in die Krise? In: GWK 44 (1995), S. 461–472

Ernst-August Roloff: Erziehung zur Politik. Eine Einführung in die politische Didaktik. 3 Bde., Göttingen 1972 ff.

Helga Romberg: Wissenschaftliche Lehrfreiheit in der Schule. In: RdJB 2/1984, S. 134 bis S. 142

Ralf Röckel: Neuer Umgang mit alten Inhalten: Das Leittextverfahren im Fach Technik. In: PuU 2/1996, S. 15–18

Dieter Rossmeissl: Lebensgeschichten: Sozialstruktur konkret. Historisches Material als Medium der S II. In: GWK 31 (1982), S. 91–99

Heinrich Roth: Zum pädagogischen Problem der Methode. In: Die Sammlung 4 (1949) 109–102 und in: H. Röhrs (Hg.): Erziehungswissenschaft und Erziehungswirklichkeit. Frankfurt/M. 1964, S. 321–329

Heinrich Roth: Pädagogische Psychologie des Lehrens und Lernens. 13. Aufl., Hannover 1971

Ders.: Die realistische Wendung in der Pädagogischen Forschung. In: NS 2 (1962), S. 481–490

Friedrich Roth: Sozialkunde. Düsseldorf 1968

Klaus Rothe (Hg.): Was ist wichtig? Fundamentale Lernaufgaben des Politikunterrichts in der Zukunft. In: PoBi 25 (1992) H. 2, S. 47–57

Ders.: Didaktik der Politischen Bildung. Hannover 1981

Ders. (Hg.): Unterricht und Didaktik der politischen Bildung in der Bundesrepublik. Aktueller Stand und Perspektiven. Opladen 1989

Jörn Rüsen: Historisch-politisches Bewußtsein – was ist das? In: BpB (Hg.): Bundesrepublik Deutschland – Geschichte, Bewußtsein. Bonn 1989, S. 119–141

Gisela Ruprecht: Politische Bildung im Internet. Mit Tipps und Tricks. Schwalbach/Ts. 2000

Kurt Salamun: Ideologien und Ideologiekritik. Darmstadt 1992

Wolfgang Sander (Gießen): Konzepte der Politik-Didaktik. Aktueller Stand, Neue Ansätze und Perspektiven. Hannover 1993

Ders.: Theorie der politischen Bildung: Geschichte – didaktische Konzeptionen – aktuelle Tendenzen und Probleme. In: Ders. (Hg.): Handbuch politische Bildung. Schwalbach/Ts. 1997, S. 5–45

Ders.: Beruf und Politik. Von der Nützlichkeit politischer Bildung. Schwalbach/Ts. 1996

Ders.: Neue Medien in der politischen Bildung – Herausforderungen für Schule und Lehrerausbildung. In: G. Weißeno (Hg.): 2002, S. 118–129

Ders. (Hg.): Zur Geschichte und Theorie der politischen Bildung. Allgemeinbildung und fächerübergreifendes Lernen in der Schule. Marburg 1989

Wolfgang Sander (Münster): Methoden der politischen Entscheidungsanalyse und der politisch-moralischen Urteilsbildung. In: W. Gagel/D. Menne (Hg.): Politikunterricht. Handbuch zu den Richtlinien NRW. Düsseldorf 1988, S. 189–199

Ders.: Effizienz und Emanzipation. Prinzipien verantwortlichen Urteilens und Handelns. Eine Grundlegung zur Didaktik der politischen Bildung. Opladen 1984

Ders. u.a.: Wahlanalyse und Wahlprognose im Unterricht. Handlungsorientierter Computereinsatz im Politikunterricht der Sekundarstufe. Bonn 1998 (Arbeitshilfen für die polit. Bildung der BpB)

Fritz Sandmann: Zum Verhältnis von Methodik und Didaktik. In: V. Nitzschke/ F. Sandmann (Hg.): Neue Ansätze zur Methodik des Politischen Unterrichts. Stuttgart 1982, S. 27–64

Ders.: Didaktik der Rechtskunde. Paderborn 1975

Ders.: Der rechtskundliche Aspekt in der politischen Bildung. In: H. Ammon/F. Roth (Hg.): Fachdidaktisches Studium in der Lehrerbildung. Sozialkunde. München 1981, S. 138–152

Ulrich Sarcinelli: „Prinzip Verantwortung" als politische und pädagogische Bezugsgröße. Überlegungen zum Verhältnis von Politikwissenschaft und politischer Bildung. In: BpB (Hg.): Zur Theorie und Praxis der politischen Bildung. Bonn 1990, S. 367–378

Ders.: Verfassungspatriotismus und politische Bildung – oder: Nachdenken über das, was das demokratische Gemeinwesen zusammenhält. In: G. C. Behrman/S. Schiele (Hg.) 1993, S. 55–78

Ders.: Politikvermittlung durch Massenmedien – Bedingung oder Ersatz für politische Bildung? In: BpB (Hg.): Verantwortung in einer unübersichtlichen Welt. Bonn 1995, S. 443–458

Ders.: Parlamentsbesuche: Wege und Hindernisse bei der Auseinandersetzung mit der parlamentarischen Wirklichkeit. In: GWK 42 (1993) 449–459

Monika Schaal: Kompetenz – ein Problem politischer Legitimation. Eine Erörterung der Frage, wer die Ziele schulischer politischer Bildung bestimmen soll. Frankfurt/M. 1981

Barbara Schaeffer: Erfahrung als Grundlage politischen und sozialen Lernens. In: U. Preuss-Lausitz u.a. (Hg.): Fachunterricht und politisches Lernen. Beiträge zur erfahrungsonientierten politischen Bildung an Gesamtschulen. Weinheim 1976, S. 87–113

Barbara Schaeffer-Hegel: Ist Politik noch Männersache? In: APuZ B 45/93, S. 3–13

Otfried Schäffter: Vive la Différence. In: kursiv 1/2000, S. 14 f.

Ulf Scharnowski: Handlungsorientierung als Prinzip im Sozialkundeunterricht. In: GEP 7 (1996), S. 167–174

Wolfgang Scheibe u.a.: Schülermitverantwortung. 3. Aufl., Berlin/Neuwied/Rh. 1966

Carla Schelle: Schülerdiskurse über Gesellschaft. Schwalbach/Ts. 1995

Albert Scherr: Individualisierung und gesellschaftliche Integration. Befindet sich die Bundesrepublik auf dem Wege in eine desintegrierte Gesellschaft? In: GWK 47 (1998), S. 155-168

Hans Scheuerl: Das Spiel. Untersuchungen über sein Wesen, seine pädagogischen Möglichkeiten und Grenzen. Weinheim 1979

Siegfried Schiele: Art. „Konsens und Konflikt". In: W. Mickel (Hg.): Handbuch zur politischen Bildung. Bonn u. Schwalbach/Ts. 1999, S. 104–109

Ders./Herbert Schneider (Hg.): Konsens und Dissens in der politischen Bildung. Stuttgart 1987

Ders./Herbert Schneider (Hg.): Rationalität und Emotionalität in der politischen Bildung. Stuttgart 1991

Dies. (Hg.): Das Konsensproblem in der politischen Bildung. Stuttgart 1977

Dies.: Reicht der Beutelsbacher Konsens? Schwalbach/Ts. 1996

Christiane Schiersmann: Politische Bildung von Frauen für Frauen. Konzepte Erfahrungen – Perspektiven. In: MzPB 2/1987, S. 5–9

Reinhard Schilmöller: Leistung und Leistungsbeurteilung in der Schule: Pädagogischer Sinn und gesellschaftliche Notwendigkeit. In: Forum E 10/1990, S. 10–17

Thomas Schippmann: Unterrichtsbefreiung wegen Teilnahme an einer Demonstration. In: Schulverwaltung Niedersachsen 2 (1992) H. 8, S. 167 f.

Heinz Schirp: Der Beitrag der Bedingungsanalyse zur Unterrichtsplanung. In: W. Gagel/D. Menne (Hg.): Politikunterricht. Handbuch zu den Richtlinien NRW. Opladen 1988, S. 215–225

Friedrich Schleiermacher: Hermeneutik und Kritik. Frankfurt/M. 1977

Horst Dieter Schlosser: Die deutsche Sprache in der DDR zwischen Stalinismus und Demokratie. 2. Aufl., Köln 1999

Ders.: Deutsche Teilung, deutsche Einheit und die Sprache der Deutschen. In: APuZ B 17/91, S. 13–21

Manfred G. Schmidt: Demokratietheorien. Eine Einführung. 2. Aufl., Opladen 2000

Siegfried J. Schmidt (Hg.): Der Diskurs des Radikalen Konstruktivismus. 7. Aufl., Frankfurt/M. 1996

Detlef Schmiechen-Ackermann: Diktaturen im Vergleich. Darmstadt 2002

Rolf Schmiederer: Zur Kritik der Politischen Bildung. Frankfurt/M. 1971

Ders.: Politische Bildung im Interesse der Schüler. Hannover 1977

Ders.: Politische Bildung und die Kritische Theorie der Gesellschaft. In: Ders.: Zwischen Affirmation und Reformismus. Frankfurt/M. 1972, S. 175-186

Karl Schmitt: Politische Erziehung in der DDR. Ziele, Methoden und Ergebnisse des politischen Unterrichts an den allgemeinbildenden Schulen der DDR. Paderborn 1980

Heike Schmoll: Lernen lernen. Das „Seminarfach" im Gymnasium will das selbstständige Arbeiten der Schüler üben. In: FAZ v. 9.9.2000

Herbert Schneider: Der Beutelsbacher Konsens. Zur Konsensdiskussion in der politischen Didaktik. In: H. P. Henecka/U. Uffelmann (Hg.): Soziologie, Politik, Geschichte in der Lehrerbildung. Weinheim 1990, S. 69–98

Ilona Katharina Schneider: Weltanschauliche Erziehung in der DDR. Normen – Praxis – Opposition. Eine kommentierte Dokumentation. Opladen 1995

Bernhard Schönitz: Vor Gericht. Ein didaktisches Spiel in der S I. In: W. Mickel/D. Zitzlaff (Hg.): Methodenvielfalt im politischen Unterricht. 3. Aufl., Schwalbach/Ts. 1995, S. 19–27

Rolf Schörken: Kriterien für einen lernzielorientierten Geschichtsunterricht. In: E. Jäckel/E. Weymar (Hg.): Die Funktion der Geschichte in unserer Zeit. Stuttgart 1975, S. 280–293

Frank Scholz: Problemerarbeitender Unterricht im Bereich der Sozialwissenschaften. In: B. Claußen (Hg.): Texte zur politischen Bildung. Bd. 2, Frankfurt/M. 1986, S. 335–363

Jan Schröder (Hg.): Entwicklung der Methodenlehre in Rechtswissenschaft und Philosophie vom 16. bis zum 18. Jh. Stuttgart 1998

Peter Schröder: Wandzeitung, Flugblatt, Plakat. In: BpB (Hg.): Erfahrungsorientierte Methoden der politischen Bildung. Bonn 1988, S. 169–177

Wilfried Schubarth: Zur politischen Sozialisation der Schuljugend in Ostdeutschland. In: PoBi 25 (1992), S. 21–32

K. Schubert: Politikfeldanalyse. Opladen 1991

Alfred Schütz/Thomas Luckmann: Strukturen der Lebenswelt. Frankfurt/M. 1979

Schulautonomie. Themenheft ZfP 41 (1995), S. 15–60

Schulkommission des Deutschen Juristentages: Schule im Rechtsstaat. Bd. 1: Entwurf für ein Landesschulgesetz. München 1981

Axel Schulte: Multikulturelle Gesellschaft: Soziokulturelle, pädagogische und gesellschaftspolitische Aspekte. In: Ev. Akademie Iserlohn (Hg.): „Multikulturelle Gesellschaft" – Wunsch, Realität oder Reizwort? Iserlohn 1989, S. 27–72

Schulverfassung. In: RdJB 4/1990

Wolfgang Schulz: Unterrichtsplanung. 3. Aufl., München 1981

Gerhard Schulze: Die Erlebnisgesellschaft. Frankfurt/M. 1993

Ders.: Politisches Lernen in der Alltagserfahrung. München 1977

Ders.: Jugend und politischer Wandel. Zur gesellschaftlichen Bedeutung politischen Lernens. München 1976

Theodor Schulze: Methoden und Medien der Erziehung. München 1978

P. Schuster/W. Silbernagel (Hg.): Politische Bildung an beruflichen Schulen. Berlin 1987

Helmut Seiffert: Einführung in die Hermeneutik. Tübingen 1992

Michael J. Seifert: Teilnehmende Beobachtung. (Methoden der empirischen Sozialforschung VII) In: GWK 34 (1985), S. 45–59

E. Serafin: Morenos Konzepte in der Jugend- und Erwachsenenbildung. Politisch-emanzipative Arbeit mit dem Psychodrama, Soziodrama und Soziometrie. Berlin 1997

Horst Siebert: Lernen als Differenzerfahrung. In: kursiv 1/2000, S. 15 f.

Ulrich O. Sievering (Hg.): Politische Bildung als Leistung der Schule [Gesellschaftslehre Hessen]. Frankfurt/M. 1990

Rainer Silkenbeumer/Asit Datta: Rollenspiel und Planspiel. Methoden des politischen Unterrichts. Hannover 1975

Wolf Singer: Wahrnehmen, Erinnern, Vergessen. Über Nutzen und Vorteil der Hirnforschung für die Geschichtswissenschaft. In: FAZ vom 28.9.2000, S. 10

Burrhus F. Skinner: Sciences and human behavior. New York 1953

Helmut Skowronek: Psychologische Grundlagen einer Didaktik der Denkerziehung. Hannover 1968

Ders.: Lernmotivation und politische Bildung. In: K. D. Hartmann (Hg.): Politische Bildung und politische Psychologie. München 1980, S. 129–144

Anne Sliwka: Kooperation und Individualität: Drei Methoden zum Lernen in Gruppen (Mindmapping, Jigsaw-Methode, Graffiti-Methode) In: Lernwelten 2/1999, S. 71–74

Dies.: Lernen und arbeiten in der offenen Gesellschaft. Die Wiederentdeckung der Projektarbeit. In: Lernwelten 1/1999, S. 3–9

H.-G. Soeffner (Hg.): Interpretative Verfahren in den Sozial- und Textwissenschaften. Stuttgart 1979

Ch. P. Snow: Die zwei Kulturen. Stuttgart 1967

Claudia Solzbacher: Politische Bildung im pluralistischen Rechtsstaat. Opladen 1994

Theo Stammen: Verfall und Neukonstituierung politischen Wissens. In: M. Hättich (Hg.): Politische Bildung nach der Wiedervereinigung. 2. Aufl., München 1992, S. 9–25

Statistisches Bundesamt (Hg.): Im Blickpunkt: Jugend in Deutschland. Wiesbaden 2002

Das. (Hg.): Datenreport 2002. Zahlen und Fakten über die Bundesrepublik Deutschland. Bonn 2002

Beate M. Steger: Schülerinteressen als Auswahlkriterium von Inhalten. In: W. Gagel/D. Menne (Hg.): Handbuch zu den Richtlinien NRW. Opladen 1988, S. 53–64

Erwin Stein: Gesellschaftslehre als fächerübergreifender Unterricht im Lande Hessen. Frankfurt/M. 1982

Gerd Stein: Politikwissenschaft und Lehrerausbildung – Ein fortdauerndes Missverhältnis. In: PVS 23 (1982), S. 320–332

Ders.: Art. „Mündigkeit und Emanzipation in demokratischen Systemen." In: W. Mickel (Hg.): 1999, S. 43–47

Gerd Stein: Schulbücher und der Umgang mit ihnen – sozialwissenschaftlich betrachtet. In: APuZ B 39/87, S. 29–38

Ders.: Schulbücher in berufsfeldbezogener Lehrerbildung und pädagogischer Praxis. In: Leo Roth (Hg.): Pädagogik. Handbuch für Studium und Praxis. 2. Aufl., München 2001, S. 839–847

K. Steiner: Entwicklungsbedingte Veränderungen des Politikverständnisses staatspolitischer Begriffe, In: K. Franke (Hg.): Jugend, Politik und politische Bildung. Opladen 1985, S. 149–158

Bodo Steinmann/Birgit Weber (Hg.): Handlungsorientierte Methoden in der Ökonomie. Neusäß 1995 (Berufssch., Beispiele)

Dolf Sternberger: Verfassungspatriotismus. Frankfurt/M. 1990

Ders.: Begriff des Politischen. Frankfurt/M. 1961

Ders.: Sprache und Politik. Frankfurt/M. 1991

Edwin Stiller: Art. „Moderative Methoden". In: W. Mickel (Hg.): 1999, S. 411–415

Ders.: Kommunikation und Kooperation in Kleingruppen als Unterrichtsthema. Ein Unterrichtsbeispiel für den sozialwissenschaftlichen Unterricht der S II. In: GWK 29 (1980) 235–245

Christian Stock: Zur pädagogischen Freiheit der Lehrer. In: RdJB 1/1994, S. 147–153

Martin Stock: Schule im Rechtsstaat. In: RdJB 1/1978, S. 4–25

Georg Stötzel/Martin Wengeler: Kontroverse Begriffe. Geschichte des öffentlichen Sprachgebrauchs in der Bundesrepublik Deutschland. Berlin 1995

A. L. Strauss: Grundlagen qualitativer Sozialforschung. München 1994

Peter Struck: Sitzordnung und Führungsstil. In: DLZ 26/1994

Hans Süssmuth: Welchen Beitrag kann der Geschichtsunterricht zur politischen Bildung leisten? In: APuZ B 30/72, S. 21–36

Bernhard Sutor: Politische Bildung als Allgemeinbildung. In: W. Cremer/A. Klein (Hg.) 1990, S. 311–327

Ders.: Erziehungsprogramm oder Rechtsrahmen? Zur Bedeutung des Grundgesetzes für politische Bildung. In: PoBi 28 (1995) H. 2, S. 71–81

Ders.: Didaktik des politischen Unterrichts. Paderborn 1971

Ders.: Neue Grundlegung politischer Bildung. 2 Bde., Paderborn 1984

Ders.: Didaktik politischer Bildung im Verständnis Praktischer Philosophie. In: K. G. Fischer (Hg.): Zum aktuellen Stand der Theorie und Didaktik der Politischen Bildung. 5. Aufl., Stuttgart 1986, S. 227–240

Ders.: Der Beutelsbacher Konsens – ein formales Minimum ohne Inhalt? In: S. Schiele/H. Schneider (Hg.): 1996, S. 65–80

Ders.: Politische Ethik. Gesamtdarstellung auf der Basis der Christlichen Gesellschaftslehre. 2. Aufl., Paderborn 1992

Ders.: Kleine Politische Ethik. Bonn 1997

Ders.: Grundwerte im Politikunterricht. Didaktische Analyse und Skizzen zur Unterrichtsplanung. In: PoBi 28 (1995) H. 1, S. 47–63

Ders.: Politikunterricht und moralische Erziehung. Zum Verhältnis von politischer Bildung und politischer Ethik. In: APuZ B 46/89, S. 3–14

Ders.: Politische Bildung als Praxis. Grundzüge eines didaktischen Konzepts. Schwalbach/Ts. 1992

Frank Sygusch/Bernd Henning: Inhaltliche Schwerpunkte politischer Bildung an der Berufsschule nach den Rahmenplänen der Bundesländer. In: BpB (Hg.): Politische Bildung an Berufsschulen. Bonn 1987, S. 363–486

Ewald Terhart: Unterrichtsmethode als Problem. Kap. G: Aktivität und Erkenntnis. Unterrichtsmethode in der DDR-Didaktik. Weinheim 1983

Ders.: Das Einzelne und das Allgemeine. Über den Umgang mit Fällen im Rahmen der erziehungswissenschaftlichen Forschung. In: Zs.f. internat. erziehungs- u. sozialwiss. Forschung 2 (1985), S. 283–312

Manuel R. Theisen: Wissenschaftliches Arbeiten. Technik – Methodik – Form. 11. Aufl., München 2002

Themenheft „Lebenswelt und Politik". In: PoBi 1/1996

Themenheft „Unterrichtsvorbereitungen". In: WPB 10/1985

Themenheft „Prüfungsrecht" von RdJB 4/1995

Josef Thesing/Maus Weigelt (Hg.): Leitlinien politischer Ethik. Melle 1988

Hans-Günther Thiele (Hg.): Die Wehrmachtsausstellung. Dokumentation einer Kontroverse. Bonn 1997

Gösta Thoma: Zur Entwicklung und Funktion eines „didaktischen Strukturgitters" für den Politischen Unterricht. In: H. Blankertz (Hg.): 1971, S. 67–96

Alexander Thomas: Kulturelle Identität und interkulturelles Lernen – Beiträge psychologischer Austauschforschung. In: K. F. Franke/H. Knepper (Hg.): Aufbruch zur Demokatie. Politische Bildung in den 90er Jahren. Opladen 1994, S. 37–53

Alfred Treml: Didaktik der entwicklungspolitischen Bildung am Ausgang einer Epoche. In: G. Böttger/S. Frech (Hg.): Der Nord-Süd-Konflikt in der politischen Bildung. Schwalbach/Ts. 1996, S. 113–128

Luitgard Trommer: Eine Analyse der Lehrpläne zur Sozialkunde in der S I. (Stand: 31.3.1998) In: Ch. Händle u.a.: Aufgaben politischer Bildung in der S I. Studien aus dem Projekt Civic Education. Opladen 1999, S.69–129

Herbert Tschamler: Wissenschaftstheorie. Eine Einführung für Pädagogen. 3.Aufl., Bad Heilbrunn/Obb. 1996

Gerhard Tulodziecki: Neue Medien im Politikunterricht aus medienpädagogischer Sicht. In: G. Weißeno (Hg.): 2002, S.78–89

Dieter Ulich: Gruppendynamik in der Schulklasse. Möglichkeiten und Grenzen sozialwissenschaftlicher Analysen. 6. Aufl., München 1977

Robert Ulshöfer: Politische Bildung im Deutschunterricht. Freiburg 1975

Andreas Unger: Schriftliche Arbeiten im Politikunterricht. Fragen aus der Schulpraxis. In: GWK 34 (1985), S.323–330

Rainer Vagt: Planspiel - Konfliktsimulation und soziales Lernen. 2.Aufl., Rheinstetten 1983

Holger Viereck: Handlungsorientierung im Gemeinschaftskundeunterricht. In: GEP 6 (1995), S.559–567

Martin Vollrath: Rhetorik – ein Lern- und Sachfach in der Schule. Wege zur Etablierung rhetorischer Grundkenntnisse in Bildungseinrichtungen. In: Lernwelten 4/2001, S.201–203

Ders./Jenny Jakisch: Rhetorik in der Schule – Bausteine eines Grundkurses. In: Lernwelten 3/2002, S.163–171 u. 4/2002, S.219–222

Reiner Wadel: Der Computer als Medium der politischen Bildung. In: Forum PB 1/1996, S.4–30

Michaela Wänke: Die Vergleichsrichtung bestimmt das Ergebnis von Vergleichsurteilen. In: ZUMA-Nachrichten 32, Mai 1993, S.116ff.

Martin Wagenschein: Gegen das Spezialistentum – Die Möglichkeiten des Kolloquiums. In: PP (1953), S.132–137

Ders.: Zum Brgriff des exemplarischen Lehrens. In: ZfP 2 (1956), S.129–153

Hans-Jürgen Waidmann: Integrative Politische Bildung..Gestaltpädagogische Methoden im politischen Unterricht – eine Chance der Politikdidaktik? Idstein 1996

Klaus Peter Wallraven (Hg.): Handbuch politische Bildung in den neuen Bundesländern. Schwalbach/Ts. 2002

Arno Waschkuhn: Demokratietheorien. Politiktheoretische und ideengeschichtliche Grundzüge. München/Wien 1998

Klaus Wasmund: Jugend und politische Kultur. In: BpB (Hg.): 1983, S.17–35

Paul Watzlawick (Hg.): Die erfundene Wirklichkeit. Wie wissen wir, was wir zu wissen glauben? Beiträge zum Konstruktivismus. München/Zürich 1981

Ders. u.a.: Menschliche Kommunikation. 4.Aufl., Bern/Stuttgart 1974

Max Weber: Methodologische Schriften. (Hg. V. J. Winkelmann) Frankfurt/M. 1969

Hans-Georg Wehling: Konsens à la Beutelsbach? In: S. Schiele/H.Schneider (Hg.): 1977, S.173–184

Dorothea Weidinger: Politische Bildung an den Schulen in Deutschland. Stand nach Ausweis der Stundentafeln und Lehrpläne. In: GWK 44 (1995), S.327–341

Hagen Weiler: Wissenschaftsfreiheit des Lehrers im politischen Unterricht. Kronberg/Ts. 1979

Ders.: Politischer Unterricht im Sinne des Grundgesetzes. Wider die rechtsverbindliche Festlegung von Lernzielen. In: APuZ B 15/80, S.3–15

Ders.: Ethisches Urteilen oder Erziehung zur Moral? 2 Teile, Opladen 1992

Peter Weinbrenner: Politische Urteilsbildung als Ziel und Inhalt des Politikunterrichts. In: GWK 45 (1996) 181–194

Ders. (Hg.): Schlüsselqualifikationen für die politische Bildung an beruflichen Schulen. Wetzlar 1991

Ders.: Zukunftssicherung als Thema und Qualifikation – eine Umorientierung in der politischen Didaktik? In: GWK 29 (1980), S.295–306

Ders.: Theoretische Grundlagen, Dimensionen und Kategorien für die Analyse wirtschafts- und sozialkundlicher Schulbücher. Schriften zur Didaktik der Wirtschafts- und Sozialwissenschaften Nr. 27, Fakultät für Wirtschaftswissenschaften, Universität Bielefeld (o. J.)

Ders.: Lernen für die Zukunft – Plädoyer für ein neues Relevanzkriterium der Politischen Bildung. In: W. Sander (Hg.): Konzepte der Politikdidaktik. Stuttgart 1992, S. 219–238

Ders./Walter Häcker: Zur Theorie und Praxis von Zukunftswerkstätten. Ein neuer Methodenansatz zur Verknüpfung von ökonomischem, ökologischem und politischem Lernen. In: BpB, (Hg.): Methoden in der politischen Bildung – Handlungsorientierung. Bonn 1991, S. 115–149

Georg Weinmann: Urteilsbildung durch Handlungsorientierung? Der „Fall Ludin" [Kopftuchfall) im Gemeinschaftskundeunterricht der gymnasialen Oberstufe. In: GWK 49 (2000), S. 367–374

Ders.: Der Kopftuchstreit in Baden-Württemberg. In: GWK 48 (1999) 215–221

Klaus Weschenfelder/Wolfgang Zacharias, Handbuch Museumspädagogik. Orientierungen und Methoden. 3. Aufl., Düsseldorf 1992

Georg Weißeno: Politiklehrerinnen und Politiklehrer. Ihre Rolle als politische Erzieher. In: P. Massing/G. Weißeno (Hg.): 1995, S. 239–251

Ders.: Welche Wege zum Politischen werden Referendare in der Ausbildung vermittelt? Ergebnisse einer Befragung von Fachleitern. In: P. Massing/G. Weißeno (Hg.): 1995, S. 27–60

Ders.: Forschungsfelder und Methoden einer empirisch arbeitenden Politikdidaktik. In: W. Sander (Hg.): Konzepte der Politikdidaktik. Aktueller Stand, neue Ansätze und Perspektiven. Stuttgart 1992, S. 239–256

Ders.: Lernen in der Politik und im Politikunterricht – ein Vergleich von Realerfahrungen in einem Schülerstreik und schulischen Vermittlungsprozessen. In: PoBi 29 (1996) H. 1, S. 30–41

Ders.: Über den Umgang mit Texten im Politikunterricht. Didaktisch-methodische Grundlegung. Schwalbach/Ts. 1993

Ders. (Hg.): Politikunterricht im Informationszeitalter, Medien und neue Lernumgebungen. Schwalbach/Ts. 2002

Ders.: Medien im Politikunterricht. In: G. Weißeno (Hg.): 2002, S. 21–38

Ders.: Das Tafelbild im Politikunterricht. Schwalbach/Ts. 1992

Ernst U. v. Weizsäcker: Erdpolitik. 3. Aufl., Darmstadt 1992

Birgit Wellie: Emanzipation in Kritischer Theorie, Erziehungswissenschaft und Politikdidaktik. Studien zur Transformation einer sozialphilosophischen Basiskategorie. Hamburg 1991

Nikolaus Wenturis u. a.: Methodologie der Sozialwissenschaften. Eine Einführung. Bern 1992 (UTB)

Andreas Wernet: Einführung in die Interpretationstechnik der Objektiven Hermeneutik. Opladen 2000

Max Wertheimer: Produktives Denken. Frankfurt/M. 1957

Bettina Westler: Grundlagen und Methoden der Wahlforschung. (Methoden der empirischen Sozialforschung II) In: GWK 12 (1983), S. 453–464

S. Wienk-Borgert: Sozialkunde an Berufsschulen in Rheinland-Pfalz. Hamburg 1998

Jürgen Wilbert: Politikbegriffe und Erziehungsziele im Politischen Unterricht. Eine Analyse von Didaktikkonzeptionen und Curricula. Weinheim 1978

Georg Wilmers: Entwicklung und Rechtsfragen der Schülermitverantwortung und Schülervertretung. Diss. Trier 1990

Angelika Wilms: Die Erschließung der sozialen Wirklichkeit mithilfe amtlicher Statistiken. (Methoden der empirischen Sozialforschung IV) In: GWK 33 (1984), S. 175 bis 188

Hans-Joachim Winkler: Sport und politische Bildung. Modellfall Olympia. Opladen 1972

Markus Winkler: Rechtliche Grundlagen der Mitarbeit von Eltern im Unterricht. In: RdJB 3/2001, S. 388–399

Friedrich Winnefeld: Zur Methodologie der empirischen Forschung im pädagogischen Raum. In: Ders. (Hg.): Pädagogischer Kontakt und pädagogisches Feld. München 1957, S. 29–80, hier S. 34

Wissensstrukturierung im Unterricht. Themenschwerpunkt in: ZfP 42 (1996) S. 165–bis S. 232

Franz Josef Witsch-Rothmund: Politische Parteien im Schulbuch. Frankfurt/M. 1986

Jörn Wittern: Art. „Methodische und mediale Aspekte des Handlungszusammenhangs pädagogischer Felder". In. D. Lenzen (Hg.): Enzyklopädie Erziehungswissenschaft. Bd. 4, Stuttgart 1985, S. 25–52

Heinz-Ulrich Wolf: Datenschutz – ein neues Thema im Sozialkundeunterricht. In: GEP 7 (1996), S. 145–156

Ders.: Heimatgeschichtliche Spurensuche mit Schülern. In: GEP 4 (1993), 323–334

Ders.: Einmal etwas anderes als Frontalunterricht. (Gruppen-/Partnerarbeit, Pro-Contra-Diskussion, Brainstorming). In: GEP 3 (1992), S. 536–545

Ders.: Die Expertenbefragung als Methode im Politik- und Wirtschaftslehre-Unterricht (Kl. 8). In: GEP 3 (1992), S. 739–748

Ders.: Schriftliche Aufgaben im Sozialkundeunterricht. In: GEP 7 (1996) 547–554 u. 616–626

Ders.: Die Projektmethode im politischen Unterricht. In: GEP 3 (1992), S. 393–403

Ders.: Parlamentsspiele – eine Möglichkeit für handlungsorientierten Politikunterricht. In: GEP 5 (1994), S. 260–269

Ders.: Schüler spielen „Landtag": Ein Beispiel für handlungsorientiertes Lernen im Gemeinschaftskundeunterricht der Hauptschule. In: LL 9 (1983) H. 7, S. 38–54

Ders.: Aktives Lernen – Handlungsorientierung im gesellschaftlichen Lernbereich der S I. Donauwörth 1994

Jens Wolling: Methodenkombination in der Medienwirkungsforschung. In: ZUMA-Nachrichten, Mai 2002, S. 54–85

Erhard Zahn: Objektivierung und Vergegenwärtigung als Probleme der politischen Bildung. Frankfurt/M. 1979

Johannes Zielinski/Walter Schöler: Methodik des programmierten Unterrichts. Ratingen 1965

Annette Zimmer: Demokratietheorie. Vom Pluralismus zur Identitätsfindung. In: GWK 44 (1995), S. 537–567

Jürgen Zinnecker u. a.: null zoff & voll bussy. Die erste Jugendgeneration des neuen Jahrhunderts. Opladen 2002

Dietrich Zitzlaff u. a.: Medien für die Gesellschaftslehre. Sozialkunde, Geschichte, Geographie. Ein Handbuch. Stuttgart 1979

Register

(Weitere Hinweise bietet das ausführliche Inhaltsverzeichnis)

Aktualität 70, 74
Alltagswelt 86, -orientierung 100
Amtshaftung 71
Analyse,
  – didaktische 110,
  – gesamtgesellschaftliche 83
  -methoden 170, 276
Arbeit; Einzel-, Partner- 191
Arbeitsblatt 416
Arbeitsgemeinschaft, politische 102, 434
Aufsichtspflicht 71
(Schüler-)Austausch 437

Befragung 401
Begriffsbildung 413
Beobachtung, teilnehmende 398
Betriebspraktikum, -erkundung 365
Bewusstsein 258
  – kritisches 218
  – politisches 220, 300, 397
Beutelsbacher Konsens 29, 110, 127
Betroffenheit 307
Bezugswissenschaft 25, 42, 110, 148, 419
Bloom, B. S. 78, 316
Bildung,
  – politische 20, 48
  – feministische. 135,
  -(s)ziel 59
Brainstorming 404
Bruner, J. S. 214, 302
Bürger 39, 58

Dahrendorf, Ralf 42, 123
Datenanalyse 402
Datenschutz 73, 131, 295, 333
Debatte 239
Debattierclub 384
Definitionen 414
Delphi-Studie 211, 377, 418
Demokratietheorien 88, 254

Denkpsychologie 300
Deutungsmuster(analyse) 161, 172
Dialog, Sokratischer 160, 207, 243
Dilemma(situation) 307, moral. 210
Dilthey, Wilhelm 165
Diskurs 172, 242
  -analyse 272
  -ethik 242
Diskussion 238
Disputation 253, 255
Demokratiebegriff 88, -theorien 94
Didaktik 23, 103, 147
Didaktische
  – Konzeptionen 105
  – Orientierungen 108
Diskursethik 207

Einsichten 201
Einstiege 312
Einzelfallstudie 407
Entscheiden, politisches 197, 200, 209
Emanzipation 126
Emotionalität 198
Erkentnnisse 201
Epistemologie 141, 305
Erfahrung(sbegriff) 98, -lernen 99
Erkundung 359, 435
Essay 349
Evaluation 314, 323, 336
(Milgram-)Experiment 405
Exkursion 448

Fachlehrer, politischer 59
Facharbeit 234, 346, 349, 353
Fachraum (-kabinett) 428
Fall(studien) 406
Falsifikation(smethode) 153
Feldstudie 406, -forschung 329
Fernsehen 283
Feyerabend, Paul 43
Film 283
Formalstufen(schema) 21, 213
Fragebogen 311, 363, 402

Frageformen 231
Frauen 135
Freiheit, pädagogische 65
Funk 283
Führungsstil 195

Gadamer, Hans-Georg 166
Gagel, Walter 303, 325
Gedenkstätten 443
Gefangenen-Dilemma 212, 229
Gegenwartswerkstätten 102
Geschlecht (gender studies) 138
Geschichtswerkstatt 379
Gesellschaftstheorie 316, -analyse 87, 182
Gesprächsformen 231, 236 -leitung 244
Gestalttheorie 160, 198, 299, 302
   -psychologie 317
Gestaltungsfreiheit 69
Giesecke, Hermann 326
Graffiti 416
Gruppe(n) 61, 189,
   -dynamik 187,
   -arbeit 190,
   -supervision 189,
   -gespräch 237

Habermas, Jürgen 145, 243
Handeln, politisches 75, 397
Handlungs
   -begriff 225
   -dimensionen 228
   -kompetenz 109
   -orientierung 226
   -theorien 230
Hausaufgaben 345
Hearing 404
Hermeneutik 27, 46, 156, 162, 234, 272
   Objektive – 168
Hilligen, Wolfgang 35, 229
Husserl, Edmund 156

Ideologiekritik 393
Inhaltsanalyse 403
Institutionen(kunde) 129

Interaktionismus, symbolischer 47, 251,
   332, 393
Interaktionstheorie 249
Interdisziplinarität 419
Interkulturell (Lernen) 424
Interview 401

Jahresarbeit 353
Just Community 432

Kant, Immanuel 26, 118
Kategorien, didaktische 35, 117, 216, 333
Klafki, Wolfgang 24, 37, 46
Klassenarbeit 348, -fahrt 448
Klausur 348
Kohlberg, Lawrence 199, 208, 214
Kommunikation 190
   -(s)ethik 242
   -(s)theorie 249
Kompetenz, kommnikative 20, 252,
   – Handlungs- 109
Kompromiss 126
Konflikte 122
Konsens 126
Konstruktivismus 105, 157
Kuhn, Thomas S. 44, 143, 153, 317

Landheimaufenthalt 435
Lebenswelt 96
Lehrgang 232, 371
Lehrbuch 286
Lehrende 58
Lehr(er)tätigkeit 63, -vortrag 232
Lehrerrolle 62
Lehrplan 70, 77, -analyse 78
Leistungsbegriff 335, -bewertung 336
Leittextmethode 374
Lernen, interkulturelles 424,
   – politisches 125, 175
   – strategisches 44
Lern-
   -begriffe 315
   -erfolg 323
   -gruppe 187
   -kontrolle 335

-orte, außerschulische 441
-planung 345
-prozess 298, 322
-psychologie 176
-stationen 418
-theorie 292, 297, 304
-vorgang 306
-werkstatt 374
-ziele 80
Lewin, Kurt 331, 406

Medien 76, 278
Mediation(sverfahren) 125
Meinungsfreiheit 67, 334
Methode(n) 31, 33, 37,
  -begriff 21, doppelter 35,
  -freiheit 40, 69,
  -kompetenz 52,
  -legitimation 39,
  -lehre 25
  -monismus 40, 42,
  -orientierung 41,
  -pluralismus 25, 37,
  – Unterrichts- 34, 36, 49,
  -verbund 37, 46,
  -(aus-)wahl 46, 47
Methoden DDR 116
Methodik (Begriff) 23, 33
Methodologie (Begriff) 23, 32
Meyer, Hilbert 20, 42
Mindmapping 416
Minimalkonsens 127
Moderation 245
Moralentwicklung 214
Motivation 307
Museum 441
Mündigkeit 112

Oevermann, Ulrich 168
Oral history 101, 103, 427

PC 292
Panel(analyse) 409
Paradigma 46, 143

– interpretatives 46, 174,
  -wechsel 223
Parlament(sbesuche) 359, 445
  -spiel 446
Parsons, Talcott 183
Perspektivenwechsel 38, 287, 332
Phänomenologie 156, 402
Piaget, Jean 208, 304
Planung 45, 318, -(s)gespräch 325
Planspiel 381
Political correctness 269
Politik-
  -begriff 27, 75, 88, 320,
  -didaktik 105,
  -verständnis 29,
  -unterricht 30,
  -zyklus 92, als Leitwissenschaft 23
Popper, Karl R. 28, 150, 317
Pro-Contra-
  -Argumente 307,
  -Diskussion/-Debatte 192, 240
Problemstudie 406, -bewusstsein 220
Projekt-
  -arbeit 346
  -methode 367
  -verfahren 354
  -verlauf 370
Protokoll 404
Positivismusstreit 147, 149, 216
Prüfung 338,
  – mündliche 340,
  -(s)recht 343,
  – schriftliche 341

Qualifikationen 120, 322
Quellen(interpretation) 271

Rationalität 198
Rationalismus, kritischer 150
Rawls, John 213
Recherche 404
Recht 131,
  -(s)bewusstsein 134,
  -raum 132
Referat 350

Reflexion (von Unterricht) 308
Reportage 404
Rhetorik 235, 267
Richtlinien s. Lehrplan
Rollen, soziale 182,
  -spiel 387
  -theorie 183, 388
Rundgespräch 238

Schul(e) 54, 63,
  -buch 286
  -buchanalyse 289
Schlüsselbegriffe 409, -qualifikationen 120
Schüler-
  -gericht 134,
  -vertretung 430,
  -zeitschrift 223, 432
Simulationsspiele 307, 386
Situation 252, 416
Sitzordnung 195, 236
Sokratisches Gespräch s. Dialog
Sozialisation, politische 113, 178
Sozialforschung, empirische 391
Sozialerkundung 360, -studie 363, 406
Soziogramm 390, -metrie 188, 190
Sprach(e) 256, 394, -analyse 259
Staatsbürgerkunde (DDR) 38
  -didaktik 114
Statistik 399
Sturktur(begriff) 301
  -analyse 338, 397,
  -schemata 325
Strukturierung 324
Studienfahrt 448, -tag 354
Stundenbericht 355
Subjektorientierung 97
Sutor, Bernhard 119, 326
Supervision 190
Synopse 395
Systemtheorie 87, 155, 183
Szenario-Technik 377

Tafelbild 415
Talkshow 241
Team-teaching 196

Textanalyse 168, 266
  -exegese 272
  -interpretation 170, 274
Theorie, kritische 153, soziologische 391
Topik 22, 419
Tribunal 132, 380
Tübinger Resolution 301
Tutzinger Maturitätskatalog 253

Unterricht, fächerübergreifend 422,
  – offener 375, 423
Unterrichts-
  -analyse 327,
  -beobachtung 328,
  -einheit 50
  -entwurf 313
  -forschung 328
  -gespräch 237
  -formen 231
  -methode 34, 35
  -modelle 328
  -organisation 317,
  -planung 45, 324, 345
  -praxis 41,
  -stile 193, 309
  -vorbereitung 308
  -vorhaben 373
Urteil(en) 207, 223
  – moralisches 299,
  – politisches 75, 197, 209
Urteils-
  -bildung, politische 213,
  -fähigkeit, politische 206,
  -typen 208
  -voraussetzungen 207

Verfassungspatriotismus 95
Vergleich 275, 395
Verstehen 167
Vorbefragung 311
Vorwissen 311
Vorlesung 234

Wandzeitung 357
Wahrnehmungen 96, 99, 319

Watzlawick, Paul 250, 252
Weber, Max 230
Weinbrenner, Peter 290
Wert-
  -bewusstsein 203,
  -orientierungen 203
  -prämisse 204
  -urteilsstreit s. Positivismus

Wissen 175, 216, -(s)formen 218
Wissenschaftstheorie 31, 39, 43, 141,
  147, 316
Wochenbericht 356

Zeitgeschichte 101
Zukunftswerkstatt 376, -projektionen 387
(Tages-)Zeitung 283